SV

Beiträge zur Soziogenese der Handlungsfähigkeit
Herausgegeben von
Wolfgang Edelstein, Gil Noam und Fritz Oser

Die Beiträge zur Soziogenese der Handlungsfähigkeit sollen entwicklungspsychologische und psychoanalytische, soziologische und erkenntnistheoretische Arbeiten versammeln, die zu einer empirisch gehaltvollen Theorie des Subjekts beitragen können. Besondere Aufmerksamkeit gilt der Interaktionskompetenz und der Handlungsfähigkeit, ihren Konstitutions- und Performanzbedingungen. Das handlungs- und urteilsfähige Subjekt, das autonome Ich, das moralische Selbst sind Konstruktionen teilweise getrennter Theorietraditionen. Ihnen allen aber liegen ein epigenetisches Entwicklungsmodell und ein Normalitätsentwurf zugrunde, in denen der kompetente Teilnehmer an Interaktions- und Kommunikationsprozessen als Ziel der Entwicklung begriffen wird. Die Reihe soll die unterschiedlichen Traditionen in konstruktivistischer Einstellung und in der Absicht verbinden, die Logik dieses Entwicklungsprozesses zu rekonstruieren und die sozialen Bedingungen zu beschreiben, die sein Gelingen oder Mißlingen bestimmen.

In diesem Zusammenhang liegen im Suhrkamp Verlag bereits vor:

William Damon, *Die soziale Welt des Kindes*. Übersetzt von Uta S. Eckensberger (1984)

Robert L. Selman, *Die Entwicklung des sozialen Verstehens. Entwicklungspsychologische und klinische Untersuchungen*. Übersetzt von Cornelie von Essen und Tilmann Habermas (1984)

Perspektivität und Interpretation. Beiträge zur Entwicklung des sozialen Verstehens. Herausgegeben von Wolfgang Edelstein und Monika Keller (stw 364, 1982)

Perspektivenübernahme und soziales Handeln. Texte zur sozial-kognitiven Entwicklung. Herausgegeben von Dieter Geulen (stw 348, 1982)

Soziale Interaktion und soziales Verstehen. Beiträge zur Entwicklung der Interaktionskompetenz. Herausgegeben von Wolfgang Edelstein und Jürgen Habermas (stw 446, 1984)

Soziale Struktur und Vernunft. Jean Piagets Modell entwickelten Denkens in der Diskussion kulturvergleichender Forschung. Herausgegeben von Traugott Schöfthaler und Dietrich Goldschmidt (stw 365, 1984)

Transformation und Entwicklung. Grundlagen der Moralerziehung. Herausgegeben von Fritz Oser, Reinhard Fatke und Otfried Höffe (stw 498, 1986)

In Vorbereitung: Lawrence Kohlberg, *Gesammelte Schriften*.

Max Miller
Kollektive Lernprozesse

Studien zur Grundlegung
einer soziologischen Lerntheorie

Suhrkamp Verlag

CIP-Kurztitelaufnahme der Deutschen Bibliothek
Miller, Max: Kollektive Lernprozesse:
Studien zur Grundlegung e. soziolog. Lerntheorie / Max
Miller. – 1. Aufl. – Frankfurt am Main : Suhrkamp, 1986.
ISBN 3-518-57763-8

Erste Auflage 1986
© Suhrkamp Verlag Frankfurt am Main 1986
Alle Rechte vorbehalten
Druck: Röck, Weinsberg
Printed in Germany

Inhaltsübersicht

Vorwort 5
Einleitung 7
Sprachliche Sozialisation 37
Zur Ontogenese moralischer Argumentationen 71
Antagonismen und Argumente 138
Kollektive Lernprozesse und Moral 207
Literaturverzeichnis 447
Personenregister 463
Quellenverzeichnis 467
Inhaltsverzeichnis 469

Alles Leben entsteht durch Streit.
Heraklit

Le bien est un produit de coopération.
J. Piaget

Vorwort

Eine Theorie *kollektiver Lernprozesse* setzt den Bruch mit den in der Psychologie und Soziologie gegenwärtig dominierenden, auf das einzelne Individuum zentrierten (behavioristischen, reifungstheoretischen und kognitivistischen) Lern- und Entwicklungstheorien voraus. Zwar kann eine soziale Gruppe nur dann lernen, wenn der Einzelne dazu in der Lage ist. Aber der Einzelne kann nur dann etwas grundlegend Neues erlernen, wenn seine Lernprozesse eine integrative Komponente eines sozialen Interaktionsprozesses darstellen.

Diese in der Tradition des genetischen Interaktionismus (Durkheim, Mead, früher Piaget und Vygotski) stehende Grundthese bildet den Ausgangspunkt für die Studien des vorliegenden Buches. Die Studien befassen sich mit unterschiedlichen Dimensionen des individuellen Entwicklungs- und Bildungsprozesses: mit Sprache, Kognition (empirisch-theoretisches Wissen) und Moral (normatives Wissen, das der Wahrnehmung und Bewertung von Formen der sozialen Beziehung zugrundeliegt). In jeder Studie wird erneut die Perspektive des genetischen Interaktionismus eingenommen und die These von der sozialen Konstitution individueller Entwicklungs- und Bildungsprozesse auf einer theoretisch weiter fortgeschrittenen Ebene der Begriffsbildung und im Kontext neuer empirischer Analysen weiter ausgearbeitet.

Mit dem letzten Beitrag (›Kollektive Lernprozesse und Moral‹) wird schließlich ein umfassender theoretischer Bezugsrahmen für eine empirische Analyse kollektiver Lernprozesse vorgelegt; und es zeigt sich in diesem Zusammenhange, daß das Konzept eines kollektiven (argumentativen) Lernprozesses den Grundbegriff für eine *soziologische Lerntheorie* bildet, die zwei zentrale Fragen einer soziologischen Sozialisationsforschung auf eine theoretisch innovative und empirisch angemessene Weise zu beantworten vermag: wie können Lernprozesse von sozialen Erfahrungen abhängig sein und dennoch einen universellen, fortschreitend rational höherstufigen Charakter besitzen; und unter welchen elementaren sozialstrukturellen Bedingungen können sich pathogene Formen des Lernens (autoritäre, ideologische und regressive Lernprozesse) durchsetzen.

Mein Interesse an diesen Fragen entstand zu Beginn der 70-er

Jahre, als ich in Frankfurt die Gelegenheit hatte, Seminarveranstaltungen von Ulrich Oevermann über eine ›Theorie der Bildungsprozesse‹ zu besuchen. Und alle theoretischen und empirischen Antworten, die im folgenden zu diesen Fragen entwickelt werden, lassen sich auf Problemzusammenhänge zurückführen, die sich in jenen Seminarveranstaltungen bereits herauskristallisiert hatten.

Die Idee, eine Theorie kollektiver Lernprozesse auf einer argumentationstheoretischen Grundlage aufzubauen und die Ontogenese von Handlungsfähigkeiten als einen Prozeß der kollektiven Argumentation zu analysieren, entwickelte sich in mir jedoch erst im Verlaufe einer Reihe wissenschaftlicher Lehr- und Wanderjahre. Deren wichtigste Stationen waren die Zusammenarbeit mit Wolfgang Klein (Max-Planck-Institut für Psycholinguistik) und Klaus Eder (Max-Planck-Institut für Sozialwissenschaften) und die Diskussionen im Arbeitsbereich von Jürgen Habermas am Max-Planck-Institut für Sozialwissenschaften.

Die vier Studien des vorliegenden Bandes sind während der Zeit meiner Mitarbeit am Max-Planck-Institut für Sozialwissenschaften (Starnberg/München), in den Jahren 1979-1984, entstanden. Dem Andenken an dieses inzwischen aufgelöste Institut und den dort ehemals tätigen Freunden und Kollegen möchte ich dieses Buch widmen.

Starnberg, im Oktober 1984   Max Miller

Einleitung

1. Blockierte Lernprozesse
2. Zur generellen These des vorliegenden Buches
3. Urteilsfähigkeit und Rationalität
4. Genetischer Individualismus und genetischer Interaktionismus
5. Argumentatives Lernen und Lernen zu argumentieren
6. Lernen im Kollektiv und Lernen eines Kollektivs
7. Zur Chronologie und Entstehung der folgenden Studien

1. Blockierte Lernprozesse

In dem Film ›Willkommen Mr. Chance‹[1] spielt Peter Sellers einen merkwürdigen Kauz, einen gewissen Mr. Chance, der unter seltsamen, im Film nicht weiter geklärten Umständen etwa bis zur Lebensmitte ausschließlich in einer Villa und dem dazu gehörigen Garten gewohnt, feines Benehmen gelernt und sich darüber hinaus offenbar mit nichts anderem als der Gärtnerei beschäftigt hat. Doch von einem Tag auf den andern wird Chance auf die Straße gesetzt und damit zum ersten Male mit der amerikanischen Großstadt (Washington), in der er immer schon gelebt hat, unmittelbar konfrontiert. Auf eine außerordentlich geistreiche und lehrreiche Weise behandelt der Film nun in allen erdenklichen Variationen ein Thema, das den Kontrapunkt zum Thema der theoretischen und empirischen Studien des vorliegenden Buches bildet: wie müssen die sozialen Erfahrungen von Chance beschaffen sein, damit er das naive, liebenswürdige und doch auch entsetzliche kognitive und soziale Ungeheuer *bleibt*, das er durch sein einsames Leben in der Villa geworden ist? Unter welchen sozialen Bedingungen können entsprechende Lernprozesse blockiert werden? Solange Chance in der Villa lebte, waren seine sozialen Erfahrungen weitgehend auf das Medium Fernsehen beschränkt; und das heißt: seine sozialen Erfahrungen erschöpften sich in bloßen Beobachtungen. Wie sich jedoch später in wirklichen sozialen Interaktionen schnell erweist, entging Chance als bloßem Beobachter nahezu völlig der lebensweltliche Zusammenhang und kommu-

---

1 Der Titel der englischen Originalfassung lautet ›Being there‹. Buch und Drehbuch zu diesem Film stammen von Jerzy Kosinski (s. Kosinski 1970).

nikative Sinn der vor seinen Augen sich abspielenden sozialen Ereignisse. Soziale Wirklichkeit reduzierte sich für Chance auf die privaten Wahrnehmungen eines infantil bleibenden Zaungastes.
Wie ergeht es nun Chance außerhalb der Villa als notgedrungenem Teilnehmer an sozialen Interaktionen?
In einer schon aberwitzigen Weise gelingt es dem Film, Chance immer wieder erneut mit geradezu deutungswütigen Mitbürgern zusammenzubringen, die alle seine Äußerungen und Handlungen als sinnvoll interpretieren und ihn damit seine Fremdartigkeit gar nicht erfahren lassen. An die Stelle seiner früheren Einsamkeit ist nun die Pseudogemeinsamkeit getreten. Chance versteht nur etwas von der Gärtnerei und er versucht, auch alles andere aus diesem Blickwinkel zu verstehen. Dies verhindert keineswegs, daß er gesellschaftlich bis ganz nach oben aufsteigen kann. In einer Wirtschaftskrise wird er beispielsweise vom Präsidenten der Vereinigten Staaten um Rat gefragt. Chance erzählt vom Rhythmus der Jahreszeiten und der Präsident entnimmt dieser Rede sogleich ein Plädoyer für eine zyklische Wirtschaftstheorie samt konkreter Anweisungen für augenblicklich durchzuführende wirtschaftspolitische Maßnahmen.
Gleichgültig an welchen sozialen Interaktionen sich Chance beteiligt, es werden immer Mißverständnisse erzeugt. Dennoch können keine Verständigungsprobleme auftreten, denn die Filmgeschichte sorgt dafür, daß die Personen des Filmes ständig mit einer traumwandlerischen Sicherheit genau die Lesarten zu den kommunikativen Handlungen ihrer Interaktionspartner selegieren, die innerhalb der eigenen subjektiven Vorstellungswelt kohärent interpretiert werden können. Doch es ist eine ›Koordination ohne Wahrheit‹: während sich die Personen des Filmes ›subjektiv‹ in vollständiger Harmonie miteinander wähnen, vollziehen sich für den Filmbetrachter auf der Leinwand ›objektiv‹ soziale Katastrophen. Keiner versteht den anderen. In einem perfiden Perfektionismus leben die Personen des Filmes ständig aneinander vorbei.
War Chance in der Villa weitgehend beschränkt auf die Rolle eines bloßen Beobachters von sozialen Interaktionen, so wird er außerhalb der Villa weitgehend reduziert auf die Rolle eines bloßen Teilnehmers an sozialen Interaktionen. Nichts veranlaßt ihn dazu, aus der Teilnehmerperspektive herauszutreten und die irrsinnigen

sozialen Interaktionen, an denen er teilnimmt, einmal vom Standpunkt eines außenstehenden und potentiell ›objektiven‹ Beobachters zu betrachten. Nichts zwingt ihn zu einem Lernprozeß, der ihn dazu befähigen könnte, objektiv vorhandene Koordinationsprobleme wahrzunehmen und zu ihrer kommunikativen Lösung beizutragen.

Aber was könnte ihn denn eigentlich zu einem solchen Lernprozeß veranlassen? Und was wären die Voraussetzungen dafür, daß ein solcher Lernprozeß erfolgreich verlaufen könnte? Läßt sich für die Beantwortung dieser Fragen etwas aus dem mißglückten Ausflug von Chance in seine soziale Gegenwart lernen?

Die Erfahrungen, die Chance mit der Welt außerhalb der Villa macht, sind vor allem in einer Hinsicht höchst eigenartig: Chance erfährt keine Widersprüche, gleichgültig wie er sich verhält oder was er sagt. In einer Welt, in der gewöhnlich Meinungen und Interessen aufeinander prallen und sich oft genug wechselseitig ausschließen, führt Chance ein Leben ohne (interaktive) Widersprüche. Dafür muß er einen Preis bezahlen, den allerdings nur der externe Filmbetrachter ermessen kann. Chance bleibt bis an das Ende des Filmes ein Gefangener seiner subjektiven Vorstellungswelt. Im Grunde hat er die Villa nie verlassen. Weder für die Welt empirisch-theoretischer Tatsachen und die Welt sozialer Normen und moralischer Prinzipien noch für seine eigene Identität kann Chance mehr als ein bloß rudimentäres Verständnis entwickeln. All das bleibt für ihn kognitiv unerreichbar im Fluchtpunkt der sich in seinem Falle niemals ›berührenden‹ Perspektiven von Selbst und Anderem (ego und alter).

2. Zur generellen These des vorliegenden Buches

Einsamkeit und Pseudogemeinsamkeit blockieren Lernprozesse, die zu strukturell neuen kognitiven und sozialkognitiven Problemlösungen führen können. Im Verlaufe der Ontogenese, d. h. des Entwicklungs- und Bildungsprozesses des einzelnen Individuums, ermöglichen solche Lernprozesse (wenn sie nicht blockiert werden) eine fortschreitend angemessenere, kognitiv höherstufige Erkenntnis der Welt der Natur, der sozialen Welt und der inneren Welt des eigenen Selbst.

Ontogenetische Lernprozesse dieser Art werden im Rahmen der

folgenden Studien als ›fundamentales Lernen‹ bezeichnet; und die generelle These dieser Studien lautet: *fundamentales Lernen setzt kollektive Lernprozesse voraus.* Kollektive Lernprozesse[2] lassen sich als eine bestimmte Form des an Verständigung orientierten sozialen Handelns bzw. des kommunikativen Handelns verstehen: kollektive Lernprozesse vollziehen sich im wesentlichen in Form von kollektiven Argumentationen. Nur wenn soziale Akteure interindividuelle Widersprüche gemeinsam zu identifizieren und aufzulösen versuchen, wenn sie, mit anderen Worten, Handlungsprobleme argumentativ zu lösen versuchen, können individuelle Prozesse des fundamentalen Lernens in Gang gesetzt werden. Es sind die Strukturen und Prozesse des kollektiven Argumentierens, die den zentralen Mechanismus konstituieren, der fundamentalem Lernen zugrundeliegt.

Ziel der folgenden Studien ist es, diese generelle These durch eine Reihe theoretischer und empirischer Explorationen zu präzisieren, einen grundbegrifflichen (argumentationstheoretischen) Rahmen für eine empirische Analyse kollektiver Lernprozesse auszuarbeiten, auf dieser Grundlage eine Theorie der sozialen Konstitution kognitiver und moralischer Urteilsfähigkeiten zu entwickeln und zumindest ansatzweise empirisch zu überprüfen und, in diesem Sinne, einen Beitrag zur Grundlegung einer *soziologischen Lerntheorie* zu liefern. Ob und inwieweit der Autor im Verlauf der folgenden Studien diesem Ziel wenigstens einige Schritte nähergekommen ist, mag der Leser am Ende dieses Buches selbst beurteilen.

Mit den folgenden einleitenden Überlegungen und vorläufigen begrifflichen Unterscheidungen soll lediglich versucht werden, das Terrain abzustecken, innerhalb dessen die theoretischen und empirischen Erörterungen der folgenden Studien angesiedelt sind; ferner soll versucht werden, den systematischen Zusammenhang der einzelnen Fragestellungen zu skizzieren, die im Verlauf dieser Studien behandelt werden.

---

2 Vgl. zur Verwendungsweise dieses Begriffes im Rahmen der folgenden Studien auch das Kapitel 6 dieser Einleitung (›Lernen im Kollektiv und Lernen eines Kollektivs‹).

3. Urteilsfähigkeit und Rationalität

Unter *Lernen*³ wird umgangssprachlich der Erwerb von Fähigkeiten der unterschiedlichsten Art verstanden. Ein Kind lernt zu gehen, es lernt zu sprechen und später, in der Schule, lernt es Rechnen, Schreiben und Lesen. Es lernt Vokabeln und Texte, es erlernt Methoden zur Lösung bestimmter Probleme, und es lernt sozial bzw. normativ akzeptiertes von nicht akzeptiertem Verhalten zu unterscheiden. Es lernt Gefühle zu empfinden und zu unterdrücken, und es erlernt nicht zuletzt die Fähigkeit, vieles von dem, was es gelernt hat, einer kritischen Prüfung zu unterziehen. Kurz, von jedem Verhaltensmuster, das ein erwachsenes, biologisch ausgereiftes und sozialisiertes Exemplar der Gattung Mensch kennzeichnet, wird umgangssprachlich gesagt, daß es erlernt werden kann, obgleich sich die Bedingungen der Möglichkeit von Lernen und die Prozesse des Lernens z. B. im Falle der motorischen Entwicklung, der Sprachentwicklung oder der affektiven Entwicklung offensichtlich stark unterscheiden.

Dieser Kosmos von Lernphänomenen läßt sich untergliedern, indem vier elementare Fragen gestellt und zu beantworten versucht werden: Was wird gelernt? Wie wird gelernt? Was sind die Bedingungen der Möglichkeit für das Erlernen einer bestimmten Fähigkeit, oder kürzer, warum kann gelernt werden? Und können Unterschiede zwischen einzelnen Individuen auftreten, und was sind die Gründe für solche Unterschiede?

Je nachdem, wie diese Fragen im Hinblick auf ein bestimmtes Lernphänomen beantwortet werden, lassen sich nicht nur verschiedene Bereiche des Lernens (›Was wird gelernt?‹), sondern

---

3 Die Ausdrücke *Lernen* und *Entwicklung* besitzen in der Entwicklungspsychologie im allgemeinen bestimmte theoretische Konnotationen. Der Begriff ›Lernen‹ wird gewöhnlich empiristischen bzw. behavioristischen Ansätzen zugeordnet; der Begriff ›Entwicklung‹ dagegen reifungstheoretischen oder rationalistischen und konstruktivistischen Ansätzen (vgl. z. B. Chomskys Spracherwerbstheorie und Piagets Theorie der kognitiven Entwicklung). Im Rahmen dieses Buches werden jedoch die Ausdrücke ›Lernen‹ und ›Entwicklung‹ lediglich als stilistische Varianten für die Bezeichnung ontogenetischer Prozesse jeglicher Art verwendet. Damit soll auch terminologisch zum Ausdruck gebracht werden, daß die hier in Ansätzen entwickelte Theorie kollektiven Lernens sich weder den traditionellen empiristischen bzw. behavioristischen noch den traditionellen rationalistischen bzw. reifungstheoretischen und konstruktivistischen Lern- und Entwicklungstheorien unmittelbar zuordnen läßt.

auch verschiedene Lerntypen (›Wie und warum kann gelernt werden?‹) unterscheiden; und diese Unterscheidungen sind in der Regel folgenreich für die Beantwortung der Frage nach den Gründen für mögliche interindividuelle Lerndifferenzen.

Die in diesem Buch enthaltenen Studien befassen sich mit drei verschiedenen Bereichen des Lernens: *Sprache*, *Kognition* (empirisch-theoretisches Wissen) und *Moral* (normatives Wissen, das der Wahrnehmung und Bewertung von Formen der sozialen Beziehung zwischen Individuen zugrundeliegt). Und im Vordergrund dieser Studien stehen die beiden Fragen: Was sind die Bedingungen der Möglichkeit von Lernen innerhalb dieser Bereiche (›Warum kann gelernt werden?‹)? Und wie lassen sich entsprechende Lernprozesse beschreiben (›Wie kann gelernt werden?‹)?

Doch selbst dann, wenn lerntheoretische Probleme auf die Bereiche von Sprache, Kognition und Moral und damit auf die Kernbereiche der ›geistigen Fähigkeiten‹ des menschlichen Individuums begrenzt werden, scheint eine einheitliche Antwort auf diese beiden Fragen nicht möglich zu sein. Sprache, Kognition und Moral sind multidimensionale Fähigkeiten, und einzelne Dimensionen bzw. Komponenten dieser Fähigkeiten setzen möglicherweise unterschiedliche Lernbedingungen und Lerntypen voraus. Eine Theorie der Ontogenese, in deren Zentrum der Begriff eines ›kollektiven Lernprozesses‹ steht, wird deshalb von vornherein einen wesentlichen Beitrag allenfalls zur Erklärung bestimmter Aspekte in der Entwicklung von Sprache, Kognition und Moral liefern können. Der theoretische Anspruch, der im Verlauf der folgenden Studien formuliert, präzisiert und zu verteidigen versucht wird, beinhaltet somit nicht die These, daß eine Theorie des kollektiven Lernens die Entwicklung von Sprache, Kognition und Moral umfassend und erschöpfend erklären kann, sondern lediglich die schwächere These, daß ein bestimmter für den Bildungsprozeß des Einzelnen zentraler Aspekt von Sprache, Kognition und Moral kollektive Lernprozesse und entsprechende interaktive Lernmechanismen als Bedingungen der Möglichkeit von Lernen notwendig voraussetzt.

Dieser Aspekt läßt sich in einer ersten Annäherung als *Urteilsfähigkeit* des einzelnen Individuums bestimmen. Urteilsfähigkeit beinhaltet im wesentlichen zwei Komponenten: propositionales Wissen und Rationalität. *Propositionales Wissen* läßt sich definieren als ein Wissen, das von demjenigen, der es sich angeeignet hat, potentiell in Aussagen umgesetzt und im Bedarfsfalle auf Gründe zurückgeführt bzw. in Begründungszusammenhänge eingeordnet werden kann. *Rationalitätskonzepte* bzw. *Rationalitätsstandards*[4] legen für das einzelne Individuum fest, was es unter ›guten Gründen‹ bzw. unter einem ›wohlbegründeten propositionalen Wissen‹ versteht.

Rationalitätskonzepte und propositionales Wissen repräsentieren jedoch nicht zwei voneinander unabhängige Komponenten in der Urteilsfähigkeit des einzelnen Individuums. Rationalitätskonzepte bilden das Fundament für ein mögliches propositionales Wissen. Sie konstituieren die basalen theoretischen Prämissen eines Wissenssystems bzw. eine Methodologie für die Überprüfung der objektiven Gültigkeit eines möglichen propositionalen Wissens. Und obgleich das Rationalitätskonzept, dem der Einzelne bei seinen Urteilen folgt, von diesem in der Regel nicht explizit rekonstruiert und bewußt gemacht wird, bestimmt es doch maßgeblich die Art seines propositionalen Wissens. *Fundamentales Lernen* betrifft die Entwicklung von Rationalität bzw. rationaler Wissensstrukturen. Und in den folgenden Studien (mit Ausnahme der Studie über ›Sprachliche Sozialisation‹) wird die Ontogenese der *kognitiven und moralischen Urteilsfähigkeit* unter zwei Gesichtspunkten untersucht: erstens, inwiefern Rationalitätskonzepte (rekonstruiert als ›Logik der Argumentation‹) im Verlauf der Ontogenese des einzelnen Individuums dessen kognitives und moralisches Wissen determinieren; und zweitens, inwiefern die Ontogenese von Rationalitätskonzepten kollektive Lernprozesse (rekonstruiert als ›Formen einer kollektiven Argumentationspraxis‹) voraussetzt.

4 Der Begriff *Rationalität* wird im allgemeinen in sehr vielen unterschiedlichen Bedeutungen verwendet. Elster (1982), beispielsweise, unterscheidet in einem Überblicksartikel über die Forschungsliteratur zum Begriff ›Rationalität‹ mehr als 20 verschiedene Verwendungsweisen dieses Begriffes, die teilweise miteinander unvereinbar sind. Im Vergleich dazu orientieren sich die Studien des vorliegenden Bandes an einem relativ simplen und sehr allgemeinen Begriff von ›Rationalität‹: am Begriff ›guter Gründe‹ bzw. ›wohlbegründeter Urteile‹. Und die primäre Aufgabe dieser Studien wird nicht darin gesehen, eine philosophisch angemessene Theorie ›guter Gründe‹ bzw. ›wohlbegründeter Urteile‹ oder gar eine Theorie der Wahrheit zu liefern, sondern darin die entsprechenden Rationalitätskonzepte von Kindern und Jugendlichen auf unterschiedlichen Entwicklungsstufen wenigstens ansatzweise empirisch zu rekonstruieren und eine Theorie der Ontogenese im Hinblick auf die kognitive und moralische Urteilsfähigkeit des Einzelnen zu entwickeln.

Der im vorliegenden Zusammenhang verwendete Begriff von ›Rationalität‹, verstanden als eine Auslegung des Begriffes ›guter Gründe‹, entspricht dem in der Philosophie der Aufklärung, vor allem der Philosophie Kants, entwickelten Begriff einer ›theoretischen und praktischen Vernunft‹. Ganz im Sinne dieser philosophischen Tradition wird im Rahmen der folgenden Studien davon ausgegangen, daß ein universalistischer Begriff von Rationalität möglich ist; des weiteren wird im Sinne von Piagets ›genetischer Epistemologie‹ davon ausgegangen, daß die Prinzipien und Regeln der theoretischen und der praktischen Vernunft dem einzelnen Individuum nicht angeboren sind, sondern sich vielmehr erst im Verlaufe einer universellen Abfolge von Entwicklungsstufen herausbilden, daß ihre Entwicklung empirische Erfahrungen des einzelnen Individuums mit seiner natürlichen und sozialen Umwelt voraussetzt, und schließlich, daß das einzelne Individuum erst am Ende seines Entwicklungs- und Bildungsprozesses ein Bewußtsein von der apriorischen, aller Erfahrung vorausgehenden Geltung der Prinzipien und Regeln der theoretischen und der praktischen Vernunft erlangen kann. »Die Logik wird apriorisch, wenn man so sagen will, aber erst nach ihrer Vollendung und ohne dies anfänglich zu sein!« (Piaget 1975, S. 239)

Die Urteilsfähigkeiten des einzelnen Individuums lassen sich sowohl auf den Bereich der Sprache als auch auf die Bereiche von Kognition und Moral beziehen. Im einzelnen Individuum entwickelt sich ja normalerweise die Fähigkeit, objektiv angemessene und in diesem Sinne wohlbegründete Urteile sowohl über die Eigenschaften einer natürlichen Sprache als auch über die Natur der Dinge und über die Legitimität von Strukturen der sozialen Beziehung zwischen Individuen zu fällen. Dennoch besitzen die Bereiche von Sprache, Kognition und Moral im Kontext der Entwicklung individueller Urteilsfähigkeiten nicht genau denselben Stellenwert. Während sich Kognition und Moral im wesentlichen als Urteilsfähigkeiten des einzelnen Individuums verstehen lassen, ist Sprache mehr als eine bloße Urteilsfähigkeit. Urteilsfähigkeit ist nur eine unter vielen anderen Komponenten der sprachlichen und kommunikativen Fähigkeiten des einzelnen Individuums.

Innerhalb des Bereichs von Sprache erscheint Urteilsfähigkeit zunächst einmal als die spezifische Fähigkeit, Grammatikalitäts- und Akzeptabilitätsurteile über verwendete sprachliche Ausdrücke zu fällen. Wichtiger im vorliegenden Zusammenhang ist jedoch, daß

Urteilsfähigkeit als solche (d.h. gleichgültig, ob es sich im einzelnen um sprachliche, kognitive oder moralische Urteile handelt) im wesentlichen eine Fähigkeit zur Verwendung einer spezifischen Form von Sprache und Kommunikation darzustellen scheint. In diesem Sinne spielt Sprache, genauer: ein bestimmter Typus kommunikativen Handelns, nämlich kollektive Argumentationen, eine Doppelrolle für das im Verlauf der folgenden Studien entwickelte Konzept systematischer Zusammenhänge zwischen Urteilsfähigkeit und kollektiven Lernprozessen. Einerseits ist die Fähigkeit, an kollektiven Argumentationen teilzunehmen, ein Gegenstand möglicher Lernprozesse, und in den Strukturen dieses Lerngegenstandes manifestieren sich unmittelbar mögliche Strukturen einer vom einzelnen Individuum erlernbaren rationalen Urteilsfähigkeit; andererseits konstituiert die Praxis kollektiver Argumentationen einen grundlegenden Mechanismus für die Entwicklung rationaler Urteilsfähigkeiten im einzelnen Individuum.

Dieser Doppelrolle von ›Argumentation‹ im Kontext der im folgenden entwickelten Theorie kollektiver Lernprozesse entspricht die Unterscheidung zwischen ›argumentativem Lernen‹ und ›Lernen zu argumentieren‹.

Bevor im folgenden auf diese Unterscheidung noch etwas näher eingegangen wird, soll kurz versucht werden, die Bedeutung einer Theorie kollektiver Lernprozesse vor dem Hintergrund der in der Psychologie und der Soziologie gegenwärtig dominierenden Lern- und Entwicklungstheorien zu bestimmen.

4. Genetischer Individualismus und genetischer Interaktionismus

Die These, daß fundamentales Lernen kollektive Lernprozesse voraussetzt, kann sich auf Grundannahmen einiger soziologischer und psychologischer Klassiker berufen. Vor allem Durkheim, Mead, der frühe Piaget und Vygotski versuchten in ihren Arbeiten zu zeigen, daß ›soziale Kooperation‹ bzw. ›soziale Interaktion‹ sowohl auf der Ebene des Individuums als auch auf der Ebene der Gesellschaft einen grundlegenden Mechanismus für Prozesse des kognitiven und moralischen Lernens darstellen. Diese Sichtweise steht in einem scharfen Gegensatz zu den gegenwärtig in der Psychologie und Soziologie dominierenden Lern- und Entwick-

lungstheorien. In deren Kontext erscheint das lernende Individuum im wesentlichen als ein monologisches Subjekt: »a free-standing isolable being who moves through development as a self-contained and complete individual« (Kessen 1979).
Wer gegenwärtig versucht, diesen ›methodologischen Individualismus‹ im Bereich von Lern- und Entwicklungstheorien zu unterlaufen, indem er sich auf jene Klassiker der Soziologie und Psychologie beruft, dem wird in der Regel entgegengehalten, daß soziale Kooperation selbst entsprechende Fähigkeiten auf seiten der daran beteiligten Individuen voraussetzt und daß folglich ›soziale Kooperation‹ keinen primären oder grundlegenden Lernmechanismus konstituieren kann, sondern vielmehr selbst noch ›intraindividuelle‹ Lernprozesse und damit Lern- bzw. Entwicklungsmechanismen voraussetzt, die sich auf das einzelne Individuum und dessen mentale Aktivitäten begrenzen lassen. Diese Sichtweise charakterisiert den *genetischen Individualismus.*
Für einen Vertreter des genetischen Individualismus ist soziale Kooperation allenfalls ein Gegenstand des individuellen Lernens; und die Art und das Ausmaß möglicher Rückwirkungen einer sozialen Kooperation auf die Ontogenese von Kognition und Moral erscheint im Rahmen dieses Paradigmas als vollständig determiniert durch das jeweilige Entwicklungsniveau des einzelnen Individuums – ein Entwicklungsniveau, von dem unterstellt wird, daß es im wesentlichen durch individuelle Lernprozesse erreicht worden ist.
Seine Überzeugungskraft verdankt der genetische Individualismus vor allem den folgenden beiden Grundannahmen, die in der Psychologie und Soziologie heute weithin zum Bestand eines wissenschaftlichen ›common sense‹ gezählt werden.
Die *erste* dieser beiden Grundannahmen lautet: ›Da Fähigkeiten einer jeglichen Art nur dem einzelnen Individuum zugeschrieben werden können, kann auch nur das einzelne Individuum etwas erlernen.‹ Diese Grundannahme läßt sich wohl kaum sinnvoll bestreiten. Wenn von einer sozialen Gruppe gesagt wird, daß sie etwas Neues gelernt hat, oder wenn von einer Gesellschaft gesagt wird, daß sie einen sozialen Wandel vollzogen hat, so wird lediglich ausgesagt, daß jedes Mitglied (oder doch zumindest eine überwiegende Anzahl von Mitgliedern) jener sozialen Gruppe oder Gesellschaft etwas Identisches gelernt und einen entsprechenden Lernprozeß durchlaufen hat. Erklärungsbedürftig bleibt

dann zwar, wie es möglich ist, daß Mitglieder einer Gruppe das gleiche erlernen konnten; aber dies allein würde nicht ausreichen, um jene Grundannahme des genetischen Individualismus zu erschüttern.
Die *zweite* dieser beiden Grundannahmen lautet: ›Da nur das einzelne Individuum etwas erlernen kann, können auch die Mechanismen und Prozesse des Lernens nur dem einzelnen Individuum zugeschrieben werden.‹ Kurz: das einzelne Individuum lernt als einzelnes Individuum. Lernen ist ein individueller Prozeß.
Aber auch wenn sich im Verlaufe der Ontogenese kognitiver und moralischer Urteilsfähigkeiten die Ergebnisse von Lernprozessen als mentale Entitäten nur im Kopfe des einzelnen Individuums niederschlagen können, so folgt daraus nicht zwingend, daß sich die Prozesse des Lernens ausschließlich auf die mentalen Aktivitäten eines einzelnen Individuums begrenzen lassen. Es ist diese zweite Grundannahme des genetischen Individualismus, die mit dem vorliegenden Buch bestritten wird.
Für den *genetischen Individualismus* sind Prozesse des kognitiven und moralischen Lernens im wesentlichen *monologische* Prozesse eines einzelnen Individuums. Für den *genetischen Interaktionismus* sind dagegen Prozesse des kognitiven und moralischen Lernens im wesentlichen *dialogische* Prozesse – Prozesse, die nur als eine Koordination der mentalen Aktivitäten von mindestens zwei Individuen und, in diesem Sinne, als *kollektive Prozesse* möglich sind.
Die Sichtweisen des genetischen Individualismus und des genetischen Interaktionismus schließen einander wechselseitig aus. Aber welche der beiden Sichtweisen eröffnet den theoretisch und empirisch angemesseneren Zugang für ein Verständnis der Prozesse fundamentalen Lernens?
Zweifellos haben sich die gegen empiristische (behavioristische) Lerntheorien gerichteten mentalistischen Versionen des genetischen Individualismus während der letzten Jahrzehnte als außerordentlich fruchtbar für die empirische Erforschung der Ontogenese von Kognition und Moral erwiesen. Niemals zuvor hat es eine derart beeindruckende Fülle an Kenntnissen darüber gegeben, welche Urteilsfähigkeiten Kinder und Jugendliche auf bestimmten Entwicklungsstufen im Hinblick auf die Welt der Natur und die Welt sozialer Beziehungen besitzen, welche mentalen Strukturen diesen Urteilsfähigkeiten zugrundeliegen und inwie-

fern sich diese Entwicklung mentaler Strukturen als eine Entwicklung von fortschreitend rational höherstufigen Formen einer Urteilsbildung interpretieren läßt. Aber die Frage, wie sich die *Prozesse* verstehen lassen, die dieser Entwicklung von Urteilsfähigkeiten zugrundeliegen, diese Frage ist weitgehend rätselhaft geblieben.

Von einer Lern- bzw. Entwicklungstheorie kann jedoch legitimerweise erwartet werden, daß sie eine Antwort auf die Frage liefert, wie das in der Entwicklung *Neue entstehen* kann. Daß diese Grundfrage einer jeden Lern- und Entwicklungstheorie jedoch gegenwärtig so sehr aus dem Bewußtsein von Wissenschaftlern entschwinden konnte, dies muß entweder an den Schwierigkeiten dieser Frage oder an den Alltagsroutinen des akademischen Wissenschafts- und Karrierebetriebes oder an beidem liegen. Worin liegen jedoch die Schwierigkeiten dieser Frage?

Jede Antwort auf die Frage, wie das in der Entwicklung Neue entstehen kann, ist – wie bereits Sokrates in Platons Dialog ›Menon‹ in aller Schärfe herausgearbeitet hat – an das folgende Validitätskriterium gebunden: es muß gezeigt werden können, daß das in der Entwicklung Neue das in der Entwicklung Alte voraussetzt und es dennoch systematisch überschreitet, andernfalls kann es kein Neues geben bzw. ist das Neue bereits ein Altes, und der Begriff ›Lernen‹ oder ›Entwicklung‹ verliert dann jeglichen Sinn[5].

Wenn das in der Entwicklung Neue eine rational höherstufige Form der kognitiven und moralischen Urteilsfähigkeit darstellt, so führt die Frage, wie das in der Entwicklung Neue entstehen kann, zwingend zu drei allgemeinen Fragen einer *genetischen Epistemologie*:

Wie kann für das einzelne Individuum im Verlaufe seiner Ontogenese fortlaufend (bzw. in einer Abfolge von Entwicklungsstufen) die Geltung seines bereits erworbenen (alten) Wissens, insbesondere die Geltung der impliziten theoretischen und methodologischen Grundlagen dieses Wissens, erschüttert bzw. relativiert werden? Wie kann das einzelne Individuum neue, sein gegenwärtiges Wissen systematisch überschreitende lernrelevante Erfahrungen machen? Und wie ist eine universelle Entwicklungsdynamik möglich; oder, anders ausgedrückt, kann es für das ein-

---

5 Vgl. dazu die Diskussion des ›Menon-Paradoxes‹ in der Studie ›Kollektive Lernprozesse und Moral‹.

zelne Individuum einen Zwang zur Fortentwicklung seines Wissens in die Richtung einer universalisierbaren rationalen Urteilsfähigkeit geben? Da das in der Entwicklung Neue zumindest nicht vollständig aus dem in der Entwicklung Alten abgeleitet werden kann, muß es für das lernende Individuum eine Möglichkeit der *Erfahrungskonstitution* geben, aufgrund deren es die Grenzen seines bereits erworbenen Wissens und die Restriktionen seiner bereits erworbenen Wissensstrukturen systematisch überschreiten kann. Nur dann kann die Geltung dieses Wissens grundlegend relativiert werden, können entscheidende Anhaltspunkte für eine Reorganisation und strukturelle Fortentwicklung dieses Wissens gefunden werden und kann es einen objektivierbaren Zwang zur strukturellen Fortentwicklung dieses Wissens geben. Was jedoch für das lernende Individuum Gegenstand einer möglichen Erfahrung sein kann, wird nicht zuletzt durch bereits erworbenes Wissen und Strukturen dieses Wissens determiniert. Wie kann dann jedoch für das lernende Individuum eine Dimension von Erfahrungen konstituiert werden, innerhalb deren eine *Selbstüberschreitung* des vom einzelnen Individuum bereits erworbenen Wissens und der Strukturen dieses Wissens möglich ist?

Es ist diese *Dialektik von Wissen und Erfahrung*, die ein theoretisches Verständnis und eine empirische Rekonstruktion von Prozessen des fundamentalen Lernens so schwierig macht. Und es sind die damit zusammenhängenden Grundfragen einer genetischen Epistemologie, die den entscheidenden Prüfstein dafür bilden, ob sich Prozesse des fundamentalen Lernens eher im Sinne eines monologischen Lernprozesses (genetischer Individualismus) oder im Sinne eines dialogischen und damit kollektiven Lernprozesses (genetischer Interaktionismus) verstehen lassen.

Da innerhalb des Paradigmas des *genetischen Individualismus* Prozesse des Lernens ausschließlich auf die mentalen Prozesse des einzelnen Individuums als einem einzelnen Individuum begrenzt werden, kann auch die Konstitution lernrelevanter (bereits erworbenes Wissen systematisch transzendierender) Erfahrungen nur als eine mentale Leistung des einzelnen, monologischen Subjektes begriffen werden. Die sich aus dieser Grundprämisse ergebenden und aus der Reflexionsphilosophie des deutschen Idealismus hinlänglich vertrauten Aporien lassen sich dann scheinbar nur noch dadurch auflösen, daß das in der Entwicklung Neue aufgefaßt wird als eine dem einzelnen Individuum angeborene, gattungsspezifische Potenz, die ihre eigene Aktualisierung hervorzubringen vermag. Es liegt somit in der Konsequenz des genetischen Individualismus, daß im wesentlichen ein reifungstheoretischer (nativistischer) Erklärungsmodus für fundamentales Lernen gewählt wird. Gerade die Schwierigkeiten und inneren Widersprüche von Piagets genetischer Epistemologie, die von Piaget selbst und von vielen seiner Interpreten als eine ›Überwindung‹ reifungstheoretischer Erklärungsmodelle verstanden wird, bieten für diesen internen Zwang des genetischen Individualismus zur Konstruktion reifungstheoretischer Erklärungsmodelle ein reiches Anschauungsmaterial[6]. Reifungstheoretische Rekonstruktionen von Prozessen des fundamentalen Lernens geraten jedoch zwangsläufig in den Sog des Menon-Paradoxes. Wenn das lernende Subjekt das in der Entwicklung Neue bereits auf irgendeine (in der Regel nur in biologischen Metaphern ausdrückbare) Weise kennen muß, um es allererst kennenlernen zu können, dann ist das in der Entwicklung Neue bereits mit dem in der Entwicklung Alten identisch; oder aber eine solche Identität liegt nicht vor, dann entsteht erneut das Problem, wie aufgrund von Erfahrungen die Differenz zwischen dem in der Entwicklung Alten und Neuen überbrückt werden kann. Das Menon-Paradox ist ein Paradox des genetischen Individualismus. Der genetische Individualismus scheitert zwangsläufig an einer Auflösung der Grundprobleme einer genetischen Epistemologie.

Was den *genetischen Interaktionismus* vom genetischen Individualismus unterscheidet, ist nicht ein grundsätzlicher Verzicht auf nativistische Annahmen. Selbst der dümmste Mensch verfügt noch über intellektuelle Fähigkeiten, die das intelligenteste Tier nicht besitzt (z.B. die Fähigkeit, eine Sprache zu entwickeln). Und auch für Prozesse einer Koordination der mentalen Aktivitäten mehrerer Individuen müssen grundlegende dem einzelnen Individuum angeborene, gattungsspezifische Fähigkeiten vorausgesetzt werden. Denn offenbar unterliegen auch Handlungskoordinationen bei Tieren und Menschen qualitativ unterschiedlichen Restriktionen.

Was den genetischen Interaktionismus jedoch ganz wesentlich

---

6 Vgl. dazu die Studien ›Antagonismen und Argumente‹ und ›Kollektive Lernprozesse und Moral‹.

vom genetischen Individualismus unterscheidet, ist die Grundannahme, daß die kollektive und symbolisch vermittelte Anwendung von auf das einzelne Individuum begrenzten mentalen Fähigkeiten für die beteiligten Individuen zu einem Prozeß der Erfahrungskonstitution führen kann, mit dessen Hilfe das einzelne Subjekt potentiell die Probleme einer Dialektik von Wissen und Erfahrung auflösen kann – natürlich nicht auf der Ebene einer theoretischen (philosophischen) Rekonstruktion, sondern auf der Ebene eines faktischen Vollzugs[7].

Nur in der sozialen Gruppe und aufgrund der sozialen Interaktionsprozesse zwischen den Mitgliedern einer Gruppe kann das einzelne Individuum jene Erfahrungen machen, die fundamentale Lernschritte ermöglichen. Es ist diese These, die in den Arbeiten der zu Beginn dieses Kapitels genannten soziologischen und psychologischen Klassiker als ein gemeinsamer Grundgedanke erscheint und das klassische Paradigma eines genetischen Interaktionismus begründet. Zugleich wird an dieser These erkennbar, welches die zentralen Probleme dieses Paradigmas sind: Wie ist ein kollektiver Prozeß der Erfahrungskonstitution möglich? Wie kann das einzelne Individuum durch seine Partizipation an diesem kollektiven Prozeß Erfahrungen machen, mit denen es die strukturellen Restriktionen seines bereits erworbenen Wissens systematisch überschreitet? Und wie kann dieser kollektive Lernprozeß zu fortschreitend rational höherstufigen Formen des individuellen Wissens bzw. der individuellen Urteilsfähigkeit führen?

Man wird zweifellos zugeben müssen, daß es weder jenen Klassikern noch ihren bisherigen Interpreten gelungen ist, diese Fragen auf eine theoretisch explizite und empirisch verifizierbare Weise zu beantworten und damit die Programmatik des genetischen Interaktionismus zu konkretisieren. Und wenn man sich darüber klarzuwerden versucht, was eine entsprechende Theorienbildung und empirische Forschung am meisten gehemmt hat und weshalb das Paradigma des genetischen Interaktionismus als eine grundlegende theoretische Forschungsperspektive zumindest bislang so wenig Überzeugungskraft entwickeln konnte, so bieten sich als eine Erklärung für diesen Sachverhalt vor allem zwei theoretische und methodologische Unklarheiten jenes Paradigmas an:

---

7 Vgl. hierzu die Unterscheidung zwischen ›knowing that‹ und ›knowing how‹ in Ryle (1949).

Obgleich ›soziale Interaktion‹ bzw. ›soziale Kooperation‹ in diesem Paradigma einen zentralen explanatorischen Stellenwert besitzen, konnten jene Klassiker und ihre Interpreten keinen *grundbegrifflichen Rahmen* für ein theoretisches Verständnis und für eine empirische Analyse der kollektiven Prozesse liefern, aufgrund deren ›soziale Interaktion‹ als ein Mechanismus der Erfahrungskonstitution und damit als ein fundamentaler Lernmechanismus wirksam werden kann. Ferner blieb unklar, inwiefern ›soziale Interaktion‹ ein Gegenstand des individuellen Lernens und zugleich ein Mechanismus für die Erlernung dieses Gegenstandes sein kann.

Läßt sich dieses Theoriedefizit innerhalb eines argumentationstheoretischen Erklärungsansatzes ausgleichen?

5. Argumentatives Lernen und Lernen zu argumentieren

Mancher Leser wird darüber erstaunt sein, daß der ›Praxis kollektiver Argumentationen‹ und den ›argumentativen Fähigkeiten des einzelnen Individuums‹ im Rahmen einer Theorie der Ontogenese kognitiver und moralischer Urteilsfähigkeiten ein derart zentraler Stellenwert zugeordnet wird. Dieser theoriestrategischen Bedeutung von *Argumentation* liegt ein bestimmtes Verständnis des Phänomens ›Argumentation‹ zugrunde. Dazu einige vorläufige Erläuterungen und begriffliche Unterscheidungen[8].

Begriffe wie ›soziale Interaktion‹, ›soziale Kooperation‹, ›symbolische Interaktion‹ oder ›kommunikatives Handeln‹ konstituieren Gegenstandsbereiche, die viel zu weit und unspezifisch sind, um jene kollektiven Prozesse rekonstruieren zu können, die fundamentalem Lernen zugrundeliegen.

Wenn z.B. zwei Personen zusammen einen Tisch tragen, oder wenn ein Nachbar zuruft: »Guten Morgen!« und man selbst antwortet: »Ist das Wetter nicht schön heute?«, so repräsentiert dies bestimmte Typen der sozialen Interaktion bzw. des kommunikativen Handelns. Es ist jedoch kaum anzunehmen, daß diese Interaktionsformen für die daran Beteiligten überhaupt irgendwelche Lernprozesse auslösen können. In beiden Fällen ist es ohne weite-

---

[8] Vgl. hierzu vor allem das Kap. ›Elemente eines grundbegrifflichen Rahmens für die empirische Analyse von Argumentationen‹ in der Studie ›Kollektive Lernprozesse und Moral‹.

res denkbar und, empirisch gesehen, sogar eher die Regel, daß keine interindividuellen Koordinationsprobleme auftreten, für die nach einer kollektiven Lösung allererst noch gesucht werden muß. Und wenn solche Probleme dennoch entstehen würden, so ließen sie sich auf der Ebene dieser sozialen Handlungstypen nicht auflösen.

Nur von solchen sozialen bzw. kommunikativen Handlungen, deren primäres Handlungsziel und deren Funktionsweise genau darin besteht, kollektive Lösungen für interindividuelle Koordinationsprobleme zu entwickeln, kann (wenn überhaupt) sinnvollerweise angenommen werden, daß durch sie grundlegende Lernprozesse ausgelöst werden können. Nur *ein* sozialer bzw. kommunikativer Handlungstyp scheint diese Bedingung zu erfüllen, und dies ist der *kollektive Diskurs* oder, um einen etwas genaueren Terminus zu verwenden, die *kollektive Argumentation*.

Kollektive Argumentationen können empirisch in sehr unterschiedlichen Erscheinungsformen auftreten.

Eine kollektive Argumentation kann beispielsweise einen privaten oder einen öffentlichen Charakter besitzen. Private Argumentationen sind z.B. die spontane Auseinandersetzung auf einem Kinderspielplatz, der Alltagskonflikt zwischen Gleichaltrigen oder zwischen einem Kind und einem Erwachsenen, der plötzlich aufflammende Streit auf einer Party oder der Clinch zwischen Ehepartnern. Öffentliche Argumentationen sind z.B. die Diskussion im Schulunterricht, die Auseinandersetzung vor Gericht, die politische Debatte oder der wissenschaftliche Disput. Im Vergleich zu privaten Argumentationen unterliegen öffentliche Argumentationen teilweise anderen bzw. stärkeren Restriktionen, z.B. über mögliche Formen des ›turn-taking‹, zugelassene Themen, Dauer, Stil etc. Die Unterscheidung privat/öffentlich läßt sich weiter differenzieren, wenn die innerhalb der beiden Dimensionen jeweils möglichen sozialen und institutionellen Kontexte berücksichtigt werden.

Kollektive Argumentationen lassen sich unterschiedlichen Typen von ›Quaestiones‹ zuordnen, die sich auf unterschiedliche Wissensbereiche beziehen. Kants berühmte Quaestiones in seinen ›Logikvorlesungen‹: »Was kann ich wissen? Was soll ich tun? Was darf ich hoffen? Was ist der Mensch?« (Kant 1968, Vol. V, S. 448) beziehen sich auf den Bereich des empirisch-theoretischen, des moralisch-praktischen, des theologischen und des anthropologischen Wissens. Mögliche weitere Bereiche sind z.B. der Bereich des ästhetischen und der Bereich eines affektiven Wissens.

Kollektive Argumentationen können Teil eines komplexeren kommunikativen Handlungszusammenhanges sein, z.B. wenn der übergeordnete Handlungszusammenhang ein gemeinsames Spiel darstellt und sich die daran Beteiligten im Verlaufe dieses Spieles über die Auslegung von Spielregeln in die Haare geraten. Kollektive Argumentationen können jedoch ebenfalls einen übergeordneten Handlungszusammenhang darstellen, der Formen anderer kommunikativer Handlungstypen als integrale Bestandteile enthält; z.B. wenn ein Argumentationsteilnehmer seine Gründe mit Hilfe eines Witzes durchsetzen möchte oder wenn eine argumentative Auseinandersetzung zeitweilig in ein Informationsgespräch übergeht.

Kollektive Argumentationen lassen sich danach unterscheiden, ob einzelne oder alle der daran Beteiligten das Gewicht eher auf die Erreichung des primären Handlungszieles, die gemeinsame Beantwortung einer strittigen Frage, legen, oder ob sie die kommunikative Institution einer kollektiven Argumentation vorwiegend dazu ausnützen, um – gerade auf der Grundlage einer gemeinsam präsupponierten Geltung des primären Handlungszieles – sekundäre Handlungsziele zu verfolgen, z.B. unter allen Umständen eigene Interessen durchzusetzen, den anderen ins Unrecht zu setzen, ihn als einen Schwachkopf erscheinen zu lassen oder sonstwie zu demütigen oder zu ›punkten‹ (besonders in wissenschaftlichen Argumentationen).

Alle diese und noch viele weitere Unterscheidungen von empirischen Erscheinungsformen der kollektiven Argumentation spielen eine bedeutsame Rolle, wenn empirisch untersucht werden soll, ob und inwiefern eine kollektive Argumentation unter den daran Beteiligten Lernprozesse auslösen konnte. Aber noch den unterschiedlichsten Erscheinungsformen ist eines gemeinsam: sie setzen unter den Beteiligten die Wahrnehmung von interindividuellen Koordinationsproblemen voraus und sie stellen einen Versuch dar, kollektive Lösungen zu entwickeln, gleichgültig ob dies in einer expliziten Form geschieht oder nur implizit anklingt. Es ist diese Grundeigenschaft, die kollektiven Argumentationen innerhalb einer Theorie kollektiver Lernprozesse und damit für die Ausarbeitung des Paradigmas des genetischen Interaktionismus einen zentralen Stellenwert verleiht.

Wie unterscheiden sich jedoch kollektive Argumentationen von individuellen Argumentationen?
Kollektive Argumentationen werden im folgenden als der Prototyp einer möglichen Argumentation aufgefaßt. Kollektive Argumentationen repräsentieren eine, kommunikativ gesehen, nicht mehr weiter hintergehbare Methode zur Lösung interpersoneller Koordinationsprobleme. Mit der Formulierung ›nicht mehr weiter hintergehbar‹ wird behauptet, daß zwei prinzipiell mögliche Reduktionen dieser Methode auszuschließen sind.
Erstens, Argumentationen können im Kontext einer kommunikativen Lösung interpersoneller Koordinationsprobleme nicht auf einen noch elementareren Typus kommunikativen Handelns zurückgeführt werden. Zwar können interpersonelle Konflikte auf alle möglichen Weisen ›bereinigt‹ oder auch einfach unterdrückt werden; eine kommunikative Lösung setzt jedoch voraus, daß ein Konsens gefunden worden ist, und dies kann nur im Rahmen einer kollektiven Argumentation (wie rudimentär sie auch immer vollzogen worden sein mag) geschehen.
Zweitens, die Methode der kollektiven Argumentation läßt sich hinsichtlich ihrer konstituierenden Eigenschaften nicht durch eine Reduktion auf die Methode einer bloß individuellen Argumentation beschreiben und erklären. Zwar spielen sich auch kollektive Argumentationen letztlich im Kopfe der daran beteiligten Subjekte ab, aber die konstituierenden Eigenschaften einer kollektiven Argumentation lassen sich nur innerhalb eines interaktionstheoretischen Bezugrahmens hinreichend verstehen.
Diese konstituierenden Eigenschaften betreffen in erster Linie das primäre Handlungsziel einer kollektiven Argumentation und die sprachlich-kommunikativen Mittel, um dieses primäre Handlungsziel zu erreichen. Das primäre Handlungsziel einer kollektiven Argumentation besteht darin, eine gemeinsam zu identifizierende strittige Frage (die Quaestio einer jeweiligen Argumentation) gemeinsam zu beantworten. Und die einzelnen Redebeiträge, mit deren Hilfe Argumentationsteilnehmer das primäre Handlungsziel ihrer Argumentation zu erreichen versuchen, lassen sich – auf der Ebene letzter, noch sinnstiftender Analyseeinheiten – auf Ja/nein Stellungnahmen und damit auf elementare Dialogformen zurückführen. Eine Argumentation, die von einem einzelnen Individuum durchgeführt wird (individuelle Argumentation), läßt sich in der Regel als ein Teil einer umfassenderen kollektiven

Argumentation verstehen; und die elementaren ›Bausteine‹, aus denen eine individuelle Argumentation zusammengesetzt ist (Ja/nein Stellungnahmen), setzen zumindest einen virtuellen Dialogpartner voraus.

Welches sind nun die elementaren Fähigkeiten, die das einzelne Individuum erwirbt, wenn es *zu argumentieren lernt*?

Eine kollektive Argumentation ist dann erfolgreich, wenn es den daran Beteiligten mit ihren Redebeiträgen gelingt, eine gemeinsam akzeptierte Menge von Aussagen zu finden, auf deren Grundlage eine Einigung über eine der prinzipiell möglichen Antworten auf die Quaestio erfolgen kann. Mit anderen Worten: etwas zu Beginn einer Argumentation noch kollektiv Strittiges (eine der prinzipiell möglichen Antworten auf die strittige Frage) soll mit Hilfe von kollektiv Geltendem in etwas kollektiv Geltendes überführt werden können.

Die zentrale Schwierigkeit einer kollektiven Argumentation liegt nun darin, daß die Ermittlung kollektiv geltender und entscheidungsrelevanter Aussagen auf seiten der Beteiligten die Fähigkeit zu bestimmten Konfigurationen von Ja/nein Stellungnahmen voraussetzt. Argumentationsteilnehmer müssen in der Lage sein, zu *widersprechen und dennoch ein gemeinsames Ziel zu verfolgen*, wenn das primäre Handlungsziel wenigstens im Prinzip erreicht werden können soll. Die für die Lösung interpersoneller Koordinationsprobleme konstitutive Methode der kollektiven Argumentation ist somit im wesentlichen eine Methode des Widersprechens; und die für Argumentationen charakteristischen sprachlich-kommunikativen Mittel (mit deren Hilfe Argumentationsteilnehmer das primäre Handlungsziel einer Argumentation zu erreichen versuchen) lassen sich somit im wesentlichen als kommunikative Formen von Widersprüchen bzw. als die Sprechhandlung ›Widersprechen‹ verstehen.

Die *Logik der Argumentation* befaßt sich mit der Frage, welches die legitimen kommunikativen Formen von Widersprüchen sind. Und diese Frage wird im Rahmen des vorliegenden Buches verstanden als die Frage, welches die Prinzipien und Regeln sind, denen Argumentationsteilnehmer faktisch folgen, wenn es ihnen gelingt, durch argumentative Prozesse des Widersprechens (und Zustimmens) eine konsensuelle Identifikation und Auflösung einer Streitfrage zu erreichen.

Ein Verständnis der Logik der Argumentation setzt in erster Linie empirische Rekonstruktionen und nicht irgendwelche normativen Präskriptionen voraus. Weiterhin wird die Logik einer (kollektiven) Argumentation verstanden als eine Explikation des Rationalitätskonzeptes, das der Urteilsbildung der einzelnen Individuen zugrundeliegt. Denn auch für das einzelne Individuum können letztlich ›gute Gründe‹ bzw. ›wohlbegründete Urteile‹ nur dasjenige sein, was sich im Rahmen einer kollektiven Argumentation als ›gute Gründe‹ bzw. ›wohlbegründete Urteile‹ erweist. ›Gute Gründe‹ sind in letzter Instanz ein Resultat kollektiver Argumentationsprozesse und somit abhängig von der Logik der Argumentation, die den faktischen Verlauf einer kollektiven Argumentation bestimmt. Andererseits besitzt für das einzelne Individuum das (implizite) Verständnis der Logik empirisch erfahrener Argumentationen eine normative Kraft bzw. eine normative Geltung. Wenn sich jedoch die Universalisierbarkeit eines solchen Geltungsanspruches überhaupt rechtfertigen läßt, dann vermutlich nur dadurch, daß empirische Evidenz dafür geliefert werden kann, daß sich jener Universalitätsanspruch auf eine Logik der Argumentation bezieht, die ein universelles Telos des individuellen Entwicklungs- und Bildungsprozesses darstellt.

Es ist die Logik der Argumentation, die den Kern der argumentativen Fähigkeiten des einzelnen Individuums bildet. *Lernen zu argumentieren* beinhaltet im wesentlichen ein Erlernen der Logik der Argumentation. Und im Verlauf der folgenden Studien soll zumindest ansatzweise empirisch zu zeigen versucht werden, daß die Ontogenese der Logik der Argumentation im einzelnen Individuum fortschreitend rational höherstufige Formen einer kognitiven und moralischen Urteilsfähigkeit und entsprechende kognitive und moralische Konzepte hervorbringt.

Wie und unter welchen elementaren Voraussetzungen kann jedoch das einzelne Individuum lernen zu argumentieren? Es ist diese Frage, die im Verlauf der folgenden Studien immer mehr in den Vordergrund gerückt und mit Hilfe einer Reihe umfänglicher theoretischer und empirischer Analysen zu beantworten versucht wird. An dieser Stelle können jedoch nur einige Grundannahmen dieser Analysen kurz skizziert werden.

Was in kollektiven Argumentationen vom einzelnen daran beteiligten Individuum letztlich gelernt wird, ist das Argumentieren selbst. Lernen zu argumentieren setzt die Praxis kollektiver Argumentationen als Erfahrungsgegenstand und als Bedingung der

Möglichkeit von Lernen voraus. Wie kann jedoch ›Argumentation‹ ein Lerngegenstand und zugleich ein Mechanismus für die Erlernung dieses Lerngegenstandes sein? Was heißt *argumentatives Lernen*?

Wenn ein ›ego‹ und ein ›alter ego‹ sich bei einem Auftreten strittiger Fragen auf Argumentationen einlassen, um einen Dissens gemeinsam zu identifizieren und allein mit kollektiv (für beide) geltenden Gründen aufzulösen, und wenn sich diese Art der Problem- und Konfliktlösung zu einer sozialen Praxis verfestigt, so wird sich daraus zwangsläufig die Logik der Argumentation mit allen ihren normativen Implikationen entfalten.

Zweifellos ist dies eine idealisierende Beschreibung des ›argumentativen Lernens‹. Entscheidend für die im folgenden entwikkelte Theorie des ›argumentativen Lernens‹ bzw. des ›kollektiven Lernens‹ ist jedoch, daß diese Idealisierung nicht einfach als irrelevant oder als wirklichkeitsfremd beiseitegeschoben wird, sondern daß diese Idealisierung kompetenztheoretisch begriffen wird; d.h. daß davon ausgegangen wird, daß mit dieser Idealisierung eine empirisch mögliche Form des Lernens beschrieben wird und sich diese Idealisierung durch eine empirische Rekonstruktion von grundlegenden *Kooperationsprinzipien einer kollektiven Argumentation* rechtfertigen läßt. Abweichungen von dieser idealisierten Form des argumentativen Lernens lassen sich dann ihrerseits durch empirisch überprüfbare Annahmen über mögliche Verletzungen dieser Kooperationsprinzipien erklären.

In der Studie ›Kollektive Lernprozesse und Moral‹ werden drei Kooperationsprinzipien einer Argumentation unterschieden, und es wird die empirische These zu vertreten und zu verteidigen versucht, daß diese Kooperationsprinzipien der Praxis einer jeglichen Argumentation zugrundeliegen, sofern und solange die Argumentationsteilnehmer am primären Handlungsziel einer Argumentation festhalten. Diese Kooperationsprinzipien lassen sich auf der Ebene einer wissenschaftlichen Rekonstruktion beschreiben als das Verallgemeinerungsprinzip, das Objektivitätsprinzip und das Wahrheitsprinzip (bzw. Konsistenzprinzip) einer Argumentation.

Das *Verallgemeinerungsprinzip* legt die Bedingungen fest, unter denen eine Aussage zum Bereich des kollektiv Geltenden zählt. Das *Objektivitätsprinzip* legt die Bedingungen fest, unter denen der Bereich des kollektiv Geltenden erweitert (oder eingeschränkt) werden kann. Und das *Wahrheitsprinzip* legt die Bedingungen fest, unter denen der Bereich des kollektiv Geltenden erweitert (oder eingeschränkt) werden muß. Eine Aussage zählt dann zum Bereich des kollektiv Geltenden, wenn sie von den Argumentierenden unmittelbar akzeptiert wird (Verallgemeinerungsprinzip); eine Aussage führt dann zur Erweiterung oder Einschränkung des kollektiv Geltenden, wenn sie von einem oder einigen der Argumentierenden nicht bestritten (d. h. ihre Negation nicht auf kollektiv Geltendes zurückgeführt) werden kann (Objektivitätsprinzip); und der Bereich des kollektiv Geltenden muß dann erweitert oder eingeschränkt werden, wenn das, was unter den an einer Argumentation Beteiligten kollektiv gilt, Widersprüche enthält (Wahrheits- bzw. Konsistenzprinzip).

Da das *kollektiv Geltende* eine letzte, nicht mehr weiter hintergehbare soziale Basis für die Lösung interpersoneller Koordinationsprobleme darstellt, lassen sich diese Kooperationsprinzipien einer Argumentation auch verstehen als *grundlegende Strukturprinzipien von Sozialität.*

Es ist die durch eine kollektive Argumentationspraxis erzeugte *Dynamik des kollektiv Geltenden*, die für das einzelne daran beteiligte Individuum potentiell zur Konstitution einer Dimension von Erfahrungen führt, innerhalb deren es die strukturellen Restriktionen seines bereits erworbenen Wissens systematisch überschreiten kann.

Sofern Argumentationsprozesse die Kooperationsprinzipien einer kollektiven Argumentation nicht verletzen, kann durch sie für das einzelne Individuum die Geltung seines bereits erworbenen Wissens erschüttert bzw. relativiert werden (Verallgemeinerungsprinzip), kann sich das einzelne Individuum (inhaltliches) Wissen aneignen, das seinen subjektiven (strukturellen) Wissenshorizont systematisch überschreitet (Objektivitätsprinzip) und kann es einen (kommunikativen) Zwang zur Fortentwicklung seines strukturellen Wissens erfahren – nämlich genau dann, wenn Argumentationsprozesse aufgrund des Verallgemeinerungs- und Objektivitätsprinzips dazu führen, daß sich jenes Individuum im Verlaufe einer Argumentation in Selbstwidersprüche verstrickt. Ein einzelnes Individuum mag mit seinen Selbstwidersprüchen leben, aber aufgrund des Wahrheitsprinzips einer kollektiven Argumentation können Selbstwidersprüche nicht kollektiv akzeptiert werden. In diesem Sinne kann das einzelne Individuum einen kommunikativen Zwang erfahren, seine Selbstwidersprüche auf einer strukturell höherstufigen Wissensebene aufzulösen.

Ein struktureller Lernfortschritt bedeutet in erster Linie ein Fortschritt auf der Ebene der ›Logik der Argumentation‹. Die Dynamik des kollektiv Geltenden ist ja kein Selbstzweck einer Argumentation; vielmehr versuchen Argumentationsteilnehmer in der Regel durch die Entwicklung einer gemeinsam akzeptierten Menge von Aussagen eine strittige Frage gemeinsam zu identifizieren und zu beantworten. Und das heißt: Argumentationsteilnehmer versuchen durch ihre Widersprüche eine Dynamik des kollektiv Geltenden zu erzeugen, aufgrund deren ihre eigene Antwort auf die strittige Frage ins kollektiv Geltende überführt und die dazu konträre oder kontradiktorische Antwort des argumentativen Gegners als kollektiv unakzeptabel erwiesen werden kann. Wenn sich dabei jedoch ein Argumentationsteilnehmer in Selbstwidersprüche verstrickt, die sich nicht als ein leicht zu behebender Irrtum (z. B. als eine Folge einer bloß empirischen Täuschung) erweisen, so folgt daraus für jenes Individuum, daß die von ihm angewandten Methoden des Widersprechens in struktureller Hinsicht defekt sein müssen. Und es ist die diesen Methoden zugrundeliegende Logik der Argumentation, die nun verändert bzw. strukturell fortentwickelt werden muß, wenn jene (strukturell bedingten) Selbstwidersprüche künftig ausgeschlossen werden sollen.

Je nachdem über welche argumentativen Fähigkeiten die an einer kollektiven Argumentation Beteiligten verfügen, ergeben sich strukturell unterschiedliche Formen einer Dynamik des kollektiv Geltenden. Argumentative Lernprozesse lassen sich in diesem Sinne als sich selbst potenzierende Lernprozesse verstehen; und die ihnen zugrundeliegenden Kooperationsprinzipien liefern zugleich ein universelles Telos für diese Lernprozesse: die Entfaltung und reflexive Rekonstruktion der Prinzipien der ›Verallgemeinerung‹, der ›Objektivität‹ und der ›Wahrheit‹ auf der Ebene der Logik der Argumentation.

Die Kooperationsprinzipien einer Argumentation konstituieren den eigentlichen Mechanismus des argumentativen bzw. kollektiven Lernens. Die Geltung und Wirksamkeit dieses argumentativen Lernmechanismus hängt jedoch nicht davon ab, ob diese Kooperationsprinzipien vom einzelnen Individuum explizit anerkannt und im Sinne eines reflexiven Wissens bewußtgemacht werden können. Sofern und solange die an einer Argumentation

Beteiligten am primären Handlungsziel einer Argumentation und damit am kommunikativen Sinn der sozialen Institution ›Argumentation‹ festhalten, steht ihre Argumentationspraxis objektiv unter dem Zwang, die elementaren Bedingungen dieser Kooperationsprinzipien zu erfüllen. Dies setzt allerdings unter den an einer Argumentation Beteiligten voraus, daß sie zumindest auf eine elementare Weise verstehen, was es heißt, den Aussagen eines anderen zuzustimmen bzw. sie zu verneinen, und ferner, was es heißt, gemeinsame Handlungsziele im Unterschied zu bloß individuellen Handlungszielen zu verfolgen. Diese subjektiven Voraussetzungen für eine *objektive Wirksamkeit* jener Kooperationsprinzipien lassen sich jedoch bereits an Argumentationen zwischen gleichaltrigen Kindern noch vor der Vollendung ihres 2. Lebensjahres und an Argumentationen zwischen Kindern dieses Alters und erwachsenen Konversationspartnern nachweisen. Mit anderen Worten: diese Kooperationsprinzipien konstituieren einen *sozialen Lernmechanismus*, der zwar in der (mentalen) Konstitution der einzelnen Individuen verankert ist, dessen Wirkungsweise jedoch ›intermentale Prozesse‹ voraussetzt, die potentiell dazu führen, daß einzelne an einer Argumentation Beteiligte, unabhängig von ihren Intentionen und ihrem Willen, zwangsläufig mit den Problemen der Verallgemeinerungsfähigkeit, der Objektivität und der Wahrheit ihres Wissens (im Sinne der Konsistenz eines Wissenssystems) konfrontiert werden. »Ein soziales Phänomen ist an der äußerlich verbindlichen Macht zu erkennen, die es über die Einzelnen ausübt oder auszuüben imstande ist; und das Vorhandensein dieser Macht zeigt sich wiederum an entweder durch das Dasein einer bestimmten Sanktion oder durch den Widerstand, den das Phänomen jedem Beginnen der Einzelnen entgegensetzt, das es zu verletzen geeignet ist« (Durkheim 1961, S. 111 f.).

Im Verlauf der folgenden Studien soll zumindest ansatzweise empirisch zu zeigen versucht werden, daß die Praxis kollektiver Argumentationen aufgrund der Kooperationsprinzipien einer kollektiven Argumentation im einzelnen Individuum ein fortschreitend höherstufiges Verständnis der Logik der Argumentation und, als eine Folge davon, fortschreitend rational höherstufige Formen einer kognitiven und moralischen Urteilsfähigkeit hervorzubringen vermag.

6. Lernen im Kollektiv und Lernen eines Kollektivs

In der üblichen Verwendungsweise bezeichnet der Ausdruck ›kollektiver Lernprozeß‹ einen Lernprozeß, den alle Mitglieder oder doch zumindest eine überwiegende Anzahl der Mitglieder einer sozialen Gruppe durchlaufen. Da jedoch das Subjekt eines Lernprozesses nur das einzelne Individuum sein kann, läßt sich die Frage, wie kollektive Lernprozesse (im üblichen Sinne) überhaupt möglich sind, letztlich auf die Frage nach den Bedingungen der Möglichkeit individueller Lernprozesse zurückführen. Eine soziale Gruppe kann nur dann etwas Neues lernen, wenn die Mitglieder dieser sozialen Gruppe dazu in der Lage sind.

Wenn jedoch die generelle These des vorliegenden Buches akzeptiert werden kann, so heißt dies, daß das einzelne Individuum nur dann etwas strukturell Neues erlernen kann, wenn seine Lernprozesse eine integrative Komponente eines kollektiven Argumentationsprozesses darstellen. Fundamentales Lernen ist ein Lernen in der sozialen Gruppe, und das Lernen einer sozialen Gruppe setzt somit das Lernen des Individuums in der sozialen Gruppe voraus.

Der Begriff eines ›kollektiven Lernprozesses‹ besitzt folglich nur dann eine substantielle, individualistisch nicht reduzierbare Bedeutung, wenn er sich in erster Linie auf das ›Lernen im Kollektiv‹ und erst in zweiter Linie auf das ›Lernen eines Kollektivs‹ bezieht. Entsprechend wird im Rahmen des vorliegenden Buches der Begriff eines ›kollektiven Lernprozesses‹, wenn nicht anders gekennzeichnet, in der Bedeutung eines ›Lernens im Kollektiv‹ verwendet.

Diese vielleicht etwas artifizielle ›Sprachregelung‹ hätte es eigentlich nahegelegt, für das im Verlauf der folgenden Studien entwickelte Programm einer ›soziologischen Lerntheorie‹ eine andere begriffliche Etikette zu suchen, zumal der Ausdruck ›Kollektiv‹ eine Reihe negativer Konnotationen besitzt, die den Intentionen des Autors geradezu diametral entgegenstehen. Andererseits bringt jedoch genau die Ambiguität des Begriffes ›kollektiver Lernprozeß‹, verstanden als ein ›Lernen im Kollektiv‹ und als ein ›Lernen eines Kollektivs‹, bereits auf einer terminologischen Ebene einen Zusammenhang zwischen mikro- und makrosoziologischen Fragestellungen zum Ausdruck, der für die Ausarbeitung einer ›soziologischen Lerntheorie‹ von zentraler Bedeutung ist. Wenn das einzelne Individuum nur in der sozialen Gruppe etwas strukturell Neues erlernen kann und wenn dies zugleich erklärt, wie jedes einzelne Individuum einer Gruppe und damit die soziale Gruppe als ganze etwas strukturell Neues erlernen und damit (auf den entsprechenden Aggregationsebenen einer Gesellschaft) z. B. ein neues und kollektiv verbindliches empirisch-theoretisches oder moralisch-praktisches Weltbild entstehen kann, so ist doch andererseits sowohl für individuelle Entwicklungs- und Bildungsprozesse als auch für die sich daraus ableitenden soziokulturellen Wandlungsprozesse von entscheidender Bedeutung, welche kognitiven Strukturen und Inhalte jene Weltbilder besitzen, die in einer sozialen Gruppe bislang den Bereich des kollektiv Geltenden konstituieren. Das ›Lernen im Kollektiv‹ bildet zwar den eigentlichen ›Motor‹ für den individuellen Entwicklungs- und Bildungsprozeß und für die sich daraus eventuell ableitenden soziokulturellen Wandlungsprozesse, aber das ›Lernen im Kollektiv‹ findet nicht in einem gesellschaftlichen, soziokulturellen und historischen Vakuum statt; vielmehr setzt es immer schon bereits Ergebnisse des ›Lernens eines Kollektivs‹ voraus.

Gleichgültig, ob kollektive Lernprozesse innerhalb der Dyade von Kind und Erwachsenem, innerhalb einer Gruppe von gleichaltrigen Kindern oder innerhalb einer Gruppe von Erwachsenen ablaufen und ob sie unter eher informellen Randbedingungen stattfinden oder durch die Restriktionen gesellschaftlicher Institutionen beeinflußt werden, die Grundprobleme einer soziologischen Lerntheorie stellen sich immer in der gleichen Weise: wie ist das ›Lernen im Kollektiv‹ möglich bzw. welches sind die grundlegenden und universellen Strukturbedingungen jener sozialen Prozesse, die dem fundamentalen Lernen des einzelnen Individuums zugrundeliegen; und inwiefern werden jene sozialen Prozesse durch die Strukturen und Inhalte jenes gemeinsam geteilten (teilweise impliziten) Wissens beeinflußt, das in einer sozialen Gruppe den Bereich des kollektiv Geltenden konstituiert und bereits ein Ergebnis von Lernprozessen auf der Ebene des ›Lernens eines Kollektivs‹ darstellt.

Aber wie auch immer mögliche Interdependenzen zwischen Lernprozessen auf der mikro- und makrosoziologischen Ebene theoretisch und empirisch analysiert werden, in jedem Falle setzt dies ein

analytisches Paradigma für eine Rekonstruktion der sozialen Strukturen und Prozesse voraus, die in der Empirie dazu führen, daß individuelle Entwicklungs- und Bildungsprozesse entweder vorangetrieben werden, stagnieren oder gar auf pathologische Entwicklungspfade umgeleitet werden[9].
Analytische Paradigmen dieser Art (elementare Modelle einer sozialen Koordination individueller Handlungen) bilden nicht nur in den Arbeiten von soziologischen Klassikern wie Durkheim, Mead und Weber, sondern auch in neueren großangelegten soziologischen Theorieprogrammen, vor allem bei Parsons und Habermas, einen zentralen theoretischen Ausgangspunkt.
Ob nun jedoch der im vorliegenden Buch entwickelte argumentationstheoretische Ansatz auf der Ebene eines solchen analytischen Paradigmas hinter diese alten und neuen Klassiker zurückfällt oder in der Tat einen alternativen und weiterführenden theoretischen und empirischen Zugang für eine Analyse kollektiver Lernprozesse eröffnet, diese Frage erfordert umfassendere theoretische Diskussionen, als sie im folgenden durchgeführt werden konnten. Bereits das begrenzte Vorhaben, diesen argumentationstheoretischen Ansatz im Verlauf der folgenden Studien immer weiter auszuarbeiten – und dies im Kontext empirischer Analysen der ontogenetischen Entwicklungs- und Bildungsprozesse von Kindern im Alter zwischen 2 und 11 Jahren –, hat den Autor des vorliegenden Buches so sehr in Anspruch genommen, daß theoretische Auseinandersetzungen mit alternativen soziologischen Strukturmodellen der sozialen Interaktion bezüglich ihres analytischen Wertes für eine Beschreibung und Erklärung kollektiver Lernprozesse unterbleiben mußten.

7. Zur Chronologie und Entstehung der folgenden Studien

Die folgenden Studien entstanden in der Reihenfolge, in der sie im vorliegenden Buch abgedruckt worden sind.
In allen Studien wird der Versuch unternommen, Theoriebildung

---

9 Vgl. zur Problematik einer Unterscheidung von normalen und pathologischen Entwicklungsverläufen sowohl auf der Ebene individueller als auch auf der Ebene gesellschaftlicher Entwicklungsprozesse das Kapitel ›Pathologische Formen kollektiver Lernprozesse: autoritäres, ideologisches und regressives Lernen‹ in der Studie ›Kollektive Lernprozesse und Moral‹.

und empirische Forschung gleichermaßen voranzutreiben. Aufbauend auf den Ergebnissen der jeweils vorangegangenen Studie wird dabei stets erneut die programmatische Perspektive des ›genetischen Interaktionismus‹ aufgegriffen und theoretisch und empirisch weiter auszuarbeiten versucht.
Mit Recht wird jedoch ein Leser dieses Buches fragen, weshalb hier einzelne Stationen dieses theoretischen und empirischen Forschungsprozesses dargestellt werden und nicht lediglich eine systematische Zusammenfassung der Ergebnisse dieser Studien auf der Ebene des zuletzt erreichten theoretischen Wissensstandes vorgelegt wird. Für die hier gewählte Veröffentlichungsform sprechen jedoch vor allem zwei Gründe:
Zunächst einmal lassen sich die vier Studien thematisch und methodologisch voneinander klar abgrenzen. Sie befassen sich mit der Entwicklung von Sprache, Kognition oder Moral und beziehen sich auf zum Teil sehr unterschiedliche Literatur- und Forschungskontexte; und die in ihnen entwickelten theoretischen Konzepte und Methoden der empirischen Datenanalyse setzen in jeder Studie einen erneut entwickelten grundbegrifflichen Rahmen voraus. Infolgedessen kann auch jede der Studien unabhängig von den anderen gelesen und (wie der Autor zumindest hofft) verstanden werden.
Entscheidend für die hier gewählte Veröffentlichungsform ist jedoch, daß sich das in der vorliegenden Einleitung kurz skizzierte Netz systematischer Fragestellungen zum Konzept eines ›kollektiven Lernprozesses‹ erst im Fortgang von einer Studie zur nächsten herausbildete und dies eine stetige Modifikation und Fortentwicklung des argumentationstheoretischen Ansatzes nötig machte, der allen Studien mit Ausnahme der Studie über ›Sprachliche Sozialisation‹ zugrundeliegt. Dies führt zwar zu gewissen Redundanzen in der jeweiligen Darstellung dieses argumentationstheoretischen Ansatzes. Aber in den Differenzen und Inkonsistenzen zwischen den einzelnen Studien und in den theoretischen Lösungsversuchen auf der Ebene der nächstfolgenden Studie gelangt der im vorliegenden Buch vollzogene Prozeß der empirischen Hypothesenbildung und Theoriekonstruktion sehr viel deutlicher (und damit auch kritisierbarer) zum Ausdruck, als dies eine systematische Zusammenfassung der Ergebnisse der einzelnen Studien ermöglicht hätte.
Auch am Ende des Buches führt dieser Forschungsprozeß nicht zu

abgeschlossenen Antworten auf alle aufgeworfenen Fragen. Vielmehr ist eine ganze Reihe neuer Probleme entstanden; und zumindest einige davon werden sich nur im Kontext eines kollektiven wissenschaftlichen Lernprozesses überzeugend auflösen lassen.

Sprachliche Sozialisation

> Any function in the child's cultural development appears on the stage twice, on two planes, first on the social plane and then on the psychological, first among people as an intermental category, and then within the child as an intramental category.
>
> Vygotsky (1966, S. 44)

1. Problemstellung
1.1. Sprache und Sozialisation
1.2. Sozialisation und Sprachentwicklung
2. Die nativistische Hypothese
3. Die Kognitionshypothese
4. Die soziale Konstitutionshypothese
5. Zusammenfassung und offene Fragen

1. Problemstellung

Sozialisation als der Prozeß der »zweiten, soziokulturellen Geburt« (Claessens 1962), in dessen Verlauf ein Individuum zu einem potentiell handlungsfähigen Mitglied seiner Gesellschaft wird, ist auf eine grundlegende und umfassende Weise an die Entwicklung der sprachlichen und kommunikativen Fähigkeiten im heranwachsenden Kinde gebunden.
Gesellschaftlich handlungsfähig ist nicht, wer wie ein Robinson Crusoe seine Aktivitäten monologisch plant und ausführt, sondern wer sie mit den Aktivitäten anderer koordinieren kann. Welche Rolle spielt dabei die Sprache?

1.1. Sprache und Sozialisation

Eine sprachphilosophische Abhandlung von David Lewis (1975, S. 5) beginnt mit dem Satz: »Die Sprachverwendung vollzieht sich in Situationen, die alle eine auffällige Gemeinsamkeit haben: sie stellen Koordinationsprobleme.« Und die Lösung von Koordinationsproblemen setzt notwendig auf seiten der Beteiligten die Fä-

higkeit zur Sprachverwendung oder doch wenigstens zur Verwendung allgemeiner symbolischer Mittel (z.B. Körpersprache) voraus.
Läßt sich dann aber nicht auch von Tieren sagen, daß sie in diesem Sinne sozialisierte Lebewesen sind? Denn auch Tiere können ihre Aktivitäten durch die Verwendung von ›Zeichen‹ bzw. von ›Gesten‹ koordinieren und Koordinationsprobleme lösen, z.B. im Falle einer gemeinsamen Flucht, der sexuellen Reproduktion, der Unterwerfung, der Verteidigung eines Territoriums etc. Ferner können z.B. Bienen untereinander ›Mitteilungen‹ über räumlich und zeitlich entfernte Sachverhalte austauschen und somit ihr Verhalten auf komplexe Weise koordinieren; und die während der vergangenen 15 Jahre durchgeführten Lernexperimente mit Primaten, vor allem Schimpansen, führten zu dem sensationellen Ergebnis, daß Primaten symbolische Systeme und Verwendungsregeln für Symbole erlernen und damit Problemlösungskapazitäten entwickeln können, die man bis dahin nur dem homo sapiens zugeschrieben hatte (vgl. z.B. Gardner & Gardner 1969, Linden 1974, Fleming 1974, Premack 1971, 1976, Rumbough & Gill 1976).
Aber sieht man einmal von jenen durch Lernexperimente in Schimpansen induzierten Fähigkeiten ab, so verfügen Tiere doch nur über sogenannte ›Signalsprachen‹. Die Fähigkeit, auf artspezifische Signale zu reagieren, setzt bei ihnen einen angeborenen Auslösemechanismus voraus, der ein begrenztes Repertoire sozialer Reaktionen und in diesem Sinne Koordination von individuellen Aktivitäten ermöglicht (vgl. z.B. Eibl-Eibesfeldt 1976, S. 42 ff.). Demgegenüber verfügen sozialisierte menschliche Individuen nicht nur über die generelle Fähigkeit, in sozialen Interaktionen auf sprachliche und nichtsprachliche Handlungen eines Interaktionspartners in einer potentiell unbegrenzten, aber doch sozial interpretierbaren Weise sprachlich bzw. nichtsprachlich zu ›reagieren‹, sondern auch über die gesellschaftlich unmittelbar relevante Fähigkeit, durch Sprachverwendung potentiell eine gemeinsame Definition von Koordinationsproblemen allererst herzustellen und an Stelle einer biologisch vorprogrammierten Lösung eine (unter Umständen sogar neue, d.h. von den Beteiligten niemals zuvor erfahrene) intersubjektiv anerkennungsfähige Lösung auszuhandeln.
Sarah, eine der Schimpansen, die eine Zeichensprache erlernt ha-

ben, konnte mit 14 Jahren komplexe kognitive Operationen
(›konkrete Operationen‹, getestet anhand von ›Konservierungsaufgaben‹) symbolisch ausdrücken – eine Leistung, die kognitive
und sprachliche Fähigkeiten voraussetzt, die von Piaget erst bei
6-8jährigen Kindern beobachtet wurden (vgl. Woodruff, Premack
& Kennel 1978). Aber weder Sarah noch andere ›intellektualisierte‹ Artgenossen scheinen aufgrund der bislang gemachten Beobachtungen in der Lage zu sein, spontan Fragen jeglicher Art zu
stellen und ihre Mitteilungen dem Vorwissen ihres Interaktionspartners anzupassen (vgl. De Villiers & De Villiers 1978, S. 192);
und offenbar konnten sie bislang weder den Sinn der mit ihnen
veranstalteten Lernexperimente (und d. h. den Sinn bestimmter
sozialer Interaktionsformen) thematisieren noch z. B. spontan zum
Ausdruck bringen, daß sie lieber eine Banane fressen, ohne davor
bestimmte Lernleistungen zu erbringen.

Nur im Zusammenhang mit den Prinzipien, der Struktur und
Funktionsweise menschlicher Sprachen scheint die für die Gattung
Mensch spezifische und einzigartige Form sozialer Handlungsfähigkeit möglich zu sein.

Sprachliche Verständigung setzt voraus, daß die an ihr Beteiligten
wechselseitig erkennen können, was mit den verwendeten sprachlichen Äußerungen in einem ›gegebenen‹ Kontext jeweils ›ausgesagt‹ werden soll. Sprecher und Hörer erreichen einen solchen
›Konsens‹, indem sie drei grundlegende Prinzipien bei der Formulierung und Interpretation sprachlicher Äußerungen anwenden: das Formprinzip, das semantische Prinzip und das Kooperationsprinzip (vgl. dazu auch die Unterscheidung zwischen einer
›ideational function‹, ›interpersonal function‹ und ›textual
function‹ von Sprachen bei Halliday (1973) und die Diskussion
eines ›Realitätsprinzips‹ und eines ›Kooperationsprinzips‹ von
Sprachen bei Clark & Clark (1977, S. 72 ff.)). Diese drei Prinzipien
beziehen sich auf drei unterschiedliche Aspekte der Verwendung
natürlicher menschlicher Sprachen. Seit Morris (1946) werden
diese Aspekte gewöhnlich als die Syntax, Semantik und Pragmatik
von Sprachen bezeichnet.

Formprinzip

Wenn sich Personen sprachlich verständigen, so beziehen sie sich implizit auf ein System, das Laute mit Bedeutungen verknüpft. Dieses System, die Grammatik einer Sprache, wird in den Sprachwissenschaften vor allem seit den Arbeiten Chomskys (vor allem 1957 und 1965) als ein finites System von Regeln expliziert, aufgrund deren ein kompetenter Sprecher-Hörer eine potentiell unbegrenzte Menge (phonologisch und syntaktisch) wohlgeformter Ausdrücke einer jeweiligen Sprache erzeugen kann. Grammatiken beschreiben die Form einer Sprache. Und Chomskys Begriff der sprachlichen Kompetenz eines erwachsenen (sozialisierten) Sprecher-Hörers bezieht sich auf dessen implizite Kenntnis formaler sprachlicher Strukturen.

Semantisches Prinzip

Sprachverwendung läßt sich nicht nur durch das Formprinzip von Sprachen, sondern durch zwei generelle Funktionen charakterisieren, durch welche die Sprachverwendung auf kognitive und sozial-kognitive Wissenssysteme der an einer sprachlichen Interaktion Beteiligten bezogen werden kann.

Sprecher beziehen sich mit ihren sprachlichen Äußerungen auf die außersprachliche Wirklichkeit: Gegenstände, Zustände, Ereignisse, Tatsachen etc.; und Sprecher versuchen, mit ihren sprachlichen Äußerungen bei ihren Hörern einen bestimmten Effekt zu erzielen, indem sie ihre Hörer dazu bringen, die jeweiligen Sprecherintentionen zu erkennen: z. B. die Intention, ihre Hörer über etwas zu informieren, sie über etwas zu befragen, ihnen etwas zu befehlen, etc.

Die erste dieser Funktionen entspricht dem, was traditionell als die propositionale Komponente einer sprachlichen Äußerung beschrieben wird. Die zweite entspricht dem, was seit Austins (1962) und Searles (1969) Begründung einer Theorie der Sprechakte als die illokutionäre Komponente einer sprachlichen Äußerung beschrieben wird. Ein Sprecher, der über eine semantische Kompetenz verfügt, kann eine potentiell unbegrenzte Menge strukturell wohlgeformter Ausdrücke einer Sprache auf ihre generelle propositionale und illokutionäre Bedeutung beziehen.

Kooperationsprinzip

Sprachverwendung läßt sich nicht nur durch das Formprinzip und die propositionalen und illokutionären Strukturen von Äußerungen, sondern darüber hinaus auch noch durch ihren pragmatischen Bezug auf Äußerungssituationen bzw. dem sprachlichen und nichtsprachlichen Kontext einer Äußerung charakterisieren. Sprecher versuchen, ihre sprachlichen Äußerungen dem Vorwissen ihrer Hörer anzupassen, und Hörer versuchen, die von einem Sprecher mit seinen Äußerungen gemachten (pragmatischen) Voraussetzungen zu verstehen, damit ein gemeinsamer Kontext für ein gemeinsames Verständnis der mit einer Äußerung jeweils intendierten Mitteilung bzw. Sprechhandlung entstehen kann. D.h., welche Proposition bzw. welcher illokutionäre Akt mit einer gegebenen Äußerung intendiert ist, wird nicht hinreichend determiniert durch die Form und die propositionale und illokutionäre Funktion einer Äußerung, sondern erst durch das Hinzukommen eines für Sprecher und Hörer in hinreichender Weise gemeinsam geteilten kontextuellen Wissens (vgl. z.B. Lewis 1972 und Searle 1975). Gleichgültig, ob sich nun gemeinsame Kontexte auf ein generelles Weltwissen, soziale Deutungsmuster, Handlungsroutinen etc. beziehen, die von den an einer sprachlichen Interaktion Beteiligten evtl. auch schon vor Beginn einer Unterredung geteilt werden, oder ob gemeinsame Kontexte erst im Verlauf einer sprachlichen Interaktion zumindest teilweise aufgebaut werden, erst durch die Befolgung pragmatischer Regeln der Verwendung sprachlicher Ausdrücke, Äußerungen und Texte (z.B. bestimmter deiktischer Partikel, bestimmter elliptischer Formen, temporaler Flexionsendungen, Thema-Rhema-Strukturen, Strukturen von Diskurseinheiten wie z.B. Erzählungen, Witze, Wegauskünfte, etc.) wird ein intersubjektiver Kontext für sprachliche Verständigung konstituiert. Die sprachliche (pragmatische) Konstitution gemeinsamer Kontexte setzt jedoch voraus, daß Sprecher und Hörer einem Kooperationsprinzip folgen (vgl. Grice 1967, 1975), aus dem sich bestimmte Konversationspostulate ableiten lassen. Nach Grice, der solche Konversationspostulate ansatzweise formuliert hat, interpretiert beispielsweise ein Hörer sprachliche Äußerungen in der Annahme, daß der Sprecher versucht, die Wahrheit zu sagen, dem Hörer alles für das Verständnis einer Äußerung Notwendige mitteilt, nur über Relevantes spricht und Äußerungen in einer nicht-

ambigen Weise verwendet. Sprecher und Hörer, die dem Kooperationsprinzip folgen können, besitzen eine pragmatische Kompetenz. D.h. sie können eine unbegrenzte Menge von teilweise sogar strukturell nicht wohlgeformten Ausdrücken einer Sprache auf intersubjektiv geteilte (und durch die Befolgung pragmatischer Regeln der Sprachverwendung konstituierte) Kontexte beziehen und damit die mit sprachlichen Äußerungen jeweils intendierten Propositionen und illokutionären Akte kenntlich machen bzw. erkennen.
Sozialisierte Individuen können Koordinationsprobleme kommunikativ lösen, weil sie dem Formprinzip, dem semantischen Prinzip und dem Kooperationsprinzip der Sprachverwendung und den diesen Prinzipien entsprechenden syntaktischen, semantischen und pragmatischen Regeln folgen können.
Sprachliche und kommunikative Fähigkeiten sind ein signifikantes Merkmal sozialisierter Individuen. Aber die Entwicklung sprachlicher und kommunikativer Fähigkeiten ist nur ein Teil des Sozialisationsprozesses. Welche Rolle spielt der Sozialisationsprozeß insgesamt für die Sprachentwicklung eines Kindes?

1.2. Sozialisation und Sprachentwicklung

Sozialisationstheorien treffen, wie beispielsweise Götz (1978, S. 8 ff.) zeigt, u.a. eine Unterscheidung zwischen einem »ganzheitlichen« und einem »subjekttheoretischen« Aspekt der Entwicklung des Kindes.
Der ganzheitliche Aspekt betrifft die Frage, ob sich ›Bedingungsketten‹ auffinden lassen, aufgrund deren die Persönlichkeitsentwicklung (d.h. die Entwicklung einer individuellen Gesamtstruktur antriebsdynamischer, affektiver, sprachlicher, kognitiver und interaktiver Fähigkeiten) von der Kultur und Sozialstruktur einer Gesellschaft, institutionellen Kontexten der Erziehung (Familie, Schule) und mikrosozialen Interaktionsstrukturen abhängig gemacht werden kann.
Der subjekttheoretische Aspekt betrifft die Frage, inwiefern die einzelnen Komponenten der Persönlichkeitsentwicklung eine Eigendynamik besitzen, welche Interdependenzen sich zwischen diesen einzelnen Komponenten ergeben und welche ontogenetischen (und phylogenetischen) Spielräume sich aus der Eigendyna-

mik der Persönlichkeitsentwicklung für soziale Strukturen aufzeigen lassen.
Was den sogenannten ganzheitlichen Aspekt betrifft, so läßt sich bislang wenig darüber sagen, ob und inwiefern Sozialisationsprozesse innerhalb verschiedener Kulturen, sozialer Schichten, subkultureller Milieus etc. die Sprachentwicklung eines Kindes differentiell beeinflussen, einfach, weil diese Fragestellung von der Spracherwerbsforschung bislang kaum aufgegriffen worden ist. Inspiriert von Chomskys Begriff der sprachlichen (syntaktischen) Kompetenz, über die jeder ›durchschnittlich‹ sozialisierte und begabte Sprecher-Hörer verfügt, hat sich die neuere Spracherwerbsforschung vorwiegend folgenden subjekttheoretischen Fragestellungen zugewendet:
Vollzieht sich Sprachentwicklung als ein Prozeß der Rekonstruktion von Regelsystemen? Durchlaufen alle Kinder ähnliche Sequenzen von Entwicklungsstufen beim Erwerb ihrer Muttersprache? Lassen sich durch interkulturelle Vergleiche Universalien der Sprachentwicklung (universelle Sequenzen von Entwicklungsstufen) auffinden? Und welche Entwicklungsmechanismen liegen solchen Universalien der Sprachentwicklung zugrunde? Analog zur tendenziellen Verschiebung des theoretischen Interesses in den Sprachwissenschaften in der nach-Chomskyschen ›Ära‹ vom Formprinzip zum semantischen Prinzip und zum Kooperationsprinzip der Verwendung natürlicher Sprachen, verschob sich seit Ende der 60-er Jahre in der Spracherwerbsforschung das Forschungsinteresse ebenfalls tendenziell von der Entwicklung formaler sprachlicher Fähigkeiten (Phonologie, Morphologie, Syntax) zur Entwicklung semantischer Fähigkeiten (Wortsemantik, Satzsemantik (Propositionen) und Sprechakte (illokutionäre Akte)) und pragmatischer Fähigkeiten (Kontext und Sprachverwendung) des Kindes. Zentral blieb zwar das Interesse an der Erforschung von Universalien der Sprachentwicklung, aber die Verschiebung von Forschungsinteressen im Verlauf dieser Entwicklung wurde von einer radikalen Veränderung der theoretischen Konzeption von Form und Funktionsweise universeller Entwicklungsmechanismen begleitet. Erhalten blieb zwar die von Chomsky (1959, 1962, 1965) gegen behavioristische Lerntheorien vehement ins Feld geführte grundlegende Annahme, daß ein Kind seine sprachlichen Fähigkeiten über einen impliziten Prozeß der Erzeugung und des Testens von Hypothesen entwickelt, aber die Frage, wie

das Kind überhaupt erst einmal dazu kommt, bestimmte Hypothesen zu erzeugen und von welcher Art die Restriktionen über den Bereich möglicher Hypothesen des Kindes (zu verschiedenen Entwicklungszeitpunkten bzw. auf verschiedenen Entwicklungsstufen) sind, legte unterschiedliche Antworten nahe, je nachdem ob die Sprachentwicklung primär unter dem Gesichtspunkt des Formprinzips, des semantischen Prinzips oder des Kooperationsprinzips der Sprachverwendung untersucht wurde. Diese unterschiedlichen Antworten erzeugten drei chronologisch aufeinanderfolgende Paradigmen der Spracherwerbsforschung: die nativistische Hypothese, die Kognitionshypothese und die soziale Konstitutionshypothese.

Während die nativistische Hypothese und die Kognitionshypothese den der Sprachentwicklung des Kindes implizit zugrundeliegenden Hypothesenbildungsprozeß von angeborenen, spezifisch auf die Erlernung von Sprachen bezogenen ›Ideen und Prinzipien‹ bzw. von einem universellen Verlauf der kognitiven Entwicklung im Individuum abhängig machen, wurden erst mit der sozialen Konstitutionshypothese die subjekttheoretischen Fragestellungen der Spracherwerbsforschung ergänzt durch die Frage, inwieweit bestimmte mikrosoziale Interaktionsstrukturen (vor allem die zwischen Kind und Eltern) eine universelle Voraussetzung für den Hypothesenbildungsprozeß des Kindes darstellen. D.h. die Spracherwerbsforschung hat damit den ganzheitlichen Gesichtspunkt der Sozialisationsforschung aus einer universalistischen Forschungsperspektive aufgenommen.

Mit dem folgenden Literaturüberblick sollen die generellen Argumentationslinien dieser drei Paradigmen der modernen Spracherwerbsforschung und vor allem die theoretischen Motivationen für die sich erst in den letzten Jahren entwickelnde Orientierung an sozialisationstheoretischen Fragestellungen in groben Zügen nachgezeichnet werden. Der Literaturüberblick beschränkt sich dabei weitgehend auf Arbeiten zur frühkindlichen Spracherwerbsforschung – einer Entwicklungsphase, die von der Spracherwerbsforschung der vergangenen 20 Jahre am intensivsten untersucht worden ist und deren empirische Forschung maßgeblich die theoretische Entwicklung neuer Spracherwerbsmodelle bestimmt hat.

2. Die nativistische Hypothese

> The doctrine of innate ideas is one of the most admirable faiths of philosophy, being itself an innate idea and therefore inaccessible to disproof...
>
> Ambrose Bierce, The Devil's Dictionary

Seit Chomskys (1959, 1965) Auseinandersetzung mit behavioristischen Sprach- und Spracherwerbstheorien wird das Spektrum unterschiedlicher Theorien der Sprachentwicklung beim Kinde durch zwei extreme Positionen markiert, mit denen die traditionelle ›nature–nurture‹-Problematik zunächst in einer radikalisierten Weise wieder auferlebte und von denen – in den Worten J. Bruners (1978a) – die eine eine ›unmögliche‹ und die andere eine ›magische‹ Theorie darstellt.

Als gescheitert und in diesem Sinne als ›unmöglich‹ gilt seit Chomskys Kritik der Arbeiten Skinners der behavioristische Versuch, die Entwicklung der Sprache beim Kinde durch die Lernmechanismen der ›selektiven Verstärkung‹ und der ›Imitation‹ zu erklären. Hinter der behavioristischen Annahme dieser Lernmechanismen steht die Common sense-Idee, daß ein Kind die Bedeutung eines sprachlichen Ausdrucks dadurch erlernt, daß die Verwendung dieses sprachlichen Ausdrucks mit bestimmten nichtsprachlichen Ereignissen zusammenfällt. Wie kann jedoch ein Kind erkennen, daß sich ein verwendeter sprachlicher Ausdruck auf *bestimmte* nichtsprachliche Ereignisse, d. h. auf nur einen unter unbestimmt vielen Aspekten einer gegebenen Situation bezieht? Setzt dies nicht bereits auf seiten des Kindes einen ›Vorbegriff‹ bzw. eine Hypothese über die Bedeutung des zu erlernenden sprachlichen Ausdrucks voraus?

Eine behavioristische Erklärung des Spracherwerbs, zumindest in der Form wie sie von Skinner (1957) vorgelegt wurde, tabuisiert jedoch von vornherein die Annahme mentaler Entitäten (z. B. Ideen, Begriffe, Hypothesen, innere Bilder, Strukturen etc.) als Variablen, die zwischen ›Reiz‹ (nichtsprachliche Ereignisse) und ›Reaktion‹ (sprachliches Verhalten) intervenieren. Die Spracherlernung soll allein aufgrund der Mechanik von Imitation und selektiver Verstärkung möglich sein.

Bereits einfache Arithmetik und empirische Beobachtungen der sprachlichen Interaktion zwischen Kindern und ihren Gesprächspartnern zeigen jedoch, daß ein Kind, das dem behavioristischen Lernkonzept vertrauen würde, seine Muttersprache niemals erlernen könnte. Im Ausgang von den Untersuchungen von M. Templin (1957) gelangte G. A. Miller (1977, S. 156) zu der eher konservativen Schätzung, daß Kinder im Alter zwischen 6 und 8 Jahren durchschnittlich 21 neue Wörter (bzw. 14.5 neue Wortstämme) pro Tag erlernen. Offensichtlich ist dies nur ein kleiner Teil dessen, was Kinder während dieses Zeitraums an Fähigkeiten erwerben. Und dennoch vollzieht sich diese Erweiterung des lexikalischen Wissens bei Kindern relativ mühelos und ohne alle Anzeichen eines Bekräftigungserlernens.

Ein anderes Rechenexempel von G. A. Miller (1968) belegt die Absurdität des Lernmechanismus ›Imitation‹: G. A. Miller errechnete, daß es mindestens 10^{20} Sätze gibt, die 20 Wörter lang sind. Wollte ein Kind nur diese und keine anderen Sätze auf der Grundlage von Imitation erlernen, so benötigte es, um erst einmal alle diese Sätze überhaupt anzuhören, 1000mal so lange wie das geschätzte Alter der Erde.

Kinder und ihre Eltern besitzen offenbar mehr Realitätssinn als behavioristische Psychologen. Weder verlassen sich Kinder auf Imitation, noch forcieren Eltern den Spracherwerb ihres Kindes durch Bekräftigung (reinforcement).

Untersuchungen von Ervin-Tripp (1964), Slobin & Welsh (1973) und Bloom, Hood & Lightbown (1974) zeigen, daß Kinder in einer frühen Phase ihrer Sprachentwicklung sprachliche Formen, die sie nicht bereits spontan produzieren, auch nicht imitieren. Werden von Kindern sprachliche Formen überhaupt imitiert, so erfüllen diese Äußerungen häufig die kommunikative Funktion einer Zustimmung und nicht die psychologische Funktion eines Lerntestes (vgl. M. Miller 1976, S. 120). Und wie schon sehr früh von Spracherwerbsforschern beobachtet: Kinder verwenden konsistent Formen wie ›gewerft, gegeht etc.‹, für die es gar kein Modell in der Erwachsenensprache gibt, das sie hätten imitieren können. Vergleicht man die Kindersprache mit der Erwachsenensprache, so läßt sich allenfalls eine ›selektive Imitation‹ (vgl. De Villiers & De Villiers 1978, S. 201 f.) belegen. Kinder interpretieren an sie gerichtete Äußerungen im Lichte bereits erworbenen Wissens. Sie wissen bereits etwas über die Struktur und Bedeutung einer Äußerung, bevor sie diese (selektiv) imitieren.

Positive und negative Bekräftigung spielen, wie z. B. Beobachtungen von Brown & Hanlon (1970) zeigen, in der sprachlichen Interaktion zwischen Eltern und ihren Kindern eine völlig untergeordnete Rolle. Eltern ermutigen und stimulieren ihre Kinder zwar generell zum kommunikativen Austausch, aber sie widmen der Form kindlicher Äußerungen wenig Aufmerksamkeit, solange die Äußerungen des Kindes für sie (im jeweiligen Kontext) verständlich sind. Die seltenen Korrekturen, die Brown & Hanlon beobachten konnten, bezogen sich auf den Wahrheitsgehalt und die Aussprache kindlicher Äußerungen, jedoch nicht auf deren syntaktische Form.
Während behavioristische Lerntheorien von einem im wesentlichen passiven und mit minimalen angeborenen Initialstrukturen ausgestatteten Lerner ausgehen und den sprachlichen Lernprozeß entscheidend von der Rolle der Umwelterfahrung des Individuums abhängig machen (allerdings die Rolle der Umwelterfahrung auf die Kausalität von Reiz-Reaktions-Ketten reduzieren), geht am entgegengesetzten Ende des erwähnten Spektrums von Spracherwerbstheorien die von J. Bruner als ›magisch‹ bezeichnete nativistische Spracherwerbstheorie von Chomsky und seiner Schule (z. B. McNeill 1970) von einem mit reichhaltigen Initialstrukturen ausgestatteten Spracherlerner aus. Und während der sprachlichen Erfahrung des Kindes für seine Sprachentwicklung noch eine gewisse Relevanz zugesprochen wird (wie könnte das Kind auch ›ex vacuo‹ seine Muttersprache erlernen?), so wird von Chomsky und seiner Schule die Sprachentwicklung des Kindes doch im wesentlichen als ein Reifungsprozeß angesehen, als ein biologisch vorprogrammierter Prozeß der Entfaltung sprachlicher Fähigkeiten, der sich autonom vollzieht, d. h. unabhängig von der kognitiven, motivationalen und sozialen Entwicklung des Kindes und den entsprechenden Formen von Umwelterfahrung.
Hinter der nativistischen Annahme Chomskys steht die Vorstellung, daß Sprache eine humanspezifische Fähigkeit darstellt, und daß sich alle menschlichen Sprachen auf einer abstrakten Ebene durch bestimmte gemeinsame Strukturmerkmale (sprachliche Universalien) beschreiben lassen, welche die Form (Syntax) einer menschlichen Sprache überhaupt festlegen und als transzendentale Kategorien aller sprachlichen Erfahrung eines Kindes vorausgehen. Neben generellen kognitiven Prozeduren (z. B. Hypothesenbildung) sind diese sprachlichen Universalien, die Chomsky

(1971, S. 429) auch als ›innate ideas and principles‹ kennzeichnet, Teil eines Spracherwerbsmechanismus (LAD – language acquisition device), der nach Chomsky den entscheidenden Faktor in der Determination von Verlauf und Resultat des Spracherwerbsprozesses darstellt. Nur unter der Voraussetzung eines solchen Spracherwerbsmechanismus lasse sich erklären, wie ein Kind – konfrontiert mit einer (wie Chomsky glaubte) zufälligen Auswahl oft unvollständiger und grammatisch fehlerhafter sprachlicher Äußerungen – die komplexe Grammatik seiner Sprache beherrschen lernt; und das heißt nicht nur eine endliche Menge manifest wahrnehmbarer sprachlicher Formen, sondern eine endliche Menge abstrakter Strukturen und Operationen, mit deren Hilfe sich eine unbestimmt große Anzahl formal korrekter sprachlicher Ausdrücke erzeugen läßt. Noch bevor ein Kind beginnt, seine Sprache zu erlernen, verfügt es bereits über ein ›implizites‹ Wissen ihrer Grundstrukturen. In den Worten von David McNeill (1970, S. 2):

»The concept of a sentence may be part of man's innate mental capacity... The facts of language acquisition could not be as they are unless the concept of a sentence is available to children at the start of their learning.«

Diese Konzeption hat in den 10 Jahren nach dem Erscheinen von Chomskys Aufsatz ›Explanatory models in linguistics‹ (1962) einen ungeheuren Einfluß auf die Spracherwerbsforschung in den U.S.A. und Europa ausgeübt und ist dann doch durch deren Ergebnisse weitgehend erschüttert worden (vgl. z.B. die Theoriediskussion und die empirischen Untersuchungen zur frühkindlichen Sprachentwicklung in M. Miller, 1976).
Die Diskussion über die nativistische Hypothese konzentrierte sich dabei zunächst auf die folgenden beiden Fragestellungen: Welche empirische Evidenz liegt für eine genetische Verankerung spezifisch sprachlicher Fähigkeiten vor? Und: Können sprachliche Universalien aus generellen kognitiven Universalien abgeleitet werden?
Den zwingendsten Beleg dafür, daß die Sprachentwicklung »tiefverwurzelte, artspezifische, angeborene Eigenschaften der biologischen Natur des Menschen« (Lenneberg 1967, dt. 1972, S. 481) voraussetzt, sieht Lenneberg in einer ›kritischen Periode‹ für die Sprachentwicklung, analog zur ›kritischen Periode‹ für die ›Prägung‹ bei jungen Vögeln. Die Sprachentwicklung beginnt im

2. Lebensjahr und wird, nach Lenneberg, mit dem Eintreten bestimmter physiologischer Veränderungen zu Beginn der Pubertät abgeschlossen. Während dieser Zeit scheinen sich Sprache und Motorik synchron zu entwickeln, und in Fällen allgemeiner Retardation bleibt die Gleichzeitigkeit von sprachlicher und motorischer Entwicklung erhalten. Die physiologischen Veränderungen, welche die Maturation sprachlicher Fähigkeiten auf eine kritische Periode eingrenzen, sieht Lenneberg in der Lateralisation von Gehirnfunktionen. Während in den frühen Lebensjahren das menschliche Gehirn eine weitreichende ›Plastizität‹ aufweist, treten im Verlaufe der Reifungsgeschichte des Gehirns zerebrale Dominanzverhältnisse zwischen der linken und rechten Hirn-Hemisphäre auf, die erst dann irreversibel werden, wenn zu Beginn der Pubertät das zerebrale Wachstum seinen Abschluß gefunden hat. Von diesem Zeitpunkt an steuert primär die linke Hemisphäre Sprachfunktionen.

Entgegen einer häufigen Zitierweise von Lennebergs Arbeiten (z. B. 1967, 1971) lassen sich diese jedoch nicht ohne weiteres als Beleg für die Annahme biologischer Grundlagen sprachspezifischer Fähigkeiten heranziehen. Zum einen sind z. B. von Kinsbourne & Smith (1974) empirische Argumente für die These vorgelegt worden, daß die Lateralisation von Gehirnfunktionen schon sehr viel früher, vielleicht sogar bereits mit dem 2. Lebensjahr abgeschlossen wird (zu einem Zeitpunkt also, zu dem ein Kind mit seiner Sprachentwicklung erst begonnen hat), zum anderen hat Lenneberg (1971) selbst deutlich gemacht, daß biologische Grundlagen des Menschen nicht spezifisch sprachliche ›Ideen und Prinzipien‹, sondern einen generellen Modus der kognitiven Verarbeitung von Informationen determinieren. Dem entsprechen die Ergebnisse einer Untersuchung von Bever & Chiarello (1974), die zeigen, daß die linke Hirn-Hemisphäre des Erwachsenen für die propositionale, analytische und serielle Verarbeitung von Information spezialisiert ist und daß sprachliche, aber auch z. B. mathematische und musikalische Fähigkeiten auf dieser generellen Fähigkeit aufbauen.

Wenn sich sprachliche Universalien aus generellen Strukturmerkmalen kognitiver Prozesse ableiten lassen, wie ist diese Ableitungsrelation im einzelnen zu verstehen?

Diese Frage hat seit Beginn der 70-er Jahre die Psycholinguistik (vgl. z. B. die Einführung in die Psycholinguistik von Slobin 1971 und von Leuninger, Miller & Müller 1973 und 1974) zentral beschäftigt. Und eine auch heute noch eher programmatische Antwort von Slobin (1975, S. 1) lautet:

»The structure of language is constrained by psycholinguistic processes of perception, memory, and cognition, by sociolinguistic processes, and by the development of these processes in childhood.«

Die radikalere Kritik an Chomskys nativistischer Hypothese der Sprachentwicklung wendet sich nicht gegen die Annahme, daß die Entwicklung einer formalen sprachlichen Kompetenz auf seiten des Kindes bereits starke Hypothesen hinsichtlich der Form der zu erlernenden Sprache voraussetzt, sondern gegen die Annahme, daß damit auch schon die entscheidende Problemstellung einer Spracherwerbstheorie gegeben ist.
Der implizite Hypothesenbildungsprozeß des Kindes hat zwei Seiten: Das Kind muß lernen, die seiner Muttersprache entsprechenden korrekten sprachlichen Formen zu erzeugen, um kommunikative Intentionen enkodieren und dekodieren zu können; und es muß kommunikative Intentionen entwickeln und ihren pragmatischen Bezug auf jeweilige Äußerungssituationen verstehen lernen, um kommunikative Intentionen auf sprachliche Formen abbilden zu können. Offensichtlich kommt der Entwicklung einer formalen sprachlichen Kompetenz keine ›Schrittmacherfunktion‹ für die Entwicklung semantischer und pragmatischer Fähigkeiten zu, denn sonst wäre zu erwarten, daß Kinder z.B. syntaktisch korrekte, aber semantisch und pragmatisch sinnlose Äußerungen produzieren. Äußerungen dieser Art sind bislang jedoch noch von keinem Spracherwerbsforscher berichtet worden.
Ist dagegen die Entwicklung semantischer und pragmatischer Fähigkeiten eine Voraussetzung für die Entwicklung formaler sprachlicher Fähigkeiten, insbesondere der Syntax? Und wie entwickeln sich die semantischen und pragmatischen Fähigkeiten des Kindes? Inspiriert von diesen Fragen hat sich die Spracherwerbsforschung innerhalb der letzten Jahre so weit sowohl von behavioristischen als auch nativistischen Entwicklungstheorien entfernt, daß eine grundsätzliche Inadäquatheit beider Theorien sichtbar wurde, die M. Donaldson (1978, S. 38) auf folgenden Nenner brachte:

»Chomsky's LAD is a formal data processor, in its way just as automatic and mechanical as processes of an associationistic kind. In go the linguistic data, out comes a grammar. The living child does not seem to enter into the business very actively (not to say fully) in either case.«

In beiden Fällen entwickelt ein Kind ein Verständnis für die Bedeutung eines neuen sprachlichen Ausdrucks erst ›post festum‹, als das Resultat der Formierung von Reiz-Reaktions-Ketten im Falle behavioristischer Lerntheorien und als das Resultat einer durch angeborene Ideen gesteuerten Rekonstruktion der syntaktischen Struktur dieses sprachlichen Ausdrucks im Falle von Chomskys nativistischer Spracherwerbstheorie.

Davon unterscheiden sich die in den letzten Jahren formulierten Theorien und empirischen Forschungen zur Sprachentwicklung in einer grundsätzlichen Weise. Wiederum in den Worten von Donaldson (1978, a. a. O.):

»The primary thing is now held to be the grasp of meaning – the ability to ›make sense‹ of things, and above all to make sense of what people do, which of course includes what people say. On this view, it is the child's ability to interpret situations which makes it possible for him, through active processes of hypothesis testing and inference, to arrive at a knowledge of language.«

Donaldsons Plädoyer für ein neues Verständnis der Sprachentwicklung beim Kinde: die ontogenetische Priorität der Bedeutung gegenüber der Form von sprachlichen Äußerungen, kann in einem zweifachen Sinne verstanden werden:

(a) Das Kind entwickelt im wesentlichen sprachunabhängig die Fähigkeit, kognitive Repräsentationen seiner physikalischen und sozialen Umwelt zu erzeugen. Kommunikative Intentionen des Kindes setzen diese kognitive Fähigkeit voraus. Und die Aufgabe der Spracherlernung besteht für das Kind darin, herauszufinden, wie kommunikative Intentionen (zu denen das Kind bereits fähig ist) durch sprachliche Formen (seiner Muttersprache) ausgedrückt werden können (Kognitionshypothese).

(b) Die Entwicklung kommunikativer Intentionen beim Kinde setzt nicht nur weitgehend sprachunabhängige kognitive Fähigkeiten voraus, sondern die Teilnahme des Kindes an einer Art ›sozialisatorischer Interaktion‹ (zwischen Kind und Eltern): Durch die Koordination unterschiedlicher Aktivitäten von mindestens zwei Individuen zu einer gemeinsamen (sozialen) Aktivität lernt ein Kind die ›Bedeutung‹ sozialer Situationen zu interpretieren und im Ausgang davon verwendete sprachliche Äußerungen auf die ihnen zugrundeliegenden kommunikativen Intentionen zu beziehen und die Relation zwischen kommunikativer Intention und sprachlicher Form zu rekonstruieren (soziale Konstitutionshypothese).

3. Die Kognitionshypothese

> And the moral of all that is – take care of the sense, and the sounds will take care of themselves.
>
> Alice in Wonderland

Während der ersten Hälfte dieses Jahrhunderts dominierte die Ansicht, daß die kognitive Entwicklung des Kindes stark von seiner Sprachentwicklung abhängig ist (vgl. die Literaturübersicht bei Cromer 1974). Diese Ansicht wurde jedoch von Piaget radikal hinweggefegt.

»Between language and thought there is ... a genetic circular relationship such that each is necessarily dependent upon the other in an inextricable bond entailing constant reciprocal interaction. But in the last reckoning both depend on intelligence itself, which precedes language and is independent of it.« (Piaget 1967, S. 112).

Von Piaget (vgl. z. B. Piaget 1951, Piaget & Inhelder 1969, Piaget 1970) und der von Piaget beeinflußten Genfer Schule (vgl. z. B. Furth 1969, Sinclair 1969, 1970, 1971, 1973, 1978, Bronckart & Sinclair 1978, Inhelder & Karmiloff-Smith 1978, Inhelder 1978) sind denn auch in die Spracherwerbsforschung die maßgeblichen Anstöße zur Formulierung der Kognitionshypothese gekommen (vgl. Slobin 1973, Edwards 1973, Cromer 1974, 1976, Morehead & Morehead 1974, Moerk 1975, Ingram 1978).

Clark & Clark (1977) geben einen Überblick über die kaum noch überschaubare Anzahl empirischer Arbeiten, in denen die Sprachentwicklung des Kindes unter dem Gesichtspunkt der Kognitionshypothese analysiert worden ist. Der folgende Überblick soll lediglich anhand einiger Arbeiten die generelle Argumentationslinie im Hinblick auf die Entwicklung von Wortbedeutungen, Satzbedeutungen (propositionaler Bedeutungsaspekt) und Sprechaktkonzepten (illokutionärer Bedeutungsaspekt) verdeutlichen.

Wortbedeutungen

Schon sehr früh ist von Spracherwerbsforschern (z.B. Stern & Stern 1907) beobachtet worden, daß Kinder in einer frühen Phase ihrer Sprechentwicklung die Bedeutung von Wörtern übergeneralisieren. Z.B. kommt es vor, daß Kinder mit dem Wort ›Wauwau‹ u.a. Hunde, Katzen und sogar flauschige Gegenstände bezeichnen. Kinder scheinen zu Beginn ihrer Sprachentwicklung lexikalische Formen auf Konzepte zu beziehen, die mit denen erwachsener Sprecher nicht übereinstimmen und die das Kind verwendet, um erste Hypothesen über die Bedeutung eines Wortes zu ›formulieren‹.

Wie u.a. E. Clark (1973, 1974), Nelson (1974, 1977), Bowerman (1976) und Antinucci & Miller (1976) zeigten, sind die Konzepte des Kindes zunächst teils zu weit (Übergeneralisierung) teils zu eng (Untergeneralisierung). Und erst aufgrund einer Ausdifferenzierung perzeptueller und funktionaler Klassifikationsmerkmale (z.B. Form, Bewegung, Größe, Textur und Verwendungsweise) kann ein Kind ›semantische Felder‹ aufbauen und dieses kognitive Wissen sukzessive auf ein System lexikalischer Strukturen abbilden.

Daß die Entwicklung lexikalischer Strukturen sprachunabhängige kognitive Prozesse voraussetzt, ist jedoch wohl am zwingendsten durch Untersuchungen von Rosch (1973), Rosch & Mervis (im Druck), Rosch, Mervis, Gray, Johnson & Boyes-Braem (1976) und Anglin (1977, 1978) belegt worden.

Diese teilweise interkulturellen Untersuchungen zeigen, daß Kinder zunächst prototypische Repräsentationen ihrer außersprachlichen Umwelt erzeugen, die mit keiner einzelsprachenspezifischen Taxonomie zusammenfallen. Die Signifikanz dieser Forschungsergebnisse hat Roger Brown (1977, S.19) mit folgenden Worten beschrieben:

»I have long thought of the names that parents give children as major forces in category formation, the names teaching the child what things are to be treated as members of the same class. Instead, it now appears that children form their categories or classes at the basic object level on the basis of appearances and uses and not, primarily, upon the basis of names. The concept is then there beforehand, waiting for the word to come along that names it.«

Dennoch scheint sich die Entwicklung lexikalischer Strukturen beim Kinde keineswegs hinreichend durch eine sprachunabhängige Entwicklung konzeptueller Strukturen erklären zu lassen. Bowerman (1976, 1979) und Schlesinger (1977) haben gegen die Kognitionshypothese eingewandt, daß ein Kind nicht nur Wörter lernt, um damit bereits entwickelte Konzepte zu etikettieren. Die Wortbedeutungen, die ein Kind entwickelt, sind vielmehr das Resultat einer komplexen Interaktion zwischen der eigenen kognitiven Disposition des Kindes und den Kategorisierungsschemata, die durch die Art der Verwendung von Wörtern in der Erwachsenensprache dem Kinde nahegelegt werden.

Satzbedeutungen (propositionaler Bedeutungsaspekt)

Kinder scheinen häufig mit ihren nichtsprachlichen Handlungen und ihren (aus der Sicht der Erwachsenen) elliptischen Äußerungen kommunikative Intentionen auszudrücken, für deren explizite sprachliche Realisierung sie die entsprechenden grammatischen Regeln noch nicht beherrschen.

Der folgende Ausschnitt aus einer Unterhaltung zwischen Meike (21 Monate, 2 Wochen) und ihrer Mutter (M) und einem Beobachter (Ma) soll dies veranschaulichen (vgl. M. Miller 1976, S. 240):

Äußerungen Meikes	*Genereller Kontext*	*Äußerungen von M und Ma*
	[Teestunde. Meike trinkt Milch. M und Ma trinken Tee.]	
[trinkt Milch] *mama auch*		
	[M und Ma unterhalten sich]	
maxe auch		
		Ma: Was auch? Maxe trinkt auch Milch. Hm?

(lacht)

        [Einige Augenblicke
        später]
auch milch
[sieht, wie Ma sich
seiner Teetasse
zuwendet]
[geht zu Ma]
auch

        M: [gibt Meike
           einen Becher
           mit Milch]

Interpretiert man Meikes Äußerungen in ihrem Kontext (vgl. dazu die Methode der ›rich interpretation‹ u.a. bei Brown 1973, M. Miller 1976), so scheint Meike mit ihren Äußerungen mehr mitteilen zu wollen, als mit der manifesten Form dieser Äußerungen ausgedrückt werden kann. Im Falle der Äußerungen ›mama auch‹ und ›maxe auch‹ etwa, daß auch Mama bzw. Maxe etwas (Milch?) trinken. Im Falle der Äußerungen ›auch milch‹ und ›auch‹, daß auch Meike Milch trinken möchte. Meike konnte jedoch zum Zeitpunkt dieser Äußerungen noch keine komplexeren syntaktischen Formen als Zweiwortäußerungen (ohne grammatische Morpheme wie z.B. Flexionsendungen) bilden.

Solche Beobachtungen waren für die Spracherwerbsforschung seit Beginn der 70-er Jahre entscheidend für die folgenden drei Annahmen (vgl. z.B. Brown 1973 und Slobin 1973):

(a) Den manifesten ›Oberflächenformen‹ der Äußerungen von Kindern können komplexe (reichhaltigere), teilweise implizite, semantische Intentionen zugrundeliegen;

(b) die Entwicklung semantischer Intentionen setzt (sprachunabhängige) kognitive Entwicklungsprozesse des Kindes voraus; und

(c) die Entwicklung grammatischer Regeln setzt die Entwicklung semantischer Intentionen voraus, d.h. das semantische Prinzip von Sprachen besitzt einen ontogenetischen Primat vor dem Formprinzip von Sprachen.

Welche empirische Evidenz, über Beobachtungen der oben genannten Art hinaus, können diese Annahmen für sich beanspruchen?

Greenfield & Smith (1976), Greenfield (1978), Greenfield & Zukow (1978), M. Miller (1976, 1978) und Weisenburger (1976) konnten zeigen, daß Kinder bereits auf der Stufe von Ein- und Zweiwortäußerungen die explizite Form ihrer Äußerungen in einer regelhaften Weise variieren. Z. B. werden von Kindern zu einem bestimmten Entwicklungszeitpunkt, für den die oben zitierten Äußerungen Meikes stehen, grammatische Subjekte (bzw. semantisch gesehen: das ›Agens‹) eines Satzes nur dann sprachlich explizit realisiert, wenn sich das grammatische Subjekt *nicht* auf das Kind selbst, sondern auf seinen Interaktionspartner bzw. eine dritte Person (z. B. Personen in einem Bilderbuch) bezieht (vgl. M. Miller 1976, S. 238 ff.). D. h., die Annahme (und entsprechende Interpretationsverfahren), daß den manifesten Oberflächenformen der Äußerungen von Kindern komplexere, teilweise implizite semantische Intentionen zugrundeliegen können, ließ sich zunächst durch bestimmte pragmatische Regularitäten kindlicher Äußerungen rechtfertigen.

Ferner zeigten semantische Analysen der manifesten sprachlichen Formen von Zweiwortäußerungen in unterschiedlichen Sprachen (vgl. auch die Übersicht in Slobin 1973): z. B. Englisch (Bloom 1970, Brown 1970), Finnisch (Bowerman 1973), Schwedisch (Lange & Larsson 1973), Holländisch (Schaerlaekens 1973), Ungarisch (Macwhinney 1975), Serbokroatisch (Radulovic 1975), Luo (Blount 1969), Samoisch (Lernan 1969), Tzeltal (Stross 1969) und Deutsch (M. Miller 1976), daß Kinder offenbar universell mit diesen Äußerungen eine weitgehend identische Menge relationaler semantischer Konzepte ausdrücken, die zumeist mit Hilfe von Fillmores Kasusgrammatik (1968) beschrieben worden sind. Und Brown (1973), Edwards (1973) und Schlesinger (1974) argumentieren, daß diese relationalen semantischen Konzepte die sensomotorische Intelligenz des Kindes voraussetzen.

In einer Anwendung auf die oben zitierten Äußerungen Meikes läßt sich dies (mit einer gewissen Vereinfachung) folgendermaßen illustrieren: In den Äußerungen ›mama auch‹ und ›maxe auch‹ läßt sich den Wörtern ›mama‹ und ›maxe‹ die semantische Rolle (Kasus) eines ›Agens‹ (›Verursacher‹ einer Handlung) und in der Äußerung ›auch milch‹ läßt sich dem Wort ›milch‹ die semantische Rolle eines ›Objektes‹ zuordnen. (Hinsichtlich der komplexen semantischen Funktion von ›auch‹ vgl. M. Miller, a. a. O., S. 164 ff. und S. 245). Und die semantischen Rollen ›Agens‹ und

›Objekt‹ setzen auf seiten des Kindes zumindest ein ansatzweise entwickeltes Konzept von Kausalität (vgl. Piaget 1954) voraus. Inwiefern setzt nun die Entwicklung grammatischer (syntaktischer) Regeln die Entwicklung semantischer Intentionen voraus? Die Beantwortung dieser Frage ist bis in die Gegenwart durch Probleme einer begrifflichen und empirischen Klärung der Beziehung zwischen ›semantischen Intentionen‹, ›Satzbedeutungen‹ (propositionaler Bedeutungsaspekt) und ›kognitiven Repräsentationen‹ erschwert worden. Zweifellos wollen Kinder auch schon mit ihren ersten Äußerungen etwas über ihre außersprachliche Wirklichkeit mitteilen. Und in diesem globalen Sinne setzen Äußerungen des Kindes die Entwicklung kognitiver Repräsentationen ihrer Umwelt voraus und läßt sich die beobachtete Korrespondenz zwischen der Semantik von Zweiwortäußerungen und Eigenschaften der sensomotorischen und präoperationalen Intelligenz von Kindern erklären.

Aber Kinder lernen nicht die Grammatik (Syntax) ihrer Äußerungen, nachdem sie bereits aufgrund irgendwelcher sprachunabhängiger kognitiver Entwicklungsprozesse die semantischen Formationsregeln für entsprechende Propositionen kennen. Wenn Meike z. B. ›auch milch‹ äußert, so weist nichts darauf hin, daß sie von einer ›vollständigen‹ Proposition alles tilgt, was ihr Produktionslimit von Zweiwortäußerungen überschreitet. Was an semantischer Intention implizit bleibt, wird durch gemeinsame Situationsdefinitionen von Meike und ihren Zuhörern in die Kommunikation eingebracht. Und die oben erwähnten pragmatischen Regularitäten frühkindlicher Äußerungen stellen auf seiten des Kindes erste Versuche dar, solche gemeinsame Situationsdefinitionen bzw. gemeinsame Kontexte mit herzustellen (vgl. die detaillierte Ausführung dieses Argumentes in M. Miller, a. a. O.). Zumindest im Hinblick auf die frühe Entwicklung propositionaler Bedeutungen und entsprechender grammatischer Formen hat die Kognitionshypothese nur eine begrenzte Erklärungskraft. Implizite semantische Intentionen des Kindes, aufgrund deren Äußerungen des Kindes einen Überschuß an ›kognitiv-semantischer‹ Komplexität zu haben scheinen, sind vermutlich eher im Sinne einer ›Bedeutung‹ kommunikativer Situationen als im Sinne propositionaler Teilbedeutungen von Äußerungen zu interpretieren.

Sprechakte (illokutionärer Bedeutungsaspekt)

Bereits gegen Ende des ersten Lebensjahres verwenden Kinder zwei Typen von Gesten: ›Zeigen‹ (mit ausgestrecktem Zeigefinger) und ›Greifgesten‹ (mit geöffneter Hand, die Innenseite der Hand nach oben gewendet und ohne daß eine Greifhandlung tatsächlich durchgeführt wird), um Interaktionspartner auf die Anwesenheit eines Gegenstandes aufmerksam zu machen bzw. um von ihm einen intendierten Gegenstand zu fordern. Diese Typen von Gesten sind u.a. von Dore (1973), Bruner (1975), Bates, Camaioni & Volterra (1975) und Bates (1976) als vorsprachliche Formen der Realisierung deklarativer und imperativer Sprechakte interpretiert worden.

Mit Beginn der eigentlichen Sprachentwicklung (Einwortäußerungen) werden von Kindern die Sprechakttypen: Deklarative, Imperative und Interrogative durch unterschiedliche terminale Intonationskonturen sprachlich explizit markiert (vgl. Dore 1975, M. Miller 1976). Und im Alter von 4/5 Jahren beherrschen Kinder nicht nur eine große Anzahl unterschiedlicher Sprechakttypen und entsprechende sprachliche Realisierungsformen (grammatische Modi, Satzintonation, bestimmte sprachliche Partikel), sondern – wie z.B. Untersuchungen von Ervin Tripp (1974, 1977) und Garvey (1975) zeigen – auch bestimmte Formen einer kontextuellen Realisierung (indirekte Sprachhandlungen; vgl. dazu z.B. Searle 1975, Franck 1975, Wunderlich 1976).

Auf der semantischen Ebene lassen sich Sprechakttypen voneinander durch ihre jeweiligen Anwendungs- bzw. Interaktionsbedingungen (vgl. Searle 1969, Wunderlich a.a.O.) und ihren ›illokutionären Zweck‹ (vgl. Searle 1972) voneinander unterscheiden. Wie entwickeln Kinder die korrespondierenden Sprechaktkonzepte?

Während in der Spracherwerbsforschung in den letzten Jahren vorwiegend versucht wurde, überhaupt erstmal einen deskriptiven Überblick über die Entwicklung von Sprechakten zu erlangen (vgl. z.B. Clark & Clark a.a.O., S. 312 ff. und 364 ff.), gibt es doch bereits einige wenige Ansätze zur Beantwortung dieser Frage. Unter dem Gesichtspunkt der Kognitionshypothese ist von Bates, Camaioni & Volterra (a.a.O.) und Bates (a.a.O.) die Entwicklung vorsprachlicher (gestischer) ›Sprechakte‹ im Kontext der Entwicklung der sensomotorischen Intelligenz beim Kinde untersucht worden. Die Autoren fanden (vgl. Bates a.a.O., S. 62), daß zwei italienische Kinder auf der Stufe 5 der von Piaget beschriebenen sensomotorischen Entwicklungsphase parallel die folgenden drei Verhaltensweisen entwickelten (die Stufe 5 läßt sich generell dadurch charakterisieren, daß das Kind die Fähigkeit erwirbt, neue Mittel zu verwenden, um bereits alte, vertraute Ziele zu erreichen):

(a) Die instrumentelle Verwendung von Gegenständen in nichtkommunikativen Situationen.

(b) Die Verwendung von Erwachsenen als »agent-tool«, um in den Besitz von Gegenständen zu gelangen. (Verwendung von ›Greifgesten‹ unter gleichzeitiger Herstellung eines Augenkontaktes – Vorläufer des imperativen Sprechakttyps).

(c) Die Verwendung von Gegenständen als Mittel, um die Aufmerksamkeit von Erwachsenen zu erhalten. (Verwendung von ›Zeigegesten‹ unter gleichzeitiger Herstellung eines Augenkontaktes – Vorläufer des deklarativen Sprechakttyps).

Alle drei Verhaltensweisen können nach Bates et al. als Manifestationen des gleichen für die Stufe 5 (der sensomotorischen Entwicklung) charakteristischen kindlichen Verständnisses von Kausalität analysiert werden. ›Sprechakte‹ können somit, so Bates et al., bereits als »sensomotorische Prozeduren« (Bates a.a.O., S. 63) organisiert werden, noch bevor das Kind lernt, mit Hilfe sprachlicher Symbole zu kommunizieren.

Diese Argumentation entspricht im Prinzip der ›kognitivistischen‹ Argumentation im Bezug auf die Entwicklung lexikalischer und propositionaler Bedeutungen und (darauf aufbauend) grammatischer Regeln. In beiden Fällen wird angenommen, daß ein Kind aufgrund seiner kognitiven Entwicklung semantische bzw. illokutionäre ›Intentionen‹ bilden kann, noch bevor es über die entsprechenden sprachlichen (grammatischen) Realisierungsregeln verfügt. Aber Sprechakte lassen sich weder hinreichend durch eine Mittel-Zweck-Relation (wie bei Bates et al.) noch hinreichend durch einen Bezug auf Sprecherintentionen charakterisieren. Sprechakte haben für die weitere Entwicklung einer kommunikativen Situation erwartbare Konsequenzen, d.h. Sprechakte legen typenspezifische Interaktionsbedingungen (Verpflichtungen für alle an einer Sprechsituation Beteiligten) fest (vgl. Wunderlich a.a.O., S. 57 ff.). Und eine Theorie des Erwerbs von Sprechakten muß deshalb erklären, wie Kinder lernen, solche Interaktionsbe-

dingungen zu erfüllen. Die sensomotorische Intelligenz des Kindes dürfte dafür nur von begrenzter Bedeutung sein.
Im Lichte der Kognitionshypothese erscheint die Sprachentwicklung als ein Prozeß der sukzessiven Ersetzung von nicht hinreichend expliziten und konventionalisierten symbolischen bzw. sprachlichen Formen für den Ausdruck bereits entwickelter semantischer und illokutionärer Konzepte. Aber die vorliegende empirische Evidenz für einen solchen kognitiven Entwicklungsmechanismus ist bislang wenig überzeugend. Die (sprachunabhängige) kognitive Entwicklung des Kindes legt möglicherweise universell bestimmte (notwendige) Randbedingungen für die Sprachentwicklung fest, aber zwischen der Entwicklung (sprachunabhängiger) kognitiver Fähigkeiten und der Entwicklung der Fähigkeit, durch Sprache intersubjektiv verständliche Propositionen und Sprechakte zu erzeugen, besteht ein wesentlicher Unterschied, dem die Kognitionshypothese nicht gerecht werden kann.

4. Die soziale Konstitutionshypothese

> Social activity precedes individual capacity.
> R.A. Clark (1978)

Für die meisten Spracherwerbsforscher, die in den vergangenen 15 Jahren im Gegenzug zu Chomskys nativistischer Hypothese kognitive Voraussetzungen der Sprachentwicklung untersucht haben, war der Dialog zwischen dem spracherlernenden Kinde und seinen Eltern eine in ihrer Relevanz zunehmend erkannte Entwicklungsdimension, der man durch Untersuchungen zur Entwicklung kommunikativer *Intentionen* im Kinde am besten zu entsprechen glaubte. Aus der subjekttheoretischen Perspektive der Kognitionshypothese erschien der Dialog als das entscheidende Telos, aber nicht auch als eine entscheidende Ausgangsbasis für die Sprachentwicklung beim Kinde.
Dahinter steht letztlich ein forschungsmethodologisches Dilemma, das Oevermann (vgl. z.B. 1976) präzise erkannt hat und das ihn in der deutschsprachigen Entwicklungspsychologie und Sozialisationsforschung seit Jahren zu einem einsamen Verfechter einer sozialen Konstitutionshypothese gemacht hat:

»Im Hinblick auf die Ontogenese (kommunikativer) Kompetenzen spricht... vieles dafür, daß sie nicht qua Reifung oder als Ableger der allgemeineren kognitiven Entwicklung sich entfalten, sondern im Vollzug der dialogischen Interaktion sich bilden. Daraus ergibt sich für eine entsprechende Erwerbstheorie das Dilemma, daß einerseits die ›kommunikativen Kompetenzen‹ nur in der Teilhabe am Dialog erworben werden können, daß aber andererseits dieser Dialog nur durch diese Kompetenzen erzeugt werden kann. Dieses Dilemma läßt sich auflösen, wenn für den Entwicklungsprozeß, das heißt für die sozialisatorische Interaktion, Bedingungen der Möglichkeit der Dialogstruktur angegeben werden können, die gewissermaßen außerhalb des Subjekts, zumindest außerhalb des kindlichen Subjekts liegen, das über kommunikative Kompetenzen noch nicht verfügt.« (Oevermann 1976, S. 43)

Für Oevermanns These lassen sich prominente Fürsprecher zitieren. Vygotsky (1966, S. 43 f.; vgl. auch das Motto zu diesem Artikel) hat es als ein generelles ›Entwicklungsgesetz‹ angesehen, daß symbolische Systeme zunächst auf der Ebene sozialer Interaktionen als ›intermentale Kategorien‹ ihren Ausdruck finden, bevor sie vom Individuum als ›intramentale Kategorien‹ internalisiert werden. Und ein anderer Klassiker, nämlich Mead (1934, S. 77), hatte davor, mit anderen Worten, schon dasselbe gesagt:

»... the mechanism of meaning is present in the social act before the emergence of consciousness or awareness of meaning occurs. The act or adjustive response of a second organism gives to the gesture of a first organism the meaning it has.«

Wie weit lassen sich nun neuere Arbeiten und Ergebnisse der Spracherwerbsforschung, in denen der Dialog zwischen Kind und Eltern als ein entscheidender Ausgangspunkt für den Erwerb syntaktischer, semantischer und pragmatischer Aspekte von Sprache angesehen wird, der Programmatik dieser sozialen Konstitutionshypothese assimilieren?

Nach einer Klassifikation von Bruner (1978, S. 248) lassen sich drei Forschungsansätze dieser Arbeiten unterscheiden: Untersuchungen zur Art des sprachlichen Inputs, den das spracherlernende Kind erhält (Inputmodelle), Untersuchungen zur Abhängigkeit der Sprachentwicklung von der Art des Inputs (Outputregulierungsmodelle) und Untersuchungen zur Abhängigkeit der Sprachentwicklung von der Struktur der sozialen (vorsprachlichen und sprachlichen) Interaktion zwischen Kind und Eltern (Interaktionsmodelle).

Inputmodelle

In allen Kulturen dieser Welt, so unterschiedlich sie auch sein mögen, gibt es bestimmte spezielle Formen der Sprachverwendung: die ›Babysprache‹ (›baby talk‹ bzw. ›motherese‹), die Eltern und sogar ältere Kinder (nach Shatz & Gelman 1973 bereits 4-jährige Kinder) in ihren Konversationen mit Kleinkindern systematisch verwenden.

Der Sammelband von Snow & Ferguson (1977) präsentiert einen beeindruckenden Überblick über ethnographische und interkulturelle Untersuchungen zur ›Babysprache‹ (vgl. auch die Bibliographie von Andersen 1977). Ferguson (1977) hat anhand so unterschiedlicher Sprachen wie Japanisch, Englisch, Gilyak, Berber, Hidatsa und Cocopa potentiell universelle Merkmale von Babysprache als einem spezifischen ›Sprachregister‹ beschrieben und diese Merkmale drei unterschiedlichen Sprachverwendungsfunktionen zugeordnet:

Vereinfachung (›simplifying‹): z.B. Ersetzung von komplexen durch einfache Laute, Reduktion von ›silbischen Strukturen‹ zu ›einfachen kanonischen Formen‹, Reduktion von Flexionsendungen, Vermeidung von Personalpronomina, Verwendung von speziellen Wörtern zur Bezeichnung von Verwandten, Körperteilen und -funktionen, Tieren, Lebensmitteln etc.
Verdeutlichung (›clarifying‹): z.B. Wiederholungen, starke Hervorhebung von Intonationskonturen, langsames Sprechen.
Expressivität (›expressive‹): z.B. Diminutive, Palatalisierung von Konsonanten, Labialisierung von Konsonanten und Vokalen und gesteigerte Stimmhöhe.

Nach Brown (1977) lassen sich diese Funktionen zwei unterschiedlichen adressatenspezifischen Kodes zuordnen: Vereinfachungs- und Verdeutlichungsprozesse sind kommunikative Prozeduren der Verständnissicherung, die ein Sprecher anwendet, wenn er bei seinem Hörer (z.B. Kinder, Ausländer) sprachliche und/oder kognitive Inkompetenz voraussetzt. ›Expressive‹ Funktionen dienen dagegen dem Ausdruck von Gefühlen, und sie werden von einem Sprecher verwendet, wenn er seinem Hörer (z.B. Kinder, Kranke, Geliebte, Lieblingstiere) gegenüber Affektivität und Intimität zum Ausdruck bringen möchte. Nur im Hinblick auf die Verwendung von ›Babysprache‹ fallen beide Kodes zusammen.

Browns Unterscheidung zwischen einer kommunikativen, verständnissichernden und einer affektiv-expressiven Funktion von Babysprache entspricht Garnicas (1977) Unterscheidung zwischen einer ›analytischen‹ und einer ›sozialen‹ bzw. ›pragmatischen‹ Funktion von Babysprache. Die analytische Funktion hilft dem Kind bei seiner Sprachentwicklung dadurch, daß Segmente gesprochener Sprache deutlicher präsentiert werden. Die soziale Funktion dient dazu, die Aufmerksamkeit des Kindes zu erhalten und zu sichern; z. B. dadurch, daß eine gesteigerte Stimmhöhe verwendet wird.
Chomskys Annahme, das Kind werde mit einer zufälligen Auswahl von oft sogar noch unvollständigen, grammatisch fehlerhaften, wenn nicht gar chaotischen Äußerungen konfrontiert, ist falsch. Aber spielt Babysprache tatsächlich eine signifikante Rolle für den Sprachentwicklungsprozeß des Kindes?

Outputregulierungsmodelle

Viele Untersuchungen, die eine kausale Beziehung zwischen Babysprache und Sprachentwicklung annehmen, sind als Korrelationsanalysen von Merkmalen der Babysprache von Müttern und Merkmalen der Sprache ihrer Kinder angelegt. Solche Korrelationsanalysen erzeugen jedoch ein schwieriges Interpretationsproblem: sind die Merkmale der Babysprache von Müttern die Ursache von Merkmalen der Kindersprache? Oder ist das Umgekehrte der Fall? Passen Mütter die Art ihrer Sprachverwendung den sich unabhängig davon entwickelnden sprachlichen Fähigkeiten ihrer Kinder an? Die Frage nach statistischen Verfahren zur Lösung dieses Problems setzt eine Klärung der Frage voraus, welche Typen von Merkmalen miteinander korreliert werden sollen.
Untersuchungen von Newport (1976), Newport, Gleitman & Gleitman (1977) und Cross (1977) zeigen jedoch, daß zwischen den grammatischen (syntaktischen) Formen von Babysprache und grammatischen Formen der Sprache von Kindern (bei Newport et al. Kinder im Alter zwischen 12 und 27 Monaten, bei Cross Kinder im Alter zwischen 19 und 32 Monaten) überhaupt keine signifikanten Korrelationen auftreten und sich damit das oben erwähnte methodologische Problem erst gar nicht stellt.
Sollte Babysprache doch für die Sprachentwicklung ein entschei-

dender Faktor sein, so waren mit der Suche nach solchen Korrelationen offenbar die falschen Fragen gestellt worden.
In einem weiteren Teil ihrer Untersuchung belegt Cross (a.a.O.) jedoch hochsignifikante Korrelationen zwischen bestimmten Diskurseigenschaften von Babysprache und der Fähigkeit der von ihr untersuchten Kinder, in einem Test 100 syntaktisch unterschiedliche Sätze zu dekodieren (›receptive ability‹). Je größer die ›rezeptiven‹ Fähigkeiten von Kindern waren, desto häufiger verwendeten deren Mütter in natürlichen Situationen verständnissichernde Prozeduren (u.a. Expansionen) und desto häufiger bezogen sich Äußerungen von Müttern auf gerade ablaufende Ereignisse und anwesende Personen und Gegenstände.
Nicht so sehr die sprachliche (grammatische) Form von Babysprache, sondern ihre kommunikative Funktion (vgl. Garnicas ›analytische Funktion‹) und ihr kontextueller Bezug auf kooperative Tätigkeiten von Mutter und Kind (vgl. Garnicas ›soziale Funktion‹) scheint für die Sprachentwicklung von entscheidender Bedeutung zu sein.

Interaktionsmodelle

Ein gutes Beispiel für die theoretische Perspektive und das hermeneutische Interpretationsverfahren, das der Konstruktion von Interaktionsmodellen zugrundeliegt, gibt R.A. Clark (1978). Clark (a.a.O., S.243) geht zunächst u.a. von der folgenden Beobachtung aus:

»Janet (age 0;8(12)) is sitting up on the floor playing with a partly filled bottle of baby shampoo, which she seems to find very interesting.
M: »Janet, give that to mummy, darling.« Holds her hand, palm upwards, toward the bottle.
J: Looks at M and then at the hand.
M: »Give that to mummy.« Moves hand foreward to hold the bottle.
J: Is watching the hand as it moves.
M: Pulls gently at the bottle, J having made no attempt to give it to her. »Thank you.«
J: Is reluctant to let go and tries to keep hold of the bottle as it is taken. This leaves her arm outstretched as the bottle is pulled from her grasp.«

Weitere, chronologisch aufeinanderfolgende Beobachtungen von Clark zeigen, daß Janet zunächst Gegenstände in die ihr zugestreckte, geöffnete Hand der Mutter fallen läßt bzw. Gegenstände, die ihr von der Mutter hingehalten werden, nimmt und mit diesen relativ passiven Handlungen ein von der Mutter jeweils initiiertes ›primitives‹ Kommunikationsschema vervollständigt. Clark macht deutlich, daß in dieser Phase die ›Kommunikation‹ zwischen Janet und ihrer Mutter auf der ›intermentalen Ebene‹ abläuft: Janet ›zeigt‹ noch kein ›Bewußtsein‹ (›awareness‹) von der Rolle, die ihre Mutter und sie selbst in Bezug auf die Koordination ihrer individuellen Handlungen spielen. Durch ihre Teilnahme an solchen Interaktionsroutinen lernt Janet, bestimmte Handlungsfolgen zu antizipieren und schließlich, durch die Umformung von handlungsinitiierenden Bewegungen zu Gesten, selbst und willentlich auszulösen; z.b. dadurch, daß Janet einen Gegenstand hochhält (Geste) und so lange wartet, bis ihre Mutter die Hand öffnet und sie dann den Gegenstand ihrer Mutter gibt. Intentionale Kommunikation des Kindes, d.h. Kommunikation auf der ›intramentalen Ebene‹, setzt Kommunikation auf der ›intermentalen Ebene‹ voraus. Und Kommunikation auf der ›intermentalen Ebene‹ setzt ihrerseits bestimmte Strukturmerkmale der ›sozialisatorischen Interaktion‹ voraus:

(a) Eltern interpretieren von Beginn an das Verhalten ihrer Kinder im Sinne intentionaler Handlungen. Z.B. beobachtete Macfairlane (1974), daß Mütter bereits den Schreien, Bewegungen und Körperhaltungen ihrer Neugeborenen Intentionalität unterstellen; und Snow (1977) beobachtete, daß Mütter schon sehr früh die Vokalisierungen ihrer Babies als konversationelle ›turns‹ interpretieren. Nur dadurch, daß Eltern das Verhalten ihrer Babies so interpretieren, als ob es intentionale Handlungen wären, ist die Etablierung ›primitiver Kommunikationsschemata‹ möglich.

(b) Mütter (bzw. eine andere primäre Bezugsperson) und Kinder koordinieren ihre Handlungen durch die Verwendung bestimmter Prozeduren zur gemeinsamen Fokussierung von Aufmerksamkeit auf Gegenstände, Ereignisse und Handlungen (vgl. z.B. Scaife & Bruner 1975, und den von Schaffer 1977 herausgegebenen Sammelband; vgl. dazu auch die These, daß diese Prozeduren der Herstellung von Intersubjektivität angeboren sind, bei Trevarthen 1974 und Trevarthen & Hubley 1978).

(c) Handlungskoordinationen von Mutter und Kind sind auf eine sehr begrenzte Menge von Situationen bzw. Interaktionsroutinen (vgl. Miller 1976) beschränkt (vgl. dazu auch den Begriff des ›action format‹ und die korrespondierenden empirischen Analysen bei Garvey 1974 und bei Bruner und seinen Mitarbeitern).

(d) Mütter verwenden eine ›implizite Pädagogik‹, um im Dialog mit ihren Kindern Interaktionsroutinen intern zu differenzieren und ihren Anwendungsbereich auszuweiten.

Bruner und seine Mitarbeiter (vgl. Bruner 1975, 1978, Bruner & Sherwood 1976, Ninio & Bruner 1978 und Ratner & Bruner 1978) haben mit ihren empirischen Analysen des Übergangs von der gestischen zur sprachlichen Kommunikation und ihren Analysen der Anfänge genuiner Sprachentwicklung insbesondere versucht, jene ›implizite Pädagogik‹ von Müttern herauszuarbeiten. Bruner (1978, S. 254) faßt die Rolle dieser impliziten Pädagogik für die Sprachentwicklung des Kindes mit den folgenden Worten zusammen:

»I have used the expression ›scaffolding‹ to characterize what the mother provides on her side of the dyad in one of the regularized formats: she reduces the degree of freedom with which the child has to cope, concentrates his attention into a manageable domain, and provides models of the expected dialogue from which he (the child) can extract selectively what he needs for fulfilling his role in discourse. But she also does two other things as well. One of them is properly called ›extension‹. It consists in her extending the situations in which and the functions for which different utterances or vocalizations can be used ... Finally, the mother plays the role of communicative ratchet: once the child has made a step forward, she will not led him slide back ... She is a guardian of newly confirmed communicative hypotheses: a very crucial role.«

Unter dem Gesichtspunkt der sozialen Konstitutionshypothese (soweit sie dem Interaktionsmodell der Sprachentwicklung entspricht) erscheint die Sprachentwicklung als ein Prozeß, in dem das Kind das, was es ›objektiv‹ in der Interaktion mit (und mit Hilfe) seiner Mutter an Kommunikation bereits vollzieht, durch die Rekonstruktion kommunikativer Intentionen (Referenz, Prädikation, Sprechakte) und ihrer sprachlichen Realisierungsformen ›subjektiv‹ einzuholen versucht.

Die Entwicklung von Referenz, Prädikation und Sprechakten setzt nicht nur voraus, daß

(a) das Kind zwischen Zeichen und Bezeichnetem unterscheiden

lernt und für das Bezeichnete (außersprachliche Wirklichkeit) bestimmte Konzepte evtl. sprachunabhängig entwickelt (Referenz bzw. Wortbedeutung),
(b) das Kind relationale Konzepte (z.B. Kausalität, Lokalität, Zeit) sprachunabhängig entwickelt (Prädikation bzw. propositionaler Bedeutungsaspekt), und
(c) das Kind sensomotorische Prozeduren zweckgerichteten Handelns entwickelt (Sprechakte bzw. illokutionärer Bedeutungsaspekt),
sondern daß aufgrund der spezifischen Eigenschaften der ›sozialisatorischen Interaktion‹ für Sprecher und Hörer ein gemeinsames Verständnis der mit einer Geste bzw. einer sprachlichen Äußerung intendierten Sprechhandlung sichergestellt ist, damit ein Kind überhaupt erst die konzeptuelle Struktur kommunikativer Intentionen und ihre Relation zu sprachlichen Ausdrucksformen entdecken kann.

Die soziale Konstitutionshypothese unterstellt eine ontogenetische Priorität des Kooperationsprinzips gegenüber dem semantischen Prinzip und dem Formprinzip der Sprachverwendung. Aber diese Priorität impliziert nicht notwendigerweise, daß beim Kinde die Entwicklung pragmatischer Fähigkeiten der Entwicklung syntaktischer und semantischer Fähigkeiten ›vorausläuft‹; oder anders ausgedrückt: daß ein Kind immer schon eine komplexere Fähigkeit besitzt, sprachliche Äußerungen auf Äußerungssituationen zu beziehen, als daß es fähig wäre, die propositionalen und illokutionären Strukturen solcher Äußerungen und ihre Relation zu sprachlichen Formen zu verstehen. Die Priorität des Kooperationsprinzips besagt lediglich, daß auf der Ebene sozialer Interaktionen zwischen dem Kind und seinen Eltern in einer gegenüber den ›subjektiven‹ Fähigkeiten des Kindes ›progressiven‹ Weise kommunikative Verständigung möglich ist und daß dies ebenso eine Voraussetzung für die Entwicklung pragmatischer als auch für die Entwicklung syntaktischer und semantischer Fähigkeiten beim Kinde darstellt.

Es ist eine noch weitgehend offene Frage der Spracherwerbsforschung, in welcher ontogenetischen Beziehung syntaktische, semantische und pragmatische Aspekte in der Sprache des Kindes zueinander stehen. Vermutlich läßt sich diese ontogenetische Beziehung eher im Sinne einer Interdependenz als im Sinne eines hierarchischen Abhängigkeitsverhältnisses interpretieren. Zumindest wird dies durch die folgenden Arbeiten nahegelegt. Im Hinblick auf die Entwicklung lokaler Referenz zeigen z.B. Miller & Weissenborn (1978), daß ein Kind auf der Grundlage und im Verlauf von systematisch komplexer werdenden Handlungskontexten (Interaktionsroutinen) ansatzweise Verwendungsregeln für unterschiedliche Typen referentieller Ausdrücke (deiktische und deskriptive Ausdrücke) erlernt und damit zugleich die pragmatische Fähigkeit erwirbt, durch die Wahl der verwendeten referentiellen Ausdrücke bestimmte globale Kontexte (nämlich unmittelbar wahrnehmbare vs. nicht wahrnehmbare Umwelt) für ein intersubjektives Verständnis der verwendeten referentiellen Ausdrücke voneinander abzugrenzen. Und im Hinblick auf die Entwicklung propositionaler Strukturen zeigen die bereits erwähnten Untersuchungen von Greenfield & Smith (a.a.O.), Greenfield (a.a.O.) und Miller (a.a.O.), daß Kinder im Kontext sich entwikkelnder Interaktionsroutinen syntaktisch-semantische Strukturen von Äußerungen dadurch erlernen, daß sie ihre Mitteilungen auf variable, aber systematisch eingegrenzte Aspekte einer Situation beschränken können. Mit der Fähigkeit, sprachlich explizitere Propositionen auszudrücken, entsteht jedoch zugleich die pragmatische Fähigkeit, bereits formulierbare Propositionen als sprachliche Ellipsen zu realisieren und damit auf bestimmte Interaktionsroutinen als Redehintergrund zu verweisen. Bereits de Laguna (1927) hat darauf aufmerksam gemacht, daß die Sprachentwicklung einen Prozeß der fortschreitenden Dekontextualisierung involviert; aber Dekontextualisierung darf hier nicht bloß im Sinne einer zunehmenden Unabhängigkeit vom Äußerungskontext verstanden werden, Dekontextualisierung der Sprachverwendung beim Kinde bedeutet vielmehr eine fortschreitende Reflexivität der Beziehungen zwischen Sprache und Kontext.

5. Zusammenfassung und offene Fragen

Mit der sozialen Konstitutionshypothese ist aus einer universalistischen Forschungsperspektive die grundlegende Relevanz sozialisatorischer Prozesse für die Sprachentwicklung des Kindes deutlich geworden. Aber der hier gegebene Überblick über Paradigmen der modernen Spracherwerbsforschung und die allmähliche Orientierung derselben an sozialisationstheoretischen Fragestel-

lungen läßt viele Fragen offen, die teils mit der hier gewählten Beschränkung auf Probleme der frühkindlichen Sprachentwicklung, teils mit dem Stand der Spracherwerbsforschung selbst zusammenhängen.
Auf drei für das Thema ›sprachliche Sozialisation‹ zentrale Fragen soll noch kurz hingewiesen werden:
1. Gibt es empirische Anhaltspunkte für eine Universalität von Strukturmerkmalen der ›sozialisatorischen Interaktion‹?
Zumindest die in dem Abschnitt ›Outputregulierungsmodelle‹ und ›Interaktionsmodelle‹ referierten empirischen Untersuchungen zur sozialen Konstitutionshypothese beziehen sich ausschließlich auf Mutter–Kind-Dyaden, die der sozialen Mittelschicht der U.S.A., Englands und der BRD angehören. Universalitätsannahmen hinsichtlich beobachteter Eigenschaften des Mutter–Kind-Dialogs haben daher bislang lediglich einen hypothetischen Charakter.
2. Ist die soziale Konstitutionshypothese im Hinblick auf spätere Phasen der Sprachentwicklung im gleichen Maße erklärungskräftig, wie sie es im Hinblick auf die frühkindliche Sprachentwicklung zu sein scheint?
Zumindest auch noch sprachliche Unterhaltungen zwischen 3/4jährigen Kindern und ihren Eltern sind generell dadurch charakterisierbar, daß in einer nahezu unproblematischen Weise von beiden Seiten ein gemeinsamer Kontext für eine sprachliche Verständigung vorausgesetzt werden kann, und zwar vermutlich aufgrund der gemeinsamen Lebenswelt und gemeinsamer (teilweise routinisierter) Alltagserfahrungen. Kinder sind zu diesem Zeitpunkt bereits sehr fähige Kommunikationsteilnehmer (vgl. z.B. Ervin-Tripp & Mitchell-Kernan 1977). Aber darin, daß – im Unterschied zu einem fremden Beobachter – die Eltern von Kindern dieser Entwicklungsstufe meistens sehr schnell wissen, worüber und mit welcher kommunikativen Intention sich ihre Kinder äußern, zeigt sich, daß Strukturmerkmale der sozialisatorischen Interaktion auch in dieser Entwicklungsphase noch eine bedeutende Rolle spielen könnten.
Kinder lernen jedoch schließlich, komplexe sprachliche Handlungen auszuführen wie z.B. ›eine Geschichte erzählen‹, ›eine Wegauskunft geben‹, ›ein Spiel erklären‹ oder ›sich an einer Argumentation beteiligen‹, die u.a. dadurch charakterisiert sind, daß für die an der Kommunikation Beteiligten gemeinsame Kontexte für ei-

ne sprachliche Verständigung allererst, evtl. durch sehr komplexe Einigungsprozesse, hergestellt werden müssen. Hinsichtlich dieser für die Handlungsfähigkeit eines ›sozialisierten‹ Individuums vielleicht zentralsten kommunikativen Aktivitäten gibt es bislang jedoch weder hinreichende genetische Beschreibungen noch irgendwelche Erklärungsmodelle.

3. Lassen sich aus der Spracherwerbsforschung irgendwelche pädagogischen Interventionstechniken ableiten?

Ähnlich wie die Frage nach der Beziehung zwischen Sprachentwicklung und sozialer Herkunft ist die Behandlung dieser Frage von der Spracherwerbsforschung weitgehend vernachlässigt worden. Und so läßt sich, anhand der bisherigen Forschungsergebnisse, auf die Frage ›Wie kann eine besorgte Mutter ihrem Kinde die Sprachentwicklung erleichtern?‹ mit Roger Brown (1977, S. 26) lediglich die einerseits für manchen vielleicht enttäuschende, andererseits aber für unsere schon im Vorschulalter geplagten Kinder tröstliche Antwort geben:

»Believe that your child can understand more than he or she can say, and seek, above all, to communicate. To understand and be understood. To keep your minds fixed on the same target. In doing that, you will, without thinking about it, make 100 or maybe 1000 alternations in your speech and action. Do not try to practice them as such. There is no set or rules of how to talk to a child that can even approach what you unconsciously know. If you concentrate on communicating, everything else will follow.«

Zur Ontogenese moralischer Argumentationen

> »Aber du sollst nicht dauernd dazwischenquatschen!«
> Tanja, 7 Jahre, zum Autor des folgenden Aufsatzes

0. Problemstellung
1. Ein grundbegrifflicher Rahmen für die Analyse moralischer Argumentationen
1.1. Die Logik des Argumentes
1.2. Koordinationsprobleme moralischer Argumentationen
1.3. Die Logik moralischer Argumentationen
2. Fallstudien zur Ontogenese moralischer Argumentationen
2.1. Ein Modell ontogenetischer Stufen der Logik moralischer Argumentationen
2.2. Zur empirischen Methode der Fallstudien
2.3. Argumentationsanalysen
2.4. Ergebnisse der Argumentationsanalysen
3. Zusammenfassung und einige offene Probleme
4. Appendix

0. Problemstellung[1]

In Elias Canettis Roman ›Die Blendung‹ (1935) streiten sich der Sinologe Kien und Therese, ehemals die Haushälterin, inzwischen jedoch die Ehefrau Kiens, um eine Millionenerbschaft, die es gar nicht gibt. Doch Therese glaubt, Anhaltspunkte dafür zu haben, daß Kien mindestens eine Million Goldkronen besitzt, und sie möchte ihn schon zu Lebzeiten beerben, um danach mit dem Mann ihres Herzens, einem öligen Möbelverkäufer, ein neues Leben zu beginnen. Kien, berühmt für seine meisterhaften Konjekturen bei der Rekonstruktion alter Texte, findet seinerseits in Thereses wirren und verballhornten Sätzen, mit denen sie u.a. auf das

---

[1] Die Entwicklung von vielen der in diesem Aufsatz dargestellten Überlegungen fällt in die schöne Zeit meiner Zusammenarbeit mit Wolfgang Klein (Max-Planck-Institut für Psycholinguistik, Nijmegen), dem ich entscheidende Anregungen verdanke.

vermutete Vermögen Kiens anspielt, Anhaltspunkte dafür, daß sie eine Million Goldkronen geerbt hat; und er möchte damit Bücher kaufen, um seine Bibliothek zu verdoppeln. Strittig ist demnach für beide die Frage: ›Wer soll über die Millionenerbschaft verfügen dürfen?‹ So wie es jedoch den beiden bei ihrem Streit nicht gelingt zu erkennen, daß sie relativ zu ihren jeweiligen subjektiven Vorstellungswelten über ganz unterschiedliche Millionenerbschaften sprechen, genau so wenig können sie sich auf eine gerechte Lösung ihres Verteilungskonfliktes einigen; weder über das, was die relevanten und wahren Tatsachen hinsichtlich ihres Konfliktes sind, noch über das, was in ihrem Konflikt moralisch geboten ist, können die beiden ihre Auffassung koordinieren. Die Situation explodiert, Kien wird gewalttätig – und zwar in einer Weise, wie es sich wohl für einen sensiblen Wissenschaftler geziemt: »Die Finger seiner Rechten versuchten eine Faust zu bilden und schlugen mit aller Kraft in die Luft.« Danach erkennen beide eher zufällig, daß es weder die eine noch die andere Millionenerbschaft gibt und es somit bei ihrem Streit im buchstäblichen Sinne um nichts ging. Kien und Therese haben in dieser Phase des Romans noch einmal Glück gehabt, denn das Kapitel des Romans schließt mit den Worten: »Wenige Augenblicke darauf hatten sie einander zum erstenmal richtig verstanden.«

Handelt es sich bei diesem Streit von Kien und Therese lediglich um den pathologischen Fall einer moralischen Argumentation? Oder können moralische Argumentationen prinzipiell gar nicht anders verlaufen, so daß es für die daran Beteiligten immer noch am besten ist, wenn sie wie Kien und Therese auf den Boden der Tatsachen geholt werden und sich dann eventuell der moralische Konflikt als gegenstandslos bzw. sinnlos erweist?

Doch zunächst ein Wort zur generellen kommunikativen Funktion von Argumentationen. Argumentationen werden im folgenden als ein spezieller Typ komplexer sprachlicher Handlungen aufgefaßt. Wie andere Typen komplexer sprachlicher Handlungen, z.B. ›eine Geschichte erzählen‹, ›eine Wegauskunft geben‹, ›ein Spiel erklären‹, dienen sie dazu, eine Aufgabe mit sprachlichen Mitteln zu lösen. *Die für eine Argumentation konstitutive Aufgabe bzw. das primäre Handlungsziel einer Argumentation besteht darin, daß die an ihr Beteiligten eine gemeinsam zu identifizierende strittige Frage, die Quaestio der Argumentation, gemeinsam beantworten.*

Die Frage, ob nun der argumentative Prozeß und das an seinem

Ende eventuell stehende Resultat, die Beantwortung der Quaestio, im Falle moralischer Argumentationen grundsätzlich arbiträr sind, läßt sich in die folgenden beiden Teilfragen untergliedern: Lassen sich Regeln anführen, die festlegen, was als eine mögliche Antwort auf eine gegebene Quaestio zählt und was nicht? Und wenn dies möglich ist, lassen sich dann weiterhin Regeln angeben, die festlegen, welche der möglichen Antworten auf eine Quaestio Lösungen oder gar *die* Lösung der mit einer Argumentation übernommenen Aufgabe sind und welche nicht?

Die Quaestio einer Argumentation definiert eine Klasse möglicher Antworten, die unter den an einer Argumentation Beteiligten strittig sind. So folgt etwa aus einer Quaestio vom Typus der ›Entscheidungsfrage‹, z.B. ›Soll man seine Feinde lieben?‹, daß die Klasse möglicher Antworten genau die beiden Antworten ›ja‹ und ›nein‹ enthält. Andere Antworten, mit denen eventuell auf die genannte Quaestio reagiert wird, z.B. ›Weiß nicht.‹, ›Ich hab keine Feinde.‹ oder ›Was soll der Unsinn?‹, sind zumindest keine direkten Antworten auf die Quaestio. Mit solchen Reaktionen wird in der Regel zum Ausdruck gebracht, daß der Befragte nicht willens ist, in eine Argumentation über eine vorgelegte Quaestio einzutreten; entweder weil er bestimmte Präsuppositionen dieser Quaestio nicht teilt, oder aber weil ihn aus irgendwelchen Gründen diese Quaestio eben nicht interessiert. Aus einer Quaestio vom Typus der ›Informationsfrage‹, z.B. ›Was soll ich tun?‹ folgt hingegen, daß die Extension der Klasse möglicher Antworten unbestimmt ist (bzw., was im Falle des hier gewählten Beispieles äquivalent ist, daß die Klasse möglicher Antworten eine einzige Antwort enthält, nämlich ›Das Beste.‹). Diese Beispiele möglicher Typen von Quaestiones zeigen, daß sich Regeln anführen lassen, die festlegen, was als eine mögliche Antwort auf die Quaestio zählt und was nicht.

Eine Argumentation ist dann *erfolgreich*, wenn es den an ihr Beteiligten gelingt, ihre Redebeiträge so miteinander zu koordinieren, daß ein gemeinsames Argument zur Beantwortung der Quaestio einer Argumentation entstehen kann; und das heißt, in Anlehnung an die elegante Formulierung von Wolfgang Klein (1980), daß eine der möglichen kollektiv strittigen Antworten auf die Quaestio mit Hilfe kollektiv geltender Aussagen in eine kollektiv geltende Aussage überführt werden kann.

Ist es nun für die Lösung der mit einer Argumentation übernommenen Aufgabe gleichgültig, welche der möglichen Antworten auf die jeweilige Quaestio es ist, die vom Kollektiv der Argumentierenden als gemeinsame Antwort auf diese Quaestio akzeptiert wird?

Offensichtlich ist es zumindest im Falle theoretisch-empirischer Argumentationen, z.B. für die Diskussion der Frage: ›Kann man mit dem Kopf durch die Wand rennen?‹, keinesfalls gleichgültig, auf welche der möglichen Antworten sich die an der Argumentation Beteiligten einigen, wenn sie sich nicht früher oder später von der Empirie eines Besseren belehren lassen wollen. Zumindest für den Bereich der theoretisch-empirischen Argumentationen lassen sich Regeln angeben, die festlegen, welche der möglichen Antworten auf eine Quaestio die Lösung der mit einer Argumentation übernommenen Aufgabe sind und welche nicht: es sind die Antworten unter den möglichen Antworten auf eine Quaestio, deren Wahrheitsbedingungen erfüllt sind.

Eine theoretisch-empirische Argumentation ist dann *rational*, wenn es den an ihr Beteiligten gelingt, ihre Redebeiträge so miteinander zu koordinieren, daß zumindest im Prinzip ein gemeinsames Argument zur Beantwortung der Quaestio entstehen kann, dessen Wahrheitsbedingungen erfüllt sind. Die entsprechenden Koordinationsregeln (wie immer sie auch im einzelnen empirisch zu beschreiben sein mögen) konstituieren die Logik einer theoretisch-empirischen Argumentation. Lassen sich nun in analoger Weise Rationalitätskriterien für moralisch-praktische Argumentationen angeben? D.h., lassen sich Regeln anführen, die festlegen, welche der möglichen Antworten auf eine moralische Quaestio die Lösung der mit einer solchen Argumentation übernommenen Aufgabe sind und welche nicht? Sind Antworten auf moralische Quaestiones genauso begründungsfähig wie Antworten auf theoretisch-empirische Quaestiones? Wenn ja, welches sind die Regeln, die die Logik der moralischen Argumentation konstituieren? Und schließlich, wie unterscheiden sich Kinder unterschiedlichen Alters im Hinblick auf eine solche Logik der moralischen Argumentation und den notwendigen kognitiven und kommunikativen Voraussetzungen?

Um diese Frage, wenigstens ansatzweise, zu beantworten, werde ich zunächst kurz versuchen, die Logik der Argumentation von der Logik des Argumentes abzugrenzen, anschließend zeigen, worin für die an einer moralischen Argumentation Beteiligten die zentralen Koordinationsprobleme bei der Entwicklung eines gemeinsamen Arguments liegen und danach einen grundbegrifflichen Rahmen für die Analyse der Regeln skizzieren, welche die Logik der moralischen Argumentation konstituieren.

Eine mögliche und in meinen Augen sehr starke Form empirischer Evidenz für das, was in meinem Verständnis die Logik moralischer Argumentationen konstituiert, besteht darin zu zeigen, daß diese Logik moralischer Argumentationen den konsequenten Endpunkt einer universell beobachtbaren Entwicklung im Kinde und Jugendlichen darstellt. Die im zweiten Teil dieses Aufsatzes vorgelegte Analyse moralischer Argumentationen von Kindern dient deshalb nicht nur dazu, die von mir zunächst hypothetisch unterstellte Logik moralischer Argumentationen an Hand empirischer Beispiele zu konkretisieren, sondern vor allem der Beantwortung der Frage, ob sich aus ontogenetischer Perspektive zumindest eine vorläufige empirische Evidenz für das wenn auch nur ansatzweise entwickelte Konzept einer Logik moralischer Argumentationen liefern läßt.

Aus dem eben Gesagten dürfte hinreichend deutlich geworden sein, daß es sich bei den folgenden Ausführungen und Analysen nur um eine Art Argumentationsskizze zum Problem der Beziehung zwischen Moralität und Argumentation und zum Problem der Ontogenese moralischer Argumentationen handeln kann.

Von Friedrich Theodor Fischer stammt die, wie ich glaube, sehr tiefsinnige Sentenz: ›Das Moralische versteht sich immer von selbst.‹ Für moralische Argumentationen und ihre Ontogenese gilt diese Sentenz, weiß Gott, nicht. Und nur einem wohlwollenden Leser kann ich es empfehlen, den Aufsatz weiterzulesen.

1. Ein grundbegrifflicher Rahmen für die Analyse moralischer Argumentationen

1.1. Die Logik des Argumentes[2]

Ein Argument läßt sich als eine Folge von Aussagen darstellen, an deren Ende eine Antwort auf eine Quaestio steht: die Konklusion

---

[2] vgl. zum folgenden die sehr viel differenziertere Darstellung von W. Klein (1979).

oder – um einen Ausdruck von Arne Naess (1975) zu gebrauchen – die »Spitze des Argumentes«. Eine solche Folge von Aussagen bzw. Propositionen ist genau dann ein Argument, wenn einige dieser Aussagen unmittelbar akzeptiert werden (bzw. unmittelbar wahr sind, was immer dies auch heißen mag) und die anderen Aussagen daraus aufgrund bestimmter Übergangs- bzw. Schlußregeln abgeleitet werden können.

Die Logik des Argumentes befaßt sich mit der Frage, ob solche Übergänge legitim sind. Ein spezieller Fall legitimer Übergänge sind die deduktiven Schlußregeln der formalen Logik. Es gibt andere Arten von legitimen Übergängen, z.B. die der induktiven Logik und probabilistische Übergänge. Manche Autoren tendieren dazu, die Klasse der legitimen Übergänge noch weiter zu fassen, z.B. Toulmin (1975) mit seinem relativ allgemeinen Begriff der Schlußregel.

Die für die Logik des Argumentes zentrale Idee des Übergangs von bereits akzeptierten Aussagen zu weiteren Aussagen läßt sich veranschaulichen, indem Argumente als Strukturbäume dargestellt werden. In einem solchen Strukturbaum stehen alle nichtdominierenden Knoten für unmittelbar akzeptierte Aussagen, und alle dominierenden Knoten folgen aus Knoten, die sie dominieren.

[1]

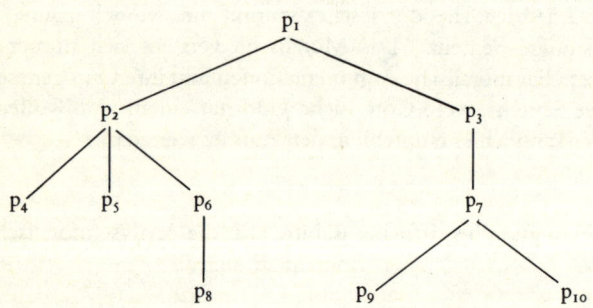

In [1] stehen die nichtdominierenden Knoten p_4, p_5, p_8, p_9 und p_{10} für unmittelbar akzeptierte Aussagen. p_6 folgt aus p_8, p_2 folgt aus p_4, p_5 und p_6, und so weiter.

In diesem Strukturbaum-Modell von Argumenten gibt es keinen prinzipiellen Unterschied zwischen Aussagen und Übergängen zwischen Aussagen. Übergänge können selbst in Form von Aussagen einem neuen Knoten innerhalb eines solchen Strukturbaumes zugeordnet werden. Und die zuunterst stehenden Knoten sind lediglich Grenzfälle von Übergängen.

In [1] ist p_1 die Argumentspitze (Konklusion). Eine Argumentation ist dann erfolgreich, wenn es den an ihr Beteiligten gelingt, ein gemeinsames Argument zu entwickeln, dessen Spitze eine Antwort auf die Quaestio der Argumentation darstellt.

Eine Argumentation besteht aus einer Folge von Äußerungen, die eventuell unterschiedlichen Äußerungstypen zugeordnet werden können. Es können z.B. Behauptungen aufgestellt, Fragen aufgeworfen und Appelle ausgesprochen werden. Es können sogar relativ autonome Diskurseinheiten wie Geschichten, Witze und dergleichen auftreten.

Im Unterschied zur Logik des Argumentes befaßt sich die Logik der Argumentation mit der Frage, wie die an einer Argumentation Beteiligten verfahren, um ihre Redebeiträge so miteinander zu koordinieren, daß es zumindest im Prinzip möglich ist, ein gemeinsames Argument zur Beantwortung einer gemeinsam zu identifizierenden Quaestio zu entwickeln. Bevor ich darauf und auf die Frage nach Rationalitätsstandards im Falle moralischer Argumentationen eingehe, kurz zur Frage, welches die zentralen Probleme sind, die bei der Koordination von Redebeiträgen im Falle moralischer Argumentationen gelöst werden müssen.

1.2. Koordinationsprobleme moralischer Argumentationen

Das essentielle Problem einer jeglichen Argumentation, ob moralischer oder nichtmoralischer Art, besteht darin, daß sich die daran Beteiligten darüber einigen müssen, welches die im Kontext einer jeweiligen Argumentation unmittelbar zu akzeptierenden und das heißt: im Kontext einer jeweiligen Argumentation nicht mehr weiter zu hinterfragenden Aussagen sind, auf denen das zu entwickelnde gemeinsame Argument aufgebaut werden soll.

Wenn die Teilnehmer einer Argumentation versuchen, eine moralische Quaestio zu beantworten, d.h. Fragen der Art ›Ist es gut (bzw. richtig), wenn die Person A die Handlung B vollzieht?‹ oder ›Was ist schlimmer, die Handlung x oder die Handlung y?‹, so entsteht die eben erwähnte zentrale Schwierigkeit einer Argumentation vor allem anderen dadurch, daß eine Handlung in einer

Hinsicht gut und in einer anderen Hinsicht schlecht sein kann; d.h. Ausdrücke wie ›gut, schlecht, besser, schlimmer‹ etc. lassen sich auf unterschiedliche Standards bzw. Bewertungsparameter beziehen. Häufig enden deshalb moralische Argumentationen einfach damit, daß die daran Beteiligten ihre unterschiedlichen Urteile, evtl. sogar ihre unterschiedlichen Bewertungsparameter, zur Kenntnis nehmen und es dabei belassen. Die Frage, was im vorliegenden Fall das moralisch Gute ist, gilt dann entweder als unentscheidbar, oder die Kosten, es herauszufinden, werden einfach als zu hoch angesehen.

In anderen Fällen, z.B. den moralischen Dilemmata der griechischen Tragödie, bei der ein Held schuldig wird, gleichgültig, ob er eine bestimmte Handlung vollzieht oder unterläßt, und im Kairos sich entscheiden muß, welche Schuld er auf sich nehmen will; aber auch z.B. im Falle trivialer Konflikte der Art, ob ich verpflichtet bin, meiner Frau beim Geschirrspülen zu helfen – in allen Fällen also, in denen zumindest ein Teil der an der Argumentation Beteiligten zugleich zu den von der Quaestio unmittelbar Betroffenen zählt, muß versucht werden, die Quaestio zu beantworten; denn wenn sie nicht argumentativ beantwortet wird, so wird sie eben durch den faktischen Lauf der Dinge beantwortet. Und eine solche Entscheidung eines Konfliktes hat in den seltensten Fällen eine Chance, von allen Betroffenen mit guten Gründen akzeptiert zu werden.

Bei dem Versuch einer argumentativen Beantwortung einer (moralischen) Quaestio spielen nun die für eine Argumentation typischen pro's und contra's eine fundamentale Rolle. Mit ihnen wird der (argumentative) Kampf darüber ausgetragen, welche Aussagen als mögliche Kandidaten für die Menge der unmittelbar akzeptierten (und das heißt: unmittelbar kollektiv geltenden) Aussagen in Frage kommen, um darauf aufbauend ein gemeinsames Argument zur Beantwortung einer Quaestio zu entwickeln.

Ist nun im Falle moralischer Argumentationen der Kampf zwischen pro und contra um unmittelbar zu akzeptierende Aussagen grundsätzlich nur durch arbiträre Entscheidungen zu beenden? Dann gäbe es für moralische Argumentationen keine nichttrivialen Rationalitätsstandards.

Ich möchte im Rahmen dieses Aufsatzes nicht versuchen, auf diese klassische Fundamentalfrage der Ethik direkt einzugehen. Vielmehr werde ich mich, soweit ich mich in diesem Aufsatz überhaupt darauf einlasse, auf Umwegen an diese Frage annähern. Und zwar werde ich zunächst vier hierarchisch aufeinander aufbauende Koordinationsverfahren global charakterisieren, die in meinem gegenwärtigen Verständnis die Logik moralischer Argumentationen konstituieren. Danach läßt sich ja sehen, ob und inwieweit dann noch für die Lösung des zentralen Koordinationsproblems moralischer Argumentationen ein dezisionistischer Rest übrigbleibt.

1.3. Die Logik moralischer Argumentationen

Um die Charakterisierung der vier genannten Koordinationsverfahren in der hier gebotenen Kürze und dennoch so anschaulich wie möglich durchzuführen, möchte ich mich im folgenden auf eine fiktive moralische Argumentation als illustrierenden Hintergrund beziehen. In dieser fiktiven moralischen Argumentation tragen die Hauptpersonen des ›Heinz-Dilemmas‹[3] von Lawrence Kohlberg ihren Konflikt aus.

In der von mir leicht veränderten Version, in der ich Gruppen von Kindern über dieses Dilemma diskutieren ließ – Argumentationen, auf die ich im zweiten Teil dieses Aufsatzes näher eingehen werde –, hatte das ›Heinz-Dilemma‹ den folgenden Wortlaut:

»In einer kleinen Stadt leben Heinz und Ingrid. Ingrid ist sehr, sehr krank. Der Arzt sagt, daß Ingrid sterben muß, wenn sie nicht operiert wird. Diese schwierige Operation kann jedoch nur von einem berühmten Arzt durchgeführt werden, der in einem anderen Land wohnt. Heinz und Ingrid haben jedoch nicht genug Geld, um die Reise und die Operation zu bezahlen. In seiner Verzweiflung bricht Heinz in ein Geschäft ein und stiehlt alles Geld aus der Ladenkasse und alle wertvollen Gegenstände. Heinz hat nun das Geld zusammen, um seiner Frau das Leben zu retten. Die Leute,

---

3 In Kohlbergs Untersuchungen zur Ontogenese des moralischen Bewußtseins (vgl. z. B. Kohlberg 1969, 1971) wurden den Versuchspersonen Geschichten mit moralischen Dilemmata, u. a. das ›Heinz-Dilemma‹, erzählt, und in anschließenden Interviews wurde versucht, Hypothesen über entwicklungsspezifische moralische Konzepte dieser Versuchspersonen zu testen. In der von mir durchgeführten Pilot-Untersuchung zur Ontogenese moralischer Argumentationen, auf die sich die folgenden Argumentationsanalysen stützen, ließ ich Gruppen von Kindern auch über Geschichten mit moralischen Dilemmata diskutieren, u. a. über eine im Hinblick auf das Alter der von mir untersuchten Kinder leicht veränderte Version des ›Heinz-Dilemmas‹.

denen das Geschäft gehört, sind nun aber über Nacht arm geworden. Hätte Heinz dies tun sollen?«

Angenommen, Heinz trifft nach seinem Einbruch den Besitzer des davon betroffenen Geschäftes – in Kohlbergs Version ist dies ein Apotheker. Heinz ist überzeugt davon, daß es eher richtig war, daß er den Einbruch ausgeführt hat. Der Apotheker ist überzeugt davon, daß es eher richtig gewesen wäre, wenn Heinz den Einbruch unterlassen hätte. Offensichtlich vertreten dann die beiden Kontrahenten unterschiedliche, miteinander zumindest teilweise inkompatible Mengen von unmittelbar zu akzeptierenden deskriptiven und/oder normativen Aussagen, auf denen ein zu entwickelndes gemeinsames Argument aus der Perspektive jedes einzelnen der beiden Kontrahenten jeweils aufzubauen wäre. Die Argumentation beginnt folgendermaßen:

Heinz: Es tut mit leid. Es mußte nun halt mal sein, daß ich in Ihr Geschäft eingebrochen bin.
Apoth.: Sind Sie verrückt? Wie können Sie denn sowas sagen?

Beide beziehen sich mit ihren Äußerungen in jedem Falle auch auf die implizite Quaestio: ›Hätte Heinz dies (den Einbruch) tun sollen?‹; und während Heinz diese Quaestio bejaht, wird sie vom Apotheker offensichtlich verneint. Mit den gemachten Redebeiträgen ist damit keine der beiden möglichen Antworten auf die Quaestio ins kollektiv Geltende überführt worden.

Das erste und grundlegendste Koordinationsverfahren, das nun einsetzt, ist das zur Lösung des *Rechtfertigungsproblems*. Die folgende These (T_1) ist ein informeller Versuch, dieses Verfahren zu charakterisieren:

T_1: Die mit den einzelnen Redebeiträgen oft nur sehr indirekt ausgedrückten Aussagen, die das zu entwickelnde gemeinsame Argument konstituieren sollen, müssen *gerechtfertigt* werden. Eine Aussage ist dann gerechtfertigt, wenn sie unmittelbar akzeptiert wird oder wenn sie auf andere Aussagen zurückgeführt werden kann, die unmittelbar akzeptiert werden. Jede Aussage, die gemacht wird, und jeder Übergang zwischen Aussagen kann von einem Argumentationsteilnehmer bestritten werden. Und die entsprechenden Aussagen bzw. Übergänge müssen dann auf andere Aussagen zurückgeführt werden, die kollektiv gelten.

Das, worüber sich die Teilnehmer einer Argumentation von vornherein implizit einig sind, braucht nicht argumentativ geklärt zu

werden. Dies erklärt im übrigen die empirische Beobachtung, daß die in einer Argumentation entwickelten Argumente häufig nur so fragmentarisch realisiert werden.
Heinz setzt nun die Argumentation fort, und sein Beitrag wird sogleich vom Apotheker gekontert:

Heinz: Nun, jeder hat doch ein Recht auf Leben!
Apoth.: Meinen Sie vielleicht, das gilt für mich nicht ebenso? Schließlich lebe ich davon, daß ich Medizin verkaufe, und nicht davon, daß mir Medizin gestohlen wird.

Beide akzeptieren die Aussage ›Jeder hat ein Recht auf Leben.‹ Aber jeder versucht, mit dieser Aussage seinen vorhergehenden Beitrag zu rechtfertigen; d.h. jeder verleiht dieser Aussage einen anderen argumentativen Stellenwert. Der antagonistische Zustand der Argumentation bleibt erhalten.

Das zweite Koordinationsverfahren, das nun einsetzen muß, wenn die Kontrahenten überhaupt noch an ihrem Bemühen, ein gemeinsames Argument zu entwickeln, festhalten wollen, ist das Verfahren zur Lösung des *Kohärenzproblems* von Argumentationen. Wie alle weiteren Koordinationsverfahren ist auch das Verfahren zur Lösung des Kohärenzproblems ein Sonderfall des grundlegenden Verfahrens zur Lösung des Rechtfertigungsproblems von (moralischen) Argumentationen:

T_2: Die *Kohärenz* der Argumentation muß sichergestellt werden; d.h. allen Redebeiträgen, die von den Teilnehmern akzeptiert werden, muß von allen Teilnehmern derselbe argumentative Stellenwert für die Beantwortung der Quaestio zuerteilt werden. Die Kohärenz der Argumentation wird dadurch gesichert, daß die Teilnehmer der Argumentation gemeinsam akzeptierte Aussagen, metaphorisch gesprochen, am selben Knoten desjenigen Strukturbaumes lokalisieren, der die Entwicklung eines potentiell gemeinsamen Argumentes repräsentiert.

Aber wie können die Teilnehmer einer Argumentation der Sequenz von Redebeiträgen die ›Baumstruktur‹ eines potentiell gemeinsamen Argumentes als abstrakte und organisierende Struktur zugrundelegen, noch bevor dieses potentiell gemeinsame Argument inhaltlich ausformuliert und über seine Annahme entschieden worden ist?

Um diese Frage gleich mit Bezug auf Heinz und den Apotheker zu beantworten: Als kompetente Kommunikationsteilnehmer wissen beide, wie sie prinzipiell vorgehen müssen, um die Quaestio zu beantworten; d.h., daß eine Beantwortung der Quaestio die Beantwortung zumindest der folgenden Teilquaestiones erfordert:

(a) Werden von Heinz und dem Apotheker zwei miteinander konkurrierende Parameter (Wertgesichtspunkte) für eine Beurteilung der alternativen Handlungen: ›h = Vollzug des Einbruchs‹ und ›~h = Unterlassung des Einbruchs‹ für relevant gehalten?
(b) Welches sind die relevanten Tatsachen im Hinblick auf die Alternative ›h‹ versus ›~h‹?
(c) Welche Werte können den alternativen Handlungen relativ zu den miteinander konkurrierenden Parametern zugeordnet werden?
(d) Welche komparativen Bewertungen ergeben sich auf jeweils einem der miteinander konkurrierenden Parameter?
(e) Wie lassen sich unterschiedliche, sich wechselseitig ausschließende komparative Bewertungen zu einer Gesamtbewertung aggregieren?

Wenn nun Heinz und der Apotheker feststellen, daß sie zwei miteinander konkurrierende Bewertungsparameter vertreten, so muß das zu entwickelnde potentiell gemeinsame Argument zumindest im Kern mit dem Strukturbaum [2] repräsentiert werden können. Und Heinz und der Apotheker müssen dann der Sequenz ihrer Redebeiträge den (eventuell noch zu erweiternden) Strukturbaum [2] als abstrakte und organisierende Struktur zugrundelegen, wenn sie die Kohärenz ihrer Argumentation sicherstellen wollen.

[2]

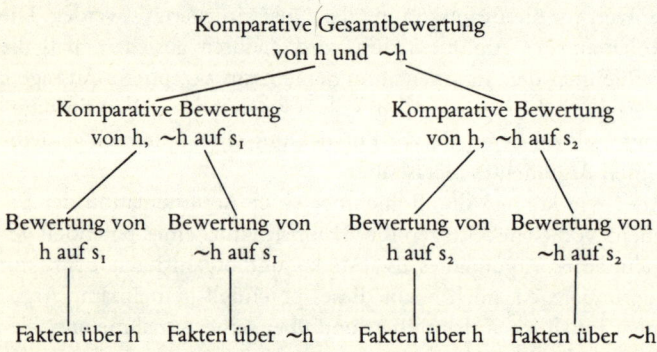

(h: Vollzug des Einbruchs; ~h: Unterlassung des Einbruchs; s_1: Parameter von Heinz; s_2: Parameter des Apothekers)

Mit dem folgenden Beitrag versucht nun Heinz, die Kohärenz der Argumentation zu sichern:

Heinz: Wenn ich Sie nicht bestohlen hätte, hätte meine Frau sterben müssen. Während es Ihnen allenfalls darum gehen kann, daß Ihr Eigentum respektiert wird.

Heinz macht deutlich, daß er und der Apotheker konkurrierende Parameter vertreten und welches diese Parameter sind; ferner, daß es für ihn von seiner früheren Aussage ›Jeder hat ein Recht auf Leben‹ einen legitimen Übergang nur zur komparativen Bewertung von ›h‹ und ›~h‹ auf s_1 (Wert des Lebens – Parameter von Heinz) gibt, derzufolge zumindest aus der Perspektive von Heinz der Einbruch einem Nichteinbruch vorzuziehen ist.

Angenommen, der Apotheker akzeptiert diese Klarstellung von Heinz; dann ist nicht nur die Kohärenz der Argumentation im Hinblick auf die frühere Aussage ›Jeder hat ein Recht auf Leben‹ hergestellt worden. Jetzt wissen beide, sowohl Heinz als auch der Apotheker, daß ein gemeinsam zu entwickelndes Argument zur Beantwortung der Quaestio nur dann auf eine kohärente Argumentation zurückgeht, wenn ein gemeinsam akzeptierter Übergang von den komparativen Bewertungen relativ zu den miteinander konkurrierenden Parametern zu einer komparativen Gesamtbewertung entwickelt werden kann.

Apoth.: Genau darum geht es: daß Sie mein Eigentum respektieren. Hätten Sie doch im Lotto gespielt, dann hätten Sie vielleicht das Geld gehabt, um Ihrer Frau das Leben zu retten.

Heinz: Sie wissen genau, daß das mit dem Lotto ein schlechter Witz ist. Außerdem, können Sie denn gar nicht begreifen, daß nur dadurch, daß ich in Ihr Geschäft eingebrochen bin, eine Situation eingetreten ist, die uns allen Vorteile bringt: Sie können leben und meine Frau kann leben; hätte ich aber den Einbruch unterlassen, dann hätten nur Sie Vorteile gehabt, meine Frau wäre jedoch gestorben.

Heinz und der Apotheker sind mit diesen Beiträgen in beträchtliche Schwierigkeiten geraten; nicht nur, weil sich die (in der Argumentation implizit bleibenden) komparativen Gesamtbewertungen, die aus den Beiträgen jeweils folgen, wechselseitig ausschließen, sondern weil jetzt die Entwicklung eines gemeinsamen Argumentes die Anwendung des Koordinationsverfahrens zur Lösung des *Zirkularitätsproblems* moralischer Argumentationen erforderlich macht. Und dieses Koordinationsverfahren bzw. seine Anwendung ist offenbar mit soviel Schwierigkeiten behaftet, daß zumindest in alltäglichen moralischen Argumentationen Lösungen auf dieser Koordinationsebene nur selten realisiert werden können.

In welchem Sinne argumentieren Heinz und der Apotheker hier zirkulär? Der Apotheker verfolgt das Ziel, den ›Schutz persönlichen Eigentums‹ als den entscheidenden Parameter für eine Beurteilung der alternativen Handlungen ›h‹ und ›~h‹ herauszustellen. Er versucht, die Überlegenheit dieses Parameters dadurch unter Beweis zu stellen, daß er eine Konfliktsituation unterstellt, in deren Kontext für die Beurteilung der alternativen Handlungen ›h‹ und ›~h‹ der konkurrierende Parameter ›Schutz des menschlichen Lebens‹ neutralisiert werden kann: Sowohl für den Fall, daß Heinz einbricht, als auch für den Fall, daß Heinz nicht einbricht und statt dessen Lotto spielt, gilt für den Apotheker, daß das Leben von Heinzens Frau gerettet wird – zumindest mit einer Wahrscheinlichkeit, die den Versuch gelohnt hätte, zunächst erstmal die alternativen Handlungen ›h‹ und ›~h‹ auf dem Parameter ›Schutz des menschlichen Lebens‹ als gleichwertig zu behandeln. Als kriterialer, d.h. zwischen den alternativen Handlungen ›h‹ und ›~h‹ noch diskriminierender Parameter bleibt somit nur der andere der beiden konkurrierenden Parameter, nämlich ›Schutz des persönlichen Eigentums‹.

Heinz verfährt bei seinem Beitrag in einer strukturell im wesentlichen analogen Weise. Zwar enthält sein Beitrag, im Unterschied zu demjenigen des Apothekers, zunächst implizit eine Art utilitaristischer Maxime, derzufolge von konkurrierenden Parametern ein Parameter genau dann als der kriteriale gelten kann, wenn sich nur mit ihm zeigen läßt, daß eine der zu beurteilenden Handlungen bzw. Mengen von Handlungsfolgen Vorteile für alle an einem Konflikt Beteiligten enthält. Aber um nun zu zeigen, daß von den konkurrierenden Parametern nur der Parameter, den Heinz vertritt, nämlich ›Schutz des menschlichen Lebens‹, diese utilitaristische Bedingung erfüllt, wird auch von Heinz eine passende Konfliktsituation mehr oder weniger fingiert: Im Falle des Einbruchs können alle am Konflikt Beteiligten ihr Leben erhalten, also überwiegt der Parameter ›Schutz des menschlichen Lebens‹, und der Einbruch ist somit alles in allem gerechtfertigt.

Der Streit, den Heinz und der Apotheker hier ausfechten, umgeht die Frage, welcher der beiden konkurrierenden Parameter *an sich* der gewichtigere ist (die Schwierigkeit einer solchen Gewichtung konstituiert gerade das Dilemma einer moralischen Entscheidung); der Streit geht vielmehr um die Frage, ob nicht jeweils der vom Kontrahenten vertretene Parameter *im Kontext* des Handlungskonfliktes: ›h‹ versus ›~h‹ als weniger kriterial hingestellt oder sogar neutralisiert werden kann. Diese zweifellos kluge Strategie, um eventuell zu einer argumentativen Lösung eines Handlungskonfliktes zu gelangen, gerät jedoch unvermeidlich in ein Zirkularitätsproblem: wie der jeweilige Handlungskonflikt zu kontextuieren ist, d. h. welche empirischen Aussagen eine *relevante* Beschreibung dieses Handlungskonfliktes konstituieren, dies läßt sich nur ›im Lichte‹ der eventuell kontroversen Interessen, d. h. der miteinander konkurrierenden Bewertungsparameter, der am Konflikt Beteiligten entscheiden. Und umgekehrt: welche Wertgesichtspunkte die für die Beurteilung eines Handlungskonfliktes *relevanten* Bewertungsparameter sind, dies läßt sich nicht unabhängig von der empirischen Beschreibung des jeweiligen Handlungskonfliktes entscheiden. Die Facetten der Empirie sind unbegrenzt in ihrer Anzahl, und nicht weniger mannigfaltig ist das moralisch Gute. Um die Frage der *Relevanz* zu entscheiden, übernehmen deshalb in moralischen Argumentationen die deskriptiven und normativen Prämissen wechselseitig füreinander eine heuristische Funktion. Dies führt jedoch dann in einen für eine Argumentation grundsätzlich destruktiven Zirkel, wenn die daran Beteiligten das Kriterium der Geltung deskriptiver Aussagen und das Kriterium der Geltung normativer Aussagen nicht strikt voneinander unterscheiden.

T_3: Das Problem der *Zirkularität* entsteht in moralischen Argumentationen dadurch, daß die deskriptiven und normativen Prämissen im Hinblick auf ihre Relevanz wechselseitig füreinander eine heuristische Funktion übernehmen. Das Problem der Zirkularität kann nur dadurch gelöst werden, daß die deskriptiven und normativen Prämissen, d. h. die Beschreibung der jeweiligen Konfliktsituation bzw. die Identifikation des Strittigen einer Argumentation und die Bewertung und Gewichtung konkurrierender Parameter (soziale Normen, moralische Maximen bzw. Prinzipien) auf Kriterien der *Geltung* bezogen werden, die unabhängig voneinander sind: im Falle deskriptiver Aussagen das Kriterium der *Wahrheit*, im Falle normativer Aussagen das Kriterium der *Richtigkeit*.[4]

Ich will im folgenden mal das Ungewöhnliche annehmen und davon ausgehen, daß Heinz und der Apotheker das Zirkularitätsproblem moralischer Argumentationen zumindest zu lösen versuchen:

Apoth.: Was soll denn das? Ich verstehe gar nicht, von welcher Situation Sie ausgehen. Mein Leben steht hier doch gar nicht zur Debatte!

Heinz: Nun ja, eines unserer Probleme scheint ja wohl zu sein, daß wir im Hinblick auf meinen Einbruch unterschiedliche Kontexte bzw. Situationsdefinitionen unterstellen. Ich behaupte, daß ich keine andere Wahl hatte als einzubrechen, wenn ich meiner Frau das Leben retten wollte. Sie dagegen behaupten, daß ich sehr wohl eine andere Wahl hatte, z. B. ›im Lotto spielen‹. Wir können diese Frage im Augenblick nicht klären. Aber können wir nicht mal gemeinsam hypothetisch annehmen, daß ich keine andere Wahl hatte. Dann müssen wir uns darüber unterhalten, was wichtiger ist, ein fremdes Leben zu retten oder das Eigentum des Anderen zu respektieren. Sollten wir uns auf eine Gewichtung einigen können, so können wir die daraus resultierende Bewertung meines Einbruchs immer noch so lange als ein hypothetisches Urteil auffassen, bis geklärt worden ist – was im Prinzip ja keine so großen Schwierigkeiten macht –, ob die mögliche, von uns zunächst hypothetisch angenommene Situationsbeschreibung die tatsächliche Situation vor meinem Einbruch zutreffend beschreibt oder nicht.

Angenommen, der Apotheker akzeptiert diesen metaargumentativen Beitrag von Heinz; dann kann doch noch ein neues, letztes und außerordentlich schwieriges Problem für ihre Argumentation entstehen. Die Argumentation nimmt nämlich folgenden weiteren Verlauf:

Heinz: Aus einer moralischen Perspektive gesehen scheint es mir zweifellos so zu sein, daß es eher geboten ist, ein fremdes Leben zu retten, als das Eigentum eines Anderen zu respektieren.

Apoth.: Was verstehen Sie denn schon unter einer moralischen Perspektive, Sie Einbrecher! Für mich ist das, was moralisch geboten ist,

---

4 vgl. dazu die Unterscheidung der mit sprachlichen Äußerungen erhobenen Geltungsansprüche der Wahrheit und der normativen Richtigkeit bei Habermas (1973).

und das, was das Bürgerliche Gesetzbuch gebietet, ein und dasselbe. Nun ist es aber eindeutig so, daß das Bürgerliche Gesetzbuch den Einbruch verbietet und Ihnen keineswegs gebietet einzubrechen, um Ihrer Frau das Leben zu retten.

Wenn Heinz und der Apotheker noch immer ihre Chance wahren wollen, ein gemeinsames Argument zur Beantwortung ihrer Quaestio zu entwickeln, so bleibt nur noch die Möglichkeit, das Koordinationsverfahren zur Lösung des *Sprachproblems* von Argumentationen anzuwenden:

T_4: Wenn in einer Argumentation die *Bedeutung eines sprachlichen Ausdrucks* strittig ist, so müssen die an der Argumentation Beteiligten versuchen, die Verwendungsregeln des in Frage stehenden sprachlichen Ausdrucks empirisch zu rekonstruieren. Diese Bedeutungsexplikation setzt im Falle des für moralische Argumentationen zentralen Prädikates ›moralisch‹ bzw. ›moralisch gerechtfertigt‹ die empirische Rekonstruktion der Logik moralischer Argumentationen voraus.

Ermutigt durch die Lektüre von Rawls' ›A Theory of Justice‹ (1971), versucht nun Heinz, eine solche Bedeutungsexplikation für das Prädikat ›moralisch gerechtfertigt‹ vorzuführen[5]:

Heinz: In meinem Sprachgebrauch muß folgende Bedingung erfüllt sein, damit einer Handlung das Prädikat ›moralisch gerechtfertigt‹ zugesprochen werden kann: alle von der Handlung Betroffenen müssen in einem argumentativen Verfahren, das Unparteilichkeit verbürgt, zu dem Resultat gelangen, daß die in Frage stehende Handlung gegenüber den in Frage stehenden Alternativen vorzuziehen ist. Aus der Legalitätsperspektive ist mein Einbruch vielleicht nicht zu rechtfertigen. Aus der Moralitätsperspektive ist jedoch mein Einbruch gerechtfertigt; denn unter der Voraussetzung, daß ich keine andere Wahl hatte als einzubrechen, um meiner Frau das Leben zu retten, bin ich überzeugt, daß zumindest in unserem Kulturkreis der Einbruch in einem unparteilichen Verfahren das Prädikat ›moralisch gerechtfertigt‹ zugesprochen bekäme.

Nun hat jedoch den Apotheker schon immer die Frage interessiert, ob es bei moralischen Argumentationen letztlich einen dezisionistischen Rest gibt. Und er entgegnet deshalb:

5 vgl. dazu auch Tugendhat (1979).

Apoth.: Was kann mich denn dazu zwingen, Ihre Bedeutungsexplikation des Prädikats ›moralisch gerechtfertigt‹ zu akzeptieren und sie nicht vielmehr als eine Art privatsprachlicher Auslegung zu betrachten?

Heinz rekonstruiert daraufhin den gesamten Gang ihrer Argumentation, so wie das im vorliegenden Aufsatz geschehen ist, und sagt:

Heinz: Wenn Sie akzeptieren, daß wir in moralischen Argumentationen dazu angehalten sind, das Rechtfertigungs-, Kohärenz-, Zirkularitäts- und Sprachproblem zu lösen, dann können Sie nicht umhin, meine Bedeutungsexplikation des Prädikats ›moralisch gerechtfertigt‹ ebenfalls zu akzeptieren. Denn allein die ›Unparteilichkeit‹ eines argumentativen Verfahrens verbürgt, daß die daran Beteiligten, bei prinzipieller Fähigkeit zur Lösung des Rechtfertigungs-, Kohärenz-, Zirkularitäts- und Sprachproblemes, auch gewillt sind, diese Probleme tatsächlich zu lösen.

Apoth.: Aber warum sind wir denn überhaupt dazu angehalten, in moralischen Argumentationen der Logik moralischer Argumentationen zu entsprechen?

Heinz ist nun am Ende seiner Kraft. Der folgende Beitrag ist das Äußerste, was er an Überzeugung und vorerst allerdings noch hypothetischer empirischer Evidenz für die Logik moralischer Argumentationen und damit der Möglichkeit, moralische Quaestiones rational zu beantworten, aufbieten kann.

Heinz: Weil die einander in der Reihenfolge ihrer Nennung sich notwendig voraussetzenden Koordinationsverfahren zur Lösung des Rechtfertigungs-, Kohärenz-, Zirkularitäts- und Sprachproblemes moralischer Argumentationen in einer analogen ontogenetischen Abfolge vom Kinde und Jugendlichen erworben werden. Schließlich wollen Sie ja auch nicht mehr wie ein Baby krabbeln, warum wollen Sie sich dann nicht auch im moralischen Bereich zum ›aufrechten Gange‹ entschließen?

Doch der abschließende Beitrag des Apothekers zeigt, daß eine moralische Argumentation wieder einmal abgeschlossen wird, ohne daß ein gemeinsames Argument zur Beantwortung der Quaestio entwickelt werden konnte.

Apoth.: Nun können Sie mich mal mit Ihrem philosophischen Getue! Ich gehe jetzt zu meinem Rechtsanwalt und bereite meinen Prozeß gegen Sie vor. Dann werden Sie demnächst mal sehen können, wo Bartel den Most holt!

Mit diesen etwas spekulativen Beiträgen von Heinz und der typischen ›Verliererreaktion‹ des Apothekers möchte ich hier den Versuch abbrechen, einen grundbegrifflichen Rahmen für die Analyse der Logik moralischer Argumentationen zu skizzieren. Aus meinen Überlegungen läßt sich die These ableiten, daß die Logik moralischer Argumentationen konstituiert wird durch die Regeln, die von den an einer Argumentation Beteiligten befolgt werden, um das Rechtfertigungs-, Kohärenz-, Zirkularitäts- und Sprachproblem von moralischen Argumentationen zu lösen, damit zumindest im Prinzip eine ›Konsensmenge‹ von unmittelbar zu akzeptierenden deskriptiven und normativen Aussagen entwickelt werden kann, auf denen ein gemeinsames Argument zur Beantwortung der in Frage stehenden Quaestio aufgebaut werden kann.

Was nun die detaillierte empirische Rekonstruktion der sprachlichen Mittel zur Befolgung dieser Koordinationsregeln so schwierig macht, ist der Umstand, daß sich die *Kinematik des kollektiv Geltenden*[6], d.h. die Prozesse der Veränderung der Menge der von den Teilnehmern einer Argumentation gemeinsam akzeptierten Aussagen, weitgehend unterhalb der Schwelle manifest beobachtbarer, sprachlich expliziter Prozesse vollzieht und dennoch durch Prozesse sprachlicher Kommunikation gesteuert wird.

Am augenfälligsten sind noch die Prozeduren, mit Hilfe deren die an einer Argumentation Beteiligten sicherstellen, daß die Argumentspitze der einzelnen Beiträge, die selten explizit formuliert wird, von den Zuhörern identifiziert werden kann. Auch von Kindern werden hierzu bestimmte sprachliche Ausdrücke verwendet, mit denen die argumentative ›Zielrichtung‹, d.h. die Funktion eines Beitrages als Pro- bzw. Kontra-Argument zu einem vorausgehenden Beitrag, deutlichgemacht wird:

Pro-Argumente (bzw. eine bloße Zustimmung zu einem vorausgegangenen Beitrag) werden durch Ausdrücke wie »ja«, »genau«, »ich auch«, »dann«, »da« etc. zu Beginn eines Beitrages gekennzeichnet.

Z.B. argumentieren Fünfjährige folgendermaßen:

Grischa: Ich find bißchen schlimmer, daß er (Heinz) geklaut hat.
Katja: Ich auch.
Stefan: Dann werden die anderen Leute arm.

---

6 vgl. dazu den Begriff einer »Kinematik des ›conversational score‹« bei D. Lewis (1979).

Oder aber Pro-Argumente werden dadurch gekennzeichnet, daß die sie ausdrückenden Redebeiträge einfach aneinandergereiht werden bzw. sich überschneiden.
Kontra-Argumente zu vorausgegangenen Beiträgen werden durch Ausdrücke wie »nein«, »ja, aber«, »aber eigentlich« etc. signalisiert.
Während nun aber mit einem Pro-Argument intendiert wird, die Menge der von allen akzeptierten Aussagen, aus denen sich das potentiell gemeinsame Argument zusammensetzen soll, einfach um alle die in dem Pro-Argument enthaltenen Aussagen zu erweitern, die nicht bereits in der ›Konsensmenge‹ enthalten sind, ist die Kinematik des kollektiv Geltenden im Falle von Kontra-Argumenten wesentlich komplexer. Wenn ein Kontra-Argument formuliert wird, so heißt das keinesfalls, daß alle (auch impliziten) Aussagen des vorangegangenen Beitrags, gegen den sich das Kontra-Argument richtet, als Kandidaten für die Menge der kollektiv geltenden Aussagen diskreditiert werden sollen; wenn dies notwendigerweise so wäre, so könnte es im übrigen keine Logik der Argumentation geben bzw. könnte bereits aus prinzipiellen Gründen in einer Argumentation (die ja immer durch ein Kontra-Argument ausgelöst wird) von den daran Beteiligten kein gemeinsames Argument entwickelt werden.
Aber wie können die an einer Argumentation Beteiligten sicherstellen, daß ihre Interpretationen eines Kontra-Argumentes im Hinblick darauf konvergieren, welches die (auch impliziten) Aussagen des vorausgegangenen und nun attackierten Beitrages sind, die von diesem Kontra-Argument negiert werden, und welches die Aussagen sind, die akzeptiert werden und damit eventuell die Menge der von allen akzeptierten Aussagen erweitern?
Häufig können hier Mißverständnisse nur noch mit Hilfe von *metaargumentativen Aussagen* beseitigt werden; z.B. wenn gesagt wird: »Damit will ich dir gar nicht (grundsätzlich) widersprechen, sondern bloß ...« oder »Aus den (kontroversen) Beiträgen meiner beiden Herren Vorredner folgt doch ...« Offensichtlich gibt es jedoch subtilere sprachliche Prozeduren, um die Kinematik des kollektiv Geltenden im Falle des Auftretens von Kontra-Argumenten zu steuern, so daß gravierende Koordinationsprobleme, die den Einsatz metaargumentativer Aussagen erfordern, erst gar nicht entstehen.
Aber metaargumentative Aussagen und subtilere sprachliche Pro-

zeduren, wie immer sie auch im einzelnen zu beschreiben sein mögen, können nur im Kontext der Lösung des Rechtfertigungs-, Kohärenz-, Zirkularitäts- und Sprachproblems von (moralischen) Argumentationen die Kinematik des kollektiv Geltenden so steuern, daß zumindest im Prinzip ein gemeinsames Argument entwickelt werden kann. Wenn ein Argumentationsteilnehmer nicht weiß, was es heißt, einen Redebeitrag zu rechtfertigen, die Kohärenz der Argumentation zu sichern, Zirkularität zu vermeiden und die Bedeutung strittiger Termini zu explizieren, so wird man beim Entstehen von entsprechenden Koordinationsproblemen mit Engelszungen zu ihm sprechen und dennoch das Chaos nicht vermeiden können.

Deshalb kommt es mir bei den im folgenden repräsentierten Argumentationsanalysen zunächst einmal darauf an, auf der Grundlage eines intuitiven Textverständnisses (das sich an Hand der im Appendix aufgenommenen Texte überprüfen läßt) festzustellen, inwieweit in den analysierten Argumentationen das Rechtfertigungs-, Kohärenz-, Zirkularitäts- und Sprachproblem überhaupt thematisch wird und gelöst werden kann. Das umfassendere Projekt einer detaillierten empirischen Rekonstruktion der sprachlichen Prozeduren zur Steuerung der Kinematik des kollektiv Geltenden im Kontext einer Lösung der genannten zentralen Probleme einer moralischen Argumentation kann im vorliegenden Aufsatz noch nicht einmal mehr ansatzweise durchgeführt werden.

2. Fallstudien zur Ontogenese moralischer Argumentationen

Auch die Versuche von Kindern, Kontroversen über relevante Tatsachen, Bewertungsparameter, Bewertungen etc. argumentativ auszutragen, können aus den verschiedensten Gründen fehlschlagen; z.B. eventuell dadurch, daß auch Kinder zumindest in alltäglichen Argumentationen gewöhnlich weniger an der ›Wahrheitsfindung‹ als vielmehr an der Erzeugung bestimmter sozialer Effekte interessiert sind: etwa daran, sich selbst oder anderen Ansehen zu verschaffen, jemanden ins Unrecht zu setzen oder als Schwachkopf erscheinen zu lassen, als Punktsieger aus einer Argumentation hervorzugehen, etc. So interessant es auch wäre, an Hand empirischer Daten die Ontogenese solcher *pragmatischer*

Aspekte von Argumentationen zu verfolgen, so behandeln die folgenden empirischen Analysen doch ›nur‹ (und allenfalls ansatzweise) die Frage, ob und inwieweit moralische Argumentationen von Gruppen von Kindern der im ersten Teil dieses Aufsatzes skizzierten Logik moralischer Argumentationen folgen und ob sich in den von mir analysierten empirischen Daten eine Ontogenese der Logik moralischer Argumentationen ›abzeichnet‹, d.h. ob Kinder parallel zu ihrer sprachlichen und kognitiven Entwicklung sukzessive das Konzept einer Logik moralischer Argumentationen empirisch realisieren.

Ein Versuch, diese Fragen zu beantworten, setzt eine Klärung zumindest der folgenden beiden Teilfragen voraus: (a) Was ist unter einer sukzessiven empirischen Realisierung des Konzeptes der Logik moralischer Argumentationen zu verstehen? Lassen sich hypothetisch ontogenetische Stufen der Logik moralischer Argumentationen angeben? (bekanntlich findet man in empirischen Daten ja nur dann etwas, wenn man weiß, wonach man sucht), und (b) Welchen Grad empirischer Evidenz können bei der folgenden kurz skizzierten empirischen Methode Aussagen zur Ontogenese moralischer Argumentationen für sich beanspruchen?

2.1. Ein Modell ontogenetischer Stufen der Logik moralischer Argumentationen

In der fiktiven Argumentation zwischen Heinz und dem Apotheker vertritt Heinz gegen Ende die Auffassung, daß sich die Koordinationsverfahren zur Lösung des Rechtfertigungs-, Kohärenz-, Zirkularitäts- und Sprachproblems von moralischen Argumentationen einander in der Reihenfolge ihrer Nennung notwendig voraussetzen und daß sie in einer analogen ontogenetischen Abfolge vom Kinde bzw. Jugendlichen erworben werden. Diese Auffassung von Heinz, der ich die zentrale Idee dieses Aufsatzes verdanke, bedarf einer kurzen Erläuterung, bevor die Plausibilität der darin enthaltenen entwicklungspsychologischen These an Hand einiger empirischer Daten überprüft wird.

Da das Kohärenz-, Zirkularitäts- und Sprachproblem lediglich Spezialfälle des für Argumentationen zentralen Problems der Rechtfertigung darstellen, liegt es auf der Hand, daß diese drei ›abgeleiteten‹ Probleme nur dann gelöst werden können, wenn die an der Argumentation Beteiligten prinzipiell verstehen, was es heißt, einen Redebeitrag zu rechtfertigen. Weiterhin setzt die Lösung des Sprachproblems zumindest im Falle des für moralische Argumentationen zentralen Terminus ›moralisch gerechtfertigt‹ voraus, daß der Bereich des Moralischen vom Bereich des Faktischen abgegrenzt werden kann, also normative und deskriptive Aussagen unabhängig voneinander variieren können, d. h. daß die an der Argumentation Beteiligten grundsätzlich verstehen, was es heißt, eine Zirkularität in der Akzeptierung deskriptiver und normativer Aussagen zu vermeiden. Und schließlich setzt die Lösung des Zirkularitätsproblems grundsätzlich voraus, daß die an einer Argumentation Beteiligten nicht aneinander bereits aus strukturellen Gründen vorbeireden, sondern daß sie vielmehr den intendierten argumentativen Stellenwert eines Redebeitrages identifizieren können, d. h. daß alle Argumentierenden einen Redebeitrag, metaphorisch gesprochen, an dem jeweils intendierten Knoten eines Strukturbaumes lokalisieren können, der das zu entwickelnde potentiell gemeinsame Argument repräsentiert, mit anderen Worten: daß sie die Kohärenz einer Argumentation sichern können.

Ab wann verstehen Kinder zumindest implizit das für Argumentationen grundlegende Verfahren der Rechtfertigung? Offenbar schon spätestens vor der Vollendung des 2. Lebensjahres, wie zumindest das folgende Beispiel aus den empirischen Daten einer Longitudinalstudie zur frühkindlichen Sprachentwicklung nahelegt (vgl. Miller 1979, S. 102). Simone (Alter: 21 Monate) und Meike (Alter: 20 Monate, 2 Wochen) streiten sich um einen Ball[7]:

Meike	*Simone*	*Gesamtkontext*	*Meikes Mutter*
		[Meike und Simone spielen zusammen in Simones Kinderzimmer]	
balla` [zu Sim.] [hat einen Ball in der Hand]			

---

7 Die vertikale Anordnung der Äußerungen entspricht ihrer zeitlichen Abfolge. Angaben zum außersprachlichen Kontext und zu paralinguistischen Merkmalen der Äußerungen stehen in eckigen Klammern. Die Symbole ›¯‹, ›´‹ und ›`‹ kennzeichnen progrediente (gleichbleibende), steigende und fallende terminale Intonationskonturen.

	balla⁻ [klatscht in die Hände und schaut zu Meike hin] *ball'* [leise]	
		Gibst du'n Simone?
nein [klagend] [an ihre Mutter gerichtet]		
		Nein.
	doch *doch*	
nein [klagend] [schaut zu Simone hin]		
	do-och [unwillig] *doch* [klagend] [streckt die Hand nach dem Ball aus und schaut zu Meike hin] *mone balla`*	
[bringt Simone den Ball]		
	....	

Wie immer man sich auch zu dem Problem einer detaillierten Analyse der kommunikativen Intentionen stellen mag, die Kinder dieses Alters mit ihren Ein- und Zweiwortäußerungen ausdrücken[8], so liefert doch der obige Textausschnitt eine erhebliche empirische Evidenz für die These, daß Simones Äußerung ›mone balla‹ im Kontext dieser Textstelle zum kollektiv Geltenden der beiden Kinder zählt und damit für beide Kinder die vorausgehenden Äußerungen Simones, die im Widerspruch zu denjenigen Meikes stehen, gerechtfertigt sind.

Angenommen, eine erste globale ontogenetische Stufe der Logik moralischer Argumentationen besteht darin, daß Kinder wissen, wie man nichtakzeptierte Aussagen stützt, nämlich durch ihre Zu-

---

8 vgl. dazu auch den Aufsatz ›Sprachliche Sozialisation‹.

rückführung auf kollektiv geltende Aussagen – ohne daß auf dieser Stufe bereits das Problem der Zuordnung eines argumentativen Stellenwertes zu kollektiv geltenden Aussagen, d.h. das Problem der Kohärenz und ferner die weiteren Probleme der Zirkularität und der Explikation sprachlicher Bedeutungen thematisiert und gelöst werden können. Lassen sich dann weitere ontogenetische Stufen der Logik moralischer Argumentationen empirisch plausibel machen? Und entsprechen diese weiteren Stufen der sukzessiven Entwicklung von Koordinationsverfahren zur Lösung des Kohärenz-, Zirkularitäts- und Sprachproblems von moralischen Argumentationen? Zunächst jedoch einige Anmerkungen zur empirischen Methode der Fallstudien, mit denen im folgenden eine Antwort auf die eben aufgeworfene Frage gegeben werden soll.

2.2. Zur empirischen Methode der Fallstudien

Die Fallstudien, über die anschließend berichtet werden soll, beziehen sich auf einen relativ kleinen Teil der empirischen Daten, die ich im Rahmen einer Pilot-Untersuchung zur Ontogenese moralischer Argumentationen im Herbst 1977 in Frankfurt a.M. erhoben habe. An dieser Pilot-Untersuchung nahmen drei Gruppen von jeweils vier gleichaltrigen Kindern teil:
Gruppe 1:   5-jährige Kinder
Gruppe 2: 7/8-jährige Kinder
Gruppe 3: 10-jährige Kinder.
Es handelte sich um Kinder aus dem Frankfurter Westend; alle der sozialen Mittelschicht zugehörig und mit einer Ausnahme Kinder von Akademikern.
Den Kindern wurden Geschichten erzählt, die mit einer moralischen Quaestio endeten. Nach einem Interview mit jedem der Kinder wurden die Gruppen aufgefordert, sich in die Rolle von Eltern bzw. eines Richtergremiums zu versetzen und zu versuchen, eine gemeinsame Antwort auf die jeweilige Quaestio zu finden. Während die Kinder argumentierten, hielt ich mich in einer Ecke des Zimmers an einem Schreibtisch auf und gab vor zu arbeiten. Die Gruppendiskussionen wurden mit einer Videokamera gefilmt.
Die ›Künstlichkeit‹ dieser quasi-experimentellen Situation wurde

jedoch dadurch erheblich gemildert, daß die Kinder einer Gruppe miteinander eng befreundet waren, daß die Aufnahmen in meiner Wohnung stattfanden, in der sich alle Versuchskinder als Freunde meiner eigenen Kinder frei bewegten, und nicht zuletzt dadurch, daß ich mit diesen Kindern sehr vertraut war. Alle Gruppen diskutierten ohne Scheu und lieferten erstaunlich lange und zeitweise sehr engagierte Diskussionen; erst wenn die Kinder ihre ›Argumentationsaufgabe‹ als erledigt betrachteten, griff ich in ihre Diskussion ein, um nun durch einen möglichst gezielten Widerspruch meinerseits zu überprüfen, wie weit die Argumentation der Gruppe noch zu bringen war.

Zweifellos hat jedoch das Untersuchungs-Setting (Vorgabe einer Geschichte, Aufnahmesituation etc.) das Argumentationsverhalten der Kinder stark beeinflußt; auffallend ist vor allem, wie wenig destruktive Energie von den Kindern ausagiert wird und wie lange die sachliche Auseinandersetzung zwischen ihnen jeweils andauert. Für die Pilot-Untersuchung waren diese eventuellen Folgen des quasi-experimentellen Settings in ihrer Tendenz eher von Vorteil, denn sie ließen offenbar in erhöhtem Maße jene kognitiven und kommunikativen Fähigkeiten der Kinder zum Ausdruck kommen, die von einer Logik (moralischer) Argumentationen vorausgesetzt werden. Und in der erwähnten Pilot-Untersuchung konnte es ja zunächst lediglich darum gehen, die *Plausibilität* bestimmter empirischer Hypothesen zur Ontogenese der Logik moralischer Argumentationen zu überprüfen. Ein Untersuchungs-Setting, das die Kinder dazu animiert hätte, sich ›die Köpfe einzuschlagen‹, wäre da wenig hilfreich gewesen.

Eine Fallstudie kann nun, wie schon der Name sagt, allenfalls Informationen über einen empirischen Fall liefern; im folgenden Informationen über die Logik moralischer Argumentationen in jeweils einer Argumentation von jeweils einer Gruppe von 5-jährigen, 7/8-jährigen und 10-jährigen Kindern. Die Frage, ob sich diese Informationen auf die Ontogenese moralischer Argumentationen in diesem Alters- bzw. Entwicklungszeitraum generalisieren lassen, muß offenbleiben. Doch angesichts der erstaunlichen Tatsache, daß bislang meines Wissens noch keinerlei empirische Untersuchungen zur Ontogenese dieses zentralen Aspektes des sozialen Lebens veröffentlicht worden sind, sollten auch schon einzelne Fallstudien Interesse finden können.

Allerdings kann auch die Aussagekraft solcher Fallstudien und damit die empirische Plausibilität von Hypothesen erheblich gesteigert werden; und zwar einfach dann, wenn mehrere Fallstudien von Argumentationen derselben Gruppen von Kindern dieselben Informationen liefern und diese Informationen die aufgestellten Hypothesen bestätigen. In Miller & Klein (1979) und Miller (1980) ist bereits über weitere Fallstudien dieser Art berichtet worden, deren Ergebnisse im wesentlichen mit den Ergebnissen der folgenden Fallstudien übereinstimmen. Im vorliegenden Aufsatz kann jedoch nur noch auf die Gruppenargumentationen zum ›Heinz-Dilemma‹ eingegangen werden; und für die Argumentationsanalysen können nur Ausschnitte aus diesen Gruppenargumentationen berücksichtigt werden.

2.3. Argumentationsanalysen

In den Strukturbäumen, die in den Argumentationsanalysen verwendet werden, um die von den Kindern entwickelten Argumente darzustellen, treten die folgenden Abkürzungen auf:

$x \gg y$	x ist y vorzuziehen
$x \ll y$	y ist x vorzuziehen
$x = y$	von x und y ist keines dem anderen vorzuziehen
h	Vollzug des Einbruchs
$\sim h$	Unterlassung des Einbruchs
$h', h'', h''', \ldots$	Ersatzhandlungen für h
$kons^x$	faktische Konsequenzen von x
$kons^x_1, kons^x_2, \ldots$	Teilmengen der faktischen Konsequenzen von x
$\langle a \rangle_K$	Aussage $\langle a \rangle$ gilt für die Person K
$\langle a \rangle$	Aussage $\langle a \rangle$ gilt für die gesamte Gruppe von Argumentierenden.

Die von mir analysierten Textausschnitte sind im Appendix abgedruckt. Zahlen in runden Klammern im Anschluß an zitierte Äußerungen verweisen auf die entsprechenden Transkriptionszeilen im Appendix.

Gruppe 1: 5-jährige Kinder (Katja, Grischa, Stefan, Birgit)

Die Argumentation besteht im wesentlichen aus Beiträgen von Katja, Grischa und Stefan. Ich werde deshalb im folgenden auch dann von der Entwicklung eines gemeinsamen Argumentes sprechen, wenn sich nur Katja, Grischa und Stefan beteiligen.

Nach einer kurzen Pause, in der sich offenbar keines der Kinder auf eine Antwort auf die Quaestio ›Hätte Heinz dies (den Einbruch) tun sollen?‹ festlegen möchte, löst Grischa mit dem folgenden Beitrag eine kurze Argumentation zur direkten Beantwortung der Quaestio aus: »Ich find bißchen schlimmer, daß er geklaut hat.« (8). Katja stimmt zu: »Ich auch.« (8), und Stefan fügt als Begründung hinzu: »Dann werden die anderen Leute arm.« (8-9).

Damit hat die Gruppe so etwas wie eine gemeinsame Teilantwort auf die Quaestio entwickelt:

[3]

$$<h \quad << \quad \sim h>$$

$$<kons_2^h \quad << \quad kons_2^{\sim h}>$$

$$<kons_2^h: \text{Ladenbesitzer arm}> \quad <kons_2^{\sim h}: \text{Ladenbesitzer nicht arm}>$$

Dieses gemeinsame Argument der Gruppe wird nun von Katja mit einem weiteren Argument konfrontiert: »Aber ich- ich finde, wenn sie dann sterben muß, des find ich auch 'n bißchen schlimm.« (9-10). Grischa und Stefan stimmen zu. Damit ist von der Gruppe eine zweite gemeinsame Teilantwort auf die Quaestio entwickelt worden:

[4]

$$<kons_1^h \quad >> \quad kons_1^{\sim h}>$$

$$<kons_1^h: \text{Frau lebt}> \quad <kons_1^{\sim h}: \text{Frau stirbt}>$$

Die beiden Argumente [3] und [4] schließen sich nicht unbedingt wechselseitig aus; denn im Falle von Argument [4] bleibt offen,

welche der beiden einander widersprechenden Argumentspitzen
⟨h ≫ ~h⟩ und ⟨h ≪ ~h⟩ mit diesem Argument gestützt werden
soll.
Trotz dieses wenig schlüssigen Ergebnisses betrachtet die Gruppe
ihre Argumentationsaufgabe als beendet. Stefan: »Jetzt erzählen
wer dem mal.« (11-12). Im folgenden diskutiert die Gruppe darüber, was und wie »erzählt« werden soll. Sie einigen sich darauf,
daß – wie in den vorausgegangenen Argumentationen – die vorgegebene Geschichte wiedererzählt werden soll. Aber sie können
sich nicht darüber einig werden, wer diese Aufgabe übernehmen
soll.
Schließlich greife ich in die Diskussion ein und verweise die Kinder nochmals auf ihre Rolle als Richter: Sie sollen überlegen, ob
Heinz richtig gehandelt hat bzw. ob Heinz bestraft werden muß.
Und sie sollen herausfinden, ob sie in ihren Meinungen übereinstimmen.
Die Kinder sind sich sofort darüber einig, daß Heinz nicht zu bestrafen ist (21-23). Katja und Stefan reproduzieren im folgenden
im wesentlichen das Argument [4]. Katja: »Ich finde, daß ... der
Mann muß seine Frau ... sterben ka- dürfte.« (24-25). Stefan: »Du,
aber der Mann der soll nich arm werden und nich allein werden.
Der muß ja Geld haben.« (25-26). Danach faßt Katja diese beiden
Redebeiträge zusammen: »Ja. Er muß Geld haben. Er muß nämlich- nämlich ich find nich so gut, daß seine Frau sterben muß. Des
find ich nich so gut.« (26-28). Grischa stimmt den Beiträgen von
Katja und Stefan mehrfach zu. Die weiteren Folgen des Einbruchs
bzw. Nichteinbruchs, nämlich daß die Ladenbesitzer arm bzw.
nicht arm werden, werden in diesem Argumentationsabschnitt
von den Kindern völlig ausgeklammert:

[5]

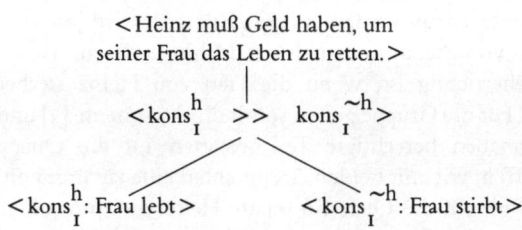

Obwohl mit dem Argument [5] die Quaestio ›Hätte Heinz dies

tun sollen?‹ nicht direkt beantwortet wird, betrachtet die Gruppe wiederum ihre ›Argumentationsaufgabe‹ als beendet.
Nachdem ich die Gruppe aufgefordert habe, mir mitzuteilen, zu welchem Ergebnis sie gekommen sind, stellen Katja und Stefan wieder im wesentlichen das Argument [4] bzw. [5] dar. Grischa und nun auch Birgit stimmen zu (34-37).
Eine Besonderheit der Zusammenfassung der Gruppe besteht darin, daß Stefan mit seinem Beitrag eine explizite Formulierung des Bewertungsparameters vorschlägt, der von den Argumenten [4] und [5] impliziert wird: »Eine- eine Frau muß- eine Frau muß... einen Mann haben. Und ein Mann muß eine Frau haben.« (34-35). Das abschließende Argument der Gruppe läßt sich demnach folgendermaßen darstellen:

[6]

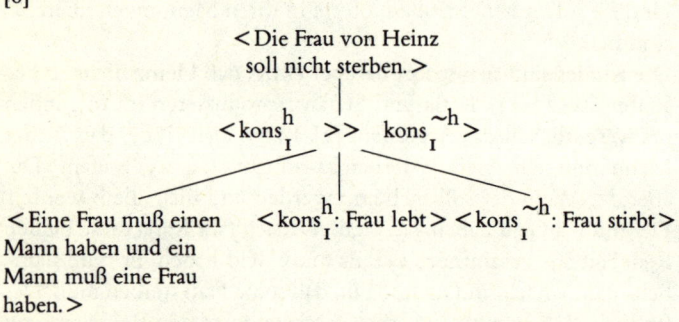

Anschließend wird die Gruppe von mir mit der Frage konfrontiert, ob ihre Antwort nicht darauf hinausläuft, daß sie den Einbruch von Heinz und die Folge, daß die Ladenbesitzer arm werden, akzeptieren. Doch dies folgt aus keinem der von der Gruppe aufgestellten Argumente. Katja und Grischa bestreiten somit ganz konsistent die Richtigkeit des Einbruchs und der Folge, daß die Ladenbesitzer arm werden (41-42). Zugleich wird jedoch von ihnen und von Stefan nochmals darauf hingewiesen, daß es ebenfalls nicht richtig ist, wenn die Frau von Heinz sterben muß (42-43). Für die Gruppe gelten somit die Argumente [3] und [6] als gleichermaßen berechtigte Teilantworten auf die Quaestio. Es bleibt offen, wie mit beiden Argumenten eine zusammenhängende Antwort auf die Quaestio ›Hätte Heinz dies tun sollen?‹ entwickelt werden kann. Doch dies wird von der Gruppe offenbar noch nicht einmal mehr als ein Problem wahrgenommen.

Gruppe 2: 7/8-jährige Kinder (Tanja, Felix, Karsten, Tommi)

Die Quaestio ›Hätte Heinz dies tun sollen?‹ wird von Felix und Tommi sogleich mit »nein« (10) beantwortet. Felix stützt dies mit der weiteren Aussage: »Es gibt doch auch, wenn man bei Gericht is, da gibt's doch auch den Rechtsanwalt da. Da könnte man sich doch mal beraten lassen.« (11-13). Karsten und Tanja stimmen Felix zu. Damit hätte die Gruppe eigentlich schon ein gemeinsames Argument zur Beantwortung der Quaestio erreicht. Doch dieses Argument, mit dem die Gruppe das Heinz-Dilemma zu umgehen versucht und das im späteren Verlauf der Argumentation von der Gruppe wieder aufgegriffen wird, wird von mir nicht als Antwort auf die Quaestio akzeptiert.

Während ich für die Gruppe nochmals das Dilemma, in dem sich Heinz befindet, formuliere, setzt nun Karsten zu einem Redebeitrag an, mit dem er die Argumentspitze $\langle h \gg {\sim}h \rangle$ zu stützen versucht: »Ich find besser- die sind arm. Die können aber trotzdem noch leben. Und dann kann die Frau auch noch leben. Die können ja dann noch beide leben. Die sind jetzt einfach ein bißchen ärmer-« (15-19). Karstens Argument läßt sich mit dem folgenden Strukturbaum darstellen:

[7]

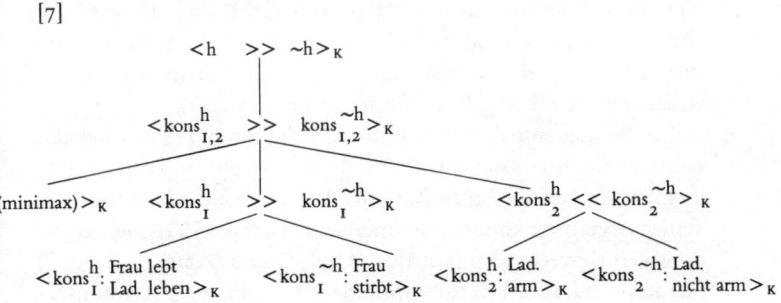

Nur unter der Voraussetzung des folgenden übergeordneten Bewertungsparameters: ›Von alternativen Handlungen bzw. entsprechenden Konsequenzenmengen ist genau dann eine vorzuziehen, wenn nur sie allein Vorteile für alle von dieser Handlung Betroffenen enthält, bzw. ist genau dann eine abzulehnen, wenn nur sie allein Nachteile für alle von dieser Handlung Betroffenen enthält‹, ist verständlich, wie Karsten die miteinander konkurrierenden komparativen Bewertungen $\langle \text{kons}_1^h \gg \text{kons}_1^{\sim h}\rangle$ und $\langle \text{kons}_2^h \ll \text{kons}_2^{\sim h}\rangle$ zur komparativen Gesamtbewertung $\langle \text{kons}_{1,2}^h \gg \text{kons}_{1,2}^{\sim h}\rangle$ aggregieren kann. Der »Trick«, den Karsten freilich verwendet, damit dieser Bewertungsparameter überhaupt erfolgreich angewendet werden kann, besteht darin, daß für ihn die Konsequenzenmenge ›kons$_1^h$‹ nicht bloß die Folge ›Frau lebt‹, sondern die Folge ›Frau und Ladenbesitzer leben‹ enthält. Und damit enthält für ihn die Konsequenzenmenge ›kons$_{1,2}^h$‹ Vorteile für alle vom Einbruch Betroffenen.

Da es unklar ist, ob Karsten sich den von mir interpretativ erschlossenen Bewertungsparameter überhaupt bewußtmachen und explizit formulieren könnte, ist dieser Bewertungsparameter im Strukturbaum [7] nur in Form der in Klammer gesetzten Abkürzung ›minimax‹ repräsentiert. Die eher trivialen Bewertungsparameter, die den konkurrierenden komparativen Bewertungen $\langle \text{kons}_1^h \gg \text{kons}_1^{\sim h}\rangle$ und $\langle \text{kons}_2^h \ll \text{kons}_2^{\sim h}\rangle$ zugrundeliegen, nämlich der ›Wert des Lebens‹ und der ›Wert des Eigentums‹ sind im Strukturbaum [7] und allen weiteren Argumentstrukturbäumen nicht repräsentiert, falls sie von den entsprechenden Redebeiträgen lediglich impliziert werden.

Noch während Karsten seinen Beitrag zu Ende formuliert, widerspricht ihm Tanja: »Ja, aber guckmal! Wenn die jetzt arm sind, und die bekommen auch nicht so viel Geld, und da muß der Mann von der Frau oder die Frau vom Mann die müssen dann auch wieder in ein Geschäft eindringen. Und dann werden die wieder arm. Und so geht es immer weiter.« (19-23).

Tanjas Beitrag enthält implizit die zum Argument [7] von Karsten konträre Argumentspitze $\langle h \ll \sim h\rangle$. Gleichwohl ist Tanjas Argument strukturell analog zu Karstens Argument aufgebaut. Auch in Tanjas Argument können die miteinander konkurrierenden komparativen Bewertungen $\langle \text{kons}_1^h \gg \text{kons}_1^{\sim h}\rangle$ und $\langle \text{kons}_2^h \ll \text{kons}_2^{\sim h}\rangle$ nur aufgrund des Bewertungsparameters ›minimax‹ zur komparativen Gesamtbewertung $\langle \text{kons}_{1,2}^h \ll \text{kons}_{1,2}^{\sim h}\rangle$ aggregiert werden. Nur im Falle der Konsequenzenmenge ›kons$_{1,2}^h$‹ treten nach Tanja Nachteile für alle, sogar für eine unbegrenzte Anzahl der vom Einbruch Betroffenen, ein:

[8]

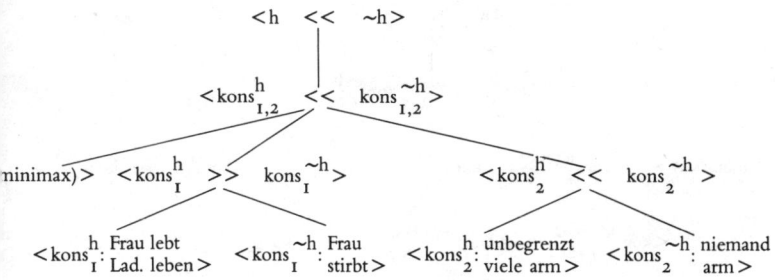

Mit diesem Argument schlägt Tanja das Argument von Karsten. Für die gesamte Gruppe gilt nun, daß Heinz nicht hätte einbrechen sollen (23).
Anschließend greift Felix wieder seinen Vorschlag auf, den er bereits zu Beginn der Argumentation gemacht hat: »Dann können se denn si- sich mal beraten lassen.« (23-24). Tanja, Karsten und Tommi stimmen zu. Und Felix fährt fort: »Ja, zum Rechtsanwalt, der is ja immer so gut.« (25).
Offenbar ist die Gruppe nicht bereit, mit dem Argument [8] auch die Handlungsfolge ›kons$_1^{\sim h}$: Frau stirbt‹ zu akzeptieren. Felix' Vorschlag trägt dem Rechnung. Die Ersatzhandlung ›h´‹, die Felix als Lösung vorschlägt, nämlich ›sich vom Rechtsanwalt beraten lassen‹, vermeidet die negativen Folgen sowohl von ›h‹ als auch von ›~h‹; das Dilemma von Heinz wird umgangen.
Strukturell gesehen liegt dieser Umgehung des Heinz-Dilemmas die Anwendung einer verschärften Version des impliziten Bewertungsparameters ›minimax‹ zugrunde: ›Von alternativen Handlungen bzw. entsprechenden Konsequenzenmengen ist genau dann eine vorzuziehen, wenn nur sie allein nur Vorteile für alle von dieser Handlung Betroffenen enthält‹. Und damit diese neue Version des Parameters ›minimax‹ überhaupt einer Handlungsalternative von Heinz eine Präferenz zuweisen kann, muß diese Alternative notwendig so beschaffen sein, daß mit ihr einer der beiden konkurrierenden Parameter (›Wert des Lebens‹ bzw. ›Wert des Eigentums‹) neutralisiert werden kann. Diese Bedingung kann von der Handlungsalternative ›sich vom Rechtsanwalt beraten lassen‹ erfüllt werden. Der neutralisierte Parameter ist der ›Wert des Eigentums‹:

[9]

$$\langle h' \gg \sim h \rangle$$

$$\langle kons_{1,2}^{h'} \gg kons_{1,2}^{\sim h} \rangle$$

$$\langle (minimax) \rangle \quad \langle kons_1^{h'} \gg kons_1^{\sim h} \rangle \quad \langle kons_2^{h'} = kons_2^{\sim h} \rangle$$

$$\langle kons_1^{h'} : \text{Frau lebt} \rangle \quad \langle kons_1^{\sim h} : \text{Frau stirbt} \rangle \quad \langle kons_2^{h'} : \text{niemand arm} \rangle \quad \langle kons_2^{\sim h} : \text{niem arm} \rangle$$

In der Zusammenfassung ihrer Argumentation (29-40), mit der die Kinder spontan beginnen, wird von der Gruppe zunächst mit dem Argument [8] begründet, weshalb Heinz nicht hätte einbrechen sollen bzw. nicht einbrechen soll; anschließend wird wiederum mit dem Argument [9] die Ersatzhandlung ›h´‹ (›sich vom Rechtsanwalt beraten lassen‹) als Lösung des Heinz-Dilemmas vorgeschlagen.

In der nun folgenden Unterhaltung (40-63) zwischen der Gruppe und mir versuche ich, die Gruppe auf das Dilemma von Heinz ›festzunageln‹. Es wird von mir bestritten, daß es für Heinz neben den Alternativen: Vollzug versus Unterlassung des Einbruchs, mit den jeweils unerwünschten Handlungsfolgen ›Ladenbesitzer arm‹ versus ›Frau stirbt‹, eine dritte Handlungsmöglichkeit als Ausweg aus dem Dilemma gibt.

Zunächst versucht Felix wieder, einen Ausweg aus dem Dilemma zu finden: »Da müßte der ne andere Arbeit kriegen.« (66-67). Karsten und Tommi weisen diesen Beitrag jedoch als irrelevant zurück. Tommi entscheidet sich nunmehr für die Argumentspitze $\langle h \gg \sim h \rangle$: »Ich hätte eingebrochen.« (68). Tanja schließt sich dem Votum Tommis an; und im folgenden entwickelt sie, teilweise zusammen mit Karsten, ein Argument, das von der Alternative ›Vollzug versus Unterlassung des Einbruchs‹ ausgeht, den Einbruch rechtfertigt und doch auf sehr elegante Weise das Dilemma von Heinz umgeht: »Naja, in diesem Fall hätte ich aber auch eingebrochen. Aber ich hätte nich- ich hätt- ich hätt nich alle Wertstände und so genommen. Daß man- daß man- daß man die Reise macht und bezahlen kann und daß man noch davon dann leben kann. Dann würd ich schon so viel nehmen, daß man die Reise

und den Arzt bezahlen kann.« (68-73); und Karsten fährt fort: »Aber nich noch- Ne? Nich noch mehr. Nich- dann sind die Leute auch nich arm. Dann ham die beiden gleich viel. Dann kann die Frau leben und die können dann beide leben.« (73-75).
Strukturell ist das mit den Beiträgen von Tanja und Karsten zum Ausdruck gebrachte neue Argument analog zum Argument [9] aufgebaut. Es beruht auf der Annahme, daß es eine Handlungsalternative ›h″‹ für Heinz gibt, welche die Konsequenzen von ›h‹ entscheidend verändert. ›h″‹ ist ›einbrechen, aber nur so viel nehmen, daß die Ladenbesitzer nicht arm werden‹. Wieder wird das Dilemma letztlich dadurch umgangen, daß einer der beiden konkurrierenden Bewertungsparameter, nämlich der ›Wert des Eigentums‹, neutralisiert wird:

[10]

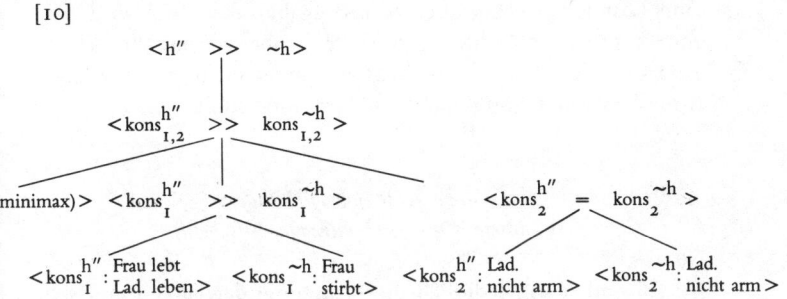

Dieses Argument wird von der gesamten Gruppe als Antwort auf die implizit reformulierte Quaestio: ›Was soll Heinz tun?‹ akzeptiert (77-84).
Im folgenden versuche ich, den Kindern auch diesen Ausweg aus dem Dilemma zu ›versperren‹. Es wird von mir darauf hingewiesen, daß Heinz so viel Geld bzw. so viele Wertgegenstände stehlen müßte, daß die Ladenbesitzer sicherlich arm würden (84-95). Doch auch über diesen Einwand setzen sich die Kinder elegant hinweg. Tanja initiiert ein neues Argument, das analog zu [9] und [10] aufgebaut ist. Sie sagt sinngemäß, daß es eine Einbruchshandlung ›h‴‹ gibt, die das Gewünschte leistet, d. h. die gewünschte Konsequenzenmenge zur Folge hat. ›h‴‹ ist ›in mehr als einen Laden einbrechen‹. Diese Handlung wird von der Gruppe gemeinsam präzisiert und es kommt zur Konsensbildung (98-106). Anschließend wird von mir ein ganz neuer Gesichtspunkt in die

Argumentation der Gruppe eingeführt. Ich möchte nun nämlich von der Gruppe wissen, ob sie auch dann einen Einbruch für ›richtig‹ hält, wenn die davon Betroffenen nicht arm werden. D.h. es wird von mir zum Ausdruck gebracht, daß es eine Klasse von individuellen Handlungen, nämlich die Klasse der Einbrüche, gibt, von denen insgesamt gilt, daß sie nicht ›richtig‹ sind.

Mit diesem Einwand ist eine argumentative Situation entstanden, in der von der Gruppe die beiden miteinander konkurrierenden Parameter, ›Wert des Lebens‹ und ›Wert des Eigentums‹, selbst bewertet und gewichtet werden müßten, sollte die Quaestio überhaupt noch beantwortet werden können.

Karsten und Tanja weigern sich nun jedoch, die Argumentation fortzusetzen. Ganz offenkundig ärgern sie sich darüber, daß die vorausgegangene Konsensbildung in der Gruppe von mir nicht als eine Lösung der ›Argumentationsaufgabe‹ akzeptiert wird. Die zum Ausdruck gebrachte Aggressivität ist aber vermutlich auch ein Zeichen dafür, daß sich die Gruppe von der sichtbar gewordenen Komplexität der Argumentation überfordert fühlt.

Gruppe 3: 10-jährige Kinder
(Gabriele, Oliver, Dominique, Elisabeth)

Im folgenden soll lediglich die Hauptlinie der langen und sehr komplexen Argumentation dieser Gruppe analysiert werden.

Schon gleich zu Beginn der Argumentation fällt auf, daß die Gruppe hart am Thema diskutiert. So wird beispielsweise Olivers Beitrag: »Eigentlich sollte die Operation ja überhaupt nichts kosten.« (11-12), mit dem Oliver das Heinz-Dilemma zu unterlaufen versucht, von Dominique ziemlich schroff zurückgewiesen: »Ja, da- darüber unterhalten wer uns ja nich. Geht's nich um die Kosten. Ne?« (12-13). Was den Kontext des Heinz-Dilemmas betrifft, hält sich die Gruppe genau an den Wortlaut der Geschichte. Wenn sich in der Gruppe divergierende Hintergrundinformationen zum Dilemma von Heinz bemerkbar machen, wird sogar der Wortlaut der Geschichte aus dem Gedächtnis zitiert, um dadurch strittige Fragen zu klären (53-55).

Die erste direkte Antwort auf die Quaestio ›Hätte Heinz dies tun sollen?‹ wird von Gabriele gegeben: »Aber ich würd des nich machen an dem- dem- dem seiner Stelle.« (17-18). Nach einem längeren Hin und Her stellt Oliver die entgegengesetzte Antwort auf: »Ich würd's eher machen.« (26). Gabriele reagiert darauf etwas pikiert mit »Na gut.« (26). Die Argumentation der Gruppe hat explizit einen antagonistischen Zustand erreicht.

Dominique versucht nun, eine Klärung herbeizuführen: »Ja, was is denn schlimmer? Wenn jemand stirbt oder wenn jemand arm is?« (26-27). Mit den beiden generischen Handlungsfolgen ›jemand stirbt‹ und ›jemand wird arm‹ wird von Dominique deutlich zum Ausdruck gebracht, daß es ihr um eine Gewichtung der beiden konkurrierenden Bewertungsparameter ›Wert des Lebens‹ und ›Wert des Eigentums‹ geht; denn wenn für die Gruppe z.B. gilt, daß von den beiden generischen Handlungsfolgen schlimmer ist, wenn jemand stirbt, so wird damit nichts anderes gesagt, als daß für die Gruppe der Wert des Lebens über dem Wert des Besitzes bzw. Eigentums steht. Gabriele antwortet »Wenn jemand stirbt.« (28-29) und Dominique zieht daraus die Schlußfolgerung $\langle h \gg \sim h \rangle$, die von Oliver bereits explizit formuliert wurde und von Dominique jetzt nur noch bekräftigt wird: »Des fi- findste schlimmer. Also.« (29). In der Gruppe besteht damit ein Konsens über das folgende Argument als mögliche gemeinsame Antwort auf die Quaestio:

[11]

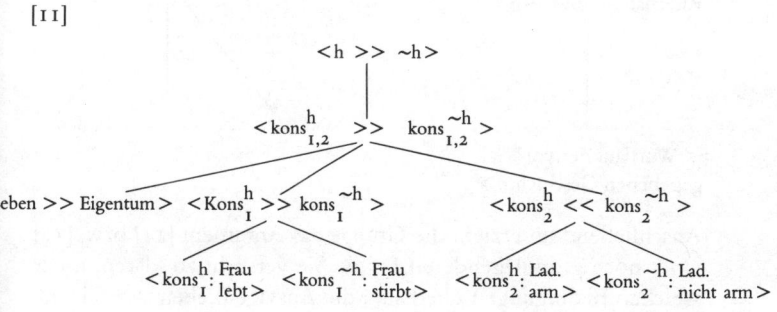

Doch so ganz geheuer ist es der Gruppe mit diesem Argument nicht. Offenbar reicht für die Kinder die Aussage $\langle \text{Leben} \gg \text{Eigentum} \rangle$ doch nicht aus, um den Einbruch zu rechtfertigen bzw. um in [11] den Übergang von $\langle \text{kons}_1^h \gg \text{kons}_1^{\sim h} \rangle$ und $\langle \text{kons}_2^h \ll \text{kons}_2^{\sim h} \rangle$ zu $\langle \text{kons}_{1,2}^h \gg \text{kons}_{1,2}^{\sim h} \rangle$ und $\langle h \gg \sim h \rangle$ zu legitimieren. Einfacher ausgedrückt: Wenn der Wert des Lebens höher steht als der Wert des Eigentums, so läßt sich doch daraus noch lange nicht schlüssig ableiten, daß Heinz einen Einbruch vollziehen bzw. unterlassen soll. Dominique: »Aber eigentlich- ja richtig, so richtig war's nich. Ne? Aber 's war auch nich- hm- gerade falsch.« (29-30). Oliver stimmt zu, und Gabriele spricht etwas später von einem »unsicheren Gefühl« im Hinblick auf das Argument [11].

Im folgenden versucht die Gruppe daher zunächst die Bedingungen zu klären, unter denen die Aussage ⟨Leben ≫ Eigentum⟩ den Übergang zur Argumentspitze ⟨h ≫ ~h⟩ legitimiert. Dominique macht hierzu einen Vorschlag, der offenbar von den anderen akzeptiert wird. »Ja, aber der hat ja k- keine andere Möglichkeit.« (31). Mit der Partikel »ja« verweist Dominique auf die für die Gruppe verbindliche Hintergrundinformation zum ›Heinz-Dilemma‹, nämlich auf den Wortlaut der vorgegebenen Geschichte.

Damit ist das Argument [11] folgendermaßen modifiziert worden:

[12]

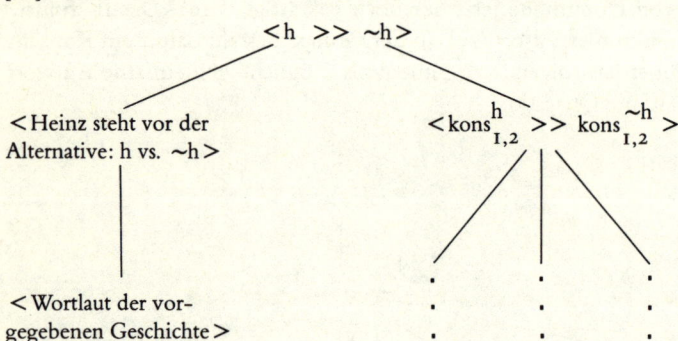

Anschließend unterzieht die Gruppe das Argument [11] bzw. [12] einer noch grundlegenderen Kritik. Sie versucht zu klären, unter welchen Bedingungen überhaupt die Aussage ⟨Leben ≫ Eigentum⟩ gilt. Elisabeth: »Aber wenn's ne alte- alte Frau wär, dann hätt ich's, glaub ich, nich gemacht. Aber wenn die zwanzig-« (34-35). Gabriele unterbricht sie und fährt fort: »Nee, wenn die sechzig wär, dann würd die ja sowieso in'n paar Jahren gestorben (sein).« (35-36). Elisabeth und Gabriele stützen damit die Aussage ⟨Leben ≫ Eigentum⟩ durch die Aussage ⟨eine vom Tode bedrohte Person ist dann zu retten, wenn sie noch jung ist⟩. Doch Dominique erhebt dagegen Einspruch: »Aber trotzdem. Auch wenn se- wenn

[13]

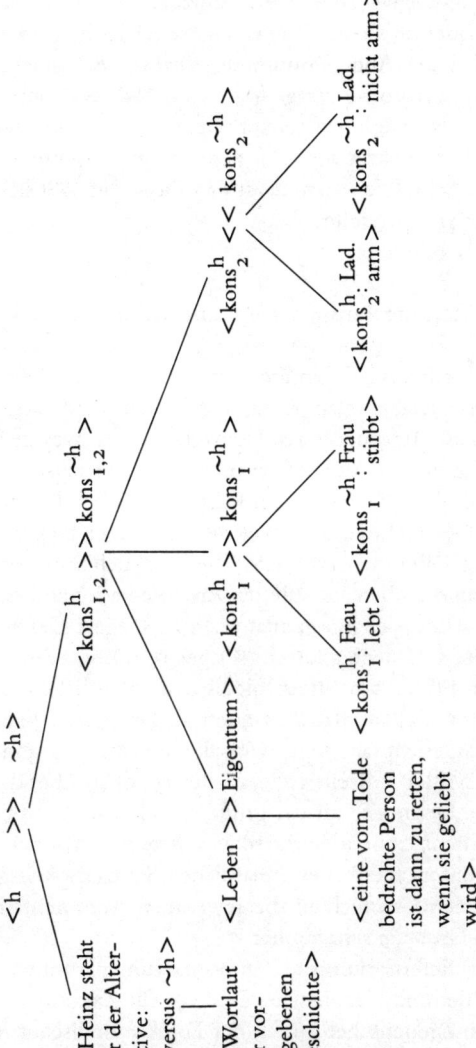

se alt is, deswegen hat er sie ja trotzdem noch lieb. Ob's seine Mutter is oder ob's seine Frau is oder seine Tochter oder wer auch immer.« (38-40). D.h., Dominique stützt die Aussage ⟨Leben >> Eigentum⟩ durch die Aussage ⟨eine vom Tode bedrohte Person ist dann zu retten, wenn sie geliebt wird⟩. Dominiques Beitrag wird von der Gruppe akzeptiert. Das gemeinsame Argument, mit dem die Gruppe schießlich die Quaestio beantwortet, läßt sich mit dem Diagramm [13] darstellen.

2.4. Ergebnisse der Argumentationsanalysen

Trotz der teilweise faszinierenden Subtilität der hier nur ausschnittweise analysierten Argumentationen wird sich vielleicht mancher Leser fragen, ob das ›Heinz-Dilemma‹ wegen des zu seinem Verständnis erforderlichen sozialen Erfahrungshintergrundes nicht zumindest die 5-jährigen Kinder inhaltlich überfordert hat. Von den Geschichten, über welche die Kinder diskutierten, war das ›Heinz-Dilemma‹ zweifellos die inhaltlich schwierigste. Vergleicht man die oben analysierten Argumentationen beispielsweise mit den Gruppenargumentationen zu Piagets Geschichtenpaar von den ›zerbrochenen Tassen‹ (Piaget 1932), so zeigt sich als ein möglicher Effekt des unterschiedlichen inhaltlichen Schwierigkeitsgrades vor allem, daß zumindest die Gruppen 1 und 2 über jenes Geschichtenpaar sehr viel kontroverser argumentierten (vgl. dazu Miller & Klein 1979, Miller 1980) als über das ›Heinz-Dilemma‹. Dennoch, auf der grundlegenden strukturellen Ebene von Argumentationen: der Logik von Argumentationen, sind sich trotz des unterschiedlichen inhaltlichen Schwierigkeitsgrades der vorgegebenen Geschichten die jeweiligen Argumentationen der einzelnen Gruppen sehr ähnlich.

Inwieweit liefern nun die Gruppenargumentationen über das ›Heinz-Dilemma‹ empirische Evidenz für das zuvor skizzierte Modell ontogenetischer Stufen der Logik moralischer Argumentationen?

Offensichtlich beherrschen alle Kinder grundlegende Techniken der Argumentation: in allen drei Gruppen werden zumindest Teilantworten auf die Quaestio entwickelt, und die Abfolge der Redebeiträge zeigt, daß die Kinder grundsätzlich wissen, was es heißt, einen Beitrag zu rechtfertigen.

In allen drei Gruppen werden ferner die alternativen Handlungen ›h‹ und ›~h‹ (bzw. die jeweiligen entsprechenden faktischen Konsequenzenmengen) auf zwei miteinander konkurrierenden Parametern beurteilt: dem ›Wert des Lebens‹ und dem ›Wert des Eigentums‹. Soweit diese in und durch die Argumentationen der Gruppen explizit gemacht werden, zeigt sich jedoch, daß diesen Wertorientierungen vermutlich unterschiedliche normative Konzepte zugrundeliegen (z.B. Gruppe 1: »Eine Frau braucht einen Mann...« und Gruppe 3: Das Leben von einer vom Tode bedrohten Person ist dann zu retten, wenn die Person noch jung ist bzw. wenn sie geliebt wird.). In allen drei Gruppen besteht schließlich ein Konsens darüber, daß es nicht richtig ist, wenn die Frau von Heinz sterben muß; aber daß es auch nicht richtig ist, wenn als Folge des Einbruchs die davon betroffenen Ladenbesitzer arm werden. Doch worin liegt nun der Unterschied zwischen den drei Gruppen?

Der entscheidende und sehr deutlich zum Ausdruck kommende Unterschied zwischen den Gruppen besteht darin, über welche Koordinationsverfahren die Gruppen jeweils zu verfügen scheinen, um eine ›Konsensmenge‹ von unmittelbar zu akzeptierenden deskriptiven und normativen Aussagen zu bilden, auf denen das zu entwickelnde gemeinsame Argument aufbauen kann. Zwar entwickeln alle Gruppen eine gemeinsame Antwort auf die Quaestio; doch Gruppe 1 scheitert dabei am Kohärenzproblem, Gruppe 2 am Zirkularitätsproblem, und Gruppe 3 zeigt zwar Ansätze zur Lösung des Zirkularitätsproblemes, aber sie ist relativ hilflos beim Versuch, sich über die Entwicklung von höherstufigen Bewertungsparametern zur Gewichtung der miteinander konkurrierenden Parameter ›Wert des Lebens‹ und ›Wert des Eigentums‹ zu verständigen. Keine der drei Gruppen scheint das Sprachproblem von moralischen Argumentationen überhaupt wahrzunehmen.

Zu dieser Charakterisierung der drei Gruppen im folgenden noch einige kurze erläuternde Kommentare:

Gruppe 1:

Die Gruppe der 5-jährigen bezieht während der einzelnen Phasen ihrer Argumentation die Redebeiträge auf dieselben Teilmengen der aus ›h‹ und ›~h‹ jeweils resultierenden Handlungsfolgen, d.h.

entweder auf die Alternative ›Frau lebt vs. Frau stirbt‹ oder auf die
Alternative ›Ladenbesitzer arm vs. Ladenbesitzer nicht arm‹. Damit kann die Gruppe sicherstellen, daß die einzelnen Redebeiträge
phasenweise auf denselben impliziten Bewertungsparameter bezogen sind, also die an der Argumentation Beteiligten nicht einfach aneinander vorbeireden; mit anderen Worten: die Gruppe
kann die Kohärenz der Argumentation im Hinblick auf die Entwicklung von Teilargumenten bzw. Teilantworten auf die Quaestio sichern. Aber die Gruppe scheitert an dem Problem, aus den
unterschiedlichen Teilantworten eine zusammenhängende Antwort auf die Quaestio zu entwickeln. Sie kann die Teilargumente
[3]-[6] nicht auf die einheitliche und die Argumentation organisierende Struktur beziehen, die das zu entwickelnde potentiell
gemeinsame Argument angesichts der mit den einzelnen Teilantworten implizierten konkurrierenden Bewertungsparameter annehmen müßte; und damit ist die Gruppe auch nicht in der Lage,
eine komparative Gesamtbewertung unter Berücksichtigung der
beiden miteinander konkurrierenden Parameter durchzuführen.
Der Versuch Katjas, eine komparative Gesamtbewertung zu formulieren, bleibt bereits in den Ansätzen stecken: »Also ich finde
jedenfalls nich daß schlimmer- ja, daß sie- daß er nich in-«
(33-35). Um die Kohärenz der Argumentation insgesamt zu sichern, müßte die Gruppe einen übergeordneten Gesichtspunkt
entwickeln, aufgrund dessen die beiden miteinander konkurrierenden Parameter so relativiert werden können, daß eine Entscheidung zwischen ihnen möglich wird. Erst die Gruppe 2 ist jedoch dazu in der Lage.

Gruppe 2:

In der geradezu brillanten Argumentation der 7/8-jährigen können die komparativen Bewertungen der Alternative ›Frau lebt vs.
Frau stirbt‹ und der Alternative ›Ladenbesitzer arm vs. Ladenbesitzer nicht arm‹ mühelos als Teilargumente auf die Struktur bezogen werden, die das zu entwickelnde potentiell gemeinsame Argument aufgrund der impliziten miteinander konkurrierenden
Bewertungsparameter annehmen muß. Das in der Argumentation
ständig virulente Problem einer komparativen Gesamtbewertung
der oben genannten Alternativen und damit der Handlungsalter-

native ›h‹ vs. ~h‹ wird von der Gruppe dadurch gelöst, daß sie festzustellen versucht, ob nur eine der aus ›h‹ und ›~h‹ folgenden Konsequenzenmengen (nur) Vorteile bzw. Nachteile (relativ zu den konkurrierenden Parametern ›Wert des Lebens‹ und ›Wert des Eigentums‹) für alle am Konflikt Beteiligten enthält. Der damit implizierte übergeordnete Bewertungsparameter ›minimax‹ wird von der Gruppe stillschweigend vorausgesetzt; und er ist die Grundlage dafür, daß die Gruppe während der gesamten Argumentation die Kohärenz der Argumentation sichern kann. Denn der argumentative Stellenwert jedes Redebeitrages läßt sich mit Bezug auf diesen übergeordneten Parameter bestimmen. Doch damit ist die Gruppe noch nicht in der Lage, das Zirkularitätsproblem moralischer Argumentationen zu lösen: welcher der beiden konkurrierenden Parameter kriterial ist bzw. welche Vorteile bzw. Nachteile im Sinne des Parameters ›minimax‹ entscheidend sind, und d.h. welche normativen Prämissen gelten, das hängt für die Gruppe davon ab, welche Handlungsfolgen zutreffen; und welche Handlungsfolgen in den Argumenten [7] und [8] für wahr gehalten werden bzw. in den Argumenten [9] und [10] für möglich gehalten werden, d.h. welche deskriptiven Prämissen gelten, das hängt für die Gruppe davon ab, welchen Bewertungsparameter bzw. welche Vorteile/Nachteile sie als kriterial gelten lassen möchte. Erst die Gruppe 3 ist zumindest ansatzweise in der Lage, das Zirkularitätsproblem moralischer Argumentationen zu lösen.

Gruppe 3:

Erst in der Argumentation der Gruppe der 10-jährigen werden die deskriptiven und normativen Prämissen implizit auf voneinander unabhängige Geltungskriterien bezogen. Die deskriptiven Prämissen, die als unmittelbar zu akzeptierende Aussagen das zu entwickelnde potentiell gemeinsame Argument teilweise konstituieren, müssen für die Gruppe das Wahrheitskriterium erfüllen, d.h. sie müssen mit dem Wortlaut der vorgegebenen Geschichte übereinstimmen. Die normativen Prämissen, die als unmittelbar zu akzeptierende Aussagen das zu entwickelnde potentiell gemeinsame Argument teilweise konstituieren, müssen für die Gruppe das Richtigkeitskriterium erfüllen, d.h. sie müssen mit den normativen Konzepten der Gruppe übereinstimmen.

Welche normativen Prämissen für die Beantwortung der Quaestio überhaupt relevant sind, das hängt für die Gruppe zwar auch davon ab, welches gemeinsame Situationsverständnis sie entwickeln, d.h. welche deskriptiven Prämissen sie akzeptiert; so ist für die Gruppe die normative Aussage ⟨Leben ≫ Eigentum⟩ nur dann für eine Beantwortung der Quaestio relevant, wenn Heinz tatsächlich vor der Alternative ›h versus ~h‹ steht. Umgekehrt, welche deskriptiven Prämissen von der Gruppe für die Beantwortung der Quaestio als relevant angesehen werden, z.B. ihre Beschreibung der aus ›h‹ und ›~h‹ jeweils folgenden Konsequenzenmengen, hängt für die Gruppe zweifellos davon ab, welche Wertgesichtspunkte ins Spiel gebracht werden. Diese für eine Entwicklung von deskriptiven und normativen Prämissen unvermeidliche Zirkularität des heuristischen Vorgehens führt bei der Gruppe jedoch nicht in eine Zirkularität der Begründung bzw. Akzeptierung deskriptiver und normativer Prämissen; eben weil, wie die Entwicklung der Argumente [11]-[13] zeigt, von der Gruppe implizit die Kriterien der Geltung deskriptiver und normativer Prämissen unterschieden werden.

Bei dem Versuch, die normative Prämisse ⟨Leben ≫ Eigentum⟩ zu rechtfertigen, zeigt die Gruppe jedoch erhebliche Unsicherheiten. Konfrontiert mit den normativen Aussagen ›Eine vom Tode bedrohte Person ist dann zu retten, wenn sie noch jung ist‹ und ›Eine vom Tode bedrohte Person ist dann zu retten, wenn sie geliebt wird‹, entscheidet sie sich zwar für die letztere. Aber würde sie tatsächlich akzeptieren, daß Heinz seine Frau sterben läßt, wenn er sie nicht (mehr) liebt? Könnte sie sich im Zweifelsfalle über das Geltungskriterium verständigen, das von einer normativen Prämisse erfüllt werden muß, damit sie als ›moralisch‹ akzeptiert werden kann, und das heißt: könnte sie sich im Zweifelsfalle darüber verständigen, wie die Bedeutung des Terminus ›moralisch gerechtfertigt‹ zu explizieren ist? Es ist sehr fraglich, ob die Gruppe bereits prinzipiell in der Lage ist, das Sprachproblem moralischer Argumentationen zu lösen; aber die empirischen Daten lassen hier wie an so vielen anderen Stellen der skizzierten Argumentationsanalysen keine definitive Antwort zu.

3. Zusammenfassung und einige offene Probleme

Die in diesem Aufsatz in Form einer Argumentationsskizze vorgestellten Überlegungen und empirischen Beobachtungen legen nahe, daß es für moralisch-praktische Argumentationen ähnlich wie für theoretisch-empirische Argumentationen Rationalitätskriterien, d. h. eine Logik der Argumentation, gibt. Handelt es sich in beiden Fällen um ein und dieselbe Logik der Argumentation und treten in beiden Fällen im wesentlichen dieselben ontogenetischen Entwicklungsprozesse in Erscheinung? Wie viele andere Fragen, so muß auch diese im Rahmen des vorliegenden Aufsatzes völlig offenbleiben.

Die Ergebnisse der in diesem Aufsatz repräsentierten empirischen Argumentationsanalysen zeigen im großen Ganzen, daß das zuvor entwickelte Modell ontogenetischer Stufen der Logik moralischer Argumentationen zumindest eine empirisch plausible Hypothese darstellt. Nach dieser Hypothese erwerben Kinder sukzessive die Fähigkeit, das Rechtfertigungs-, Kohärenz-, Zirkularitäts- und Sprachproblem moralischer Argumentationen zu lösen; und sie lernen damit hierarchisch aufeinander aufbauende Koordinationsverfahren, um die Frage zu entscheiden, welches die für eine jeweilige Argumentation unmittelbar zu akzeptierenden deskriptiven und normativen Aussagen sind, aus denen das zu entwickelnde potentiell gemeinsame Argument abgeleitet werden soll. Offenbar lernen Kinder, wie man auf immer komplexere Weise widersprechen und dennoch ein gemeinsames Ziel verfolgen kann. Die mit den Argumentationsanalysen herausgearbeiteten Argumentationsverläufe und die dabei von den Gruppen jeweils entwickelten Argumente sind von mir weitgehend durch mein intuitives Verständnis der Daten gerechtfertigt worden. Die Plausibilität dieses intuitiven Verständnisses kann jedoch jedermann an Hand der im Appendix repräsentierten Argumentationsausschnitte überprüfen. Besser wäre es freilich, wenn dieses weitgehend intuitive Verständnis der argumentativen Prozesse in den drei Gruppenargumentationen durch eine detaillierte Analyse der sprachlichen Mittel bzw. sprachlichen Prozeduren gestützt werden könnte, welche die Kinder verwenden, um ein wechselseitiges Verständnis der Aussagen sicherzustellen, die sie mit den einzelnen Redebeiträgen intendieren; und das heißt letztlich eine detaillierte Analyse der sprachlichen Mittel, mit Hilfe deren die Kinder in ihren Argumentationen die Kinematik des kollektiv Geltenden steuern.

Doch nicht nur an diesen eher linguistischen und psycholinguistischen Problemen, sondern auch an der Frage nach der Beziehung zwischen der Ontogenese moralischer Argumentationen und der Ontogenese des moralischen Bewußtseins zeigt sich, daß die Ontogenese moralischer (und nichtmoralischer) Argumentationen gegenwärtig noch zu den nahezu unerforschten entwicklungspsychologischen Kontinenten zählt. Seit den bahnbrechenden Arbeiten von Piaget (1932) und Kohlberg (z.B. 1969, 1971) wird zumindest von den an kognitiven Entwicklungstheorien interessierten Sozial- und Entwicklungspsychologen die Ontogenese von Moral als die Ontogenese des moralischen Bewußtseins verstanden, und das heißt: als die Ontogenese von moralischen Prinzipien, aus denen sich die normativen Prämissen eines moralisch Urteilenden entsprechend seiner ontogenetischen Entwicklungsstufe ableiten lassen. Wenn es schon unlösbar scheint, die Frage zu beantworten, was das moralisch Gute an sich ist, so ist es zweifellos doch von Interesse, empirisch zu untersuchen, was das moralisch Gute für eine Gruppe von Individuen ist, wie sich für Kinder im Verlaufe ihrer Entwicklung die Vorstellungen über das moralisch Gute ändern und ob es hier eventuell sogar eine universelle Entwicklungsabfolge gibt.

Aber nicht nur die Idee des moralisch Guten an sich, auch das, was für eine Gruppe von Individuen (Kinder oder Erwachsene) letztlich als das moralisch Gute kollektiv gilt, ist etwas ›Unbedingtes‹, von den Individuen selbst nicht mehr weiter Hinterfragbares und damit etwas Absolutes. Nun könnte zwar, wie es G.W.F. Hegel in der Phänomenologie des Geistes (1948, S.64) ausdrückt, das Absolute, wenn es »nicht an und für sich schon bei uns wäre und sein wollte«, uns durch kein »Werkzeug des Erkennens« nähergebracht werden. Wenn sich aber das, was für eine Gruppe von Individuen letztlich als das moralisch Gute gelten kann, schon immer in den Köpfen dieser Individuen befindet, durch welches Werkzeug des Erkennens kann es in ihr Bewußtsein gehoben werden? Offenbar doch nur durch die Logik der moralischen Argumentation, denn nur mit ihrer Hilfe können Individuen erkennen, was für sie in partikulären Handlungskonflikten moralisch geboten ist, und als Voraussetzung dazu: im Hinblick auf welche Vorstellungen über das moralisch Gute ihre Auffassungen letztlich konvergieren.

Hängt nun die Ontogenese moralischer Prinzipien bzw. die Ontogenese von Vorstellungen über das moralisch Gute (moralische Wertvorstellungen) von der Ontogenese der Logik moralischer Argumentationen ab? Oder gibt es ein umgekehrtes Abhängigkeitsverhältnis oder eine Interdependenz zwischen der Ontogenese der Logik moralischer Argumentationen und der Emergenz des moralischen Bewußtseins im Kinde und Jugendlichen?

Ein mögliches Ergebnis von Argumentationen besteht in der Formulierung neuer Quaestiones. Es ist vielleicht das einzig mögliche Ergebnis, zu dem eine individuelle wissenschaftliche Argumentation über die Ontogenese moralischer Argumentationen gegenwärtig gelangen kann.

4. Appendix

Die Transkripte der Videofilme zu den drei Gruppendiskussionen sind im sogenannten Partiturenformat angefertigt worden. Die durchnumerierten Transkriptionszeilen enthalten für jede der an der jeweiligen Diskussion beteiligten Person eine Linie, so daß Abfolge und eventuelle Überschneidungen von Redebeiträgen unterschiedlicher Sprecher deutlich sichtbar werden.

In den Transkripten werden folgende Notationsweisen verwendet:

----	unverständliche Äußerung
ka—	abrupt abgebrochene Äußerung
muß ... da	längere Pause zwischen Wörtern bzw. Äußerungen
*bestrafen	ungesicherte Äußerung
[zu Ma]	Kontextmerkmale von Äußerungen.
[.....]	Textauslassungen.

Gruppe I
(5-6jährig; K – Katja, G – Grischa, B – Birgit, S – Stefan; Ma – Max Miller)

1 Ma: *Hätte Heinz dies tun sollen? Jetzt besprecht das mal zusammen. Ne?*
   Sagt mir, wenn ihr fertig seid mit dem Reden. Und dann sagt ihr mir,
   zu welcher Meinung ihr gekommen seid. [steht auf, verläßt die Diskussionsrunde und geht zu seinem Schreibtisch am anderen Ende des Zimmers]

2 K: [wendet sich zu G] *Was findste, was schlimmer is* ----
　G:
　B:
　S: *Was solln wer*
　Ma: *Aber nicht flü-*

3 K: *Was findst du schlimmer? He?* [zu G]
　G:
　B:
　S: *Was solln wer denn* ----
　Ma: *stern, Katja!*

4 K:
　G: *Beides gleich.*
　B:
　S: *Hier rein-* [zu K und G] [zeigt auf das Mikrophon] *Hier reinspre-*
　Ma:

5 K: *Was findst-* [zu G]
　G: [alle Kinder schauen zu Ma hin]
　B:
　S: *chen!*
　Ma: *He! Ja. So ist schön. Jetzt redet mal schön laut. Ja?*

6 K: *Was findst du schlimmer? He?* [zu G]
　G: *Beides* ---- *gleich. Ich find beides gleich.* [blickt in die
　B:
　S: *Ich aber nich.*
　Ma:

7 K:
　G: Diskussionsrunde] *Aber ich.*
　B:
　S: [zu G] *Ich finde das von gestern auch schlimm.*
　Ma:

8 K: *Was denn?* [zu S] *Ja. Ich auch.* [zu G]
　G: *Ich find bißchen schlimmer, daß er geklaut hat.* [blickt in die Dis-
　B:
　S: [zu Ma] *Dann*
　Ma:

9 K: *Aber ich- ich finde,* [zu S]
　G: kussionsrunde]
　B:
　S: *werden die anderen Leute arm.* [zu Ma] *Er kann doch nich-* [zu Ma]
　Ma:

118

10 K: *daß wenn sie dann sterben muß, das find ich auch 'n bißchen schlimm.*
   G:
   B:
   S:
   Ma:

11 K: [zur Diskussionsrunde]
   G: *Ich auch.* [vor sich hin]
   B:
   S: *Ja.* [vor sich hin] *Ich auch.* [vor sich hin] *Jetzt* (rülpst) *erzählen*
   Ma:

12 K: *Wie denn?* [zu S] *Wie denn?* [zu S] *Wie meinst du denn?*
   G:
   B:
   S: *wer dem mal.* [zu Ma]   *Mm.*   *Wie denn?* [zu K]
   Ma:

13 K: [auffordernde Handgeste] [zu S]
   G: *Einfach die richtige Geschichte einfach erzäh-*
   B:
   S: *Wie meinst du denn?* [imitiert K's auffordernde Geste] [zu K]
   Ma:

14 K:
   G: *len.* [betonende Handgesten]
   B:
   S: *Ja ja. Ja ja.* [singend, klatscht mit den Händen auf die Knie]
   Ma:

15 K: *Du kannst es ja selber machen.*
   G: *Erzähl mal!* [zu S] [auffordernde Handge-*
   B:
   S: *Einfach richtig erzählen.* [zu K und G]
   Ma:

16 K: [zu S]
   G: *ste]*   *Ich mach's aber nich.* [zu S]
   B:
   S: *Und du auch.* [zu K] *Die Jungen können's.* [zu G]
   Ma:

17 K:
   G: ----   [alle Kinder sehen zu Ma hin]
   B:
   S:
   Ma: *Ja, wißt ihr, Richter müssen versuchen zu sehen, ob sie mit ihrer*

18 K:
   G:
   B:
   S:
   Ma: *Meinung übereinstimmen. Und sie müssen auch überlegen, ob man- äh-*

19 K:
   G: *Mhm.* [vor sich
   B:
   S:
   Ma: *ob das- ja, sie müssen überlegen, ob das richtig war oder nich*

20 K:
   G: hin]
   B:
   S: *Eine kranke Frau* [zu Ma]
   Ma: *richtig, ob das schlimm oder nicht schlimm- und ob man den Mann*

21 K: *Ich ich finde nicht* [zu Ma]
   G:
   B:
   S:
   Ma: *vielleicht bestrafen muß ... dafür, was er gemacht hat. Das müßt*

22 K: *Ich finde nich, daß der- daß der Mann bestrafen*
   G: *Ich finde-* [nickt zustimmend]
   B:
   S:
   Ma: *ihr jetzt überlegen.*

23 K: *muß.* [zu G]   [nickt zustimmend]
   G: *Find ich auch nich.* [zu K und S]
   B:
   S: *Ja, den armen Mann nicht bestrafen.* [zu K und G]
   Ma:

24 K: [zu S] *Ich finde, daß ... der Mann muß seine Frau ...*
   G:
   B:
   S: *Der Mann-*   *Ja, der Mann*
   Ma:

25 K: *sterben ka- dürfte* [zu S]
   G:
   B:
   S: *müßte- aber- aber- Du, aber der Mann, der soll nich arm werden und*
   Ma:

120

26 K: *Ja, er muß Geld haben.*
    G: *Ja.*
    B:
    S: *nich allein werden. Der muß ja Geld haben.* [zu K]   *Ja, er muß*
    Ma:

27 K: *Er muß nämlich- er muß nämlich- nämlich ich finde nich so gut,*
    G:
    B:
    S: *auch eine Frau* [zu Ma]
    Ma:

28 K: *daß seine Frau sterben muß. Des find ich nich so gut.* [in die Dis-
    G: *Ich auch nich.*
    B:
    S:
    Ma:

29 K: kussionsrunde] *Findest du das auch nich gut, Birgit?* [zu B]
    G: [vor sich hin.]   *Nee. Nee.* [vor
    B: [schaut vor
    S: *Ich*
    Ma:

30 K: *Nich, gell?* [zu B] *Fertig.* [zu Ma]
    G: sich hin] *Und du?* [zu B]
    B: sich hin, spielt mit dem Polster auf dem sie sitzt] [schaut vor sich
    S: *auch nich.* [zu B]   *Fertig.* [zu Ma]
    Ma:

31 K: *Fertig.* [singend] [zu Ma]
    G: *Fertig.* [singend] [zu Ma] *Fertig.* [singend] [zu Ma]
    B: hin, schaut völlig unbeteiligt zu]
    S:
    Ma: *Ja? Habt ihr das*

32 K: *Ja.*
    G: *Ja.*
    B:
    S:
    Ma: *schon besprochen?   Da bin ich aber mal gespannt, zu was für ner*

33 K: *Also ich finde jedenfalls*
    G:
    B:
    S:
    Ma: *Meinung ihr gekommen seid. Erzählt mal!*

34 K: *nich daß schlimmer-   ja daß sie-   daß er nich-*
    G: *Ja.*
    B:
    S: *Eine-   eine Frau muß-   eine Frau muß ... einen*
    Ma:

35 K: *in-*   *Also und ich find*
    G:
    B:
    S: *Mann haben. Und ein Mann muß eine Frau haben.*
    Ma: *Mhm.*

36 K: *nich, daß er seine Frau sterben- will.*
    G: *Des find ich auch.*
    B:
    S: *Und ich*
    Ma: *Mhm.*

37 K:
    G:
    B: [nickt ein wenig mit
    S: *auch nich.   Und die Birgit auch.*
    Ma: *Mhm. Und dann würdet ihr also doch sagen, daß es richtig*

38 K:
    G:
    B: dem Kopf]
    S:
    Ma: *war vom Heinz, da einzubrechen in das Geschäft und sich das Geld zu*

39 K:
    G:
    B:
    S:
    Ma: *holen, das er brauchte, damit er alles bezahlen kann - selbst wenn*

40 K:
    G:
    B:
    S: (singt vor sich hin)   (singt vor
    Ma: *die Leute dann arm werden, denen er das Geld wegnimmt. Findet ihr*

41 K: *Nein.* [zu G]
    G: *Ich auch nich.. Des finden*
    B:
    S: sich hin)
    Ma: *das nun richtig oder nicht richtig?*

42 K:
    G: *wer nich richtig. Aber die Frau sollte nicht sterben.* [zu Ma]
    B:
    S: *Genau. Die*
    Ma:

43 K:
    G:
    B:
    S: *soll nich sterben.*
    Ma:

Gruppe II
(7-8jährig; Ta – Tanja, F – Felix, K – Karsten, To – Tommi)

10 Ta:
    F :   *Nein!*
    K :
    To: *Nein!*
    Ma: *Hätte Heinz dies tun sollen?   Überlegt euch das mal!* [geht zu

11 Ta:
    F : *Nein! Es gibt doch auch, wenn man bei Gericht is, da gibt's doch*
    K :   *Ich mein's auch.*
    To:
    Ma: seinem Schreibtisch]

12 Ta:
    F : *auch den Rechtsanwalt da. Da könnte man sich doch mal beraten las-*
    K :
    To:
    Ma:

13 Ta: *Genau!*
    F : *sen.   Vom Rechtsanwalt.*
    K :
    To:
    Ma: *Überlegt nur gut, daß die Frau, wenn sie*

14 Ta:
    F :
    K :   *Ich*
    To:
    Ma: *nicht operiert wird, weil sie nicht genug Geld zusammenbekommen,*

123

15 Ta:
F :
K : *find besser-*   *Ich find*
To:
Ma: *daß die Frau sterben muß. Auf der anderen Seite, daß*

16 Ta:
F :
K : *besser-*
To:
Ma: *wenn er einbricht, daß die Leute über Nacht arm werden, denen das*

17 Ta:
F :
K :   *Die sind arm. Die können aber trotzdem noch leben.*
To:
Ma: *Geschäft gehört.*   *Aber*   *Überlegt- Ja,*

18 Ta:
F :
K : *Und dann kann die Frau auch noch leben. Die können ja dann beide*
To:
Ma: *überlegt es gut!*

19 Ta: *Ja, aber guckemal! Wenn die jetzt arm sind, und die bekommen*
F :
K : *leben. Die sind jetzt einfach ein bißchen ärmer-*
To:
Ma:

20 Ta: *jetzt auch nich so viel Geld, und da muß der Mann von der Frau oder*
F :
K :
To:
Ma:

21 Ta: *die Frau vom Mann, die müssen dann auch wieder in ein Geschäft ein-*
F :
K :
To:
Ma:

22 Ta: *dringen. Und dann werden die wieder arm. Und so geht das immer wei-*
F :
K :
To:
Ma:

```
23  Ta: ter.
    F :                                    Ja. Dann können se dann si-
    K :           (lacht)
    To:   Mhm.         Also isses falsch.
    Ma:

24  Ta:
    F : sich mal beraten lassen.
    K :                       Dann können se sich beraten lassen.
    To:                 Genau!
    Ma:

25  Ta:                    Genau!
    F : Ja. Zum Rechtsanwalt, der is ja immer so gut.
    K :                                      Es gibt aber auch ganz schön
    To:
    Ma:

26  Ta:
    F :
    K : schlimme Rechtsanwälte. In der Baader-Meinhof Bande da is einer.
    To:
    Ma:

27  Ta:                        Na aber wirklich.
    F :
    K : Einer,                                         ⎡       ⎤
    To:      Ah, der is beschissen.                    ⎢ ..... ⎥
    Ma:                                                ⎣       ⎦

58  Ta:
    F :
    K :
    To:
    Ma: Geht mal davon aus, daß all das nichts nützt- mit Beratung und- und

59  Ta:
    F :
    K :
    To:
    Ma: und Freunde fragen. Er bekommt einfach nicht das Geld zusammen, was

60  Ta:
    F :
    K :
    To:           Dann muß er einbrechen.
    Ma: er braucht.            Jetzt- ja muß er- ja soll er nun einbre-
```

125

61 Ta:
    F :
    K :
    To: Ja.   Ja.
    Ma: chen und die anderen Leute arm werden.   Oder soll er das nicht

62 Ta:
    F :
    K :
    To:
    Ma: tun und in Kauf nehmen, daß seine Frau stirbt. Überlegt das noch-

63 Ta:
    F :   Ich weiß was!
    K :
    To: Er soll einbrechen.
    Ma: mal! Ich glaub, Richter müssen sich das-   Ja, überlegt euch das.

64 Ta:
    F :
    K :
    To:
    Ma: Ich glaub, Richter müssen sich das doch noch'n bißchen genauer

65 Ta:
    F :   Du, ich weiß was.
    K :
    To: Hm.   Richter-
    Ma: überlegen. Denk ich mir.   Nee. Überlegt euch das mal alleine!

66 Ta:
    F :   Ich weiß schon.   Da müßte der ne andere
    K :
    To:
    Ma: Erst mal. Und ich möchte dann nachher hören.

67 Ta:
    F : Arbeit kriegen.
    K :   Aber- aber wenn er sie doch nicht kriegt.
    To: Genau! Komm
    Ma:

68 Ta: Naja, in
    F :
    K :   Aber-
    To: doch nich immer mit Arbeit! Ich hätte eingebrochen.
    Ma:

69 Ta: *diesem Fall hätte ich aber auch eingebrochen. Aber ich hätte nich-*
   F : *dann sind die arm-*
   K :
   To:
   Ma:

70 Ta: *ich hätt- ich hätt nich alle Wertstände und so genommen. Daß man-*
   F :
   K :   *Die sind arm-*
   To:
   Ma:

71 Ta: *daß man- daß man die Reise macht und bezahlen kann und daß man noch*
   F :
   K : *nur-   nur-   daß es nur daß es reicht.*
   To:
   Ma:

72 Ta: *davon leben kann. Dann würd ich schon so viel nehmen, daß man die*
   F :
   K :
   To:
   Ma:

73 Ta: *Reise und den Arzt bezahlen kann.*
   F :
   K :   *Aber nich noch-   Ne? Nich noch mehr. Nich- dann*
   To:
   Ma:

74 Ta: *Genau!*
   F :   *Mhm. Dann ham die noch'n bißchen Geld.*
   K : *sind die Leute auch nich arm.   Dann ham die beiden gleich viel.*
   To:
   Ma:

75 Ta: *Mhm.*
   F :   *Ja.*
   K : *Dann kann die Frau leben und die können beide leben.*
   To: *Genau! Ich*
   Ma:

76 Ta:
   F :
   K :
   To: *hätte ge- genau so viel Geld genommen, wie man-   einbrechen.*
   Ma: *Ja?   Ja.*

77 Ta:
 F :
 K :
 To:
 Ma: *Ah ja. Ich glaub, ich hab das grad am Schluß- wie war das denn*

78 Ta:
 F :   *Ah, wir- wir- ich hätte eingebrochen und nur so viel Geld,*
 K :
 To:
 Ma: *nochmal?*

79 Ta: Genau. Und- und nich in den d- nämlich
 F : *wie ich bräuchte.*
 K :   *Genau so viel.*
 To:
 Ma:

80 Ta: daß- nämlich sonst werden die anderen gleich arm geworden und- und-
 F :
 K :
 To:
 Ma:

81 Ta: und wenn- wenn jetzt- äh- wenn- wenn die jetzt nich so viel wegneh-
 F :
 K :
 To:
 Ma:

82 Ta: men, dann können die ja auch noch'n paar Sachen verkaufen und de-
 F :
 K :
 To:
 Ma:

83 Ta: und dann-   Genau.
 F :
 K :   *Dann können die ja- können die ja noch beide leben.*
 To:
 Ma: *Ja.*

84 Ta:
 F :
 K :   *Die Frau kann noch leben-*
 To:
 Ma: *Das ist ja noch die Frage.   Es wäre schön, wenn das so*

85 Ta:
   F :
   K :
   To:
   Ma: gewesen wäre. Aber nun war es eben leider so, daß er wirklich, weil

86 Ta:
   F :
   K :
   To:
   Ma: es so viel Geld kostet: die Reise und die Operation, da mußte er

87 Ta:
   F :
   K :
   To:
   Ma: einfach- in so 'ner Ladenkasse is ja nich so viel Geld- da mußte er

88 Ta:
   F :
   K :
   To:
   Ma: alles Geld rausnehmen und mußte alle Wertgegenstände mitnehmen,

89 Ta: Ja, der kann doch-
   F :
   K :
   To:
   Ma: wenn er das Geld zusammenkriegen wollte.   Aber dann- und

90 Ta:
   F :
   K :
   To:
   Ma: dann wären die Leute auf jeden Fall arm geworden. Also das hätte

91 Ta: M ja.
   F :
   K :
   To:
   Ma: auch nichts genützt. Jetzt überlegt mal weiter! Soll er nun die

92 Ta: Aber ich-
   F :
   K :
   To:
   Ma: Leute- in das Geschäft einbrechen, denen   Geld wegnehmen

93 Ta:
　 F :
　 K :
　 To:
　 Ma: *und Gegenstände, damit er das Geld zusammenhat, was er braucht.*

94 Ta:
　 F :
　 K : *Des is doch nich-*
　 To:
　 Ma: *Dann werden die arm. Oder soll er seine Frau sterben lassen. Ich*

95 Ta: *Oder- ehm- du- aber guckmal!*
　 F :
　 K :
　 To:
　 Ma: *glaub, das müßt ihr nochmal überlegen.*

96 Ta: *Der kann doch in zwei einbrechen. Eins, da räumt er die Kasse aus.*
　 F :
　 K :
　 To:
　 Ma:

97 Ta: *Und bei den anderen nimmt er die-*
　 F :
　 K :
　 To:
　 Ma: *Tanja, ich bin ja kein Richter. Ihr seid die Richter. Ihr*

98 Ta:
　 F :
　 K : *Der kann ja in drei oder vier Läden rein oder-*
　 To:
　 Ma: *müßt- ihr müßt euch zusammen darüber unterhalten.*

99 Ta: *Nee, in zwei-　　　　also hört-　　　äh-*
　 F :
　 K : *un-　　und ganz viel nehmen-*
　 To: *In zwei Geschäften. In jedem*
　 Ma:

100 Ta: *Nei- nein! Nein! In einem räumt er die Kasse aus*
　　 F :
　　 K :
　　 To: *die Hälfte rausnehmen.*
　　 Ma:

130

101 Ta: *un in einem nimmt er die Wertgegenstände.*
    F :
    K :   *Des is dann nich gut.*
    To:
    Ma:

102 Ta:
    F :
    K : *Dann lieber nimmt man von einem die Häl- bricht man in vier oder*
    To:
    Ma:

103 Ta:
    F :
    K : *in drei Läden ein und nimmt von jedem die Hälfte. Dann können alle*
    To:
    Ma:

104 Ta:
    F :
    K : *noch gut leben.   Ja, oder das Viertel.*
    To: *Oder 'n Viertel.   In vier einbrechen und*
    Ma:

105 Ta:
    F :
    K :   *Ja und dann reicht's.   Dann reicht's*
    To: *immer'n Viertel nehmen.   Dann haste auch's Ganze.*
    Ma:

106 Ta: *Ja.*
    F :   *S- Naja. Mhm.*
    K : *und dann können die trotzdem noch gut leben.*
    To: *Ja.   Wir ham's! In*
    Ma: *Ja?*

107 Ta: *Ja.*
    F :
    K :   *I- in 'n paar*
    To: *vier-   Ja.   In vier einbrechen.*
    Ma: *Habt ihr? Was habt ihr denn jetzt euch wieder ausgekocht.   In*

108 Ta:
    F :
    K : *mehr-   In-   Und dann immer 'n Viertel neh-*
    To: *Ja. Immer 'n Viertel nehmen.*
    Ma: *vier Läden?   (lacht)*

131

```
109 Ta:
    F :                                          ⎡         ⎤
    K : men. Dann können alle leben.             │  .....  │
    To:                                          ⎣         ⎦
    Ma:


122 Ta:
    F :
    K :
    To:
    Ma:            Darf man denn, auch wenn Leute nicht arm werden- darf

123 Ta:                                               Na eigentlich-   Nee.
    F :                                                N e i n !
    K :
    To:
    Ma: man denn da einbrechen und Leuten was wegnehmen-    und- und auch

124 Ta:
    F :
    K :
    To:
    Ma: - ja. Darf man das? Allerdings muß man bedenken, daß wenn man's

125 Ta:
    F :
    K :
    To:
    Ma: nicht tut wie der Heinz, daß man eben dann nicht das Geld zusammen

126 Ta:
    F :
    K :                                      Ja, wir denken ja nich stunden-
    To:
    Ma: kriegt, um seine Frau zu retten. Überlegt euch das noch mal!

127 Ta:
    F :
    K : lang.
    To:
    Ma:        Überlegt euch das doch mal! Das möcht ich jetzt doch noch mal

128 Ta:                                   Aber du sollst nicht dauernd dazwi-
    F :
    K :
    To:
    Ma: wissen als letztes. Ob man dann- einbrechen darf-
```

```
129 Ta: schenquatschen. Wenn wir nämlich jetzt was haben, dann- und dann
    F :
    K :
    To:
    Ma:                                Is gut.      Gut.     Gut.

130 Ta: sagst du wieder was andres. Und dann sagen alle: Ja, das is rich-
    F :
    K :
    To:
    Ma:

131 Ta: tig. Das is richtig. Wenn wir- du hast doch selber gesagt, daß wir
    F :
    K :
    To:
    Ma:

132 Ta: uns das überlegen sollen.
    F :
    K :                      Mhm.
    To:
    Ma:
```

Gruppe III
(10jährig; E – Elisabeth, G – Gabriele, O – Oliver, D – Dominique)

```
 8  E:
    G:
    O:                              Hm.
    D:                                        Wieder als Richter?
    Ma: Hätte Heinz dies tun sollen?   So.              Genau.  Wie eben.

 9  E:
    G: Hm. Würd ich nich-
    O:
    D: Also als Richter würd ich dem- als Richter würd ich dem- äh- keine
    Ma: [steht auf und geht zu seinem Schreibtisch]

10  E:
    G:                                                                und
    O:
    D: große Strafe geben. Denn es geht ja eigentlich um seine Frau-
    Ma:
```

11 E:
   G: *nicht um sich selbst.*
   O: *Eigentlich sollte die Operation ja überhaupt*
   D:
   Ma:

12 E:
   G:
   O: *nichts kosten. Des- äh-*
   D: *Ja, da- darüber unterhalten wir uns ja nich.*
   Ma:

13 E:
   G:
   O: *Ja, aber wenn jetzt zum Beispiel-*
   D: *Geht's nich um die Kosten. Ne?*
   Ma:

14 E:
   G: *Genau.*
   O: *wenn jetzt jemand arm is und hat ne ganz schwierige Operation wie*
   D:
   Ma:

15 E:
   G: *Mhm.*
   O: *eben   und dann- und dann kann er nix machen- und stirbt er dann-*
   D:
   Ma:

16 E:
   G: *Ja, aber die Ärzte wolln ja auch Geld verdienen. Obwohl die*
   O: *des is-   'n Mist.*
   D:
   Ma:

17 E:
   G: *bestimmt mehr Geld haben als der- als der's dann-   Aber ich würd*
   O: *Mja.   Mhm.*
   D:
   Ma:

18 E:
   G: *des nich machen an dem- den- dem seiner Stelle.*
   O: *Armer Mann.   Was würdste dann ma-*
   D: *Ja, aber was- was*
   Ma:

134

19 E:
   G:
   O: chen? Was würdste dann machen? Ja, genau. Ja, genau. Mußte jetzt
   D: - was würdste denn machen
   Ma:

20 E: Ich-   oder wenn du-   oder
   G:
   O: mal denken, wenn de jetzt der Heinz wärst.
   D: Du- du mu-
   Ma:

21 E: wenn der Mann von ihr-   stirbt.
   G:
   O: Ja.
   D: du mußt dich mal in dem seine Lage-   versetzen.   Du
   Ma:

22 E:
   G:
   O:
   D: hast jetzt ne Tochter zum Beispiel, die de- also dein einziges Kind
   Ma:

23 E:
   G: Ja, das st-   Auf der-
   O: Und die kriegst nich Geld- genug Geld zu-
   D: und die is jetzt todkrank und die
   Ma:

24 E:
   G: auf der- auf der einen Seite würd ich's- würd ich's machen. Ne?
   O: sammen.   Ja.   Ja.
   D: Ja, ja.
   Ma:

25 E:
   G: Um mal- um nämlich meine Frau zu retten, aber auf der anderen Seite
   O:
   D:
   Ma:

26 E:
   G: - dann sind die L- Leute-   Na gut. Hm.
   O: Ich würd's eher machen.
   D: Ja, was is denn
   Ma:

```
27  E:
    G:                                                      Äh- das gleiche hat
    O:
    D:  schlimmer? Wenn jemand stirbt oder wenn jemand- arm is.
    Ma:

28  E:
    G:  mich der Maxe vorhin auch gefragt. Genau das gleiche.    Wenn jemand
    O:
    D:
    Ma:

29  E:
    G:  stirbt.
    O:
    D:              Des fi- findste schlimmer. Also. Aber eigentlich- ja richtig
    Ma:

30  E:
    G:
    O:                                              Äh- richtig nich.
    D:  so richtig war's nich. Ne? Aber's war auch nich- hm- gerade falsch.
    Ma:

31  E:
    G:
    O:                              Ja,         ich hätte an Hans- vom Hans- an
    D:  Ja, aber der hat ja k- keine andere Möglichkeit.
    Ma:

32  E:
    G:                                          Na aber auch mit'm unsiche-
    O:  Hans' Stelle hätt ich das auch gemacht.
    D:
    Ma:

33  E:
    G:  ren Gefühl.      Daß es nich richtig is. Daß es nich richtig is,
    O:              Ja, natürlich.                          Ja.
    D:                              Was würdste-
    Ma:

34  E:                          Aber wenn's ne ne alte- alte Frau wär, dann
    G:  was de machst.
    O:
    D:              Und was würdste da urteilen?
    Ma:
```

35 E: hätt ich's, glaub ich nich gemacht. Aber wenn die zwanzig-
   G: Nee, wenn die so sechzig wär,
   O:
   D:
   Ma:

36 E: Genau.   Die
   G: dann würde die ja sowieso   in'n paar Jahren gestorben.
   O:
   D:
   Ma:

37 E: scheint ja recht jung gewesen zu sein.
   G:
   O:
   D: Dann wär sie ja auch- da würde- da
   Ma:

38 E:
   G:
   O:
   D: wär sie ja auch alt gewesen. Aber trotzdem. Auch wenn se- wenn se
   Ma:

39 E:
   G:
   O:
   D: alt is, deswegen hat er sie ja trotzdem noch lieb. Ob's seine Mut-
   Ma:

40 E:
   G:
   O: Ja, genau.
   D: ter is oder ob's seine Frau is oder seine Tochter oder wer auch im-
   Ma:

41 E:
   G: ⎡   ⎤
   O: [.....]
   D: mer. ⎣   ⎦
   Ma:

Antagonismen und Argumente

1. Soziokognitive Konflikte und fundamentales Lernen
2. Empirische Fallstudien zur kollektiven Argumentation von 3- und 5-jährigen Kindern über Probleme der Balkenwaage
2.1. Probleme der Balkenwaage
2.2. Untersuchungssetting
2.3. Quantitative Analysen
2.4. Qualitative Methoden der Argumentationsanalyse
2.5. Argumentationsanalysen
2.5.1. Antagonismen ohne Argumente: zur Argumentation von Gruppe 1 (3-jährige Kinder)
2.5.2. Antagonismen mit Argumenten: zur Argumentation von Gruppe 2 (5-jährige Kinder)
2.6. Empirische Haltbarkeit versus explanative Relevanz: zur wechselseitigen Abgrenzung der Perspektiven von ego und alter
3. Einige spekulative Folgerungen
3.1. Intermentale und intramentale Strukturen
3.2. Die Rolle der empirischen Erfahrung für fundamentales Lernen
3.3. Objektive Problemkontexte, Selbstwidersprüche und strukturelle Möglichkeiten

1. Soziokognitive Konflikte und fundamentales Lernen

Ist Lernen ein kollektiver Prozeß?

Zweifellos kann auch ein ›einsames‹ Individuum lernen. Auch wenn ein Individuum ganz auf sich selbst gestellt ist, kann es beispielsweise ein Gedicht auswendig lernen, ein Musikinstrument spielen lernen, Strategien zur Manipulation des ›magischen Würfels‹ erlernen (um trotz der astronomisch hohen Anzahl von Alternativen in kürzester Zeit die Farben der Würfelflächen ändern zu können), oder es kann ganz allgemein lernen, daß dieses oder jenes der Fall ist, d.h. es kann sich propositionales Wissen[1] über die Welt der empirisch-theoretischen Tatsachen aneignen.

---

[1] Propositionales Wissen unterscheidet sich von anderen Lernprodukten wie Geschicklichkeiten bzw. Fertigkeiten, Gewohnheiten oder Informationen, die einfach im Gedächtnis abgespeichert werden, letztlich dadurch, daß es von demjenigen, der es sich angeeignet hat, potentiell in Aussagen umgesetzt und im Bedarfsfalle auf Gründe zurückgeführt bzw. in Begründungszusammenhänge eingeordnet werden kann. Wann immer im folgenden von Lernen bzw.

Auf der anderen Seite gibt es jedoch auch ›Gegenstandsbereiche‹ des Lernens, die es erforderlich machen, daß am Lernvorgang neben dem Lerner selbst noch mindestens ein weiteres Individuum beteiligt ist. Beispielsweise kann niemand eine ›Muttersprache‹ erlernen, wenn es noch nicht einmal jemanden gibt bzw. gegeben hat, der diese Sprache spricht. Und niemand kann lernen, sozialen Normen zu folgen, und das heißt: generalisierten reziproken Verhaltenserwartungen zu entsprechen, wenn es niemanden gibt, der Verhaltenserwartungen an den Lerner richtet, und es somit auch von vornherein nicht möglich ist, eine Wechselseitigkeit von Verhaltenserwartungen zu erfahren. Ein Lerner kann sich propositionales Wissen über die Welt sozialer Tatsachen nur innerhalb einer sozialen Welt aneignen.

Aber gleichgültig, ob nun Lernprozesse die Welt empirisch-theoretischer Tatsachen, genauer: die Welt naturwissenschaftlich zu verstehender Tatsachen, oder die Welt sozialer Tatsachen zum Gegenstand haben, der Prozeß des Lernens, der Prozeß des ›coming to know‹ (Toulmin 1971, S. 33 ff.), spielt sich immer im Kopfe individueller Subjekte ab. Heißt dies nun, daß wenn überhaupt, dann nur in einem trivialen Sinne von kollektiven Lernprozessen die Rede sein kann?

Trivial wäre es beispielsweise, dann von kollektiven Lernprozessen zu sprechen, wenn (a) innerhalb einer sozialen Gruppe eine bloße Summe individueller Lernprozesse mit (in etwa) dem gleichen Lernresultat vorliegt, (b) ein Individuum, das sich soziales Wissen aneignen möchte, genau die soziale Situation, in der es sich befindet, und damit unmittelbar kollektive Handlungszusammenhänge zum Gegenstand seines Lebens macht, oder (c) die Lernprozesse eines Individuums in der und durch die soziale Interaktion mit anderen Individuen erleichtert und gegebenenfalls beschleunigt werden. In den Fällen (a) und (c) lassen sich die Bedingungen der Möglichkeit der als ›kollektive Lernprozesse‹ bezeichneten Phänomene auf die Bedingungen der Möglichkeit der entsprechenden individuellen Lernprozesse zurückführen. Und im Falle (b) setzt ein individueller Lernprozeß lediglich einen sozialen ›Gegenstand‹ als notwendig voraus.

Lernprozessen die Rede ist, so wird ein Begriff des Lernens impliziert, der sich als ›Aneignung propositionalen Wissens‹ verstehen läßt. Die Begriffe ›Lernen‹ und ›Entwicklung‹ werden in der vorliegenden Arbeit bedeutungsgleich verwendet.

Nichttrivial wäre hingegen die Rede vom Lernen als einem kollektiven Prozeß dann, wenn die *Konstitution* propositionalen Wissens im Individuum die Kooperation zwischen mindestens zwei Individuen notwendig zur Voraussetzung hätte. Aber kann es nach dem bislang Gesagten überhaupt noch überzeugende Gründe für die Annahme geben, Lernen sei im wesentlichen ein kollektiver Prozeß?

Traditionelle Versuche, diese Frage positiv zu beantworten, scheiterten vermutlich bereits deshalb, weil sie noch nicht einmal in spekulativer Hinsicht über ein theoretisches Modell verfügten, in dem ein verständlicher und sinnvoller Konstitutionszusammenhang zwischen kollektiven Handlungen und Lernprozessen hergestellt wird.

Auch in der vorliegenden Arbeit kann lediglich versucht werden, erste Ansätze zur Entwicklung einer *soziologischen Lerntheorie* zu formulieren, von der hier angenommen wird, daß sie einen Konstitutionszusammenhang zwischen einer bestimmten Form kollektiver Prozesse, nämlich *kollektiven Argumentationen*, und einer bestimmten Form des Lernens, nämlich *fundamentalem Lernen*, begründen kann. Zunächst, was heißt ›fundamentales Lernen‹?

Lernprozesse lassen sich danach unterscheiden, (a) ob sie zur Aneignung von ›Basistheorien‹, d.h. grundlegenden theoretischen Prämissen eines Wissenssystems, oder ob sie unter Voraussetzung solcher ›Basistheorien‹ zur Aneignung von anwendungsbezogenem Wissen führen, und (b) ob sie nur in einer im wesentlichen monologischen oder dialogischen Form vollzogen werden können. Aufgrund dieser beiden Kriterien lassen sich zumindest die folgenden drei Formen des Lernens unterscheiden: fundamentales, relatives und autonomes Lernen.

Die folgende Kreuztabelle zeigt, wie sich die obengenannten Kriterien auf diese unterschiedlichen Lernformen beziehen lassen:

Tabelle 1: *Drei unterschiedliche Formen des Lernens*

	monologisch	dialogisch
Aneignung von Basistheorien	autonomes Lernen	fundamentales Lernen
Aneignung von anwendungsbezogenem Wissen	relatives Lernen	------

Fundamentales und autonomes Lernen erfordern, daß in Problemlösungssituationen gegebenenfalls grundlegende theoretische Prämissen eines Wissenssystems hinterfragt werden. Beide Formen des Lernens können zur Veränderung der gesamten Methodologie führen, die bisherigem Problemlösungsverhalten zugrundeliegt. Eine solche grundsätzliche Reorganisation von Wissenssystemen motiviert beispielsweise bei Piaget den Übergang zu einer nächsthöheren Entwicklungsstufe.

Relatives Lernen impliziert dagegen lediglich, daß relativ zu einem in der Entwicklung jeweils erreichten Wissenssystem im Hinblick auf eine potentiell infinite Anzahl von einzelnen Problemfällen erfolgreiches Problemlösungsverhalten praktiziert werden kann.

Relatives und autonomes Lernen kann sowohl von einzelnen Individuen als auch von Gruppen verwirklicht werden. Doch wenn Kollektive (Gruppen) solche Lernprozesse durchlaufen, so handelt es sich im Falle dieser beiden Lernformen lediglich um eine bloße Aggregierung und Summierung individueller Lernprozesse zu einem kollektiven Gesamtresultat. Prinzipiell hätte jedes der beteiligten Individuen dieses Resultat durch eigene, individuelle Anstrengungen erreichen können (wenn auch möglicherweise unter sehr viel größeren Mühen). Die Bedingungen, unter denen relatives und autonomes Lernen möglich sind, sind letztlich zurückführbar auf die Bedingungen der Möglichkeit individueller Lernprozesse.

Als ein exemplarischer Fall *autonomen Lernens* gilt im allgemeinen genuin wissenschaftliches Problemlösungsverhalten. Ein Individuum (und entsprechend eine Gruppe), das in diesem Sinne autonom lernt, wird versuchen festzustellen, ob seine Problemlösungen, die innovative Antworten auf strittige Fragen enthalten sollen, dem Falsifikationsprinzip gegenüber standhalten, d. h. ob sie explizite oder implizite Widersprüche enthalten und ob und inwiefern sich Widersprüche (insbesondere hinsichtlich grundlegender theoretischer Prämissen) auflösen lassen; mit anderen Worten: wer autonom lernt, der kann auf erfolgreiche Weise individuelle theoretische Argumentationen durchführen.

Offenbar ist jedoch das ›autonome Lernen‹ ein spätes und sicherlich nicht von allen Individuen gleichermaßen erreichtes ontogenetisches Entwicklungsstadium. Doch zweifellos sind Individuen im Verlaufe ihres Entwicklungs- und Bildungsprozesses von allem

Anfang an zur grundlegenden Reorganisation und Weiterentwicklung ihrer Wissenssysteme fähig, ohne daß sie in dem eben explizierten Sinne ›autonom‹ lernen könnten. Wie ist dann jedoch diese (frühe) Ontogenese des ›epistemischen Handlungssubjektes‹ möglich? Wie sind die mit dem ›autonomen Lernen‹ vergleichbaren, wenn nicht sogar noch wesentlich dramatischeren (allerdings weitgehend impliziten) kognitiven Veränderungen möglich, die bereits in frühen Entwicklungsphasen eine, wie beispielsweise Piagets Arbeiten zeigen, derart entscheidende Rolle im Entwicklungs- und Bildungsprozeß des Individuums spielen?

Die Antwort, die in dem in der vorliegenden Arbeit lediglich in skizzenhaften Umrissen darstellbaren Denkmodell zu entwickeln versucht wird, lautet: durch *›fundamentales Lernen‹*. Im wesentlichen beinhaltet diese Antwort die folgenden empirischen *Hypothesen*:

›Fundamentales Lernen‹ ist ein sozialer Vorläufer des ›autonomen Lernens‹; ›autonomes Lernen‹ ist eine systematisierte, individualisierte und reflexive Version des ›fundamentalen Lernens‹. Es ist das fundamentale Lernen, das von Beginn an den Entwicklungs- und Bildungsprozeß des Individuums vorantreibt und zur Voraussetzung hat, daß das lernende Individuum an bestimmten kollektiven und kooperativen Aktivitäten teilnimmt: an kollektiven Argumentationen. *Kollektive Argumentationen* ermöglichen im Falle des ›fundamentalen Lernens‹ eine kritische Aneignung propositionalen Wissens und eine Reorganisation und Fortentwicklung von Wissenssystemen – einen Erkenntnisprozeß, der dann später, im Falle des ›autonomen Lernens‹ in einer zwar strukturell analogen, jetzt allerdings reflektierten und expliziten Form von potentiell ›einsamen‹ Individuen in *individuellen (theoretischen) Argumentationen* vollzogen werden kann. ›Fundamentales Lernen‹ führt zur Entwicklung des ›autonomen Lernens‹. Es ist, in diesem Sinne, ein *›Lernen des Lernens‹*. Und bis am Ende dieses Prozesses der Entwicklung des Lernens ein Individuum die Fähigkeit zum ›autonomen Lernen‹ erworben hat, hat es vermutlich eine ganze Reihe von Stufen des ›fundamentalen Lernens‹ durchlaufen. Auf jeder neuen Entwicklungsstufe verändern sich mit der Form kollektiver Argumentationen bzw. kollektiver Problemlösungsprozesse grundlegende individuelle kognitive Voraussetzungen für die von den Individuen von allem Anfang an monologisch durchführbaren Prozesse des ›relativen Lernens‹; mit jeder neuen

Stufe des ›fundamentalen Lernens‹ ist das ›Lernen des Lernens‹ dem Ziel einer umfassenden Rationalität einen Schritt nähergekommen. Wie ist es jedoch möglich, daß kollektive Argumentationen für das ›fundamentale Lernen‹ dieselbe Rolle eines ›Lernmechanismus‹ spielen wie individuelle Argumentationen für das ›autonome Lernen‹?

Kollektive Argumentationen werden durch *soziokognitive Konflikte*[2] zwischen mindestens zwei Individuen ausgelöst; und das primäre Handlungsziel einer kollektiven Argumentation besteht dann darin, daß die den soziokognitiven Konflikt konstituierende strittige Frage, die Quaestio einer Argumentation, von den daran Beteiligten gemeinsam beantwortet wird. Dabei muß zwischen den Argumentierenden eine ganze Reihe grundlegender Koordinationsprobleme gelöst werden; vor allem muß der soziokognitive Konflikt von den daran Beteiligten gemeinsam identifiziert werden, konkurrierende und sich eventuell wechselseitig ausschließende Gesichtspunkte müssen auf einen gemeinsamen Nenner gebracht werden, und schließlich muß dieser gemeinsame Nenner auf objektiv geltende (wahre bzw. normativ richtige) Aussagen zurückgeführt werden. Und jedes Mal wenn solche Koordinationsprobleme in kollektiven Argumentationen zum ersten Mal objektiv erfolgreich gelöst worden sind und die daran Beteiligten schließlich auch subjektiv verstehen lernen, wie sich jederzeit und ungeachtet seines Entstehungskontextes ein solches Koordinationsproblem im Prinzip lösen läßt, ist von den entsprechenden Individuen eine neue Stufe im Prozeß des ›fundamentalen Lernens‹ erreicht worden.

Aber wie kann sich in kollektiven Argumentationen *objektiv* eine erfolgreiche Lösung von Koordinationsproblemen *anbahnen* – und dies jedes Mal vor einem neuen Fortschritt im Prozeß des ›fundamentalen Lernens‹, ohne daß dies bereits *subjektiv* von den Beteiligten intendiert und als Problemzusammenhang verstanden und begriffen worden ist? Seit George Herbert Meads Versuch, in seinem grundlegenden Werk ›Mind, Self, and Society‹ (1934) einen entsprechenden sozialen Konstitutionszusammenhang theoretisch zu begründen, ist diese Frage letztlich dunkel geblieben. Und wenn es im Verlaufe der vorliegenden Arbeit gelingt, wenig-

---

2 Der Terminus ›soziokognitiver Konflikt‹ ist vor allem von Doise (1978), Doise & Mugny (1981) und Perret-Clermont (1980) in die Diskussion über ›kollektive Lernprozesse‹ eingeführt worden.

stens den Schimmer eines neuen Verständnisses auf diese Frage zu werfen, so müßte dies bereits als ein Erfolg gewertet werden.
Eine Behandlung dieser für eine soziologische Lerntheorie letztlich entscheidenden Frage setzt jedoch voraus, daß wenigstens im Ansatz kollektive Argumentationsprozesse und durch sie möglicherweise konstituierte Stufen des ›fundamentalen Lernens‹ empirisch beschrieben und analysiert werden. Mit den folgenden Fallstudien soll deshalb versucht werden, wenigstens *einen* Schritt des ›fundamentalen Lernens‹ in einem argumentationstheoretischen Bezugsrahmen empirisch zu rekonstruieren: Wie entwickeln Gruppen von Kindern die Fähigkeit, Auseinandersetzungen so auszutragen (und eventuell beizulegen), daß für einander widersprechende Meinungen von den Opponenten wechselseitig Gründe vorgebracht werden? Wann und in welcher Weise werden somit ›*Antagonismen ohne Argumente*‹ durch ›*Antagonismen mit Argumenten*‹ ersetzt, und was bedeutet dies für die Entwicklung rationaler kollektiver Problemlösungsprozesse und für den kognitiven Entwicklungs- und Bildungsprozeß der daran beteiligten Individuen?
Argumentationen sind ein Sonderfall des an Verständigung orientierten sozialen Handelns. Wie im folgenden noch näher ausgeführt werden soll, konstituieren sie eine grundlegende, kommunikativ gesehen: nicht mehr weiter hintergehbare Methode zur Lösung interpersoneller Koordinationsprobleme.
Wenn nun Kinder einen Dissens auf Gründe zurückführen können, wenn sie somit nicht mehr lediglich ihre Fäuste, sondern auch Überzeugungen auf eine bestimmte Weise zur Geltung bringen können, so beherrschen sie eine elementare Methode zur Lösung interpersoneller Koordinationsprobleme.
Ein Individuum erlernt im Verlaufe seines Lebens potentiell eine ganze Reihe von argumentativen Methoden zur Lösung interpersoneller Koordinationsprobleme: z.B. kann es für die an einem Konflikt Beteiligten zu einem Problem werden, wie sie ein koordiniertes Verständnis darüber herstellen können, wie Gründe für sich wechselseitig ausschließende Meinungen bewertet bzw. gewichtet werden können oder wie, formal gesehen, überhaupt argumentiert werden darf, um eventuell kollektiv anerkennungsfähige Lösungen für strittige Fragen finden zu können.
Auf diese weiteren argumentativen Methoden zur Lösung interpersoneller Koordinationsprobleme kann jedoch im Rahmen des

vorliegenden Aufsatzes nur noch am Rande und allenfalls in Andeutungen eingegangen werden.
Eine weitere Einschränkung der vorliegenden Arbeit liegt darin, daß wegen des Umfanges qualitativer Analysen die Frage, wann und auf welche Weise Kinder lernen, einen Dissens wechselseitig auf Gründe zurückzuführen, nur am Beispiel einiger kollektiver Argumentationen über die Richtigkeit von Prognosen über das Verhalten einer Balkenwaage (im folgenden kurz: Probleme der Balkenwaage) erörtert werden kann. Allerdings repräsentieren diese Fallbeispiele einen sehr wichtigen Typ von Argumentationen: nämlich empirisch-theoretische Argumentationen.
Eine letzte Einschränkung betrifft die zu Beginn erwähnten Unterschiede in der Aneignung von Wissen über die Welt natur- bzw. sozialwissenschaftlich zu verstehender Tatsachen. Handelt es sich dabei um so tiefgreifende Unterschiede, daß im Hinblick auf ›fundamentales Lernen‹ keine einheitliche, unterschiedliche Argumentationstypen umfassende Lerntheorie entwickelt werden kann?
Ein Vergleich zwischen den folgenden empirischen Analysen von Argumentationen über Probleme der Balkenwaage und den mit den anderen Beiträgen dieses Sammelbandes vorgelegten empirischen Analysen von kollektiven moralischen Argumentationen legt zumindest ein hohes Maß an Einheitlichkeit vor allem für die frühen ontogenetischen Entwicklungsstufen nahe. Eine detaillierte Erörterung dieser Frage ist jedoch im Rahmen der vorliegenden Arbeit nicht möglich.[3]

2. Empirische Fallstudien zur kollektiven Argumentation von 3- und 5-jährigen Kindern über Probleme der Balkenwaage

Wie argumentieren Kinder über ein naturwissenschaftliches Problem? Welche Rolle wird der kollektiven Argumentation als Mittel der Problemlösung und Entscheidungsfindung beigemessen? Kommt in eventuellen Unterschieden zwischen den kollektiven Argumentationen von Gruppen von gleichaltrigen Kindern unterschiedlicher Altersstufen eine sinnvolle Entwicklung zum Aus-

---

[3] vgl. dazu die weiterführenden Überlegungen in der Studie ›Kollektive Lernprozesse und Moral‹.

druck? Ist es eine Zunahme an Rationalität des kollektiven Problemlösungsprozesses und damit ein wesentlicher Schritt in der Entwicklung des Lernens – ein Prozeß des fundamentalen Lernens also, der sich in den empirischen Daten als ›Sinn der Entwicklung‹ entziffern läßt? Besteht ein Zusammenhang zwischen der Form der kollektiven Argumentationen einer Gruppe und der darin zum Ausdruck kommenden Struktur inhaltlicher kognitiver Konzepte? Welche Rolle spielt die empirische Erfahrung mit der Natur und welche Rolle spielt die Teilnahme an kollektiven Argumentationen für Prozesse des fundamentalen Lernens? Lassen sich schließlich zumindest plausible empirische Anhaltspunkte dafür finden, daß kollektive Argumentationen eine notwendige Voraussetzung für Prozesse des fundamentalen Lernens darstellen?

Inwieweit sich die im folgenden auf diese Frage gegebenen Antworten tatsächlich verallgemeinern lassen, muß im Rahmen der vorliegenden Arbeit offenbleiben. Zunächst geht es, im Sinne des interpretativen Paradigmas der Sozialforschung (vgl. Miller 1982), erst einmal um die Entdeckung theoretisch relevanter empirischer Beobachtungen (partikulare Aussagen), die sich in Hypothesen und Theorien (generelle Aussagen) umformulieren und erst dann gegebenenfalls mit Hilfe des traditionellen Methodenkanons der empirischen Sozialforschung überprüfen lassen. Theoretisch relevante empirische Beobachtungen liegen selten einfach ›auf der Hand‹. Erst durch die Anwendung qualitativer Datenerhebungs- und Analysemethoden lassen sie sich wie durch eine ›mikroskopische Vergrößerung‹ aus der Mannigfaltigkeit und Vieldeutigkeit der Empirie herausheben.

Eine weitere, die obigen Fragen unmittelbar betreffende Einschränkung bezieht sich auf das Ausmaß an Empirie, auf das sich die vorliegende Arbeit aus editorischen Gründen einlassen kann. Die Fallstudien, über die im folgenden berichtet werden soll, repräsentieren nur einen sehr kleinen Ausschnitt aus einem Forschungsprojekt zur ›Ontogenese von Handlungs- und Argumentationsfähigkeiten‹, das der Autor der vorliegenden Arbeit gegenwärtig durchführt. Im Zentrum dieser empirischen Untersuchung steht eine größere Anzahl von moralischen und nichtmoralischen (empirisch-theoretischen bzw. naturwissenschaftlichen) Argumentationen, die sieben Gruppen von gleichaltrigen Kindern bzw. Jugendlichen im Alter zwischen 3½ und 18 Jahren unter teils

natürlichen, teils quasi-experimentellen Randbedingungen durchführten.
Der größte Teil der nichtmoralischen Argumentationen hatte technische Probleme zum Gegenstand: nämlich Probleme der Balkenwaage. Die folgenden Fallstudien beziehen sich auf einen kleinen Teil dieser nichtmoralischen Argumentationen: auf die Argumentationen der beiden Gruppen mit den jüngsten Kindern (3½ bzw. 5 Jahre).

2.1. Probleme der Balkenwaage

Was ist unter Problemen der Balkenwaage zu verstehen? Welche eventuell strittigen Fragen können in einem solchen (technischen bzw. naturwissenschaftlichen) Kontext charakteristischerweise entstehen? Wie aus den folgenden Argumentationsanalysen hervorgeht, kann bereits in einer Gruppe von 3½-jährigen Kindern die Frage zum Streitpunkt werden, welcher der beiden Hebelarme einer Balkenwaage sich senkt oder ob die Balkenwaage im Gleichgewicht (d. h. in horizontaler Stellung) bleibt, wenn an beiden Hebelarmen (d. h. links und rechts vom Drehpunkt der Balkenwaage) Gewichte befestigt werden. Entsprechende Kontroversen lassen sich letztlich nur dann auf eine rationale Weise lösen, wenn Erklärungen bzw. Theorien entwickelt werden können, aufgrund deren richtige Vorhersagen über die Reaktion der Balkenwaage möglich sind, und wenn als eine kollektive psychologische Voraussetzung dazu bei den an solchen Kontroversen Beteiligten ein entsprechendes Problembewußtsein entstehen kann.
In ihrer Arbeit ›Von der Logik des Kindes zur Logik des Heranwachsenden‹ (1955, dt. 1977) konnten Piaget und Inhelder u. a. zeigen, daß Kinder bzw. Jugendliche je nach Alter und kognitivem Entwicklungsstand unterschiedliche kognitive Modelle über die Funktionsweise der Balkenwaage bilden und daß sich in der Struktur dieser Modelle die charakteristischen Eigenschaften der prä-, konkret- und formaloperationalen Intelligenz identifizieren lassen. Wenn man von Piagets und Inhelders Arbeit nur die deskriptiven Ergebnisse berücksichtigt, so läßt sich dafür eine weitgehende Bestätigung in den Arbeiten von Siegler (1976, 1978), Klahr & Siegler (1978) und Klahr (1978) finden, die im Rahmen eines als ›Informationsverarbeitungstheorie der kognitiven Ent-

wicklung‹ bezeichneten neueren Forschungsansatzes (vgl. z. B. Klahr & Wallace 1976 und Anderson 1980) die Untersuchungen von Inhelder und Piaget (Balkenwaage-Untersuchung) replizierten. Siegler (1976) unterscheidet vier grundlegende Modelle bzw. Entwicklungsstufen, deren wesentliche Merkmale von Klahr & Siegler (1978, S. 67 f.) mit den folgenden Worten zusammengefaßt werden:

»A child using *Model I* considers only the number of weights on each side: If they are the same, the child predicts balance, otherwise he predicts that the side with the greater weight will go down. For a *Model II* child, a difference in weight still dominates, but if weight is equal, then a difference in distance is sought. If it exists, the greater distance determines which side will go down, otherwise the prediction is balance. A child using *Model III* tests both weight and distance in all cases. If both are equal, the child predicts balance; if only one is equal, then the other one determines the outcome; if they are both unequal, but on the same side with respect to their inequality, then that side is predicted to go down. However, in a situation in which one side has the greater weight, while the other has the greater distance, a Model III child, although recognizing the conflict, does not have a consistent way to resolve it. This child simply ›muddles through‹ by making a random prediction. *Model IV* represents ›mature‹ knowledge of the task: Since it includes the sum-of-products calculation, children using it will always make the correct prediction. Note, however, that if they can base their prediction on simpler tests, they will do so.«

Es ist möglich, weitere Modelle zu charakterisieren, die zumindest mögliche Übergänge zwischen den einzelnen Modellen Sieglers angeben. Beispielsweise beschreiben Piaget und Inhelder (a.a.O., S. 165 f.) eine Entwicklungsstufe, auf der Kinder zwar noch keine metrischen Proportionen (Sieglers Modell IV) bilden, aber bei den sogenannten ›Konfliktproblemen‹ (auf der einen Seite der Balkenwaage das größere Gewicht, auf der anderen Seite der größere Abstand) auch nicht bloße Zufallsurteile abgeben (Sieglers Modell III), sondern qualitative Zuordnungen bilden, in denen sich das ›Gleichgewichtsgesetz‹ der Balkenwaage bereits andeutet (»je schwerer es ist, um so näher ist es bei der Mitte«; vgl. Piaget und Inhelder, a.a.O., S. 165). Erstaunlich ist jedoch, daß weder Piaget und Inhelder noch Siegler und Klahr in ihren empirischen Daten auf ein kognitives Modell der Balkenwaage stießen, das nicht nur im Rahmen des obenerwähnten Forschungsprojektes zur ›Ontogenese von Handlungs- und Argumentationsfähigkeiten‹ bei der Argumentation von 9-jährigen Kindern eine entscheidende Rolle spielt, sondern auch in Untersuchungen von Anderson (1980) und Wilkening (1980) für die Lösung ähnlicher kognitiver Aufgaben eine dem Multiplikationsmodell (Sieglers Modell IV) vergleichbare grundlegende Bedeutung erlangt hat. Im Hinblick auf die Balkenwaage läßt sich dieses Modell, das Anderson und Wilkening ›Additionsmodell‹ nennen, im wesentlichen dadurch charakterisieren, daß bei Konfliktproblemen die miteinander konkurrierenden Parameter ›Gewicht‹ und ›Abstand‹ durch eine einzige metrische (numerische) Wertskala ersetzt werden. Um Konfliktprobleme zu lösen, müssen dann auf jeder Seite der Waage die Werte für ›Gewicht‹ und ›Abstand‹ nur noch addiert werden, die größere Summe gibt dann den Ausschlag.

Für die empirischen Analysen im Rahmen des vorliegenden Aufsatzes sind jedoch nur Sieglers Modelle I-III von kriterialer Bedeutung – Gegenstand der folgenden Analysen sind ja die individuellen und kollektiven kognitiven Leistungen von Versuchspersonen, die erst 3½ bzw. 5 Jahre alt sind. Lediglich im Zusammenhang einer kurzen quantitativen Analyse wird im folgenden der Vollständigkeit halber auch auf das Additionsmodell und das Multiplikationsmodell (Sieglers Modell IV) Bezug genommen.

Nach Siegler (1976, S. 484 f.) lassen sich die von ihm rekonstruierten Modelle durch ›Entscheidungsbäume‹ veranschaulichen. Für die Modelle I-III ergeben sich die folgenden ›Entscheidungsbäume‹:

Modell I:

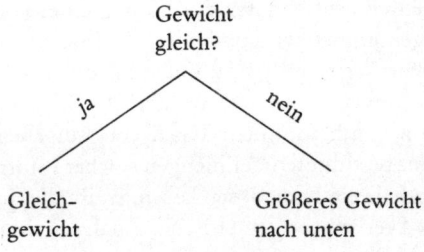

Modell II:

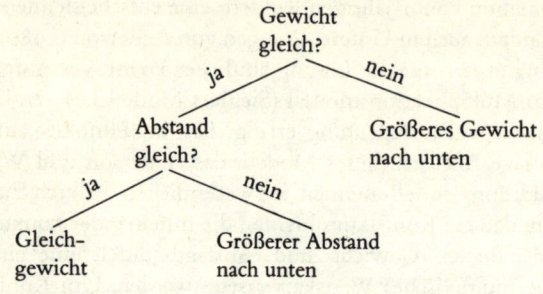

Modell III[4]:

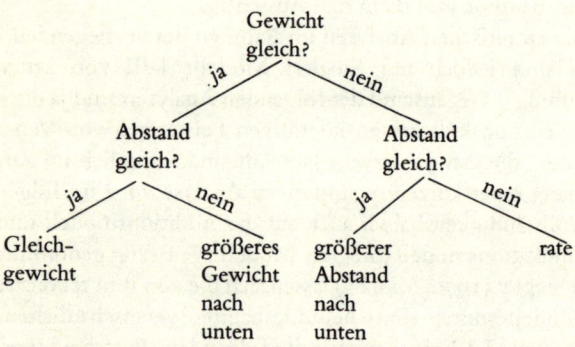

Wie sich an diesen ›Entscheidungsbäumen‹ leicht erkennen läßt, beantworten Informationsverarbeitungsmodelle die Frage, ob und inwieweit Information relativ zu relevanten Parametern (bzw. theoretischen Gesichtspunkten zur Lösung einer kognitiven Aufgabe) wahrgenommen wird und wie diese Information verarbeitet wird, d.h. wie Werte relativ zu unterschiedlichen Parametern zu einem Gesamtwert aggregiert werden. In Verbindung mit der Konstruktion von bestimmten Typen von Aufgaben, die sich jeweils nur mit bestimmten Teilmengen solcher Informationsverarbeitungsmodelle eindeutig lösen lassen, ergibt dies präzise und intersubjektiv verläßliche empirische Analysetechniken für die deskriptive Erfassung von Entwicklungsverläufen.

4 Der Entscheidungsbaum für Modell III ist hier im Vergleich zu Siegler (1976, S. 484) auf die wesentlichen Entscheidungsregeln verkürzt worden.

Während in dieser Hinsicht der Ansatz der Informationsverarbeitungstheorie der Pionierarbeit von Piaget und Inhelder überlegen zu sein scheint, ist es andererseits doch fraglich, ob bislang mit diesem neueren Ansatz auch bereits ein wesentlicher Fortschritt im Verständnis grundlegender entwicklungstheoretischer Probleme eingetreten ist. Informationsverarbeitungsmodelle repräsentieren im Idealfalle entwicklungsphasenspezifische Theorien zur Lösung von kognitiven Aufgaben, beispielsweise hinsichtlich der Balkenwaage. Davon muß jedoch die kognitive Entwicklung von Methoden zur Konstruktion und empirischen Überprüfung von Theorien unterschieden werden. So trifft Piaget beispielsweise eine klare Unterscheidung zwischen einerseits der hypothetisch-deduktiven Form des Denkens, die u. a. die Entwicklungsstufe der formal-operationalen Intelligenz kennzeichnet, und andererseits z. B. dem kognitiven Konzept des ›Drehmomentes‹, das erst auf dieser Entwicklungsstufe möglich wird. Das hypothetisch-deduktive Denken konstituiert eine Methodologie: es liefert metatheoretische Gesichtspunkte dafür, wie empirische Erfahrungen in Theorien umgesetzt werden können. Das Konzept des ›Drehmomentes‹ konstituiert dagegen eine partikulare Theorie über einen bestimmten Realitätsausschnitt.

Piagets Entwicklungsstufen der präoperationalen, konkret-operationalen und formal-operationalen Intelligenz charakterisieren sehr unterschiedliche Methodologien. Und genau dieser zentrale Bereich des ›fundamentalen Lernens‹: die Entwicklung des Lernens bzw. des Problemlösungsverhaltens, wird zumindest in den Arbeiten von Siegler, Klahr, Anderson und Wilkening weitgehend außer Acht gelassen.

In kollektiven Argumentationen manifestiert sich der für eine Alters- und Entwicklungsstufe charakteristische Prozeß der Konstruktion und empirischen Überprüfung von Theorien empirisch darin, wie eine jeweilige Gruppe es letztlich versteht, sich zwischen wechselseitig sich ausschließenden empirischen Behauptungen bzw. Erklärungen durch das Vorbringen von Gründen zu entscheiden. Mit empirischen Analysen von kollektiven Argumentationen müßte somit Aufschluß zu gewinnen sein über die Methodologie, die in einer Gruppe der Formulierung von Theorien über die Funktionsweise einer Balkenwaage zugrundeliegt.

2.2. Untersuchungssetting

Ein Grund, weshalb empirische Argumentationsuntersuchungen bislang so selten sind, liegt möglicherweise darin, daß eine entsprechende Datenerhebung schwerwiegende methodische Probleme aufwirft. Das argumentative (und noch mehr das nichtargumentative) Austragen zwischenmenschlicher Konflikte gleich welcher Art erzeugt für die meisten der daran Beteiligten einen erheblichen Streß, dem sich offenbar in der Regel niemand ohne wirklich zwingende Gründe unterwerfen mag. Im Rahmen der obenerwähnten empirischen Untersuchung war deshalb zunächst einmal das Problem zu lösen, wie Gruppen von jeweils vier etwa gleichaltrigen Kindern bzw. Jugendlichen in einem starken Ausmaße dazu motiviert werden können, sich mit Problemen einer Balkenwaage zu befassen und dabei auftretende Kontroversen sehr engagiert und mit maximaler Kooperationsbereitschaft auszutragen. Das folgende quasi-experimentelle Setting erwies sich dabei als sehr hilfreich.

2.2.1. Situation der Datenerhebung

Die Versuchsgruppen wurden aufgefordert, am folgenden ›Spiel‹ teilzunehmen:
Die Versuchsgruppe sitzt im Halbkreis um eine Balkenwaage und soll eine Reihe von Aufgaben lösen. Dazu befestigt der Versuchsleiter an beiden Hebelarmen der Balkenwaage Gewichte. Eine Sperre ermöglicht es, die Balkenwaage zunächst in ›Ruhestellung‹ (Gleichgewichtsstellung) zu halten. Die Gruppe wird nun aufgefordert vorherzusagen, welcher Hebelarm sich senkt oder ob die Balkenwaage im Gleichgewicht (horizontale Stellung) bleibt, wenn die Sperre an der Balkenwaage entfernt wird. Eine Aufgabe gilt erst dann als gelöst, wenn sich die gesamte Gruppe explizit auf eine gemeinsame Vorhersage geeinigt hat. Erst dann wird die Sperre entfernt, und die Gruppe kann sich nun selbst davon überzeugen, ob ihre Vorhersage zutrifft. Ist sie richtig, so bekommt jedes Gruppenmitglied die gleiche Belohnung (bei den Kleineren Süßigkeiten, bei den Größeren Geld); ist die Vorhersage jedoch falsch, so bekommt keiner etwas. In beiden Fällen wird somit vom Versuchsleiter nicht die individuelle, sondern nur die kollektive Leistung der Gruppenmitglieder berücksichtigt und gegebenenfalls belohnt.

Alle Versuchsgruppen fanden dieses ›Spiel‹ aufregend und unterhaltsam, und alle Gruppen engagierten sich – nicht zuletzt wegen der in Aussicht gestellten Belohnung – sehr stark bei der Lösung der einzelnen Aufgaben. Während die Gruppen über die Lösung der Aufgaben diskutierten, war der Versuchsleiter teils anwesend, teils abwesend. Dieser Unterschied im Setting wirkte sich jedoch auf das kollektive Problemlösungsverhalten der einzelnen Gruppen nur unwesentlich aus. Dies mag daran liegen, daß sich die Kinder einer Gruppe untereinander gut kannten und die Kinder und der Versuchsleiter einander recht vertraut waren.

Alle Einzelheiten des ›Spieles‹ wurden mit einer ferngesteuerten Videokamera gefilmt.

Die Kinder von Gruppe 1 (3½ Jahre) und Gruppe 2 (5 Jahre) hatten zum Zeitpunkt der Untersuchung das folgende Alter:

Gruppe 1: Dirk (Di – 3; 9)[5], Hanna (Ha – 3; 11), Jana (Ja – 3; 9), Julia (Ju – 4).

Gruppe 2: Andrea (Ad – 5; 6), Annette (At – 4; 8), Daniel (Da – 5; 9), Robert (Ro – 4; 11).

Die Kinder von Gruppe 1 bilden eine von ihren Eltern privat initiierte Spielgruppe in München. Mindestens ein Elternteil von jedem der Kinder übt einen akademischen Beruf aus.

Die Kinder von Gruppe 2 gehören alle derselben Spielgruppe in einem Starnberger Kindergarten an. Die Eltern dieser Kinder sind zur einen Hälfte Akademiker, zur anderen Hälfte Büroangestellte und Handwerker. Annette ist die Tochter des Autors der vorliegenden Arbeit.

Einige Tage bevor mit den Versuchsgruppen das oben beschriebene ›Gruppenspiel‹ durchgeführt wurde, wurde mit den Gruppenmitgliedern einzeln ein Test durchgeführt, bei dem eine andere Reihe von Balkenwaage-Problemen gelöst werden mußte. Die Aufgaben des Individualtests und des Gruppentests waren jedoch nach denselben Kriterien zusammengestellt worden. Somit ist es möglich, die individuellen und kollektiven Leistungen der Versuchspersonen unmittelbar miteinander zu vergleichen. Auch bei den Individualtests wurden die Versuchspersonen mit Süßigkeiten bzw. mit Geld belohnt, wenn sie die ihnen gestellten Testaufgaben erfolgreich lösten (d.h. wenn ihre Vorhersagen zutrafen).

---

5 In der Klammer steht zunächst eine Abkürzung für den Namen des Kindes. Darauf folgt das Alter des jeweiligen Kindes: vor dem Strichpunkt die Jahre, dahinter die Monate.

2.2.2. Testaufbau

Die bei den Tests verwendete Balkenwaage entspricht weitgehend dem Modell, das Siegler (1976) für seine Untersuchung entwickelte. In Fig. 1 ist die Balkenwaage schematisch abgebildet.

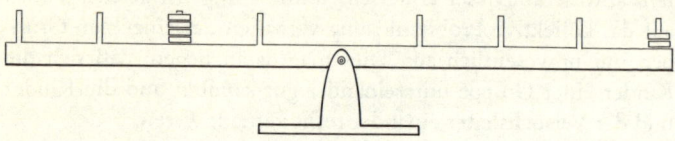

Fig. 1: Schematische Abbildung der Balkenwaage

Auf einem 90 cm langen Balken sind jeweils links und rechts vom Drehpunkt im gleichen Abstand voneinander vier Stifte angebracht, an denen jeweils bis zu sechs Scheiben gleichen Gewichtes befestigt werden können.

Um bei der Darstellung des Testaufbaus und der Diskussion der Testergebnisse auf einfache und doch exakte Weise auf die für die einzelnen Aufgaben spezifische Verteilung von Gewichten referieren zu können, wird im folgenden auf eine Notation von Klahr & Siegler (1978) zurückgegriffen. Dieser Notation zufolge entspricht bei der folgenden Schreibweise: 0400/0002 der Querstrich dem Drehpunkt der Balkenwaage, die Stellung der Zahlen links und rechts davon den Stiften der Balkenwaage und die Zahlenbeträge der Anzahl von Gewichtsscheiben, die sich an den entsprechenden Stiften befinden. Die Formel 0400/0002 bedeutet demnach, daß sich links vom Drehpunkt vier Gewichte am 3. Stift (vom Drehpunkt aus gezählt) und daß sich rechts vom Drehpunkt zwei Gewichte am 4. Stift befinden. Es ist genau die Verteilung von Gewichten, die in Fig. 1 abgebildet worden ist.

Die Aufgaben des Individual- und des Gruppentests waren so konstruiert worden, daß alle Versuchspersonen und alle Versuchsgruppen gleichgültig welchen Alters gute Gewinnchancen hatten. Allerdings sollte in der Art der Verteilung der erfolgreich und der nicht erfolgreich gelösten Aufgaben auf die einzelnen Aufgabetypen zum Ausdruck kommen, welches der im Abschnitt 2.1. skizzierten Informationsverarbeitungsmodelle für die einzelnen Versuchspersonen bzw. Versuchsgruppen charakteristisch ist. Teilmengen der Testaufgaben konnten bereits dadurch erfolgreich gelöst werden, daß entweder nur einer der beiden Parameter ›Gewicht‹

bzw. ›Abstand‹ berücksichtigt oder aber das Additionsmodell zur Aggregierung konkurrierender (komparativer) Werte verwendet wurde. Entsprechend lassen sich fünf Aufgabentypen unterscheiden, die im folgenden mit den Stichwörtern ›Balance‹, ›Gewicht‹, ›Abstand‹, ›Addition‹ und ›Multiplikation‹ bezeichnet werden:

Balance: auf beiden Hebelarmen der Balkenwaage gleich viele Gewichte an analogen Stellen (Stiften);
Gewicht: an analogen Stellen der beiden Hebelarme unterschiedlich viele Gewichte (der Parameter ›Abstand‹ wird neutralisiert);
Abstand: an unterschiedlichen Stellen der beiden Hebelarme gleich viele Gewichte (der Parameter ›Gewicht‹ wird neutralisiert);
Addition: auf einem Hebelarm das größere Gewicht, auf dem anderen Hebelarm der größere Abstand (Konfliktprobleme, die sich mit dem Additionsmodell erfolgreich lösen lassen);
Multiplikation: auf einem Hebelarm das größere Gewicht, auf dem anderen Hebelarm der größere Abstand (Konfliktprobleme, die sich – sofern überhaupt aggregiert wird – ausschließlich mit dem Multiplikationsmodell erfolgreich lösen lassen).[6]

Tabelle 2 liefert einen Überblick über die im Gruppentest vorkommenden 29 Aufgaben und den Aufgabentyp, dem sie jeweils zugeordnet werden können. Die Zahlen in runden Klammern geben die Reihenfolge an, in der die Aufgaben präsentiert wurden. Die Buchstaben B, G und A in runden Klammern im Anschluß an

6 Ein Teil der Aufgaben, die unter den Typ ›Addition‹ bzw. ›Multiplikation‹ fallen, konnte auch dann erfolgreich gelöst werden, wenn nur einer der beiden Parameter ›Gewicht‹ und ›Abstand‹ berücksichtigt wurde. Z. B. gelangt man bei der Aufgabe 0004/0030 mit Hilfe des Additionsmodelles zur richtigen Lösung (rechts ist der Abstand um 2 Einheiten größer, links ist das Gewicht um eine Einheit größer, also geht die Balkenwaage rechts runter), und bei der Aufgabe 0005/0030 führt das Multiplikationsmodell zur richtigen Lösung. In beiden Fällen gelangt man aber auch dann zur richtigen Lösung, wenn nur berücksichtigt wird, auf welcher Seite der Abstand größer ist. Dennoch lassen sich die Konfliktprobleme einerseits und die Gewichts- und Abstandsprobleme andererseits auch in den Urteilen der Versuchspersonen klar voneinander abgrenzen: nur im Falle der Gewichts- und Abstandsprobleme führt die Berücksichtigung eines (und zwar des richtigen) Parameters systematisch und nicht bloß zufällig zur richtigen Lösung.

die Formeln für die Konfliktprobleme zeigen an, ob die Balkenwaage im Gleichgewicht bleibt (B) oder ob das größere Gewicht (G) oder der größere Abstand (A) den Ausschlag gibt. Im Vergleich dazu umfaßte der strukturell nach denselben Prinzipien aufgebaute Individualtest lediglich 24 Aufgaben (4 Balance-, 4 Gewichts-, 4 Abstands-, 6 Additions- und 6 Multiplikationsaufgaben). Da im Rahmen der vorliegenden Arbeit lediglich eine quantitative Auswertung der Ergebnisse der Individualtests (deren Durchführung ebenfalls gefilmt wurde) diskutiert werden kann, ist hier auf eine detaillierte Übersicht über die einzelnen Aufgaben des Individualtests verzichtet worden.

Die Reihenfolge, in der beim Individual- und beim Gruppentest die einzelnen Aufgaben gestellt wurden, entsprach einer Zufallsauswahl.

Nur der Gruppe 1 wurden alle 29 Aufgaben des Gruppentests vorgelegt – allerdings verteilt auf 2 Sitzungen, um die 3-4-jährigen Kinder dieser Gruppe nicht zu überfordern. Bei der Gruppe 2 wurde auf die vier Balance-Probleme verzichtet. Hier wurde der Gruppentest in einer Sitzung durchgeführt.

Tabelle 2: Aufgaben und Aufgabetypen des Gruppentestes

Balance (B):	Gewicht (G):	Abstand (A):
(1) 0113/3110	(3) 0001/3000	(2) 0200/0200
(9) 0020/0200	(7) 0120/0110	(6) 1000/0010
(16) 3010/0103	(10) 0100/0020	(18) 2110/2110
(22) 0100/0010	(13) 0200/0030	(19) 0001/0010

Konfliktprobleme:

Addition:	Multiplikation:
(16) 0110/1001 (B)	(4) 0006/0020 (B)
(20) 0030/0020 (B)	(8) 0050/2002 (B)
(23) 2000/0400 (B)	(21) 1000/0200 (B)
(11) 0200/0400 (G)	(22) 1030/1030 (B)
(24) 0003/0100 (G)	(12) 1000/0300 (G)
(1) 1120/3110 (A)	(25) 0020/0010 (G)
(5) 0030/0002 (A)	(9) 2002/1021 (A)
(15) 0040/0030 (A)	(14) 0030/5000 (A)
	(17) 0005/0030 (A)

2.3. Quantitative Analyse

Zweifellos kann eine quantitative Analyse im Rahmen von empirischen Fallstudien nur von begrenzter Relevanz sein. Keinesfalls soll im folgenden mit einer solchen Analyse die Verallgemeinerungsfähigkeit von empirischen Beobachtungen getestet werden. Bei einer so geringen Anzahl von Versuchspersonen und Aufgaben pro Individual- und Gruppentest wie im vorliegenden Fall kann eine quantitative Analyse lediglich zu einem raschen und globalen Überblick über die kognitiven Modelle führen, die der individuellen und kollektiven Urteilsbildung der Versuchspersonen möglicherweise zugrundeliegen. Erst eine Überprüfung aufgrund einer qualitativen Analyse der individuellen und kollektiven Urteilsbildung kann darüber Auskunft geben, ob und inwieweit die Ergebnisse der quantitativen Analyse etwas zur Entdeckung der von einer empirischen Fallstudie angestrebten, zwar lediglich partikularen, aber gleichwohl theoretisch signifikanten Aussagen beitragen können.[7] Im folgenden wird zumindest im Falle des Gruppentests von vornherein nur auf solche quantitative Ergebnisse eingegangen, für welche das eben Gesagte zutrifft (vgl. dazu den Abschnitt 2.5. der vorliegenden Arbeit). Da andererseits zu dem Zeitpunkt, an dem der vorliegende Aufsatz geschrieben wurde, die Videodaten zu den Individualtests noch nicht transkribiert und qualitativ analysiert waren, muß offenbleiben, ob die im folgenden ebenfalls diskutierten quantitativen Ergebnisse der Individualtests als empirisch gesicherte Aussagen über die individuellen Fähigkeiten der einzelnen Versuchspersonen gelten können.

Tabelle 3 liefert einen Überblick über die Verteilung der erfolgreich gelösten Aufgaben auf die unterschiedlichen Aufgabetypen bei individueller und kollektiver Problemlösung der insgesamt 8 Versuchspersonen von Gruppe 1 und 2.

---

7 Im übrigen sollte man nicht vergessen, daß eine solche Rückbindung quantitativer Ergebnisse an qualitative Analyseresultate im Prozeß der empirischen Sozialforschung niemals durch irgendwelche quantitativen Datenerhebungs- und Analysetechniken ersetzt werden kann, wenn die Validität wissenschaftlicher Aussagen sichergestellt werden soll; d.h. wenn kompromißlos die Frage zu beantworten ist, ob gemessen worden ist, was gemessen werden sollte.

Tabelle 3: *Verteilung der gelösten Aufgaben auf die unterschiedlichen Aufgabetypen bei individueller und kollektiver Problemlösung*[1]

	Balance ind. :4 koll. :4				Gewicht ind. :4 koll. :4				Abstand ind. :4 koll. :4				Addition ind. :6 koll. :8				Multiplikation ind. :6 koll. :9			
Gruppe 1 (3½ Jahre) individuell	Di	Ja	Ju	Ha	Di	Ja	Ju	Ha	Di	Ja	Ju	Ha	Di	Ja	Ju	Ha	Di	Ja	Ju	Ha
	2	3	4	4	4	3	2	3	1	0	1	2	2	2	2	3	2	4	1	3
kollektiv	3,3				2,8				1				2,2				2,5			
	4				3				3				2				1			
Gruppe 2 (5 Jahre) individuell	Da	Ro	At	Ad	Da	Ro	At	Ad	Da	Ro	At	Ad	Da	Ro	At	Ad	Da	Ro	At	Ad
	4	3	3	4	3	2	4	4	4	3	4	1	3	3	3	4	3	4	4	3
kollektiv	3,5				3,3				3				3				3,5			
	—				4				4				4				4			

[1] Die Zahlen unter den Bezeichnungen für die einzelnen Aufgabetypen geben an, wieviele Aufgaben des Individualtests (ind.) und des Gruppentests (koll.) unter den entsprechenden Aufgabetyp fallen. Die Zahlen unmittelbar unter den Abkürzungen für die Namen der Versuchspersonen drücken aus, wieviele der Aufgaben von den entsprechenden Versuchspersonen im Individualtest erfolgreich gelöst werden konnten. Die Zahl darunter gibt davon den Durchschnitt für die jeweilige Gruppe an. Und schließlich, eine Zeile tiefer, enthält die Tabelle eine Angabe darüber, wieviele Aufgaben eines bestimmten Typs in der kollektiven Argumentation (Gruppentest der jeweiligen Gruppe) erfolgreich gelöst werden konnten.

Die Tabelle zeigt zunächst, daß beide Gruppen hinsichtlich der Balance-, Gewichts- und Abstandsprobleme bei der kollektiven Problemlösung schon in quantitativer Hinsicht erfolgreicher waren als bei der individuellen Problemlösung.
Bei einer detaillierten Analyse der Zahlen fällt im Hinblick auf *Gruppe 1* besonders ins Auge, daß die Kinder dieser Gruppe in ihren Individualtests an der Lösung der Abstandsprobleme scheiterten, im Gruppentest jedoch drei der vier Abstandsprobleme erfolgreich lösten. Der Grund, weshalb sie das vierte Abstandsproblem nicht lösen konnten, liegt möglicherweise darin, daß es sich dabei um die einzige Aufgabe dieses Typs handelt, bei der auf jedem Hebelarm auf mehr als einem Stift Gewichte befestigt waren (0112/0112), wodurch diese Aufgabe eine zusätzliche kognitive Komplexität erhält.
Dieser Unterschied in den Ergebnissen zur individuellen und kollektiven Problemlösung legt nahe, daß die Kinder von Gruppe 1 bei ihren Individualtests das Modell I und bei ihrem Gruppentest das Modell II zur Geltung brachten (vgl. die entsprechenden ›Entscheidungsbäume‹ auf S. 149 f.).
Während sich die Balance- und Gewichtsprobleme mit Modell I erfolgreich lösen lassen, ist dazu im Falle der Abstandsprobleme das Modell II bzw. noch ein weiter entwickeltes Modell erforderlich. Eine detaillierte Analyse der Ergebnisse bei den Konfliktproblemen (Addition und Multiplikation) liefert weitere Belege für diese Interpretation der individuellen und kollektiven Problemlösung von Gruppe 1. Zwar scheitert die Gruppe sowohl in den Individualtests als auch im Gruppentest an den Konfliktproblemen. Interessant ist jedoch, mit welchem der möglichen Modelle die meist falschen Antworten der Kinder kompatibel sind. Hinsichtlich des Individualtests sind im Durchschnitt 8,5 der 12 Antworten (Di: 12, Ha: 6, Ja: 8, Ju: 8) auf die 12 Konfliktprobleme mit einem Modell kompatibel, in dem nur der Parameter ›Gewicht‹ berücksichtigt wird, d.h. mit Modell I. Dies trifft jedoch nur auf 4 der 17 Antworten zu, die von der Gruppe im Gruppentest auf die 17 Konfliktprobleme gegeben worden sind. Während die Gruppe somit in den Individualtests stark dazu neigte, auch in den Antworten auf die Konfliktprobleme das Modell I (implizit) zur Geltung zu bringen, läßt sich hinsichtlich des Gruppentests nur noch eine starke Verunsicherung der Gruppe feststellen. Es besteht keine Kompatibilität zwischen wenigstens einem größeren Teil der kol-

lektiven Antworten und einem der möglichen kognitiven Modelle. Das Modell II, dem die Gruppe bei ihrer kollektiven Lösung der Abstandsprobleme implizit folgt, läßt sich auf eine Lösung der Konfliktprobleme nicht anwenden.

Gruppe 2 kann im Gruppentest alle Gewichts- und Abstandsprobleme und beim Individualtest nahezu alle Balance-, Gewichts- und Abstandsprobleme erfolgreich lösen. Sowohl bei ihrer individuellen als auch bei ihrer kollektiven Problemlösung befindet sich Gruppe 2 somit zumindest auf dem Niveau von Modell II, das ja für eine erfolgreiche Lösung dieser Aufgaben ausreicht.

Etwa die Hälfte der Antworten, die von Gruppe 2 im Individual- und im Gruppentest auf die Konfliktprobleme gegeben werden, ist falsch. Interessant ist jedoch auch hier vor allem, mit welchem der möglichen kognitiven Modelle die Antworten kompatibel sind. Beim Individualtest sind im Durchschnitt 5,3 der 12 Antworten (Ad: 6, At: 4, Da: 5, Ro: 6) auf die 12 Konfliktprobleme kompatibel mit einem Modell, in dem nur der Parameter ›Gewicht‹ berücksichtigt wird; und analog im Durchschnitt 6,3 Antworten (Ad: 6, At: 8, Da: 7, Ro: 5) kompatibel mit einem Modell, in dem nur der Parameter ›Abstand‹ berücksichtigt wird – d.h. es handelt sich bei den Antworten auf die Konfliktprobleme des Individualtests um eine Zufallsentscheidung zwischen den Parametern ›Gewicht‹ und ›Abstand‹, und dies entspricht genau dem Modell III. Dagegen besteht, wie schon bei Gruppe 1, auch bei Gruppe 2 zwischen den kollektiven Antworten (Gruppentest) auf die Konfliktprobleme und einem der möglichen kognitiven Modelle auch annäherungsweise keine Kompatibilität.[8] Zusammenfassend legen die Ergebnisse der quantitativen Analyse folgende Vermutungen nahe:

(a) Gruppe 1 urteilt im Individualtest auf dem Niveau von Modell I; im Gruppentest geht sie jedoch über dieses Modell hinaus und urteilt, wenn die Struktur der Aufgaben es zuläßt, auf dem Niveau von Modell II.

---

[8] Es wäre irrig zu meinen, es müßte sich in den Antworten notwendig eine Präferenz entweder für den Parameter ›Gewicht‹ oder für den Parameter ›Abstand‹ ausdrücken. Beispielsweise liegt dann keine dieser Präferenzen vor, wenn bei Konfliktproblemen wie 0040/0002 die richtige Antwort »Gleichgewicht« gegeben wird oder wenn bei Konfliktproblemen wie 1001/0110 die falsche Antwort »rechts geht's runter« gegeben wird, obgleich sich Gewichte und Abstände auf den beiden Hebelarmen ausgleichen.

(b) Gruppe 2 urteilt im Individual- und im Gruppentest auf dem Niveau von Modell II, solange dies von der Struktur der Aufgaben her für eine erfolgreiche Lösung ausreicht – wenn nicht (Konfliktprobleme), so folgt die Gruppe im Individualtest dem Modell III.

(c) Beide Gruppen folgen bei ihrer kollektiven Lösung von Konfliktproblemen (Gruppentest) nicht mehr konsistent einem der möglichen Lösungsmodelle. Offenbar verfügen die Kinder beider Gruppen noch nicht über ein (implizites) Modell (bzw. eine Theorie), um bei ihren Lösungsversuchen beide Parameter systematisch miteinander zu verbinden. Andererseits kann sich bei den kollektiven Argumentationen aber auch nicht, wie im Individualtest, eines der für die Lösung der Konfliktprobleme unzureichenden Modelle I-III durchsetzen.

2.4. Qualitative Methoden der Argumentationsanalyse

Zweifellos ermöglichen Argumentationsanalysen im Prinzip einen privilegierten methodischen Zugang zur empirischen Rekonstruktion von kollektiven Problemlösungsprozessen. Aber wie lassen sich Argumentationsanalysen methodisch kontrolliert durchführen? An welchen Prinzipien und Regelsystemen sollen empirische Beobachtungen von Argumentationen gemessen werden? Eine erfolgreiche Lösung dieses Methodenproblems setzt die empirische Rekonstruktion der ›Logik der Argumentation‹ voraus. Darauf soll gleich etwas näher eingegangen werden. Solange es jedoch diese Rekonstruktion in noch nicht einmal einigermaßen überzeugenden Umrissen gibt, stehen empirische Analysen von Argumentationen unter dem Zwang, neben ihrer Anwendung als empirische Analysemethode im Kontext spezifischer wissenschaftlicher Fragestellungen zugleich die theoretische Reflexion über die Regeln dieser Methode und damit die empirische Rekonstruktion der Logik der Argumentation selbst voranzutreiben. Ein solches die methodische Erkenntnis und die Erkenntnis der Methode zugleich betreffendes Vorgehen unterscheidet im wesentlichen qualitative von quantitativen Verfahren der Analyse und Interpretation empirischer Daten.

2.4.1. Argument und Argumentation

In Argumentationen werden Argumente entwickelt. Deshalb zunächst einige Anmerkungen zur Unterscheidung zwischen Argument und Argumentation bzw. zur Unterscheidung zwischen Logik des Argumentes und Logik der Argumentation. Ein *Argument* läßt sich als eine Folge von Aussagen darstellen, an deren Ende eine Antwort auf eine Quaestio (bzw. eine Teilquaestio) steht: die Konklusion. Eine solche Folge von Aussagen ist genau dann ein Argument, wenn einige dieser Aussagen unmittelbar akzeptiert werden und die anderen Aussagen daraus aufgrund bestimmter Übergangs- bzw. Schlußregeln abgeleitet werden können. Die *Logik des Argumentes* befaßt sich mit der Frage, welches die legitimen Übergänge sind. Ein Beispiel legitimer Übergänge sind die deduktiven Schlußregeln der formalen Logik.

Die für die Logik des Argumentes zentrale Idee des Übergangs von bereits akzeptierten Aussagen zu weiteren Aussagen läßt sich veranschaulichen, indem Argumente als Strukturbäume dargestellt werden (vgl. dazu Angell 1964, Scriven 1976, Finocchiaro 1980, Klein 1980). In einem solchen Strukturbaum stehen alle nichtdominierenden Knoten für unmittelbar akzeptierte Aussagen, und alle dominierenden Knoten folgen aus Knoten, die sie dominieren.

[1]

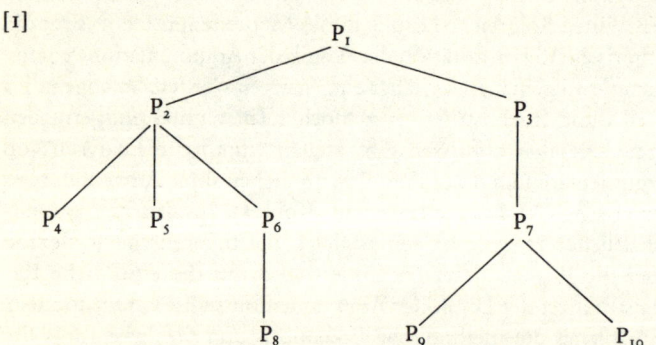

Im Strukturbaum [1] stehen die nichtdominierenden Knoten P_4, P_5, P_8, P_9 und P_{10} für unmittelbar akzeptierte Aussagen. Dagegen folgt P_6 aus P_8, P_2 folgt aus P_4, P_5 und P_6, und so weiter.
In diesem Strukturbaum-Modell von Argumenten gibt es keinen

prinzipiellen Unterschied zwischen Aussagen und Übergängen zwischen Aussagen. Übergänge können selbst in Form von Aussagen einem neuen Knoten innerhalb eines solchen Strukturbaumes zugeordnet werden.

In [1] ist P_t die Konklusion oder, um einen Ausdruck von Arne Naess (1975) zu gebrauchen, die Argumentspitze. Eine Argumentation ist dann erfolgreich, wenn es den an ihr Beteiligten gelingt, ein gemeinsames Argument zu entwickeln, dessen Spitze eine Antwort auf die Quaestio der Argumentation liefert.

Eine *Argumentation* besteht aus einer Folge von Äußerungen, die im Falle einer kollektiven Argumentation – und nur kollektive Argumentationen stehen hier und im folgenden zur Diskussion – von verschiedenen Sprechern hervorgebracht werden. Im Unterschied zur Logik des Argumentes befaßt sich die Logik der Argumentation mit der Frage, wie die an einer Argumentation Beteiligten verfahren, um ihre Redebeiträge so miteinander zu koordinieren, daß es zumindest im Prinzip möglich ist, ein gemeinsames Argument zu entwickeln, mit dem die Quaestio der Argumentation unter Konsens aller Beteiligten beantwortet wird. Dabei spielen die für eine Argumentation typischen Pros und Kontras eine grundlegende Rolle. Mit ihnen wird der argumentative Kampf darüber ausgetragen, welches die unmittelbar zu akzeptierenden und damit im Kontext einer gegebenen Argumentation nicht mehr weiter zu hinterfragenden Aussagen sind, aus denen sich ein gemeinsames Argument zur Beantwortung der Quaestio ableiten läßt.

Prinzipiell kann dieser Kampf nur dann erfolgreich beendet und das heißt: das primäre Handlungsziel einer Argumentation erreicht werden, wenn die an einer Argumentation Beteiligten zwei grundsätzliche Probleme lösen können: das hermeneutische Problem und das Evaluierungsproblem von Argumentationen.

Das für Argumentationen charakteristische *hermeneutische Problem* entsteht primär dadurch, daß Argumente, die in alltäglichen, privaten oder öffentlichen Auseinandersetzungen entwickelt werden, mit den Syllogismen von Logik-Lehrbüchern kaum noch etwas gemeinsam zu haben scheinen: sie sind in der Regel unvollständig (enthymematisch) und häufig repetitiv, formal schlecht organisiert oder gar fehlerhaft, rhetorisch vieldeutig, nur für ein bestimmtes Auditorium verständlich oder auch einfach unverständlich. Um das dadurch zwangsläufig entstehende hermeneutische Problem zu lösen, müssen die an einer Argumentation Beteiligten somit ein gemeinsames Hintergrundwissen (einfacher ausgedrückt: einen gemeinsamen Kontext) bilden, damit die mit den einzelnen Redebeiträgen jeweils intendierten Argumente intersubjektiv verständlich sind.

Das *Evaluierungsproblem von Argumentationen* besteht darin, daß die an einer Argumentation Beteiligten sich auf gemeinsame Kriterien beziehen müssen bzw. diese Kriterien gemeinsam entwickeln müssen, um die Akzeptabilität von intersubjektiv verständlichen Argumenten beurteilen zu können. Argumentationsteilnehmer folgen offenbar bestimmten Prinzipien und, daraus abgeleitet, bestimmten Regeln, um das Evaluierungsproblem von Argumentationen auf eine intersubjektiv gültige Weise zu lösen. Genau diese Prinzipien und Regeln sind es, die die *Logik der Argumentation* konstituieren.

Ein fundamentales und – wie die folgenden Fallstudien zeigen werden – in der Ontogenese relativ früh erworbenes Evaluierungsprinzip besagt, daß die Aussagen eines Argumentes *gerechtfertigt* sein müssen. Eine Aussage erfüllt diese Bedingung genau dann, wenn sie kollektiv gilt: d.h. wenn sie von allen an einer Argumentation Beteiligten unmittelbar akzeptiert wird oder auf andere Aussagen zurückgeführt werden kann, die von den Argumentierenden unmittelbar akzeptiert werden. Jede Aussage und jeder Übergang zwischen den Aussagen eines Argumentes kann von einem Argumentationsteilnehmer bestritten werden; wenn sie dann nicht auf andere Aussagen zurückgeführt werden können, die kollektiv gelten, so führt der Evaluierungsprozeß dazu, daß die strittigen Aussagen bzw. Übergänge nicht in die potentielle Konsensmenge von Aussagen mit aufgenommen werden können, aus der ein gemeinsames Argument zur Beantwortung der Quaestio abgeleitet werden soll. Ob eine Aussage oder ein Übergang zwischen Aussagen bestritten wird und ob dieser Unterschied von allen Argumentationsteilnehmern gleichermaßen wahrgenommen wird, dies spielt – wie die folgenden Argumentationsanalysen zeigen werden – für die weitere Differenzierung von Evaluierungskriterien und für das Ausmaß an Koordination zwischen den einander widersprechenden Standpunkten von Argumentationsteilnehmern eine bedeutsame Rolle.

Es lassen sich zumindest zwei weitere fundamentale Prinzipien und entsprechende Regeln als Konstituenten der Logik der Argumentation nennen, aus denen sich noch weitere Kriterien für die Evaluierung von Argumenten ableiten lassen (vgl. Tabelle 4 auf S. 192); im Anschluß an die folgenden Argumentationsanalysen soll darauf noch kurz eingegangen werden.

2.4.2. Strukturen und Prozesse

Um die Logik einer Argumentation empirisch angemessen zu erfassen, muß der Prozeß wechselseitiger Ja/nein Stellungnahmen, der Prozeß des wechselseitigen Widersprechens und Zustimmens, und die Transformation dieses Prozesses (und der darin vollzogenen wechselseitigen Evaluierung von Argumenten) in ein potentiell kollektiv geltendes Argument beschrieben werden können. Ohne auf Einzelheiten einzugehen, soll im folgenden eine formale Darstellungsweise skizziert werden, die hier lediglich so weit entwickelt wird, daß zumindest die noch relativ unkomplizierten Argumentationen von 3-5-jährigen Kindern empirisch beschrieben werden können. Es handelt sich bei dieser Darstellungsweise im wesentlichen um Prozeß- und Strukturdiagramme.

[2]

Prozeß: *Resultat:*

Im Diagramm [2] repräsentiert das linke Teildiagramm (im folgenden auch ›Prozeßbaum‹ genannt) einen Argumentationsprozeß und der Strukturbaum rechts davon das Resultat dieses Prozesses, d.h. das Argument, das am Ende des Prozesses als kollektiv geltendes Argument(fragment) konstituiert worden ist (im folgenden auch ›Argumentstrukturbaum‹ genannt). Der Doppelpfeil symbolisiert die Transformation einer Reihe zeitlich aufeinanderfolgender argumentativer Situationen, die sich zu einem Argumentationsprozeß zusammenfassen lassen (›Prozeßbaum‹) in das (eventuell erst vorläufige) Resultat des Argumentprozesses (›Argumentstrukturbaum‹). Hinsichtlich der formalen Eigenschaften des ›Argumentstrukturbaumes‹ gilt all das im Abschnitt 2.4.1. der vorliegenden Arbeit über die Darstellung von Argumenten als Strukturbäume bereits Gesagte. Im Falle des ›Prozeßbaumes‹ symbolisieren durchgezogene Pfeile die Stützung einer Aussage, gebrochene Pfeile dagegen die Zurückweisung einer Aussage.

Im Diagramm werden nur solche Aussagen repräsentiert, die in der Argumentation mit expliziten Redebeiträgen zum Ausdruck gebracht werden. Eine gewisse Idealisierung ist dabei allerdings unvermeidlich.

Die Numerierung der Aussagen im ›Prozeßbaum‹ gibt die Reihenfolge an, in der die entsprechenden Aussagen im Verlauf der Argumentation gemacht werden. Dabei ist durchaus häufig zu beobachten, daß (wie im vorliegenden Fall) der Argumentationsprozeß nicht mit einer expliziten Formulierung der im Verlaufe des Prozesses ›umkämpften‹ Argumentspitze (bzw. im Falle mehrerer sich wechselseitig ausschließender Antworten auf eine Quaestio: mehrere ›umkämpfte‹ Argumentspitzen) beginnt. Bei Aussagen mit derselben Numerierung im ›Prozeßbaum‹ und ›Argumentstrukturbaum‹ handelt es sich um identische Aussagen. Im einzelnen liegen in [2] der Konstitution des kollektiven Argumentes folgende Transformationsprozesse zugrunde, für die hier lediglich eine intuitive Rechtfertigung angeboten werden kann:

(a) Die stützende Aussage P_1 wird mit der Aussage P_2 zurückgewiesen und dadurch getilgt.

(b) Die stützende Aussage P_4 wird kollektiv akzeptiert und zählt damit zu den Aussagen, die als Konsensmenge ein potentielles kollektives Argument konstituieren.

(c) Mit der Aussage P_3 wird die Argumentspitze P_5 zurückgewiesen. Die Aussage P_3 wird selbst mit drei Teilargumenten zu stützen versucht. Davon werden zwei, nämlich einerseits P_3 und P_{11} und andererseits P_3, P_6 und P_7 kollektiv akzeptiert.

Vom dritten Teilargument wird jedoch die Aussage P_9 zurückgewiesen, wodurch die gesamte ›Ableitungskette‹ dieses Teilargumentes zusammenbricht. Dennoch ist P_3 mit den beiden zuerst genannten Teilargumenten kollektiv gerechtfertigt worden.

(d) Da die Argumentspitze P_5 sowohl durch ein Teilargument mit der Argumentspitze P_4 gestützt als auch durch ein Teilargument mit der Argumentspitze P_3 zurückgewiesen wird, bleibt am Ende dieses Argumentationsprozesses offen, welche der möglichen Antworten auf die Quaestio auf der Grundlage der durch den Argumentationsprozeß konstituierten Konsensmenge von Aussagen ins kollektiv Geltende überführt werden kann. Es entsteht somit ein kollektives Argumentfragment.

2.4.3. Abkürzungen und Notationsweisen

Neben den im vorhergehenden Abschnitt eingeführten Diagrammen werden bei den folgenden Argumentationsanalysen noch folgende Abkürzungen und Notationsweisen verwendet.

In den Diagrammen werden zusätzlich zu den bereits genannten noch folgende Notationsweisen verwendet:

$[a]_K$	Aussage a gilt für die Person K.
$[a]$	Aussage a gilt für die gesamte Gruppe von Argumentierenden.
$[a]_K \Rightarrow \Leftarrow [b]_L$	Die Aussage a der Person K und die Aussage b der Person L schließen sich wechselseitig aus.
$[a]_K \Rightarrow S \Leftarrow [b]_K$	Die Aussagen a und b, die von derselben Person K geäußert werden, schließen sich wechselseitig aus. Die Person K befindet sich somit in einem (Selbst-)Widerspruch.

In den zitierten Argumentationstranskripten wird eine ganze Reihe von Abkürzungen und spezifischen Notationsweisen verwendet. Hier sollen nur diejenigen kurz erläutert werden, deren Sinn nicht unmittelbar evident ist.

Die Transkripte sind im sogenannten ›Partiturenformat‹ angefertigt worden. Die durchnumerierten Transkriptionszeilen enthalten für jede der an der Argumentation beteiligten Personen eine Linie, so daß Abfolge und eventuelle Überschneidungen von Redebeiträgen unterschiedlicher Sprecher deutlich sichtbar werden. Jeweils zu Beginn eines zitierten Argumentationstextes wird die entsprechende Aufgabenstellung des Gruppentestes angegeben. Die Reihenfolge, in der die Initialen der Argumentierenden zu Beginn der Transkriptionszeilen angeordnet sind, entspricht genau der Reihenfolge, in der die Mitglieder der jeweiligen Gruppe in einem Halbkreis um die Balkenwaage herum situiert waren. Die folgende schematische Darstellung veranschaulicht dies für den auf S. 172 ff. der vorliegenden Arbeit zitierten Argumentationstext und die entsprechende Aufgabenstellung 2000/0400:

Balkenwaage: links (L) 2 0 0 0 / 0 4 0 0 rechts (R)

L_4 L_3 L_2 L_1 R_1 R_2 R_3 R_4

Personen: Ha   Ju   Ja   Di

Der zu Beginn der Transkriptionszeile oben zuerst aufgeführte Sprecher (Ha) befindet sich am linken Ende der Balkenwaage, der zuletzt aufgeführte Sprecher (Di) am rechten Ende.
Um in den Texten und Analysen deutlich zu machen, auf welche Stelle bzw. Seite der Balkenwaage mit den in allen Argumentationen zahlreich verwendeten und mit Gesten begleiteten deiktischen Ausdrücken referiert wird, wurden folgende ›Kürzel‹ verwendet: ›L‹ und ›R‹ für ›links‹ und ›rechts‹; L_1, L_2, L_3 und L_4 und entsprechend R_1, R_2, R_3 und R_4 für die einzelnen Stifte auf den beiden Hebelarmen der Balkenwaage. Diese ›Kürzel‹ befinden sich in runden Klammern im Anschluß an die entsprechenden deiktischen Ausdrücke.
Bei den Argumentationsanalysen verweisen Zahlen in runden Klammern im Anschluß an direkt bzw. indirekt zitierte Redebeiträge auf die entsprechenden Transkriptionszeilen des zitierten Argumentationstextes. Außerdem werden in den Diagrammen und in den Analysen noch die Buchstaben ›L‹, ›R‹ und ›B‹ als Abkürzungen verwendet für die im Prinzip möglichen Aufgabenlösungen. ›Die Balkenwaage senkt sich links‹. ›Die Balkenwaage senkt sich rechts‹; und ›die Balkanwaage bleibt im Gleichgewicht‹.
›Ma‹ ist die Initiale für den Versuchsleiter, d.h. für den Autor der vorliegenden Arbeit.

2.5. Argumentationsanalysen

Sind Gruppen von 3- bzw. 5-jährigen Kindern überhaupt schon alters- und entwicklungsmäßig in der Lage, die Rolle der ›kollektiven Versuchsperson‹ in dem oben geschilderten Untersuchungssetting zu übernehmen? Daß diese Frage rundweg bejaht werden kann, zeigt beispielsweise eine Analyse der Unterhaltung zwischen den Kindern von Gruppe 1 im Anschluß an die 2. Aufgabenstellung ihres Gruppentestes. Die Kinder sind während dieser Unterhaltung allein im Zimmer.

1120/3110

```
1 Di:
  Ja:
  Ju: Gell? 'S bleibt gleich.
  Ha:           Also bleibt nicht gleich! De- da (L)

2 Di:
  Ja:           Das geht da (L) runter. Julia meinste des
  Ju: Mhm.
  Ha: geht's runter. Also.

3 Di:
  Ja: auch, und- und- und Hanna und Dirk?        Meint ihr
  Ju:                     Ja.
  Ha:           Wir müssen dann rufen!

4 Di:           Ja.
  Ja: des alle? Ich mein's auch.
  Ju:           Ja.
  Ha:           Ja.
```

In einer Paraphrasierung läßt sich der Verlauf dieser Unterhaltung folgendermaßen darstellen:
Julias Vorschlag, sich für ›B‹ zu entscheiden (1), wird von Hanna zurückgewiesen, die ihrerseits ›L‹ vorschlägt (1-2). Julia stimmt zu. Jana schließt sich an und versucht festzustellen, ob es einen Gruppenkonsens für ›L‹ gibt (2-3). Es zeigt sich, daß ein solcher Konsens tatsächlich besteht, und Hannas Vorschlag, den Versuchsleiter herbeizurufen (3), leitet nun über zur nächsten Phase des ›Spieles‹: zur Überprüfung der gemeinsam ›entwickelten‹ Lösung.
Zweifellos verstehen die Kinder die ihnen gestellte Aufgabe, und sie scheinen sich auch im klaren darüber zu sein, welche kollektiven Aktivitäten von ihnen zur Lösung der Aufgabe bzw. zur

Durchführung des ›Spieles‹ grundsätzlich erwartet werden. Das gleiche läßt sich, wie sich im folgenden noch zeigen wird, von den Kindern der Gruppe 2 sagen.

Eine detaillierte qualitative Analyse der kollektiven Aktivitäten, die den jeweiligen Problemlösungsprozessen zugrundeliegen, zeigt daß es für die beiden Gruppen im Vergleich zu den Versuchsgruppen mit älteren Kindern bzw. Jugendlichen charakteristische Gemeinsamkeiten aber auch daß es zwischen den Gruppen 1 und 2 signifikante Unterschiede gibt. Bevor im einzelnen auf diese Unterschiede (die ja im Zentrum der folgenden Analysen stehen) eingegangen wird, soll kurz auf eine wichtige Gemeinsamkeit zwischen den beiden Gruppen aufmerksam gemacht werden.

Wenn sich die kollektiv akzeptierte Lösung einer Aufgabe als falsch erweist, so sind die Kinder beider Gruppen zwar darüber enttäuscht, daß ihnen eine Belohnung entgeht (und entsprechend freuen sie sich, wenn sich die kollektive Lösung als zutreffend erweist); außerdem versuchen besonders die Kinder von Gruppe 2 ihren individuellen Anteil am Gelingen einer Problemlösung bzw. ihre in der Diskussion nicht durchsetzbare, sich später aber doch als richtig erweisende Meinung herauszustreichen und damit ihre soziale Stellung in der Gruppe und eventuelle Koalitionsbildungen zu beeinflussen.

Aber weder das negative noch das positive ›Feedback‹ durch die Balkenwaage löst bei den Gruppen irgendwelche expliziten Überlegungen oder gar Erklärungsversuche hinsichtlich der Gründe für das Gelingen bzw. Scheitern einer Problemlösung aus. Auch in darauffolgenden Versuchen, Probleme der Balkenwaage zu lösen, kommen beide Gruppen zumindest in dem, was in den Diskussionen explizit zum Ausdruck gebracht wird, nicht mehr auf vergangene Problemlösungsprozesse und deren jeweilige Resultate zurück. Da sich im Verlaufe des Gruppentestes auch keine Tendenz zur Veränderung des mit den kollektiven Problemlösungsprozessen am ehesten kompatiblen Lösungsmodells abzeichnet, kann man wohl davon ausgehen, daß im Verlaufe der von den beiden Gruppen im Rahmen ihres Gruppentestes durchgeführten Argumentationen kein kumulativer kollektiver Theoriebildungsprozeß stattfindet.

Deshalb ist es im folgenden auch nicht erforderlich, alle Problemlösungen der beiden Gruppen, noch dazu in der Reihenfolge des Gruppentestes, detailliert zu analysieren. Um die Logik des kollektiven Problemlösungsprozesses in den beiden Gruppen empirisch zu rekonstruieren, reicht es vielmehr aus, wenn alle Fälle, in denen zwischen den Mitgliedern einer Gruppe Kontroversen entstehen, berücksichtigt und wenigstens einige davon exemplarisch analysiert werden. Die übrigen Problemlösungen (bei denen sich die Gruppe entweder sofort auf eine Antwort einigt oder bei denen von zunächst miteinander konkurrierenden Antworten alle bis auf eine diskussionslos fallengelassen werden) werden nur summarisch charakterisiert.

2.5.1. Antagonismen ohne Argumente: zur Argumentation von Gruppe 1 (3½ Jahre)

In der Gruppe 1 verläuft bei den meisten der 29 Aufgaben[9] des Gruppentestes der Entscheidungsprozeß im großen Ganzen in der Weise, wie es in dem bereits zitierten Argumentationstext zum Ausdruck gelangt.
Meistens ist es Hannas Vorschlag (in 18 der 29 Fälle), den die Gruppe insgesamt akzeptiert. Entweder schließen sich die anderen Hannas Vorschlag sofort an, oder eine alternative Antwort wird (wie im oben zitierten Beispiel) diskussionslos fallengelassen; oder die Gruppe übernimmt nach einem kurzen Hin und Her, bei dem alternative Antworten einander bloß entgegengehalten werden, schließlich Hannas Vorschlag. Oft ändern die Kinder bei einer Aufgabe sogar mehrmals ihre Meinung.
Nur bei fünf Aufgaben (vier davon Konfliktprobleme) wird von Gruppenmitgliedern ein Grund für ihren Lösungsvorschlag angegeben. In einem dieser Fälle (0100/0010) wird die Vorhersage ›B‹ von Jana folgendermaßen begründet: »Weil die beide gleichzeitig drin sind.« In zwei der fünf Fälle (0030/0002 und 1000/0200) wird auf den Parameter ›Gewicht‹ und in den restlichen zwei (1030/1030 und 2000/0400) auf den Parameter ›Abstand‹ Bezug genommen. In der Gruppe besteht somit ein Wissen darüber, daß sowohl der Parameter ›Gewicht‹ als auch der Parameter ›Abstand‹ für die Lösung der Aufgaben von Bedeutung ist. Aber charakteristischerweise kommt es bei keiner der Unterhaltungen bzw. Dis-

---

9 Zusätzlich zu den 25 Aufgaben, die auch der Gruppe 2 vorgelegt wurden, hatte die Gruppe 1 noch 4 Balance-Probleme zu lösen.

kussionen von Gruppe 1 vor, daß für die Lösung einer Aufgabe
(zumal wenn es sich um ein Konfliktproblem handelt) auf beide
Parameter zugleich Bezug genommen wird und die Parameter
eventuell in eine Opposition zueinander gestellt werden. Wenn
eines der Gruppenmitglieder seine Vorhersage mit Beobachtungen
begründet, in denen implizit auf einen der beiden Parameter Bezug
genommen wird, so verschlägt es den anderen Gruppenmitgliedern
offenbar buchstäblich die Sprache. Dies zeigt sich vor allem
an drei der eben genannten fünf Fälle. Bei der Lösung dieser
drei Aufgaben (0030/0002, 1000/0200 und 2000/0400), und nur
bei der Lösung dieser drei Aufgaben, wird von der Gruppe kontrovers
argumentiert; d.h. es werden von verschiedenen Gruppenmitgliedern
nicht nur alternative Vorhersagen vertreten, die einander
widersprechen, es kommt darüber hinaus auch vor, daß ein
Widerspruch begründet wird.

Im folgenden soll zunächst die Kontroverse über die Lösung der
Aufgabe 2000/0400 kurz analysiert werden. Es ist die 27. Aufgabe
in der Folge der 29 Aufgaben des Gruppentestes. Die Gruppe befindet
sich während der Diskussion alleine im Zimmer. Der transkribierte
Text lautet folgendermaßen:

2000/0400

```
1 Ha: Bei mir (L)! Gell Jana und Julia und Dirk, ge-  geht bei mir (L)
  Ju:
  Ja:
  Di:
2 Ha: runter. Gell?        Das weißt du gar nich! [zu Ju] [geht
  Ju:            Nee. Da (R)!
  Ja:
  Di:
3 Ha: zu L hin] Weil da (L4) vorne is.
  Ju:                      Weil da (L4) draußen is. [geht
  Ja:                                       [geht zu R hin]
  Di:
4 Ha: Da (L)! [zu Ha] Da! Ähbäbä. [singend]
  Ju: zu L hin]      [geht zu R hin]
  Ja:                             Nein! Hier (R)!
  Di:                             [geht zu R hin]
5 Ha: ⌈Ha und Ja spielen je- ⌉ Bitte, hier (L)! ---- Gell, da (L)
  Ju: │weils auf ihrer Seite │
  Ja: │mit den Gewichten; Di │
  Di: ⌊und Ju stehen neben Ja.⌋
```

```
 6 Ha: geht's runter. Gell, Dirk?                        Des
   Ju:                             Ja. [steht noch bei R, neben Ja]
   Ja:                           Nein! Hier (R)!
   Di:                             Ja. [steht noch bei R, neben Ja]
 7 Ha: weiß der Dirk schon nämlich. Gell? [zu Di]
   Ju:                                     Hier (L)! [geht zu L hin]
   Ja:
   Di:
 8 Ha:         Ja!
   Ju: Hier!
   Ja:              Stimmt ja nich! [steht alleine bei R]
   Di:   Hier (L)! [geht zu L hin]
 9 Ha:                    Doch! Jetzt kommt die Julia! (=Ju
   Ju:                    Hinsetzen!
   Ja: Weißt ja du auch nich! [zu Ha]
   Di:
10 Ha: lia darf Ma herbeirufen)         Genau! ⌈Alle setzen  ⌉
   Ju:                                         │sich auf ihre│
   Ja:                 Und dann ich!           │Plätze, Ju ruft│
   Di:   Hier (L)! [zeigt auf L]               ⌊Ma herbei.  ⌋
```

Anschließend, in Ma's Gegenwart, behauptet Ja wiederum R, die anderen jedoch L. Ma fordert die Gruppe auf, nochmals über die Aufgabe zu sprechen.

```
11 Ha:                             Ja!
   Ju:          Bitte, hier (L) geht's runter!
   Ja:
   Di:
   Ma: Ruft mich erst dann, wenn ihr's nun wirklich wißt. Ne? [verläßt
12 Ha:                    [geht zu L hin]
   Ju: Bitte, hier (L) geht's runter! [zu Ja] Bitte, da (R) geht's
   Ja:                                  Mhm.         [geht zu R
   Di:
   Ma: das Zimmer]
13 Ha:    Warte doch! [zu Ja] ⌈Ha steht bei L, Ja   ⌉
   Ju: runter!                │steht bei R, Di und │
   Ja: hin]                   │Ju sitzen im Hintergrund│ Nee. Da
   Di:                        ⌊auf ihren Plätzen.  ⌋
14 Ha:    Warum immer da (R)? Oder wechseln wir um? [zu Ja] Ja?
   Ju:
   Ja: (R)!                                                 Ja,hier
   Di:
```

```
15 Ha:                    [nickt]
   Ju:
   Ja: (R)! Hier und- hier (R) und hier (L).    Nee. Nur hier (R)!
   Di:                                          Ja. Ja!
16 Ha:              geht's runter.              Warum denn? Ja!
   Ju:
   Ja: Nur hier (R)? [zu Ha]          Mm. Da (R)!
   Di:
17 Ha: Da (L), bitte!   Weil da (L4) vorne is. Da (L) geht's run-
   Ju:
   Ja:         Da (R)!
   Di:
18 Ha: ter. [singend] ⌈Ja und Ha spie-⌉
   Ju:                │len jeweils auf│ Hinlegen! [geht zu Ha hin]
   Ja:                │ihrer Seite mit│
   Di:                ⌊den Gewichten._⌋
19 Ha:                          ⌈Alle setzen ⌉
   Ju: Hinlegen! Ganz schnell!   │sich auf ihre│
   Ja:             Da geht's-    │Plätze. Ha   │
   Di:                           ⌊ruft nach Ma.⌋
```

Anschließend, in Ma's Gegenwart, entscheidet sich auch Ja für L.

Die Argumentation wird dadurch ausgelöst, daß Hanna die Antwort ›L‹ vorschlägt und von den anderen Gruppenmitgliedern eine Zustimmung erbittet (1-2), Julia jedoch diese Antwort bestreitet und die Alternative ›R‹ dagegensetzt (2). Hanna versucht zunächst, Julias Antwort zu disqualifizieren: »Das weißt du gar nich« (2), und ihre eigene Antwort dadurch zu unterstreichen, daß sie sich neben die linke Seite der Balkenwaage stellt. Doch dann liefert sie noch einen Grund für ihre und gegen Julias Antwort: »Weil da (L4) vorne is.« (3).

Diese Abfolge von Angriff und Verteidigung im Hinblick auf ein und dieselbe Behauptung, nämlich die Vorhersage ›L‹, wird im Diagramm [3a] durch den Prozeßbaum mit dem Knoten 1, 2 und 3 veranschaulicht. Wenn man voraussetzt, daß die Kinder von Gruppe 1 bereits verstehen, was es grundsätzlich heißt, die Aussagen eines Argumentes zu rechtfertigen, so müßte aus dem bislang abgelaufenen Argumentationsprozeß das in [3a] rechts vom Transformationspfeil stehende kollektive Argument resultieren. (Die zunächst bestrittene Aussage ›L‹ wird auf eine weitere Aussage zurückgeführt, die zumindest bislang nicht hat zurückgewiesen werden können, und damit ist, zumindest vorerst, die kollektive Geltung des gesamten Teilargumentes von Hanna gesichert.)

[3a] *2000/0400*

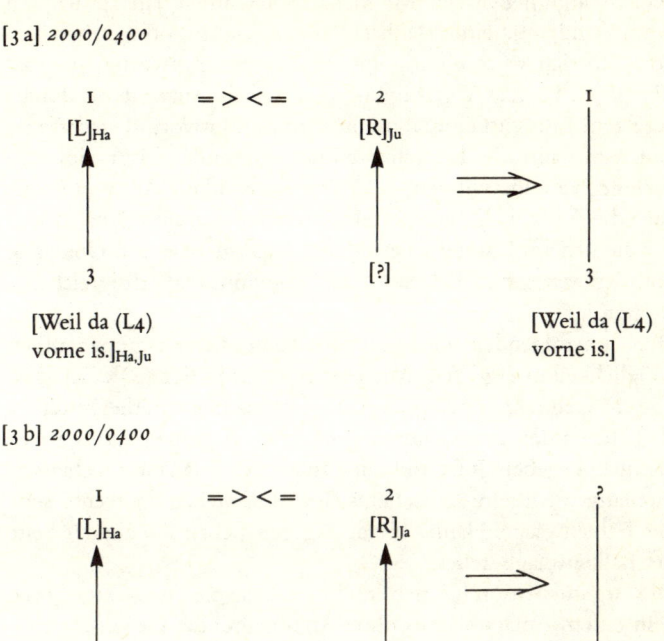

[Weil da (L4) vorne is.]$_{Ha,Ju}$

[Weil da (L4) vorne is.]

[3b] *2000/0400*

[Weil da (L4) vorne is.]$_{Ha}$

[Weil da (L4) vorne is.]

Aber gibt es empirische Hinweise darauf, daß die eben genannte Voraussetzung von den Kindern der Gruppe bereits erfüllt wird? Der Fortgang der Argumentation zeigt, daß immerhin Julia in der Tat genau die hier zunächst lediglich als Hypothese formulierten Schlußfolgerungen zu ziehen scheint. Erst akzeptiert sie Hannas Begründung, indem sie diese leicht modifiziert wiederholt (3); und darin, daß sie sich dann zu Hanna auf die linke Seite der Balkenwaage gesellt, drückt sich aus, daß sie offenbar den Prozeß der Rechtfertigung von ›L‹ verstanden hat. Von Hanna und Julia ist somit ein gemeinsames Argument als Aufgabenlösung entwickelt worden (vgl. das Diagramm [3a]).
Noch während Julia spricht, geht Jana zur rechten Seite der Bal-

kenwaage. Offenbar hält sie an der alternativen Antwort ›R‹ fest.

Welche argumentativen Möglichkeiten würden Jana prinzipiell (vom Standpunkt eines Beobachters aus gesehen) offenstehen, um von den sich wechselseitig ausschließenden Antworten ›L‹ und ›R‹, gegen Hannas Verteidigung von ›L‹, die Antwort ›R‹ durchzusetzen? Zunächst einmal müßte Jana die Antwort ›R‹ rechtfertigen. Um dann die dadurch eventuell entstandene Patt-Situation auch noch zu überwinden – es wäre ja sowohl die Antwort ›L‹ als auch die Antwort ›R‹ gerechtfertigt worden –, müßte Jana entweder die sich am Knoten 3 befindliche Aussage oder den Übergang vom Knoten 3 zum Knoten 1 im Diagramm [3a] erfolgreich bestreiten.

Doch im folgenden wird von Jana keine dieser argumentativen Möglichkeiten ergriffen. Mit einem »Nein! Hier (R)!« (4) wird von ihr vielmehr der ursprüngliche Gegensatz wiederhergestellt – als hätte es den inzwischen abgelaufenen Argumentationsprozeß gar nicht gegeben. Julia und Dirk unterstützen Jana mit nichtargumentativen Mitteln: sie stellen sich zu Jana neben die rechte Seite der Balkenwaage. Hanna bleibt dagegen neben der linken Seite der Balkenwaage stehen.

Die Argumentation hat sich in einem Antagonismus festgefahren – in einem Antagonismus ohne Argumente: der Gegensatz zwischen den Antworten ›L‹ und ›R‹ bleibt bestehen, obgleich für die Antwort ›R‹ keinerlei Rechtfertigung gegeben werden konnte. Als kollektives Argument resultiert allenfalls noch ein Argumentfragment (vgl. das Diagramm [3b]), bei dem offenbleibt, welche der alternativen Antworten ›L‹ und ›R‹ mit der auch von Jana zumindest nicht explizit bestrittenen Aussage ›Weil da (L4) vorne is.‹ ins kollektiv Geltende der Kinder überführt werden kann.

Der weitere Verlauf der Unterhaltung zwischen den Kindern wird vorwiegend dadurch bestimmt, daß Hanna versucht, Janas Koalitionspartner auf ihre Seite (L) zu ziehen, was ihr schließlich auch gelingt (5-8). Hanna hat nun in der Gruppe eindeutig das Sagen; sie kann sogar bestimmen, wer den Versuchsleiter herbeirufen darf (9-10). Jana hält jedoch noch immer an der alternativen Antwort ›R‹ fest. Die Gruppe wird deshalb vom Versuchsleiter aufgefordert, nochmals über die Aufgabe zu sprechen und eine einstimmige Entscheidung zu treffen. Nach einigem Hin und Her, bei dem vor allem Hanna und Jana wechselseitig versuchen, den je-

weils anderen zur Übernahme der eigenen Auffassung zu überreden, kommt der Antagonismus zwischen den Antworten ›L‹ und ›R‹ erneut klar zum Ausdruck (16-17). Hanna fordert nun Jana auf, die Antwort ›R‹ zu rechtfertigen: »Warum denn?« (16), rechtfertigt dann jedoch ihre eigene Antwort ›L‹: »Weil da (L4) vorne is. Da (L) geht's runter.« (17-18). Dennoch bleibt auch jetzt der Antagonismus zunächst noch bestehen: Hanna und Jana verharren beide ostentativ jeweils auf ›ihrer‹ Seite der Balkenwaage.
Anschließend, in der Gegenwart des Versuchsleiters, entscheidet sich jedoch auch Jana für die Antwort ›L‹. Obgleich im Verlaufe der Diskussion die Kontroverse zweimal wenigstens ein Stück weit argumentativ ausgetragen wird, entsteht jedesmal ein ›Antagonismus ohne Argumente‹. Im Unterschied zu den relativ zahlreichen Fällen, in denen von den Opponenten alternative Reaktionsmöglichkeiten der Balkenwaage lediglich einander entgegengesetzt werden, wird hier zwar eine der Alternativen (und zwar jedesmal dieselbe) gerechtfertigt, aber auch hier werden nicht Gründe für alternative Antworten einander entgegengesetzt.
Wenn aber, wie die Verteilung der erfolgreich gelösten Aufgaben auf die unterschiedlichen Aufgabetypen (vgl. S. 158) und die expliziten Rechtfertigungen im Verlaufe der oben erwähnten fünf Gruppendiskussionen zeigen, in der Gruppe ein Wissen darüber zu bestehen scheint, daß beide Parameter: ›Gewicht‹ und ›Abstand‹, für die Lösung der Aufgaben von Bedeutung sind, weshalb wird dann bei keiner einzigen der 29 Aufgabenlösungen eine Kontroverse (der objektiv (d.h. vom Beobachter aus gesehen) eine ›Konkurrenz‹ der beiden Parameter zugrundeliegt) argumentativ so ausgetragen, daß mit Begründungen implizit nicht nur auf einen, sondern auf beide miteinander konkurrierenden Parameter Bezug genommen wird? Weshalb scheint in der Argumentation von Gruppe 1 eine Auseinandersetzung auf der Ebene von Begründungen für sich wechselseitig ausschließende Argumentspitzen (Konklusionen) nicht möglich zu sein? Welche Restriktion über die Form einer möglichen Logik der Argumentation könnte es sein, die einen ›Antagonismus ohne Argumente‹ systematisch zur Folge hat? Liefern die empirischen Daten Hinweise, die für die Beantwortung dieser Fragen hilfreich sein könnten?
Im Falle der Aufgabe 1000/0200, die 24. in der Folge der 29 Aufgaben, verläuft die Argumentation der Gruppe strukturell analog zur oben analysierten Argumentation. Obgleich Dirk die Antwort

›R‹ mit dem Hinweis darauf begründet, daß auf der rechten Seite ein Gewicht mehr ist, beharren Hanna, Jana und Julia nach einem kurzen Hin und Her ohne Begründungen auf der alternativen Antwort ›L‹.

Die Gruppenargumentation über die Aufgabe 0030/0002, die 6. in der Folge der 29 Aufgaben, enthält dagegen eine Besonderheit, aus der sich für das Verständnis der argumentationslogischen Voraussetzungen des ›Antagonismus ohne Argumente‹ zumindest eine plausible Erklärung ableiten läßt. Der Text dieser im folgenden analysierten Kontroverse, bei der sich die Gruppe ebenfalls alleine im Zimmer befindet, lautet folgendermaßen:

```
0030/0002
3 Di:                      Hier (L)!
  Ja:
  Ju:                               Hier (L). [leise]
  Ha: Da (R) geht's runter. Alle!    Nee. [zu Di] Da (R)
4 Di:    Nein! Da (L), da!                          Doch!
  Ja:
  Ju:    He, da (L)!                          Doch.
  Ha: geht's runter.    Nee! Da (L) net!    Des weiß
5 Di:             Weil des (L2) höher is! Weil das (L2) höher is.
  Ja:
  Ju:
  Ha: du gar nich! [zu Di]
6 Di:
  Ja: Nein! Das (R4) is leichter und des- Gell? Des (R) kippt runter.
  Ju:
  Ha:                                                           Ja,
7 Di:      Ja.
  Ja:                              Ja, des da (R).
  Ju:           ---- auch. Des da (R)!
  Ha: des da (R). Des weißt du nich. [zu Di]   Das (R) kippt run-
8 Di:                   Doch, da (L)!     ----
  Ja:
  Ju:
  Ha: ter. Dirk, das weißt du nich! [zu Di]   Nee, nee!    Des
9 Di:   Doch!
  Ja:                Nee!
  Ju:         Nein!
  Ha: weißt du nie!  Nee.
```

Dirk schließt sich nachher diskussionslos dem Urteil der anderen an.

Die Argumentation erreicht schnell einen antagonistischen Zustand. Die einander ausschließenden Antworten ›R‹ und ›L‹ werden von Hanna einerseits und Dirk und Julia andererseits klar einander entgegengesetzt (3-4). Nach einem gegen Dirk gerichteten Disqualifikationsversuch Hannas liefert Dirk eine Begründung für seine Antwort: »Weil des (L2) höher is!« (5). Im Diagramm [4] läßt sich die bis dahin abgelaufene Argumentation im ›Prozeßbaum‹ mit den Knoten 1, 2 und 3 darstellen.
Während im Falle der beiden anderen Kontroversen die Argumentation nun ›auf der Stelle zu treten‹ beginnt – der antagonistische Zustand wird durch bloße Wiederholungen fortgesetzt –, liegt die Besonderheit der vorliegenden Kontroverse darin, daß im folgenden Jana versucht, im Widerspruch zu Dirk (und Julia) und gegen Dirks Begründung der Antwort ›L‹ die alternative Antwort ›R‹ zu stützen: »Nein! Das (R4) ist leichter und des- Gell? Des (R) kippt runter.« (6).
Sowohl bei Dirks als auch bei Janas Stützungsversuch wird implizit auf den Parameter ›Gewicht‹ Bezug genommen, und in beiden Fällen geben die Beiträge der Kinder korrekte empirische Beobachtungen wieder. Aber kann Jana mit ihrem Beitrag überhaupt ihren Widerspruch begründen? Und worauf bezieht sich genau genommen ihr Einwand?
Janas Aussage, daß R4 leichter (als L2) sei, ist im Grunde nur eine Reformulierung von Dirks Aussage, daß L2 höher sei. Objektiv (aus der Sicht eines Beobachters) stützt sie damit die von ihr explizit zurückgewiesene Antwort ›L‹ und gerät dadurch in einen latenten (d. h. nicht explizit ausformulierten) Selbstwiderspruch. Im Diagramm [4] wird dies durch den von einem gepunkteten Rechteck umrahmten Teil des ›Prozeßbaumes‹ veranschaulicht.
Ist sich Jana dessen bewußt, daß sie sich in einen latenten Selbstwiderspruch verstrickt hat? Sie bricht ihren Beitrag abrupt ab, obgleich er eine empirisch zutreffende Beobachtung enthält und es sich deshalb wohl kaum um einen bloßen ›Versprecher‹ handeln kann. Dies legt zumindest die Vermutung nahe, daß Jana durchaus bemerkt, daß sich mit der von ihr ins Feld geführten Begründung die Antwort ›R‹ nicht stützen läßt. Ob sie sich jedoch des latenten Selbstwiderspruches bewußt wird, kann aufgrund der Daten nicht schlüssig beantwortet werden.

[4]

0030/0002

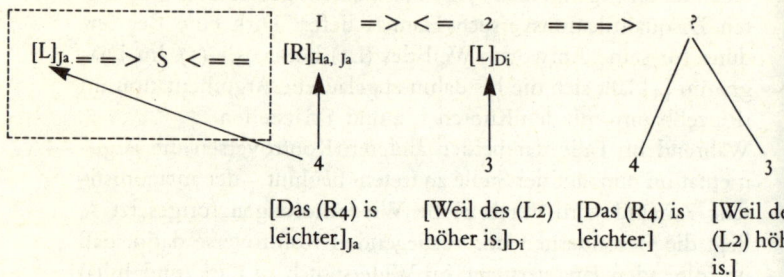

[Das (R4) is [Weil des (L2) [Das (R4) is [Weil de(
leichter.]Ja höher is.]Di leichter.] (L2) höh
                                          is.]

Ein weiteres Interpretationsproblem ergibt sich, wenn die Frage beantwortet werden soll, gegen was sich Janas Widerspruch im einzelnen richtet. Daß sie einen Widerspruch gegen Dirks Antwort ›L‹ einlegen möchte, dies kommt durch Janas »Nein!« und ihre alternative Antwort ›R‹ deutlich zum Ausdruck. Aber soll mit dieser Aussage, daß R4 leichter sei, bloß die Antwort ›L‹ oder darüber hinaus auch noch Dirks stützende Aussage, daß L2 höher sei, zurückgewiesen werden? Auch wenn die folgenden Redebeiträge berücksichtigt werden, muß diese Frage empirisch offenbleiben. Entscheidend ist jedoch, daß von den an der Argumentation Beteiligten selbst keinerlei Versuche unternommen werden, ein wechselseitiges Verständnis über den Geltungsbereich von Janas Widerspruch sicherzustellen. Argumentationslogisch liegt hier der hervorstechendste Unterschied zur Argumentationsweise von Gruppe 2.

Wenn alle hier geschilderten Beobachtungen über die Art und Weise, wie in Gruppe 1 Kontroversen argumentativ ausgetragen werden, zusammengefaßt werden, so ergibt sich das folgende Gesamtbild: entweder es wird lediglich eine der möglichen Antworten mit Bezug auf einen der Parameter, ›Gewicht‹ oder ›Abstand‹, gerechtfertigt, oder es wird, wie im zuletzt analysierten Beispiel, auch eine alternative Antwort zu rechtfertigen versucht, und dabei wird (man hat geradezu den Eindruck eines Zwanges) der konkurrierende Parameter des argumentativen Gegners übernommen. Diese Beobachtungen lassen sich alle auf dasselbe Grundmuster zurückführen: wenn mit der Begründung für eine der möglichen alternativen Antworten einer der beiden konkurrierenden Parameter implizit in die Argumentation eingeführt wird, so ist damit der Gesichtspunkt für eine mögliche Rechtfertigung von alternativen Antworten für die gesamte Dauer des entsprechenden Problemlösungsprozesses ein für alle Mal festgelegt.

Daraus folgt nicht notwendig, daß die Kinder von Gruppe 1 beispielsweise bei der zuletzt analysierten Aufgabenlösung (0030/0002) nicht mehr sehen können, daß der Abstand der Gewichte vom Drehpunkt auf der rechten Seite der Balkenwaage größer ist. Da die Kinder zumindest im Verlaufe ihres Gruppentestes einige Male den für ihre Antwort kriterialen Parameter wechseln, greift die Vorstellung eines solchen ›perzeptuellen Egozentrismus‹ vermutlich zu kurz.

Eher konsistent mit allen hier geschilderten empirischen Beobachtungen scheint dagegen die folgende Erklärung für die in den Argumentationen von Gruppe 1 sich manifestierende kollektive Zentrierung auf jeweils eine der beiden Parameter zu sein: Wenn eine empirisch zutreffende Aussage (die einen der beiden Parameter impliziert) als Begründung für eine der möglichen alternativen Antworten vorgebracht wird, so scheint damit das gesamte Begründungspotential der Gruppe bereits erschöpft zu sein. Was kann denn noch gegen die empirische Wahrheit einer vom argumentativen Gegner vorgebrachten Begründung eingewendet werden? Für einen Angehörigen von Gruppe 1, der mit einer solchen argumentativen Situation konfrontiert wird, scheint sich geradezu ein ›Begründungsloch‹ aufzutun. Offenbar kann es für ihn nicht gleichzeitig mehrere ›Wahrheiten‹ relativ zu unterschiedlichen, eventuell miteinander konkurrierenden Gesichtspunkten geben.

Wer zuerst ein Argument etablieren kann, der hat bereits alles, was zu sagen ist, gesagt; was nicht heißt, daß dann nicht doch noch nichtargumentative Mittel mobilisiert werden können, um in der Diskussion den eigenen Standpunkt durchzusetzen und damit die eigene soziale Stellung in der Gruppe günstig zu beeinflussen. Ein Widerspruch gegen ein solches bereits etabliertes Argument kann zwar zum Ausdruck gebracht, aber nicht mehr selbst begründet werden. Und wenn es doch versucht wird, wie im zuletzt analysierten Beispiel, so muß sich der Widerspruch im Rahmen des bereits formulierten Argumentes halten: da von Dirk nur eine Hälfte der mit seinem Beitrag intendierten ›Wahrheit‹ zum Ausdruck ge-

bracht wird (links ist es höher, d.h. schwerer), wird von Jana die andere Hälfte derselben ›Wahrheit‹ dagegengesetzt (rechts ist es leichter).
Wenn Gruppe 1 überhaupt in eine Argumentation eintritt, so muß sich diese offenbar im wesentlichen aus argumentationslogischen Gründen letztlich in einem ›Antagonismus ohne Argumente‹ festfahren. An die Stelle argumentativer Lösungen tritt dann bereits bei 3½-jährigen Kindern häufig der Versuch, durch Ausübung physischer Macht bzw. durch Einschüchterung des Andersdenkenden oder durch Koalitionsbildung die eigene Meinung durchzusetzen.
Inwiefern unterscheiden sich davon 5-jährige Kinder?

2.5.2. Antagonismen mit Argumenten: zur Argumentation von Gruppe 2 (5 Jahre)

Auch in Gruppe 2 spielt die Dominanz von Gruppenmitgliedern eine wichtige Rolle bei der kollektiven Entscheidungsfindung. In Gruppe 2 ist es vor allem Daniel, dessen Meinung sich der Rest der Gruppe im Falle von 8 Aufgaben diskussionslos anschließt, ohne daß Daniel seine Vorhersage über die Reaktion der Balkenwaage auch nur ansatzweise begründet hätte. Bei der Lösung von 7 Aufgaben wird dagegen für eine der möglichen alternativen Antworten von einem der Gruppenmitglieder eine Begründung geliefert, in der implizit auf den Parameter ›Gewicht‹ oder den Parameter ›Abstand‹ Bezug genommen wird. Die entsprechende Antwort wird daraufhin von der gesamten Gruppe akzeptiert. Teilweise sehr heftige Kontroversen entstehen jedoch bei der Lösung von 6 weiteren Aufgaben, von denen 4 Aufgaben Konfliktprobleme enthalten. Der Verlauf all dieser Kontroversen, an denen entweder Daniel und Annette oder Daniel und Robert maßgeblich beteiligt sind, folgt einem ganz bestimmten Schema, das exemplarisch an einer dieser Argumentationen kurz analysiert werden soll. Die Argumentation bezieht sich auf die Aufgabe 0003/0100, die 24. in der Reihenfolge der 25 Aufgaben des der Gruppe 2 vorgelegten Gruppentestes. Die Gruppe befindet sich während ihrer Diskussion größtenteils allein im Zimmer.
Der Argumentationstext lautet folgendermaßen:

0003/0100

```
 1 Da: ⎫                                              Gleichge-
   Ro: ⎪
   At: ⎬ (singen ›Gleichgewicht‹)
   Ad: ⎭
   Ma:                Denkt jeder ›Gleichgewicht‹?

 2 Da: wicht.                                              Ja, aber
   Ro:
   At: Ach, Daniel, da (R2) is doch weiter weg von der Mitte.
   Ad:

 3 Da: da (L1) sind mehr (= Gewichte).           Nein! Das (L1)
   Ro:
   At:      Aber-       Das (R) geht doch runter.
   Ad:              Trotzdem Gleichgewicht.

 4 Da: sind mehr! Aber das (R2)-               ⎡         ⎤
   Ro:                                         │  . . . . . │
   At:                                         │         │
   Ad:                                         ⎣         ⎦

 5 Da: ⎡Ro mischt sich ein und behaup-⎤ Robert! Nimm doch ›Gleichge-
   Ro: │tet ›L‹. Ma verläßt das Zim-  │
   At: │mer. Im Hintergrund singen Ad │
   Ad: ⎣und At »Gleichgewicht«.       ⎦

 6 Da: wicht‹! Guck! Hier (L1) sind drei (= 3Gewichte), hier is- hier
   Ro:
   At:
   Ad:

 7 Da: (R2) is eins (= 1Gewicht), aber es is weiter- Robert, bitte!
   Ro:
   At:
   Ad:

 8 Da: Bitte!              Drei gegen einen!
   Ro:     Da (L) geht's runter. Sonst darfst du nich- Dann kriegst du
   At: ⎫
       ⎬ (singen fortwährend ›Gleichgewicht‹)
   Ad: ⎭

 9 Da:
   Ro: auch nich 'n Kuchen bei mir. Wir machen zuhause zu meinem
   At:
   Ad:

10 Da:
   Ro: Geburtstag Johannisbeerkuchen. Wenn's- willst du einen
   At:
   Ad:
```

```
11 Da:                                                    Ach
   Ro: Kuchen- einen Johannisbeerkuchen? Sonst kannst-
   At:
   Ad:                     Laß das stehen! [zu Ro]

12 Da: komm, Robert!      Ich nehm deine Gummibärchen weg!
   Ro: Dann darfst du nie- und dann lad ich dich[nich zu
   At:
   Ad:

13 Da: [nimmt Ro's Becher und wendet sich ab]          Dann
   Ro: meinem Geburtstag ein. [versucht Da den Becher wegzunehmen]
   At:
   Ad:

14 Da: Gleichgewicht!
   Ro:            Ach, Mann! [geht zur Tür und ruft Ma zu Hilfe]
   At:
   Ad:
```

Anschließend, in Ma's Gegenwart, stimmt Ro dem Rest der Gruppe zu.

Auf Andreas Vorschlag hin legt sich die Gruppe gleich zu Beginn auf die Antwort ›B‹ (Gleichgewicht) fest. In einem typischen ›Kindergarten-Singsang‹ wird diese Antwort mehrmals wiederholt; und es wäre voraussichtlich bei dieser Antwort geblieben, wenn der Versuchsleiter nicht interveniert hätte (1). Daniel bestätigt die Antwort ›B‹ (1), doch Annette weist die Gruppe nun auf ein Problem hin: »Ach, Daniel, da (R2) is doch weiter weg von der Mitte.« (1-2). Die Verwendung der Partikel ›doch‹ signalisiert, daß Annette mit ihrem Beitrag die Antwort ›B‹ zumindest in Frage stellt. Dabei bezieht sich Annette implizit auf den Parameter ›Abstand‹ (»weiter weg von der Mitte«).

Daniel erhebt nun gegen Annettes Einwand Widerspruch: »Ja, aber da (L1) sind mehr (= Gewichte).« (2-3). Daniel bestreitet damit nicht, daß die mit Annettes Beitrag zum Ausdruck gebrachte Aussage empirisch zutrifft; mit anderen Worten: er bestreitet nicht die *empirische Haltbarkeit* von Annettes Aussage, sondern deren *explanative Relevanz* für eine erfolgreiche Beantwortung der Quaestio der Argumentation bzw. für eine erfolgreiche Lösung der gestellten Aufgabe. Um diese argumentative Funktion seines Beitrages zu verdeutlichen, bedient sich Daniel der dafür konventionell zur Verfügung stehenden sprachlichen Mittel. Er leitet seinen Beitrag mit der Formulierung ›ja aber‹ ein und verweist auf einen konkurrierenden Gesichtspunkt, im vorliegenden Fall auf den Parameter ›Gewicht‹ (»mehr (= Gewichte)«). In Daniels (und, wie sich im folgenden zeigt, auch in Andreas) Augen wird der größere Abstand auf der rechten Seite durch die größere Anzahl von Gewichten auf der linken Seite ausgeglichen.

[5]

0003/0100

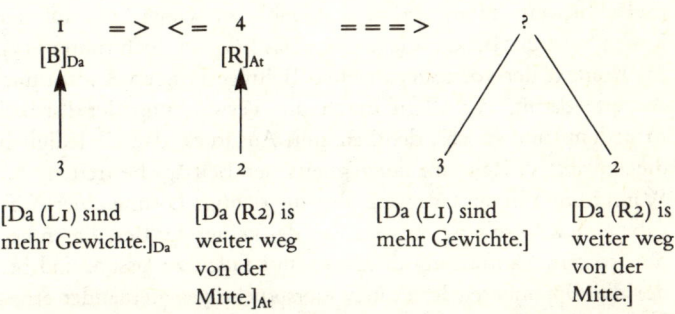

Die bislang abgelaufene Argumentation wird im Diagramm [5] durch den ›Prozeßbaum‹ mit den Knoten 1, 2, 3 und 4 veranschaulicht. Jede der beiden sich wechselseitig ausschließenden Antworten ›B‹ und ›R‹ wird durch eine weitere Aussage gestützt, die sich auf jeweils einen der beiden konkurrierenden Parameter, ›Gewicht‹ bzw. ›Abstand‹, implizit bezieht. Auch aus einem solchen Argumentationsprozeß kann letztlich (wenn allein argumentativ erzielte Lösungen gelten sollen) nur ein fragmentarisches kollektives Argument resultieren: zwar werden die alternativen Begründungen (vgl. die Knoten 2 und 3) kollektiv akzeptiert, aber es bleibt strittig, welche der möglichen alternativen Antworten auf der Grundlage dieser Konsensmenge von empirischen Aussagen ins kollektiv Geltende der Kinder überführt werden kann. Doch im Vergleich zur Gruppe 1 ist es nicht ein ›Antagonismus ohne Argumente‹, sondern ein ›Antagonismus mit Argumenten‹, in dem hier die Argumentation von Gruppe 2 kulminiert.

Welche empirischen Anhaltspunkte gibt es jedoch dafür, daß die argumentationslogische Voraussetzung für einen Antagonismus mit Argumenten, nämlich die Unterscheidung zwischen Widersprüchen gegen die empirische Haltbarkeit und Widersprüchen gegen die explanative Relevanz von Aussagen, von der Gruppe kollektiv geteilt wird?

Der weitere Verlauf der Argumentation zeigt, daß nicht nur Daniel, sondern auch Andrea und Annette mit ihren Einwänden den gegnerischen Beiträgen zwar die empirische Haltbarkeit zugestehen, aber andererseits die explanative Relevanz bestreiten:

Gegen Annettes Hinweis auf den größeren Abstand auf der rechten Seite der Balkenwaage wendet Andrea ein: »Trotzdem Gleichgewicht.« (3). Fast gleichzeitig damit wendet Annette gegen Daniels Hinweis auf die größere Anzahl von Gewichten auf der linken Seite der Balkenwaage ein: »Das (R) geht doch runter.« (3). Im Kontext der vorausgegangenen Beiträge bringen Andrea und Annette damit, vor allem durch die Verwendung der Partikel ›trotzdem‹ und ›doch‹, deutlich zum Ausdruck, daß sie lediglich die explanative Relevanz der gegnerischen Beiträge bestreiten.

Wann immer in der Gruppe 2 über die richtige Lösung einer Aufgabe eine Kontroverse entsteht, bei der keiner der Beteiligten bereit ist, seine Auffassung diskussionslos fallen zu lassen, und bei der die Opponenten Relevanzwidersprüche gegeneinander erheben, ergibt sich früher oder später ein solcher Antagonismus mit klar voneinander abgegrenzten Argumenten. Soweit in der Gruppe 2 Problemlösungen durch kollektive Argumentationsprozesse vorangetrieben werden, erreicht die Gruppe hier eine für sie offenbar unüberschreitbare Grenze.

Aber was ist relevanter für die Lösung eines Konfliktproblems: die Tatsache, daß sich auf einem der beiden Hebelarme eine größere Anzahl von Gewichten befindet, oder die Tatsache, daß sich auf dem anderen Hebelarm die Gewichte in einem größeren Abstand zum Drehpunkt der Balkenwaage befinden? Wie können die komparativen Werte, die sich für beide Hebelarme der Balkenwaage relativ zu den miteinander konkurrierenden Parametern ›Gewicht‹ und ›Abstand‹ ergeben, zu einem (eventuell komparativen) Gesamtwert aggregiert werden? In keiner der Argumentationen von Gruppe 2 können diese Fragen auch nur ansatzweise kollektiv diskutiert und beantwortet werden.

Statt dessen setzen an dieser Stelle nunmehr die Versuche von einzelnen Gruppenmitgliedern ein, mit externen, nichtargumentativen Mitteln eine Gruppenentscheidung zugunsten der eigenen Auffassung zu erzwingen. Es sind im wesentlichen drei Druckmittel, die von Gruppenmitgliedern eingesetzt werden. In dem oben analysierten Beispiel werden alle drei der Reihe nach angewendet.

Das erste Druckmittel besteht in dem Versuch, einen Mehrheitsentscheid zustande zu bringen. Daniel versucht dies gleich im Anschluß an seine Kontroverse mit Annette, um nun Robert, der die Antwort ›L‹ vertritt, zur Preisgabe seiner Meinung zu zwingen: »Drei gegen einen!« (8).

Das zweite Druckmittel besteht allgemein darin, Koalitionen bzw. Freundschaften zu festigen oder aufzukündigen, um dadurch die Meinung der anderen zu beeinflussen. Im vorliegenden Fall versucht Robert in diesem Sinne, Daniel mit einer Geburtstagseinladung und der Aussicht auf Johannisbeerkuchen unter Druck zu setzen (8-11).

Das dritte Druckmittel liegt in der mehr oder weniger direkten Ausübung von Gewalt. Ein Beispiel dafür ist Daniels Versuch, Robert den Becher mit Gummibärchen (Belohnung beim Spiel) wegzunehmen und ihn mit der Rückgabe des Bechers zu ›erpressen‹: »Dann Gleichgewicht!« (13-14).

Mit der Rede von ›Druck‹, ›Zwang‹ und gar ›Erpressung‹ wird hier natürlich keine moralisierende Bewertung beabsichtigt. Da es offenbar in der Gruppe kein Wissen bzw. keine impliziten Theorien darüber gibt, wie im Falle von Konfliktproblemen kollektiv geltende Aussagen ermittelt werden können, mit deren Hilfe zwischen den sich widersprechenden Argumenten vermittelt werden kann, und da andererseits die Gruppe vom Versuchsleiter unter Druck gesetzt worden ist, eine eindeutige Entscheidung zu treffen, muß sich die Gruppe zumindest im Falle von Konfliktproblemen notwendigerweise auf nichtargumentative, externe Entscheidungshilfen besinnen. Natürlich folgt daraus nicht zwingend, daß es letztlich eher Zwang und ›Selbstbehauptung‹ als faire Formen der Kompromißbildung sein müssen, deren sich Kinder dieser Alters- und Entwicklungsstufe ganz allgemein als Entscheidungshilfen bedienen. Auf die diesen Fragen zugrundeliegende, bislang empirisch noch weitgehend unerforschte Problematik, inwieweit individuelle Entwicklung und soziokulturelle Lebenswelt zusammenwirken, um spezifische ›Gerechtigkeitsvorstellungen‹ hervorzubringen, kann jedoch im Rahmen der vorliegenden Arbeit nicht weiter eingegangen werden.

2.6. Empirische Haltbarkeit versus explanative Relevanz von Aussagen: zur wechselseitigen Abgrenzung der Perspektiven von ego und alter

Die qualitativen Argumentationsanalysen des vorausgehenden Kapitels zeigen, daß zwar keine der beiden Gruppen von 3½- bzw. 5-jährigen Kindern über die theoretischen Voraussetzungen verfügt, um auch Testaufgaben, die Konfliktprobleme enthalten, auf eine systematische Weise erfolgreich zu lösen, aber daß sich dennoch in den beobachteten formalen Unterschieden zwischen den Argumentationen der beiden Gruppen eine für die Rationalität kollektiver Problemlösungsprozesse entscheidende (Teil-)Entwicklung abzeichnet: die Genese der Unterscheidung zwischen der empirischen Haltbarkeit und der explanativen Relevanz von Aussagen.

Diese Unterscheidung impliziert die grundlegenden Prinzipien und Regeln, die innerhalb einer ›Logik der Rechtfertigung‹, einem Teilbereich der ›Logik der Argumentation‹, den Ja/nein Stellungnahmen von Argumentationsteilnehmern zugrundeliegen. Das Kriterium der *empirischen Haltbarkeit* bezieht sich auf die Frage der Akzeptabilität von Aussagen eines Argumentes, das Kriterium der *explanativen Relevanz* bezieht sich auf die Frage der Akzeptabilität von Übergängen zwischen den Aussagen eines Argumentes.

Es ist wichtig, das Kriterium der Relevanz von Aussagen und das Kriterium der explanativen Relevanz von Aussagen hier klar zu unterscheiden.

Während in Gruppe 1 offenbar noch kein Verständnis für das Kriterium der explanativen Relevanz vorzuliegen scheint, ist es dennoch sehr wahrscheinlich, daß die Kinder dieser Gruppe bereits (implizit) verstehen, was es heißt, relevante Gründe für eine Meinung vorzubringen. Wenn beispielsweise eine Prognose über das Verhalten der Balkenwaage damit begründet würde, daß auf die Farbe der Gewichte, auf die Bösartigkeit des Versuchsleiters oder auf den momentanen Zustand des Wetters verwiesen würde, so würde dies von den Mitgliedern der Gruppe 1 wohl kaum als eine relevante Begründung akzeptiert werden. Das Kriterium der *Relevanz* impliziert lediglich, daß es zwischen der betreffenden Aussage und einer weiteren Aussage einen legitimen Übergang (Schlußregel) gibt. Im Unterschied dazu impliziert das Kriterium der *explanativen Relevanz*, daß es zwischen der betreffenden Aussage und einer weiteren Aussage nicht nur einen legitimen, sondern einen beweiskräftigen Übergang gibt, der zusammen mit der betreffenden Aussage (Prämisse) die weitere Aussage (Konklusion) hinreichend erklärt.

Erst wenn die Teilnehmer einer kollektiven Argumentation über beide Kriterien (empirische Haltbarkeit und explanative Relevanz) verfügen, können sie gegen einen gegnerischen Standpunkt argumentieren, ohne diesen zugleich zwangsweise teilen zu müssen. Erst wenn eine Aussage, deren empirische Haltbarkeit nicht angezweifelt werden kann, unter dem Gesichtspunkt ihrer explanativen Relevanz für die Beantwortung der Quaestio einer Argumentation bestritten werden kann, ist es möglich, die empirische Aussage des argumentativen Gegners als solche zu akzeptieren und dennoch den eigenen Standpunkt und die in diesem Licht als relevant erscheinenden empirischen Aussagen als Argument dem Argument des Opponenten entgegenzusetzen; mit anderen Worten: ego und alter können dann wechselseitig ihre Perspektiven voneinander abgrenzen.

Die ontogenetische Entwicklung der ›Logik der Argumentation‹ trägt somit nicht nur ihren Teil für die allgemeine Entwicklung der sozialen Interaktionskompetenz von Individuen bei; zumindest im Hinblick auf die in der vorliegenden Arbeit behandelte frühe Entwicklungsphase sind ›Logik der Argumentation‹ und ›Formen der Koordination der Perspektiven von ego und alter‹ miteinander identisch und konstituieren den ›harten Kern‹, der auf dieser frühen Entwicklungsstufe möglichen Interaktionskompetenz von Individuen. Zugleich läßt sich damit eine erste, grundlegende Entwicklungsstufe der Rationalität kollektiver Problemlösungsprozesse beschreiben: solange nämlich bei einem Konflikt nicht deutlich gemacht werden kann, worin die Kontroverse der daran Beteiligten eigentlich besteht, d.h. worin sich ego und alter *im Grunde* widersprechen, solange kann sich offensichtlich auch keine rationale Methode zur kollektiven Lösung von Konflikten entwickeln.

Indem die an einer Argumentation Beteiligten in der Argumentation ihre Standpunkte wechselseitig voneinander abgrenzen, bildet sich eine Konsensmenge von Aussagen (vgl. dazu die in den Diagrammen dargestellten aus den einzelnen Argumentationsprozessen jeweils resultierenden Argumente). Diese Konsensmenge von Aussagen reicht zwar auf der hier beschriebenen Entwicklungsstufe im Falle von Konfliktproblemen aus systematischen Gründen nicht aus, um daraus ein gemeinsames Argument abzuleiten, das unter Berücksichtigung aller kollektiv akzeptierten Aussagen eine eindeutige Antwort auf die Quaestio der Argumentation liefert. Aber da in den aus den Argumentationsprozessen resultierenden kollektiven (fragmentarischen) Argumenten die Begründungen für die sich wechselseitig ausschließenden Antworten der jeweiligen Opponenten enthalten sind, kann bereits in den Argumentationen 5-jähriger Kinder – trotz aller wechselseitig erhobenen Widersprüche – ein Konsens darüber entstehen, was das Strittige der jeweiligen Argumentation eigentlich ist; d.h. die Opponenten können sich über eine Situationsdefinition ihres Konfliktes einigen. Mit anderen Worten: auf der hier beschriebenen Entwicklungsstufe ist es möglich zu widersprechen und gerade dadurch ein wichtiges gemeinsames Ziel zu erreichen, die gemeinsame Identifikation des Strittigen einer Argumentation.

Natürlich können auch schon die Kinder von Gruppe 1 erkennen, daß in ihrer Argumentation strittig ist, welche Seite der Balkenwaage sich senkt bzw. ob die Balkenwaage im Gleichgewicht bleibt. Aber da bei dem entstehenden Antagonismus offenbar lediglich eine der möglichen alternativen Antworten begründet werden kann, bleibt es im weiteren Verlauf der Argumentation völlig arbiträr, welche Alternative der bereits begründeten Antwort entgegengesetzt werden kann. Und genau weil die Frage nach dem Grund einer Alternative letztlich nicht beantwortet werden kann, kann auf der Entwicklungsstufe von Gruppe 1 auch noch nicht sinnvoll die Rede davon sein, daß das Strittige einer Argumentation von den daran Beteiligten gemeinsam identifiziert werden kann. Was auf der anderen Seite die gemeinsame Identifikation des Strittigen einer Argumentation im Falle von Gruppe 2 betrifft, so ist sie hier natürlich auf das beschränkt, was eben bei 5-jährigen Kindern als Koordinationsproblem entstehen kann: die gemeinsame Wahrnehmung eines Antagonismus mit klar voneinander abgegrenzten Argumenten, in denen die Argumentspitze jeweils auf eine unmittelbar akzeptierte empirische Aussage zurückgeführt wird. Dennoch verfügen Kinder dieser Entwicklungsstufe mit der argumentationslogischen Unterscheidung zwischen der empirischen Haltbarkeit und der explanativen Relevanz von Aussagen bereits über die grundlegenden Argumentationstechniken, um auch auf den darauffolgenden Entwicklungsstufen (mit wesentlich komplexeren Koordinationsproblemen) potentiell einen Konsens über die wechselseitige Abgrenzung der Perspektiven von ego und alter und damit über das Strittige einer jeweiligen Argumentation herbeizuführen. Wie kann jedoch ein Dissens, ein Antagonismus mit Argumenten, über dessen Inhalt die daran Beteiligten ein gemeinsames Wissen erzeugen können, rational aufgelöst werden; und was heißt in diesem Zusammenhang Rationalität? Die Argumentationen der Gruppen mit älteren Kindern bzw. Jugendlichen liefern empirische Evidenz dafür, daß auf die in der vorliegenden Arbeit beschriebene Entwicklungsstufe mindestens zwei weitere ebenso grundlegende Entwicklungsstufen folgen, entlang deren sich eine fortschreitende Entwicklung von Argumentation und Rationalität beobachten läßt. Auch diese beiden weiteren Entwicklungsstufen lassen sich dadurch charakterisieren, daß auf ihnen neue und grundlegende Zusammenhänge zwischen der jeweils fortentwickelten (und erweiterten) Form der Logik der Argumentation, den daraus ableitbaren Kriterien zur Evaluierung der Akzeptabilität von Argumenten und schließlich der dadurch jeweils möglich gewordenen Form der Koordination der Perspektiven von ego und alter entstehen. Tabelle 4 enthält eine skizzenhafte Charakterisierung der drei Entwicklungsstufen. Im Rahmen der vorliegenden Arbeit kann dazu nur noch eine kurze und oberflächliche Erläuterung gegeben werden.

Tabelle 4: *Logik der Argumentation und die Koordination der Perspektiven von ego und alter*

Logik der Argumentation	Kriterien zur Evaluierung der Akzeptabilität von Argumenten	Koordination der Perspektiven von ego und alter
Kollektive Rechtfertigung von Aussagen	Haltbarkeit und Relevanz	Wechselseitige Abgrenzung der Perspektiven von ego und alter
Kollektive Entdeckung von »Brückenprinzipien«	Kohärenz	Subjektive Koordination der Perspektiven von ego und alter
Kollektive Selbstreflexion	Formale Gültigkeit	Objektive Koordination der Perspektiven von ego und alter

In dem Sinne, wie im Rahmen des hier vorgelegten Forschungsansatzes die ›Logik der Rechtfertigung‹ von Aussagen eines Argumentes verstanden wird, liefert genau sie die formalen Grundlagen für einen Antagonismus mit Argumenten (und man könnte hinzusetzen: die meisten Lehrbücher der formalen Logik halten sich innerhalb der Grenzen einer entsprechenden impliziten ›Argumentationslogik‹ auf). Aber wie soll weiter argumentiert werden, wenn in einer Argumentation zwei sich wechselseitig ausschließende mögliche Antworten auf eine Quaestio auf unmittelbar akzeptierte Aussagen zurückgeführt werden und damit beide Argumente kollektiv akzeptiert werden müssen? Um es in hier notgedrungen stark vereinfachenden (und daher möglicherweise sehr ungenauen) Begriffen auszudrücken: die ›Logik der Rechtfertigung‹, die primär deduktiv verfährt, muß durch eine ›Logik der Entdeckung‹, die primär induktiv verfährt, ergänzt werden.
Mit dieser erweiterten ›Logik der Argumentation‹ können auf der zweiten, in der Tabelle genannten Entwicklungsstufe antagonistische Argumente im Verlauf der Argumentation potentiell auf ein sogenanntes ›Brückenprinzip‹ bezogen werden, das zwischen den antagonistischen Argumenten vermittelt und unter Berücksichtigung aller in der Argumentation kollektiv akzeptierten Aussagen die Entwicklung eines gemeinsamen Argumentes zur Beantwortung der Quaestio ermöglicht. Ein potentiell gemeinsames Argument muß dann die Bedingung der ›Kohärenz‹ erfüllen, d.h. aus der gesamten im Verlauf einer Argumentation entwickelten Konsensmenge von Aussagen ableitbar sein.
Allerdings können Argumentationsteilnehmer beispielsweise im Falle der Balkenwaage-Probleme unterschiedlichen (impliziten) Theorien die Rolle eines solchen ›Brückenprinzips‹ zuschreiben; und wenn sie ihr ›Brückenprinzip‹ dadurch immunisieren, daß sie nur damit kompatible empirische Aussagen (zuweilen sogar im Widerspruch zur unmittelbar sinnlichen Wahrnehmung) zulassen, so können gegebenenfalls unterschiedliche und gleichwohl kohärente Kandidaten für ein potentiell gemeinsames Argument entstehen. In solchen Fällen liegt dann lediglich eine subjektive (und gegebenenfalls der Selbsttäuschung unterliegende) Koordination der Perspektiven von ego und alter vor.
Erst auf der dritten und in der Tabelle letzten Entwicklungsstufe kann die ›Logik der Argumentation‹ durch eine ›Logik der Selbstreflexion‹ erweitert werden, mit deren Hilfe eine kollektive Ver-

ständigung über die angemessene Form der ›Logik der Argumentation‹ selbst herbeigeführt werden kann. Auf dieser Ebene der Argumentation entwickeln Argumentationsteilnehmer ein Bewußtsein davon, daß die Theorie, die als ein objektives ›Brückenprinzip‹ zwischen antagonistischen Argumenten vermittelt, nur eine unter vielen möglichen ist, aus denen sich kohärente Argumente ableiten lassen. Jedoch nur potentiell gemeinsame Argumente, die die Bedingung der ›formalen Gültigkeit‹ erfüllen, d. h. die im Falle empirisch-theoretischer (technischer) Argumentationen in ihrer Genese dem ›Falsifikationsprinzip‹ genügen, haben eine Chance, wahr zu sein und somit eine objektive Koordination der Perspektiven von ego und alter zu ermöglichen.

3. Einige spekulative Folgerungen

Die Entwicklung der argumentationslogischen Unterscheidung zwischen der empirischen Haltbarkeit und der explanativen Relevanz von Aussagen ist das Ergebnis einer Phase ›fundamentalen Lernens‹ und konstituiert eine wichtige ontogenetische Stufe der Rationalität kollektiver Problemlösungsprozesse: erst auf dieser Stufe können prinzipiell die Perspektiven von ego und alter wechselseitig voneinander abgegrenzt und kann somit ein Konflikt von den daran Beteiligten gemeinsam identifiziert werden.

Für die Entwicklung einer ›soziologischen Lerntheorie‹ ist mit der hypothetischen Charakterisierung dieser Phase des ›fundamentalen Lernens‹ jedoch allenfalls ein erster Anfang gewonnen worden. Neben der Ausweitung der empirischen Deskription auf weitere Phasen des ›fundamentalen Lernens‹ und einer methodischen Überprüfung der Generalisierbarkeit von an Einzelfällen gewonnenen Beobachtungen sind es vor allem die folgenden beiden Fragenbereiche, hinsichtlich deren die empirische Hypothesenbildung vorangetrieben werden muß:

1. Setzt die individuelle kognitive Entwicklung, z.B. die Abfolge der im Abschnitt 2.1. skizzierten Informationsverarbeitungsmodelle, bestimmte Formen der Kooperation zwischen Individuen voraus?

2. Wie entwickelt sich die Logik der Argumentation? Ist es ein kollektiver Lernprozeß, den Individuen durchlaufen müssen, wenn sie beispielsweise die Fähigkeit erlangen, zwischen der em-

pirischen Haltbarkeit und der explanativen Relevanz von Aussagen zu unterscheiden?
Im folgenden soll noch kurz versucht werden, zu diesen Fragen aus den im Vorhergehenden dargestellten empirischen Fallstudien einige spekulative Folgerungen abzuleiten.

3.1. Intermentale und intramentale Strukturen

Die Redeweise von ›intermentalen und intramentalen Strukturen‹ geht auf Vygotski (1966, S. 44) zurück, der das folgende ›soziale Entwicklungsgesetz‹ postulierte: »Any function in the child's cultural development appears on the stage twice, on two planes, first on the social plane and then on the psychological, first among people as an intermental category, and then within the child as an intramental category.«
Lassen sich aus den Fallanalysen der vorliegenden Arbeit empirische Anhaltspunkte gewinnen, die zu einem besseren Verständnis vor allem des Begriffs ›intermentaler Strukturen bzw. Kategorien‹ beitragen und empirische Evidenz für die Plausibilität des von Vygotski vertretenen sozialen Konstitutionszusammenhanges liefern? Können die im Abschnitt 2.1. skizzierten kognitiven Informationsverarbeitungsmodelle bereits die Struktur kollektiver Problemlösungsprozesse bestimmen, noch bevor die daran beteiligten Individuen diese ›intermentale Struktur‹ interiorisiert haben und sie nun bei individuellen Problemlösungen jederzeit als eine ›intramentale Struktur‹ reproduzieren können?
Wie die im Abschnitt 2.3. dargestellte quantitative Analyse zeigt, scheint den Mitgliedern von Gruppe 1 das kognitive Modell I und den Mitgliedern von Gruppe 2 das kognitive Modell III (das das kognitive Modell II als Teil integriert) bei ihren individuellen Problemlösungen als ›intramentale Struktur‹ zugrundezuliegen. Offenbar ließe sich nun für die Plausibilität der Vygotski-These dann empirische Evidenz liefern, wenn gezeigt werden könnte, daß das kognitive Modell III bereits als ›intermentale Struktur‹ objektiv den kollektiven Problemlösungsprozessen von Gruppe 1 zugrundeliegt, ohne daß dies notwendig bedeuten müßte, daß alle Probleme bereits systematisch im Sinne von Modell III von den Mitgliedern der Gruppe subjektiv gelöst werden. Eine Klärung dieser Frage setzt zunächst eine theoretische Explikation der

Strukturen des kognitiven Modells III voraus. Dies kann hier nur ansatzweise versucht werden.

In der Arbeit von Piaget, Grize, Szeminska und Vinh Bang (1977) wird die Logik des präoperationalen Kindes im wesentlichen als eine Logik von Funktionen beschrieben. Im Sinne des mathematischen Konzeptes von ›Funktionen‹, das Piaget et al. der genannten Arbeit zugrundelegen, ist die Variable x dann eine Funktion der Variablen y (formal ausgedrückt: $x = f(y)$), wenn der Wert der Variablen x vom Wert der Variablen y abhängt; mit anderen Worten: Funktionen erklären die Kovariation zwischen zwei verschiedenen Variablen. Das Modell III ist in diesem Sinne ein typisches präoperationales Modell. Während ein konkret-operationales Modell die Kombination der beiden Parameter ›Gewicht‹ und ›Abstand‹ (bzw. die Aggregierung von Werten relativ zu den beiden Parametern zu einem Gesamtwert) ermöglichen würde, werden im Vergleich dazu im Modell III lediglich funktionale Beziehungen zwischen den beiden Parametern und den möglichen Reaktionen der Balkenwaage hergestellt; d. h. es werden mit diesem Modell mögliche Kovariationen einerseits zwischen den Variablen ›Gewicht‹ und ›Reaktion der Balkenwaage‹ und andererseits zwischen den Variablen ›Abstand‹ und ›Reaktion der Balkenwaage‹ definiert. Wenn die Mitglieder von Gruppe 2 bei ihrem Individualtest Konfliktprobleme zu lösen haben, so berücksichtigen sie offenbar bei der Lösung von ein und derselben Aufgabe *beide* Funktionen (beherrschen somit implizit eine ›Logik der Funktionen‹) und – da sich die Werte der beiden Funktionen wechselseitig ausschließen – bleibt ihnen nur noch die Möglichkeit zu raten.

Im Vergleich dazu berücksichtigen die Mitglieder von Gruppe 1 bei ihrem Individualtest weitgehend nur den Parameter ›Gewicht‹ (bei Dirk im Falle der Konfliktprobleme sogar zu 100%). Auch implizit scheinen sie somit eine ›Logik der Funktionen‹ noch nicht zu beherrschen. Zu der individuellen Zentrierung auf weitgehend ein und denselben Parameter (›Gewicht‹) steht jedoch, hinsichtlich der kollektiven Problemlösungen von Gruppe 1, die kollektive Zentrierung auf abwechselnd einen der beiden Parameter, ›Gewicht‹ und ›Abstand‹, in einem interessanten Kontrast. Auch bei der kollektiven Problemlösung können offenbar nicht beide Funktionen für die Lösung einer Aufgabe *gleichermaßen* berücksichtigt werden, sondern nur die Funktion, die mit der eventuellen Begründung für eine der alternativen Antworten implizit zum Ausdruck gebracht wird. Aber die Logik der Argumentation von Gruppe 1 ermöglicht es immerhin, daß der Parameter ›Abstand‹ von denjenigen, die ihn bereits ansatzweise berücksichtigen, in die Diskussion eingeführt und eventuell argumentativ (durch die Angabe von Gründen) durchgesetzt werden kann. Wenn die Logik der Argumentation von Gruppe 1 wiederholt auf die kollektive Lösung von Problemen desselben Typs (Konfliktprobleme der Balkenwaage) angewendet wird, so führt dies demnach dazu, daß in der zeitlichen Aneinanderreihung der einzelnen kollektiven Problemlösungsprozesse durch die abwechselnde kollektive Zentrierung auf einen der beiden Parameter eine ›Logik der Funktionen‹ objektiv bzw. als ›intermentale Struktur‹ zum Ausdruck gelangt, ohne daß diese ›Logik der Funktionen‹ bereits subjektiv bzw. als ›intramentale Struktur‹ realisiert und bei individuellen Problemlösungsprozessen reproduziert werden kann.

Angenommen, diese Konkretisierung der Vygotski-These erweist sich tatsächlich (für eine repräsentative Datenbasis) als empirisch haltbar, so scheint ein Fortschritt in der individuellen kognitiven Entwicklung, der von Modell I zu Modell III (einschließlich Modell II) führt, im wesentlichen einen (in Piagets Worten) Prozeß der ›reflektierenden Abstraktion‹ im Hinblick auf das zu erfordern, was in einer Reihe kollektiver Problemlösungsprozesse strukturell abgelaufen ist. Was objektiv an strukturellen Möglichkeiten bereits realisiert wird, muß vom subjektiven Verstehen nur noch eingeholt werden.

Das Lernsubjekt muß dabei primär folgendes verstehen lernen: wenn unterschiedliche Funktionen bei unterschiedlichen Aufgaben desselben Typs zwar abwechselnd, aber doch gleichermaßen berücksichtigt werden können, so können sie auch bei ein und derselben Aufgabe dieses Types gleichermaßen berücksichtigt werden. Wie die Fallanalysen der vorliegenden Arbeit nahelegen, setzt dieser kognitive Entwicklungsschritt jedoch voraus, daß zuvor die argumentationslogische Unterscheidung zwischen Haltbarkeit und Relevanz gemacht werden kann; denn erst dann können unterschiedliche Funktionen, die auf die Lösung derselben Aufgabe angewendet werden, in der simultanen Anwendung klar voneinander unterschieden werden.

Der Übergang von ›intermentalen Strukturen‹ zu ›intramentalen Strukturen‹ setzt somit zumindest in dem hier diskutierten empirischen Beispiel eine ganz bestimmte Entwicklung in der ›Logik der Argumentation‹ voraus. Wie kommt jedoch im einzelnen Individuum eine solche Entwicklung zustande? Ist es vielleicht die empirische Erfahrung, z. B. das beobachtbare Verhalten einer Balkenwaage, die hier die entscheidende Rolle spielt? Und müßte nicht überhaupt der empirischen Erfahrung für eine Rekonstruktion des ›fundamentalen Lernens‹ eine viel grundlegendere Bedeutung zuerkannt werden, als es in der vorliegenden Arbeit bislang geschehen ist?

3.2. Die Rolle der empirischen Erfahrung für fundamentales Lernen

Es gehört in der Entwicklungspsychologie offenbar zu den unausrottbaren die Disziplin als solche konstituierenden erkenntnistheoretischen Vorurteilen, daß auch schon ein kleines Kind aus empirischen Erfahrungen unmittelbar etwas theoretisch Relevantes lernen kann. Was jedoch Kinder im Alter der Versuchspersonen von Gruppe 1 und 2 im Falle der Balkenwaage unmittelbar sinnlich erfahren und worüber sie folglich eine ›sinnliche Gewißheit‹ bilden können, ist allenfalls, daß eine Prognose über das Verhalten der Balkenwaage richtig bzw. falsch ist. Warum dies so ist, entzieht sich bereits jeglicher unmittelbaren empirischen Erfahrung. Und selbst bei negativem Feedback durch die Balkenwaage ist es auch bei älteren Kindern bzw. Jugendlichen keineswegs selbstverständlich, daß eine Theorie (die den Prognosen zugrundeliegt) fallengelassen bzw. modifiziert wird. Nicht nur Erwachsene, auch Kinder (hier allerdings aus weitgehend strukturellen Gründen) besitzen eine erstaunliche Fähigkeit, ihre Theorien gegen empirische Falsifizierungsversuche zu immunisieren.[10] Bei

---

[10] Eine solche Immunisierung kann sogar für gesamte Gruppen bzw. soziale Kollektive charakteristisch sein. Ein eher harmloses Beispiel dafür liefern die kollektiven Problemlösungen von Balkenwaage-Aufgaben bei einer Gruppe von 9jährigen Kindern im Rahmen der zu Beginn dieser Arbeit geschilderten empirischen Untersuchung. Obgleich eine Reihe ihrer Prognosen scheitern (auf der anderen Seite jedoch eine Reihe von Prognosen durch die Balkenwaage bestätigt wird), halten diese Kinder doch kollektiv am ›Additionsmodell‹ (vgl. dazu den Abschnitt 2.1. der vorl. Arbeit) fest. Ihre kollektive Illusion geht sogar soweit, daß sie die Balkenwaage zunächst für defekt halten und dann – nachdem sie sich selbst vom Gegenteil überzeugt haben (durch eine spontane

den Kindern von Gruppe 1 und 2 scheint die Erfahrung von Erfolg und Mißerfolg noch nicht einmal Ansätze einer Theorieentwicklung auszulösen.

Heißt dies, daß empirische Erfahrungen für ›fundamentales Lernen‹, also für die Entwicklung von (impliziten) Basistheorien bzw. grundlegenden theoretischen Prämissen, überhaupt keine Rolle spielen? Obgleich eine Bejahung dieser Frage zu der absurden Konsequenz führen muß, daß ›empirische Regeln bzw. Gesetze‹ zwar eine ›Emanation‹ des einzelnen Subjektes darstellen, aber dennoch objektiv gelten können sollen, ist beispielsweise seit dem Erscheinen von Chomskys ›Aspekte der Syntax-Theorie‹ (1965) zumindest auf dem Felde der Spracherwerbsforschung ein solcher sogenannter ›Rationalismus‹ mit allen seinen Irrationalitäten weitgehend akzeptiert worden.[11] Wenn jedoch ein ›einsames‹ Individuum nicht aus empirischen Erfahrungen unmittelbar theoretisches Wissen ableiten kann, so liegt dies nicht an den empirischen Erfahrungen, sondern an der ›Einsamkeit‹ des Individuums.

Aber wie kann sich ein Individuum im Dialog mit anderen Individuen eine empirische Welt eröffnen, in der es theoretisch signifikante Erfahrungen machen kann und in der somit ›fundamentales Lernen‹ möglich ist? Durch den Dialog mit anderen Individuen werden ›intermentale Strukturen‹ konstituiert. Aber wie können sich einem Individuum die sich in sozialen Interaktionen empirisch manifestierenden ›intermentalen Strukturen‹ erschließen, obgleich es noch nicht über die korrespondierenden ›intramentalen Strukturen‹ verfügt?

3.3. Objektive Problemkontexte, Selbstwidersprüche und strukturelle Möglichkeiten

In ihrer Arbeit ›Von der Logik des Kindes zur Logik des Heranwachsenden‹ (1955, dt. 1977, S. 242 ff.), geben Piaget und Inhelder in zweifacher Hinsicht eine bemerkenswerte Antwort auf die Fra-

---

Erzeugung von Gleichgewichtszuständen) – die Balkenwaage schließlich kurzerhand für ›verrückt‹ und ›verhext‹ erklären.
11 Vgl. dazu die kritische Literaturdiskussion und die empirischen Untersuchungen in Miller (1979).

ge, wie ›fundamentales Lernen‹[12] möglich ist. Bemerkenswert ist die Antwort, weil sich Piaget und Inhelder mit kurzen Ausführungen die gesamte Problematik dieser Frage in ihrer ganzen Schärfe vergegenwärtigen. Aber die Antwort ist auch deshalb bemerkenswert, weil sie unlösbare Aporien aufwirft, in die zumindest die Entwicklungstheorie des späten Piaget mit ihrer entschiedenen Konzentration auf das Lernen eines ›einsamen‹ Handlungssubjektes zwangsläufig geraten muß – zumindest wenn sie nicht in einer ›Reifungstheorie‹ aufgehen möchte, was Piaget und Inhelder auch im Zusammenhang des hier genannten Werkes explizit ablehnen (vgl. z. B. a. a. O., S. 252).

Was sind die Voraussetzungen dafür, daß ›strukturelle Möglichkeiten‹, über die ein Individuum bislang noch nicht kognitiv verfügt, vom Individuum erworben werden können? Kann etwas in der Entwicklung Neues überhaupt als Neues erfaßt werden, ohne daß das Individuum doch bereits eine Art von ›Vorwissen‹ von diesem Neuen besitzt, oder drängt sich das Neue dem Individuum geradezu mit einer unausweichlichen ›Kausalität‹ auf? In einer traditionell philosophischen Terminologie läßt sich dieses Problem auch als die Frage nach der Beziehung zwischen ›Akt‹ (Wirklichkeit) und ›Potenz‹ (Möglichkeit) des Individuums stellen. In ihrer Antwort versuchen nun Piaget und Inhelder einen Begriff ›struktureller Möglichkeiten‹ zu entwickeln, der es erlaubt, ›Akt‹ und ›Potenz‹ des Individuums so aufeinander zu beziehen, daß verständlich werden kann, wie sich ›strukturelle Möglichkeiten‹ im Individuum als etwas in der Entwicklung Neues bilden können.

Zunächst unterscheiden Piaget und Inhelder zwei Bedeutungen, die das Wort ›möglich‹ in psychologischer Hinsicht enthält und die sich mit den beiden Begriffen ›materiell Mögliches‹ und ›strukturell Mögliches‹ zum Ausdruck bringen lassen.

Das *materiell Mögliche* ist alles das, was ein Individuum *selbst* als möglich erachtet: alle kognitiven Operationen, die es »ausführen oder konstruieren kann, ohne es tatsächlich zu tun« (a. a. O., S. 247)[13]. Auch das *strukturell Mögliche* bezieht sich auf Operatio-

---

12 Piaget und Inhelder verwenden diesen Begriff nicht, aber zweifellos bezieht sich dieser Begriff genau auf die Entwicklungsphänomene, die auch Piaget und Inhelder (wenn auch sicherlich nicht unter dem Gesichtspunkt einer ›soziologischen Lerntheorie‹) vor Augen haben.

13 Vom Heranwachsenden werden solche Operationen auf der Stufe der for-

nen, die das Individuum »auszuführen oder zu konstruieren imstande wäre«, aber nun ohne daß es »sich dieser Möglichkeit oder auch nur seiner Befähigung dazu bewußt wäre«. Es ist »das Mögliche unter dem Gesichtspunkt des Beobachters« (a.a.O., S. 248). Das ›strukturell Mögliche‹ charakterisiert eine Potenz des Individuums. Wie kann sich diese Potenz jedoch im Individuum aktualisieren?

Obgleich nur das ›materiell Mögliche‹ und keinesfalls das ›strukturell Mögliche‹ für das lernende Individuum eine psychologische Realität darstellt – im Falle des ›strukturell Möglichen‹ handelt es sich ja gerade um eine psychologische Realität, die allenfalls vom Standpunkt eines Beobachters aus erfaßt werden kann –, gelingt es Piaget und Inhelder, sich mit einem klaren Fehlschluß über diesen von ihnen selbst anfangs herausgestellten Unterschied hinwegzutäuschen, so daß sie schließlich glauben, dem ›strukturell Möglichen‹ nicht nur eine psychologische Realität zuschreiben, sondern sogar noch von einer ›Kausalität des strukturell Möglichen‹ für die Entwicklung des Individuums sprechen zu können (vgl. a.a.O., S. 251). Der kritische Punkt ihres Gedankenganges befindet sich an der Stelle, an der die Beziehung zwischen dem ›materiell Möglichen‹ und dem ›strukturell Möglichen‹ bestimmt werden soll. Das ›materiell Mögliche‹, das im übrigen im Rahmen des hier vorgestellten Forschungsansatzes den ›Gegenstandsbereich‹ des ›relativen Lernens‹ umfaßt, ist die »erste Aktualisierungsschwelle« (a.a.O., S. 250) des ›strukturell Möglichen‹. »Sobald der Heranwachsende über eine ausreichende Zahl strukturell möglicher Operationen verfügt, gelingt es ihm, sich materiell mögliche Transformationen vorzustellen. Ohne einen gewissen Fächer struktureller Möglichkeiten (das zeigt sich deutlich auf der präoperativen Stufe und sogar noch im Stadium der konkreten Operationen) könnte er (= der Heranwachsende) nur die im Wirklichen wahrgenommenen faktischen Zustände, die statischen Zustände oder die aktuellen Transformationen feststellen, er käme nicht dazu, sich die hypothetischen Transformationen vorzustellen, die ihm dazu dienen, neue Experimente auszudenken. Das materiell

maloperationalen Intelligenz als mögliche Operationen *gedacht* und bestehen damit, psychologisch gesehen, aus wirklichen Vorstellungen oder Operationen: sie konstituieren auf dieser Entwicklungsstufe einen Begriff von Wirklichkeit, demzufolge das, was tatsächlich empirisch der Fall ist, nur eine unter vielen denkbaren Möglichkeiten bzw. psychologischen Realitäten darstellt.

Mögliche ist somit vom strukturell Möglichen abhängig.« (a.a.O., S. 250)
Kann jedoch die Genese des ›materiell Möglichen‹ im Individuum das nur von einem Beobachtungsstandpunkt aus als ›gedachte Wirklichkeit‹ mögliche ›strukturell Mögliche‹ voraussetzen? Piaget und Inhelder antworten: »Man könnte zwar einschränkend sagen, nur das Wirkliche und das ›materiell Mögliche‹ (das noch psychologisch Wirkliches ist) würden auf den Geist des Heranwachsenden einwirken, während das ›strukturell Mögliche‹ ein Begriff wäre, der nichts mit dem Prüfling selbst, sondern nur mit dem Psychologen zu tun hat, der den Prüfling zu analysieren und zu erklären versucht.« (a.a.O., S. 250) Und an anderer Stelle werfen sie selbst die Frage auf: »Wie können wirklich ausgeführte Operationen kausal durch andere Operationen beeinflußt werden, auf die der Prüfling nicht oder nicht bewußt zurückgreift und die bisweilen in einem solchen Grade virtuell bleiben, daß sie nie in einer expliziten Form zum Stock der tatsächlichen Kenntnisse des Subjekts gehört haben?« (a.a.O., S. 250f.) Doch die endgültige Antwort von Piaget und Inhelder lautet: »Insofern jedoch das ›materiell Mögliche‹ durch das ›strukturell Mögliche‹ bedingt ist – und alle in diesem Buch dargestellten Arbeiten führen zu diesem gleichen Resultat – kommt man nicht darum herum, das strukturell Mögliche dem Prüfling als solchen zuzuordnen.« (a.a.O., S. 250f.)
Dieser Schluß ist jedoch in formaler und inhaltlicher Hinsicht ein ›non sequitur‹. Formal gesehen ist er eine ›petitio principii‹, weil Piaget und Inhelder zunächst für eine Erklärung ihrer empirischen Ergebnisse das Prinzip voraussetzen, das ›materiell Mögliche‹ könne sich nur dann entwickeln, wenn der Heranwachsende bereits über das ›strukturell Mögliche‹ *verfüge* (vgl. z.B. das obige Zitat: »Sobald der Heranwachsende...«), und dann anschließend aus ihren Erklärungen wiederum das Prinzip ableiten, daß das ›strukturell Mögliche‹ dem Individuum *selbst* zuzuordnen ist. Inhaltlich gesehen ist jedoch bereits die Unterstellung dieses Prinzips (für eine Erklärung empirischer Untersuchungsergebnisse) alles andere als zwingend. Warum sollte die Logik außer Kraft gesetzt und eine »paradoxe Folgerung« akzeptiert werden: nämlich »daß in einem psychologischen Gleichgewichtszustand das (strukturelle wie materielle) Mögliche eine gleiche kausale Rolle spielt wie die wirklichen Operationen« (a.a.O., S. 251)? Offenbar ist die Annahme ei-

ner psychologischen Realität im Falle des ›strukturell Möglichen‹ nur dann unumgänglich, wenn ›fundamentales Lernen‹ gar nicht anders begriffen werden kann als ein letztlich monologischer Prozeß des Individuums; und es kann deshalb kaum noch überraschen, wenn Piaget und Inhelder sich kurz darauf (vgl. a.a.O., S. 252) nur noch in Form eines Lippenbekenntnisses von einer ›Reifungstheorie‹ der kognitiven Entwicklung distanzieren können.

Die von Piaget und Inhelder zunächst sorgfältig durchgeführte Unterscheidung zwischen der Perspektive des Lernsubjektes und der Perspektive eines objektiven (wissenschaftlichen) Beobachters wird schließlich wieder fallengelassen. Das Lernsubjekt ist von vornherein Teilnehmer und objektiver Beobachter seines eigenen Tuns. Seine Potenz und seine aktuelle Wirklichkeit fallen von Anfang an zusammen.

Demgegenüber kann sich der Ansatz einer ›soziologischen Lerntheorie‹ mit dem Begriff ›intermentaler Strukturen‹ auf ›strukturelle Möglichkeiten‹ der individuellen Entwicklung beziehen, ohne diese ›strukturellen Möglichkeiten‹ in das Individuum selbst als eine psychologische Realität hineinprojizieren zu müssen. Allerdings entsteht auch hier das Problem, wie ›intermentale Strukturen‹ zu ›intramentalen Strukturen‹ bzw. wie die objektiv, an sich existierenden ›intermentalen Strukturen‹ für das individuelle Lernsubjekt erfahrbar werden und ob sie im Sinne einer ›Kausalität des strukturell Möglichen‹ wirksam werden können (denn andernfalls wäre eine allen Individuen gemeinsame, universelle Entwicklung im Rahmen einer ›soziologischen Lerntheorie‹ nicht denkbar).

Im folgenden kann nur noch kurz die Richtung angedeutet werden, in der im Rahmen des hier vorgestellten Ansatzes einer ›soziologischen Lerntheorie‹ versucht wird, eine Antwort auf diese Frage zu entwickeln.

›Intermentale Strukturen‹ können von den sie erzeugenden Individuen über die Wahrnehmung des *objektiven Problemkontextes* einer kollektiven Argumentation erfahren werden. Solange in einer Argumentation sich wechselseitig ausschließende Antworten auf eine Quaestio auf Aussagen zurückgeführt werden, die kollektiv akzeptiert werden (was mitunter eine erhebliche Kooperationsbereitschaft voraussetzt), entsteht ein intcressantes Problem: da nach dem ›Satz vom Widerspruch‹ nicht zwei sich wechselseitig ausschließende Antworten zugleich gelten können – eine Einsicht, die bei Kindern im Prinzip schon zu Beginn ihrer Sprachentwicklung vorhanden ist –, sich aber dennoch beide Antworten auf dieselbe Frage (Quaestio) beziehen und durch kollektiv akzeptierte Teilargumente gestützt werden, muß in einem kollektiven Prozeß versucht werden, metaphorisch gesprochen: den Fehler in diesem ›Argumentationsgewebe‹ aufzufinden.

Von einem ›objektiven Problemkontext‹ kann hier deshalb gesprochen werden, weil ein solcher Fehler objektiv existieren muß, obgleich er subjektiv von den an der Argumentation Beteiligten (noch) nicht eingesehen werden kann (und deshalb in der Regel auch eine Fortsetzung der Argumentation motiviert). ›Objektive Problemkontexte‹ besitzen damit weitgehend die Eigenschaften, die Popper (1972, dt. 1973, S. 123 ff.) einer Welt ›objektiver Gedankeninhalte‹, einer sogenannten Welt 3, zugeschrieben hat. Im Falle empirisch-theoretischer bzw. technischer Argumentationen spielt nun die empirische Erfahrung, z. B. die empirische Beobachtung des Verhaltens einer Balkenwaage, für die Durchdringung des kollektiv erzeugten ›objektiven Problemkontextes‹ eine genau umschriebene Rolle. Dies und die Möglichkeit der individuellen Erfahrung ›intermentaler Strukturen‹ soll noch kurz an der Argumentation von Gruppe 1 verdeutlicht werden.

Wenn auch im Verlaufe der Argumentation von Gruppe 1 offenbar allenfalls eine Konsensmenge von Aussagen entwickelt werden kann, die maximal die empirische Begründung für eine der möglichen alternativen Antworten enthält, so kann doch dadurch bereits ein ›objektiver Problemkontext‹ erzeugt werden – und zwar für alle an der Argumentation Beteiligten. Der interessante Argumentationsfall ist dabei derjenige, bei dem sich eine im Verlauf der Argumentation begründete Antwort als Prognose über das Verhalten der Balkenwaage als falsch und eine alternative (nicht mehr begründbare) Antwort als richtig erweist. Dies wirft ein unausweichliches, weil durch die Empirie selbst erzwungenes Licht auf den folgenden ›objektiven Problemkontext‹:

Wie kann eine kollektiv akzeptierte Begründung – trotz ihrer unbezweifelbaren, weil sinnlich unmittelbar verifizierbaren empirischen Haltbarkeit – zum Mißerfolg und eine im Verlauf der Argumentation nicht mehr begründbare alternative Antwort (das Begründungspotential ist ja bereits erschöpft) zum Erfolg führen? Wie ist es möglich, daß jeder der Opponenten eine ›empirische

Wahrheit‹ für sich verbuchen und doch keiner am Ende der Argumentation ein gültiges Argument bzw. eine begründete und zutreffende Prognose vorweisen kann? Offenbar kann dieses Problem nur dann gelöst werden, wenn (a) eine grundlegende argumentationslogische Prämisse von Gruppe 1 (eine Prämisse, die im Rahmen der vorliegenden Arbeit lediglich interpretativ als Hypothese aus den empirischen Daten erschlossen werden konnte) hinfällig werden kann, nämlich die Prämisse: ›aus der empirischen Haltbarkeit einer stützenden Aussage kann unmittelbar auf die empirische Haltbarkeit (empirische Wahrheit) der gestützten Aussage (Antwort auf die Quaestio) geschlossen werden‹; und wenn (b) (implizit) verstanden wird, daß ein möglicher Übergang zwischen den Aussagen eines Argumentes das Kriterium der explanativen Relevanz erfüllen muß.

Wenn durch kollektive Argumentationen der Prozeß der Fortentwicklung der Logik der Argumentation erst einmal in Gang gebracht worden ist, entsteht mit der grundlegenden Reorganisation von Methoden der kollektiven Problemlösung zugleich die Möglichkeit, im Erfolg bzw. Mißerfolg von einer Reihe kollektiver Problemlösungen desselben Typs einen gewissen Sinn zu erkennen und damit ›intermentale Strukturen‹ subjektiv zu erfahren. So ist es denkbar, daß im Falle der Argumentationen von Gruppe 1 die Suche nach relevanten Übergängen zwischen den Aussagen eines Argumentes in der Wahrnehmung des sich in einer Reihe von Argumentationen objektiv vollziehenden Wechsels zwischen den empirischen Beschreibungsdimensionen ›Gewicht‹ und ›Abstand‹ nicht nur eine Lösung des argumentationslogischen Problems, sondern auch eine (wenn auch letztlich nicht hinreichende) Erklärung für den Erfolg bzw. Mißerfolg dieser kollektiven Problemlösungsprozesse findet und somit eine Interiorisierung ›intermentaler Strukturen‹ zu ›intramentalen Strukturen‹ vollzogen werden kann. Angenommen, für diese Spekulationen ließe sich empirische Evidenz finden – beispielsweise im Rahmen sehr detaillierter empirischer Longitudinaluntersuchungen zur Argumentationsentwicklung von Gruppen von Kindern –, so bleibt doch noch eine letzte, theoretisch grundlegende Frage, die eine in einem argumentationstheoretischen Bezugsrahmen entwickelte ›soziologische Lerntheorie‹ zu beantworten hätte. Wenn sich das ›strukturell Mögliche‹ in den ›objektiven Problemkontexten‹ kollektiver Argumentationen manifestiert und sich vom einzelnen Individuum durch kollektive Lernprozesse als ›materiell Mögliches‹ aneignen läßt, was zwingt dann das einzelne Individuum dazu, sich solchen kollektiven Lernprozessen zu unterziehen und seine für die Rationalität kollektiver Problemlösungsprozesse notwendigen individuellen Fähigkeiten fortzuentwickeln?

Die Argumentation von Gruppe 1 über die Aufgabe 0030/0002 (vgl. S. 178 der vorl. Arbeit) zeigt, daß Janas Versuch, auch noch die alternative Antwort zu begründen, ohne jedoch die dazu erforderliche argumentationslogische Unterscheidung zwischen Haltbarkeit und Relevanz zu berücksichtigen, zumindest aus der Sicht eines Beobachters zwangsläufig in einem *Selbstwiderspruch* enden muß. Zwar konnte bei der Analyse die Frage, ob sich Jana dieses Selbstwiderspruches bewußt wird, nicht empirisch schlüssig beantwortet werden. Aber es ist doch anzunehmen, daß die Wiederholung solcher argumentativer Konstellationen bei den an den Argumentationen Beteiligten (auch schon bei Kindern dieses Alters) tendenziell zur Wahrnehmung solcher Selbstwidersprüche führen wird. Auf der anderen Seite legen empirische Analysen von kollektiven moralischen Argumentationen (vgl. dazu die folgende Studie) sehr stark die Vermutung nahe, daß erst ältere Kinder in kollektiven Argumentationen den argumentativen Gegner geradezu in Selbstwidersprüche treiben wollen bzw. solche Selbstwidersprüche entdecken und thematisieren wollen. Doch auch dann treten solche Selbstwidersprüche selten in expliziter Form auf, obgleich sie jedesmal eine dramatische Krise der Argumentation heraufbeschwören. Erst auf der Entwicklungsstufe, auf der ›autonomes Lernen‹ möglich ist, werden Selbstwidersprüche methodisch bewußt als Instrument der Theorienbildung angewandt. Aber schon lange davor scheinen sie in erst latenter und dann manifester, den Verlauf kollektiver Argumentationen bestimmender Form den geheimen ›Motor‹ des ›fundamentalen Lernens‹ zu bilden. Sie sind das Vollzugsorgan der ›Kausalität des strukturell Möglichen‹. Ob sie in latenter, manifester oder methodisch bewußter Form auftreten, spielt zwar für die Möglichkeit und Qualität kollektiver Theoriebildungsprozesse eine wichtige Rolle; aber in allen Fällen kommt durch sie zum Ausdruck, daß das theoretische Bezugssystem für die Lösung von Problemen nicht stimmig ist. Und schon die Andeutung eines möglichen Selbstwiderspruches zwingt in kollektiven Argumentationen den Verursacher dazu, sich argumentativ zu verhalten und sich dem ›objektiven

Problemkontext‹ einer Argumentation zuzuwenden, um eine Auflösung des Selbstwiderspruches zu finden. Denn Selbstwidersprüche sind der unmittelbarste Ausdruck des, um eine Formulierung von Jürgen Habermas zu verwenden, ›zwanglosen Zwanges einer Argumentation‹. Wer nicht willens ist, Selbstwidersprüche aufzulösen, verstößt gegen eine der elementarsten Verpflichtungen kommunikativen Handelns und stößt sich damit selbst aus jeglicher sozialen Gemeinschaft tendenziell aus.

Die empirischen Analysen und theoretischen Überlegungen und Spekulationen der vorliegenden Arbeit lassen es als durchaus denkmöglich erscheinen, daß sich ›fundamentales Lernen‹ nur in Form kollektiver Lernprozesse vollziehen kann. Aber das Denkmögliche muß noch lange nicht mit dem empirisch Wirklichen zusammenfallen. Es wird wohl noch der argumentativen Hilfe aller guten Geister bedürfen, um den Problemen ›fundamentalen Lernens‹ auch in dieser Hinsicht wirklich auf den Grund gehen zu können.

Kollektive Lernprozesse und Moral

0. Zur Problemstellung
1. Piagets These von der sozialen Konstitution einer universalistischen Moral
2. Argumentationen und kollektive Lernprozesse
3. Elemente eines grundbegrifflichen Rahmens für die empirische Analyse von Argumentationen
4. Kollektive Prozesse der Dialektik von Wissen und Erfahrung
4.1. Formales und materiales Interaktionswissen und drei entwicklungstheoretische Grundfragen
4.2. Moralische Weltbilder und das Problem ihrer kollektiven Geltung
4.3. Intermentale Prozesse und die Erfahrung des Neuen
4.4. Selbstwidersprüche und Rationalisierungszwänge
5. Soziale Interaktion und Moral
5.1. Soziale Perspektivenübernahme und moralisches Urteil
5.2. Form und Inhalt moralischer Argumentationen
6. Von der Heteronomie zur Konventionalität in der Ontogenese des moralischen Bewußtseins – zwei empirische Fallstudien
6.1. Zur empirischen Methode der Fallstudien
6.2. Neutralisierung, situative Relevanz und Strukturen eines naiven Utilitarismus
6.3. Zur Entrelativierung empirischer und normativer Aussagen im Prozeß der Argumentation
6.4. Ergebnisse der Fallstudien
7. Pathologische Formen kollektiver Lernprozesse: autoritäres, ideologisches und regressives Lernen
8. Zusammenfassung

0. Zur Problemstellung

In der antiken griechischen Tragödie sind moralische Konflikte ausweglos. In dem unschuldig Schuldigwerden des ›Helden‹ drückt sich ein Konflikt zwischen unveränderlichen, den Menschen vorgegebenen Werten einer göttlichen Weltordnung aus – ein Konflikt, der nur durch die ›tragische‹ Vernichtung des Helden ›aufgehoben‹ werden kann.

Für das neuzeitliche und aufgeklärte Bewußtsein sind dagegen moralische Konflikte säkularisierte Konflikte. In ihnen manifestieren sich elementare gesellschaftliche Koordinationsprobleme.

Eine göttliche Weltordnung vermag hier zumindest keine unmittelbar sinnstiftende Funktion mehr zu übernehmen; moralische Werte besitzen nunmehr eine menschliche Geschichte. Sind moralische Konflikte damit ihrer Ausweglosigkeit enthoben worden?

Moralische Konflikte setzen für ihre Entstehung das Eintreten der folgenden vier Bedingungen voraus: Es werden mindestens zwei unterschiedliche Erwartungen an das Handeln eines Akteurs (ein Individuum oder eine soziale Gruppe) gerichtet, die hinter diesen Erwartungen stehenden sozialen Normen bzw. grundlegenden Werte werden von dem Akteur prinzipiell akzeptiert, die Erwartungen in Bezug auf das (konkrete, historische) Handeln des Akteurs schließen sich jedoch wechselseitig aus (moralisches Dilemma), und es ist zumindest zu Beginn des Konfliktes strittig, ob sich eine dieser miteinander konkurrierenden Erwartungen bzw. die jeweils dahinter stehende Wertvorstellung eher (moralisch) rechtfertigen läßt als die andere(n).

Wenn die an einem moralischen Konflikt Beteiligten eine gemeinsame Lösung ihrer Koordinationsprobleme finden wollen, so setzt dies voraus, daß ihnen der gemeinsame Aufbau oder die gemeinsame Reproduktion eines zentralen Teilbereiches einer gesellschaftlichen Ordnung gelingt: der Moral als der letztendlichen, kritischen Legitimationsinstanz einer gesellschaftlichen Ordnung. Erst auf dieser Ebene läßt sich letztlich entscheiden, ob sich eine der miteinander konkurrierenden Erwartungen an das soziale Handeln eines Akteurs eher rechtfertigen läßt als die andere(n).

Aber setzt das Postulat einer kritischen Instanz nicht die Möglichkeit einer ›moralischen Wahrheitsfindung‹ voraus? Wie ist jedoch ›moralische Wahrheit‹ zu definieren? Und wie läßt sich gegebenenfalls eine Gewißheit darüber erlangen, daß eine ›moralische Wahrheit‹ erkannt worden ist? Sind, in diesem Sinne, *rationale Lösungen* moralischer Konflikte überhaupt möglich? Und lassen sich somit die Bewertungs- bzw. Legitimationsprobleme einer gesellschaftlichen Ordnung (von den davon Betroffenen) überhaupt auf eine rationale Weise lösen?

In der vorliegenden Arbeit soll versucht werden, aus einer *ontogenetischen Perspektive* einen Beitrag zur Beantwortung dieser Grundfragen der Soziologie zu liefern. Kann jedoch diese Perspektive für die Klärung jener Grundfragen überhaupt relevant sein?

Im folgenden wird die Auffassung vertreten, erstens: daß im Verlaufe der *Ontogenese von Moral* das einzelne Individuum potentiell eine Reihe von kognitiven Konzepten oder, um einen etwas altmodischen, aber doch sehr viel treffenderen Ausdruck zu verwenden, eine Reihe von ›Bewußtseinsgestalten‹ hinsichtlich einer ›rationalen Lösung moralischer Konflikte‹ entwickelt, zweitens: daß vom einzelnen Individuum diese Konzepte im wesentlichen im Kontext eines *kollektiven Lernprozesses* erworben werden, und drittens: daß die Abfolge in der Entwicklung dieser Konzepte eine universelle ontogenetische Ordnung aufweist, in der jeweils kognitiv höherstufige ›Bewußtseinsgestalten‹ aufeinander folgen; und daß die Empirie kollektiver Lernprozesse schließlich im einzelnen Individuum *potentiell* das Bewußtsein für einen universalistischen Begriff von Moral bzw. ›moralischer Wahrheit‹ entstehen läßt.

Die generelle These der vorliegenden Arbeit lautet somit:
Eine universalistische Moral ist das Ergebnis kollektiver Lernprozesse. Und das Ziel der vorliegenden Arbeit besteht darin, einen theoretisch und empirisch überzeugenden grundbegrifflichen Rahmen für eine Analyse kollektiven Lernens und der diesen Lernprozessen immanenten Entwicklungslogik zu entfalten.

Der Begriff eines kollektiven Lernprozesses ist der Grundbegriff einer *soziologischen Lerntheorie*. Aber obgleich der Begriff eines kollektiven Lernprozesses gegenwärtig durch die sozialwissenschaftliche Theorienlandschaft geistert, ist es bislang unklar geblieben, ob dieser Begriff in der Tat eine substantielle Alternative zu jenen subjektzentrierten, individualistischen Lern- und Entwicklungstheorien beinhaltet, die in der Psychologie und der Soziologie heute weitgehend dominieren. In der Regel beginnen die Unklarheiten bereits damit, daß es unterlassen wird, zwei grundlegend unterschiedliche Bedeutungen des Begriffes eines kollektiven Lernprozesses analytisch klar voneinander zu unterscheiden. In der einen Verwendungsweise bedeutet er das *Lernen eines Kollektivs oder einer sozialen Gruppe*, in der anderen Verwendungsweise das *Lernen eines Individuums im Kollektiv oder in der sozialen Gruppe*.

In makrosoziologischen bzw. evolutionstheoretischen Arbeiten findet sich primär die hier zuerst genannte Bedeutung. Mit dem Begriff eines kollektiven Lernprozesses wird hier die Vorstellung verknüpft, daß eine soziale Gruppe bzw. eine Gesellschaft als ganze lernt. Entweder wird dabei auf eine mystische Weise von einem überindividuellen Subjekt, einem gesellschaftlichen Gesamtsubjekt, ausgegangen (bekanntlich finden sich solche Anklänge in Durkheims Vorstellung eines ›Kollektivbewußtseins‹ oder in Hegels Vorstellung eines ›Weltgeistes‹), oder aber – und das ist der häufigere Fall – wird das Lernen eines Kollektivs als eine Aggregierung individueller Lernprozesse zu einem Gesamtresultat aufgefaßt. Aber was auch immer in diesem Zusammenhang eine ›Aggregierung‹ bedeuten mag, in der Regel zeigt sich doch schnell, daß unter sogenannten gesellschaftlichen Lernmechanismen im wesentlichen nichts anderes als eine Summe individueller, auf das einzelne Subjekt bezogener Lernmechanismen verstanden wird. Und von der Absicht, mit dem Begriff eines kollektiven Lernprozesses einen genuin soziologischen Zugang beispielsweise zu Problemen des sozialen Wandels zu finden, bleibt dann schließlich nur noch eine relativ inhaltsleere und uninteressante These übrig[1].

In der vorliegenden Arbeit wird dagegen der Begriff eines kollektiven Lernprozesses primär in der zweitgenannten Bedeutung verwendet, im Sinne des Lernens eines Individuums im Kollektiv bzw. in der sozialen Gruppe. Und es werden mit dieser Bedeutungsvariante die folgenden beiden Thesen verknüpft:

(a) Dem ›Lernen im Kollektiv‹ liegen bestimmte *soziale Lernmechanismen* zugrunde, die sich als elementare Formen der sozialen Interaktion, genauer: als Formen des *argumentativen Dialoges*, rekonstruieren lassen. Die Kooperationsprinzipien, die einem argumentativen Dialog in der Regel zugrundeliegen, und die kleinsten, noch sinnstiftenden Einheiten oder Bausteine, aus denen sich argumentative Dialoge zusammensetzen, lassen sich nicht mehr, in einem individualistischen Sinne, weiter reduzieren und als Handlungsmöglichkeiten monologischer Subjekte begründen.

(b) Prozesse des *fundamentalen Lernens*[2] in der Ontogenese des einzelnen Individuums setzen notwendig diese sozialen Lernmechanismen voraus. Fundamentales Lernen erfordert, daß in Problemlösungssituationen grundlegende Prämissen eines

---

1 vgl. dazu auch den Einleitungsaufsatz zum vorliegenden Buch.
2 vgl. dazu die Unterscheidung zwischen den Typen eines fundamentalen, relativen und autonomen Lernens zu Beginn des Aufsatzes ›Antagonismen und Argumente‹.

Wissenssystems hinterfragt und gegebenenfalls verändert werden. Eine solche Form des Lernens kann sogar zur Veränderung der gesamten Methodologie führen, die bisherigem Problemlösungsverhalten zugrundeliegt. Eine solche grundsätzliche Reorganisation von Wissenssystemen ist die Voraussetzung dafür, daß in der Ontogenese von Moral ein moralisches Weltbild durch ein hinsichtlich seiner Rationalität höherstufiges moralisches Weltbild ersetzt werden kann.

Die beiden hier skizzierten Bedeutungen des Begriffs eines kollektiven Lernprozesses lassen sich jedoch nicht nur deutlich voneinander unterscheiden. Auf der Grundlage dieser Unterscheidung läßt sich allererst der systematische Zusammenhang erkennen, der zwischen den beiden Phänomenbereichen, auf die sich die beiden Bedeutungsvarianten jeweils beziehen, besteht und der sich in Form der folgenden These zum Ausdruck bringen läßt:

Das Lernen eines Kollektivs und damit Formen eines sozialen Wandels setzen das Lernen des Individuums im Kollektiv notwendig voraus.

Wenn in einer sozialen Gruppe, die beispielsweise aus den drei Individuen A, B und C besteht, das Individuum A in und aufgrund der sozialen Interaktion mit B und C einen fundamentalen Lernschritt vollzieht, so bildet dies für eventuelle fundamentale Lernschritte von B und C genau dann einen neuen sozialen Interaktionskontext, wenn B und C ebenfalls wissen, was es heißt: in einer sozialen Gruppe zu lernen; und dieses Lernen einer sozialen Gruppe als ganzer läßt sich auf diese Weise ad infinitum fortsetzen.

Auf diese für makrosoziologische Fragestellungen möglicherweise interessante These kann jedoch im Rahmen der vorliegenden Arbeit nur noch am Rande eingegangen werden.

Wenn es den hier skizzierten systematischen Zusammenhang zwischen dem ›Lernen eines Kollektivs‹ und dem ›Lernen im Kollektiv‹ gibt, so liegt das eigentliche theoretische Problem für ein Verständnis kollektiver Lernprozesse in der Frage, ob und gegebenenfalls wie ein Individuum in einer sozialen Gruppe etwas (in einem fundamentalen Sinne) lernen kann, was ihm als einsamer Monade nicht möglich wäre. Und es ist diese Frage, angewandt auf die Ontogenese von Moral, die im folgenden mit einer Reihe von umfänglichen theoretischen Überlegungen und zwei empirischen Fallanalysen zu beantworten versucht wird.

1. Piagets These von der sozialen Konstitution einer universalistischen Moral

Was ist Moral, und was ist das moralisch Gute?
Es lassen sich mindestens vier kategorial unterschiedliche Antworten auf diese Frage geben:
In Georg Büchners Drama ›Woyzeck‹ liefert der Hauptmann eine Antwort, die unter die erste Kategorie fällt. Der Hauptmann zu Woyzeck: »Woyzeck, Er hat keine Moral! Moral, das ist, wenn man moralisch ist, versteht Er.« (Büchner 1961, S. 143 f.).
Wie sich im weiteren Verlauf des Dramas erweist, bringt diese tautologische Antwort lediglich zum Ausdruck, daß es für den Hauptmann neben den in seiner Gesellschaft herrschenden Konventionen und Gesetzen, also neben dem, was unter den Begriff der Legalität fällt, überhaupt keine Sphäre der Moral und damit auch nichts Entsprechendes substantiell zu definieren gibt.
Unter die zweite Kategorie fallen die Antworten einer vorkantischen materialen Ethik; beispielsweise auch die ironische Antwort von Stanislaw Lem (1980, S. 245), die folgendermaßen lautet: »›Gut‹ bedeutet nichts anderes als selbst zu fressen. ›Schlecht‹ bedeutet: gefressen werden.« Ein materialer Wert wird vor allen anderen ontologisch ausgezeichnet. Doch, wie kann man wissen, welcher Wert dies sein soll?
Unter die dritte Kategorie fallen relativistische Antworten, die alle auf der Grundannahme aufbauen: es sei sinnlos, von einem moralisch Guten schlechthin zu reden, oder, wie es zu Beginn der neuzeitlichen Ethik von Hobbes gesagt wird, das moralisch Gute sei relativ zu Person, Ort und Zeit, und somit könne es keine allgemeingültige bzw. absolute Moral geben. Es lassen sich jedoch eine ganze Reihe von Argumenten gegen die einzelnen Spielarten des moralischen Relativismus anführen (vgl. z. B. Beauchamp 1982, S. 32 ff.). Hier soll nur darauf verwiesen werden, daß mit der Antwort des moralischen Relativisten auf nicht-relativistische Weise ein Anspruch auf Allgemeingültigkeit erhoben wird und sich diese Antwort somit selbst aufhebt.
Unter die vierte Kategorie fallen die Antworten einer auf der Kantischen Traditionslinie entwickelten universalistischen Ethik. Kants kategorischer Imperativ lautet: »Handle so, daß die Maxime deines Willens jederzeit als Prinzip einer allgemeinen Gesetzgebung gelten könnte.« (Kant 1968, Bd. VI, S. 140) Alle in dieser

Tradition stehenden Ethiken gehen davon aus, daß moralische Urteile legitimerweise einen Anspruch auf Allgemeingültigkeit erheben dürfen und daß dieser Anspruch nur formal eingelöst werden kann: ein moralisches Urteil muß von allen davon Betroffenen in einer ›rationalen Argumentation‹ akzeptiert werden können. Im Rahmen dieses Aufsatzes wird vorausgesetzt, daß von diesen vier kategorial unterschiedlichen Antworten lediglich die vierte, die die Annahme einer universalistischen Ethik enthält, erfolgreich verteidigt werden kann – obgleich es eine offene Frage ist, wie das Kriterium einer ›rationalen Argumentation‹ im einzelnen zu explizieren und zu begründen ist; beispielsweise ob dies eher im Sinne einer Rawlschen Ethik oder im Sinne der Diskursethik von Habermas oder sonstwie angemessen geschehen kann.

Wie problematisch die Frage, was Moral und was das moralisch Gute ist, letztlich auch sein mag, es ergeben sich neue Rätsel, wenn die Frage gestellt wird, wie sich im Kinde, Jugendlichen und Erwachsenen ein moralisches Bewußtsein entwickeln kann. In seinem bedeutenden Werke ›Das moralische Urteil beim Kinde‹ (1932, dt. 1954) bringt Jean Piaget seine theoretischen und empirischen Erkenntnisse auf eine einfache Formel: »Das Gute ist ein Ergebnis der Zusammenarbeit.« (a.a.O., S. 221)

In dieser Formel stecken zwei grundlegende Behauptungen: Erstens, es gibt *das* moralisch Gute, und zwar im Sinne einer universalistischen Ethik. Und zweitens, die Ontogenese moralischer Prinzipien und letztlich des ›moralisch Guten‹ setzt bestimmte soziale Interaktionsformen als konstitutiv voraus. Im folgenden wird dies als Piagets These von der sozialen Konstitution einer universalistischen Moral bezeichnet.

Piagets Arbeit ist ein Meisterwerk in der Synthese philosophischer, entwicklungspsychologischer und gesellschaftstheoretischer Aspekte des Phänomens ›Moral‹. Dennoch hat Piaget seine These von der sozialen Konstitution einer universalistischen Moral ›nur‹ in einem strukturanalytischen Sinne theoretisch und empirisch entfalten können; in einer anderen, nicht weniger wesentlichen, von Piaget gleichfalls intendierten Hinsicht, nämlich in einem entwicklungstheoretischen Sinne, ist diese These jedoch ein Fragment geblieben.

Der *strukturanalytische* Aspekt bezieht sich auf die Frage, ob es überhaupt systematische Entsprechungen zwischen moralischen Anschauungen und Formen des gesellschaftlichen Zusammenlebens gibt. Piaget hat in diesem Zusammenhang mit seinen empirischen Analysen zur Entwicklung des kindlichen Urteilens über Spielregeln, über das Lügen und Stehlen und über Strafe, Verantwortung und Gerechtigkeit zu zeigen versucht, daß es in der Tat zwei unterschiedliche elementare Strukturen der sozialen Beziehung zwischen Individuen gibt: die einseitige und die gegenseitige Achtung; daß die einseitige Achtung zu einer Moral des Zwanges oder der Heteronomie und die gegenseitige Achtung zu einer Moral der Zusammenarbeit oder Autonomie führt; und schließlich, daß diesen beiden Arten der Moral zwei aufeinander folgenden Hauptstadien der moralischen Entwicklung entsprechen.

Doch erst zusammen mit dem entwicklungstheoretischen Aspekt verleiht diese strukturanalytische Sichtweise der These Piagets ihre eigentliche Brisanz. Der *entwicklungstheoretische* Aspekt betrifft die Frage, was (genetisch gesehen) überhaupt die Ursache für die Entwicklung des moralischen Bewußtseins ist – eine Entwicklung, die ja, da sie zumindest im Prinzip zu einer universalistischen Moral hinführen soll, selbst einen universalistischen Charakter haben muß. Kurz gesagt: was ist der Grund dafür, daß potentiell jedermann einen moralischen Bewußtseinsstand erreichen kann, auf dem verallgemeinerungsfähige moralische Urteile gefällt werden können?

Um Piagets Antwort auf diese entwicklungstheoretische Frage zu verstehen, ist es sinnvoll, sich zunächst seine Durkheim-Kritik in ihren Grundlinien zu vergegenwärtigen.

Durkheim ist häufig, jedoch zu Unrecht, in eine empiristische Ecke abgedrängt worden, und Piaget ist häufig, ebenfalls zu Unrecht, als einer der Kronzeugen dafür zitiert worden (vgl. z.B. Kohlberg 1971). Durkheim erweckt zwar in seinen erziehungssoziologischen Schriften (vgl. z.B. 1934, dt. 1973) den Eindruck, als ob es allein auf die richtige Organisation des Sozialisationsprozesses ankomme, damit Kinder eine dem gesellschaftlichen Entwicklungsstande angemessene Moral internalisieren. Und Piaget hat, in der Tat, die in einem solchen Trichtermodell der moralischen Sozialisation angelegte Gleichsetzung von herrschender gesellschaftlicher Moral und individueller Ethik vehement kritisiert (vgl. a.a.O., S. 385 ff.). Aber Durkheim hat andererseits, beispielsweise in ›Soziologie und Philosophie‹ (1967, S. 120), betont, daß es nicht die konkrete Gesellschaft, sondern allein deren »wahre Natur« ist, die eine moralische Orientierungsfunktion übernehmen

kann. Sokrates brachte, in diesem Sinne, die Moral seiner Zeit getreuer zum Ausdruck als seine Richter.
An dieser Stelle setzt Piagets eigentliche Durkheim-Kritik ein (vgl. a. a. O., S. 390 ff.). Wenn sich Moral eher in dem finden läßt, was eine Gesellschaft »wirklich zu sein strebt« (Durkheim), so kann Durkheim nicht zugleich ein Modell der Moralentwicklung vertreten, in dem ein eher passiver Organismus primär durch seine soziale Umwelt geprägt wird. Gerade »wenn man mit Durkheim einen Unterschied zwischen Meinung und Vernunft, der Herrschaft der Gewohnheit und derjenigen der moralischen Normen machen will, (muß) man gleichzeitig den Unterschied zwischen einem gesellschaftlichen Prozeß wie dem Zwang, der einfach das Bestehende bestätigt, und einem gesellschaftlichen Prozeß wie der Zusammenarbeit, die vornehmlich eine Methode aufzwingt und so die Emanzipation des Rechtes vom Bestehenden ermöglicht, mit Nachdruck betonen« (a. a. O., S. 395).
In Piagets Gegenmodell der moralischen Entwicklung spielen zwei Reihen von Ursachen zusammen: die einen hängen mit dem spontanen Denken des Kindes zusammen und betreffen angeborene Fähigkeiten und die konstruktive Eigentätigkeit des Kindes; die anderen hängen mit dem zusammen, was Piaget ›Zusammenarbeit‹ bzw. ›Kooperation‹ nennt und zum entscheidenden ›Movens‹ der Moralentwicklung macht: »aus den Wirkungen und Gegenwirkungen der Individuen aufeinander muß das Bewußtsein eines notwendigen Gleichgewichts entstehen, welches das ›alter‹ und ›ego‹ zugleich verpflichtet und einschränkt. Dieses bei jedem Streit und jeder Schlichtung geahnte und erstrebte ideale Gleichgewicht setzt natürlich eine lange gegenseitige Erziehung der Kinder untereinander voraus« (a. a. O., S. 361).
Gegen einen naiven soziologischen Reduktionismus stellte der frühe Piaget die Tradition einer strukturalistischen soziologischen Lern- und Entwicklungstheorie, wie sie bereits von Baldwin (1911) und Mead (1934) in Ansätzen entwickelt worden war. Zumindest im Hinblick auf Baldwin hat Piaget diese Traditionslinie explizit anerkannt: »das Kollektivbewußtsein besteht aus nichts anderem als aus einer ›Verallgemeinerung‹ der Inhalte des individuellen Bewußtseins, umgekehrt aber (und hier steht Baldwin den Soziologen sehr nahe) gibt es im individuellen Bewußtsein nichts, was sich nicht aus einer ununterbrochenen kollektiven Ausarbeitung ergeben würde« (a. a. O., S. 440).

Aus all dem folgt, daß für den frühen Piaget die Ontogenese einer universalistischen Moral notwendig *kollektive Lernprozesse* voraussetzt. Dennoch vermittelt seit einem halben Jahrhundert dieses von Piaget über die fragmentarischen Ansätze seines Frühwerkes hinaus theoretisch und empirisch nicht mehr weiterentwickelte Konzept eines kollektiven Lernprozesses den Eindruck eines ›erratischen Blockes‹, der sich in Piagets Werk und in dessen Wirkungsgeschichte lediglich hineinverirrt zu haben scheint.

Piagets Frühwerk hat, ob direkt oder indirekt, auf die Entwicklung kognitiver und interaktionstheoretischer Ansätze zur Erforschung der Ontogenese von Moral, allen voran die Arbeiten von Kohlberg (z. B. 1969, 1975, 1978, 1981) und Selman (1975, 1980), und auf die Entwicklung neuerer evolutionstheoretischer Ansätze zur Erklärung gesellschaftlicher Entwicklungsprozesse, hier vor allem die Arbeiten von Habermas (1973, 1976), Döbert (1973), Eder (1973, 1976), Harten (1977), Schluchter (1979) und Dux (1982), einen entscheidenden Einfluß ausgeübt. Gleichgültig ob in diesen Arbeiten ontogenetische oder evolutionstheoretische Probleme der Moral behandelt werden – in beiden Fällen sind es vor allem der strukturanalytische Aspekt einer Isomorphie von sozialen Strukturen und moralischen Weltbildern und der entwicklungstheoretische Aspekt einer gegenüber äußeren, empirischen Zwängen letztlich unabhängigen, autonomen ›Entwicklungslogik‹, die von den genannten Autoren von Piagets These der sozialen Konstitution einer universalistischen Moral übernommen worden sind.

Doch, was immer auch die wissenschaftlichen Meriten dieser auf der soziologischen Mikro- und Makroebene angelegten Arbeiten im einzelnen sein mögen, von keiner dieser Arbeiten wird der eigentliche, gerade in soziologischer Hinsicht bedeutsame innovative Impuls von Piagets These aufgenommen. In ihrer Rezeption von Piagets Frühwerk wird von diesen Arbeiten das genuin soziologische Konzept eines kollektiven Lernprozesses im wesentlichen durch das Konzept einer ›Entwicklungslogik‹ ersetzt, auf das sich der mittlere und späte Piaget konzentrierte – ein Konzept, das Piaget primär im Kontext seiner Untersuchungen zur Ontogenese des ›naturwissenschaftlichen Denkens‹ auf einer rein individualpsychologischen Ebene entwickelt hat. Die dabei im Zentrum stehende Äquilibrationstheorie (vgl. Piaget 1957, 1975, dt. 1976; vgl. dazu auch Furth 1981) bezieht sich im wesentlichen auf intraindividuelle und gerade nicht mehr: interindividuelle kognitive Konflikte und kann eine Universalität in der Herstellung sukzessiver und progressiver kognitiver Gleichgewichtszustände im einzelnen Individuum letztlich nur noch in einem ›reifungstheoretischen‹ Sinne verständlich machen (vgl. dazu Beilin 1971 und Putnam 1980)[3].

Vor allem in der einflußreichen Version, in der Kohlberg die These des frühen Piaget von der sozialen Konstitution einer universalistischen Moral im Ausgang von den Arbeiten des mittleren und frühen Piaget einer kognitivistischen und individualistischen Revision unterwarf, ergeben sich jedoch drei schwerwiegende und bislang jedenfalls unlösbare *theoretische* Probleme, auf die hier unter den Stichworten ›Logik und Moral‹, ›Universalität und Ethnozentrismus‹ und ›Normale und pathologische Entwicklungsverläufe‹ nur kurz hingewiesen werden kann.

›Logik und Moral‹: Kohlberg stützt sein Modell einer universellen, invarianten und irreversiblen Abfolge von sechs ontogenetischen Stufen der Moral, von denen sich jeweils zwei einer präkonventionellen, konventionellen und postkonventionellen Entwicklungsstufe zuordnen lassen, in letzter Instanz auf Piagets Modell der Entwicklung logisch-mathematischer Fähigkeiten. Wie läßt sich jedoch die Kluft zwischen Logik (im Sinne logisch-mathematischer Fähigkeiten) und Moral theoretisch (und nicht lediglich durch korrelationsstatistische, empirische Aussagen) überbrücken?

›Universalität und Ethnozentrismus‹: Kohlberg behauptet: »Jede Kultur und Subkultur der Welt beruht auf denselben moralischen Grundwerten und der gleichen schrittweisen Entwicklung moralischer Reife« (1978, S. 37). Legt jedoch ein Modell der Moralentwicklung, das beispielsweise in den Prinzipien der amerikanischen Verfassung seinen Kulminationspunkt findet (vgl. Kohlberg 1978), nicht doch mindestens den Verdacht eines Ethnozentrismus sehr nahe (vgl. dazu auch Simpson 1974, Bertram 1980)? Und wie kann Kohlberg einem solchen Verdacht überhaupt entgehen, wenn er seine Universalitätsannahmen zwar primär auf die Form moralischer Urteile bzw. auf sogenannte ›Argumentationsstruktu-

---

3 vgl. dazu auch das Kapitel ›Objektive Problemkontexte, Selbstwidersprüche und strukturelle Möglichkeiten‹ des Aufsatzes ›Antagonismen und Argumente‹ und das folgende Teilkapitel über ›Intermentale Prozesse und die Erfahrung des Neuen‹.

ren‹ bezieht, diese jedoch in seinen empirischen Analysen mit den inhaltlichen moralischen Prinzipien zusammenfallen läßt, die seine sechs ontogenetischen Stufenkonzepte definieren?
›Normale und pathologische Entwicklungsverläufe‹: Wenn eine Person in ihrer moralischen Entwicklung auf Kohlbergs konventioneller Stufe stehenbleibt und einen konventionell-rigiden Gewissenstyp und damit eine Art von ›law and order‹ Mentalität entwickelt, eine andere Person jedoch einen humanistischen Gewissenstyp herausbildet, der auf den Prinzipien der Menschenwürde und der Achtung vor dem anderen gründet und damit einem moralischen Bewußtsein auf Kohlbergs postkonventioneller Stufe entspricht, so würde sicherlich auch Kohlberg die moralische Entwicklung der ersten Person als eher pathologisch, die der zweiten jedoch als eher normal bzw. gelungen bezeichnen. Wie läßt sich jedoch die Genese eines solchen Unterschiedes erklären?
Empirische Untersuchungen, z.B. von Hoffmann (1963, 1970, 1977), Bertram (1978) und Döbert und Nunner (1982), liefern empirische Evidenz für die Annahme, daß solche und ähnliche Unterschiede auf unterschiedliche Typen des elternlichen Erziehungsverhaltens zurückgeführt werden können. Wenn man jedoch Kohlbergs ›Entwicklungslogik‹ wirklich ernst nimmt und dann der sozialen Umwelt für die grundsätzlich als autonom begriffene Moralentwicklung nur noch die Rolle eines hemmenden bzw. beschleunigenden Faktors zuweisen kann, so ist nicht mehr zu verstehen, wie pathologische Entwicklungsverläufe dieser Art überhaupt auftreten können – denn man kann hier ja beim besten Willen nicht mehr von einer bloßen Hemmung bzw. Beschleunigung einer in der Natur des Menschen angelegten Entwicklung sprechen. Wenn Kohlbergs ›Entwicklungslogik‹ konsequent zu Ende gedacht wird, so kann die (pathologische) Entwicklung des hier als Beispiel gewählten kollektiven Deutungsmusters einer ›law and order‹ Moral letztlich nur noch auf die autonome und ›individualistische‹, kognitive Selektionsleistung einer großen Anzahl von Individuen eines entsprechenden Kollektivs zurückgeführt werden. Kann es jedoch im Rahmen von Kohlbergs ›Entwicklungslogik‹ für eine solche autonome Selektion einer bestimmten moralischen Idee aus einem vorgegebenen lebensweltlichen Kontext neben biologischen Erklärungen (Anlage, Vererbung) überhaupt noch kohärente Erklärungsalternativen geben?
Kohlberg würde eine biologische Erklärung sicherlich niemals ak-

zeptieren. Aber die Alternativen einer empiristischen Erklärung oder einer ›interaktionistischen‹ (soziologischen) Erklärung im Sinne des frühen Piaget sind von Kohlberg genau so wenig akzeptiert und ausgearbeitet worden.
Diese drei, hier nur angedeuteten Probleme betreffen grundlegende entwicklungstheoretische Prämissen des Kohlberg-Ansatzes, und ihre Lösung erfordert die Entwicklung weiterer bzw. neuer grundlegender entwicklungstheoretischer Prämissen. Es kann deshalb kaum überraschen, daß das explosionsartige Anwachsen von an Kohlberg sich orientierenden empirischen Untersuchungen zur Moralentwicklung in den vergangenen 20 Jahren lediglich zu einem gigantischen Trümmerhaufen an empirischen Forschungsergebnissen geführt hat, die, wie beispielsweise Bertrams detaillierter Forschungsüberblick (1980) nahelegt, hauptsächlich eines klar gemacht haben, nämlich daß seit Durkheim und dem frühen Piaget kein wesentlicher Erkenntnisfortschritt in der Frage nach den genetischen Bedingungen der Moral erzielt werden konnte.
Auch im Rahmen der bereits genannten makrosoziologischen Arbeiten zur gesellschaftlichen Entwicklung moralischer Orientierungssysteme entsteht durch die Anknüpfung an die ›Entwicklungslogik‹ des späten Piaget und an Kohlbergs Theorie der Moralentwicklung eine Reihe von Problemen. Hier kann jedoch nur auf eine große Schwierigkeit der in diesem Bereich wohl explizitesten und überzeugendsten Arbeiten, nämlich der Arbeiten von Habermas (1976) und Eder (1976) aufmerksam gemacht werden (vgl. dazu auch Harten 1977).
Wenn von der Prämisse dieser Autoren ausgegangen wird (vgl. z.B. Habermas a.a.O., S.36), daß ontogenetische Lernprozesse gesellschaftlichen Evolutionsschüben gleichsam vorauseilen, so entsteht das weitere Problem zu erklären, wie diese Lernprozesse von der Allgemeinheit als solche erkannt und angeeignet werden können. In der entsprechenden sozialen Gruppe (Gesellschaft) muß eine Koordination der individuellen Lernprozesse aller (oder doch zumindest sehr vieler) einzelnen, dazu noch in einer bestimmten (evolutionären) Richtung, zustande kommen können. Wie ist jedoch eine solche Entwicklung, ein solcher kollektiver Lernprozeß möglich?
Die Antwort von Habermas lautet: »Individuell erworbene Lernfähigkeiten und Informationen müssen in Weltbildern latent ver-

fügbar sein, bevor sie sozial folgenreich genutzt, d.h. in Lernvorgänge der Gesellschaft umgesetzt werden können.« (a.a.O., S. 36)

Aber welche Lernmechanismen sind erforderlich, damit sich individuell erworbene Lernfähigkeiten in latenten Weltbildern manifestieren und damit eine intersubjektive Verbindlichkeit erlangen können? Sind dies wiederum individuelle Lernmechanismen? Und wie können diese individuellen Lernprozesse einer höheren Ordnung dann in einen gesellschaftlichen Lernvorgang derselben höheren Ordnung umgesetzt werden und so fort? Einfacher gefragt: wie entstehen kollektive Deutungsmuster bzw. Weltbilder und welche Lernmechanismen liegen gegebenenfalls einem evolutionären Wandel von Weltbildern zugrunde?

Ein evolutionstheoretischer Ansatz, der gesellschaftliche Lernmechanismen letztlich doch wiederum nur in Begriffen individueller Lernmechanismen beschreiben und verstehen kann, fällt auf eine Myriade individueller Lernprozesse zurück, ohne doch jemals die Entstehung intersubjektiver Deutungssysteme bzw. Weltbilder erklären zu können[4].

Diese einleitenden Überlegungen zu Piagets These von der sozialen Konstitution einer universalistischen Moral und zu ihrer Wirkungsgeschichte, die sowohl auf der ontogenetischen als auch der evolutionstheoretischen Betrachtungsebene zur Verdrängung des Konzeptes eines ›kollektiven Lernprozesses‹ führte – diese Überlegungen sind zumindest in einer Hinsicht unbefriedigend: sie setzen die Existenz kollektiver moralischer Lernprozesse voraus, ohne zu sagen, was darunter im einzelnen zu verstehen ist.

Im folgenden soll deshalb zunächst versucht werden, wenigstens einige begriffliche Elemente für die empirische Analyse von kollektiven Lernprozessen zu entwickeln, und danach, so weit dies im Rahmen der vorliegenden Arbeit möglich ist, die Frage behandelt werden, ob sich Piagets These von der sozialen Konstitution einer universalistischen Moral durch ein grundbegrifflich ausgearbeitetes Konzept ›kollektiver Lernprozesse‹ wiederbeleben läßt.

---

4 vgl. dazu das folgende Teilkapitel über ›Moralische Weltbilder und das Problem ihrer kollektiven Geltung‹.

2. Argumentationen und kollektive Lernprozesse

Zweifellos kann auch ein ›einsames‹ Individuum lernen. Es kann sich beispielsweise Geschicklichkeiten bzw. Fertigkeiten aneignen oder Informationen jeglicher Art in seinem Gedächtnis abspeichern. Es kann aber auch in dem Sinne lernen, der für die folgenden Überlegungen maßgeblich ist: es kann Probleme lösen und dabei ein ›propositionales Wissen‹ erwerben; d.h. ein Wissen, das potentiell in Aussagen umgesetzt und im Bedarfsfalle auf Gründe zurückgeführt bzw. in Begründungszusammenhänge eingeordnet werden kann. Eine große Anzahl sozialpsychologischer Untersuchungen kommt sogar zu dem Ergebnis, daß in der Regel individuelles Lernen dem Lernen in der Gruppe (›brain-storming‹) an Effizienz und Leistung überlegen ist (über den aktuellen Forschungsstand informieren z.B. Witte 1980 und Brandstätter, Davis und Stocker-Kreichgauer 1982).

Folgt daraus, daß kollektive Lernprozesse allenfalls zu einer bloßen Aggregierung und Summierung der Ergebnisse individueller Lernprozesse zu einem Gesamtresultat führen können und prinzipiell jedes der beteiligten Individuen dieses Gesamtresultat auch allein, durch seine eigenen Anstrengungen, erreichen kann? Dies wäre eine voreilige Folgerung, denn psychologische Untersuchungen zum Lernen in der Gruppe behandeln in ihrer weit überwiegenden Mehrheit[5] lediglich die Frage, ob und wie sich durch Gruppenprozesse irgendwelche Problemlösungsprozesse optimieren bzw. sonstwie beeinflussen lassen, und nicht die Frage, ob sich zumindest bestimmte Fähigkeiten des Individuums überhaupt nur im Rahmen kollektiver Lernprozesse entwickeln können. Das Konzept ›kollektiver Lernprozesse‹ bezieht sich somit auf einen Lerntypus, neben anderen Lern- und Entwicklungstypen wie ›Reifung‹, ›Konditionierung‹, ›Beobachtungslernen‹, ›konstruktives Lernen (im Sinne des späten Piaget)‹ usw.; und es wird mit diesem Konzept der Anspruch erhoben, vor allem das folgende Grundproblem allen Lernens und Erkennens auf eine angemessenere Weise zu lösen, als andere Lerntypen dies vermögen: das sogenannte ›*MenonParadox*‹. In Platons Dialog ›Menon‹ versuchen Sokrates und Menon die Frage zu beantworten, ob die Tugend lehrbar bzw. erlernbar sei. Dabei stoßen sie auf das folgende Para-

---

5 Ausnahmen finden sich vor allem in der Spracherwerbsforschung. Vgl. dazu den Aufsatz ›Sprachliche Sozialisation‹.

dox (vgl. Platon, Sämtliche Werke, 1957, Bd. II, S. 21 ff.): Wenn man etwas bereits weiß, so kann man es nicht mehr erlernen, denn man weiß es ja bereits. Wenn man es jedoch noch nicht weiß, dann kann man es auch nicht erlernen, denn wie soll man wissen, wonach zu suchen ist. Mit anderen Worten: wie kann eine Dimension von Erfahrung konstituiert werden, in der das einzelne Individuum etwas grundlegend Neues erlernen kann?

Platon erweist sich bei seinem Versuch, dieses Paradox mit seiner ›Lehre von der Anamnese‹ aufzulösen, als einer der ersten Verfechter ›angeborener Ideen‹: es gibt nichts, was die oftmals geborene, unsterbliche Seele nicht bereits in Erfahrung gebracht hätte, so daß sie sich nur an das Vergangene wieder zu erinnern braucht, was – wie Sokrates sagt – »bei den Menschen Lernen heißt« (a. a. O., S. 22). Doch diese Lösung ist nur eine Scheinlösung. Es bleibt die Frage, wie die unsterbliche Seele am Anfang ihres Seins gelernt hat.

Gerade die Form der Platonischen Dialoge verweist nun jedoch auf die Möglichkeit eines ganz anderen Weges zur Konstitution einer Dimension von Erfahrung, in der etwas grundsätzlich Neues erlernt bzw. erkannt werden kann. Die Platonischen Dialoge zeigen, daß es eine privilegierte Methode gibt, um in Problemlösungssituationen gegebenenfalls grundlegende Prämissen zu hinterfragen und durch neue, angemessenere zu ersetzen, ja eventuell um eine gesamte Methodologie zu verändern, die bisherigem Problemlösungsverhalten zugrundeliegt, und damit beispielsweise in dem reflexiven Sinne etwas strukturell Neues zu erlernen, in dem bei Piaget und Kohlberg die Abfolge von Entwicklungsstufen begriffen wird. Diese Methode ist die *Argumentation*.

Aber Argumentationen können sowohl von Individuen als auch von Gruppen durchgeführt werden. Verweist dies nicht darauf, daß ›kollektive Lernprozesse‹ sich letztlich doch auf ›individuelle Lernprozesse‹ reduzieren lassen?

Es gibt zwei Gründe, eine ontogenetische Hypothese und eine analytische Überlegung, die es jedoch als eher angebracht erscheinen lassen, individuelle Lernprozesse umgekehrt als ein Derivat kollektiver Lernprozesse zu betrachten. Zunächst kurz zur ontogenetischen Hypothese, die im Verlauf dieser Arbeit noch detaillierter behandelt werden soll.

Individuelle Argumentationen sind ein relativ spätes Ergebnis der Ontogenese. Als ein exemplarischer Fall des durch individuelle Argumentationen möglichen reflexiven und strukturellen Lernens gilt im allgemeinen rationales bzw. wissenschaftliches Problemlösungsverhalten; diese Form des durch individuelle Argumentationen ermöglichten Lernens soll im folgenden als *autonomes Lernen* bezeichnet werden. Autonomes Lernen kennzeichnet nicht nur ein spätes, sondern auch ein wohl nicht von allen Individuen gleichermaßen erreichtes ontogenetisches Stadium argumentativen Lernens. Andererseits sind Individuen im Verlaufe ihres Entwicklungs- und Bildungsprozesses bereits von allem Anfang an, ohne daß sie schon in dem eben explizierten Sinne ›autonom‹ lernen könnten, zur grundlegenden Reorganisation und Weiterentwicklung ihrer Wissenssysteme fähig. Sie können *fundamentale Lernprozesse* durchlaufen. Wie ist dies möglich?

Kollektive Argumentationen lassen sich bereits bei Kindern im 2. Lebensjahr beobachten (vgl. Miller 1979). Es liegt deshalb die empirische Hypothese nahe, daß kollektive Argumentationen auf eine implizite Weise einen Lern- und Erkenntnisprozeß ermöglichen, der dann später, im Falle des ›autonomen Lernens‹, in einer zwar strukturell analogen, jetzt allerdings reflektierten und expliziten Form von potentiell ›einsamen‹ Individuen in individuellen Argumentationen vollzogen werden kann. ›Autonomes Lernen‹ ist, wenn diese ontogenetische Hypothese zutrifft, eine systematisierte, individualisierte, reflexive und explizite Form dessen, was als ›kollektives Lernen‹ von Beginn an den Entwicklungs- und Bildungsprozeß des Individuums vorantreibt.

Eine kurze analytische Überlegung kann ferner zeigen, daß noch nicht einmal das ›autonome Lernen‹ so selbstgenügsam ist, wie es die hier gewählte Bezeichnung zum Ausdruck bringt: Wie läßt sich sicherstellen, daß bei individuellen Argumentationen die ›gegnerische Position‹ die gleichen Validierungschancen erhält wie die ›verteidigte Position‹ oder, anders gesagt, die letztere demselben Falsifizierungsdruck wie die erstere unterworfen wird? Offensichtlich doch nur dadurch, daß individuelle Argumentationen danach streben, dem Ideal einer kollektiven Argumentation möglichst nahezukommen. Individuelle Argumentationen sind zumindest hinsichtlich ihrer virtuellen Eigenschaften ein Derivat kollektiver Argumentationen. Und selbst im Falle eines ›autonomen Lernens‹ liegt deshalb eine letzte empirische Evidenz für die Objektivität und Validität des darin vollzogenen Lern- und Erkenntnisprozesses darin, daß empirisch überprüft wird, ob kollektive Argumentationen zu denselben Ergebnissen führen.

3. Elemente eines grundbegrifflichen Rahmens für die empirische Analyse von Argumentationen

Kollektive Argumentationen sind ein Sonderfall des an Verständigung orientierten sozialen Handelns. Sie konstituieren eine grundlegende, kommunikativ gesehen: nicht mehr weiter hintergehbare Methode zur Lösung interpersoneller Koordinationsprobleme.

Wie läßt sich diese Methode jedoch im einzelnen charakterisieren?

Im Kontext der vorliegenden Arbeit können nur einige wenige elementare Unterscheidungen skizziert werden, von denen hier angenommen wird, daß sie den für empirische Argumentationsanalysen erforderlichen grundbegrifflichen Rahmen entscheidend mitbestimmen. Es sind die begrifflichen Unterscheidungen zwischen ›Argument‹ und ›Argumentation‹; ›Analyse‹ und ›Kritik‹ von intendierten Argumenten; ›Kinematik des kollektiv Geltenden‹ und ›Logik der Argumentation‹; ›kooperativen‹ und ›nicht-kooperativen‹ Argumentationen; die Unterscheidung zwischen dem ›Verallgemeinerungsprinzip‹, dem ›Objektivitätsprinzip‹ und dem ›Wahrheitsprinzip‹ von Argumentationen; und die Unterscheidung zwischen ›kollektiven Argumentationsprozessen‹ und ›kollektiven Argumentstrukturen‹.

In Argumentationen werden Argumente entwickelt. Deshalb zunächst einige Anmerkungen zur Unterscheidung zwischen ›Argumentation‹ und ›Argument‹.

Argumentationen sind raumzeitliche, empirisch wahrnehmbare Ereignisse; Argumente sind dagegen abstrakte Entitäten, die sich nur auf indirekte Weise im empirischen Verlauf einer Argumentation manifestieren können.

Ein *Argument* läßt sich idealiter als eine Folge von Aussagen darstellen, an deren Ende die ›Konklusion‹ steht, d.h. eine Antwort auf die strittige Frage (bzw. Teilfrage) einer Argumentation (die Quaestio bzw. Teilquaestio einer Argumentation).[6]

Eine solche Folge von Aussagen ist genau dann ein Argument, wenn einige Aussagen unmittelbar akzeptiert werden und die an-

---

6 Umgangssprachlich wird mit ›Argument‹ gelegentlich auch eine einzelne Aussage bezeichnet. Im folgenden bezieht sich jedoch die Bezeichnung ›Argument‹ ausschließlich auf eine *Folge* von mindestens zwei Aussagen, für welche zumindest die hier aufgeführten Bedingungen erfüllt sind.

deren Aussagen daraus aufgrund bestimmter Übergangs- bzw. Schlußregeln abgeleitet werden können. Die *Logik des Argumentes* befaßt sich mit der Frage, welches die legitimen Übergänge sind. Ein Beispiel legitimer Übergänge sind die deduktiven Schlußregeln der formalen Logik.

Die für die Logik des Argumentes zentrale Idee des Überganges von bereits akzeptierten Aussagen zu weiteren Aussagen läßt sich veranschaulichen, indem Argumente als Strukturbäume dargestellt werden (vgl. dazu Angell 1964, Scriven 1976, Finocchiaro 1980, Klein 1980). In einem solchen Strukturbaum stehen alle nichtdominierenden Knoten für unmittelbar akzeptierte Aussagen, und alle dominierenden Knoten folgen aus Knoten, die sie dominieren.

[1]

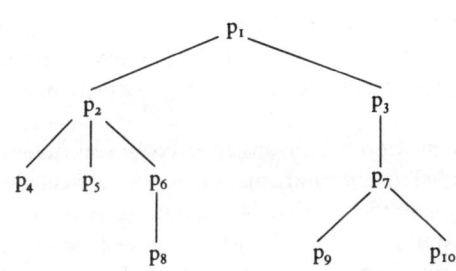

Im Strukturbaum [1] stehen die nichtdominierenden Knoten p_4, p_5, p_8, p_9 und p_{10} für unmittelbar akzeptierte Aussagen. Dagegen folgt p_6 aus p_8, p_2 folgt aus p_4, p_5 und p_6 und so weiter. In [1] ist p_1 die Konklusion oder, um einen Ausdruck von Arne Naess (1975) zu verwenden, die Argumentspitze.

In diesem Strukturbaum-Modell von Argumenten gibt es keinen prinzipiellen Unterschied zwischen Aussagen und Übergängen zwischen Aussagen. Übergänge können selbst in Form von Aussagen einem neuen Knoten innerhalb eines solchen Strukturbaumes zugeordnet werden. Und die zuunterst stehenden Knoten sind lediglich Grenzfälle von Übergängen.

Eine *Argumentation* ist dann erfolgreich, wenn es den an ihr Beteiligten gelingt, ein gemeinsames Argument zu entwickeln, dessen Spitze eine Antwort auf die Quaestio der Argumentation liefert.

Dabei spielen die für eine Argumentation typischen Pros und Kontras eine grundlegende Rolle. Mit ihnen wird der argumentative Kampf darüber ausgetragen, welches die unmittelbar zu akzeptierenden und damit im Kontext einer gegebenen Argumentation nicht mehr weiter zu hinterfragenden Aussagen (formal: die Aussagen, die sich in einem Argumentstrukturbaum an den nichtdominierenden bzw. zuunterst stehenden Knoten befinden) sind, aus denen sich ein gemeinsames Argument zur Beantwortung der Quaestio ableiten läßt. Die *Logik der Argumentation* befaßt sich mit der Frage, unter welchen (formalen) Bedingungen ein gemeinsam entwickeltes Argument eine legitime Antwort auf die Quaestio der Argumentation darstellt. Die Logik der Argumentation umfaßt, mit anderen Worten, diejenigen Prinzipien und Regeln, aufgrund deren ein bloß faktisch erzielter Konsens von einem rationalen Konsens unterschieden werden kann. Bevor auf diese normativen Implikationen des Konzeptes einer Logik der Argumentation im folgenden kurz eingegangen wird, ist es sinnvoll, zunächst einige weitere begriffliche Unterscheidungen einzuführen.

Eine Argumentation besteht aus einer Folge von Äußerungen, die im Falle kollektiver Argumentationen von verschiedenen Sprechern hervorgebracht werden. Damit nun das primäre Handlungsziel einer Argumentation: die gemeinsame Beantwortung einer gemeinsam zu identifizierenden strittigen Frage, erreicht werden kann, müssen die an ihr Beteiligten potentiell eine ganze Reihe interpersoneller Koordinationsprobleme lösen. Generell lassen sich diese Koordinationsprobleme zwei wesentlichen Teilzielen einer Argumentation zuordnen: der Analyse und der Kritik der mit den einzelnen Redebeiträgen von den individuellen Sprechern intendierten Argumente.

Argumente, die in alltäglichen, privaten oder öffentlichen Auseinandersetzungen von den daran Beteiligten mit den einzelnen Redebeiträgen entwickelt werden, scheinen mit den Syllogismen von Logik-Lehrbüchern kaum noch etwas gemeinsam zu haben: sie sind in der Regel unvollständig (enthymematisch) und häufig repetitiv, formal schlecht organisiert oder gar fehlerhaft, rhetorisch, vieldeutig, nur für ein bestimmtes Auditorium verständlich oder auch einfach generell unverständlich. Eine gelingende Verständigung setzt deshalb voraus, daß die Argumentationsteilnehmer ihre Redebeiträge wechselseitig einer (impliziten) *Analyse* unterziehen. Wie man im einzelnen am besten verfährt, um auch noch aus verstümmelten Redebeiträgen die intendierten Argumente zu rekonstruieren und deren Beitrag für die Beantwortung einer Quaestio festzustellen – dies sind Fragen, die in den letzten Jahren von einem Zweig der Logikforschung aufgegriffen wurden, der sich selbst als ›informelle Logik‹[7] bezeichnet und vor allem auf die Arbeiten von Toulmin (1958), Perelman & Olbrechts-Tyteca (1958), Angell (1964), Hamblin (1970) und Scriven (1976) zurückgeht. Um zu erklären, wie die intendierten Argumente vor allem des argumentativen Gegners verstanden werden können, ist von Thomas (1973), Baum (1975) und Scriven (1976) ein sogenanntes ›principle of charity‹ postuliert worden. Dieses Prinzip besagt im wesentlichen, daß Redebeiträge vom Hörer so vervollständigt und reorganisiert werden müssen, daß sich daraus im jeweiligen Argumentationskontext ein maximal verständliches und für den Verlauf der Argumentation gewichtiges Argument ergibt.

In der Regel versuchen die an einer Argumentation Beteiligten jedoch nicht nur, sich wechselseitig zu verstehen, sondern auch ihre kontroversen Argumente wechselseitig zu bewerten und in diesem Sinne einer *Kritik* zu unterziehen. Vor allem von Scriven (1976, 1980) sind eine ganze Reihe von Prozeduren und Strategien formuliert worden, mit denen sich Stärken und Schwächen von ›Alltagsargumenten‹ in einem Umfange beurteilen lassen, der weit über das in Logik-Lehrbüchern im allgemeinen zur formalen und inhaltlichen Gültigkeit von Argumenten Gesagte hinausgeht.

Dennoch sind die innerhalb der ›informellen Logik‹ entwickelten Ansätze zur Analyse und Kritik von Argumenten für ein Verständnis der Koordinationsprobleme kollektiver Argumentationen nur von sehr begrenzter Bedeutung. Die ›informelle Logik‹ beschreibt im wesentlichen die Fähigkeit eines in der ›formalen Logik‹ geschulten, idealisierten und monologischen Experten, der die in der alltäglichen Lebenswelt vorkommende argumentative Rede im Hinblick auf mögliche Fehlerquellen, insbesondere formale Trugschlüsse, beurteilt. Sie beschreibt jedoch nicht, wie die Probleme der Analyse und Kritik von Argumenten von den Argu-

---

7 vgl. dazu Blair & Johnson (1980) und den dort gegebenen Literaturüberblick.

mentierenden selbst *kollektiv* gelöst werden, welche Fähigkeiten dies erfordert und wie diese Fähigkeiten erworben werden. Eine *kollektive Analyse* der mit den einzelnen Redebeiträgen von verschiedenen Sprechern intendierten Argumente erfordert potentiell die Bewältigung eines für Argumentationen charakteristischen hermeneutischen Problems: die an einer Argumentation Beteiligten müssen gegebenenfalls ein gemeinsames Hintergrundwissen (bzw. einen gemeinsamen Redehintergrund) erzeugen, wenn die von den verschiedenen Sprechern jeweils intendierten Argumente bzw. Argumentfragmente[8] *intersubjektiv verständlich* sein sollen. Vom ›Regelkanon‹ der ›informellen Logik‹ wird die Lösung dieses hermeneutischen Problems einfach als gegeben vorausgesetzt.

Dasselbe gilt für die *kollektive Kritik* von Argumenten. Eine Lösung dieses Koordinationsproblems erfordert, daß sich die an einer Argumentation Beteiligten auf gemeinsam geteilte Kriterien beziehen bzw. diese Kriterien gemeinsam entwickeln, wenn ein Konsens darüber erreicht werden soll, ob und inwieweit intersubjektiv verständliche Argumente bzw. Argumentfragmente auch *intersubjektiv akzeptabel*[9] sind. Gemeinsam geteilte Kriterien für die Beurteilung der Akzeptabilität von Argumenten bzw. Aussagen eines Argumentes bilden das, was in Logik und Wissenschaftstheorie traditionell als ›Kontext der Rechtfertigung von Aussagen‹ (›context of justification‹) bezeichnet wird.

Gewöhnlich ändert sich in einer Argumentation dieser gemeinsame Kontext für eine Rechtfertigung von Aussagen fortlaufend. In einer Analogie zu dem Begriff einer »Kinematik des ›conversational score‹« bei Lewis (1979) wird die Empirie einer solchen Dynamik im folgenden als *Kinematik des kollektiv Geltenden* bezeichnet. Die Kinematik des kollektiv Geltenden umfaßt die empirischen Prozesse der Veränderung der Menge der im Verlaufe einer Argu-

---

8 Als ›Argumentfragment‹ wird im Rahmen des hier vorgestellten argumentationstheoretischen Ansatzes eine Folge von Aussagen dann bezeichnet, wenn am Ende dieser Folge die Konklusion fehlt und/oder zumindest einer der Übergänge in der Folge dieser Aussagen fehlt bzw. strittig ist.

9 ›Intersubjektive Verständlichkeit‹ und ›intersubjektive Akzeptabilität‹ bezeichnen kategorial unterschiedliche Eigenschaften von Argumenten bzw. Aussagen eines Argumentes. Intersubjektive Akzeptabilität setzt notwendig intersubjektive Verständlichkeit voraus, aber das Umgekehrte gilt nicht. Ein intendiertes Argument kann beispielsweise intersubjektiv verständlich, aber dennoch intersubjektiv nicht akzeptabel sein.

mentation von den daran Beteiligten intersubjektiv akzeptierten Aussagen (Konsensmenge von Aussagen). Diese kinematischen Prozesse vollziehen sich weitgehend unterhalb der Schwelle manifest beobachtbarer sprachlicher Prozesse und werden dennoch durch Prozesse der sprachlichen Kommunikation gesteuert. Offenbar unterliegen kinematische Prozesse, zumindest bei kompetenten Sprecher-Hörern, bestimmten sprachlichen und kommunikativen Regeln. Darauf kann jedoch – schon wegen des bislang kaum entwickelten Forschungsstandes – im vorliegenden Zusammenhang im einzelnen nicht näher eingegangen werden[10].
Im folgenden soll lediglich noch auf zwei zentrale Aspekte der Kinematik des kollektiv Geltenden kurz eingegangen werden: erstens, auf die Frage, welches die kleinste, noch sinnstiftende Analyseeinheit für eine empirische Rekonstruktion der Kinematik des kollektiv Geltenden ist; und zweitens, auf die Frage, ob und inwiefern sich Rationalitätskriterien im Hinblick auf prinzipiell mögliche Formen einer Kinematik des kollektiv Geltenden rechtfertigen lassen.
Argumentative Redebeiträge können von sehr unterschiedlichem Umfang sein. Unter Umständen kann sich das gesamte Lebenswerk eines Individuums als ein einziges, wenn auch sehr komplexes Argument hinsichtlich einer strittigen Frage präsentieren. Um argumentative Redebeiträge unterschiedlicher Sprecher voneinander abzugrenzen, sind quantitative Maße unbrauchbar. Entscheidend ist, ob ein Redebeitrag als eine Ja- bzw. Nein-Stellungnahme zu einer vorausgehenden Äußerung verstanden werden kann. Ja/nein-Stellungnahmen sind die kleinsten, noch sinnstiftenden Analyseeinheiten einer Argumentation.
Wenn beispielsweise die Äußerung eines einfachen ›ja‹ noch in die einzelnen Phoneme zergliedert wird, die es lautlich konstituieren, wenn ein Redebeitrag in die einzelnen Gedanken unterteilt wird, aus denen er zusammengesetzt ist, oder wenn bei einem mehrfach unterbrochenen Plädoyer die einzelnen ›Turns‹ unterschieden werden, so sind dies Analyseeinheiten, die sich von Ja/nein-Stellungnahmen in zweifacher Hinsicht unterscheiden. Einmal ist aufgrund ihrer Form nicht ersichtlich, in welcher Weise sie

10 Auch auf kognitive Probleme der Informationsverarbeitung (z.B. Restriktionen aufgrund von Gedächtnisfunktionen), die diese kinematischen Prozesse entscheidend beeinflussen können, kann im Rahmen der vorliegenden Arbeit nicht eingegangen werden.

etwas Bestimmtes zur Kinematik des kollektiv Geltenden beitragen. An einem Phonem, einem bloßen Gedanken oder einem Turn als solchen kann nicht abgelesen werden, ob die ›Konsensmenge von Aussagen‹ einer Gruppe von Argumentierenden dadurch erweitert oder eingeschränkt wird.
Zweitens, Ja/nein-Stellungnahmen sind prinzipiell interaktiv konstituiert. Sie setzen in der Regel voraus, daß sich eine zweite Person bereits irgendwie zu irgendetwas geäußert hat, und sie beziehen sich auf diese (gegebenenfalls auch nichtsprachlichen) Äußerungen. Wenn man beispielsweise von einem Unbekannten plötzlich mit einem ›nein‹ angesprochen wird, so erzeugt dies wohl bei jedermann zunächst zumindest eine gewisse Irritation. Da man selbst nichts gesagt hat, worauf sich dieses ›nein‹ beziehen könnte, versucht man wenigstens eine mögliche symbolische Bedeutung der eigenen nichtsprachlichen Handlungen zu erkennen (z.B. könnten sie für das ›Übertreten des Verbotes, einen bestimmten Rasen zu betreten‹ stehen und damit eine bestimmte Antwort auf die Frage ›Darf dieser Rasen betreten werden?‹ implizieren), auf die sich dieses ›nein‹ eventuell beziehen könnte. Wenn bis zur kleinsten, noch sinnstiftenden Analyseeinheit von Argumentationen zurückgegangen wird, so sind es nicht vom einzelnen Individuum monologisch erzeugte ›Sprechhandlungen‹, sondern spezifische Formen des Dialoges, die sich als die elementaren ›Bausteine‹ einer Argumentation zu erkennen geben.
Argumentative Redebeiträge werden selten durch ein bloßes ›ja‹ bzw. ›nein‹ realisiert. Gewöhnlich bestehen sie aus einer Ja-Stellungnahme oder einer Nein-Stellungnahme zu einem vorausgegangenen Redebeitrag oder aus Kombinationen von Ja/nein-Stellungnahmen. Z.B. setzt die Rechtfertigung eines ›Neins‹ gegenüber dem Redebeitrag eines Opponenten einen gemeinsamen Kontext der Rechtfertigung und damit zumindest eine implizite Ja-Stellungnahme zu diesem Kontext voraus. Die Komplexität der Kinematik des kollektiv Geltenden wird vor allem daran sichtbar, daß durch Widersprüche nicht nur Aussagen bzw. Argumente eines argumentativen Gegners zurückgewiesen, sondern Teile davon auch bestätigt werden können und dadurch unter Umständen die ›Konsensmenge von Aussagen‹ sogar erweitert werden kann. Zu argumentieren lernen heißt ganz wesentlich: zu lernen, wie gerade durch wechselseitiges Widersprechen (dennoch) ein gemeinsames Ziel verfolgt und erreicht werden kann.

Aber läßt sich das primäre Handlungsziel einer Argumentation, die gemeinsame Beantwortung einer gemeinsam zu identifizierenden strittigen Frage, mit jeder Antwort erreichen, sofern sie nur vom Kollektiv der Argumentierenden geteilt wird? Oder kann auch dann noch zwischen einer legitimen und illegitimen Erfüllung dieses primären Handlungszieles unterschieden werden? Wenn eine Gruppe im Verlaufe einer Argumentation die gemeinsame Überzeugung entwickelt, daß in der Vergangenheit beispielsweise die Nationalsozialisten zu Recht Millionen ihrer jüdischen Mitbürger ermordeten, in der Gegenwart beispielsweise die USA und die Sowjetunion an ihren Peripherien zu Recht jede demokratische Widerstandsbewegung blutig niederdrücken, in der Zukunft sich beispielsweise eine atomare kriegerische Auseinandersetzung trotz der unvorstellbar entsetzlichen Folgen für die Menschheit immer noch als ein sinnvolles Mittel der Politik erweisen kann, so sind dies keine ›legitimen gemeinsamen Antworten‹. Viele wissen dies; aber gibt es objektiv zwingende Gründe dafür, weshalb dies keine ›legitimen Antworten‹ sein können? Legitime Antworten setzen einen *rationalen Konsens* zwischen den an einer Argumentation Beteiligten voraus. Doch, worin unterscheidet sich ein ›rationaler Konsens‹ von einem ›bloß faktischen Konsens‹? Und wie lassen sich ›Rationalitätskriterien‹, die den Begriff einer ›legitimen Antwort‹ explizieren, rechtfertigen?

Die Klärung aller dieser Fragen fällt in den Bereich der *Logik der Argumentation*. Während die Kinematik des kollektiv Geltenden allgemein die Prinzipien und Regeln umfaßt, die einer koordinierten Veränderung der ›Konsensmenge von Aussagen‹ im Verlaufe einer kollektiven Argumentation zugrundeliegen, umfaßt die Logik der Argumentation lediglich eine (allerdings für die Rationalität von Argumentationen entscheidende) Teilmenge dieser Prinzipien und Regeln: nämlich diejenigen, die die formalen Voraussetzungen definieren, die erfüllt sein müssen, damit die Kinematik des kollektiv Geltenden beispielsweise in empirisch-theoretischen Argumentationen wenigstens im Prinzip zu empirisch wahren und in moralischen Argumentationen wenigstens im Prinzip zu verallgemeinerungsfähigen normativen ›gemeinsamen Antworten‹ auf eine gemeinsam identifizierte Quaestio führen kann. Die Logik der Argumentation ist eine *Logik der Entdeckung*. Ihre Befolgung führt im Prinzip dazu, daß in einer Argumentation genau der Kontext für eine Rechtfertigung von Aussagen gemeinsam entwickelt wird, mit dessen Hilfe aus der Menge der prinzipiell möglichen Antworten auf eine Quaestio genau diejenigen als die rationalen Antworten herausselegiert werden können, die unter den empirischen Randbedingungen der betreffenden Argumentation die größte Chance haben, empirisch wahr bzw. normativ richtig zu sein.

Im Unterschied zu den in der Wissenschaftstheorie seit einigen Jahren wieder verstärkt diskutierten Modellen einer Logik der Entdeckung[11] – Modelle, die ausnahmslos auf Prozesse der relevanten Hypothesenbildung ›einsamer‹ Individuen beschränkt sind und mit denen bislang weitgehend erfolglos versucht worden ist, Poppers (vgl. 1959, S. 31 f.) Verdikt über die im wesentlichen unauflösliche ›Irrationalität‹ von ›Entdeckungsprozessen‹ zu widerlegen – ist die Logik der Argumentation als Teil der Kinematik des kollektiv Geltenden von Grund auf interaktiv bzw. dialogisch konstituiert. Aber während die Kinematik des kollektiv Geltenden ein deskriptiver Begriff ist, unter den alle formalen Eigenschaften von empirisch beobachtbaren argumentativen Prozessen der Veränderung eines gemeinsamen Kontextes für die Rechtfertigung von Aussagen fallen, ist die Logik der Argumentation ein normativer Begriff, der nur ganz bestimmte formale Eigenschaften dieser Prozesse umfaßt und als ›wahrheitsverbürgend‹ für den Ausgang einer Argumentation auszeichnet. Die Logik der Argumentation bildet eine kritische Instanz für eine Bewertung von empirischen Argumentationsprozessen bzw. der Empirie einer Kinematik des kollektiv Geltenden; sie umfaßt die formalen Kriterien, aufgrund deren die Kinematik von Argumentationsprozessen im Hinblick auf ihren Beitrag für das Zustandekommen eines rationalen Konsenses beurteilt und bewertet werden kann.

Aber wie lassen sich diese formalen Eigenschaften bzw. die Prinzipien und Regeln, die die Logik der Argumentation konstituieren, im einzelnen charakterisieren und rechtfertigen? Und wie läßt sich ihre Ontogenese erklären? Ein umfassender und detaillierter Versuch, diese Fragen zu beantworten, setzt theoretische Analysen und empirisch rekonstruktive Untersuchungen voraus, die im Rahmen der vorliegenden Arbeit nicht durchgeführt werden können. An dieser Stelle kann lediglich mit allen nur erdenklichen Vorbehalten kurz versucht werden, in zwei Punkten wenig-

---

11 vgl. dazu Nickles (1980) und den dort gegebenen Literaturüberblick.

stens eine vorläufige Antwort auf diese Frage zu skizzieren – eine Antwort, die dann in den folgenden Kapiteln etwas weiter ausgearbeitet werden soll.
Erstens, die Prinzipien und Regeln der Logik der Argumentation explizieren die höchste Stufe der von der Theorie des symbolischen Interaktionismus seit G. H. Mead postulierten Formen der sozialen Perspektivenübernahme: nämlich die Stufe, auf der aus der Perspektive eines *objektiven* Beobachters der Dissens zwischen einem ›ego‹ und einem ›alter ego‹ identifiziert und durch Rekurs auf verallgemeinerungsfähige Aussagen aufgelöst werden kann. Zu den Regeln, die die Logik der Argumentation konstituieren, gehören beispielsweise die Regeln, aufgrund deren zwischen gerechtfertigten und nichtgerechtfertigten Aussagen[12] und zwischen empirisch haltbaren und (explanativ) relevanten Aussagen unterschieden werden kann[13], und die Regeln, die der Unterscheidung zwischen Sein und Sollen bzw. zwischen empirisch-theoretischen und normativ-moralischen Diskurswelten zugrundeliegen[14]. Mit Hilfe dieser Regeln (bzw. Teilmengen dieser Regeln) lassen sich unterschiedliche Formen ›kommunikativer Widersprüche‹ generieren.
Zweitens, Individuen lernen zu argumentieren, indem sie mit anderen Individuen argumentieren. Was in und durch Argumentationen erlernt wird, ist nicht zuletzt das Argumentieren selbst. Die Praxis argumentativer Auseinandersetzungen wirkt unter bestimmten Bedingungen, auf die gleich noch etwas näher eingegangen werden soll, als ein Lernmechanismus, der im einzelnen Indiviuum die Entwicklung der Logik der Argumentation ermöglicht. In einer Idealisierung läßt sich dies auch so ausdrücken: wenn ›ego‹ und ›alter ego‹ sich bei einem Auftreten strittiger Fragen auf Argumentationen einlassen, um einen Dissens gemeinsam zu identifizieren und allein mit kollektiv (für beide) geltenden Gründen aufzulösen, und sie ferner eine Lösung (im ›Lichte‹ des in anderen Argumentationen entwickelten Wissens) einer permanenten argumentativen Überprüfung unterwerfen, so wird sich daraus zwangsläufig die Logik der Argumentation mit allen ihren normativen Implikationen entfalten. Die Logik der Argumenta-

12 vgl. dazu den Aufsatz ›Zur Ontogenese moralischer Argumentationen‹.
13 vgl. dazu den Aufsatz ›Antagonismen und Argumente‹.
14 vgl. dazu die empirischen Fallanalysen im letzten Teil des vorliegenden Aufsatzes.

tion ist der empirisch präzise rekonstruierbare Inbegriff von Regeln, die dem ›idealen Gleichgewicht‹ zugrundeliegen, das der frühe Piaget auf der Ebene der Ontogenese von allem Anfang an als immanentes Telos in den kooperativen Auseinandersetzungen zwischen Individuen angelegt sieht. Wenn dies richtig ist, so ist im übrigen das empirische Faktum der Ontogenese der Logik der Argumentation ein entscheidendes Legitimationskriterium für die normativen Aspekte der Logik der Argumentation.

Warum sollte jedoch ein ›ideales Gleichgewicht‹ von allem Anfang an als immanentes Telos die Praxis argumentativer Auseinandersetzungen bestimmen? Legt die empirisch beobachtbare Praxis argumentativer Auseinandersetzungen nicht eher die Vermutung nahe, daß eine Argumentation von den daran Beteiligten lediglich als eine Methode verstanden wird, mit deren Hilfe primär eigene Interessen gegen die Interessen anderer Argumentationsteilnehmer durchgesetzt werden können und die für die Argumentierenden nur solange als sinnvoll betrachtet wird, wie es ihnen gelingt, ihren Meinungen gegenüber den Meinungen der anderen faktisch zur Geltung zu verhelfen? Sind Argumentationen nicht wahrheitsneutral? Besteht ihr Sinn, wie die Sophisten nicht nur zu Sokrates', sondern zu allen Zeiten meinten, nicht geradezu darin, durch Rhetorik alle die Kriterien außer Kraft zu setzen, die eine (aus der Sicht der Sophisten lediglich scheinbar) allgemeingültige Unterscheidung zwischen dem Wahren und dem Unwahren, dem moralisch Guten und dem moralisch Schlechten, dem Schönen und dem Häßlichen ermöglichen? Sind Argumentationen nicht lediglich ein Mittel, um prinzipiell jedes Handlungsziel zu erreichen? Und ist dann das immanente Telos der Praxis argumentativer Auseinandersetzungen letztlich nicht eher ein ›faktisches Ungleichgewicht‹ zwischen den Individuen?

Wenn der grundlegende *kommunikative Sinn* bzw. das *primäre Handlungsziel* einer Argumentation von den daran Beteiligten so verstanden wird, daß eine gemeinsam zu identifizierende strittige Frage gemeinsam beantwortet werden soll, so konstituiert dies Bedingungen einer *idealen Sprechsituation*, die – wie Habermas (1976) gezeigt hat – kontrafaktisch gelten und deren Geltung nur dann bestritten werden kann, wenn zugleich der grundlegende kommunikative Sinn einer sprachlichen Handlung, hier: einer Argumentation, in Frage gestellt wird.

Diese Bedingungen einer idealen Sprechsituation lassen sich im

Falle einer Argumentation in Form von mindestens drei *Kooperationsprinzipien* explizieren: dem Verallgemeinerungsprinzip, dem Objektivitätsprinzip und dem Wahrheitsprinzip von Argumentationen. Es sind diese Kooperationsprinzipien, die es rechtfertigen, die Praxis einer argumentativen Auseinandersetzung an einer dieser Praxis selbst immanenten Idee eines ›idealen Gleichgewichtes‹ zwischen den Individuen zu messen.

Das Verallgemeinerungsprinzip von Argumentationen

Das Verallgemeinerungsprinzip von Argumentationen formuliert die allgemeinen und notwendigen Bedingungen, unter denen eine Rechtfertigung von Aussagen eine intersubjektive Verbindlichkeit erlangt.

In einer Argumentation ist eine Aussage erst dann gerechtfertigt, wenn sie von den daran Beteiligten unmittelbar akzeptiert wird oder wenn sie auf andere Aussagen zurückgeführt werden kann, die unmittelbar akzeptiert werden und in diesem Sinne kollektiv gelten[15]. Jede Aussage, die gemacht wird, und jeder Übergang zwischen Aussagen kann prinzipiell von einem Argumentationsteilnehmer bestritten werden[16]. Die entsprechenden Aussagen bzw. Übergänge müssen dann auf andere Aussagen zurückgeführt werden, die kollektiv gelten. Dieses Verallgemeinerungsprinzip läßt sich auf folgende kurze Formel (T_1) bringen:

(T_1) *In einer Argumentation ist eine Aussage erst dann gerechtfertigt, wenn sie mit Hilfe des kollektiv Geltenden in etwas kollektiv Geltendes überführt worden ist.*

Was unter den Teilnehmern einer jeweiligen Argumentation kollektiv gilt, dies kann sich von einer Gruppe von Argumentierenden zur nächsten mehr oder weniger stark unterscheiden. Es gibt unterschiedliche Allgemeinheitsgrade des kollektiv Geltenden. Und selbst das, was für alle Zeitgenossen oder sogar alle Angehö-

---

[15] vgl. zu dem Begriff des *kollektiv Geltenden* als einem Grundbegriff empirischer Argumentationsanalysen Klein (1980); vgl. dazu auch die Kritik von Habermas (1981, I, S. 51 ff.).

[16] Unter ›bestreiten‹ wird hier und im folgenden immer die Formulierung eines Einwandes verstanden, der nicht nur aus einem ›Nein‹ sondern aus einem ›begründeten Nein‹ besteht. Für die Rechtfertigung eines Einwandes gelten natürlich ebenso die unter (T_1) formulierten Bedingungen.

rigen einer Epoche kollektiv gilt, kann einem (historischen) Wandel unterliegen.
Aus dieser Relativität des kollektiv Geltenden folgt jedoch nicht, daß die letztmöglichen Rechtfertigungsgründe für eine Gruppe von Individuen zwangsläufig willkürlich wären.
Zumindest dann, wenn Argumentationsteilnehmer (eventuell kontrafaktisch) am primären Handlungsziel einer Argumentation festhalten, sind nicht nur alle Aussagen erst dann gerechtfertigt, wenn sie kollektiv gelten oder auf kollektiv Geltendes zurückgeführt werden können; was in letzter Instanz kollektiv gilt ist dann selbst noch ein Ergebnis von Argumentationen und unterliegt, sofern Argumentationsteilnehmer am primären Handlungsziel einer Argumentation festhalten, hinsichtlich seiner Entstehung notwendig den Restriktionen des Objektivitätsprinzips und des Wahrheitsprinzips von Argumentationen.

Das Objektivitätsprinzip von Argumentationen

Was in einer Gruppe von Argumentierenden kollektiv gilt, ist den einzelnen Angehörigen dieser Gruppe in der Regel nur partiell und oft nur in unterschiedlichen ›Ausschnitten‹ bewußt. Da das kollektiv Geltende das gesamte lebensweltliche ›Hintergrundwissen‹ der Gruppenangehörigen umfaßt, ist es sogar eher fraglich, ob es sich ein Individuum überhaupt jemals in seiner Gesamtheit vergegenwärtigen kann (vgl. dazu Habermas 1981, II, Kap. VI). Und gerade in Argumentationen zeigt sich in der Regel, daß das, was für eine Gruppe von Argumentierenden kollektiv gilt, fortlaufend Veränderungen und gegebenenfalls Erweiterungen unterliegt. Dieser im Vorausgegangenen bereits erwähnten ›Kinematik des kollektiv Geltenden‹ liegt letztlich ein elementares Kooperationsprinzip zugrunde: das Objektivitätsprinzip von Argumentationen:

(T_2) *Wenn in einer Argumentation eine Aussage nicht bestritten werden kann, so zählt diese Aussage zum kollektiv Geltenden der an der Argumentation Beteiligten – auch wenn diese Aussage den eigenen Standpunkt nicht stützt oder sogar den Standpunkt des argumentativen Gegners stärkt. Dasselbe gilt für argumentative Übergänge zwischen Aussagen.*

Es lassen sich unterschiedliche Gründe dafür anführen, weshalb in einer Argumentation eine Aussage nicht bestritten werden kann. Ein Grenzfall, hinsichtlich dessen das Verallgemeinerungsprinzip und das Objektivitätsprinzip zusammenfallen, ist der, bei dem die betreffende Aussage von vornherein zum kollektiv Geltenden der Argumentationsteilnehmer zählt. Interessanter für die Frage, wie sich in einer Argumentation das kollektiv Geltende verändern und gegebenenfalls weiterentwickeln läßt, sind jedoch die Fälle, in denen eine Aussage von einem argumentativen Gegner nicht bestritten werden kann, weil diesem dafür von vornherein eine entsprechende ›Evidenzgrundlage‹ fehlt. Wenn beispielsweise ein Astrophysiker einem Soziologen etwas über ›weiße Zwerge‹ und ›schwarze Löcher‹ erzählt, so wird dem Soziologen möglicherweise einfach das entsprechende Wissen fehlen, um einen Gegeneinwand zu formulieren, der eine Aussicht auf kollektive Geltung hätte. Oder wenn jemand die strittige Frage, ob Fritz die Paula mit der Emma betrogen hat, bejaht und dies mit der Behauptung stützt, daß er das Ereignis mit den eigenen Augen beobachtet hat, so läßt sich eine solche Behauptung oft schon deshalb nur schwer bestreiten, weil letztlich nur der Zeuge selbst wissen kann, was er gesehen hat, d.h. weil er sich auf eine Evidenzgrundlage beruft, die möglicherweise ausschließlich ihm zugänglich ist.

Mit dem Objektivitätsprinzip wird ausgeschlossen, daß eine Aussage (und entsprechend ein argumentativer Übergang zwischen Aussagen), die nicht bestritten werden kann, einfach deshalb nicht zum kollektiv Geltenden der Argumentierenden zählt, weil diese Aussage einem oder einigen der an der Argumentation Beteiligten nicht in die eigene Argumentationsstrategie bzw. ganz allgemein nicht ins eigene Weltbild paßt. Wenn ein Argumentationsteilnehmer versuchen würde, das Objektivitätsprinzip außer Kraft zu setzen, so wäre das gleichbedeutend mit dem Versuch, nur solche kollektiv geltende Lösungen für strittige Fragen zuzulassen, die den eigenen Standpunkt nicht gefährden. Und wenn alle an einer Argumentation Beteiligten das Objektivitätsprinzip außer Kraft setzen würden, so wären Lösungen für strittige Fragen nur noch dann denkbar, wenn von vornherein alle hinsichtlich solcher Fragen dasselbe denken. Beides sind Konsequenzen, die den grundlegenden kommunikativen Sinn einer Argumentation in Frage stellen: im ersten Fall kann das primäre Handlungsziel einer Argumentation nur noch dann erreicht werden, wenn dies ein einzelner zuläßt; im zweiten Fall wird das primäre Handlungsziel einer

Argumentation überhaupt ad absurdum geführt, weil es – wenn alle dasselbe denken – strittige Fragen gar nicht mehr geben kann.

Von der Wirksamkeit des Objektivitätsprinzips von Argumentationen hängt es somit ab, ob nicht nur dem, was in einer Gruppe (im Kontext einer jeweiligen Argumentation) kollektiv gilt, alle Willkürlichkeiten bzw. Regellosigkeit genommen werden kann, sondern auch ob sich in einer Argumentation eine Erweiterung und Bewußtwerdung des kollektiv Geltenden erreichen läßt. Andererseits entsteht mit dem Objektivitätsprinzip für die Entscheidbarkeit einer Argumentation ein gravierendes Problem, das sich nur noch mit Hilfe des Wahrheitsprinzips von Argumentationen potentiell auflösen läßt.

Das Wahrheitsprinzip von Argumentationen

Ein Argumentationsteilnehmer verletzt keineswegs das Verallgemeinerungsprinzip und das Objektivitätsprinzip von Argumentationen, wenn er genau nach den ›Wissenslücken‹ oder ›Evidenzlücken‹ des argumentativen Gegners fahndet, die eine mögliche Bestreitung der eigenen Aussagen verhindern. Die erfolgreiche Suche nach einer gemeinsamen Lösung auf eine gemeinsam identifizierte strittige Frage impliziert ja notwendig, daß zumindest einer der Kontrahenten, wenn nicht sogar beide, im Verlaufe der Argumentation etwas Neues hinzugelernt haben. Wenn es den Kontrahenten in einer Argumentation jedoch wechselseitig gelingt, ihre konträren Argumente auf diese Weise gegen eine Kritik des Gegners zu schützen, so entsteht eine argumentative Patt-Situation. Keine der sich wechselseitig ausschließenden Antworten auf eine strittige Frage kann dann mit Hilfe des kollektiv Geltenden in etwas kollektiv Geltendes überführt werden. Nicht nur Grundsatzfragen jeglicher Art, z. B. ob es Gott gibt, was Gerechtigkeit ist oder ob der Mensch einen freien Willen hat, sondern auch alltägliche Streitigkeiten, z. B. wer Loyalitätsverpflichtungen innerhalb einer Freundschaft zuerst aufs Spiel gesetzt hat, wer in einer Ehe für die zerrütteten Verhältnisse verantwortlich gemacht werden kann oder wer an der gemeinsamen Misere einer Gruppe die größte Schuld trägt, führen häufig zu solchen argumentativen Patt-Situationen. Dies kann ein objektiver Ausdruck dafür sein, daß das, was in einer Gruppe kollektiv gilt, einfach nicht ausreicht, um eine strittige Frage zu beantworten. Eine solche Argumentation ist dann möglicherweise für diese Gruppe zumindest zu einem bestimmten Zeitpunkt objektiv unentscheidbar. Und die gemeinsame Antwort, die dann von den Argumentierenden allenfalls noch erreicht werden kann, ist die, daß eine gemeinsame Antwort in dem Sinne, daß etwas kollektiv Fragliches mit Hilfe des kollektiv Geltenden in etwas kollektiv Geltendes überführt werden kann, nicht möglich ist.

Aber es kann auch genauso gut sein, daß ein Argumentationsteilnehmer das Objektivitätsprinzip von Argumentationen lediglich dazu ausnützt, um seinen Standpunkt gegen jegliche Kritik zu immunisieren. Eine Wissenslücke des argumentativen Gegners wird dann gegen das eigene bessere Wissen dazu verwendet, um einer eigenen Aussage bzw. einem eigenen Argument eine vom argumentativen Gegner unbestreitbare Evidenz zu verleihen. Wenn es für die an einer Argumentation Beteiligten keine Kontrollinstanz gäbe, um eine sich eventuell faktisch ergebende Unentscheidbarkeit (ihrer Argumentation) auf ihre Objektivität hin zu testen bzw. um zu überprüfen, ob ein Argumentationsteilnehmer das Objektivitätsprinzip nicht lediglich auf eine strategische und manipulative Weise angewandt hat, so wären Argumentationen im Hinblick auf eine Realisierung ihres primären Handlungszieles grundlegend defekt: die Argumentationsteilnehmer könnten *prinzipiell* niemals entscheiden, ob die Unentscheidbarkeit einer argumentativen Patt-Situation nicht auf einer bloßen Täuschung beruht.

Ein schönes Beispiel dafür, daß es eine entsprechende Überprüfungsmethode gibt, liefern Platons Dialoge, in denen es Sokrates mit Hilfe seiner *mäeutischen Methode* gelingt, aus seinen Gesprächspartnern im Verlaufe einer Argumentation Überzeugungen hervorzulocken, die genau im Widerspruch zu dem stehen, was diese Gesprächspartner selbst zu einem früheren Zeitpunkt in einem *anderen argumentativen Kontext* noch als etwas unumstößlich Geltendes, vom argumentativen Gegner nicht Bestreitbares präsentiert haben. Das Besondere an der sokratischen Methode ist dabei, daß mit ihrer Hilfe ein argumentativer Gegner eventuell gezwungen werden kann, eine Aussage (bzw. einen argumentativen Übergang) fallen zu lassen, ohne daß zuvor – wie es das Objektivitätsprinzip eigentlich erfordert – die dazu kontradiktorische Aussage ins kollektiv Geltende der Argumentierenden überführt

worden ist. Die sokratische Methode zielt lediglich darauf ab, durch das Aufwerfen neuer potentiell strittiger Fragen den argumentativen Gegner zu Antworten zu zwingen, die entweder in einem direkten Widerspruch zu früheren Aussagen derselben Person stehen oder doch zumindest einen solchen *Selbstwiderspruch* implizieren.
Gleichgültig, ob der argumentative Gegner es einfach nicht besser wußte oder ob er die Argumentation lediglich manipulieren wollte, so muß er dann doch ganz bestimmte Konsequenzen ziehen.
Ein triviales Beispiel soll dies veranschaulichen:
Wenn A die These vertritt: ›Alles, was einem Menschen Spaß macht, ist ihm auch erlaubt.‹, und B diese These zwar nicht unmittelbar akzeptiert aber auch nicht mit Gründen bestreiten kann, so zählt sie zunächst einmal zum kollektiv Geltenden von A und B. Aber B kann A fragen: ›Ist es erlaubt, dir eine Ohrfeige zu geben?‹. Wenn A dann antwortet: ›Ja, bitte, wenn es dir Spaß macht.', so muß A zwar eine Ohrfeige in Kauf nehmen, aber B muß dann weiterhin A's These akzeptieren. Wenn A jedoch mit ›Nein!‹ antwortet, obgleich B versichert, daß ihm (B) die Ohrfeige durchaus Spaß machen würde, so impliziert dieses ›Nein!‹ ganz offensichtlich einen Selbstwiderspruch von A. Und wenn A bei seinem ›Nein!‹ bleibt, so muß er die anfangs aufgestellte These fallen lassen; oder A müßte behaupten, daß sowohl diese These als auch die (dazu kontradiktorische) Gegenthese kollektiv gelten.
Damit würde A jedoch ein drittes Kooperationsprinzip verletzen: das Wahrheitsprinzip von Argumentationen:
(T_3) *Was in einer Argumentation unter den daran Beteiligten kollektiv gilt, darf nicht widersprüchlich (kontradiktorisch) sein.*
Was für ein einzelnes Individuum jeweils insgesamt als fraglos und unumstößlich gilt, wird im allgemeinen nicht widerspruchsfrei sein. Der rigorose Versuch eines Individuums, alle seine Überzeugungen auf eine widerspruchsfreie Weise aus einer begrenzten Menge miteinander logisch vereinbarer und bereits festliegender Grundüberzeugungen abzuleiten, entspricht genau dem von Adorno & Horkheimer in ihrer ›Dialektik der Aufklärung‹ (1947) in vielen Variationen dargestellten Bild eines ›irrationalen Rationalisten‹.
Was jedoch in einer Argumentation unter den daran Beteiligten kollektiv gilt, darf nicht widersprüchlich (kontradiktorisch) sein, weil dann grundsätzlich jede Möglichkeit, das primäre Hand-

lungsziel einer Argumentation zu erreichen, zerstört würde. Wenn Argumentationsteilnehmer einen Widerspruch (z.B. den Widerspruch, der die strittige Frage einer Argumentation definiert) u.a. mit Hilfe eines weiteren Widerspruchs auflösen wollten, so wäre das nicht nur so, als wollten sie den Teufel mit Hilfe des Beelzebub austreiben; wenn eine Konsensmenge von Aussagen einen Widerspruch enthält, so ist sie für eine Rechtfertigung einer jeden der möglichen Antworten auf die Quaestio völlig wertlos. Eine ›Form des Nichtwissens‹ kann nicht mit Hilfe einer anderen ›Form des Nichtwissens‹ in eine ›Form des Wissens‹ verwandelt werden; oder, wie es Popper (1963, S. 312 ff.) auf eine formallogisch exakte Weise gezeigt hat: aus Aussagen, die einen (kontradiktorischen) Widerspruch enthalten, läßt sich jede nur denkbare weitere Aussage ableiten.

Bei solchen Konsequenzen scheint es kaum noch vorstellbar zu sein, daß ein Argumentationsteilnehmer oder eine Gruppe von Argumentierenden so töricht sein könnte, das Wahrheitsprinzip von Argumentationen zu verletzen und einen Selbstwiderspruch zu formulieren. Wenn in einer Argumentation Selbstwidersprüche auftreten, so sind es jedoch in der Regel *nichtintendierte* und *indirekte* Selbstwidersprüche, und oft sind sie den betreffenden Personen wenigstens zunächst einmal gar nicht bewußt. Ein gutes Beispiel dafür ist jener amerikanische Offizier, der während des Vietnam-Krieges erklärte: »in order to save the village, we had to destroy it«. Und oft bedarf es beträchtlicher ›mäeutischer‹ Anstrengungen, um der betreffenden Person oder Gruppe einen nichtintendierten und indirekten Selbstwiderspruch bewußt zu machen, und vermutlich noch öfter scheitern solche Anstrengungen. Es ist nicht ungewöhnlich, daß eine Person lieber eine Argumentation abbricht, als einen Selbstwiderspruch zuzugeben; und viele folgen dem Beispiel der Athener, die Sokrates lieber den Schierlingsbecher reichten als von ihm weiterhin mit ihren Selbstwidersprüchen konfrontiert zu werden.

So elementar diese drei Kooperationsprinzipien von Argumentationen auch sind, so sind sie doch von einer weittragenden Bedeutung. Z.B. läßt sich zeigen, daß sich mit ihnen die für eine empirische Wissenschaft grundlegenden methodologischen Prinzipien der Reliabilität, der Objektivität und der Validität auf eine dialogische Weise begründen lassen – im Rahmen der vorliegenden Arbeit kann darauf jedoch nicht näher eingegangen werden. Was jedoch in den folgenden Kapiteln zumindest ansatzweise zu zeigen versucht wird, ist, daß sich letztlich mit Hilfe dieser drei Kooperationsprinzipien von Argumentationen das Konzept eines kollektiven Lernprozesses im Hinblick auf die Ontogenese rationaler Urteilsstrukturen (Logik der Argumentation) begründen läßt.

Die in diesem Kapitel vorgestellte Skizze eines grundbegrifflichen Rahmens für die empirische Analyse von Argumentationen soll mit einigen kurzen Hinweisen auf mögliche Techniken der formalen Repräsentation von kollektiven Argumentationsprozessen abgeschlossen werden. Primärer Gegenstand dieser Formalisierungstechniken ist dabei im Rahmen der vorliegenden Arbeit die ›Logik der Argumentation‹. Techniken der formalen Repräsentation erfüllen in diesem Zusammenhang vor allem folgende Funktion: sie bilden eine ›formale Kontrollinstanz‹ im Hinblick auf die Validität einer *intuitiven* Rekonstruktion der Logik der Argumentation, soweit sie in empirisch beobachtbaren Argumentationen zum Ausdruck gebracht wird.

Die Logik der Argumentation umfaßt, wie oben bereits ausgeführt wurde, den Teil der Prinzipien und Regeln der allgemeinen Kinematik von Argumentationen (d.h. der koordinierten Veränderung einer Konsensmenge von Aussagen), der für die Rationalität des im Verlaufe einer Argumentation gemeinsam entwickelten Argumentes bzw. Argumentfragmentes ›verantwortlich‹ ist. Um die Logik der Argumentation zu rekonstruieren bzw. um die dafür erforderlichen formalen Hilfsmittel zu entwickeln, kann somit im Prinzip von all den Eigenschaften der Kinematik von Argumentationen abgesehen werden, die sich nicht unmittelbar auf diesen rationalen Kern von Argumentationen beziehen lassen. Zu solchen Eigenschaften von Argumentationsprozessen, die im folgenden nicht weiter analysiert werden, gehören beispielsweise semantische Regeln, aufgrund deren Argumentationsteilnehmer aus den Redebeiträgen der an der Argumentation Beteiligten die einzelnen Ja/nein-Stellungnahmen (bzw. Konfigurationen davon) und deren Präsuppositionen und impliziten Folgerungen (bzw. konversationellen Implikaturen) abstrahieren können und aufgrund deren sie feststellen können, auf welche vorausgegangenen Redebeiträge (bzw. Teile davon) sich momentan abstrahierte Ja/nein-Stellungnahmen beziehen; oder pragmatische Regeln, aufgrund deren Argumentationsteilnehmer beispielsweise wissen, wann A's Fortführung eines von B begonnenen Redebeitrages von B als ei-

ne Zustimmung zu seinem Redebeitrag zu verstehen ist und wann nicht (z. B. im Falle von Ironie); oder Regeln der Gesprächsorganisation, aufgrund deren Argumentationsteilnehmer beispielsweise wissen, wann sich ein Redebeitrag auf den unmittelbar vorausgehenden Redebeitrag bezieht und wann nicht.
Die intuitive Rekonstruktion der Logik der Argumentation an Hand empirischer Fallbeispiele (und parallel dazu die Enwicklung von Techniken der formalen Repräsentation) setzt für den konkreten Einzelfall ein angemessenes Verständnis all dieser kommunikativen Teilprozesse der Kinematik einer Argumentation voraus. Mit anderen Worten: sie setzt einen im Hinblick auf die Abfolge wechselseitiger Ja/nein-Stellungnahmen weitgehend transparenten Argumentationsprozeß voraus, und sie bezieht sich lediglich auf die Transformation dieses Prozesses in ein potentiell kollektiv geltendes Argument. Eine solche Transformation kann mit Hilfe von Prozeß- und Strukturdiagrammen formal repräsentiert werden:

[2]

Prozeß: *Resultat:*

Im Diagramm [2], einem Transformationsdiagramm, repräsentiert das linke Teildiagramm (im folgenden auch ›Prozeßbaum‹ genannt) einen Argumentationsprozeß und der Strukturbaum rechts davon das Resultat dieses Prozesses, d.h. das Argument, das am Ende des Prozesses als kollektiv geltendes Argument(fragment) konstituiert worden ist (im folgenden auch ›Argumentstrukturbaum‹ genannt). Im ›Prozeßbaum‹ symbolisieren durchgezogene

Pfeile die Stützung einer Aussage (bzw. eine Ja-Stellungnahme zu dieser Aussage), gebrochene Pfeile dagegen die Zurückweisung einer Aussage (bzw. eine Nein-Stellungnahme zu dieser Aussage).

Die Numerierung der Aussagen gibt die Reihenfolge an, in der die jeweiligen Aussagen im Verlaufe der Argumentation mit den entsprechenden Redebeiträgen gemacht werden.

Hinsichtlich der formalen Eigenschaften des ›Argumentstrukturbaumes‹ gilt all das zu Beginn dieses Kapitels über die Darstellung von Argumenten als Strukturbäume bereits Gesagte. Der Doppelpfeil symbolisiert die Transformation einer Reihe zeitlich aufeinander folgender argumentativer Zustände, die sich zu einem Argumentationsprozeß zusammenfassen lassen, in das (eventuell erst vorläufige) Resultat dieses Argumentationsprozesses. Im Prinzip kann nach jeder Pro- oder Kontra-Aussage von den Argumentierenden (bzw. vom außenstehenden Beobachter einer Argumentation) erneut ein entsprechender Transformationsprozeß vollzogen werden.

Je nachdem, auf welchem Kompetenzniveau eine Gruppe argumentiert, sind es unterschiedlich komplexe Regeln, die der Transformation eines Argumentationsprozesses in ein potentiell kollektiv geltendes Argument zugrunde liegen. Im Diagramm [2] beispielsweise sind es zunächst einmal relativ einfache Stützungs- und Tilgungsregeln, die in elementarer Form bereits in den argumentativen Auseinandersetzungen von knapp Zweijährigen wirksam sind[17].

Die interaktive Anwendung dieser Regeln und die im Diagramm [2] zum Ausdruck gelangende Unterscheidung zwischen zwei elementaren Widerspruchsformen läßt sich allerdings, wie durch empirische Fallanalysen nahegelegt wird[18], möglicherweise erst in empirisch-theoretischen und moralischen Argumentationen von fünfjährigen Kindern finden.

Die Operationsweise dieser Transformationsregeln und die dadurch konstituierte Kinematik des kollektiv Geltenden können hier nur ganz summarisch beschrieben werden, am Beispiel der Aussagen p_3 und p_5 und ihrer prozessualen Kontexte im Diagramm [2]:

---

17 vgl. dazu den Aufsatz ›Zur Ontogenese moralischer Argumentationen‹.
18 vgl. dazu den Aufsatz ›Antagonismen und Argumente‹.

(a) Aussage p_3 wird mit drei Teilargumenten zu stützen versucht. Davon werden zwei, nämlich einerseits $p_{11} \rightarrow p_3$ und andererseits $p_7 \rightarrow p_6 \rightarrow p_3$ kollektiv akzeptiert. Vom dritten Teilargument wird jedoch die Aussage p_9 zurückgewiesen, wodurch die gesamte ›Ableitungskette‹ dieses Teilargumentes zusammenbricht. Dennoch ist p_3 mit den beiden zuerst genannten Teilargumenten kollektiv gerechtfertigt worden.

(b) Aussage p_5, eine potentielle Argumentspitze, wird mit zwei Teilargumenten zu stützen und mit einem Teilargument zurückzuweisen versucht. Von den beiden Pro-Argumenten wird $p_1 \rightarrow p_5$ mit der kollektiv akzeptierten Aussage p_2 zurückgewiesen. Kollektiv akzeptiert werden dagegen das Pro-Argument $p_4 \rightarrow p_5$ und das von p_3 dominierte Kontra-Argument.
Damit entsteht eine argumentative Patt-Situation. Keine der potentiellen Argumentspitzen p_5 und $\sim p_5$ hat mit Hilfe der im Verlauf der Argumentation entwickelten Konsensmenge von Aussagen ins kollektiv Geltende der Argumentierenden überführt werden können. Der Argumentationsprozeß resultiert in einem kollektiven Argumentfragment. Im ›Argumentstrukturbaum‹ wird dies durch ein Fragezeichen an Stelle einer Argumentspitze zum Ausdruck gebracht.

Bereits eine einfache Logik der Argumentation, wie die hier nur oberflächlich skizzierte, konstituiert, wie die Analysen in ›Antagonismen und Argumente‹ nahelegen, eine elementare Methode zur Lösung interpersoneller Koordinationsprobleme: im Falle eines Konfliktes zwischen ›ego‹ und ›alter ego‹ ermöglicht sie im Prinzip einen koordinierten Dissens, d. h. eine intersubjektiv verständliche wechselseitige Abgrenzung der kontroversen Perspektiven von ›ego‹ und ›alter ego‹.

Damit sind jedoch die Prinzipien und Regeln der Logik der Argumentation noch nicht erschöpft. Das Diagramm [2] und die Erläuterungen dazu sollten nur an einem fiktiven Beispiel ansatzweise veranschaulichen, welche Techniken der Formalisierung für eine Rekonstruktion der Logik der Argumentation denkbar sind bzw. wie sich diese Techniken für eine Rekonstruktion der Transformation kollektiver Argumentationsprozesse in kollektive Argumentstrukturen einsetzen lassen.

Nebenbei sollte die Diskussion über Probleme der empirischen Rekonstruktion der Logik der Argumentation ein wichtiges Merkmal *qualitativer Analysemethoden* hervorheben.

Die Entwicklung formaler Methoden der Repräsentation der Logik der Argumentation und damit der methodisch kontrollierten Analyse des potentiell rationalen Kernes von empirisch beobachteten Argumentationen setzt die Entwicklung eines angemessenen Verständnisses der Logik der Argumentation voraus. Die Entwicklung eines solchen Verständnisses, und das heißt im Rahmen des hier verfolgten Forschungsansatzes: die intuitive Rekonstruktion der Logik der Argumentation an Hand empirischer Fallbeispiele, setzt jedoch wiederum die Möglichkeit einer methodisch kontrollierten (und diese Kontrolle stetig erweiternden) Analyse von empirischen Beispielen voraus. Ein solches die methodische Erkenntnis und die Erkenntnis der Methode zugleich betreffendes Vorgehen unterscheidet im wesentlichen qualitative von quantitativen Verfahren der Analyse und Interpretation von empirischen Daten.

4. Kollektive Prozesse der Dialektik von Wissen und Erfahrung

Die These, daß kollektive Argumentationen in den daran beteiligten Individuen bestimmte Lernprozesse auslösen können bzw. daß Argumentationen für kollektive Lernprozesse den zentralen Entwicklungsmechanismus bilden, knüpft an die Vermutung des frühen Piaget an, daß die Ontogenese von Logik und Moral in einem wesentlichen und konstitutiven Sinne die Praxis kooperativer Auseinandersetzungen zwischen den Individuen voraussetzt. Im folgenden soll nun versucht werden, diese These auf der Grundlage der argumentationstheoretischen Unterscheidungen, die im vorausgegangenen Kapitel skizziert worden sind, weiter zu explizieren und zu präzisieren.

Der in den Sozialwissenschaften und der Psychologie vorherrschenden Konzentration auf die Erforschung von *intramentalen*, auf das einzelne Subjekt bezogenen, Entwicklungsmechanismen soll mit den folgenden Überlegungen ein neues entwicklungstheoretisches Paradigma entgegengesetzt werden, das die *intermentalen* Prozesse des argumentativen Diskurses ins Zentrum der Erforschung von Mechanismen der kognitiven und sozialkognitiven (moralischen) Entwicklung des einzelnen Individuums stellt. Ob damit das Konzept eines kollektiven Lernprozesses in der Tat die Überzeugungskraft eines neuen entwicklungstheoretischen

Paradigmas gewinnt, bemißt sich daran, ob es mit diesem Konzept gelingt, zu den Fragen eine schlüssige (hypothetische) Antwort zu liefern, an denen das Konzept eines individuellen Lernprozesses zumindest bislang scheitert. Erst wenn eine Klärung dieser Art vorliegt und die theoretischen Grundlinien des Konzeptes eines kollektiven Lernprozesses deutlich erkennbar sind, kann sinnvollerweise die Suche nach empirischen Evidenzen für die Angemessenheit des Konzeptes eines kollektiven Lernprozesses beginnen und dieses Konzept auf dem Wege der Erhebung und Analyse empirischer Daten weiter ausdifferenziert werden. Dies soll im letzten Teil dieses Aufsatzes mit zwei empirischen Fallanalysen wenigstens ansatzweise versucht werden.

Während unter Lernen im allgemeinen der Erwerb von Fähigkeiten jeglicher Art (z. B. motorische, sprachliche, kognitive, affektive, expressive Fähigkeiten) verstanden wird, steht im Zentrum der folgenden Überlegungen eine ganz bestimmte Fähigkeit: die Fähigkeit, Probleme zu lösen; insbesondere die Fähigkeit, an der kollektiven Lösung interpersoneller Probleme mitzuwirken.

Im Vordergrund stehen dabei interpersonelle Probleme, die durch einen normativen bzw. moralischen Dissens ausgelöst werden.

Aus zwei Gründen kann jedoch im Verlaufe der folgenden Erörterungen von den kognitiven Problemen, die durch einen Dissens über technisch-naturwissenschaftliche bzw. emprirsch-theoretische Fragen ausgelöst werden, nicht völlig abgesehen werden:

Erstens stellt die Entwicklung der Fähigkeit zur Lösung solcher Probleme den primären Gegenstandsbereich dar, auf die sich die theoretisch am weitesten entwickelten Konzepte eines individuellen Lernprozesses – allen voran die Entwicklungstheorie des mittleren und späten Piaget – beziehen; und eine Auseinandersetzung mit dem allgemeinen Konzept eines individuellen Lernprozesses kann deshalb diesen Bereich nicht einfach ignorieren.

Zweitens wird im Rahmen des vorliegenden Buches mit dem Konzept eines kollektiven Lernprozesses der theoretische Anspruch erhoben, einen wesentlichen Beitrag zu liefern zur Beantwortung der Frage nach den Bedingungen der Möglichkeit der Ontogenese formaler Methoden, die der *Rationalität einer Urteilsbildung* sowohl im Bereich des empirisch-theoretischen[19] als auch im Bereich des moralischen Wissens zugrundeliegen.

---

19 vgl. dazu den Aufsatz ›Antagonismen und Argumente‹.

Damit soll jedoch nicht bestritten werden, daß es auch elementare Unterschiede zwischen den genannten beiden Typen von Problemen und der Möglichkeit ihrer argumentativen Auflösung gibt. Darauf soll am Ende des vorliegenden Kapitels noch kurz eingegangen werden.

4.1. Formales und materiales Interaktionswissen und drei entwicklungstheoretische Grundfragen

Die Entwicklung der Fähigkeit, an der kollektiven Lösung interpersoneller Probleme auf eine rationale Weise mitzuwirken, beinhaltet ganz allgemein den Erwerb von Wissen bzw. Kenntnissen. Beispielsweise erwerben Kinder bereits im frühen Vorschulalter das normative Wissen, daß sich manche Interessenkonflikte mit Hilfe des Grundsatzes ›Jeder kommt einmal dran!‹ lösen lassen. Ein Wissen im Sinne einer solchen Kenntnis bloß inhaltlicher Normen konstituiert jedoch nur eine sehr begrenzte Kompetenz zur Lösung interpersoneller Probleme. Wenn Erwachsene ›Verteilungsprobleme‹ zu lösen haben, z. B. das Problem, welche Bevölkerungsgruppe am ehesten mit einer zusätzlichen Besteuerung ihres Einkommens belastet werden kann, so wäre eine Lösung allein nach dem allgemeinen Grundsatz ›Jeder kommt einmal dran!‹ zumindest in unserer Gesellschaft für die meisten Individuen nicht nur sachlich (ökonomisch) unangemessen, sondern auch, normativ gesehen, von einer zweifelhaften Gerechtigkeit.

In die Kompetenz zur Lösung sozialer Probleme (auf allen Ebenen des gesellschaftlichen Zusammenlebens) fällt nicht nur die Kenntnis bloß ›inhaltlicher‹ Normen, sondern auch die Kenntnis von *Methoden* zur Aneignung oder Erzeugung desjenigen (normativen) Wissens bzw. derjenigen materialen Gesichtspunkte, die allererst eine *rationale* Lösung eines interpersonellen bzw. gesellschaftlichen Problems ermöglichen. Im Falle sozialer Interessenkonflikte erfordert dies vor allem eine Kenntnis von Methoden für eine rationale Lösung des Anwendungs- und Legitimitätsproblems sozialer bzw. moralischer Normen.

Die These, daß sich das ›moralische Bewußtsein‹ eines Individuums nur im Rahmen kollektiver Lernprozesse entwickeln kann, bezieht sich *primär* auf diese grundlegenden Methoden zur Aneignung oder Erzeugung des (normativen) Wissens für die rationale

Auflösung eines moralischen Dissens. Diese grundlegenden Methoden umfassen jenes *formale Wissen*, das im vorhergehenden Kapitel als *Logik der Argumentation* charakterisiert worden ist. *Sekundär* bezieht sich die These, daß sich bestimmte Fähigkeiten eines Individuums nur in kollektiven Lernprozessen entwickeln können, aber auch auf ein *materiales Wissen*: auf die grundlegenden empirischen, theoretischen und normativen Überzeugungen, die das *lebensweltliche Wissen* eines Individuums, mit anderen Worten: sein (moralisches, politisches, religiöses, naturwissenschaftliches, ästhetisches etc.) *Weltbild*, fundieren.[20]

Die zentralen theoretischen Schwierigkeiten, die das Konzept eines kollektiven Lernprozesses zu lösen aufgibt, liegen genau darin, zu verstehen, erstens: in welcher systematischen Beziehung ein formales Wissen im Sinne der Logik der Argumentation und ein materiales Wissen im Sinne eines Weltbildwissens zueinander stehen und zweitens: inwiefern ihre Entwicklung die Praxis kooperativer Auseinandersetzungen notwendig voraussetzt. In Piagets Frühwerk (vgl. Kap. 1 der vorliegenden Arbeit) fallen diese beiden Probleme mit dem strukturanalytischen und dem entwicklungstheoretischen Aspekt der These von der sozialen Konstitution einer universalistischen Moral zusammen. Der strukturanalytische Aspekt betrifft die Frage, ob es systematische Entsprechungen zwischen Formen der sozialen Interaktion und moralischen Anschauungen gibt. Der entwicklungstheoretische Aspekt betrifft die Frage, ob und in welchem Sinne *soziale Interaktion* einen Lernmechanismus darstellt.

Die These, daß sich bestimmte Fähigkeiten eines Individuums nur in kollektiven Lernprozessen entwickeln können, bezieht sich im vorliegenden Zusammenhang deshalb primär auf die Form sozialer Interaktionen und erst sekundär auf moralische Anschauungen, oder in der Terminologie des vorliegenden Forschungsansatzes: primär auf die Logik der Argumentation und erst sekundär auf moralische Weltbilder, weil gemäß der strukturanalytischen These der rationale Kern sozialer Interaktionsformen (d.h. die Logik der

---

20 Die begriffliche Unterscheidung zwischen formalem und materialem Wissen ist weitgehend synonym mit der Unterscheidung zwischen prozeduralem, methodologischem Wissen und inhaltlichem Wissen. Worauf es bei dieser Unterscheidung im vorliegenden Zusammenhang ankommt, ist, daß formales Wissen die Regeln oder Vorschriften umfaßt, nach denen ein bestimmtes inhaltliches Wissen erzeugt werden kann.

Argumentation) systematisch Restriktionen über den Typus des potentiellen moralischen Weltbildes festlegt, das für die betreffenden interagierenden Individuen für die Lösung interpersoneller Konflikte eine letzte, fraglose Entscheidungsinstanz darstellt. Die formalen Methoden, die von den Angehörigen einer sozialen Gruppe für die Lösung interpersoneller Probleme angewandt werden, determinieren den Typ potentieller, in der Gruppe kollektiv geltender Lösungen. Oder in einer weiteren Paraphrasierung: *wie* moralische Konflikte von den daran Beteiligten formal (in einem interaktionstheoretischen Sinne) ausgetragen werden, dies beeinflußt auf entscheidende Weise das, *was* eventuell als moralische Prämisse für eine gemeinsame Lösung kollektiv akzeptiert wird. Diese strukturanalytische Teilthese der These von der sozialen Konstitution einer universalistischen Moral soll in den folgenden Kapiteln (Kap. 5 und 6) am Beispiel der systematischen Entsprechungen zwischen dem rationalen Kern sozialer Interaktionsformen und möglichen moralischen Weltbildern auf der präkonventionellen und konventionellen ontogenetischen Entwicklungsstufe weiter ausgearbeitet werden.

Wenn sich für die strukturanalytische Teilthese eine überzeugende theoretische und empirische Evidenz liefern läßt, so heißt dies jedoch nicht notwendig, daß sich das Derivationsverhältnis zwischen der ›Logik der Argumentation‹ und ›moralischen Weltbildern‹ in einer analogen Weise auf die entwicklungstheoretische Teilthese der These von der sozialen Konstitution einer universalistischen Moral übertragen läßt.

Auch wenn ein bestimmtes materiales Wissen ein bestimmtes (eventuell implizites) formales Wissen systematisch voraussetzt, kann dennoch, genetisch gesehen, zumindest die Herausbildung partikularer Fälle eines innovativen materialen Wissens chronologisch der Entwicklung des entsprechenden formalen Wissens vorausgehen.

Beispielsweise legen empirische Untersuchungen zur frühkindlichen Sprachentwicklung[21] die Auffassung nahe, daß Kinder häufig die Bedeutung kommunikativer Äußerungen ihrer Gesprächspartner verstehen können (und in diesem Sinne ein neuartiges materiales Wissen erwerben können), noch ehe sie die formalen Regeln zur Erzeugung dieser Äußerungen beherrschen und damit

---

21 vgl. dazu den Literaturüberblick im Aufsatz ›Sprachliche Sozialisation‹.

über ein entsprechendes (implizites) formales Wissen verfügen. Oder, das Vermögen, über einzelne ›Gegenstände‹ wahrheitsfähige Aussagen zu erzeugen und zu verstehen, scheint der Entwicklung des formalen Wissens, wie sich die (empirische) Wahrheit einer solchen Aussage im Einzelfalle überprüfen läßt oder wie der dabei angewandte Begriff der Wahrheit gar zu definieren ist, in der Ontogenese zeitlich weit vorauszugehen. Oder, auf der Ebene der Wissenschaft, wird gelegentlich ein erfolgreiches materiales Wissen erzeugt, ohne daß methodologisch die formalen Regeln dieser ›Wissensproduktion‹ bereits in einer kanonischen Form als ein formales Wissen verbindlich vorgelegen hätten.

Die Entwicklung eines formalen Wissens setzt in allen diesen Fällen bereits eine gelingende *Praxis* in der Erzeugung eines innovativen materialen Wissens auf der Grundlage eines bereits entwickelten formalen Wissens voraus. In der Psychologie der kognitiven Entwicklung (vor allem in den Arbeiten Piagets) stellt dies ein grundlegendes Entwicklungsprinzip dar. Werner und Kaplan (1963, S. 8) nennen es das *Prinzip der genetischen Spirale* (›genetic principle of spirality‹): Neue Formen drücken zunächst alte Inhalte aus, während neue Inhalte zunächst durch alte Formen ausgedrückt werden.[22]

Dieses Prinzip der genetischen Spirale spielt für die folgenden Überlegungen zur ontogenetischen Beziehung zwischen Logik der Argumentation und moralischen Weltbildern eine wichtige Rolle. In den folgenden Überlegungen wird von der generellen *entwicklungstheoretischen These* ausgegangen, daß eine *gelingende Praxis* des kollektiven Argumentierens eine *notwendige* Voraussetzung für die Konstitution derjenigen empirisch-theoretischen bzw. normativ-moralischen *Erfahrungen* bildet, die im einzelnen Subjekt allererst eine grundlegende Reorganisation und Weiterentwicklung seines *formalen Wissenssystems* (Logik der Argumentation) und somit *fundamentale* Entwicklungsschritte ermöglichen und die darüber hinaus auf das einzelne Subjekt einen ganz bestimmten *Zwang zur Fortentwicklung* seines formalen Wissens aus-

---

22 In der Terminologie von Werner und Kaplan (1963, S. 60) lautet dieses Prinzip folgendermaßen: »... wherever functional shifts occur during development, the novel function is first executed through old, available forms; sooner or later, of course, there is a pressure towards the development of new forms which are of a more function-specific character; i.e., that will serve the new function better than the older forms«.

üben. Jeder fundamentale Entwicklungsschritt dieser Art führt zu einer neuen ›strukturierten Ganzheit‹ von Logik der Argumentation und moralischem Weltbild und setzt den Ausgangspunkt für neue kriteriale (inhaltliche) Erfahrungen, und so fort.

Wenn diese These nicht auf das Konzept eines argumentativen Diskurses und auf die Entwicklung der Logik der Argumentation, sondern auf das allgemeine Konzept einer Kooperation bzw. sozialen Interaktion zwischen Individuen und generell auf die Entwicklung kognitiver Fähigkeiten bezogen wird, so entspricht sie weitgehend den entwicklungstheoretischen Grundannahmen, die Piaget in seinen frühen Arbeiten mehr oder weniger explizit vertreten hat; auf die sich Vygotski, ausgehend von seiner Unterscheidung zwischen ›intermentalen Prozessen‹ und ›intramentalen Strukturen‹ (vgl. Vygotski 1966, S. 44; 1971), berufen hat; und die, noch vor Piaget und Vygotski, bereits von G. H. Mead aus seiner Theorie des symbolischen Interaktionismus (vgl. z. B. Mead 1934, S. 77) abgeleitet worden sind.[23]

Es hat nicht an Versuchen gefehlt, dieses im Kontext der akademischen Psychologie zumeist als esoterisch betrachtete ›soziologische‹ bzw. ›sozialpsychologische‹ Entwicklungskonzept theoretisch auszuarbeiten und mit empirischen Argumenten zu stützen. Vor allem in Oevermanns Arbeiten zu einer interaktionstheoretischen Neuorientierung der empirischen Sozialisationsforschung (vgl. z. B. Oevermann 1976) spielt das Konzept der sozialen Konstitution von individuellen kognitiven und sozialkognitiven Fähigkeiten eine zentrale Rolle. In Miller (1979) ist versucht worden, eine empirische Rekonstruktion der frühkindlichen Sprachentwicklung im Rahmen dieses Entwicklungskonzeptes durchzuführen und die deskriptive und explanative Überlegenheit dieses entwicklungstheoretischen Ansatzes gegenüber alternativen Ansätzen herauszuarbeiten[24]. Und von Doise (1978), Perret-Clermont (1980), Oser (1981) und Doise & Mugny (1981) ist ebenfalls versucht worden, auf dieser Traditionslinie empirische (experimentelle) Untersuchungen durchzuführen und dabei u. a. einige wesentliche theoretische Aspekte dieses Entwicklungskonzeptes zu identifizieren.

Alle diese Versuche sind zumindest in einer Hinsicht aufschluß-

---

23 vgl. dazu den informativen Literaturüberblick zu den von Mead und Piaget begründeten Forschungstraditionen in Edelstein & Keller (1982).
24 vgl. dazu auch den Aufsatz ›Sprachliche Sozialisation‹.

reich: sie zeigen, daß sich die theoretischen Unklarheiten, die das Konzept eines kollektiven Lernprozesses bislang noch immer beinhaltet, letztlich auf eine Reihe von Grundproblemen einer jeden (ontogenetischen) Entwicklungstheorie zurückführen lassen und daß auch jene alternativen Entwicklungskonzepte, die sich prinzipiell auf intramentale, auf das einzelne Subjekt begrenzte Entwicklungsmechanismen beschränken, erheblich an ihrer nicht zuletzt durch die akademische Lehr- und Forschungsroutine verbürgten Überzeugungskraft verlieren, wenn sie erst einmal mit diesen Grundfragen konfrontiert werden.

Diese Fragen beziehen sich im wesentlichen auf die folgenden drei Probleme: (a) das Problem der ›subjektiven Gewißheit‹ eines lernenden Individuums, (b) das Problem des ›Neuen‹ in der Entwicklung und (c) das Problem einer universellen Entwicklungsdynamik.

Bevor diese Probleme in den folgenden drei Teilkapiteln ausführlich behandelt werden, soll vorweg kurz erläutert werden, in welchem Zusammenhang sie mit der oben genannten Grundannahme des Konzeptes eines kollektiven Lernprozesses stehen.

(a) *Das Problem der ›subjektiven Gewißheit‹ eines lernenden Individuums:*

Auf jeder ontogenetischen Entwicklungsstufe erhebt das einzelne Individuum hinsichtlich seines bereits erworbenen Wissens einen zumindest impliziten Anspruch auf Gültigkeit – andernfalls würde sich dieses ›Wissen‹, auch aus der Sicht des betreffenden Individuums, selbst ›aufheben‹. Dieser Anspruch auf Gültigkeit stützt sich zunächst darauf, daß die Gründe, die das einzelne Subjekt (spätestens von einer frühen Phase seiner Sprachentwicklung an) ›in letzter Instanz‹ für seine Urteile vorbringen kann, für dieses Subjekt unmittelbar gelten. Eine unmittelbare Geltung dieser Art begründet jedoch zunächst nichts weiter als eine bloß ›subjektive Gewißheit‹ des betreffenden Individuums.

Wie kann das einzelne Subjekt sicherstellen, daß diese ›subjektive Gewißheit‹ nicht eine bloße Täuschung darstellt? Und wie kann diese ›subjektive Gewißheit‹ auf eine für das betreffende Subjekt überzeugende Weise erschüttert werden, so daß überhaupt die Notwendigkeit für einen weiteren Lern- bzw. Entwicklungsschritt entstehen kann? Auch die Wahrnehmung von bloßen ›Sinnesdaten‹ kann dem einzelnen Subjekt hier nicht grundsätzlich weiterhelfen, denn dies würde nur zu eventuell weiteren für das Subjekt unmittelbar geltenden Gründen führen, für die sich ebenso das Problem einer Rechtfertigung bzw. Kritisierbarkeit einer bloß ›subjektiven Gewißheit‹ stellt[25].

Ein Ausweg aus dieser Problematik bietet sich dann an, wenn gezeigt werden kann, daß das Prinzip der ›unmittelbaren Geltung‹ notwendig das Prinzip der ›kollektiven Geltung‹ bzw. das *Verallgemeinerungsprinzip* von Argumentationen beinhaltet und daß die kollektive Geltung von Gründen bzw. Aussagen nicht auf eine bloß ›subjektive Gewißheit‹ der einzelnen Individuen zurückgeführt werden kann. Die Bestätigung bzw. die ›Falsifizierung‹ der grundlegenden (inhaltlichen) und formalen Prämissen eines vom einzelnen Subjekt entwickelten Wissenssystems setzt dann notwendig die kollektive Praxis eines argumentativen Diskurses (wie rudimentär dieser auch im Einzelfalle durchgeführt werden mag) voraus.

Dieser Problemzusammenhang soll im Teilkapitel 4.2. am Beispiel moralischer Weltbilder und des Problemes ihrer kollektiven Geltung detailliert erörtert werden.

(b) *Das Problem des ›Neuen‹ in der Entwicklung:*

Das Problem des ›Neuen‹ in der Entwicklung ist bereits im Kap. 2 der vorliegenden Arbeit mit dem Verweis auf das ›Menon-Paradox‹ auf eine grundsätzliche Weise charakterisiert worden. Der Anspruch, das ›Menon-Paradox‹ auflösen zu können, bildet den ›harten Kern‹ des in der vorliegenden Arbeit entwickelten Konzeptes eines kollektiven Lernprozesses.

Das ›Menon-Paradox‹ läßt sich auflösen bzw. es läßt sich ein Ausweg aus diesem Paradox finden, wenn gezeigt werden kann, daß aufgrund des *Objektivitätsprinzips* von Argumentationen durch die kollektive Praxis einer Argumentation für das einzelne daran beteiligte Subjekt eine Dimension von Erfahrungen konstituiert werden kann, innerhalb deren es etwas grundsätzlich ›Neues‹ verstehen bzw. ein neues materiales Wissen und, durch eine Interiorisierung der argumentativen Praxis, ein neues formales Wissen erwerben kann.

Im Teilkapitel 4.3. soll dieser Problemzusammenhang vor allem in

---

25 vgl. dazu auch die für eine philosophische Kritik empiristischer Erkenntnistheorien grundlegende Arbeit von Wittgenstein (1970).

einer kritischen Auseinandersetzung mit der Äquilibrationstheorie des späten Piaget im einzelnen diskutiert werden.

(c) *Das Problem einer universellen Entwicklungsdynamik:*

Warum werden Kinder und Jugendliche im Verlauf ihrer Ontogenese in der Regel klüger und vernünftiger und nicht dümmer und unvernünftiger? Warum bleiben sie nicht, nachdem sie z.B. einiges Eßbare vom Nichteßbaren und Strafe von Belohnung unterscheiden gelernt haben, in ihrer kognitiven und sozialen Entwicklung einfach stehen? Was zwingt sie dazu, die Rationalität ihrer Urteilsbildung zu steigern?

Selbst wenn das in der Entwicklung ›Neue‹ aufgrund seiner argumentativen Genese fortschreitend kognitiv höherstufige und damit einen der materiellen und sozialen Wirklichkeit fortschreitend angemesseneren Typ von Problemlösungen impliziert, folgt daraus nicht zwingend, daß jedes einzelne Individuum in der Regel gewillt ist, sich das in der Entwicklung ›Neue‹, wenn es sich am Erfahrungshorizont abzeichnet, auch subjektiv anzueignen. Wie läßt sich dann eine universelle Entwicklungsdynamik begründen? Wenn von reifungstheoretischen Annahmen abgesehen wird, die zumindest im Falle der kognitiven und sozialkognitiven (moralischen) Ontogenese das Problem einer universellen Entwicklungsdynamik lediglich immunisieren, so bleibt für ›individualistische‹ Entwicklungstheorien nur noch die Wahl zwischen subjektiven Faktoren wie ›Neugierde‹, ›kritische Phantasie‹ und dgl. und sozialen Faktoren wie ›Belohnung‹ und ›Bestrafung‹, die jedoch noch am ehesten empirische Argumente gegen eine universelle Entwicklungsdynamik liefern.

Ein Ausweg aus dieser Problematik bietet sich an, wenn gezeigt werden kann, daß aufgrund des *Wahrheitsprinzips* von Argumentationen die Praxis argumentativer Auseinandersetzungen für das einzelne Subjekt auf jeder von ihm erreichten Entwicklungsstufe potentiell zu Problemkonstellationen führt, die universell einen Zwang zur grundlegenden Fortentwicklung seines (materialen und formalen) Wissens ausüben – ein Zwang, dem sich das betreffende Subjekt im Rahmen seines kommunikativen Handelns in der Regel nur unter Inkaufnahme einer massiven Bedrohung seiner sozialen Identität entziehen kann. Auf diesen Problemzusammenhang soll im Teilkapitel 4.4. noch etwas näher eingegangen werden.

Wenn sich diese drei Grundfragen in der hier lediglich kurz skizzierten Weise überzeugend beantworten lassen, so folgt daraus, daß der argumentative Diskurs für die Ontogenese kognitiver und sozialkognitiver Wissensstrukturen einen zentralen Entwicklungsmechanismus darstellt.

Die Ausgangsprämisse der sozialen Konstitutionshypothese, nämlich daß eine gelingende kollektive Praxis möglich ist, noch bevor das einzelne daran beteiligte lernende Subjekt das entsprechende formale Interaktionswissen erworben hat, kann jedoch – wenn unter einer gelingenden kollektiven Praxis im wesentlichen eine gelingende Praxis des kollektiven Argumentierens verstanden wird – leicht zu zwei Mißverständnissen führen, die an dieser Stelle von vornherein ausgeräumt werden sollen.

Das Gelingen einer kollektiven Praxis argumentativer Auseinandersetzungen impliziert im vorliegenden Zusammenhang nicht notwendig, daß die an der Argumentation Beteiligten einen Konsens über eine die Argumentation auslösende strittige Frage erzielen, sondern lediglich, daß die ›subjektive Gewißheit‹ eines lernenden Individuums auf eine für dieses Individuum selbst überzeugende Weise bestätigt bzw. grundlegend erschüttert werden kann, daß das lernende Subjekt zumindest entscheidende Anhaltspunkte für die Entdeckung strukturell neuer und fortschreitend rationaler Problemlösungen finden kann, und schließlich daß das lernende Subjekt gegebenenfalls einen kommunikativen Zwang zur grundlegenden Fortentwicklung seines Wissens erfährt, dem es sich prinzipiell nur schwer entziehen kann.

Ein weiteres Mißverständnis kann dadurch entstehen, daß die theoretischen und empirischen Unterschiede zwischen dem Begriff einer ›kollektiven Argumentation‹ und dem Begriff einer ›Logik der Argumentation‹ übersehen und das Gelingen einer kollektiven Praxis des Argumentierens somit von vornherein auf das formale Wissen der daran Beteiligten zurückgeführt wird, das diese ja aufgrund einer erfolgreichen Praxis allererst erwerben können sollen.

Der Begriff einer erfolgreichen bzw. gelingenden kollektiven Praxis argumentativer Auseinandersetzungen setzt zwar voraus, daß das einzelne Individuum auf jeder Entwicklungsstufe bereits über ein bestimmtes (implizites) formales Wissen hinsichtlich der Logik der Argumentation verfügt; entscheidend ist jedoch die Annahme, daß Argumentationen aufgrund ihrer elementaren Prinzipien und elementaren dialogkonstituierenden Regeln[26] einen Koordinationsmechanismus für *intermentale Reflexionsprozesse* bilden, der dem argumentativen Diskurs allererst die Eigenschaften eines zentralen Entwicklungsmechanismus verleiht. Dabei wird im Rahmen der vorliegenden Arbeit unterstellt, daß sich diese elementaren Prinzipien und Regeln bereits in einer sehr frühen Phase der Ontogenese im einzelnen Individuum herausbilden – möglicherweise in ihren ›Grundstrukturen‹ bereits in der vorsprachlichen Phase des Kindes.

Zum Schluß noch eine weitere Warnung an den Leser der vorliegenden Arbeit. Die Erörterungen der folgenden Teilkapitel gehen nicht, wie mancher Leser vielleicht erwartet, von einer empirischen Beschreibung kollektiver Lernprozesse und einer empirischen Beschreibung der Moralentwicklung in einer bestimmten Anzahl von Individuen aus; auch wird mit diesen Erörterungen nicht beabsichtigt, ein ontogenetisches Modell der Moralentwicklung (etwa im Sinne Kohlbergs) zu konzipieren. Die folgenden Erörterungen sind vielmehr auf einer entwicklungstheoretischen Metaebene angesiedelt, auf der versucht werden soll, Grundannahmen des Konzeptes eines kollektiven Lernprozesses zu explizieren und sie gegen (implizite) Grundannahmen alternativer (individualistischer) Entwicklungskonzepte auszuspielen. Es soll gezeigt werden, daß sich *prinzipiell* die oben aufgeführten Grundfragen einer Entwicklungstheorie mit Hilfe des Konzeptes eines kollektiven Lernprozesses auf eine eher überzeugende Weise beantworten lassen als mit Hilfe eines auf das einzelne (monologische) Subjekt bezogenen Entwicklungskonzeptes. In der Regel kann erst eine metatheoretische Klärung dieser Art die möglichen Antworten alternativer Entwicklungstheorien auf die oben aufgeführten Grundfragen so weit präzisieren und in empirische Indikatoren auflösen, daß eine *empirische* Entscheidung zwischen diesen alternativen Entwicklungstheorien möglich wird.

Um eine solche metatheoretische Klärung wenigstens ansatzweise zu erreichen, ist vor allem in den folgenden beiden Teilkapiteln keine Mühe gescheut worden, auch in den entlegensten und für

---

26 vgl. dazu die im vorausgegangenen Kapitel charakterisierten Kooperationsprinzipien (Verallgemeinerungsprinzip, Objektivitätsprinzip und Wahrheitsprinzip) und die Rekonstruktion von Ja/nein-Stellungnahmen als elementare, nicht weiter reduzierbare Dialogelemente, auf denen die kommunikative Institution einer Argumentation aufbaut.

manchen Leser vielleicht bizarren philosophischen Problemkontexten nach Argumentationshilfen zu suchen. Dies mag bisweilen zu einem etwas überzogenen Explikationszwang und zu etwas ausufernden Überlegungen und Spekulationen führen. Aber selbst dann, wenn die folgenden Erörterungen auch noch eine Reihe von ›Denkfehlern‹ enthalten sollten, wird man auch daraus vermutlich noch eher etwas lernen können als aus einer theoretisch unterentwickelten empirischen Forschung, die gleichwohl beansprucht über eine bloße empirische Deskription hinaus die Grundfragen ihrer Disziplin zu beantworten, und das heißt im Falle der empirischen Sozialisationsforschung: die Frage nach den grundlegenden Mechanismen, die den Bildungsprozeß des einzelnen Individuums vorantreiben.

4.2. Moralische Weltbilder und das Problem ihrer kollektiven Geltung

Moralische Weltbilder lassen sich durch einen ›moralischen Code‹ und durch ein ›Ethos‹ charakterisieren. Nach Castañeda (1974, S. 6 ff. und 189 ff.) ist ein *moralischer Code* ein System von Regeln oder Imperativen oder Handlungsprinzipien, das für eine bestimmte soziale Gruppe gilt und mit dessen Hilfe Angehörige dieser Gruppe Konflikte zwischen konkurrierenden Handlungserwartungen zu lösen versuchen. Ein *Ethos* legt eine Ordnung fest, die für den moralischen Code konstitutiv ist: in der Regel ist dies eine hierarchische Rangfolge von einzelnen normativen Subsystemen.

Wenn jemand beispielsweise als Angestellter einer Firma (aufgrund des dort geltenden normativen Subsystems) verpflichtet ist, morgens zu einer bestimmten Zeit mit der Arbeit zu beginnen, er jedoch auf dem Weg zur Arbeit an einem durch einen Verkehrsunfall schwerverletzten und hilfebedürftigen Menschen vorbeikommt, so erfordert das Ethos, das zumindest für unsere soziokulturelle Lebenswelt gilt, daß er sich als ein guter Samariter verhält (und dem dafür konstitutiven normativen Subsystem den Vorrang gibt), auch wenn er dadurch zu spät zur Arbeit kommt und damit normative Erwartungen seiner Firma verletzt.

Es sind die (ontogenetisch bzw. historisch und soziokulturell zumindest teilweise variablen) Prinzipien, die hinter der Ordnung eines Ethos stehen, in denen sich die universelle Idee der Moral *empirisch* manifestiert.

Aufgrund der ethischen Ordnung, die einen moralischen Code definiert, besitzt das entsprechende (materiale) Weltbildwissen eine *propositionale* Struktur. Es ist ein Wissen, das zumindest im Prinzip auf Gründe zurückgeführt werden kann; und das heißt, mit anderen Worten, es ist ein Wissen, das eine ›Argumentstruktur‹ (im Sinne des vorangegangenen Kapitels) aufweist[27].

Wenn ein ›Wissen‹ so verstanden wird, so besitzt es grundsätzlich eine teils *implizite*, teils *explizite Form*. Wie bereits im vorangegangenen Kapitel kurz ausgeführt wurde, kann prinzipiell jeder Übergang zwischen Aussagen eines Argumentes explizit gemacht und als eine weitere Aussage dem jeweiligen Argument zugeordnet werden. Diese Erweiterung des Argumentes involviert jedoch einen neuen, zunächst impliziten Übergang, der ebenfalls explizit gemacht werden kann, und so fort ad infinitum. Dies kann mit Hilfe eines ›Argumentstrukturbaumes‹ auf eine einfache Weise veranschaulicht werden.

[3]

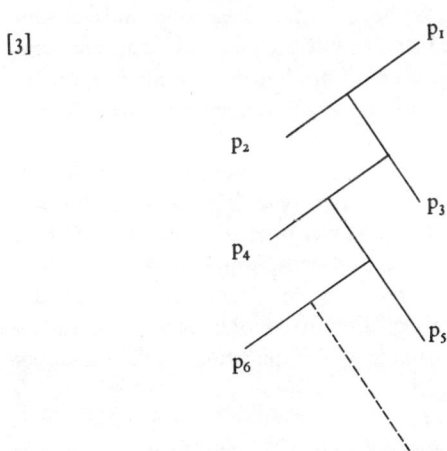

27 Möglicherweise kann überhaupt nur dann sinnvoll von einem ›Wissen‹ die Rede sein, wenn sich diese Bezeichnung in einem gegebenen Verwendungskontext auf eine Menge von Aussagen bezieht, deren Relation untereinander durch eine Argumentstruktur festgelegt ist. Auch neueren Entwicklungen in der Theorie des Problemlösungsverhaltens (z. B. Newell 1968, Newell & Simon 1972 und Simon 1974 und 1979) liegt generell ein solcher ›Wissensbegriff‹ zugrunde.

Jeder Versuch, eine Aussage, z.B. die Aussage p_1 im Argumentstrukturbaum des Diagramms [3], zu rechtfertigen, und das heißt: auf eine unmittelbar geltende explizite Aussage, z.B. die Aussage p_2, zurückzuführen, setzt zumindest einen impliziten Übergang zwischen diesen beiden Aussagen voraus. Dieser Übergang erklärt, weshalb von p_2 auf p_1 geschlossen werden kann. ›Übergänge‹ sind ›Schlußregeln‹ im Sinne Toulmins (1958, dt. 1975). Unabhängig davon, ob p_2 (im Falle einer empirischen Aussage) wahr oder falsch ist oder ob p_2 (im Falle einer normativen Aussage) richtig oder unrichtig ist, wird mit dem Übergang von p_2 zu p_1 die Relevanz[28] von p_2 für eine Stützung bzw. Begründung von p_1 zum Ausdruck gebracht. Implizites Wissen, das sich auf Übergänge innerhalb einer Argumentstruktur bezieht, betrifft die *Relevanz* des im Sinne dieser Argumentstruktur angeordneten expliziten Wissens[29].

Wie kann nun ein eventuell impliziter Übergang explizit gemacht werden? Diagramm [3] zeigt, daß beispielsweise mit p_3 der Übergang von p_2 zu p_1, mit p_4 der Übergang von p_3 zum Übergang von p_2 zu p_1 expliziert und, in diesem Sinne, begründet werden kann und so fort. Das Resultat ist eine Hierarchie von Übergängen bzw. Schlußregeln, bei der jedoch zumindest die jeweils letzte (n-te) Explikation bzw. Begründung wiederum ein implizites (Relevanz-)Wissen voraussetzt.

Alles explizite (prinzipiell als Argument rekonstruierbare) Wissen, gleichgültig ob es wahr oder falsch bzw. (normativ) richtig oder unrichtig ist, gründet somit in letzter Instanz auf einem impliziten Wissen – einem Wissen, das von dem Subjekt (das Träger dieses Wissens ist) nicht mehr mittels weiterer Gründe expliziert werden kann oder nicht weiter expliziert zu werden braucht, wenn die Relevanz der jeweils letzten (n-ten) Explikation für dieses Subjekt eben unmittelbar feststeht.

Aber was heißt es, daß für ein Individuum die Relevanz ›letzter Gründe‹, die die explizite Basis seines Wissens (genauer: eines zu einem bestimmten Zeitpunkt bestehenden Wissenszustandes) konstituieren, unmittelbar feststeht bzw. ›selbstevident‹ ist? Wenn im Diagramm [3] die Aussage p_n beispielsweise durch eine der folgenden Aussagen ersetzt wird:

28 vgl. dazu die argumentationstheoretische Erläuterung des Begriffes ›Relevanz‹ im Aufsatz ›Antagonismen und Argumente‹.
29 vgl. dazu auch den Begriff der Relevanz bei A. Schütz (1971).

(1) Tertium non datur (p oder ~p, aber nicht beides zugleich).
(2) Die Bedeutung von ›Liebe‹ und ›Haß‹ stehen in einem anonymen Verhältnis zueinander.
(3) Alle Menschen sind vor dem Gesetz gleich.
(4) Der römisch-katholische Papst ist unfehlbar.
(5) Pflanzen haben Gefühle.
(6) Auf dem Mars gibt es grüne Männlein.

so zeigt sich zunächst, daß die potentielle Relevanz dieser Aussagen für ein gegebenes Argument in unterschiedlichem Maße von zwei Kontext-Koordinaten abhängt: erstens, von den einzelnen Individuen, die die Relevanz beurteilen, und zweitens, von dem Zeitpunkt, zu dem sie es tun. Zweifellos nimmt allgemein die kontextuelle Abhängigkeit der potentiellen Relevanz von Aussagen in der Folge der Beispiele (1)-(6) zu.

Für alle diese Beispiele gilt jedoch gleichermaßen, daß für ein Individuum ihre Relevanz für ein gegebenes Argument nur dann *unmittelbar* feststeht, wenn es über ein entsprechendes implizites Wissen in der »präreflexiven Form von selbstverständlichen Hintergrundannahmen und naiv beherrschten Fertigkeiten« (Habermas 1981, I, S. 499) verfügt. Unmittelbare Relevanz setzt ein implizites Hintergrundwissen voraus, zu dem beispielsweise im Falle von (1) die Annahme einer prinzipiellen Unterscheidbarkeit von Wahrem und Falschem, im Falle von (2) die (implizite) Kenntnis einer natürlichen Sprache (nämlich des Deutschen), im Falle von (3) die Vertrautheit mit einer bestimmten politisch-moralischen Tradition, im Falle von (4) die Vertrautheit mit einer bestimmten religiösen Tradition und im Falle von (5) und (6) die Vertrautheit mit einem bestimmten Weltverständnis, für das die üblichen Unterscheidungen zwischen Realität und Fiktion nicht gelten, dazugehört.

Habermas (a.a.O., S. 451) schreibt diesem Hintergrundwissen folgende generelle Eigenschaften zu: »es ist ein *implizites Wissen*, das nicht in endlich vielen Propositionen dargestellt werden kann; es ist ein *holistisch strukturiertes* Wissen, dessen Elemente aufeinander verweisen; und es ist ein Wissen, das uns insofern *nicht zur Disposition steht*, als wir es nicht nach Wunsch bewußt machen und in Zweifel ziehen können«. Aber was verleiht einem solchen impliziten Hintergrundwissen, in dem das moralische Weltbild eines Individuums verankert ist, seine Überzeugungskraft?

Wittgenstein nennt solche fundamentale Überzeugungen eines

Individuums in seinem ›Blue Book‹ (1958, S. 24) ›Konventionen‹ und in den ›Philosophischen Untersuchungen‹ (1960, z. B. § 23) ›Lebensformen‹. Konventionen oder Lebensformen sind die letzte Instanz einer möglichen ›Gewißheit‹. Darauf beruft sich Wittgenstein, wenn er z. B. schreibt: »Habe ich die Begründungen erschöpft, so bin ich nun auf dem harten Felsen angelangt, und mein Spaten biegt sich zurück. Ich bin dann geneigt zu sagen: ›So handle ich eben‹« (1960, § 217, vgl. auch § 211); »das Hinzunehmende, Gegebene – könnte man sagen – seien Lebensformen« (a. a. O., II, S. 539). Was Lebensformen diese Überzeugungskraft verleiht, das ist nach Wittgenstein ihre unterstellte kollektive Geltung. *Implizites Wissen beansprucht kollektive Geltung.* In dem Maße, in dem Bestandteile dieses Wissens strittig werden und damit nicht mehr kollektiv geteilt sind, werden für das betroffene Individuum die entsprechenden impliziten ›Gewißheiten‹ hinfällig. Und in dem Maße, in dem für das einzelne Individuum sein implizites Weltbildwissen eine dogmatische Geltung besitzt, wird von ihm unterstellt, daß die entsprechenden fundamentalen Überzeugungen von niemandem auf überzeugende Weise (und das heißt letztlich wiederum: mit Hilfe kollektiv geltender Überzeugungen) bestritten werden können[30].

Wenn implizites Wissen kollektive Geltung beansprucht, wie kann dann jedoch dieser Anspruch eingelöst werden?

Eine unmittelbare wechselseitige Befragung zwischen den Angehörigen einer jeweiligen sozialen Gruppe scheidet als Überprüfungsinstanz aus. Denn das implizite Hintergrundwissen, in dem ein moralisches Weltbild verankert ist, entzieht sich ja gerade (da es sich immer einen ›Schritt‹ hinter dem explizierbaren Wissen

30 Damit hängt zusammen, daß es nach Wittgenstein auch keine ›Privatsprache‹ (eine Sprache, die nur von einem Individuum verwendet und verstanden wird) geben kann. Denn nur wenn die kollektive Geltung einer Regel gesichert ist, kann es für das einzelne Individuum (z. B. durch Korrekturen von Angehörigen der relevanten sozialen Gruppe) die Möglichkeit geben zu unterscheiden zwischen: zu glauben, daß es einer bestimmten Regel folgt, und dem tatsächlichen Befolgen dieser Regel. Die in diesem Zusammenhang häufig zitierte Stelle aus den ›Philosophischen Untersuchungen‹ (a. a. O., § 202) lautet: »Und der Regel zu folgen *glauben* ist nicht: der Regel folgen. Und darum kann man nicht der Regel ›privatim‹ folgen, weil sonst der Regel zu folgen glauben dasselbe wäre, wie der Regel folgen«. Die wesentlichen Argumente für eine skeptische Beurteilung von Wittgensteins Ansatz liefert Castañeda (1967); dagegen hat unlängst Kripke (1982) eine umfassende und brillante Verteidigung von Wittgensteins Thesen zur ›Privatsprachenproblematik‹ vorgelegt.

befindet) einer direkten, expliziten Befragung. »Aus der Perspektive von Teilnehmern erscheint die Lebenswelt als horizontbildender Kontext von Verständigungsprozessen, der, indem er den Relevanzbereich der jeweils gegebenen Situation begrenzt, der Thematisierung innerhalb dieser Situation entzogen bleibt« (Habermas, a.a.O., II, S. 205).
Aber wie kann dann die kollektive Geltung eines impliziten Wissens sichergestellt werden? Wie kann von einem einzelnen Individuum bzw. von einer Gruppe von Individuen ›Gewißheit‹ darüber erlangt werden, daß was sich dem einzelnen im ›Modus der Selbstverständlichkeit‹ präsentiert, diese Selbstverständlichkeit tatsächlich einem kollektiv geteilten impliziten Wissen verdankt? Wie kann sich ein Individuum vergewissern, daß sich das implizite Fundament seines Wissens nicht doch in der Privatheit individueller, präreflexiver Einstellungen oder gar Wahnvorstellungen erschöpft und sich lediglich den Schein kollektiver Geltung zulegt? Daß in einer Gruppe von Individuen sich geradezu wahnwitzige und miteinander inkompatible subjektive ›Gemeinsamkeitsunterstellungen‹ wechselseitig sogar noch verstärken können, dafür liefern z.B. die Unterhaltungen zwischen den Personen in Jerzy Kosinskis Roman ›Being There‹ (1970) ein anschauliches Beispiel. Und selbst wenn in einer Gruppe von Individuen ein implizites Wissen tatsächlich geteilt wird, wie können die einzelnen Individuen dann ein *gemeinsames Wissen* darüber erlangen, daß jenes implizite Hintergrundwissen in der Tat ein geteiltes Wissen darstellt?[31] Kann es zwischen den Angehörigen einer

---

31 Die Signifikanz dieser etwas artifiziell klingenden Unterscheidung zwischen einem *geteilten Wissen* (›shared knowledge‹) und einem *gemeinsamen Wissen* (›mutual knowledge‹) (d.h. einem gemeinsamen Wissen, daß ein geteiltes Wissen vorliegt) läßt sich beispielsweise an Max Webers Unterscheidung zwischen einem ›massenhaft gleichartigen Handeln‹ und einem ›Gemeinschaftshandeln‹ veranschaulichen. Wenn, so lautet ein Beispiel Webers (vgl. 1968, S. 195), Passanten auf der Straße auf einen Regenschauer mit dem Aufspannen des Regenschirms reagieren, so ist dies für Weber lediglich ein ›massenhaft gleichartiges Handeln‹ und kein ›Gemeinschaftshandeln‹, für das Weber die Bedingung aufstellt, daß das Handeln des einen auf das Handeln der anderen ›sinnhaft‹ bezogen ist. In einer Fortführung von Webers Unterscheidung läßt sich sagen: ›Massenhaft gleichartiges Handeln‹ setzt unter den Akteuren lediglich ein *geteiltes Wissen* (z.B. über die Funktion eines Regenschirms) voraus – für diesen Handlungstypus ist es nicht erforderlich, daß die einzelnen Akteure wissen, daß unter ihnen ein geteiltes Wissen vorhanden ist. Dagegen ist für das ›Gemeinschaftshandeln‹, z.B. für das Zusammenspiel einer Fußballmannschaft,

Gruppe überhaupt ein gemeinsames Wissen darüber geben, daß sie ein *implizites Wissen* teilen? Würde dies nicht doch bedeuten, daß jenes implizite Wissen bewußt bzw. explizit gemacht und damit die Ebene des impliziten Wissens doch immer wieder gerade verfehlt wird?

Wenn beispielsweise A und B die Überzeugung teilen, daß der Schutz des menschlichen Lebens den höchsten moralischen Wert repräsentiert, sie jedoch die Geltung dieses Prinzips (bzw. seine explanative Relevanz) nicht weiter rechtfertigen und somit ihre entsprechenden Hintergrundüberzeugungen nicht explizit begründen können, so ist es dennoch möglich, daß A und B wissen, daß sie dieses fundamentale moralische Prinzip teilen und daß dieses Prinzip für beide eine fraglose, unproblematische Geltung besitzt. In diesem Sinne verfügen sie dann über ein gemeinsames teils explizites, teils implizites Wissen: sie wissen, an welcher Stelle ihr explizites Wissen endet und ein implizites Wissen beginnt, das sie unter sich für intersubjektiv verläßlich halten dürfen. Wie kann jedoch dieses gemeinsame Wissen entstehen?

Die Gewißheit, die ein Individuum empfinden mag, wenn es auf den ›harten Felsen‹ seiner lebensweltlich ›begründeten‹ Überzeugungen stößt, beruht zunächst lediglich auf einer ›prima facie Evidenz‹; und dies heißt noch nicht, daß der Anspruch dieser Überzeugungen auf kollektive Geltung bereits eingelöst ist. Wenn in der Spätphilosophie Wittgensteins und in der phänomenologischen Soziologie (vgl. vor allem Schütz & Luckmann 1979 und die Darstellung von Habermas a.a.O., II, Kap. 6) die Lebenswelt zu Recht als ein nicht mehr hintergehbarer Kontext für Prozesse einer intersubjektiven Verständigung begriffen wird, so kann sich dennoch die mentale Repräsentation dieses Kontextes im Bewußtsein der einzelnen Individuen mehr oder weniger stark un-

---

für einen Familienausflug oder für Beratungen zwischen den Vorstandsmitgliedern einer politischen Partei, ein *gemeinsames Wissen* erforderlich; d.h. ein unter den Akteuren koordiniertes Wissen im Hinblick darauf, was von ihnen an Wissen, das für eine bestimmte Handlung relevant ist, geteilt wird.

Ohne das Kriterium eines gemeinsamen Wissens könnte es keinen sinnvollen Unterschied zwischen einer ›sozialen Handlung‹ und einer bloßen ›Summe individueller Teilhandlungen‹ geben. Ein gemeinsames Wissen bildet eine grundlegende Voraussetzung für die Integration der (Teil-)Handlungen mehrerer Individuen zu einem gemeinsamen, d.h. einer sozialen Handlung.

Vgl. dazu auch die analytische Rekonstruktion des Begriffes einer ›sozialen Handlung‹ bei Tuomela (1984).

terscheiden. Wie kann dann jedoch im einzelnen Individuum eine Gewißheit darüber entstehen, daß die Fraglosigkeit einer Überzeugung genau die Grenze markiert, an der sich ein implizites Wissen legitimerweise auf die Überzeugungskraft eines ›kollektiv Geltenden‹ verlassen kann?

Es ist die *Grenze* zwischen einem expliziten und einem impliziten Wissen (für das vielleicht der Terminus eines ›kollektiven Unbewußten‹, eines ›kollektiven Glaubens‹ oder einer ›kollektiven Intuition‹ eher angemessen wäre), die letztlich strittig ist, wenn sich Kommunikationsteilnehmer auch bei bestem Willen nicht mehr verständigen können, weil sie an der Fremdheit oder gar ›Verrücktheit‹ ihrer Gesprächspartner verzweifeln. Daraus folgt, daß der Anspruch eines moralischen Weltbildes auf kollektive Geltung erst dann eingelöst ist, wenn diese Grenze intersubjektiv anerkannt wird, und das heißt: Individuen, die z. B. einen moralischen Konflikt lösen wollen, müssen gegebenenfalls ein gemeinsames Wissen von dieser Grenze entwickeln. Andernfalls werden sie zumindest bei grundsätzlichen Auseinandersetzungen gar nicht beurteilen können, ob und wann sie sich tatsächlich miteinander verständigt haben; und sie werden dann eventuell nicht nur, trotz kooperativer Anstrengungen, ständig aneinander vorbeireden, sondern auch den tieferen Grund für das Scheitern eines solchen Verständigungsprozesses nicht mehr verstehen können.

Die Fragen, wie die kognitiven Strukturen eines moralischen Weltbildes zu verstehen sind und welche Bedeutung das Kriterium der kollektiven Geltung für entsprechende normative Grundannahmen eines moralischen Weltbildes hat, führen somit schließlich zur Problematik eines gemeinsamen Wissens der Individuen, die eine jeweilige soziale Gruppe bilden. Wenn es eine ›Überprüfungsinstanz‹ für die kollektive Geltung eines moralischen Weltbildes gibt, so ist es das gemeinsame Wissen der Individuen, die eine entsprechende soziale Gruppe konstituieren. Und die Frage nach den Bedingungen der Entstehung eines potentiell gemeinsamen Wissens erweist sich nunmehr, wie sich im folgenden zeigen wird, als der letzte und entscheidende Prüfstein für die These, daß Entstehung und Geltung eines moralischen Weltbildes allgemein die Kooperation zwischen Individuen, und das heißt im wesentlichen: die Praxis kollektiver Argumentationen, voraussetzen.

Probleme der Entstehung eines gemeinsamen Wissens sind bislang vorwiegend in der Sprachphilosophie, im Hinblick auf die Koordination individueller sprachlicher Verstehensprozesse, erörtert worden[32]. Im Unterschied zu der in der vorliegenden Arbeit verfolgten Absicht, die Entstehung eines gemeinsamen Wissens interaktions- bzw. argumentationstheoretisch zu erklären, werden jedoch in der mit den Arbeiten von Lewis (1969) und Schiffer (1972) eröffneten sprachphilosophischen und sprachwissenschaftlichen Diskussion eher Lösungsversuche im Sinne des ›methodologischen Individualismus‹[33] angestrebt, die allerdings bislang unlösbare Schwierigkeiten aufgeworfen haben. Darauf soll kurz eingegangen werden, bevor anschließend wenigstens Ansätze zu einem alternativen (argumentationstheoretischen) Lösungsvorschlag skizziert werden.

Nach Lewis und Schiffer scheint jeder Versuch, die Entstehung eines gemeinsamen Wissens zu erklären, in das sogenannte *Paradox eines gemeinsamen Wissens* (›mutual knowledge paradox‹) zu führen. Dabei spielt es keine wesentliche Rolle, ob der propositionale Gegenstand eines gemeinsamen Wissens eine Aussage darstellt beispielsweise über Spielregeln, über das Wetter morgen oder eben über jene fundamentalen Prämissen eines moralischen Weltbildes, die die Grenze bilden, von der an moralische Überzeugungen legitimerweise auf einem kollektiv geltenden (impliziten) lebensweltlichen Wissen aufbauen können. Schiffer definiert ›gemeinsames Wissen‹ folgendermaßen:

A und B wissen gemeinsam daß p $=_{\text{def.}}$

(1) A weiß daß p.

(1') B weiß daß p.

(2) A weiß daß B weiß daß p.

---

32 Einen informativen Literaturüberblick über vorwiegend sprachphilosophische Probleme des Begriffes eines ›gemeinsamen Wissens‹ liefert die schöne Arbeit von Vossenkuhl (1983).

33 Die Definition eines ›gemeinsamen Wissens‹ bei Lewis und Schiffer (vgl. dazu die im Text folgenden Ausführungen) teilt eine grundlegende Prämisse des *methodologischen Individualismus*, nämlich daß soziale Strukturen und Prozesse letztlich (reduktionistisch) in terms der Eigenschaften von Individuen und individuellen Handlungen erklärt werden können. Da unter den Begriff ›methodologischer Individualismus‹ jedoch sehr unterschiedliche und teilweise recht unklare erkenntnistheoretische und ontologische Einzelthesen fallen (vgl. z. B. den Literaturüberblick bei Agassi 1960 und 1975, Lukes 1973, Jarvie 1974 und A. Garfinkel 1981), soll im Rahmen der vorliegenden Arbeit auf diesen theoretischen Kontext nicht weiter eingegangen werden.

(2') B weiß daß A weiß daß p.
(3) A weiß daß B weiß daß A weiß daß p.
(3') B weiß daß A weiß daß B weiß daß p.
et cetera ad infinitum.

Die beiden Zeilen (1) und (1') bezeichnen das kollektiv *geteilte Wissen* von A und B (nämlich die Proposition p), und zwar aus der Perspektive eines Dritten, eines objektiven Beobachters. Die gesamte Definition bezeichnet das *gemeinsame Wissen* von A und B, ebenfalls aus der Perspektive eines objektiven Dritten – eine Perspektive, die aber nunmehr mit den Perspektiven von A und B zusammenfällt; denn A und B wissen, daß sie wissen, daß p der Fall ist. Ein solches Wissen scheint jedoch eine infinite Menge sich ständig erneut iterierender reziproker Reflexionen von A und B vorauszusetzen[34]. Ein gemeinsames Wissen, das eine infinite Progression von reziproken Überzeugungen erfordert, ist jedoch in der Praxis nicht realisierbar. Andererseits legt gerade die alltägliche kommunikative Praxis von Sprecher-Hörern nahe, daß zumindest hier eine gelingende Verständigung (d.h. eine Verständigung auf der Grundlage eines gemeinsamen Wissens) eher die Regel und nicht ein bloß kontingentes, eigentlich unwahrscheinliches Ereignis ist (so als wären die daran beteiligten Individuen Bewohner irgendwelcher fremder Sterne und könnten ihre Signale allenfalls zufällig aufeinander auftreffen lassen). Dieser Widerspruch begründet das eigentliche Paradox eines gemeinsamen Wissens. Dieses Paradox scheint so lange prinzipiell unlösbar zu sein, wie die Entstehung eines gemeinsamen Wissens unter den ›subjektzentrierten‹, individualistischen Prämissen diskutiert wird, die in der zitierten Definition eines ›gemeinsamen Wissens‹ von Schif-

---

[34] Clark und Marshall (1981, S. 14) beschreiben zur Veranschaulichung unter anderem das folgende Szenarium, in dem eine erfolgreiche Verständigung über die Referenz des sprachlichen Ausdrucks ›the movie showing at the Roxy tonight‹ zumindest ein vielfach iteriertes, reflexives und reziprokes Wissen auf seiten von Sprecher und Hörer voraussetzt:
»On Wednesday morning Ann and Bob read the early edition of the newspaper and discuss the fact that it says that ›A Day at the Races‹ is playing that night at the Roxy. Later, Bob sees the late edition, notices the correction of the movie to ›Monkey Business‹, and circles it with his red pen. Later, Ann picks up the newspaper, sees the correction, and recognizes Bob's red pen mark. Bob happens to see her notice the correction and his red pen mark. In the mirror Ann sees Bob watch all this, but realizes that Bob hasn't seen that she has noticed him. Later that day, Ann sees Bob and asks, ›Have you ever seen the movie showing at the Roxy tonight?‹.«

fer deutlich zum Ausdruck gelangen und dort einen fraglosen, selbstevidenten Status zu besitzen scheinen.

In Schiffers Definition eines ›gemeinsamen Wissens‹ wird die Koordination der Reflexionsprozesse von A und B (so daß A und B wissen, daß A und B wissen, daß p der Fall ist) als eine Aufgabe verstanden, die jeweils innerhalb der Grenzen des individuellen, *intramentalen Reflexionsprozesses* von A und B gelöst werden muß. Bei jedem weiteren Schritt in der ›Spirale‹ des Reflexionsprozesses (bei jedem weiteren ›loop-belief‹) entsteht jedoch erneut die Frage, welche Evidenz es für A und B dafür geben kann, daß zwischen A und B koordinierte Reflexion über das von ihnen eventuell geteilte Wissen vollzogen worden ist. Die Antwort muß jedes Mal negativ ausfallen. Denn wenn A und B in ihren Reflexionen auf den subjektiven Horizont eines intramentalen Prozesses begrenzt sind, so schließt dies a priori aus, daß die Koordination der intramentalen Prozesse von A und B und damit die Transzendierung der subjektiven Horizonte von A und B selbst noch in den Reflexionsbereich der subjektzentrierten Prozesse von A und B fällt. Unter solchen individualistischen Voraussetzungen liegt ein gemeinsames Wissen von A und B im unendlich fernen ›Fluchtpunkt‹ der einander doch niemals ›überschneidenden Perspektiven‹ von A und B.

Aus dem systematischen Scheitern eines individualistischen, auf intramentale Prozesse zentrierten Ansatzes zur Erklärung eines gemeinsamen Wissens wird verständlich, weshalb von Lewis (a.a.O., S. 52-58), Schiffer (a.a.O., S. 33-36), Bennett (1976, S. 176-210) und neuerdings in den linguistischen und psycholinguistischen Arbeiten von Bach & Harnish (1979), Clark & Marshall (a.a.O.) und Clark & Carlson (1982) von einem ›Induktionsschema für gemeinsames Wissen‹ ausgegangen wird, das bereits als Teil seiner internen ›Struktur‹ ein gemeinsames Wissen, nämlich ›common grounds‹ z.B. aufgrund von ›physical co-presence‹ oder ›community membership‹, auf seiten der miteinander kommunizierenden Individuen voraussetzt[35]. Für eine Theorie, welche die Entstehung eines gemeinsamen Wissens erklären möchte, ist dies jedoch eindeutig eine ›petitio principii‹[36].

35 vgl. dazu auch die interessante Kritik von Sperber & Wilson (1982) an den Arbeiten von Clark und seinen Mitarbeitern.
36 Ein ganz ähnliches Problem stellt sich im Rahmen funktionalistischer Systemtheorien (vgl. z.B. Parsons 1977 und Luhmann 1977) im Hinblick auf die

Selbst triviale Grundprämissen, die Kommunikationsteilnehmer im allgemeinen teilen, besitzen für einzelne Verständigungsprozesse nicht a priori den Status eines ›common ground‹, d. h. eines gemeinsamen Wissens. Auch dann sind grundsätzliche Mißverständnisse noch jederzeit möglich. Wenn beispielsweise eine Ziege über den Weg läuft und gleichzeitig A zu B sagt: ›Das ist eine Ziege‹ und sich dabei auf die Grundprämisse einer *physikalischen* Ko-Präsenz von Äußerungen und intendierten Referenten verläßt, B jedoch von der Grundprämisse einer *sprachlichen* Ko-Präsenz ausgeht und diese Äußerung auf eine von ihm eben erwähnte gemeinsame Kollegin bezieht, so entsteht – auch wenn A und B generell dasselbe ›Induktionsschema für gemeinsames Wissen‹ teilen – erneut das grundsätzliche Problem, wie die Reflexionsprozesse der an einer Kommunikation Beteiligten so miteinander koordiniert werden können, daß ein solches Mißverständnis erkannt und ein gemeinsames Wissen hinsichtlich der für eine Verständigung relevanten Grundprämissen entwickelt werden kann.

Im Rahmen eines individualistischen, auf intramentale Reflexionsprozesse begrenzten Ansatzes entzieht sich die Entstehung eines gemeinsamen Wissens systematisch einer begrifflichen Explikation.

Wenn es für Verständigungsprozesse tatsächlich keinen anderen

Rolle von ›generalisierten Medien‹ bzw. ›Kommunikationsmedien‹ wie Geld/Eigentum, Macht/Recht oder Wahrheit/Methodologie für eine Erklärung der Koordination von individuellen Handlungen bzw. für eine Erklärung sozialer Integration. Sytemtheoretische Ansätze dieser Art scheitern spätestens an der Frage, wie die kollektive Geltung solcher Medien sichergestellt werden kann.

Ein Medium gründet sich auf ein spezifisches System normativer Regeln. Geld wird beispielsweise erst durch das Bestehen einer Eigentumsordnung zu dem allgemeingültigen friedlichen Tauschmittel. Wenn nun jedoch über ein solches System normativer Regeln (beispielsweise eine Eigentumsordnung) ein Dissens entsteht, so müssen die daran Beteiligten, wenn sie dieses Koordinationsproblem gemeinsam lösen wollen, erneut ein gemeinsames Wissen über ein eventuell verändertes (oder neu zu interpretierendes) System normativer Regeln erzeugen und, als Voraussetzung dazu, ein gemeinsames (implizites) Wissen auf der Ebene der Bedeutung eines solchen Kommunikationsmediums für eine mögliche Handlungskoordination sicherstellen. Es ist jedoch bislang nicht ersichtlich, ob und wie sich Fragen der Entstehung und gegebenenfalls der Veränderung bzw. Entwicklung/Evolution eines gemeinsamen Wissens im Rahmen funktionalistischer Systemtheorien sinnvoll stellen und behandeln lassen.

›Reflexionsmechanismus‹ gäbe, so wären Kommunikationsprozesse ständig in der Gefahr, zumindest in die Randzone des Pathologischen abzugleiten. Ein schlagendes Beispiel dafür ist der Sinologe Kien, der Held von Elias Canettis Roman ›Die Blendung‹ (1975). Kien besitzt ein wahrhaft profundes geistesgeschichtliches Wissen und einen scharfen analytischen Verstand; er ist berühmt für seine meisterhaften Konjekturen bei der Rekonstruktion alter Texte, und dennoch führt die Anwendung seiner analytischen Intelligenz auf die Lösung seiner eigenen zwischenmenschlichen Probleme zu völlig irrationalen Ergebnissen. Kien behandelt die Äußerungen seiner (teilweise recht kauzigen) Mitmenschen als Texte, die bei aller Verstümmeltheit und Widersprüchlichkeit durch intelligente Extrapolationen doch eine kohärente Interpretation erfahren können. Das Gelingen einer ›induktiven‹ Erfassung von Grundprämissen, aus denen sich ein kohärenter Sinn dieser ›Texte‹ ableiten läßt, und Kiens interpretatorische Überlegenheit (und Arroganz) über seine Mitmenschen entheben ihn jeden Zweifels darüber, ob ein von ihm rekonstruierter Zusammenhang vom Sprecher auch tatsächlich (implizit) intendiert worden ist. Doch Kiens brillante Folgerungen führen ihn dennoch, objektiv gesehen (d.h. aus der Perspektive des Romanlesers), beständig in die Irre. Am Ende steht dann auch seine geistige Umnachtung.

Kiens Unfähigkeit, an der Entstehung gemeinsamer Situationsdefinitionen mitzuwirken, liegt darin begründet, daß er genau so wenig wie die ihn umgebenden, in ihre eigenen subjektiven Vorstellungswelten versponnenen, absonderlichen Charaktere seine Folgerungen auch davon abhängig macht, ob sie von seinen Interaktionspartnern akzeptiert werden können, und im Falle eines Dissens zu ergründen versucht, worin eine mögliche Übereinstimmung besteht und an welchem Punkt eventuell die Ansichten über das, was die ›gemeinsame Situation‹ sein mag, auseinandergehen. Mit anderen Worten: Kien und seine Gesprächspartner beherrschen nicht, aus welchen Gründen auch immer, elementare kommunikative Methoden, um zu überprüfen, inwieweit ihre Beobachterperspektive mit den Teilnehmerperspektiven der an einer sozialen Interaktion Beteiligten zusammenfällt; statt dessen flieht Kien in die von ihm lediglich angemaßte Perspektive eines ›objektiven Beobachters‹, aus der heraus er es für möglich hält, die Äußerungen der anderen zu einem Text zu ›objektivieren‹, und nicht mehr zu erkennen vermag, daß es für gelingende Verständigungsprozesse darauf ankommt, einen gemeinsamen Text[37] bzw. ein gemeinsames Wissen herzustellen.

Ein Dissens ist für die Teilnehmer einer Kommunikation der eindeutige Beweis dafür, daß sie im Hinblick auf einen bestimmten Sachverhalt über kein gemeinsames Wissen, eventuell noch nicht einmal (oder nur teilweise) über ein geteiltes Wissen verfügen. Und die kommunikative Methode, der im Falle eines Dissens für die Entwicklung eines gemeinsamen Wissens eine Schlüsselrolle zufällt, sind die Prinzipien und Regeln des kollektiven Argumentierens. *Kollektive Argumentationen* konstituieren potentiell einen Koordinationsmechanismus, mit dessen Hilfe systematisch die Schranken intramentaler Reflexionsprozesse bei der Entwicklung eines gemeinsamen Wissens ›durchbrochen‹ werden können.

Dies heißt nicht, daß in kollektiven Argumentationen etwa die Geltung der formalen Logik verändert würde; auch nicht, daß in kollektiven Argumentationen Reflexionsprozesse an ein mysteriöses kollektives ›Über-Ich‹ delegiert würden. Was kollektive Argumentationen zunächst einmal, auf einer noch oberflächlichen Betrachtungsebene, von intramentalen Reflexionsprozessen (bzw. individuellen, monologischen Argumentationen) unterscheidet, das ist der triviale Sachverhalt, daß in kollektiven Argumentationen ein Argument zur Beantwortung einer strittigen Frage dadurch entsteht, daß hier mindestens zwei Individuen miteinander kooperieren, um ein eventuell gemeinsam akzeptiertes Argument ›aufzubauen‹. Zwar kann dieses potentiell gemeinsame Argument doch wiederum nur von einzelnen individuellen Gehirnen mental repräsentiert werden, aber die Entwicklung eines Argumentes und das schließlich erreichte Resultat werden auf eine entscheidende Weise durch die kollektiven Aktivitäten der an der Argumentation Beteiligten determiniert.

Aber wie kann in kollektiven Argumentationen verhindert wer-

---

37 Alle Probleme der klassischen Hermeneutik im Hinblick auf das Verstehen überlieferter Texte finden genau darin ihren Ursprung, daß die Herstellung eines solchen ›gemeinsamen Textes‹ (z. B. durch Rückfragen an oder auch Einwände gegen den Autor und dessen Erwiderungen) nicht mehr möglich ist. Und alle Methoden der Hermeneutik sind im wesentlichen nichts weiter als der Versuch, zumindest annäherungsweise einen Ersatz für die kommunikativen Verständigungsprozesse zu finden, die der Entstehung eines ›gemeinsamen Textes‹ zugrundeliegen.

den, daß das Ziel, ein gemeinsames Argument zu entwickeln, nicht doch durch eine indefinite Progression iterativ aneinander gespiegelter subjektiver Reflexionsprozesse verfehlt wird? Welche prinzipiellen Gründe lassen sich dafür anführen, daß ein in kollektiven Argumentationen gemeinsam entwickeltes Argument auch tatsächlich ein gemeinsames Wissen der Beteiligten zum Ausdruck bringen kann?

Wie im vorhergehenden Kapitel bereits ausgeführt wurde, sind die kleinsten, noch sinnstiftenden ›Bausteine‹ einer Argumentation elementare Formen des Dialoges: eine Aussage von A und eine Ja/nein-Stellungnahme von B (bzw. umgekehrt). Im Idealfalle lassen sich komplexe argumentative Beiträge von A und B vollständig in Konfigurationen solcher Dialogelemente zerlegen. Soweit in der Praxis kollektiver Argumentationen die Erzeugung solcher Konfigurationen gelingt, sind die Reflexionsprozesse von A und B interdependent und sind sie wechselseitig ein integrativer Bestandteil voneinander, so als gäbe es, in der Tat, einen ›überindividuellen‹ Reflexionsmechanismus, der die Argumentation vorantreibt. Kollektive Argumentationen sind in diesem Sinne *intermentale Prozesse*. Aufgrund des Mechanismus wechselseitiger Ja/nein-Stellungnahmen werden die intramentalen Reflexionsprozesse in einen intermentalen Reflexionsprozeß integriert, unabhängig davon, ob die Argumentation zu einem bestimmten inhaltlichen Ergebnis führt oder ob ein Außenstehender das Ergebnis für formal gültig und inhaltlich vernünftig hält.

Wenn A und B eine strittige Frage gemeinsam beantworten wollen (und das heißt, daß sie ein gemeinsames Wissen zur Beantwortung dieser Frage entwickeln wollen), so bleibt ihnen keine andere Wahl, als jene Verständigungsprozesse zu durchlaufen, die eine argumentativ erfolgreiche Kinematik des kollektiv Geltenden (vgl. dazu das vorhergehende Kapitel) hervorbringen können; und das heißt im wesentlichen: der auf intermentalen Reflexionsprozessen beruhende Aufbau eines potentiell gemeinsamen Argumentes muß solange fortgesetzt werden, bis eine Konsensmenge von Aussagen (d. h. eine Menge kollektiv geltender Aussagen) entwickelt worden ist, die zumindest die folgenden beiden Bedingungen erfüllt:

Erstens, in der gemeinsam entwickelten Argumentstruktur, auf die sich die Konsensmenge von Aussagen abbilden läßt, repräsentiert die Teilmenge von Aussagen, aus der sich für A und B alle anderen

Aussagen der Konsensmenge ableiten lassen, unmittelbar akzeptierte, im Kontext einer gegebenen Argumentation für unproblematisch gehaltene, fraglos geltende Überzeugungen von A und B. Es sind die Aussagen, die in der graphischen Darstellung von Argumenten als Argumentstrukturbäumen (vgl. die Diagramme 1, 2 und 3) zuunterst stehen bzw. keine weiteren Aussagen ›dominieren‹.

Zweitens, aufgrund dieser Konsensmenge von Aussagen können A und B ein gemeinsames Urteil darüber fällen, welche der prinzipiell möglichen Antworten auf eine strittige Frage kollektiv (mit Bezug auf A und B) gelten und welche nicht.

Kollektive Argumentationen können somit als ein Reflexionsmechanismus wirksam werden, mit dessen Hilfe die an der Argumentation Beteiligten bei der Konstruktion eines gemeinsamen Wissens aufgrund des *Verallgemeinerungsprinzips* von Argumentationen potentiell so ›tief‹ in ihr individuelles und eventuell (partiell) geteiltes Wissen vordringen, daß unter Umständen zur Auflösung eines Dissens sogar jene fundamentalen Überzeugungen der Beteiligten erreicht werden, die für die einzelnen Individuen die Grenze bilden, von der an Grundannahmen eines Weltbildes ihre Überzeugungskraft nur noch aus einem in seiner kollektiven Geltung als unproblematisch unterstellten impliziten lebensweltlichen Wissen beziehen können. Für die Lösung des Problems, wie moralische Weltbilder gegebenenfalls ihren Anspruch auf kollektive Geltung einlösen können, ist dies von einer so grundsätzlichen Bedeutung, daß *in dieser Hinsicht* sogar kein wesentlicher Unterschied zwischen der Ontogenese moralischer Weltbilder und der gesellschaftlichen Entwicklung (Evolution) moralischer Weltbilder mehr zu erkennen ist.

Je nachdem, ob die an einer Argumentation Beteiligten beim Erreichen dieser für die einzelnen Individuen möglicherweise unterschiedlichen Grenze zwischen einem expliziten und impliziten Wissen ein gemeinsames Argument zur Beantwortung einer strittigen Frage entwickeln können oder ob für die an der Argumentation Beteiligten ein Dissens (über moralische Teilfragen) auch weiterhin bestehen bleibt, ergeben sich für die kollektive Geltung und damit für das ›Schicksal‹ eines moralischen Weltbildes ganz unterschiedliche Konsequenzen, von denen hier drei hervorgehoben werden sollen. Sie lassen sich kurz umschreiben als Reproduktion einer kollektiven Identität, als Entstehung eines kollektiven Schismas und als Entwicklung/Evolution eines neuen moralischen Weltbildes und damit einer neuen kollektiven Identität. Dazu im folgenden einige kurze Anmerkungen.

Wenn Argumentationsteilnehmer bis auf den Grund ihrer moralischen Perspektive ›vorstoßen‹ und somit den Vorrat an explizierbarem Wissen über ihre Sichtweise erschöpft haben (im Alltag heißt dies einfacher: wenn Argumentationsteilnehmern die Gründe ausgehen) und wenn sich auf dieser Ebene einer ›Letztbegründung‹ die unmittelbar geltenden Aussagen auffinden lassen, die letztlich die Auflösung eines Dissens ermöglichen, so ist im Verlauf der Entwicklung eines gemeinsamen Argumentes auch hinsichtlich jener Grenze eines expliziten/impliziten Wissens ein gemeinsames Wissen erzeugt und sind somit die ›Grundfesten‹ eines entsprechenden moralischen Weltbildes in ihrer kollektiven Geltung bestätigt worden. Die argumentative Lösung eines interpersonellen Konfliktes bewirkt in diesem Falle für die betreffende soziale Gruppe (gleichgültig, auf welcher sozialen Aggregationsebene diese gebildet worden ist; ob auf der niedrigsten Ebene: der Dyade, oder auf der höchsten Ebene: der Gesellschaft) eine umfassende Bestätigung und, in diesem Sinne, eine Reproduktion ihrer *kollektiven Identität.* In der Alltagspraxis dürfte allerdings eine derart grundlegende Reproduktion eines moralischen Weltbildes eher selten sein. Normalerweise werden ja Gemeinsamkeitsunterstellungen von den Teilnehmern einer sozialen Interaktion ohnehin keinem kritischen Test unterworfen. Solange kein Dissens entsteht (oder ein Dissens aus irgendwelchen Gründen vermieden wird), kann die kollektive (kulturelle bzw. moralische) Identität einer sozialen Gruppe von den ihr Angehörenden als unproblematisch unterstellt werden. Und wenn ein solcher Konflikt bzw. ein moralischer Dissens entsteht, so bezieht sich dieser häufig nur auf einzelne Bestandteile eines moralischen Codes. Ein Konflikt läßt sich dann gewöhnlich bereits dadurch beilegen, daß (mit Hilfe der intermentalen Prozesse einer kollektiven Argumentation) ein gemeinsames Wissen über einzelne Elemente eines grundsätzlich als gemeinsam unterstellten moralischen Weltbildes entwickelt wird, ohne daß die fundamentalen ethischen Prinzipien des entsprechenden Codes explizit rekonstruiert werden müssen.

Wie umfassend ein moralisches Weltbild im Verlaufe einer Argumentation in seiner kollektiven Geltung bestätigt werden kann, dies hat zweifellos einen Einfluß auf die Dauer und Stabilität dieses Weltbildes bzw. moralischen Codes. Aber selbst wenn sogar das einem Weltbild zugrundeliegende Ethos in seiner kollektiven Geltung bestätigt wird, so besitzt dennoch die dadurch in den einzelnen Individuen erzeugte ›Gewißheit‹ letztlich einen prekären Status. Gleichgültig, auf welcher Begründungsebene eines moralischen Codes sich ein Konflikt schließlich auflösen läßt, die dadurch möglich gewordene intersubjektive Grenzziehung zwischen einem gemeinsamen expliziten Wissen und einem in seiner kollektiven Geltung als unproblematisch unterstellten impliziten Wissen besitzt keine absolute Gültigkeit; sie kann möglicherweise wieder durch neue Konflikte über neue Themen mit eventuell anderen Argumentationsteilnehmern (derselben oder einer anderen sozialen Gruppe) jederzeit in Frage gestellt werden. Die erfolgreiche Praxis kollektiven Argumentierens bietet keine Gewähr für die Entdeckung absoluter (moralischer) Wahrheiten, sondern allenfalls für die Erzeugung eines gemeinsamen Wissens und damit für die kollektive Geltung eines zu einem bestimmten Zeitpunkt von bestimmten Argumentationsteilnehmern akzeptierten moralischen Urteils.

Wenn moralische Argumentationen scheitern, weil eine intersubjektiv geltende Grenzziehung zwischen dem expliziten und impliziten moralischen Wissen der Beteiligten nicht gelingt, so kann dies im Extremfall (wenn sich das Scheitern von Argumentationen derart häuft, daß es den Erwartungshorizont der Individuen maßgeblich zu determinieren beginnt) bei den davon Betroffenen einen allgemeinen Verfall moralischer Werte, eine Destabilisierung ihrer kollektiven Identität und das Eintreten anomischer sozialer Zustände bewirken. Empirisch gesehen ist jedoch, wenigstens zunächst einmal, eine andere Konsequenz sehr viel wahrscheinlicher. Ein eventuell häufiges Scheitern von moralischen Argumentationen führt vermutlich erst einmal dazu, daß eine mögliche kollektive Identität lediglich in Teilidentitäten ›aufgespalten‹ wird. Diese Teilidentitäten stützen sich dann jeweils auf zumindest teilweise inkompatible moralische Weltbilder, auf die sich Teilgruppen der am Konflikt beteiligten Individuen mehr oder weniger problemlos verständigen können bzw. von denen die Kontrahenten in einer Argumentation unterstellen, daß darüber in der sozialen Teilgruppe, der sie sich eigentlich zurechnen, jederzeit eine problemlose Verständigung möglich wäre. Wenn über solche Differenzen ein gemeinsames Wissen entwickelt werden kann, so erzeugen sie ein *kollektives Schisma*³⁸. Ein kollektives Schisma zwischen moralischen Codes kann auf der sozialen Mikroebene beispielsweise ein Auseinanderbrechen von Freundeskreisen oder eine Fraktionierung politischer Gruppen zur Folge haben und auf der sozialen Makroebene beispielsweise ein Auseinanderfallen von Gesellschaften in unterschiedliche ideologische Blöcke bewirken oder doch wenigstens dort zu einer eventuell ideologischen Rechtfertigung solcher Blockbildungen wesentlich beitragen.

Wenn sich einzelne Individuen oder sozialen Gruppen auf miteinander unvereinbare moralische Anschauungen berufen, so mag dies so lange gutgehen, wie sich für diese Individuen bzw. Gruppen keine gemeinsamen Handlungsprobleme stellen. Einem ›friedlichen‹ Nebeneinander unvereinbarer moralischer Weltbilder kann sogar ein allgemeines Einverständnis zugrundeliegen, z.B. daß sich über Moral nicht sinnvoll streiten lasse. Aber wenn sich z.B. in einer Familie die heranwachsenden Kinder in ihrer sozialen bzw. kollektiven Identität zunehmend an ›antibürgerlichen‹ subkulturellen Milieus orientieren, die Eltern jedoch an einem damit zumindest teilweise unvereinbaren traditionell bürgerlichen moralischen Code festhalten, so werden vermutlich gemeinsame Handlungsprobleme auf Dauer nicht zu vermeiden sein. Oder wenn einem Menschen erklärt wird, daß er wegen seiner politischen Ansichten, seines Glaubens oder wegen seiner zu langen Nase kein Recht zu leben hat, so wäre es irrsinnig, wenn der Betroffene lediglich eine grundlegende moralische Differenz zwischen seinen Henkern und ihm selbst konstatieren und sich damit trösten würde, daß jeder bzw. jede soziale Gruppe eben eine eigene Moral hat.

Ein Pluralismus moralischer Weltbilder verliert seine Legitimität, wenn durch ihn gemeinsame Lösungen gemeinsamer Handlungsprobleme untergraben werden. Zwar ist die kollektive Bestätigung eines moralischen Weltbildes an ein Einverständnis gebunden, das immer nur bestimmte Individuen bzw. die durch sie repräsentierten (gemessen an einem historischen Maßstab) notwendig begrenzten sozialen Gruppen zu einem bestimmten (historischen) Zeitpunkt erzielen können; genau dies bedingt ja einen mögli-

---

38 vgl. dazu die Analyse von sogenannten ›Schismogenesen‹ innerhalb sozialer Gruppen bei Bateson (1958).

chen Pluralismus von Weltbildern und eine faktisch vielleicht unüberwindbare Relativität einer jeglichen individuellen moralischen ›Gewißheit‹. Aber der Anspruch eines moralischen Weltbildes auf kollektive Geltung läßt sich nicht auf die kollektive Bestätigung innerhalb einer gegebenen sozialen Gruppe beschränken; er zielt notwendig auf eine zeitlose Allgemeingültigkeit[39]. Denn die letzten moralischen Gründe eines Individuums beziehen ihre Überzeugungskraft nicht aus der bloßen Tatsache, daß gegebenenfalls zumindest ein weiteres Individuum diese Gründe teilt (und darüber ein gemeinsames Wissen entwickelt werden konnte), sondern aus der Unterstellung, daß im Grunde jeder andere so denkt bzw. von ihm, wenn er nur verständnisvoll genug ist, im Prinzip eine Einsicht in und eine Zustimmung zu diesen letzten moralischen Gründen erwartet werden kann. Die kollektive Bestätigung durch eine empirisch notwendig begrenzte Anzahl von Individuen ist jedoch die einzig mögliche Form der empirischen Evidenz für die Legitimität dieser Unterstellung. Und die empirische Erfahrung einer unüberbrückbaren moralischen Differenz ist die einzig mögliche Form der kollektiven Falsifizierung hinsichtlich der Legitimität dieser Unterstellung.

Wenn in letzterem Falle dennoch gemeinsame (durch moralische Differenzen bislang verhinderte) Lösungen für gemeinsame

---

39 Gegen einen moralischen *Relativismus*, für den aus der empirischen Beobachtung eines Pluralismus von Weltbildern die theoretische Einsicht folgt, daß sich der Anspruch eines moralischen Weltbildes auf kollektive Geltung prinzipiell und legitimerweise nur auf die moralischen Anschauungen einer gegebenen (historischen) sozialen Gruppe beziehen kann, läßt sich zumindest der folgende Einwand formulieren:
Relativistische Grundsätze konstituieren selbst wiederum nur eine mögliche Grenze zwischen dem expliziten und impliziten Wissen eines Individuums. Gerade ein Relativist kann jedoch nicht ausschließen, daß diese Grenze einem (historischen) Wandel unterliegen kann und sich deshalb auch seine eigenen relativistischen Grundsätze jederzeit als hinfällig erweisen können. Dies bedeutet zwar nicht, wie viele Nichtrelativisten meinen, daß ein Relativist überhaupt nicht mehr sinnvoll über Moral reden könne (für ihn ist ein Reden über Moral eben solange sinnvoll, wie es eine Gemeinschaft von Relativisten gibt). Aber wenn für ihn selbst bzw. für die Gemeinschaft von Relativisten die eigenen Grundsätze jederzeit hinfällig werden können, so ist dies nur möglich, wenn Relativisten für ihre relativistischen Grundsätze einen Anspruch auf Allgemeingültigkeit erheben bzw. erhoben haben, der über die *zeitliche Dauer* einer sozialen Gruppe (bzw. der Gemeinschaft der Relativisten) und damit über die Begrenztheit dieser Gruppe notwendig hinausgeht und somit eben doch zumindest tendenziell die Forderung nach ›Zeitlosigkeit‹ beinhaltet.

Handlungsprobleme erreicht werden können sollen, so setzt dies
bei einigen wenn nicht sogar bei allen der an der Differenz Beteiligten
die *Entstehung eines (teilweise) neuen moralischen Weltbildes*
voraus, mit dessen Hilfe die moralische Differenz dann doch noch
aufgelöst werden kann.

Zweifellos ist die Entwicklung eines (teilweise) neuen moralischen
Weltbildes nicht gerade die Konsequenz, die im sozialen
Alltag im Falle des Scheiterns einer moralischen Argumentation
von den daran Beteiligten, ob Kinder oder Erwachsene, bereitwillig
ins Auge gefaßt wird und von ihnen mühelos realisiert werden
kann. Es ist sehr viel leichter, eine moralische Differenz dadurch
zu beseitigen, daß dem Gegner eins über den Schädel gehauen
wird. Und es kann dem einzelnen Individuum als vorteilhafter erscheinen,
wenn es sich strategisch verhält, d. h. ein gemeinsames
Wissen über Handlungsziele und Handlungsgründe lediglich vortäuscht,
um dadurch um so leichter gemeinsame Handlungsprobleme
gegen die wohlverstandenen Interessen der anderen und
zugunsten der eigenen Interessen aufzulösen. Oder das offene
Ausbrechen eines moralischen (oder generell sozialen) Konfliktes
wird von potentiell daran Beteiligten als so bedrohlich empfunden,
daß eine interpersonelle (moralische) Differenz schon in ›statu
nascendi‹ neutralisiert bzw. immunisiert wird: z. B. durch eine
sytematische (möglicherweise unbewußte) ›Vernebelung‹ des eigentlich
Strittigen in einer sich anbahnenden interpersonellen
Auseinandersetzung[40].

Für solche und ähnliche Konfliktlösungsstrategien gilt jedoch, daß
zumindest einige der Beteiligten (ob bewußt oder unbewußt) keine
gemeinsamen Lösungen für gemeinsame Handlungsprobleme
anstreben. Auf solche ›Kommunikationspathologien‹, ihre Ontogenese
und die Struktur entsprechender Handlungszusammenhänge
kann jedoch, so interessant und sozialwissenschaftlich relevant
eine theoretische und empirische Analyse auch wäre, im
Rahmen der vorliegenden Arbeit nur noch am Rande eingegangen
werden.

Im Zentrum der folgenden Erörterungen steht vielmehr die Frage,
wie die Entstehung eines *neuen* moralischen Weltbildes zur Überbrückung
bestehender moralischer Differenzen überhaupt mög-

---

40 vgl. dazu die vorläufigen Überlegungen zur Analyse pathologischer Formen
kollektiver Lernprozesse am Ende dieses Aufsatzes.

lich ist[41] und ob es für das einzelne Individuum einen von individuellen (partikularen) Motiven und Interessen der Interaktionspartner unabhängigen Zwang zur Fortentwicklung seines Wissens geben kann und von welcher Art dieser Zwang gegebenenfalls ist[42].

Wenn die in diesem Abschnitt skizzierten Überlegungen und Lösungsvorschläge zur Problematik der kollektiven Geltung moralischer Weltbilder stichhaltig sind, so steht wenigstens so viel fest, daß der Zerfall des alten und die Inkraftsetzung eines neuen moralischen Weltbildes die intermentalen Prozesse einer kollektiven Argumentation voraussetzen. Diese konstituieren einen Reflexionsmechanismus, mit dessen Hilfe moralische Koordinationsprobleme auf eine, epistemologisch gesehen, einzigartige Weise transparent gemacht und eventuell gelöst werden können. Es ist zwar nicht auszuschließen, daß ein Individuum auch im Verlaufe eines individuellen (monologischen) Argumentationsprozesses bis an jene (kognitive) Grenze vordringen kann, an der sein explizites Wissen endet und sich eine ›Gewißheit‹ über die explanative Relevanz letzter (moralischer) Gründe nur noch auf ein in seiner kollektiven Geltung als problemlos unterstelltes implizites lebensweltliches Wissen stützen kann. Aber dieser Anspruch auf kollektive Geltung kann nur in kollektiven Argumentationen überprüft und gegebenenfalls (for the time being) bestätigt werden oder aber sich als hinfällig erweisen; und nur aufgrund der intermentalen Prozesse einer Argumentation kann über das Ergebnis einer solchen Überprüfung ein gemeinsames Wissen gebildet und somit ein intersubjektiv anerkennungsfähiges moralisches Urteil gefällt werden.

Daraus folgt, daß moralische ›Gewißheiten‹ eines Individuums letztlich ihren Grund nicht im Individuum selbst finden können, sondern nur in der sozialen Gruppe. Die Bestätigung, der eventuell unwiederbringliche Verlust oder die Neuentstehung eines moralischen Weltbildes setzen notwendig die Praxis kollektiver Argumentationen voraus. Und das heißt, daß zumindest Anfang und Ende eines individuellen Lern- und Bildungsprozesses hinsichtlich der Entwicklung eines neuen moralischen Weltbildes den

---

41 vgl. hierzu das folgende Teilkapitel über ›Intermentale Prozesse und die Erfahrung des Neuen‹.
42 vgl. hierzu das folgende Teilkapitel über ›Selbstwidersprüche und Rationalisierungszwänge‹.

Rahmen kollektiver Lernprozesse als eines argumentativen Lernens in einer sozialen Gruppe notwendig voraussetzen.
Aber was liegt zwischen dem Anfang und dem Ende eines durch kollektive Argumentationen ausgelösten und schließlich eventuell legitimierten individuellen Lern- und Bildungsprozesses? Wie kann ein Einzelner oder eine Gruppe vom Zweifel über die kollektive Geltung eines moralischen Weltbildes zur Erkenntnis eines (teilweise) neuen moralischen Weltbildes gelangen, das genau in der sozialen Gruppe, in der sich das alte Weltbild als strittig erwiesen hat, eine kollektive Bestätigung erfahren kann?
Und ist in der Ontogenese von Moral dieser ›Weg der Erkenntnis‹ auf irgendeine Weise ›vorgezeichnet‹, so daß eine Universalität in der ontogenetischen Abfolge moralischer Weltbilder möglich ist, z.B. in der Stufenabfolge, in der Kohlberg sein Modell einer universellen ontogenetischen Entwicklung von Moral versteht? Muß jedes Individuum diesen ›Weg der Erkenntnis‹ alleine gehen? Oder setzen die Erfahrungen, die zur Erkenntnis des Neuen führen können, ebenfalls die intermentalen Prozesse einer kollektiven Argumentation voraus?

4.3. Intermentale Prozesse und die Erfahrung des Neuen

Es ist erstaunlich, wie selten in der entwicklungspsychologischen und sozialwissenschaftlichen Forschungspraxis über die Kategorie des ›Neuen‹ und über die Bedingungen der Möglichkeit der Entstehung vom ›Neuen‹ in der Ontogenese auf eine grundsätzliche Weise nachgedacht wird. Und es ist andererseits geradezu bewundernswert, mit welchem Einfallsreichtum einige wenige große Entwicklungstheoretiker, in neuerer Zeit vor allem Skinner, Chomsky und Piaget, auf ganz unterschiedliche Weise die Problematik des ›Neuen‹ zu unterlaufen versucht haben. Aber wie im folgenden wenigstens kurz angedeutet werden soll, geraten auch die Grundideen Skinners (behavioristischer Ansatz), Chomskys (nativistischer Ansatz) und Piagets (konstruktivistischer Ansatz) in den Sog des Menon-Paradoxes; und es ist für die Überlegungen in diesem Abschnitt aufschlußreich zu sehen, warum dies – vor allem auch im Falle des späten Piaget – so ist. Zuvor soll jedoch kurz versucht werden, die Frage nach den Bedingungen der Möglichkeit der Erfahrung des ›Neuen‹ ein wenig zu präzisieren.

Das *Menon-Paradox* (vgl. Kap. 2) bringt zum Ausdruck, daß das ›Neue‹ mit dem ›Alten‹ weder identisch sein kann, denn dann wäre es kein ›Neues‹ mehr; noch daß das ›Neue‹ beziehungslos neben dem ›Alten‹ stehen kann, denn dann wäre es als das ›Neue‹ niemals verstehbar und damit kognitiv unerreichbar. In der einen oder anderen Weise scheint jedoch jedes Wissen, mit dessen Hilfe das ›Alte‹ und das ›Neue‹ miteinander vermittelt werden sollen, die Kategorie des ›Neuen‹ unmöglich zu machen. Daß diese Schwierigkeiten mit der Begrenztheit intramentaler oder subjektiver Reflexionsprozesse zusammenhängen und innerhalb eines subjektzentrierten epistemologischen Ansatzes prinzipiell unlösbar sind, hat Adorno in seiner ›Ästhetischen Theorie‹ (1973) mit anschaulichen Worten deutlich gemacht. »Die Abstraktheit des Neuen ist notwendig, man kennt es so wenig wie das furchtbarste Geheimnis von Poes Grube« (Adorno, a.a.O., S. 37). Wenn sich aber das Neue als Neues jenseits der Bewußtseinsschranken des einzelnen Subjekts befindet, so muß es für das einzelne Subjekt eine Möglichkeit der Erfahrungskonstitution geben, mit der es auf eine systematische Weise bereits existierendes subjektives Wissen transzendieren kann, oder es könnte kein ›Neues‹ und damit auch keine Entwicklung geben. »Das Neue ist keine subjektive Kategorie, sondern von der Sache erzwungen, die anders nicht zu sich selbst, los von der Heteronomie, kommen kann. Aufs Neue drängt die Kraft des Alten, das, um sich zu verwirklichen, des Neuen bedarf ... Das Verhältnis zum Neuen hat sein Modell an dem Kind, das auf dem Klavier nach einem noch nie gehörten, unberührten Akkord tastet. Aber es gab den Akkord immer schon, die Möglichkeiten der Kombination sind beschränkt, eigentlich steckt alles schon in der Klaviatur« (Adorno, a.a.O., S. 40 und 55).

Die Vorstellung, daß Entwicklungsprozesse auf einem Potential von Möglichkeiten aufbauen, ist, wie sich später zeigen wird, auch im Kontext psychologischer Entwicklungstheorien nichts Ungewöhnliches. Die eigentliche Schwierigkeit liegt jedoch in der Frage, wie das lernende Subjekt einen Zugang zu diesem Potential von Möglichkeiten finden kann.

Für Adorno ist das Neue ein Potential von Erkenntnismöglichkeiten, das in den Gegenständen der empirischen Erfahrung des Subjekts bereits angelegt ist. Dies ist auch im Rahmen psychologischer Entwicklungstheorien eine wichtige und sinnvolle Annahme, denn das ›Neue‹ wird auch in diesem Kontext allgemein als ein neues Wissenssystem bzw. eine neue Wissensstruktur aufgefaßt, die eine angemessenere Erkenntnis objektiv vorgegebener Zusammenhänge ermöglicht. Die Relation zwischen dem ›Alten‹ und dem ›Neuen‹ entspricht somit erkenntnistheoretisch der Relation zwischen Subjekt und Objekt; und die Frage, wie das ›Alte‹ und das ›Neue‹ miteinander vermittelt werden können, läßt sich dann als die Frage formulieren, wie die *Differenz zwischen Subjekt (bereits existierende subjektive Wissensstrukturen) und Objekt (strukturell mögliches Wissen)* eventuell in einer Abfolge von Entwicklungsstufen immer weiter abgebaut werden kann.

Die eigentliche Pointe von Adornos erkenntnistheoretischen Arbeiten (vgl. vor allem Adorno 1966) liegt nun darin, daß Adorno in seiner Auseinandersetzung mit der Philosophie des deutschen Idealismus, vor allem Hegels, auf einer grundsätzlichen ›Zweiheit‹ von Subjekt und Objekt beharrt und konsequent die These herausarbeitet, daß subjektive Reflexionsprozesse zwar zum Ergebnis führen können, daß sich das Subjekt seiner bereits existierenden Denkschemata als Vermittlungsinstanzen für eine mögliche Erkenntnis objektiv vorgegebener Zusammenhänge bewußt wird; aber die dadurch möglich gewordene Erfahrung des ›Neuen‹ erschöpft sich darin, daß das ›Neue‹ lediglich als das in Relation zum ›Alten‹ ›Nichtidentische‹ in Erscheinung treten kann. Subjektive Reflexionsprozesse konstituieren eine Dimension von Erfahrung, innerhalb deren vom einzelnen Subjekt allenfalls verstanden werden kann, daß die Gegenstände seiner empirischen Erfahrung weitere Erkenntnismöglichkeiten beinhalten, die es jedoch aufgrund seiner bereits existierenden Wissensformen bzw. Wissensstrukturen in ihrer ›positiven Bestimmtheit‹ nicht erfassen kann. Allein durch die ›mimetischen‹ Prozesse der Kunst ist nach Adorno eine gewisse Annäherung an das ›Nichtidentische‹ möglich. »Moderne Kunst übt das Münchhausenkunststück einer Identifikation des Nichtidentischen ein« (Adorno 1973, S. 41).

Wie immer man auch zu dieser Lösung Adornos stehen mag – im Rahmen der vorliegenden Arbeit wird jedenfalls ein anderer Lösungsweg eingeschlagen, so wird doch an Adornos erkenntnistheoretischen Überlegungen deutlich, daß subjektive oder intramentale Reflexionsprozesse deshalb als Entwicklungsmechanismen zumindest nicht hinreichend sein können, weil damit genau das Entwicklungskonzept umschrieben wird, das zwangsläufig in das Menon-Paradox hineinführt. Intramentale Reflexionsprozesse können zwar im einzelnen Subjekt ein Wissen darüber erzeugen, inwiefern seine empirischen Erfahrungen durch eigene Handlungen, Schemata, Begriffe usw. vermittelt sind; aber das ›Neue‹, im Sinne eines strukturell möglichen Wissens, kann im Rahmen intramentaler Reflexionsprozesse nur negativ, im ›Anderssein‹ der Objekte erfahren werden, das mit Hilfe des ›Alten‹, des bereits existierenden Wissens, zwar als ›Nichtidentisches‹ erfahren, aber eben gerade nicht identifiziert werden kann. Wie sich im folgenden zeigen wird, ist dies im übrigen eine Problematik, die sich genau in dieser Form auch in Piagets später Entwicklungstheorie wiederfinden läßt.

Eine Möglichkeit, dieser Problematik zu entgehen, könnte darin bestehen, eine Entwicklungstheorie zu formulieren, in deren Zentrum nicht ein reflektierendes Subjekt steht, sondern Entwicklungsmechanismen, die unterhalb der Schwelle mentaler und potentiell selbstreflexiver Prozesse operieren. Dies ist tendenziell die Lösung, die in den im folgenden kommentierten psychologischen Entwicklungstheorien angestrebt wird.

Auch die für intermentale Reflexionsprozesse konstitutiven kognitiven Operationen vollziehen sich weitgehend unterhalb der Schwelle subjektiven Bewußtseins. Worauf es bei der Annahme intermentaler Reflexionsprozesse als eines Entwicklungsmechanismus entscheidend ankommt, ist, daß das lernende Subjekt eine Differenz zwischen Subjekt und Objekt wahrnimmt und diese Differenz mit Hilfe mentaler Konstruktionen zu überwinden versucht. Und die Unzulänglichkeit intramentaler Prozesse als eines Entwicklungsmechanismus ist nicht die Folge der formalen Mechanismen zur kognitiven Verarbeitung von empirischen Informationen, über die das einzelne Subjekt a priori verfügt oder im Laufe seiner Entwicklung zu verfügen lernt (auch im Rahmen intermentaler Reflexionsprozesse sind die einzelnen Subjekte auf diese formalen Mechanismen angewiesen); die Begrenztheit intramentaler Reflexionsprozesse liegt vielmehr darin, daß durch sie für das einzelne Subjekt nicht die *Dimension von Erfahrung* konstituiert werden kann, innerhalb deren das, was Adorno als das ›Nichtidentische‹ der Gegenstände empirischer Erfahrung bezeichnet, positiv bestimmt und damit ein Zugang zu dem ›Neuen‹ als den in den Gegenständen bereits angelegten Erkenntnismöglichkeiten gefunden werden kann.

Der Versuch, eine Entwicklungstheorie zu formulieren, die diese Problematik mit der Annahme unterläuft, daß Entwicklungsmechanismen unterhalb der Schwelle mentaler und potentiell selbstreflexiver Prozesse, sozusagen ›hinter dem Rücken‹ des einzelnen Subjekts, operieren, kann nur dann erfolgreich sein, wenn es mit ihr gelingt, die Subjekt-Objekt Differenz bzw. die Differenz zwischen dem ›Alten‹ und ›Neuen‹ abzuschwächen oder irgendwie zu neutralisieren. Ob dies im Falle der Entwicklungstheorien Skinners, Chomskys und Piagets gelungen ist, soll im folgenden in der im Rahmen der vorliegenden Arbeit gebotenen Kürze stichwortartig überprüft werden; anschließend soll eine alternative Entwicklungstheorie skizziert werden, die auf dem Konzept intermentaler Prozesse aufbaut.

Skinners *behavioristische* Lösung des Problems, wie das ›Neue‹ in der Ontogenese entstehen kann (vgl. vor allem Skinner 1957), besteht im wesentlichen darin, ein zwischen dem ›Alten‹ und ›Neuen‹ vermittelndes Wissen und damit ein mentalistisch konzipiertes Subjekt der Entwicklung radikal zu eliminieren. Die Erlernung neuer ›Reiz-Reaktions-Ketten‹ wird von Skinner mit Hilfe einer unterhalb intramentaler Reflexionsprozesse operierenden Mechanik von Imitation und selektiver Verstärkung erklärt. Für die Funktionsweise dieses Entwicklungsmechanismus sollen mentale Entitäten (z.B. Ideen, Begriffe, Hypothesen, innere Bilder etc. des Subjektes), die innerhalb eines mentalistischen Erklärungsrahmens als Variablen zwischen ›Reiz‹ und ›Reaktion‹ intervenieren, keine wesentliche Rolle spielen. Genau diese für eine behavioristische Lern- und Entwicklungstheorie zentrale Annahme läßt sich jedoch relativ leicht widerlegen.

In einer behavioristisch konzipierten Lehr- und Lernsituation kann, objektiv (d.h. aus der Perspektive eines externen Beobachters) gesehen, jedes empirische Situationselement (potentieller Reiz bzw. Stimulus) prinzipiell mit einer unbestimmten Anzahl anderer empirischer Elemente derselben Situation (potentielle Reaktionen) assoziiert werden. Daraus folgt, daß die von einem Subjekt zu erlernenden neuen ›Reiz-Reaktions-Ketten‹ notwendig empirisch unterdeterminiert bleiben müssen. Damit Imitation und selektive Verstärkung als ein Lernmechanismus überhaupt wirksam werden können, setzen sie auf seiten des lernenden Subjekts bereits ein Verständnis relevanter Aspekte einer Lehr- und Lernsituation bzw. zwischen dem lernenden Subjekt und seinem ›Lehrer‹ ein geteiltes Verständnis dieser Aspekte voraus. Mit anderen Worten: das lernende Subjekt muß eben doch bereits ein ›Vorwissen‹ hinsichtlich des in der Entwicklung ›Neuen‹ besitzen – ein ›Vorwissen‹, das allerdings mit dem ›Neuen‹ nicht identisch sein kann.

Das Scheitern behavioristischer Erklärungsversuche belegt, daß eine Neutralisierung des Menon-Paradoxes aufgrund einer radikalen Eliminierung der darin involvierten Wissensproblematik letztlich doch wiederum zum Rätsel des Menon-Paradoxes zurückführt, es sei denn, es wird auf eine grundlegende Erklärung von Entwicklungsprozessen überhaupt verzichtet.

Das *nativistische und rationalistische* Entwicklungskonzept Chomskys repräsentiert am Beispiel der Ontogenese von Sprache entwicklungstheoretisch eine extreme Antithese zum Behaviorismus. Chomsky postuliert »angeborene spezifisch sprachliche Ideen und Prinzipien« (Chomsky 1965, 1971), auf deren Grundlage ein Kind im wesentlichen in der Lage sein soll, aus einem gegebenen (beliebigen) alltagssprachlichen ›Input‹ die entsprechende einzelsprachenspezifische Grammatik abzuleiten[43]. Diese Ideen umfassen substantielle Ideen (z.B. phonetische, syntaktische und semantische Merkmale), formale Ideen (z.B. Transformationsregeln) und eine dritte Klasse von Ideen, die z.B. das Kriterium der ›Einfachheit‹ enthält. Aber selbst wenn ein genetisch verankertes und einem Reifungsprozeß unterliegendes angeborenes Wissen eine notwendige Voraussetzung für die Sprachentwicklung darstellt, bleibt die Sprachentwicklung dennoch auf empirische Erfahrungen des lernenden Subjekts angewiesen (selbst Chomskyaner akzeptieren ja noch, daß für die Sprachentwicklung ein sprachlicher Input notwendig ist). Wenn Chomsky beispielsweise die Existenz der angeborenen substantiellen Idee eines ›Nomens‹ postuliert, so erfordert die Entwicklung des entsprechenden manifesten und einzelsprachenspezifischen grammatischen Wissens, daß diese Idee durch empirische Erfahrungen aktiviert wird. Aber reicht für die Aktivierung der Idee eines Nomens die akustische Manifestation irgendwelcher Laute aus, oder sind bestimmte zusätzliche sprachliche Kontexte oder sogar die zusätzliche empirische Erfahrung von Ge-

---

43 vgl. dazu die ausführliche Kritik von Chomskys Sprachentwicklungstheorie in dem Aufsatz ›Sprachliche Sozialisation‹ zu Beginn dieses Buches.

genständen, Handlungen, sozialen Situationen oder sogar die Erfahrung bestimmter kommunikativer Sinnzusammenhänge erforderlich? Und diese Problematik verschärft sich noch, wenn andere Phänomenbereiche der menschlichen Ontogenese berücksichtigt werden. Wenn es beispielsweise eine angeborene Idee des (moralisch) Guten geben sollte, so scheint doch die empirische Aktivierung dieser Idee so schwierig zu sein, daß sich offenbar auch eine unsterbliche Seele in der möglichen Vielfalt empirischer Manifestationen des moralisch Guten und Schlechten leicht verlieren kann.

Ein nativistisches Entwicklungskonzept führt zwangsläufig in das folgende Dilemma:

Entweder wird die Konstitution der für Entwicklungsprozesse relevanten empirischen Erfahrungen selbst noch als eine Leistung des apriorischen, angeborenen Wissens begriffen (dies ist im wesentlichen Chomskys Position). Diese starke Version einer nativistischen Entwicklungstheorie ist jedoch nicht nur deshalb unbefriedigend, weil jeder empirisch beobachtete (tendenziell universelle) Entwicklungsschritt in der menschlichen Ontogenese nachträglich als die empirische Manifestation eines angeborenen Wissens interpretiert werden kann, so daß der Erklärungswert dieser Theorie gegen Null tendiert. Es lassen sich darüber hinaus empirische und theoretische Gründe für eine prinzipielle Unzulänglichkeit eines solchen Nativismus anführen: Entwicklungspsychologen haben vielfach beobachtet, daß ein Individuum im Verlaufe seiner Ontogenese phasenweise systematische Irrtümer begeht, die in einer der folgenden Entwicklungsphasen wieder aufgelöst werden. Wenn nun jedoch die Konstitution entwicklungsrelevanter empirischer Erfahrungen nur innerhalb der Grenzen eines erfahrungsunabhängigen apriorischen Wissens des lernenden Subjektes erfolgen kann, so könnte ein Individuum zwar möglicherweise seine systematischen Irrtümer immer weiter ausbauen, aber es müßte doch bis an sein Lebensende in dieser Sackgasse hängenbleiben.

Oder aber, und dies ist die andere Seite des Dilemmas, eine nativistische Entwicklungstheorie räumt den empirischen Erfahrungen eines Individuums eine zumindest teilweise eigenständige, wissensunabhängige Rolle für den Verlauf von Entwicklungsprozessen ein. In diesem Falle liegt das ›Neue‹ einer möglichen Entwicklung wieder jenseits der Grenzen des ›Alten‹ bzw. des ange-

borenen und in einem Reifungsprozeß autonom fortentwickelten apriorischen Wissen des lernenden Subjekts. Und das Problem einer Überbrückung und damit das Rätsel des Menon-Paradoxes bleiben dann weiterhin ungelöst.
Die dem Menon-Paradox zugrundeliegende erkenntnistheoretische Problematik, wie die Subjekt-Objekt Differenz durch die Entwicklung neuer Wissensstrukturen überwunden oder doch wenigstens schrittweise abgebaut werden kann, wird von behavioristischen und nativistischen Ansätzen auf eine komplementäre Weise zu umgehen versucht, indem im Falle des Behaviorismus von der Rolle des Subjekts und im Falle des Nativismus von der Rolle des Objekts bzw. der subjektives Wissen transzendierenden empirischen Erfahrungen als konstitutiven Faktoren für die Entstehung neuer Wissensstrukturen abgesehen wird, so daß in beiden Fällen der Schein entsteht, als könne es die Subjekt-Objekt Differenz als grundlegendes Problem von Entwicklung von vornherein überhaupt gar nicht geben. Es ist oft darauf hingewiesen worden (vgl. z.B. Inhelder 1981, S. 194 ff.), daß die wissenschaftsgeschichtlich und wissenschaftstheoretisch herausragende Bedeutung von Piagets *genetischer Epistemologie* darin liegt, daß Piaget die theoretischen und empirischen Schwächen empiristischer (behavioristischer) und nativistischer Entwicklungstheorien zu überwinden trachtet, ohne dabei deren relevante Einsichten preiszugeben.
Für Piaget wird die Ontogenese der menschlichen Intelligenz sowohl durch empirische Erfahrungen, die das momentane Wissen des lernenden Subjekts transzendieren, als auch durch bereits erworbene apriorische Wissensstrukturen des lernenden Subjekts konstituiert – entscheidend ist für Piaget die Interaktion zwischen subjektivem Wissen (Subjekt) und subjektives Wissen transzendierenden empirischen Erfahrungen (Objekt), und seine Arbeiten zielen letztlich darauf ab, autoregulative, in der biologischen Konstitution des Menschen gründende Mechanismen zu rekonstruieren, die nach Piaget dieser Interaktion zugrundeliegen und in einer Folge von hierarchisch geordneten Entwicklungsstufen das jeweils (in einem fundamentalen Sinne) ›Neue‹ in der kognitiven Entwicklung hervorbringen.
Es wäre aussichtslos, wollte man mit einigen wenigen Bemerkungen versuchen, dem umfangreichen theoretischen und empirischen Gesamtwerk Piagets und der komplexen Architektonik von

Piagets Äquilibrationstheorie gerecht zu werden[44]. Im folgenden können lediglich einige Grundideen Piagets skizziert werden. Besser als jede Zusammenfassung dies vermag, lassen sich diese Grundideen mit Piagets eigenen Worten zum Ausdruck bringen:

»All new knowledge presumes an abstraction, because in spite of the part of reorganization that it requires, it never constitutes an absolute beginning and it draws its elements from some earlier reality« (Piaget 1980, S. 89). »... as for the role of experience, it is clear that there is an undeniable role played by experience in cognitive development; however, the influence of experience has not resulted in a conception of knowledge as a simple copy of outside reality. In external experience, knowledge is always the product of the interaction between the subject and the objects on which the knowledge rests« (Piaget 1981, S. 214). »Where I speak of equilibrium, it is not at all in the sense of a definitive state that cognitive functioning would be able to attain. Attained equilibrium is limited and restrained, and there is a tendency to go beyond it to a better equilibrium ... In other words, equilibration is the search for a better and better equilibrium in the sense of an extended field, in the sense of an increase in the number of possible compositions, and in the sense of a growth in coherence« (Piaget a. a. O., S. 219); »... the creation of novelty is due to a process of reflexive abstraction. There are two kinds of mental abstraction. One is empirical abstraction ... You have two objects and you find a difference in weight between them. You compare colors by looking at them, so you can abstract from the objects the notion of weight and the notion of color. These notions are drawn from your own perceptions; that is, they are empirical. There is another kind of abstraction, reflexive abstraction, where you abstract not from objects but from your own actions ... In this sense one is not just reflecting onto a higher level, but one is reconstructing on a higher level what existed already on a lower level. Now, the higher level is always a wider, more all-embracing field, so that when one reflects onto a higher level, it is incumbent upon one to enrich it with new elements. So you have to enlarge it (i.e. what existed already on a lower level – M. M.) as well as to transpose it onto the second level« (Piaget 1981, S. 224 f.). »The construction of operations upon operations is probably the secret of development and of the transition from one stage to the next« (Piaget 1981, S. 219).

Sieht man von der ungeheuren Fülle theoretischer und empirischer Detailfragen ab, die Piaget behandelt hat, um eine fort-

---

[44] Einen guten Überblick über das Gesamtwerk Piagets und über die mehrfachen Wandlungen der für Piagets Arbeiten zentralen Äquilibrations- oder Gleichgewichtstheorie liefern die Arbeiten von Furth (1981), Gallagher & Reid (1981) und Kesselring (1981).

schreitende Äquilibration (»equilibration majorante«) und damit den sukzessiven Aufbau kognitiver Strukturen zu erklären, so stellen sich für ein Verständnis von Piagets Äquilibrationstheorie vor allem zwei Fragen:
Wie kommt, auf einer gegebenen kognitiven Entwicklungsstufe, ein Disequilibrium oder Ungleichgewicht zustande bzw. wodurch kann es ausgelöst werden? Und, wie kann im Verlaufe eines Äquilibrierungsprozesses der Übergang zu einer jeweils ›neuen‹ kognitiven Struktur und damit ein progressives Gleichgewicht gefunden werden?
Im folgenden soll versucht werden, diese Fragen auf der Grundlage des Äquilibrationsmodelles zu beantworten, das Piaget in seinen späten Arbeiten (Piaget 1972; 1974, engl. 1980; 1975, dt. 1976) vertreten hat.
Piagets späte Äquilibrationstheorie ist kompliziert, und an ihrer Verständlichkeit sind vielfach Zweifel geäußert worden. Aebli (1981 Bd. II, S. 26) geht z. B. sogar so weit, Piagets späte Äquilibrationstheorie als »undurchsichtig und wenig genau auf die in seinen eigenen Versuchen beobachteten empirischen Tatsachen bezogen« zu bezeichnen. Aber auch in seinem Spätwerk sind zumindest Piagets Grundfragen einfach und klar. Nach wie vor steht im Zentrum seiner Überlegungen zu einer genetischen Epistemologie die Frage, wie die Subjekt-Objekt Differenz durch kognitive Entwicklungsprozesse sukzessive abgebaut werden kann. Und gerade an Piagets Spätwerk kommt eine für die Überlegungen in diesem Abschnitt der vorliegenden Arbeit wichtige Problematik besonders deutlich zum Ausdruck: die Unzulänglichkeit intramentaler Reflexionsprozesse als eines Entwicklungsmechanismus. Der hohe Stellenwert, den Piaget intramentalen Reflexionsprozessen im Rahmen seiner Äquilibrationstheorie zuordnet, drückt sich terminologisch bereits darin aus, daß in Piagets Spätwerk die psychologischen Prozesse der Assimilation und Akkomodation als die ›logischen‹ Prozesse der Affirmation und Negation (in denen sich das lernende Subjekt auf sein eigenes Wissen positiv oder negativ zurückbezieht) und das Fortschreiten der Entwicklung als ein Prozeß der Konstruktion und der Bewußtwerdung von Widersprüchen zwischen Affirmationen und Negationen und als ein Prozeß der »dialektischen Transzendierung« (Piaget 1974, engl. 1980, S. 287) von Widersprüchen rekonstruiert werden.

Um die Charakterisierung von Piagets später Entwicklungstheorie ein wenig zu erleichtern, soll zunächst eine empirische Untersuchung Piagets zur Entwicklung der Fähigkeit zur logischen Klassenbildung kurz geschildert und, darauf aufbauend, das begriffliche Grundinventar der späten Entwicklungstheorie Piagets kurz erläutert werden.

Von der Genfer Schule Piagets ist die Entwicklung des Konzeptes der ›Klasseninklusion‹ mehrere Male untersucht worden. Die Frage, wie das präoperationale Kind die Beziehung zwischen einer Teilklasse und einer Gesamtklasse zu verstehen lernt (und damit hinsichtlich der Bildung von Klassifikationssystemen die Stufe der konkreten Operation erreicht), ist meist mit Hilfe von, kommunikationstheoretisch gesehen, etwas dubiosen Standardfragen wie z.B. ›Wenn ich einen Korb mit Blumen habe, und die Hälfte davon Veilchen sind, habe ich dann mehr Veilchen oder mehr Blumen?‹ untersucht worden (vgl. z.B. Inhelder, Sinclair und Bovet 1974, S.171). Piaget (1974, engl. 1980, S.144ff.) hat dagegen, in Zusammenarbeit mit Montangero, eine unter methodischen Gesichtspunkten wesentlich überzeugendere Untersuchung zur Entwicklung des Konzeptes der ›Klasseninklusion‹ durchgeführt, deren Setting und deren Ergebnisse kurz referiert werden sollen.

Das Versuchsmaterial besteht aus 11 Würfeln, von denen einige im Inneren eine Glocke enthalten: 5 rote (alle mit einer Glocke), 3 gelbe (1 mit einer Glocke) und 3 blaue (1 mit einer Glocke) Würfel. Der Versuchsperson (Kinder im Alter zwischen 4 und 9 Jahren) werden zunächst die 5 roten Würfel gegeben und sie soll (durch Schütteln und Hören) feststellen, ob alle eine Glocke enthalten. Danach werden ihr die sechs anderen Würfel gezeigt und es wird ihr gesagt, daß einige davon vielleicht ebenfalls eine Glocke enthalten. Die Würfel werden nun alle hinter einen Schirm gelegt und die Versuchsperson wird gefragt, ob sie wissen kann, was sich im Inneren der gelben und blauen Würfel befindet. Die Antwort ist stets negativ. Danach werden der Versuchsperson ein Würfel nach dem anderen in die Hand gelegt (hinter dem Schirm) und sie wird aufgefordert, jeden Würfel, von dem sie glaubt, daß es ein roter Würfel ist, in eine Röhre zu stecken. In diese Röhre passen genau sieben Würfel, d.h. alle Würfel mit einer Glocke.

Danach werden alle Würfel (ohne Schirm) vor die Versuchsperson hingelegt. Wiederum wird sie aufgefordert, alle roten Würfel in die Röhre zu stecken. Dabei ergibt sich in den meisten Fällen ein zu dem ersten Ergebnis widersprüchliches zweites Ergebnis: während beim ersten Durchgang in den meisten Fällen 7 Würfel (5 rote, 1 gelber und 1 blauer) in die Röhre gesteckt werden, sind es beim zweiten Durchgang nur die 5 roten Würfel. Der Versuchsleiter versucht anschließend durch einige weitere Fragen bei

der Versuchsperson die Annahme zu erschüttern, daß es sich im Falle eines Glockentons jeweils um einen roten Würfel gehandelt haben muß.
Die Ergebnisse der Untersuchung belegen drei unterschiedliche Phasen des Übergangs von der präoperationalen zur konkretoperationalen Entwicklungsstufe.
Kinder der *ersten Phase* nehmen den Konflikt bzw. den Widerspruch zwischen den Ergebnissen der beiden Durchgänge wahr und sind einen Augenblick lang irritiert. Aber wenn der Versuchsleiter sie fragt, ob auch blaue oder gelbe Würfel eine Glocke enthalten können, antworten die Versuchspersonen, daß dies nicht der Fall sein kann, weil diese Würfel nicht rot sind (bzw. nicht der Klasse der roten Würfel angehören). In dieser Phase bleibt die Klasse der roten Würfel (A) identisch mit der Klasse der Würfel mit Glocke (B), A = B, obgleich genau diese Annahme zu den widersprüchlichen Ergebnissen des Versuchs führt.
Kinder der *zweiten Phase* haben noch große Schwierigkeiten, sich eine Klasse nichtroter Würfel mit einer Glocke vorzustellen. Zwar halten sie es u.a. für möglich, daß einige nichtrote Würfel ebenfalls eine Glocke enthalten, aber sie vermögen nicht zu erkennen, daß dies notwendig so sein muß, d.h. daß es eine Klasse A' von nichtroten Würfeln mit Glocke geben muß, für die gilt: A' = B − A.
Kinder der *dritten Phase* ziehen aus den widersprüchlichen Ergebnissen der beiden Versuchsdurchgänge die Folgerung, daß einige der nichtroten Würfel eine Glocke enthalten müssen. Sie haben keine Schwierigkeiten, die Relation zwischen Teilmenge und Gesamtmenge zu verstehen; sie verfügen über die Fähigkeit zu klassenlogischen Grundoperationen und verstehen deren Reversibilitätsbedingungen: d.h. wenn gilt: B = A + A', dann gilt ebenso A = B − A' und A' = B − A. Sie machen also nicht mehr den Fehler der Kinder der ersten Phase, die aus der Tatsache, daß A eine echte Teilmenge von B ist, fälschlich darauf schließen, daß B umgekehrt eine unechte Teilmenge von A ist.
Nach Piaget läßt sich jeder Äquilibrierungsprozeß, der dem Übergang von einer ›alten‹ zu einer ›neuen‹ kognitiven Struktur zugrundeliegt, als eine Folge von drei Phasen darstellen, die Piaget Alpha-, Beta- und Gamma-Phase nennt[45].
Die im oben geschilderten Versuch von Piaget beobachteten drei Entwicklungsphasen entsprechen im Bereich der Entwicklung klassenlogischer Grundoperationen genau diesen drei Äquilibrierungsphasen. In einer Verallgemeinerung lassen sich diese drei Äquilibrierungsphasen wie folgt kennzeichnen:
In der *Alpha-Phase* wirken assimilatorische Aktivitäten eines Subjekts, die

---

45 vgl. dazu Piaget (1975, dt. 1976, S. 16 ff.; 1974, engl. 1980, S. 297 ff.) und die Darstellungen in Furth (a.a.O., S. 274 ff.), Gallagher & Reid (a.a.O., S. 49 f.) und Kesselring (a.a.O., S. 201 ff.).

auf keinerlei Schwierigkeiten im Umgang mit äußeren Objekten stoßen (z.B. wenn es sich um Objekteigenschaften handelt, die einem Reflexschema oder einem bereits entwickelten kognitiven Schema besonders zugänglich sind), als Bestätigung eines bereits existierenden subjektiven Wissens. Störungen (z.B. das Nichteintreten von Erwartungen des Subjekts) werden in dieser Phase einfach ›beiseite geschoben‹ bzw. unterdrückt; sie werden vom Subjekt negiert, ohne daß diesen Negationen bereits ein bestimmter kognitiver Inhalt entspräche. Das Hauptinteresse des Subjekts besteht in dieser Phase darin, bereits existierendes Wissen zu affirmieren.

Im oben geschilderten Versuch versuchen die Subjekte ihr Wissen zu affirmieren, daß die Klasse der roten Würfel (A) mit der Klasse der Würfel mit Glocke (B) identisch ist. Störungen, d.h. der Widerspruch zwischen den Versuchsergebnissen, werden einfach ignoriert.

In der *Beta-Phase* versucht das Subjekt, Störungen kognitiv zu verarbeiten. Kann eine Assimilationsstörung nicht beseitigt werden, so versucht das Subjekt das entsprechende Schema zu differenzieren, d.h. in Subschemata aufzuspalten, von denen eines das ursprüngliche Assimilationsschema aufrechterhält, während die anderen der Integration der Störung dienen.

Zwischen diesen Subschemata besteht jedoch eine grundlegende Asymmetrie, die nach Piaget in einer grundsätzlichen funktionalen Priorität von Assimilation bzw. Affirmation über Akkommodation bzw. Negation gründet. Darauf soll später noch etwas detaillierter eingegangen werden. Im Hinblick auf den oben geschilderten Versuch läßt sich diese Asymmetrie folgendermaßen illustrieren:

Die Annahme einer Klasse von roten Würfeln mit Glocke (A) und einer Klasse von Würfeln mit Glocke (B) wirken als Affirmationen des ursprünglichen Assimilationsschemas, dem die Annahme einer Identität dieser beiden Klassen zugrundeliegt. Affirmationen beruhen im wesentlichen auf unmittelbar beobachtbaren Objekteigenschaften. Negationen dieses ursprünglichen Assimilationsschemas setzen dagegen die Wahrnehmung widersprüchlicher Handlungsresultate und Schlußfolgerungen von diesen auf nicht unmittelbar beobachtbare Objekteigenschaften voraus. Die Konstruktion von Negationen, welche zur Akkomodation an diese ›sekundären‹ Objekteigenschaften führen, ist deshalb von vornherein kognitiv schwieriger. In der Beta-Phase erschöpft sich die Konstruktion von Negationen darin, daß sie sich allgemein auf Objekteigenschaften bzw. empirische Umstände von Handlungen beziehen, die unter das affirmierte kognitive Subschema nicht subsumiert werden können bzw. von vornherein außerhalb von dessen Geltungsbereich liegen. Beispielsweise verweisen Kinder, die sich in dieser Phase befinden, zur Erklärung der widersprüchlichen Resultate der beiden Versuchsdurchgänge auf die Möglichkeit, daß Würfel mehr oder weniger dicht in die Röhre gesteckt worden oder Würfel übersehen oder vergessen worden sind; und selbst wenn sie die Möglichkeit ins Auge fassen, daß es auch nichtrote Würfel mit Glocke geben kann, so sind sie nicht in der Lage, eine systematische Beziehung zwischen Affirmationen und Negationen (dieser Phase) herzustellen. Piaget nennt eine solche Beziehung (die in der Beta-Phase noch nicht möglich ist) auch eine vollständige Kompensation zwischen Affirmationen und Negationen; was durch Affirmationen nicht erklärt werden kann, dies kann durch Negationen (kompensatorisch) erklärt werden und umgekehrt.

In der *Gamma-Phase*, der Phase der reflektierenden Abstraktion, wird ein ›altes‹ kognitives Schema aufgrund von nichtassimilierbaren (›neuen‹) Elementen der empirischen Erfahrung relativiert und modifiziert, d.h. es wird zu einem Teilschema S_1 innerhalb eines ›neuen‹ umfassenderen Schemas höherer Ordnung (U). Die nicht assimilierten Elemente konstituieren das komplementäre Teilschema S_2. Affirmationen beziehen sich in dieser Phase auf die Zugehörigkeit der Teilschemata S_1 und S_2 zu dem übergeordneten Gesamtschema U; sie bewirken eine Integration von S_1 und S_2 und damit die Stabilisierung des neuen Assimilationsschemas U. Negationen beziehen sich auf die Nichtzugehörigkeit von S_2 zu S_1 und umgekehrt; sie bewirken eine Differenzierung zwischen S_1 und S_2 und damit eine Akkommodation an neue empirische Erfahrungen. Integration und Differenzierung von Teilschemata aufgrund eines neu entwickelten übergeordneten Gesamtschemas führen schließlich zu einem neuen (fortgeschrittenen) kognitiven Gleichgewichtszustand.

Im Falle des oben geschilderten Versuches heißt dies:
In der Gamma-Phase wird den Versuchspersonen der Widerspruch zwischen der Annahme einer Identität der Klassen A und B und der Annahme einer weiteren Klasse A' (Klasse der nichtroten Würfel mit Glocke) bewußt. Aber hier wie generell in allen empirischen und theoretischen Erörterungen im Kontext seiner späteren Untersuchungen besteht Piaget geradezu hartnäckig darauf, daß diese Bewußtwerdung eines ›strukturellen Widerspruchs‹ zwischen Handlungsresultaten bereits das ›neue‹ und übergeordnete kognitive System voraussetzen. Erst durch eine Projektion auf diese neue kognitive Ebene kann der Widerspruch zwischen den Affirmationen und Negationen der vorausgehenden Äquilibrierungsphasen bewußt gemacht und transzendiert werden im Sinne einer vollständigen Kompensation zwischen den Affirmationen und Negationen. Im Beispiel des obigen Versuchs entspricht das Konzept klassenlogischer Grundoperationen (Vereinigung und Intersektion von Mengen bzw. Klassen) dem übergeordneten Gesamtschema U, mit dessen Hilfe sich durch reversible Operationen die Klasse der roten Würfel mit Glocke und die Klasse der nichtroten Würfel mit Glocke ableiten und quantifizieren lassen und damit die diesen Klassenbildungen entsprechenden Subschemata differenziert und integriert werden können.

Aus dieser Charakterisierung von Piagets später Äquilibrationstheorie läßt sich unmittelbar eine Antwort auf die Frage ableiten, wie auf einer gegebenen kognitiven Entwicklungsstufe ein Ungleichgewicht zustandekommt bzw. wodurch es aufgelöst werden kann. Es sind Störungen, die sich z.B. im Verfehlen eines Handlungszieles oder im Auftreten widersprüchlicher Handlungsresultate oder im Auftreten einer Inkompatibilität zwischen Handlungsziel und Handlungsfolgen manifestieren und die nach Piaget (a.a.O., S.295) auf jeder kognitiven Entwicklungsstufe mit der Grundstruktur einer jeglichen Handlung als Möglichkeit angelegt sind, die ein kognitives Ungleichgewicht auslösen können. Wenn das Handlungssubjekt auf solche Störungen aufmerksam wird, wenn es diese als eine, anfangs noch abstrakte, Negation seines existierenden Wissens erfährt, so versucht es diese Störungen zu beseitigen: erst durch einfaches Ignorieren, dann durch eine sukzessive Rekonstruktion jener empirischen Gründe, die den Störungen zugrundeliegen – Piaget nennt dies auch eine ›Konstruktion von Negationen‹.

Aber wie kann das einzelne Subjekt im Verlaufe eines Äquilibrierungsprozesses den Übergang zu einer jeweils neuen kognitiven Struktur und damit ein neues, progressives kognitives Gleichgewicht finden? Piaget gibt auch hier eine eindeutige, wenn auch letztlich rätselhafte Antwort.

Das Subjekt kann den Übergang nur dann finden, wenn es einen ›strukturellen Widerspruch‹ zwischen seinem bereits existierenden Wissen (Affirmationen) und den als Negationen dieses Wissens rekonstruierten Störungen herstellen und sich bewußt machen kann. Doch die Konstruktion und Bewußtwerdung dieses Widerspruchs setzt für ihr Gelingen bereits eine neue kognitive Gesamtstruktur voraus. »... the use of negation makes progress only with the gradual construction of whole structures, and does not become systematic until the latter attain operatory status« (Piaget a.a.O., S.296). »... contradictions ... generally remain unconscious for so long, since achieving awareness of them presupposes construction of negations not given at the start. And when this construction does take place, it then leads simultaneously to both conscious apperception and transcendence of any such contradictions« (Piaget a.a.O., S.XVII f.).

Die entscheidende Schwierigkeit in der Konstruktion von Negationen liegt im Übergang von der Beta-Phase zur Gamma-Phase eines Äquilibrierungsprozesses. Das lernende Subjekt muß in dieser Übergangsphase genau jene Antithese zu seinem bereits existierenden Wissen konstruieren, mit der empirische Störungen (und das heißt letztlich: die sein existierendes Wissen transzendierenden empirischen Erfahrungen) auf eine angemessene Weise kognitiv repräsentiert werden können, damit sodann der Widerspruch zwischen These und Antithese durch Projektion auf eine übergeordnete kognitive Ebene (Synthese) aufgelöst werden kann. Und genau die Konstruktion dieser Negation bzw. Antithese ist, wie Piaget in der im Vorausgegangenen so häufig zitierten Arbeit »Recherches sur la contradiction« (1974, engl. 1980) immer wieder betont, erst dann möglich, wenn das Subjekt über diese Synthese bereits kognitiv verfügt.

Um die systematischen Gründe zu verstehen, weshalb Piaget die Kohärenz seiner späten Äquilibrationstheorie mit dieser letztlich rätselhaften Zirkularität abzusichern versucht, bieten sich zwei Ansatzpunkte an: erstens, Piagets erkenntnistheoretische Prämissen, die für ihn zugleich die epistemologische Ausgangssituation des lernenden Subjekts definieren – diese lassen sich durch eine Kontrastierung mit der dialektischen Entwicklungslogik Hegels sichtbar machen; zweitens, bestimmte für Piaget zentrale empirische Beobachtungen, die Piaget durch die methodische Anlage seiner Untersuchungen noch intensiviert hat, nämlich der Primat von Assimilation bzw. Affirmation vor Akkommodation bzw. Negation.

Zunächst zu dem Vergleich zwischen Hegel und Piaget, der hier auch deshalb kurz durchgeführt werden soll, weil sich dadurch die Grenzen intramentaler Reflexionsprozesse, denen sich Piaget mit seiner Entwicklungstheorie unterwirft, deutlich zum Ausdruck gelangen[46].

Bereits die von Piaget konzipierte Abfolge der drei Äquilibrierungsphasen fordert den Vergleich mit der Dreistadienlehre von These, Antithese und Synthese in der Philosophie des deutschen Idealismus geradezu heraus[47].

---

46 vgl. dazu auch den detaillierten Vergleich zwischen Piagets und Hegels ›Entwicklungstheorien‹ in Kesselring (1981).
47 Kant (Werke, hsg. von Weischedel, Darmstadt 1968, Bd. VI, S. 229) skizziert z. B. das Schema des dialektischen ›Dreitaktes‹ folgendermaßen:
»Der erste Schritt in Sachen der reinen Vernunft, der das Kindesalter derselben auszeichnet, ist dogmatisch. Der ... zweite Schritt ist skeptisch und zeugt von

Wie von Hegel, dem Protagonisten einer dialektischen Logik in
der Philosophie des deutschen Idealismus, wird auch von Piaget
die Kategorie des Widerspruchs nicht auf formallogische Widersprüche, d.h. auf die simultane Behauptung von p und ~p,
beschränkt. Widersprüche dieser Art sind für beide nichts weiter
als logische Denkfehler (sie verletzen den Satz vom ausgeschlosse-
nen Dritten); sie hemmen jeglichen Denk- bzw. Entwicklungsprozeß und können bestenfalls zu einer Korrektur führen, indem eine der beiden kontradiktorischen Behauptungen fallengelassen
wird[48]. Widersprüche werden im ›natürlichen Denken‹ (»natural
thought«), so Piaget (a.a.O., S. 286 ff.), in der Regel als Durchbre-
chung eines in sich geschlossenen Handlungskreises erfahren; sie
entstehen beispielsweise dadurch, daß die Folgen einer Handlung
mit den intendierten Handlungszielen nicht vereinbar sind oder
daß sich Handlungen wechselseitig ausschließen und unklar ist,
welcher Handlung der Vorrang gegeben werden soll.
In nahezu analogen Worten rekonstruiert Taylor (1975, S. 132 f.)
die Entstehung dialektischer Widersprüche im Sinne der Logik
Hegels als Folge eines »clash between a purpose or standard and its
attempted fulfilment«[49].

der Vorsichtigkeit der durch Erfahrung gewitzten Urteilskraft. Nun ist aber
noch ein dritter Schritt nötig, der nur der gereiften und männlichen Urteilskraft
zukommt, welche feste und in ihrer Allgemeinheit nach bewährte Maximen
zum Grunde hat«.
48 vgl. dazu auch Poppers Kritik der dialektischen Logik, in der von Popper
dieser Punkt detailliert entwickelt wird (Popper 1963, S. 312 ff.). Aber da Popper dialektische Widersprüche fälschlicherweise als formallogische (kontradiktorische) Widersprüche identifiziert, stößt seine Kritik letztlich ins Leere. Eine
prägnante Unterscheidung zwischen formallogischen und dialektischen Widersprüchen liefert Ernst Bloch (1962, S. 162): »Die formale Schullogik lehrt,
daß A nicht zugleich Nicht-A sein könne. Die Dialektik bestreitet diesen Satz
nicht völlig, aber sie berichtigt ihn; sie lehrt, daß A nicht zugleich Nicht-A *bleiben* könne«.
49 Formallogische und dialektische Widersprüche lassen sich formal zumindest dadurch unterscheiden, daß sich erstere auf kontradiktorische Propositionen und letztere auf konträre, sich wechselseitig lediglich ausschließende Propositionen beziehen. Während im Falle der kontradiktorischen Propositionen p
und q, p und q weder zugleich wahr noch zugleich falsch sein können (z.B. die
kontradiktorischen Aussagen ›der Apfel ist rot‹ und ›der Apfel ist nicht rot‹),
können, im Falle der konträren Propositionen p und q, p und q zwar nicht zugleich wahr, aber doch zugleich falsch sein (z.B. die konträren Aussagen ›der
Apfel ist rot‹ und ›der Apfel ist grün‹) (vgl. Angell 1964, S. 96 und 102). Dieser
formale Unterschied bringt jedoch nicht die ontologischen Prämissen zum

Weiter ist für Hegel wie für Piaget Entwicklung im wesentlichen ein Prozeß der Herausarbeitung bzw. Bewußtwerdung von Widersprüchen; die Vermitteltheit (Hegel) bzw. Relativität (Piaget) von inkompatiblen Handlungen bzw. Urteilen muß vom lernenden Subjekt allererst als Widerspruch (im Sinne konträrer Positionen) konstruiert werden, damit dieser Widerspruch in einem Prozeß der Reflexion der Reflexion (Hegel) bzw. in einer Konstruktion von Operationen über Operationen oder, mit anderen Worten, in einem Prozeß der reflektierenden Abstraktion (Piaget) auf einer neuen, fortgeschrittenen Stufe des Denkens aufgehoben (Hegel) bzw. überwunden (Piaget) werden kann.

Der eigentliche und gravierende Unterschied zwischen Hegel und Piaget liegt in ihren erkenntnistheoretischen Ausgangsprämissen und, als eine Folge davon, in der Konzeptualisierung der Mechanismen, die einer Bewußtwerdung und eventuellen Überwindung von Widersprüchen zugrundeliegen.

Für Hegel sind Widersprüche nicht eine bloße Eigenschaft des Denkens, vielmehr ist für ihn alles Seiende in sich selbst widersprüchlich; und weil sich in allem Empirischen (Phänomenon) eine geistige Realität (Noumenon) manifestiert, ist, wie Hegel z.B. in der ›Phänomenologie des Geistes‹ nachzuweisen versucht, der Widerspruch die Methode, mit deren Hilfe der ›Geist‹ (Logos) auf immer höheren Stufen seiner Entwicklung die ihm anfangs noch äußerliche Welt der Gegenstände als ein Scheinhaftes, als ein von ihm selbst Gesetztes durchschaut, bis er schließlich im absoluten Wissen, in der Reflexion auf die Totalität der von ihm durchlaufenen Momente, restlos aus seiner Entäußerung in sich zurückkehrt und damit absolutes Selbstbewußtsein geworden ist. Der Widerspruch ist für Hegel somit »der innerste Quell aller Tätigkeit, lebendiger und geistiger Selbstbewegung« (Hegel 1951, Bd. II, S. 496). Und das einzelne lernende oder erkennende Subjekt ist allenfalls das Medium eines ›Rationalisierungsprozesses‹ (vgl. Hegel 1959, § 551), der tendenziell zur Aufhebung der Differenz zwischen Subjekt und Objekt führt und als dessen eigentlicher Träger in Hegels Philosophie ein absolutes Subjekt, der reine Logos, figuriert[50].

Ausdruck, die sowohl Hegel als auch Piaget dem Widerspruch als einem Prinzip des Werdens bzw. der Entwicklung zuordnen.
50 Ernst Bloch (a.a.O., S. 135 ff.) hat in einer anschaulichen Weise das Unverständliche am Idealismus von Hegels dialektischer Logik zum Ausdruck ge-

Piaget distanziert sich von einer idealistischen Sichtweise, von einer, wie er sagt, »logizistischen Erklärung von Entwicklung« (a.a.O., S.XIV) mit aller Deutlichkeit; aber das ist auch schon fast alles, was er explizit gegen eine dialektische Logik einwendet[51].
An Hand seiner Assimilationsstörungen erfährt das Piaget'sche Subjekt, daß die Gegenstände seiner empirischen Erfahrung (teilweise) andere Eigenschaften besitzen als diejenigen, die es aufgrund seiner kognitiven Schematisierungen erwartet hat; aber was dieses ›Anderssein‹ der Objekte in einem positiven Sinne ist, dies ist für das Piaget'sche Subjekt ungleich schwieriger zu ergründen als für den Hegel'schen ›Geist‹, denn Piaget hält an Kants Einsicht fest, daß die empirische Erkenntnis zwar durch Denkkategorien des Subjekts vermittelt ist, aber die Gegenstände der empirischen Erfahrung doch eine ›subjektunabhängige Existenz‹ (den erkenntnistheoretischen Status eines ›Ding an sich‹) besitzen und sich das erkennende Subjekt ihnen nur approximativ annähern kann. Zugleich ist es damit für Piaget sehr viel schwieriger als für Hegel, eine Erklärung dafür zu finden, wie Assimilationsstörungen vom betroffenen Subjekt kognitiv so verarbeitet werden können, daß ein bewußter »struktureller Widerspruch« (Piaget a.a.O., S. XV) entsteht, der durch Projektion auf ein höher entwickeltes kognitives System aufgelöst werden kann.
In Hegels Ontologie des Geistes ist der Widerspruch die Methode, mit deren Hilfe das ›Anderssein‹ der Objekte, das ›Nichtidentische‹, in positive Bestimmungen in Form einer Antithese umgesetzt werden kann. »Die denkende Vernunft spitzt, sozusagen, den abgestumpften Unterschied des Verschiedenen, die bloße Mannigfaltigkeit der Vorstellung, zum wesentlichen Unterschied, zum Gegensatz, zu. Die Mannigfaltigen werden erst, auf die Spitze des Widerspruchs getrieben, regsam und lebendig gegeneinander und

---

bracht: »Es bleibt ... dunkel, weshalb die Welt, wenn sie so reiner Logos ist, nicht doch ihr zephyrleichtes Leben führt, ja weshalb der Geist überhaupt einen Prozeß nötig hat, mit Antithesen, Differenzen, Kollisionen auf jeder Stufe. Es bleibt unbegreiflich, wenn die Welt wirklich aus nichts als Logos und aus seinem Äther besteht, weshalb das Absolute nicht gleich am Anfang fertig ist, eine Konsonanz, die nicht an Dissonanzen denken läßt, und die sie am wenigsten selber setzt... im reinen Leben der Idee könnte kein Widerspruch entspringen«.
51 Dies mag daran liegen, daß nach Kesselring (a.a.O., S. 50) Piaget vor 1977 nie Hegel gelesen hat und seine Kenntnisse Hegelscher Dialektik primär aus zweiter und dritter Hand stammen und darüber hinaus mit gewissen, man kann wohl sagen, positivistischen Vorurteilen belastet sind.

erhalten in ihm die Negativität, welche die inwohnende Pulsation der Selbstbewegung und Lebendigkeit ist« (Hegel 1951, Bd. II, S. 61). In Piagets Entwicklungstheorie muß dagegen das lernende Subjekt, um eine bessere Anpassung seiner Denkformen an die Außenwelt zu erreichen (Akkommodation), seine Erkenntnisschemata (Assimilationsschemata) differenzieren (Beta-Phase eines Äquilibrierungsprozesses) und durch reziproke Assimilationen zwischen ihnen eine Kohärenz, einen systematischen Zusammenhang, herstellen (Gamma-Phase eines Äquilibrierungsprozesses), ohne doch jemals die von ihm unabhängige Außenwelt in diesen Schemata restlos abbilden zu können. Zwar drängen sich dem Subjekt Negationen (Störungen) von außen auf, aber, um es in einer Metapher auszudrücken, die Außenwelt spricht nicht genau dieselbe Sprache wie das erkennende Subjekt – sie ist für das Subjekt das, was sich im Schnittpunkt seiner kognitiven Schemata als äußerer Gegenstand konstituiert. Der strukturelle Widerspruch, den das Subjekt in der Gamma-Phase eines Äquilibrierungsprozesses zwischen konkurrierenden kognitiven Subschemata erkennt, liegt nicht in den Gegenständen selbst, sondern ist seine eigene kognitive Konstruktion – der Widerspruch ist nur der dem Subjekt schließlich bewußt gewordene Ausdruck und nicht die in den Gegenständen der Erfahrung selbst liegende Ursache eines kognitiven Ungleichgewichtes (vgl. Piaget a.a.O., S. 286 ff.).
Aber wie kann das lernende Subjekt sicher sein, daß der strukturelle Widerspruch, den es schließlich als das Resultat endogener Prozesse der Konstruktion von Negationen hervorbringt, genau den »wesentlichen Unterschied« (Hegel) zum Ausdruck bringt, der seine Assimilationsstörungen objektiv erklärt?
Innerhalb der Erfahrungsgrenzen eines intramentalen Reflexionsprozesses kann dieser »wesentliche Unterschied«, in dem das Nichtidentische der Gegenstände der empirischen Erfahrung eine positive Bestimmung erfährt, nur dasjenige sein, was auf einer übergeordneten kognitiven Ebene in einen kohärenten Zusammenhang mit dem bereits existierenden subjektiven Wissen gebracht werden kann. Dies macht die Zirkularität von Piagets Äquilibrationstheorie verständlich, die in der Annahme liegt, daß die Konstruktion von Negationen als richtungsweisendes Kriterium bereits das neue kognitive System voraussetzt, auf dessen Ebene der Widerspruch zwischen Affirmationen und Negationen kompensatorisch aufgelöst werden kann.

Piagets Äquilibrationstheorie tendiert damit zu einer Lösung des Problemes der Vermittlung des ›Alten‹ und des ›Neuen‹ in der Ontogenese kognitiver Strukturen, die zumindest näher am Nativismus als am Empirismus liegt[52]. Und Piagets Versuch (vgl. vor allem Piaget 1967, dt. 1974; 1974, engl. 1980), die endogene Konstruktion von Negationen auf selbstregulative, in der biologischen Konstitution des Menschen gründende Entwicklungsmechanismen zurückzuführen, kann diesen Eindruck nur verstärken.

Mit dieser kritischen Wertung der Arbeiten Piagets soll nicht grundsätzlich bestritten werden, daß kognitive Entwicklungsprozesse Mechanismen voraussetzen, die in der biologischen Konstitution des Menschen gründen. Rätselhaft und unverständlich an Piagets Äquilibrationstheorie bleibt jedoch, wie das lernende Subjekt die Differenz von Subjekt (bereits existierendes Wissen) und Objekt (strukturell mögliches Wissen) abbauen kann, im Sinne eines Fortschreitens der objektiven Erkenntnis, wenn sich die Dialektik von Affirmationen und Negationen nur innerhalb der durch intramentale Reflexionsprozesse gesetzten Erfahrungsgrenzen vollziehen kann.

Was intramentale Reflexionsprozesse vorantreibt, ist das Streben nach *Kohärenz*[53]; und in der Herstellung von Kohärenz erschöpfen sich die Möglichkeiten intramentaler Reflexionsprozesse. Aber Kohärenz allein ist keine hinreichende Bedingung für ›objektive Erkenntnis‹. Kohärenz ist eine Eigenschaft, die z. B. auch kognitive ›Wahnsysteme‹ im Alltag oder in der Wissenschaft gegebenenfalls für sich in Anspruch nehmen können[54].

---

52 vgl. dazu auch die Kritik an Piagets später Entwicklungstheorie am Ende des Aufsatzes ›Antagonismen und Argumente‹.
53 Kesselring weist zu Recht auf den zentralen Stellenwert des Begriffes *Kohärenz* in Piagets Äquilibrationstheorie hin. Ausschlaggebend für Piagets Dialektik von Affirmationen und Negationen, die zur Ausbildung kompensatorischer Subschemata führt, sei auf seiten des lernenden Subjektes »ein Bedürfnis nach ›Kohärenz in bezug auf das, was in neuartigen Alltagserfahrungen an Unerwartetem auftaucht‹ (Piaget 1977, S. 48) (auf Erfahrung bezogene Kohärenz), und zum anderen ein Streben nach ›interner Kohärenz der Ideen in einem bereits konstruierten System‹ (Piaget a. a. O.) (Kohärenz, die derjenigen in logisch-mathematischen Systemen verwandt ist) ... Das Kohärenzstreben im ersten Sinn wirkt auf eine einheitliche Verarbeitung der Erfahrung hin und dasjenige im zweiten Sinn auf eigentliche logische Widerspruchsfreiheit« (Kesselring a. a. O., S. 231).
54 Um ein Beispiel aus der Wissenschaft zu nennen: Lorenz Oken (1825; teilweise abgedruckt im Kursbuch 3, 1965, S. 79 ff.) hat ein kombinatorisches Sy-

Wenn eine Beseitigung von Assimilationsstörungen (Wiederherstellung von Kohärenz) in einer Akkommodation an das zu erkennende Objekt, d. h. in einer Fortentwicklung der objektiven Erkenntnis im Subjekt, resultieren soll, so muß das lernende Subjekt zunächst einmal vor allem anderen die Objektivität seiner Wahrnehmung von Assimilationsstörungen sicherstellen können. Gerade dies ist jedoch innerhalb der Erfahrungsgrenzen intramentaler Reflexionsprozesse nicht möglich. Denn in diesen Erfahrungsgrenzen manifestieren sich ja genau die Wissensstrukturen des Subjekts, die den für eine jeweilige Entwicklungsstufe charakteristischen Assimilationsstörungen letztlich zugrundeliegen.

In Piagets Entwicklungstheorie muß deshalb das Subjekt in der Tat, wie es Adorno ausdrückt, das Münchhausenkunststück einer Identifikation des mit seinen Assimilationsschemata Nichtidentischen zustandebringen. Es ist dieses elementare Problem der *Erfahrungskonstitution* – der Erfahrung ›wesentlicher Unterschiede‹ zwischen Subjekt und Objekt bzw. zwischen dem, was das Subjekt weiß, und dem, was dieses Wissen systematisch transzendiert –, das den Rahmen einer subjektivistischen, auf intramentale Reflexionsprozesse begrenzten Entwicklungstheorie sprengt.

Auch wenn Piagets erkenntnistheoretische Prämissen und deren psychologisches Korrelat, nämlich der Primat von Assimilation (Affirmation) vor Akkommodation (Negation), akzeptiert werden, so lassen sich dennoch daraus für die Formulierung einer Entwicklungstheorie ganz andere Folgerungen ziehen, als sie Piaget mit seiner Betonung der biologischen Grundlagen von Entwicklungsprozessen ins Auge gefaßt hat.

Piaget beschreibt mit dem Primat von Assimilation vor Akkommodation[55] ein allgemeines psychologisches Merkmal individuel-

---

stem der Pflanzenwelt vorgelegt, das das Pflanzenreich zunächst in zwei Provinzen, den ›Stockern‹ und ›Blustern‹ aufteilt und diese dann nach strengen Regeln der mathematischen Kombinatorik in 4 Gaue, 13 Classen, 26 Stufen, 52 Ordnungen, 169 Zünften, 676 Sippschaften und 2197 Arten subklassifiziert. Wie Enzensberger (Kursbuch a. a. O., S. 79 f.) ausführt, ist der verborgene Schlüssel für ein Verständnis von Okens Klassifikationssystem die magische Zahl 13. Aus 13 Classen ergeben sich 13×13 Zünfte und $13 \times 13 \times 13$ Arten. Selbst die Nomenklatur Okens folgt bis ins Detail der bizarren Logik dieses Wahnsystemes, das eben genau dem entspricht, wie sich das Pflanzenreich dem Auge Okens darbot.

55 Im Vergleich zu seinen frühen und mittleren Werken hat Piaget in seinen späten Arbeiten (vgl. z. B. 1975, dt. 1976, S. 14) den ›Primat der Assimilation‹

ler Problemlösungsprozesse. Gewöhnlich versucht ein Individuum zunächst einmal, seine spontanen Meinungen, Urteile, Problemlösungen zu rechtfertigen, bevor es diese eventuell (aufgrund von Assimilationsstörungen) einer Kritik unterzieht (Konstruktion von Negationen). Für Popper (1974, dt. 1979, S. 57 ff.) ist es sogar ein allgemeines Merkmal der ›Psychologie der Erkenntnis‹ bzw. der ›Psychologie der Forschung‹, »daß es keine kritische Phase geben kann ohne vorausgehende dogmatische Phase, ohne eine Phase, in der sich eine Erwartung oder eine Regelmäßigkeit des Verhaltens formiert, an der wir dann mit unserer kritischen Arbeit, der Ausmerzung von Fehlern, beginnen können« (a.a.O., S.68).

Aber nicht alle Individuen – nicht einmal alle jene, die sich auf derselben kognitiven Entwicklungsstufe befinden – formulieren in der ›dogmatischen Phase‹ zu einem bestimmten Problem inhaltlich identische Urteile. Was mit dem Assimilationsschema des einen Individuums an empirischen Erfahrungen nicht mehr erfaßt und kognitiv verarbeitet werden kann, kann sich genau im Fokus der systematischen Zentrierungen eines anderen Individuums befinden. Was das eine Individuum aufgrund seiner Wissensstrukturen an empirischen Erfahrungen systematisch aus seinem Gesichtskreis ausblenden muß, kann bei einem anderen Individuum, trotz gleicher Wissensstrukturen, gerade im Zentrum der Aufmerksamkeit stehen.

Wenn beispielsweise die kognitive Restriktion von Kindern, die die Entwicklungsstufe der konkretoperationalen Intelligenz noch nicht erreicht haben, strukturell darin besteht, daß diese Kinder – wie Piaget z.B. an Hand seiner Konservierungsexperimente beschrieben hat – für die Beurteilung eines empirischen Phänomens

deutlich hervorgehoben. Während aus der Sicht eines externen (erwachsenen) Beobachters der strukturelle Widerspruch, der den Assimilationsstörungen des lernenden Subjekts zugrundeliegt, auf kognitive Subschemata zurückgeführt werden kann, die in der Erklärung des jeweiligen empirischen Phänomens miteinander konkurrieren, führt auf seiten des lernenden Subjekts der Primat der Assimilation zu einer systematischen Zentrierung auf eines dieser Subschemata (das das ursprüngliche Assimilationsschema aufrecht erhält) auf Kosten der anderen: »... we did indeed observe a systematic disequilibrium favoring affirmations, constituting the more natural and spontaneous behavioral reactions, over negations, which, being much more difficult to construct and handle, invariably lag behind affirmations until one reaches operatory levels« (Piaget 1974, engl. 1980, S. 295).

nicht mehrere relevante Gesichtspunkte zugleich berücksichtigen können (d. h. die Werte auf verschiedenen, miteinander eventuell konkurrierenden Parametern nicht zu einem Gesamtwert aggregieren können), so folgt daraus nicht, daß sich alle Kinder dieser Entwicklungsphase bei ihrer Urteilsbildung zunächst einmal auf ein und denselben Parameter aus der Menge der möglichen relevanten Parameter festlegen. Z. B. zeigen die empirischen Fallanalysen, die im Rahmen des Aufsatzes ›Antagonismen und Argumente‹ dargestellt worden sind, daß sich bereits 3-jährige Kinder in ihren Prognosen über das Verhalten einer Balkenwaage alternativ auf einen der miteinander konkurrierenden Parameter berufen und daß bereits 5-jährige Kinder in ihren kollektiven Diskussionen aufgrund ihrer Logik der Argumentation diese Parameter bzw. kognitiven Gesichtspunkte systematisch einander entgegensetzen können, noch bevor sie die Stufe der konkreten Operationen erreicht und damit eine übergeordnete kognitive Ebene entwickelt haben, auf der diese Parameter dann systematisch miteinander in Beziehung gesetzt werden können.

Damit sich das einzelne Individuum eine Dimension empirischer Erfahrungen erschließen kann, in der es das mit seinen Assimilationsschemata Nichtidentische in seiner positiven Bestimmtheit erfahren kann, muß es weder über die metaphysischen Fähigkeiten des Hegel'schen ›Geistes‹ verfügen, noch ist es, wie das Subjekt in Piagets Entwicklungstheorie, auf die Mechanik und teleologische Gesetzmäßigkeit biologisch fundierter Äquilibrationsmechanismen angewiesen; es muß vielmehr versuchen, seine Assimilationsstörungen im Kontext einer kooperativen und gleichwohl kontroversen Argumentation zu verstehen.

Je konsequenter die an einer Argumentation Beteiligten ihre spontanen Urteile zu begründen und zu verteidigen versuchen, desto größer ist die Chance, daß sich die unterschiedlichen Meinungen zu dem ›wesentlichen Unterschied‹, zu dem Gegensatz zuspitzen, der objektiv als ›struktureller Widerspruch‹ Assimilationsstörungen zugrundeliegt. Erst wenn die intramentalen Reflexionsprozesse der einzelnen Subjekte als integrierte Bestandteile des *intermentalen Prozesses* einer kollektiven Argumentation aufgefaßt werden, wird verständlich, erstens: wie das einzelne Subjekt empirische Erfahrungen machen kann, die sein bereits existierendes Wissen in struktureller Hinsicht systematisch transzendieren, und zweitens: daß das einzelne Subjekt einen ›strukturellen Widerspruch‹ zwischen kognitiven Schematisierungen der Wirklichkeit erfahren kann, noch bevor es das übergeordnete kognitive System entwickelt hat, in dessen Rahmen eine systematische Auflösung dieses Widerspruchs und damit die Realisierung des strukturell ›Neuen‹ in der Entwicklung möglich wird. Die für fundamentales Lernen konstitutive Konstruktion von Negationen setzt kollektive Argumentationsprozesse voraus.

In Piagets genetischer Epistemologie wird, wie schon von Rotman (1977), Tripp (1978) und Hamlyn (1978) argumentiert worden ist, die soziale Konstitution von Entwicklungsprozessen nicht angemessen berücksichtigt. Während der frühe Piaget (vgl. Kap. 1 der vorl. Arbeit) soziale Interaktion noch als einen Entwicklungsmechanismus auffaßt, geht der späte Piaget davon aus, daß sich die Kooperation von Individuen im wesentlichen auf die intramentalen Prozesse der daran Beteiligten zurückführen und sich ›Entwicklung‹ somit im wesentlichen durch intramentale Mechanismen erklären läßt: »Untersucht man die Zusammenarbeit als solche (d. h. einmal getrennt von ideologischen oder soziologischen Elementen, welche die Zusammenarbeit begleiten oder deformieren können), so löst sie sich in Operationen auf, die mit denjenigen übereinstimmen, die man bei den Gleichgewichtszuständen der individuellen Handlung findet« (Piaget 1950, dt. 1975, S. 246). Während für den frühen Piaget die »Reibung mit den anderen, der Austausch und der Widerspruch« eine Ursache dafür sind, »daß das Denken sich seiner Ziele und seiner Bestrebungen bewußt wird« (Piaget 1924, dt. 1972, S. 32), werden vom späten Piaget die Grundprobleme einer genetischen Epistemologie auf die Interaktion zwischen einem einsamen Subjekt und den zu erkennenden Objekten reduziert und wird der Schwerpunkt der Theorienbildung auf die Rekonstruktion intramentaler Strukturen und Prozesse verlegt – mit der Folge, daß der späte Piaget nicht mehr verständlich machen kann, wie das einzelne Subjekt die empirischen Erfahrungen machen kann, von denen es abhängt, ob eine Entwicklung im Sinne des *fundamentalen Lernens* und damit die Überwindung der strukturellen Begrenztheit einer gegebenen kognitiven Entwicklungsstufe einsetzen kann.[56]

Dadurch daß die einzelnen Individuen in kollektiven Argumentationen zunächst einmal spontan versuchen, ihre eigene Sichtweise

---

56 vgl. dazu auch Miller (1986).

auf ein gegebenes Problem, sei es empirisch-theoretischer oder normativ-moralischer Art, zu affirmieren und daß durch die intermentalen Prozesse einer Argumentation eine wechselseitige Verständigung bzw. die Entwicklung eines gemeinsamen Wissens über die einzelnen kontroversen Standpunkte sichergestellt werden kann, werden die einzelnen Subjekte in kollektiven Argumentationen potentiell mit alternativen Sichtweisen auf ein Problem konfrontiert, die sie bei einer ›monologischen‹ Urteilsbildung aus entwicklungsbedingten strukturellen Gründen nicht (angemessen) hätten berücksichtigen können und die sie nunmehr aufgrund des *Objektivitätsprinzips* von Argumentationen (vgl. Kap. 3) berücksichtigen müssen.

Aber selbst wenn das einzelne Subjekt im Rahmen eines argumentativen Diskurs potentiell seinen subjektiven Erfahrungshorizont überschreiten kann, so bleibt doch noch die Frage offen, wie es strukturell neue Problemlösungen entdecken bzw. sich die grundlegenden inhaltlichen und formalen Prämissen für das Verständnis eines neuen moralischen oder eines neuen auf die materielle Natur bezogenen Weltbildes oder doch wenigstens zentraler Aspekte eines solchen Weltbildes kognitiv aneignen kann.

Strukturell neue Problemlösungen enthalten einen theoretischen Gesichtspunkt, mit Hilfe dessen das Subjekt eines ontogenetischen Entwicklungsprozesses die im Rahmen eines argumentativen Diskurses erfahrenen Widersprüche auf einer neuen, kognitiv übergeordneten Ebene auflösen kann. Aber wie kann das einzelne Subjekt diesen theoretischen Gesichtspunkt finden? Muß es sich nicht doch an seinen eigenen Haaren aus dem ›Sumpf des Unwissens‹ emporziehen? Oder finden seine Bemühungen, Widersprüche auf eine objektive Weise aufzulösen, einen Halt von außerhalb? Kann das Konzept eines kollektiven Lernprozesses so stark gemacht werden, daß sich zeigen läßt, daß die intermentalen Prozesse einer kollektiven Argumentation für das einzelne Subjekt zur Konstitution eines Erfahrungsbereiches führen können, innerhalb dessen das einzelne Subjekt systematisch nach strukturell neuen Problemlösungen suchen kann? Aber kann eine neue kognitive Struktur, ein strukturell neuer Typ von Problemlösungen für das einzelne Subjekt bereits in irgendeinem Modus existieren und damit für das Subjekt überhaupt ein Gegenstand möglicher Erfahrung sein, noch bevor das einzelne Subjekt bereits, auf welche Weise auch immer, genau die formalen Fähigkeiten entwickelt

hat, um den in Frage stehenden strukturell neuen Typ von Problemlösungen selbst realisieren zu können?
Nach Popper lassen sich auf der Ebene der Evolution menschlichen Wissens strukturell neue, den einzelnen Subjekten noch unbekannte Lösungen von alten Problemen einer Welt *objektiver Gedankeninhalte*, einer von Popper so genannten ›Welt 3‹, zuordnen. Im Kontext der folgenden Überlegungen ist diese These aus der Spätphilosophie Poppers[57], wenn sie erst einmal von Poppers individualistischen und allein auf das naturwissenschaftliche Denken bezogenen Prämissen losgelöst worden ist, auch im Rahmen der Ontogenese für eine Klärung der Frage nach den Voraussetzungen einer Emergenz des ›Neuen‹ von großer Bedeutung. Im folgenden sollen deshalb in einem Exkurs drei wichtige Aspekte von Poppers These kurz erörtert werden, nämlich die Fragen: Welche grundlegenden Eigenschaften besitzt diese Welt ›objektiver Gedankeninhalte‹? Wie entsteht diese Welt? Und schließlich, auf welche Weise kann sie einen Einfluß auf das Denken des Einzelnen und die Entwicklung kognitiver Strukturen im einzelnen Individuum nehmen?

Popper (1972, dt. 1973, Kap. 3 und 4; 1974, dt. 1979, Kap. 38-40) und Popper & Eccles (1977, Kap. 2) unterteilen die Gesamtheit dessen, was der Fall ist und worüber wahre Aussagen möglich sind, in drei Welten:
Welt 1 umfaßt die Welt der ›Dinge‹, d.h. der physikalischen Objekte.
Welt 2 umfaßt die Welt der ›mentalen Zustände und Ereignisse‹, d.h. der subjektiven Erfahrungen, der psychologischen Dispositionen und der bewußten und unbewußten Denkprozesse. *Welt 3* umfaßt die Welt der ›objektiven Gedankeninhalte‹, d.h. die Welt der kulturellen und geistigen Schöpfungen und Traditionen. Den innersten Kern von Welt 3 bildet die »Welt der Probleme, der Theorien und der Kritik« (Popper 1974, dt. 1979, S. 284).

57 Poppers Interesse an einer bereits von Platon, den Stoikern und von einigen neueren Philosophen wie Leibniz, Bolzano und Frege postulierten Welt ›objektiver Gedankeninhalte‹ spielt für die Ausarbeitung seiner Kritik empiristischer Erkenntnistheorien und für seine Lösungsversuche im Hinblick auf das traditionelle philosophische Problem der Beziehung zwischen Leib und Seele bzw. Materie und Geist eine bedeutende Rolle (vgl. dazu die im folgenden zitierten Arbeiten Poppers). Darauf kann jedoch im Kontext der vorliegenden Arbeit nicht im einzelnen eingegangen werden. Poppers Theorie einer Welt ›objektiver Gedankeninhalte‹ besitzt eine Signifikanz, die über Poppers eigenen Problemkontext hinausreicht. Sie besitzt damit genau jene produktive Qualität, die nach Popper ein charakteristisches Merkmal von Welt 3 Entitäten ausmacht.

Poppers Interesse gilt vor allem den unterschiedlichen Formen der Interaktion zwischen diesen drei Welten und den daraus folgenden erkenntnistheoretischen Konsequenzen. Im vorliegenden Zusammenhang soll jedoch nur ein wichtiger Indikator Poppers für die Autonomie der Welt 3 erwähnt werden:

Alle Handlungen eines Subjektes, auch die im Zentrum von Poppers Überlegungen stehende Entwicklung wissenschaftlicher Theorien, besitzen unbeabsichtigte und nicht vorhersehbare Konsequenzen: als eine Folge neuer Theorien entstehen, gleichsam als unbeabsichtigtes Nebenprodukt, neue Probleme. »Diese Probleme sind offensichtlich *selbständig*. Sie werden in keiner Weise von uns geschaffen; vielmehr *entdecken* wir sie, und in diesem Sinne existieren sie schon vor ihrer Entdeckung. Darüber hinaus sind mindestens einige dieser Probleme möglicherweise unlösbar.

Um diese Probleme zu lösen, erfinden wir vielleicht neue Theorien. Diese Theorien werden auch wieder von uns geschaffen: sie sind das Erzeugnis unseres kritischen und schöpferischen Denkens, bei dem uns andere Theorien aus der dritten Welt sehr zunutze kommen. Wenn wir aber diese Theorien einmal geschaffen haben, dann erzeugen sie neue, unbeabsichtigte und unerwartete Probleme, selbständige Probleme, die entdeckt werden müssen.

So erklärt sich, warum die dritte Welt, die ihrem Ursprung nach unser Erzeugnis ist, doch im Hinblick auf ihren, sagen wir, ontologischen Status selbständig ist. So erklärt sich, warum wir sie bearbeiten können, obwohl kein Mensch auch nur einen kleinen Teil von ihr beherrschen kann. Wir tragen alle zu ihrem Wachstum bei, doch fast alle diese einzelnen Beiträge sind verschwindend klein. Wir versuchen alle, sie zu begreifen, und keiner von uns könnte ohne Verbindung mit ihr leben, denn wir gebrauchen alle die Sprache, ohne die wir kaum Menschen wären. Und doch ist die dritte Welt weit über das Begreifen nicht nur des einzelnen, sondern sogar aller Menschen hinausgewachsen (wie die Existenz unlösbarer Probleme zeigt).« (Popper 1972, dt. 1973, S. 180 f.).

Popper (a.a.O., S. 140 ff.) macht deutlich, daß es zwischen seinem Konzept einer dritten Welt und Platons ›Reich der Ideen‹ bei aller Ähnlichkeit doch auch grundlegende Unterschiede gibt. Während Platons ›Reich der Ideen‹ göttlich, unveränderlich und wahr ist, ist Poppers Welt 3 veränderlich, ein Menschenwerk und Resultat der menschlichen Geschichte, und sie enthält nicht nur wahre, sondern auch falsche Theorien.

Zu den wichtigsten Bewohnern der Welt 3 zählt Popper die offenen Probleme, genauer: *objektive Problemsituationen* (vgl. a.a.O., S. 187 ff. und Popper & Eccles a.a.O., S. 41 f.). An ihnen gelangt nach Popper die Wechselwirkung zwischen subjektiven Denkprozessen (Welt 2) und objektiven Bedeutungen (Welt 3) am deutlichsten zum Ausdruck: nämlich in der »Selbstüberschreitung« des subjektiven Bewußtseins, d.h. darin, daß das einzelne Subjekt die Bedeutung seiner symbolischen Handlungen (Theorien, Kunstwerke, etc.) im Kontext des durch die dritte Welt konstituierten ›objektiven Sinnzusammenhanges‹ zu verstehen und die dabei entdeckten neuen und offenen Probleme zu lösen versucht.

Obgleich Popper auch soziale Institutionen, Kunstwerke, historische und politische Entscheidungssituationen (vgl. z.B. Popper a.a.O., S.208) und moralische Werte (vgl. z.B. Popper 1974, dt. 1979, Kap. 40) gelegentlich als Beispiele für Entitäten der Welt 3 zitiert, konzentrieren sich jedoch seine Überlegungen primär auf Fragen des naturwissenschaftlichen und mathematischen Denkens. Habermas (1981, Bd. 1, S. 118 ff.) hat dies zu Recht als eine »kognitivistisch verkürzte Interpretation der dritten Welt« bezeichnet und gegenüber Poppers Reduktion der Welt 3 auf die ›objektive Welt‹ (als der Gesamtheit der Entitäten, über die wahre Aussagen möglich sind) die Gleichursprünglichkeit u. a. der ›sozialen Welt‹ (als der Gesamtheit aller legitim geregelten interpersonalen Beziehungen) hervorgehoben.

Auch im Kontext der vorliegenden Arbeit wird davon ausgegangen, daß auch im Falle soziokultureller Deutungsmuster bzw. kultureller Wertsphären wie des Rechtes und der Moral eine von den Handlungssubjekten selbst erzeugte ›dritte Welt‹ die Qualität eines autonomen Sinn- und Bedeutungszusammenhanges erlangt[58], der – wie Habermas (z.B.a.a.O., S. 123 ff.) ausführt – als intersubjektiv geteilte Lebenswelt den Hintergrund für Handlungskoordinationen der vergesellschafteten Subjekte bildet und von ihnen unter dem für diese Wertsphären charakteristischen Geltungsanspruch der ›normativen Richtigkeit‹ kritisiert und gegebenenfalls verändert werden kann.

Ein zweiter Einwand, der gegen Poppers ›Dreiweltentheorie‹ vorgebracht werden kann, betrifft den individualistischen Ansatz Poppers. Zwar kann Popper dem von ihm kritisierten Subjektivismus traditioneller Erkenntnistheorien sein Konzept einer weitgehend selbständigen dritten Welt objektiver Erkenntnis entgegensetzen, aber genau in der Frage (in deren Behandlung Popper selbst die eigentliche Innovation seiner Theorie einer dritten Welt sieht), wie die Subjekte eine dritte Welt erzeugen und wie sie dann wiederum einen verstehenden Zugang zu Welt 3 Entitäten finden können, bleibt Popper selbst dem Kontext der von ihm kritisierten subjektivistischen Erkenntnistheorien verhaftet.

Nach Popper besteht eine Hauptfunktion der zweiten Welt darin, die Gegenstände der dritten Welt zu erzeugen und zu erfassen. Popper unterstreicht die Bedeutung dieser Interaktion von Welt 2 und Welt 3 mit folgenden Worten (1972, dt. 1973, S. 175):

»Mir scheint, man wird eines Tages die Psychologie revolutionieren müssen, indem man das menschliche Bewußtsein als Organ für die Wechsel-

---

58 vgl. dazu auch Berger & Luckmann (1969).

wirkung mit den Gegenständen der dritten Welt betrachtet, das sie versteht, sie vermehrt, an ihnen teilnimmt und sie zur Wirkung auf die erste Welt bringt«.

Es ist der Sinn dieser ›Wechselwirkung‹, daß das einzelne Subjekt eben gerade nicht bloß subjektive Probleme erzeugt bzw. Probleme auf bloß subjektive Weise wahrnimmt und zu lösen versucht, sondern sich an ›objektiven Problemsituationen‹ orientiert. Nach Popper befindet sich das einzelne Subjekt mit dieser Orientierung von vornherein bereits in der Sphäre der dritten Welt, denn ›objektive Problemsituationen‹ zählen ja für Popper zu wichtigen ›Bewohnern‹ der Welt 3.

Aber wie läßt sich entscheiden, ob sich ein Subjekt an ›objektiven Problemsituationen‹ und nicht vielmehr an irrelevanten Pseudoproblemen orientiert? Nur dadurch, daß Popper objektive Problemsituationen, »kritische Argumente« und den »Stand einer Diskussion« bzw. den »Stand einer kritischen Auseinandersetzung« (Popper a.a.O., S. 124) sogleich als Gegenstände der dritten Welt ontologisiert und von der Konstitutionsproblematik dieser ›Gegenstände‹ absieht (vgl. dazu auch Habermas a.a.O., S. 123 ff.), kann der Eindruck entstehen, als wären es die Reflexionsprozesse eines einzelnen monologischen Subjektes und nicht die intermentalen Prozesse einer Argumentation, die die Objektivität einer vom Subjekt wahrgenommenen Problemsituation sicherstellen und somit das »Organ für die Wechselwirkung mit den Gegenständen der dritten Welt« darstellen, und als käme es nur auf die »phantasievolle Kritik« (vgl. z.B. Popper a.a.O., S. 167) des einzelnen und nicht auf die Rationalität einer kollektiven argumentativen Auseinandersetzung an, ob strukturell neue Problemlösungen gefunden und damit ein Fortschreiten der objektiven Erkenntnis im einzelnen Individuum erzielt werden kann.

Inwieweit lassen sich nun aus Poppers ›Dreiweltentheorie‹, insbesondere seiner Theorie der Interaktion zwischen der Welt subjektiver Denkprozesse (Welt 2) und der Welt objektiver Problemzusammenhänge (Welt 3), relevante Gesichtspunkte für eine Klärung der Frage nach den Voraussetzungen einer Emergenz des ›Neuen‹ im Rahmen der kognitiven Ontogenese des einzelnen Subjektes gewinnen?

Erfordert die Frage nach der Entstehung des ›Neuen‹ nicht unterschiedliche Antworten, je nachdem, ob es sich um das ›Neue‹ im Kontext ontogenetischer oder im Kontext phylogenetischer Entwicklungsprozesse handelt? Im Falle phylogenetischer Entwicklungsprozesse, d.h. der kulturellen und gesellschaftlichen Entwicklung oder, noch allgemeiner, der Evolution der Gattung Mensch, ist das ›Neue‹ in der kognitiven Entwicklung etwas, was das Wissen jedes Angehörigen derselben sozialen Gruppe oder überhaupt jedes Zeitgenossen – im Extremfall sogar das Wissen jedes Menschen, der jemals gelebt hat – überschreitet. Im Falle ontogenetischer Entwicklungsprozesse ist dagegen das in der Entwicklung ›Neue‹ nur ein ›Neues‹ für das einzelne lernende Subjekt. Für andere, z.B. Erwachsene oder eben einfach in der Entwicklung weiter Fortgeschrittene, ist es in der Regel bereits etwas ›Altes‹ – eine Form des Wissens bzw. eine Wissensstruktur, über die die Fortgeschrittenen bereits verfügen oder die sie eventuell bereits wieder von einem ›höheren‹ Entwicklungsstand aus relativiert haben, ohne daß sie darüber notwendigerweise eine explizite Auskunft geben können müßten.

Dieser Unterschied zwischen ontogenetischen und phylogenetischen Entwicklungsprozessen betrifft jedoch lediglich einen vordergründigen Aspekt der Existenzweise des ›Neuen‹. Es ist ein Unterschied, wie er sich aus der Perspektive eines am Entwicklungsprozeß unbeteiligten Beobachters aufzeigen läßt.

Relevanter für ein Verständnis der Probleme des ›Neuen‹ ist im vorliegenden Zusammenhang die Perspektive des Subjektes einer potentiellen Konstruktion des ›Neuen‹. Aus dieser Perspektive gesehen, erscheint das ›Neue‹ im Falle ontogenetischer und phylogenetischer Entwicklungsprozesse gleichermaßen als etwas Abstraktes und Fremdartiges. Um neue Lösungen auf alte Fragen zu finden und zu verstehen, kann das Subjekt eines ontogenetischen Entwicklungsprozesses ja nicht einfach die in der Entwicklung Fortgeschrittenen ›abfragen‹ oder sich von ihnen gleichsam durch einen ›Nürnberger Trichter‹ belehren lassen. Es würde auf diese Weise gar nicht verstehen, daß das, was ihm als das ›Neue‹ präsentiert wird, in der Tat eine angemessenere Lösung seiner alten Fragen darstellt.

Zwar können die Älteren, die in der Entwicklung Fortgeschrittenen, den ontogenetischen Entwicklungsprozeß des einzelnen Subjektes durch ›pädagogische‹ Interventionstechniken entscheidend beeinflussen. Doch dies enthebt das Subjekt eines ontogenetischen Entwicklungsprozesses nicht der Notwendigkeit, das ›Neue‹ einer folgenden Entwicklungsstufe selbst zu konstruieren bzw. aufgrund seiner Erfahrungen selbst zu rekonstruieren. Und wenn es richtig ist, daß das einzelne Subjekt das ›Neue‹ nicht monologisch aus sich heraus entfalten kann, daß das ›Neue‹ dem einzelnen Subjekt als etwas Abstraktes und Autonomes gegenübertritt und es dennoch für das einzelne Subjekt eine Zugangsweise zum ›Neuen‹ geben muß, so stellen sich für eine Theorie der Entstehung des ›Neuen‹ im Rahmen der Ontogenese auf eine ganz analoge Weise die Fragen, die Popper im Hinblick auf eine Logik des (historischen) Fortschreitens objektiver Erkenntnis behandelt hat.

Was Poppers Antworten betrifft, so liefert vor allem seine Analyse ›objektiver Problemsituationen‹ einen sinnvollen Anknüpfungspunkt, um allerdings teilweise gegen Poppers eigene Prämissen die Frage zu beantworten, wie das einzelne Subjekt im Ausgang von seiner kommunikativen Erfahrung solcher Problemaspekte, die es aufgrund seiner bereits existierenden Wissensstrukturen noch nicht angemessen in seine Urteilsbildung integrieren kann, zu den inhaltlichen Ausgangsprämissen für strukturell neue Problemlösungen gelangen kann. Dies soll abschließend in Form einer theoretischen Skizze kurz aufgezeigt werden.

Auch für das Subjekt ontogenetischer Entwicklungsprozesse bilden *objektive Problemsituationen* einen Erfahrungsbereich, dessen Schwelle es überschreiten muß, um strukturell neue Problemlösungen entdecken zu können. Es ist ein Erfahrungsbereich, dem sich die drei wesentlichen Eigenschaften der von Popper postulierten Welt ›objektiver Gedankeninhalte‹ zuordnen lassen:

Erstens wird dieser Erfahrungsbereich von den Subjekten selbst konstituiert; er läßt sich als das zwischen These und Antithese vermittelnde Netz von Problemzusammenhängen eingrenzen. Zweitens überschreitet dieser Erfahrungsbereich das Wissen der einzelnen Subjekte; er tritt seinen Urhebern als ein autonomer Sinnzusammenhang entgegen, der von ihnen analysiert und zumindest partiell aufgeschlüsselt werden kann. Und drittens besitzt dieser Erfahrungsbereich eine Dynamik, die aus der Wechselwirkung zwischen subjektiven Denkprozessen und objektivem Sinnzusammenhang resultiert: indem die einzelnen Subjekte innerhalb dieses Erfahrungsbereiches nach einer Auflösung des Widerspruchs zwischen These und Antithese suchen, erzeugen sie eventuell neue Probleme und erweitern damit das ursprüngliche Netz von Problemzusammenhängen; zugleich werden sie jedoch bei der Entdeckung neuer Probleme durch das angeleitet, was sie sich bereits an subjektivem Wissen über den von ihnen selbst erzeugten objektiven Sinnzusammenhang angeeignet haben.

Um objektive Problemsituationen oder doch wenigstens relevante Teilbereiche davon zu erfassen, muß sich jedoch das einzelne Subjekt, wie Popper selbst in einer längeren Erörterung zum »Lernvorgang« ausführt (vgl. Popper 1972, dt. 1973, S. 167 f.), Verhältnisse außerhalb seiner Erfahrung vorstellen und den Schein der Allgemeingültigkeit oder strukturellen Notwendigkeit dessen, was ihm als das ›Gegebene‹ oder als ›Gewohnheit‹ erscheint, durchschauen können. Diese Selbstüberschreitung des subjektiven Bewußtseins setzt jedoch eine Lösung genau des Problems voraus, das zu Beginn dieses Teilkapitels im Ausgang von Adornos erkenntnistheoretischen Überlegungen als ein Grundproblem jeder kognitiven Entwicklungstheorie herausgestellt wurde: nämlich das Problem, wie das einzelne Subjekt Erfahrungen machen kann, die sein bereits existierendes Wissen in struktureller Hinsicht systematisch überschreiten. Und wenn die erkenntnistheoretischen Erörterungen des vorliegenden Teilkapitels akzeptiert werden, so muß auch die Folgerung akzeptiert werden, daß das Subjekt eines ontogenetischen Entwicklungsprozesses dieses grundlegende Erfahrungsproblem prinzipiell nur im Rahmen seiner Partizipation an den intermentalen Prozessen einer kollektiven Argumentation lösen kann.

Weiter muß das einzelne Subjekt These und Antithese in einem Netz von Problemzusammenhängen verankern können, das zumindest für die am argumentativen Diskurs Beteiligten intersubjektiv gilt; und es muß die Intersubjektivität der Dynamik dieses Erfahrungsbereiches sicherstellen können. Denn wenn die einzelnen Subjekte in einer nach Zeitpunkt und Individuum unbegrenzt variierenden Vielfalt von unterschiedlichen und miteinander unvereinbaren Problemsituationen nach Problemlösungen suchen würden, so könnte es keinen auf intersubjektive Weise meßbaren objektiven Erkenntnis- bzw. Entwicklungsfortschritt und somit letztlich auch kein sinnvolles Konzept einer universellen Logik der Entwicklung geben. Daraus folgt: die Suche nach strukturell neuen Problemlösungen ist in jeder Phase bis zu ihrem eventuell erfolgreichen Abschluß an die intermentalen Prozesse einer kollektiven Argumentation gebunden.

Erst wenn Poppers Charakterisierung objektiver Problemsituationen von Poppers individualistischen Prämissen losgelöst wird, und das heißt: wenn nicht die intramentalen Reflexionsprozesse eines einsamen Individuums, sondern die intermentalen Reflexionsprozesse einer kollektiven Argumentation als das eigentliche Organ für die Wechselwirkung zwischen der Welt subjektiver Denkprozesse und der Welt objektiver Sinnzusammenhänge betrachtet werden, wird der zentrale Stellenwert erkennbar, den das Konzept ›objektiver Problemsituationen‹ für eine Theorie der Entstehung des ›Neuen‹ in der Ontogenese kognitiver Strukturen besitzt. Noch bevor vom einzelnen Subjekt eine bestimmte strukturell neue und progressive Form von Problemlösungen (implizit) verstanden werden kann, manifestiert sich diese Form bereits in der Struktur der vom Subjekt selbst in der Kooperation mit anderen Subjekten hervorgebrachten objektiven Problemsituation. Das Neue existiert für das einzelne Subjekt zunächst auf eine abstrakte, undurchschaute Weise in dem, was dem objektiv vorhandenen und zwischen These und Antithese vermittelnden Netz von Problemzusammenhängen seine Kohärenz verleiht. Für Kontroversen, die sich auf einen Bereich wahrheitsfähiger Aussagen oder doch wenigstens – wie im Kontext der vorliegenden Arbeit für normative bzw. moralische Aussagen unterstellt wird – auf einen Bereich rational entscheidbarer Aussagen beziehen, muß es eine eindeutige Lösung, eine empirisch wahre bzw. normativ richtige Lösung für den Widerspruch zwischen These und Antithese geben. Diese Lösung existiert unabhängig davon, ob sie von den jeweiligen Subjekten entdeckt und damit, in der Terminologie Poppers, aus dem Bereich der Welt 3 in eine Welt 2 Entität überführt wird. Aber trotz ihrer Abstraktheit und Autonomie befindet sich diese Lösung innerhalb eines dem einzelnen lernenden Subjekt zugänglichen Erfahrungsbereiches; d.h. es verfügt über eine Methode, um sich das ›Neue‹ potentiell subjektiv anzueignen. Diese Methode ist zwar unterschiedlich stark, ihre epistemologische Signifikanz ist unterschiedlich groß, je nachdem, auf welchem kognitiven Entwicklungsstand sich das einzelne Subjekt bereits befindet. Grundsätzlich läßt sich diese Methode jedoch in Form der Prinzipien und Regeln einer kollektiven Argumentation explizieren.

Aus Vereinfachungsgründen soll dies am Beispiel elementarer und minimaler Argumentationen illustriert werden. Im Falle einer solchen Argumentation, die durch eine Ja/nein Frage ausgelöst wird, steht genau *eine* Alternative zur Debatte[59]. In den Diagrammen [4]

---

59 Alle komplexen Argumentationen, deren Quaestio mehr als zwei mögliche Antworten zuläßt, lassen sich in Teilargumentationen auflösen, deren Quaestio eine Entscheidungsfrage darstellt, die sich nur mit ›ja‹ oder ›nein‹ be-

und [5] wird diese Alternative mit den Aussagen p_0 und $\sim p_0$ dargestellt; diese Aussagen repräsentieren die These und Antithese einer elementaren und minimalen Argumentation.

[4]

Struktur einer objektiven Problemsituation

These und Antithese

der *gesuchte* übergeordnete theoretische
Gesichtspunkt T

Konsensmenge K_t
von Aussagen

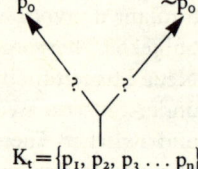

[5]

Auflösung einer objektiven Problemsituation

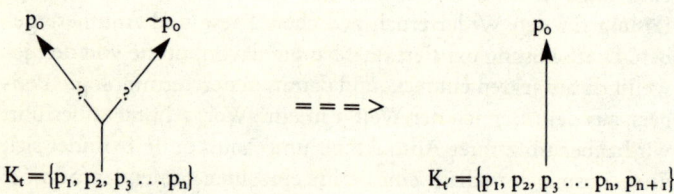

Diagramm [4] veranschaulicht die Struktur einer objektiven Problemsituation. Zu jedem Zeitpunkt t einer (elementaren und minimalen) Argumentation läßt sich der Stand der Auseinandersetzung im wesentlichen mit Hilfe der drei folgenden Komponenten beschreiben:

(a) durch die These und Antithese der Argumentation (p_0 und $\sim p_0$);
(b) durch die Menge der bis zum Zeitpunkt t kollektiv akzeptierten Aussagen ($K_t = \{p_1, p_2, p_3 \ldots p_n\}$). Diese Konsensmenge von Aussagen, die sich in der Regel auf eine Argumentstruktur abbilden läßt (vgl. Kap. 3 der vorliegenden Arbeit), repräsentiert den Umfang des gemeinsamen Wissens, das die an der Argu-

antworten läßt. Vgl. dazu auch die Ausführungen über den Status von Ja/nein Stellungnahmen als den elementaren ›Bausteinen‹ einer Argumentation im Kap. 3 der vorliegenden Arbeit.

mentation Beteiligten bis zum Zeitpunkt t hinsichtlich des Problemzusammenhanges entwickelt haben, der objektiv zwischen These und Antithese vermittelt. Mit anderen Worten: diese Konsensmenge von Aussagen repräsentiert das, was sich unter den Argumentationsteilnehmern bis zum Zeitpunkt t an intersubjektivem Verständnis über die objektive Bedeutung ihrer Kontroverse herausgebildet hat. Dabei spielt das *Objektivitätsprinzip* von Argumentationen (vgl. Kap. 3 der vorliegenden Arbeit) eine wichtige Rolle: sofern eine Aussage des argumentativen Gegners nicht bestritten werden kann, zählt diese Aussage zur Konsensmenge der an der Argumentation Beteiligten – auch wenn sie die eigene Position eines Argumentationsteilnehmers nicht stützt oder sogar die Gegenposition stärkt.

(c) durch die Relation zwischen These und Antithese einerseits und der Konsensmenge K_t von Aussagen andererseits. Diese Relation läßt sich definieren als der argumentative Übergang (›Schlußregel‹), mit dessen Hilfe auf der Grundlage der Konsensmenge K_t entweder die These oder die Antithese ins kollektiv Geltende der Argumentierenden überführt werden kann. Solange eine objektive Problemsituation bestehenbleibt, ist dieser argumentative Übergang unter den an der Argumentation Beteiligten strittig. Im Diagramm [4] wird dies durch Fragezeichen zum Ausdruck gebracht.

Diagramm [5] veranschaulicht die Auflösung einer objektiven Problemsituation. Die Auflösung erfordert, daß die bis zum Zeitpunkt t entwickelte Konsensmenge K_t von Aussagen zu einem Zeitpunkt t′ (t′ > t) mindestens durch eine weitere Aussage (p_{n+1}) so erweitert werden kann, daß die ›Folgerungsmenge‹ aus der erweiterten Konsensmenge K_t von Aussagen nur noch eine der möglichen Antworten auf die strittige Frage der Argumentation (d.h. im Falle einer elementaren und minimalen Argumentation: entweder ›ja‹ oder ›nein‹) enthält. Dies setzt voraus, daß die neue Aussage (p_{n+1}) zumindest die folgenden formalen Bedingungen erfüllt:

(a) sie bezieht sich auf den im Diagramm [4] als strittig gekennzeichneten argumentativen Übergang;

(b) sie muß mit den die Konsensmenge K_t konstituierenden Aussagen logisch vereinbar sein; und

(c) sie muß zu einer solchen (Neu-)Bewertung des argumentativen Stellenwertes der einzelnen die Konsensmenge K_t konstituierenden Aussagen führen, daß sich ein kollektiv akzeptierter argumentativer Übergang von K_t zu einer gemeinsamen Antwort auf die strittige Frage der Argumentation ergeben kann (im Diagramm [5] ist als illustrierendes Beispiel die These p_0 gewählt worden). Die neue Aussage (p_{n+1}) besitzt somit in Relation zu den die Konsensmenge K_t konstituierenden Aussagen den Status einer *Metaaussage*.

Mit anderen Worten: diese Bedingungen charakterisieren die formalen Eigenschaften, die der gesuchte übergeordnete theoretische Gesichtspunkt erfüllen muß, damit für die an der Argumentation Beteiligten der Widerspruch zwischen These und Antithese aufgelöst werden kann.

Ob die Auflösung einer objektiven Problemsituation im Einzelfalle gelingt, dies kann zweifellos durch die Art der Zusammensetzung einer Gruppe (bzw. Dyade) von Argumentierenden (z.B. durch die Lernmotivation der einzelnen Subjekte, ihre individuelle Intelligenz und kritische Phantasie) und durch pädagogische Interventionen entscheidend beeinflußt werden. Aber gleichgültig, ob es neben kollektiven Aktivitäten außerdem noch der pure Zufall oder der intelligente Einfall eines Einzelnen oder vor allem das Resultat pädagogischer Interventionen eines ›Lehrers‹ ist, wodurch die an der Argumentation Beteiligten (und dazu gehört auch derjenige, von dem pädagogische Interventionstechniken ausgehen) schließlich die Konsensmenge K_t von Aussagen finden, die die Erfahrungsgrundlage bildet für den logischen Schluß auf eine neue allgemeine Regel bzw. Gesetzmäßigkeit (p_{n+1}), so muß diese (p_{n+1}) doch die oben aufgeführten drei Bedingungen erfüllen; und das heißt: sie setzt zwischen den Argumentierenden ein durch die intermentalen Prozesse der Argumentation erzeugtes gemeinsames Wissen hinsichtlich der von ihnen selbst hervorgebrachten objektiven Problemsituationen voraus, und sie setzt ferner die Entwicklung eines gemeinsamen (impliziten) Wissens hinsichtlich der formalen Methode voraus, mit deren Hilfe der argumentative Stellenwert der bereits kollektiv akzeptierten Aussagen (K_t) auf eine strukturell neue Weise bewertet werden kann[60].

60 Erfahrungen, die jeder mühelos machen kann, zeigen, daß in der pädagogischen Alltagspraxis von Eltern und Lehrern diese Bedingungen oft nur sehr unvollkommen erfüllt werden; und es liegt nahe, darin eine der Hauptursachen für Lernschwierigkeiten von Kindern zu sehen.

Wenn jedoch eine objektive Problemsituation genau deshalb nicht aufgelöst werden kann, weil einzelne Subjekte über die dafür erforderliche formale Methode noch nicht kognitiv verfügen, wie kann sich dann im einzelnen Subjekt das entsprechende formale Wissen entwickeln?

Auch wenn es in einer Argumentation nicht gelingt, eine objektive Problemsituation aufzulösen – sei es weil die dafür kriterialen Aussagen trotz aller kooperativen Bemühungen einfach nicht gefunden werden können, sei es weil Argumentationsteilnehmer eine eventuelle argumentative Entscheidung gegen den von ihnen eingenommenen Standpunkt um jeden Preis zu verhindern trachten –, so kann doch bereits eine gelingende kollektive Argumentationspraxis, die zu einem gemeinsamen Wissen hinsichtlich der Struktur einer objektiven Problemsituation führt, im einzelnen Subjekt die entscheidenden Lernimpulse für die Entwicklung eines strukturell neuen Types von Problemlösungen auslösen. Wenn die an der Argumentation Beteiligten u.a. das Objektivitätsprinzip einer Argumentation nicht verletzen (und somit nicht den grundlegenden kommunikativen Sinn eines argumentativen Diskurses außer Kraft setzen) und damit die im Verlauf einer Argumentation entwickelte Konsensmenge von Aussagen potentiell auch solche Aussagen bzw. Gründe enthält, die dem eigenen Standpunkt von Argumentationsteilnehmern nicht ›assimiliert‹ werden können, so konstituiert genau dies die Erfahrungsgrundlage, auf die der im Zentrum von Piagets Äquilibrationstheorie stehende intramentale Mechanismus der *reflektierenden Abstraktion* angewiesen ist, und zwar dann: wenn die Reflexionsprozesse des einzelnen Subjekts zu einer Selbstüberschreitung bisheriger Wissensgrenzen und zur Emergenz des ›Neuen‹ führen können sollen:

(a) Die Erfahrung, daß es Gründe der argumentativen Gegenseite gibt, die nicht bestritten werden können, zwingt das einzelne Subjekt zur Einsicht, daß es sein altes Wissen durch neue Wissenselemente erweitern muß.

(b) Die Erfahrung, daß die Gründe, die den eigenen argumentativen Standpunkt stützen, auch dann, wenn sie (teilweise) zur Konsensmenge von Aussagen zählen, die allgemeinen Bedingungen für den gesuchten übergeordneten Gesichtspunkt nicht erfüllen, zwingt das einzelne Subjekt zur Einsicht, daß das eigene Wissen in seiner (formalen) Geltung zumindest relativiert worden ist.

Während mit der unter (a) genannten Reflexionserfahrung für das einzelne Subjekt zugleich eine Erweiterung seines inhaltlichen (materialen) Wissens für einen strukturell neuen Typ von Problemlösungen einhergeht, entsteht mit der unter (b) genannten Reflexionserfahrung für das einzelne Subjekt die Notwendigkeit zur strukturellen Fortentwicklung seines formalen Wissens – übrigens auch dann, wenn es ihm letztlich nur darum geht, mit den Mitteln einer kollektiven Argumentation in einer vorliegenden Kontroverse bzw. in Kontroversen derselben Art lediglich recht zu behalten.

Die Erfahrung, daß die eigenen Gründe durch den Verlauf einer Argumentation in ihrer Geltung relativiert worden sind, ist gleichbedeutend mit der Erfahrung, daß diese Gründe zwar einen kollektiv akzeptierten argumentativen Stellenwert besitzen, aber daß gleichwohl dieser argumentative Stellenwert nicht ausreicht, um eine Kontroverse auf eine kollektiv geltende Weise aufzulösen. Wenn eine Argumentation diese elementare Reflexionsphase erreicht hat, so erscheint es schon Kindern im Alter zwischen 3 und 5 Jahren (vgl. den Aufsatz ›Antagonismen und Argumente‹) als sinnlos, bereits vorgebrachte Gründe (sofern sie kollektiv akzeptiert werden) weiter inhaltlich zu rechtfertigen; vielmehr erfordert nun ein sinnvoller Fortgang der Argumentation, daß der argumentative Stellenwert der wechselseitig vorgebrachten Gründe (die zur Konsensmenge zählen) bestimmt wird. Die bereits vollzogene argumentative Praxis muß im Hinblick darauf analysiert werden, wie es möglich ist, daß sie zu kontroversen Standpunkten führen kann, die gelten und doch nicht gelten. Die zentralen Fragen, die sich dem einzelnen lernenden Subjekt in dieser Reflexionsphase stellen, sind: Wie kann es zwei unterschiedliche ›Wahrheiten‹ geben, die sich wechselseitig ausschließen? Und welche Kriterien sind es, mit denen sich eine relative Geltung der in einer Argumentation entwickelten Standpunkte bestimmen und eventuell sogar (komparativ) bewerten läßt?

Es müssen Kriterien sein, die auf einer formalen Ebene eine Koordination der sich wechselseitig ausschließenden (inhaltlich begründeten) Standpunkte erlauben, d.h. es sind Kriterien bzw. Regeln die in den Bereich der *Logik der Argumentation* fallen. Eine mentale Rekonstruktion dieser Regeln, die durchaus weitgehend im Bereich des impliziten Wissens der einzelnen Subjekte verbleiben kann, bildet somit in letzter Instanz die Voraussetzung dafür, daß der Widerspruch zwischen den kontroversen Standpunkten auf einer übergeordneten kognitiven Ebene aufgelöst werden kann.

So ist beispielsweise im Aufsatz ›Antagonismen und Argumente‹ zu zeigen versucht worden, daß eine reflexive Interiorisierung der eigenen argumentativen Praxis bei 3-5-jährigen Kindern zur Entdeckung der argumentationslogischen Unterscheidung zwischen empirischer Haltbarkeit und explanativer Relevanz führen kann. Und mit den Fallanalysen am Ende dieses Aufsatzes sollen wenigstens einige Anhaltspunkte dafür geliefert werden, daß die nächstfolgenden fundamentalen Entwicklungsschritte, die die argumentationslogischen Unterscheidungen zwischen ›situativer und nichtsituativer Relevanz‹ und zwischen ›empirischen und normativen Diskurswelten‹ implizieren, ebenso durch eine reflexive Interiorisierung der eigenen argumentativen Praxis der betreffenden Subjekte erklärt werden können.

Wenn mit der Entwicklung eines neuen und höherstufigen formalen Wissens (Logik der Argumentation) vom einzelnen am Lernprozeß beteiligten Subjekt ein strukturell neuer Typ von Problemlösungen gefunden worden ist, so ändern sich damit zugleich die grundlegenden theoretischen Annahmen seines Wissenssystems bzw. zentraler Aspekte seines (auf die materielle Natur oder auf die Moral bezogenen) Weltbildes auf eine progressive Weise; eine nächsthöhere kognitive Entwicklungsstufe ist erreicht worden. Das neu erworbene theoretische Wissen kann jedoch jederzeit, wenn erneut ›Assimilationsstörungen‹ des einzelnen Subjektes auftreten, durch die kommunikative Erfahrung von Widersprüchen auf eine produktive Weise in Frage gestellt werden; und dies kann dann einen weiteren und höherstufigen Lernzyklus einleiten. Durch die kommunikative Erfahrung neuer vom einzelnen Subjekt (aufgrund seines bereits erworbenen theoretischen Wissens) unlösbarer Widersprüche wird wiederum eine (neue) objektive Problemsituation konstituiert, innerhalb deren mit den Mitteln des argumentativen Diskurses nach einem übergeordneten theoretischen Gesichtspunkt zur Auflösung der Widersprüche gesucht werden kann. Und so fort.

Das Konzept eines kollektiven Lernprozesses liefert somit einen theoretischen Bezugsrahmen für eine Erklärung des im Rahmen des fundamentalen Lernens sich stellenden Problems der *Erfahrungskonstitution*. Und die Bedeutung kollektiver Argumentatio-

nen als eines Entwicklungsmechanismus besteht ganz zentral darin, daß sie einen Mechanismus zur Lösung dieses Problems der Erfahrungskonstitution darstellen.
Mit dem Konzept eines kollektiven Lernprozesses eröffnet sich ein möglicher Ausweg aus dem Menon-Paradox (dem dieses Problem der Erfahrungskonstitution ja zugrundeliegt), ohne dieses Paradox von vornherein auf irgendeine Weise abzuschwächen.
Die in kollektiven Argumentationen erzeugten objektiven Problemsituationen stellen zwischen dem in der Entwicklung ›Alten‹ und dem in der Entwicklung ›Neuen‹ eine Relation her, die dem ›Neuen‹ die Eigenschaften des Abstrakten, nie zuvor Erfahrenen und strukturell Transzendenten läßt und doch einen systematischen Weg aufzeigt, der vom ›Alten‹ zum ›Neuen‹ führt. Das in der Entwicklung ›Neue‹ fällt nicht einfach vom Himmel, und es findet sich auch nicht bereits in den Dispositionen des einzelnen Subjekts als eine ›angeborene Idee‹; es manifestiert sich im jeweiligen Stand einer kritischen argumentativen Auseinandersetzung als der zwischen These und Antithese vermittelnde objektive Sinnzusammenhang, und zumindest in der Ontogenese kann es von den einzelnen Individuen nur durch kollektive Anstrengungen subjektiv angeeignet werden.

4.4. Selbstwidersprüche und Rationalisierungszwänge

Daß im sozialen Alltag jeder Einzelne unablässig mit interpersonellen Koordinationsproblemen jeglicher Art konfrontiert wird, wird wohl kaum strittig sein. Nur in einer Welt, in der jedes Individuum, ob groß oder klein, dasselbe denkt, lassen sich solche Koordinationsprobleme vermeiden. Und auch wenn interpersonelle Koordinationsprobleme im sozialen Alltag eher selten im Sinne einer ›rationalen Argumentation‹ aufgelöst werden, so werden doch in der Regel Gründe für gegensätzliche Meinungen vorgebracht. Je weniger komplex das materiale und formale Wissen eines daran beteiligten Individuums ist, desto eher wird es dann an seine Wissensgrenzen gelangen und in einer auch nur rudimentär entwickelten argumentativen Praxis die Reflexionserfahrungen machen können, die die entscheidenden Lernimpulse für eine Fortentwicklung seines Wissens auslösen können.
Aber ist es dann *ausschließlich* nur noch eine Frage individueller

Persönlichkeitsstrukturen (individueller Anlagen und individuell erworbener Persönlichkeitsmerkmale), ob vom einzelnen Individuum die Lernimpulse einer kollektiven Argumentation auf eine angemessene, d.h. vor allem selbstkritische Weise aufgenommen werden? Oder konstituieren kollektive Argumentationen einen Entwicklungsmechanismus, der für das einzelne Individuum nicht nur die Möglichkeit eines fundamentalen Lernens eröffnet[61], sondern jedes einzelne Individuum auch noch in einer gewissen Weise zu solchen Lernprozessen zwingt? Kann mit dem Konzept eines kollektiven Lernprozesses die für Kompetenztheorien[62] grundlegende Annahme einer *universellen Entwicklungsdynamik* gerechtfertigt werden?

Wenn sich die Ontogenese rationaler Urteilsstrukturen im Bereich des empirisch-theoretischen und moralischen Wissens auf eine potentiell lebenslange Sequenz kritischer Argumentationsprozesse zurückführen läßt, so folgt daraus, daß die Ontogenese rationaler Urteilsstrukturen einen fortschreitend kognitiv höherstufigen und damit einen der materiellen und sozialen Wirklichkeit fortschreitend angemesseneren Typ von Problemlösungen impliziert. Argumentationen können stagnieren, sich im Kreise drehen und versanden; sie können von einzelnen Teilnehmern manipuliert und für ihre Interessen instrumentalisiert werden; und sie können zu objektiv fehlerhaften Resultaten führen. Aber außer in extremen, pathologischen Fällen[63] können sie Argumentationsteilnehmer nicht dazu zwingen, einmal erreichte Einsichten grundlos preiszugeben oder gar auf eine kognitiv bereits überwundene Entwick-

---

61 Diese Möglichkeit beruht darauf, daß jedes einzelne Individuum zu jedem Zeitpunkt seiner Ontogenese die grundsätzliche Problematik einer bloß ›subjektiven Gewißheit‹ und die ebenso grundsätzliche Problematik einer Erfahrung des ›Neuen‹ prinzipiell im Kontext einer argumentativen sozialen Praxis, und nur in diesem Erfahrungskontext, auflösen kann. Vgl. dazu die beiden vorausgehenden Teilkapitel.
62 *Kompetenz*theorien unterstellen, daß den im Verlauf der Ontogenese potentiell entwickelten kognitiven Fähigkeiten *universell* geltende Regeln zugrundeliegen, die allerdings in der *Performanz* des einzelnen Individuums aufgrund störender externer und interner Faktoren oft nur unzureichend aktualisiert werden können. Kompetenztheorien setzen damit notwendig eine universelle Entwicklungsdynamik voraus. Ein solcher Zusammenhang findet sich z.B. in Chomskys Sprachtheorie, in Piagets Theorie der kognitiven Entwicklung und in Kohlbergs Theorie der moralischen Entwicklung.
63 vgl. dazu das Kap. über ›Pathologische Formen kollektiver Lernprozesse‹ am Ende dieses Aufsatzes.

lungsstufe zu regredieren. Wenn sie im einzelnen Individuum überhaupt kognitive Veränderungen hervorrufen, so können dies nur Veränderungen sein, die die vom einzelnen Subjekt in Argumentationen erfahrenen Unzulänglichkeiten seines bisherigen materialen und formalen Wissens auf einer kognitiv höherstufigen Ebene ausgleichen. Ein argumentationstheoretisches Lernmodell läßt sich somit auf eine theoretisch plausible Weise mit den u.a. von Piaget (1956, 1960), Kohlberg (1969), Habermas (1976) und Selman (1980) aufgestellten *entwicklungslogischen* Grundannahmen verbinden[64]; d.h. mit den Annahmen, (a) daß jedes Individuum im Verlaufe seiner Ontogenese an dieselbe Folge von kumulativen, hierarchisch angeordneten (logisch aufeinander aufbauenden) und irreversiblen fundamentalen Lernschritten (Entwicklungsstufen) gebunden ist, und (b) daß die Besonderheit individueller Lernfaktoren (individuelle Anlagen und individuelle Umwelten, die als Anregungspotential wirken) lediglich einen Einfluß darauf hat, wie schnell diese Folge von Entwicklungsstufen vom einzelnen durchlaufen wird und welches der für den Einzelnen jeweils letzte fundamentale Lernschritt ist.

Entwicklungslogische Annahmen dieser Art liefern eine theoretische Rechtfertigung für die Annahme einer *Universalität* in der Genese und in der Geltung rationaler Urteilsstrukturen. Aber sie erklären nicht, weshalb die einzelnen Individuen universell dazu motiviert sein sollten, die Rationalität ihrer Urteilsbildung im Sinne einer ›Entwicklungslogik‹ fortzuentwickeln. Ohne die Annahme eines *universellen entwicklungsdynamischen Prinzips*, ohne eine theoretisch plausible Antwort auf die Frage, was die einzelnen Individuen universell dazu antreiben könnte, mehr oder weniger erfolgreich rationale Urteilsstrukturen zu entwickeln, bleiben entwicklungslogische Grundannahmen ein abstraktes Postulat, von dem man nicht genau weiß, für wen es eigentlich verbindlich sein kann: für den gewöhnlichen Sterblichen oder für einige wenige Auserwählte. Im folgenden soll deshalb versucht werden, einige wenn auch noch sehr vorläufige Überlegungen zu dieser Frage zur Diskussion zu stellen.

---

64 Diese Grundannahmen müssen allerdings, wenn sie für die empirische Forschung relevant und produktiv sein sollen, vor allem hinsichtlich des ›Stufenkonzeptes‹ noch in vielfacher Hinsicht weiter ausdifferenziert werden. Vgl. dazu die für eine empirische Analyse von Entwicklungsstufen wichtige Methodenkritik von Wohlwill (1977).

Was könnte das einzelne Individuum dazu veranlassen, klüger und vernünftiger zu werden? Weshalb sollte es eine bestimmte Folge fundamentaler Lernschritte – gleichgültig, wie weit diese Folge reicht – durchlaufen wollen? Eine simple Anwort wäre: weil es eben klüger und vernünftiger werden möchte, und weil es eventuell noch von der Annahme ausgeht, daß es damit seinen Bedürfnissen besser gerecht werden kann. Aber selbst wenn die einzelnen Individuen mehr oder weniger stark von einer solchen ›intrinsischen Lernmotivation‹ angetrieben werden, so bleibt diese doch ziellos, solange ihr nicht ein Begriff dessen, was das Klügere und Vernünftigere (von einer nächsthöheren Entwicklungsstufe aus gesehen) ist, bereits zugrundeliegt. Alle Erklärungsversuche dieser Art enden deshalb in einer geradezu banalen Zirkularität: damit die Motivation des einzelnen Individuums, einen fundamentalen Lernschritt zu vollziehen, überhaupt wirksam werden und eventuell zum Erfolg führen kann, setzt sie für das betreffende Individuum bereits das Ergebnis dieses Lernschrittes voraus. Wenn es allein auf die intrinsischen Lernmotive des Einzelnen ankäme, z. B. auf seine Neugierde, sein Interesse und sein Bedürfnis nach einer besseren Anpassung an die Umwelt, so wären wir alle Überlebenskünstler und vielleicht noch Philosophen und Heilige dazu. Und daß wir dies alles nicht einfach sein können, wenn wir es sein wollten, dies liegt nicht zuletzt daran, daß ein Motiv allein noch lange nicht ausreicht, um seinen Träger genau zu den Aktivitäten zu motivieren, die dem betreffenden Motiv zur Realisierung verhelfen können.

Piaget hat daraus die Folgerung gezogen, daß die Dynamik kognitiver Entwicklungsprozesse von einer »Kausalität des strukturell Möglichen« abhängt[65] und daß alle darüber hinausgehenden Fragen nach der Lernmotivation des Einzelnen für die Rechtfertigung der Annahme einer universellen Entwicklungsdynamik überflüssig sind. Aber wie im vorausgegangenen Teilkapitel zu zeigen versucht wurde, führt die Annahme einer »Kausalität des strukturell Möglichen« in noch viel grundlegendere entwicklungstheoretische Schwierigkeiten: mit dieser Annahme wird von Piaget nicht nur die Dynamik einer Entwicklung, sondern auch noch die prinzipielle Möglichkeit fundamentaler Entwicklungsprozesse davon

---

65 vgl. dazu die Diskussion im letzten Teilkapitel des Aufsatzes ›Antagonismen und Argumente‹.

abhängig gemacht, daß – um es etwas vereinfachend auszudrücken – das einzelne Individuum das in der Entwicklung ›Neue‹ schon kennen muß, um es überhaupt kennenlernen zu können.
Entwicklungstheorien, die sich bereits auf der Ebene ihrer Grundbegriffe auf subjektzentrierte, intramentale Entwicklungsmechanismen festlegen, scheinen für diese hier nur oberflächlich skizzierten Schwierigkeiten besonders prädisponiert zu sein; denn für sie kann es nur ein entwicklungsdynamisches Prinzip geben, das sich ausschließlich im *einzelnen* Subjekt bzw. in seiner motivationellen und kognitiven Grundverfassung verankern läßt.
Eine andere simple Antwort auf die Frage, was das einzelne Individuum dazu veranlassen könnte, klüger und vernünftiger zu werden, lautet: es wird durch seine (materielle und soziale) Umwelt dazu gezwungen. In einer kruden Version, die auf dem Prinzip von Strafe und Belohnung aufbaut, ist diese Antwort jedoch so offenkundig falsch, daß es sich kaum noch lohnt, ernsthaft darauf einzugehen. Es soll hier deshalb nur darauf hingewiesen werden, daß Zwänge dieser Art bestenfalls im einzelnen Subjekt ein Lernmotiv erzeugen können; dann stellen sich jedoch erneut die Probleme, die oben bereits diskutiert worden sind. Aber auch eine subtilere Version dieser Umweltthese scheint bereits aus theoretischen Gründen kaum haltbar zu sein. In dieser Version wird davon ausgegangen, daß die materielle und soziale Umwelt unmittelbar einen selektiven Einfluß (Zwang) darauf ausübt, was dem einzelnen Individuum potentiell als das Klügere und Vernünftigere erscheint bzw. was es, objektiv gesehen, als kognitiv unangemessen verwerfen muß, wenn es elementare Ziele (erfolgreiche instrumentelle und kommunikative Handlungen) erreichen möchte. Auch wenn diese Version begrifflich mit einem systemtheoretisch differenzierten Vokabular angereichert wird[66], so ist doch nicht zu sehen, wie sich im Einzelfalle eine interdependente Bestimmung einerseits des ›Selektionsdruckes‹ durch die Umwelt und andererseits der ›kognitiven Bewertung‹ von entsprechenden Umweltmerkmalen durch das betreffende Subjekt vermeiden läßt. Wie kann dann aber noch ein kausaler Einfluß der Umwelt auf das kognitive Verhalten der einzelnen Individuen nachgewiesen werden?

66 vgl. dazu vor allem die im Bereich der Makrosoziologie gängigen Evolutionstheorien. Ein Beispiel unter vielen anderen ist die Arbeit von Schmid (1982).

Auch wenn die bislang diskutierten Antworten auf die Frage nach einem universellen entwicklungsdynamischen Prinzip nicht überzeugen können, so enthalten sie dennoch alle die ›Stichworte‹, die für eine Suche nach diesem Prinzip relevant zu sein scheinen. Zweifellos müssen die einzelnen Individuen irgendwie motiviert werden, müssen sie immer schon bereits über ein bestimmtes (relevantes) Wissen verfügen und müssen sie eventuell sogar gegen ihren eigenen Willen bzw. gegen widerstrebende Motive auf irgendeine Weise gezwungen werden können, wenn es eine universelle Entwicklungsdynamik im Hinblick auf die Ontogenese rationaler Urteilsstrukturen geben können soll. Die Frage ist jedoch, wie diese einzelnen Aspekte in ein theoretisch konsistentes Konzept integriert werden können.

Eine weitere Schwierigkeit entsteht dadurch, daß dieses Prinzip bzw. der entsprechende Lernmechanismus auf das einzelne Individuum im Verlaufe seiner Ontogenese offenbar keine kontinuierliche und gleichmäßig starke Wirkung ausübt und daß sich die einzelnen Individuen darin unterscheiden, ob sich die Wirkung dieses Mechanismus im Verlaufe der Ontogenese noch intensiviert oder ob diese Wirkung eventuell bereits sogar zu einem relativ frühen Zeitpunkt entscheidend nachläßt. Ontogenetische Entwicklungsprozesse können zumindest zeitweilig ›sprunghaft‹ verlaufen; und während für manche Individuen das fundamentale Lernen zu einer sich selbst potenzierenden und permanenten Lebensform wird, verlieren andere Individuen früher oder später den Antrieb, ein erworbenes (materiales und formales) Wissen noch einmal in Frage zu stellen.

Auf welche Weise könnten nun jedoch *kollektive Argumentationen* einen Entwicklungsmechanismus konstituieren, der auch noch alle die Eigenschaften besitzt, die von einem universellen entwicklungsdynamischen Prinzip gefordert werden?

In den beiden vorausgegangenen Teilkapiteln wurde zu zeigen versucht: erstens, daß die empirisch-theoretischen und normativ-moralischen Überzeugungen, die das Weltbild eines Individuums fundieren, letztlich ihren Grund nicht in diesem Individuum selbst, sondern in der sozialen Gruppe, der dieses Individuum angehört, finden und daß die intermentalen Prozesse einer kollektiven Argumentation aufgrund des *Verallgemeinerungsprinzips* von Argumentationen die kollektive Geltung individueller Überzeugungen sicherstellen oder, als Kehrseite davon, Überzeugungen des einzelnen Individuums hinsichtlich ihrer implizit beanspruchten kollektiven Geltung grundlegend erschüttern können; und zweitens, daß das einzelne Individuum in kollektiven Argumentationen aufgrund des *Objektivitätsprinzips* von Argumentationen Erfahrungen machen kann, die sein bereits existierendes Wissen systematisch transzendieren und die zur Bildung objektiver Problemsituationen führen, in denen sich das in der Entwicklung in einem grundlegenden Sinne ›Neue‹ als der objektive Sinn einer Kontroverse manifestiert und vom einzelnen Individuum subjektiv angeeignet werden kann – und zwar dann, wenn von den an der Kontroverse Beteiligten eine kognitiv übergeordnete und zwischen These und Antithese vermittelnde Ebene rekonstruiert wird, auf der eine kollektiv geltende Auflösung objektiver Problemsituationen möglich ist.

Wenn in einer argumentativen Auseinandersetzung zwischen A und B das Verallgemeinerungs- und das Objektivitätsprinzip nicht verletzt werden, so führt A's kommunikative Erfahrung von Widersprüchen (durch B), die A nicht bestreiten kann, unweigerlich dazu, daß A's argumentativer Standpunkt und alle Gründe, die A dafür vorbringen kann, hinsichtlich ihrer Geltung auch für A relativiert worden sind. Denn A's Gründe erfüllen dann nachweislich nicht die formalen Bedingungen für eine potentiell kollektiv geltende Auflösung einer objektiven Problemsituation.

Aber kann dies A bereits dazu antreiben, eine Unzulänglichkeit seines formalen Wissens (Logik der Argumentation) zu entdecken und sie durch eine mehr oder weniger umfassende strukturelle Reorganisation seines Wissens zu überwinden?

In vielen Fällen wird dies gar nicht nötig sein: nämlich genau in den Fällen, in denen zwar A nicht die Argumente von B, jedoch B Aussagen bzw. argumentative Übergänge zwischen Aussagen von A bestreitet, d.h. sie mit Hilfe des zwischen A und B kollektiv Geltenden widerlegen kann. Wenn z.B. ein Kind, das Schreiben lernt, die Meinung vertritt, das Wort ›Spiel‹ werde als ›Schbil‹ geschrieben, so kann es leicht widerlegt und zu einer Änderung dieser Meinung veranlaßt werden, indem ihm notfalls die Schreibweise dieses Wortes in seiner Lesefibel gezeigt wird.

Auch solche Lernprozesse lassen sich argumentationstheoretisch rekonstruieren. Aber es sind lediglich Prozesse eines relativen Lernens bzw. eines Inhaltlernens; und solche Lernprozesse interessieren im Rahmen der vorliegenden Arbeit nicht.

Wenn jedoch z. B. ein Kind behauptet, daß sich bei einer Balkenwaage jeweils die Seite senkt, auf der sich das größere Gewicht befindet und daß andernfalls die Balkenwaage defekt ist; oder wenn es behauptet, daß nur das gute Freunde sind, die ihm Gefälligkeiten erweisen, so lassen sich Lernprozesse nicht einfach dadurch in Gang setzen, daß jemand diese Meinungen zu widerlegen versucht. Für eine erfolgreiche Widerlegung werden solange kollektiv geltende Prämissen fehlen, wie dem betreffenden Kind die entsprechenden formalen bzw. argumentationslogischen Voraussetzungen fehlen, um überhaupt verstehen zu können, weshalb seine Meinungen aufgrund bestimmter Gegenmeinungen relativiert werden konnten und wie sich eine Entscheidung zwischen bzw. eine Synthese von Meinungen und Gegenmeinungen erreichen läßt. Dies erfordert jedoch einen *fundamentalen Lernschritt*; und solange dieser Lernschritt ausbleibt, werden sich eventuell Meinungen und Gegenmeinungen unauflösbar gegenüberstehen.

Was könnte das einzelne Individuum jedoch dazu antreiben, einen fundamentalen Lernschritt zu vollziehen? Möglicherweise sind einzelne Individuen so veranlagt, daß für sie bereits eine nicht bestreitbare Gegenmeinung als Impuls ausreicht, um einen Lernprozeß in Gang zu setzen. Eine universelle Entwicklungsdynamik muß jedoch über interindividuelle Differenzen hinweg gelten; und das heißt: sie muß sich eventuell auch gegen individuelle Motive und Interessen durchsetzen können. Nur wenn objektive Problemsituationen per se ihre Auflösung oder doch wenigstens den Versuch einer Auflösung erzwingen würden, könnte gezeigt werden, daß sich mit Hilfe des Verallgemeinerungs- und Objektivitätsprinzips von Argumentationen zugleich eine universelle Entwicklungsdynamik begründen läßt. Doch jeder weiß, daß sich Argumentationen in objektiven Problemsituationen ›festfahren‹ können und daß dann kein irgendwie gearteter universeller ›Zwang der Situation‹ die Beteiligten daran hindern kann, ihre Widersprüche eventuell eher noch zu ›zementieren‹ als nach weiteren Lösungsmöglichkeiten zu suchen. Darüber hinaus lassen sich eine Reihe elementarer und durchaus vernünftiger Gründe anführen, weshalb die an einer Argumentation Beteiligten bei aller Kooperationsbereitschaft es unter Umständen vorziehen, eine Argumentation lieber abzubrechen, als weiterhin nach einer gemeinsamen Lösung zu suchen; oder weshalb sie sich legitimerweise auf eine Argumentation über eine strittige Frage (und die damit konstituierte objektive Problemsituation) erst gar nicht einlassen.

Ein erster Grund betrifft eine strukturelle Ambivalenz des Objektivitätsprinzips. Wie im Kap. 3 bereits ausgeführt wurde, bildet das Objektivitätsprinzip zwar die Voraussetzung dafür, daß in einer Argumentation das, was für die daran Beteiligten kollektiv gilt, eventuell erweitert und den Beteiligten ins Bewußtsein gebracht und daß dadurch für den Einzelnen eine Dimension von Erfahrung konstituiert werden kann, die seinen Wissenshorizont systematisch überschreitet; andererseits können Argumentationen gerade dadurch unentscheidbar werden. Wenn in einer argumentativen Auseinandersetzung zwischen A und B keiner die Gründe des anderen bestreiten kann, so sind sie zwar beide eventuell etwas klüger geworden, aber zugleich mag es beiden so aussichtslos erscheinen, eine gemeinsame Lösung für ihre Kontroverse zu finden, daß sie die Argumentation für objektiv unentscheidbar halten und sie fürs erste oder auch auf Dauer lieber abbrechen.

Damit hängt ein zweiter Grund zusammen. Da Argumentationsteilnehmer nicht ausschließen können, daß der argumentative Gegner das Objektivitätsprinzip lediglich dazu verwendet, um seinen eigenen Standpunkt gegen jegliche Kritik zu immunisieren, oder daß sich die Einwände des argumentativen Gegners zu einem späteren Zeitpunkt von vornherein als unhaltbar erweisen und die gegenwärtige Kontroverse sich dann als eine Scheinkontroverse entpuppt, wäre es unvernünftig, einen in vielfacher Hinsicht bereits bewährten Standpunkt gleich bei einem ersten nicht bestreitbaren Einwand fallen zu lassen bzw. ihn sogleich einer grundlegenden strukturellen Kritik zu unterziehen.

Ein dritter Grund betrifft die pragmatischen Randbedingungen einer Argumentation. Ein Individuum kann zur gleichen Zeit unter so vielen Handlungszwängen stehen oder in so viele Kontroversen eingebunden bzw. mit so vielen Problemen konfrontiert sein, daß es notgedrungen einigen dieser Probleme bzw. Kontroversen ausweicht, um sich nur auf einige wenige ihm wichtiger und dringlicher erscheinende zu konzentrieren. Andernfalls könnte es ihm ähnlich ergehen wie jenem Wissenschaftler, der, als er sich ein weiches Ei kochen wollte, gerade über eine ›Weltformel‹ nachdachte, und dem erst nach einiger Zeit auffiel, daß er auf das Ei starrte, während seine Taschenuhr im Wasser brodelte.

Ein vierter Grund, der im vorliegenden Zusammenhang beson-

ders wichtig ist, betrifft entwicklungsspezifische Lernkapazitäten der an einer Argumentation Beteiligten. Je weniger entwickelt die rationale Urteilsfähigkeit eines Individuums ist, desto häufiger und leichter wird es mit unbestreitbaren Antithesen konfrontiert werden können. Ein kleines Kind könnte permanent mit seiner eigenen ›Unwissenheit‹ konfrontiert werden. Selbst wenn es seine Umwelt gut mit ihm meint, müßte es die Vielfalt nichtassimilierbarer Widersprüche im Alltag geradezu paralysieren, wenn es alle diese Widersprüche gleichermaßen ernst nehmen wollte.
Es wäre jedoch voreilig, aus all dem zu schließen, daß auch kollektive Lernprozesse bzw. der ihnen zugrundeliegende Argumentationsmechanismus keine universelle Entwicklungsdynamik erzeugen könnten. Die zuvor genannten Bedenken machen eigentlich nur deutlich, daß die durch Argumentationen hervorgebrachten objektiven Problemsituationen für das einzelne daran beteiligte Individuum erst noch eine *kritische Qualität* erlangen müssen, wenn von ihnen ein Lernzwang ausgehen können soll.
Um dies zu verdeutlichen, soll zunächst kurz erörtert werden, unter welchen Bedingungen eine Argumentation die daran Beteiligten zwingen könnte, eine Kontroverse fortzusetzen und möglichst aufzulösen.
Kann man überhaupt gezwungen werden, zum Redebeitrag eines anderen Argumentationsteilnehmers eine Stellungnahme und gegebenenfalls eine Begründung dafür zu liefern? Wann kann ein Widerspruch des Gegners nicht mehr einfach ignoriert werden? Wodurch kommt ein solcher Zwang zustande? Und unter welchen Kosten kann sich jemand diesem Zwang entziehen?
Es kann sehr unterschiedliche Zwänge geben, die hinter der Dynamik einer Argumentation stehen. Wenn beispielsweise A in einem Gasthaus sitzt und einen Braten verzehren möchte, sein Tischnachbar B ihm diesen Braten jedoch einfach wegnimmt und auf A's Aufschrei: »Sind Sie verrückt?« lediglich erklärt: »Ich habe den größeren Hunger«, so wird A die sich anbahnende Auseinandersetzung nicht einfach abbrechen wollen. Und wenn A ein ›Michael Kohlhaas‹ ist, so wird ihn sein Gerechtigkeitssinn nicht eher ruhen lassen und wird er keine Argumentation scheuen, bis sein Recht wiederhergestellt worden ist.
Solche Zwänge sind jedoch pragmatischer und kontextueller Natur; sie variieren mit den Begleitumständen einer Argumentation und mit den jeweils daran beteiligten Personen.

Damit eine argumentative Auseinandersetzung auf die daran Beteiligten einen kontextunabhängigen und, in diesem Sinne, einen universellen Zwang ausüben kann, muß es Widersprüche geben, die potentiell allein aufgrund ihrer kommunikativen Form den Fortgang einer Argumentation und damit eventuell ihre eigene Auflösung erzwingen. Im Kap. 3 wurde bereits darauf hingewiesen, daß es einen solchen Typ von Widersprüchen gibt: Wenn sich A im Verlaufe einer Argumentation in (nichtintendierte) *Selbstwidersprüche* verstrickt und ihm dies von B vorgehalten wird, so formuliert B damit einen Widerspruch gegen die von A realisierte Form des Argumentierens; und dieser (Meta-)Widerspruch erzeugt für A genau den geforderten ›rein kommunikativen Zwang‹ zur Fortsetzung der Argumentation und zumindest zur potentiellen Auflösung der Selbstwidersprüche. Während gewöhnliche Widersprüche B's von A notfalls noch verharmlost werden können (z.B. dadurch, daß A erwidert: »Kann sein, daß du auch recht hast«) oder einfach ignoriert werden können (z.B. dadurch, daß A erwidert: »Du hast doch überhaupt keine Ahnung«), erfordern die gegen ihren eigenen Verursacher gewendeten Selbstwidersprüche bei diesem zumindest eine klar erkennbare Bereitschaft, diese Selbstwidersprüche aufzulösen. Dafür kann es auch noch zusätzlich pragmatische bzw. kontextuelle Gründe, z.B. externe soziale Zwänge, geben. Aber letztlich wird beispielsweise in einem Hegel'schen ›Herr-Knecht Verhältnis‹ auch der Herr für die ihm von seinem Knecht vorgehaltenen Selbstwidersprüche zumindest eine Erklärung liefern müssen, wenn er nicht auf Kommunikation als ein Mittel der Verständigung überhaupt verzichten will. Auch wenn die einen Selbstwiderspruch konstituierenden Aussagen und argumentativen Übergänge von keinem der an der Argumentation Beteiligten bestritten werden (können), verletzen sie doch das *Wahrheitsprinzip*[67] von Argumentationen. Wer Selbstwidersprüche nicht auflösen will, der gibt eindeutig zu erkennen, daß er an einer ›Wahrheitsfindung‹ nicht interessiert ist; er verstößt damit gegen eine elementare Kooperationsverpflichtung des argumentativen und allgemein des kommunikativen Handelns. Es ist kaum vorstellbar, daß ein Argumentationsteilnehmer, gleichgültig ob es sich um ein Kind oder um einen Erwachsenen handelt, trotz seiner durch die Argumentation sichtbar gewordenen

---

67 vgl. dazu das Kap. 3 der vorliegenden Arbeit.

Selbstwidersprüche auf einem kontroversen Standpunkt beharren könnte oder daß er sich eine solche Argumentationsweise gar zur Angewohnheit werden lassen könnte, ohne daß ihn die jeweilige Gruppe (von Argumentierenden) als kognitiv und sozial inkompetent betrachten und ihm schließlich die Grundqualifikationen eines handlungs- und kooperationsfähigen Individuums absprechen würde.

Da ein Argumentationsteilnehmer mit Selbstwidersprüchen, argumentativ gesehen, in eine komplette Sackgasse gerät, überrascht es nicht, daß kaum jemand, ausgenommen vielleicht ein begabter Rhetoriker oder ein transzendentaler Meditationsguru, explizit und mit voller Absicht kontradiktorische Aussagen vertritt. In den allermeisten Fällen sind Selbstwidersprüche jedoch *nichtintendierte* Selbstwidersprüche; und wenn es sich im Verlaufe einer Argumentation für einen Teilnehmer abzeichnet, daß er sich auf dem besten Wege befindet, sich in Selbstwidersprüche zu verstricken, so wird er in der Regel alle ihm möglichen Anstrengungen unternehmen, um diesem Schicksal zu entrinnen. Meistens reichen bloß *antizipierte* und, in diesem Sinne, bloß indirekte Selbstwidersprüche aus, damit das betreffende Individuum nach einer neuen Argumentationsstrategie sucht; und in der Regel wird es eine Argumentation insgesamt oder eine Teilargumentation über eine Teilfrage des insgesamt Strittigen lieber abbrechen oder sich geschlagen geben, bevor es einen antizipierten und unausweichlich gewordenen Selbstwiderspruch auch noch explizit ausformuliert.

Es können unter Umständen relativ einfache Argumentationszüge von A sein, die B dazu veranlassen, einen nichtintendierten Selbstwiderspruch zu antizipieren. Eine solche einfache Argumentationstechnik ist die schon von Kindern im Vorschulalter angewandte ›Retourkutsche‹[68].

Wenn sich beispielsweise in einem Kindergarten A und B darüber streiten, wer von beiden ein zum Inventar des Kindergartens gehörendes Buch vorübergehend in Beschlag nehmen darf, und A seinen Anspruch mit der Aussage begründet: ›Ich will es anschauen‹ (p_1), so kann B eventuell einfach mit der Aussage kontern: ›Ich will es auch anschauen‹ (p_2). Beide werden dann vermutlich Schwierigkeiten haben, diese Aussagen wechselseitig zu bestrei-

---

68 vgl. dazu die empirischen Fallanalysen im 6. Kap. der vorliegenden Arbeit.

ten. Aber wenn A davon ausgeht, daß sich sein Anspruch mit p_1 rechtfertigen läßt, so muß er auch konzedieren, daß sich B's Anspruch mit p_2 rechtfertigen läßt, denn der argumentative Übergang von p_1 bzw. p_2 zur Aussage ›Ich (A bzw. B) darf das Buch haben‹ (p_0) muß in beiden Fällen identisch sein. Was B mit dieser Retourkutsche somit erreicht, ist, daß A einen nichtintendierten Selbstwiderspruch antizipieren muß. Zwar kann damit auch B die Argumentation nicht zu seinen Gunsten entscheiden, aber bereits Kindergartenauseinandersetzungen zeigen, daß B damit zumindest erreichen kann, daß A seine Begründung (p_1) für seinen Anspruch fallen lassen muß, wenn er als argumentativer Gegner überhaupt noch ernst genommen werden will.

In der Welt der Erwachsenen ist es dagegen weitaus schwieriger, einen argumentativen Gegner auf nichtintendierte und gegebenenfalls bloß antizipierte und indirekte Selbstwidersprüche ›festzunageln‹.

Dies liegt nicht nur daran, daß es dazu häufig eines sokratischen Einfühlungsvermögens in die Denkweise des anderen bedarf. In der Regel versuchen Erwachsene, nicht nur mögliche Einwände des Gegners, sondern auch mögliche Selbstwidersprüche zu antizipieren, noch bevor sie den eigenen Standpunkt begründen. Und mit der Komplexität von Problemstellungen erweitern sich die Möglichkeiten eines Argumentationsteilnehmers, einem sich abzeichnenden Selbstwiderspruch durch eine Vielfalt von Gegentaktiken auszuweichen, z.B. durch die Reformulierung von Problemstellungen oder durch die Verschiebung der Argumentation auf andere Teilfragen der Gesamtquaestio. Daraus folgt jedoch nicht, daß die Verletzung des Wahrheitsprinzips von Argumentationen durch Selbstwidersprüche von einzelnen daran Beteiligten so unwahrscheinlich wäre, daß sich schon deshalb damit keine universelle Entwicklungsdynamik begründen ließe. Die Schwierigkeit, Erwachsene zur Einsicht in die eigenen Widersprüche zu bewegen, erklärt umgekehrt lediglich die offenkundige Tatsache, daß fundamentale Lernschritte im Verlaufe der Lebensspanne der einzelnen Individuen in der Regel immer seltener werden.

Die durch kollektive Argumentationen erzeugten objektiven Problemsituationen erlangen für den einzelnen daran Beteiligten dann eine kritische Qualität, wenn er mit einem (nichtintendierten, gegebenenfalls bloß indirekten) Selbstwiderspruch konfrontiert werden kann und wenn dieser Selbstwiderspruch für den Betreffenden nicht bloß ein leicht korrigierbares Versehen, sondern für ihn selbst ein unmittelbar nicht auflösbares Rätsel darstellt, das eine grundlegende bislang fraglos geltende Überzeugung dieses Individuums nun doch in Frage stellt.

Wenn objektive Problemsituationen für ein daran beteiligtes Individuum eine kritische Qualität gewinnen, so ist der Lernzwang, den kollektive Argumentationen auf den betreffenden Teilnehmer ausüben, ein *Rationalisierungszwang*, d.h. ein Zwang zur grundlegenden (strukturellen) Fortentwicklung des formalen bzw. argumentationslogischen Wissens zur Auflösung interpersoneller Probleme. Und diesem, in einem universellen Sinne, sozialen Lernzwang kann sich nur derjenige entziehen, dem es gleichgültig ist, ob er das Wahrheitsprinzip von Argumentationen verletzt, und der somit bereit ist, seine Anerkennung als grundsätzlich handlungs- und kooperationsfähiges Individuum aufs Spiel zu setzen und tendenziell sogar den Verlust seiner sozialen Identität in Kauf zu nehmen. Kurz: selbst wer dumm bleiben möchte, muß auch dafür noch bezahlen.

Der im vorausgegangenen skizzierte Versuch, mit Hilfe des Konzeptes eines kollektiven Lernprozesses eine universelle Entwicklungsdynamik zu begründen, läßt zweifellos viele theoretische und empirische Einzelfragen offen. Metatheoretische Überlegungen können jedoch allenfalls zur Entwicklung eines grundbegrifflichen Rahmens für die empirische Analyse kollektiver Lernprozesse führen; und von entsprechenden empirischen Analysen hängt es dann ab, ob sich das Konzept eines kollektiven Lernprozesses weiter ausdifferenzieren und mit Hilfe empirischer Evidenz ›konkretisieren‹ und rechtfertigen läßt. Im Rahmen der vorliegenden Arbeit kann dies jedoch nur noch ansatzweise und eher anekdotisch mit den empirischen Fallanalysen im Kap. 6 versucht werden.

Dies soll jedoch nicht heißen, daß hier davon ausgegangen wird, daß der metatheoretische Bezugsrahmen für eine Theorie kollektiver Lernprozesse mit den in diesem Kapitel (und den entsprechenden Teilkapiteln) vorgestellten Überlegungen bereits in allen relevanten Hinsichten ›ausgelotet‹ und theoretisch expliziert worden ist. Mit Leichtigkeit ließe sich eine ganze Reihe weiterer potentiell strittiger Fragen zu dem Konzept eines kollektiven Lernprozesses aufwerfen.

Im folgenden sollen jedoch abschließend nur noch zwei allgemeine Probleme kurz erörtert werden, weil sie Ansatzpunkte bilden könnten, um die Kohärenz und die beanspruchte empirische Reichweite des hier vorgelegten Konzeptes eines kollektiven Lernprozesses grundsätzlich in Frage zu stellen.

Wenn die intermentalen Prozesse einer kollektiven Argumentation aufgrund des Verallgemeinerungs-, des Objektivitäts- und des Wahrheitsprinzips von Argumentationen einen für fundamentale Lernschritte notwendigen Entwicklungsmechanismus bilden, wie entwickeln sich dann im einzelnen Individuum die Voraussetzungen für eine mögliche Wirksamkeit dieses interindividuellen Mechanismus?

Es ist vorstellbar und mit der hier vertretenen Theorie kollektiver Lernprozesse durchaus vereinbar, daß sich die dialogkonstituierenden Regeln einer kollektiven Argumentation (bzw. die elementaren Dialogelemente, d.h. Ja/nein-Stellungnahmen) und die Kooperationsprinzipien einer Argumentation auf universelle, angeborene Dispositionen der einzelnen Individuen zurückführen lassen. Daß diese Vorstellung nicht ganz abwegig ist, zeigen z.B. die Arbeiten von Scaife und Bruner (1975), die Arbeiten in dem von Schaffer (1977) herausgegebenen Sammelband und die Arbeiten von Trevarthen (1974), Trevarthen und Hubley (1978) und Trevarthen (1979). Diese Arbeiten belegen, daß Mütter (bzw. eine andere primäre Bezugsperson) und Kinder, die sich noch im ersten Lebensjahr befinden, ihre Handlungen dadurch koordinieren können, daß sie bestimmte Techniken (Gesten, Tonfall etc.) anwenden, um dadurch eine gemeinsame Fokussierung der Aufmerksamkeit auf Gegenstände, Ereignisse und Handlungen zu erreichen; und sie liefern Anhaltspunkte dafür, daß sich diese Techniken zur Herstellung von Intersubjektivität auf noch elementarere Formen einer »primären Intersubjektivität« und diese schließlich auf einen angeborenen Mechanismus zurückführen lassen.

Wenn sich, eventuell sogar im Zusammenhang mit den Ergebnissen dieser Arbeiten, ein analoges Argument für die frühe Entstehung elementarer Formen eines kollektiven Lernprozesses entwickeln und empirisch rechtfertigen ließe, so würde dies keineswegs bedeuten, daß sich kollektive Lernprozesse individualistisch reduzieren ließen; denn dieses Argument würde lediglich biologische bzw. humanspezifische Voraussetzungen für den Mechanismus eines kollektiven Lernprozesses betreffen und im übrigen hinsichtlich dieses Mechanismus die Annahme einer universellen Geltung nur stärken.

Etwas problematischer ist die Frage, ob und inwiefern sich die Wirksamkeit dieses Mechanismus im Verlaufe der Ontogenese eines Individuums für dieses Individuum verändern kann. Hängt die Wirksamkeit dieses Mechanismus davon ab, inwieweit er bereits im einzelnen Individuum zur Herausbildung rationaler Urteilsstrukturen geführt hat? Spielt es eine Rolle, ob dieser Lernmechanismus innerhalb einer Gruppe von Gleichaltrigen oder z. B. in einer Interaktion zwischen einem Lehrenden und einem Lernenden ausgelöst wird? Und kann sich die Wirksamkeit dieses kollektiven Lernmechanismus für die einzelnen Individuen im Verlaufe ihrer Ontogenese auf eine unterschiedliche Weise verändern?

Diese Fragen können im folgenden nicht mehr ausführlich behandelt werden. Aber einige Hinweise darauf, welche Antwortmöglichkeiten es geben könnte, sollen doch noch gegeben werden.

Besonders dramatisch erscheinen diese Fragen im Hinblick auf die mögliche Rolle von Selbstwidersprüchen als dem hier hypothetisch unterstellten eigentlichen entwicklungsdynamischen ›Motor‹ in der Ontogenese rationaler Urteilsstrukturen.

Damit kollektive Argumentationen auch unter Umständen gegen den Willen und gegen die unmittelbaren Interessen eines Beteiligten dennoch für diesen zwingende Lernimpulse auslösen können, muß es der jeweiligen Gruppe von Argumentierenden gelingen, den betreffenden Teilnehmer mit Selbstwidersprüchen zu konfrontieren. Und die Wirksamkeit kollektiver Argumentationen als eines Lernmechanismus läßt sich dann steigern, wenn potentiell jeder Argumentationsteilnehmer über die argumentativen Fähigkeiten verfügt, um für einen anderen Teilnehmer eventuell eine solche kritische Lernphase zu initiieren. Die dazu erforderlichen argumentativen Fähigkeiten setzen jedoch bereits ein gewisses Verständnis der Logik der Argumentation voraus. Wenn es A gelingen soll, B in Selbstwidersprüche zu verstricken, so muß A in der Lage sein, sich in den argumentativen Standpunkt von B zu versetzen, um dann mögliche Selbstwidersprüche von B antizipieren zu können. Hegel hat dies in seiner ›Logik der Wissenschaft‹ (1951, II, S. 218) mit den folgenden Worten ausgedrückt: »Die wahrhafte Widerlegung muß in die Kraft des Gegners eingehen und sich in den Umkreis seiner Stärke stellen; ihn außerhalb seiner selbst angreifen und da recht zu behalten, wo er nicht ist, fördert die Sache nicht.« Diese Rollenübernahme bzw. das sich Hineinversetzen in den argumentativen Standpunkt des Gegners erfordert jedoch zumindest, daß Argumentationsteilnehmer, wenn sie sich wechselseitig einer selbstwidersprüchlichen Argumentationsweise überführen wollen, ihre argumentativen Standpunkte klar voneinander unterscheiden und darüber ein koordiniertes Verständnis herstellen können. Und dies ist, wie die theoretischen und empirischen Analysen in dem Aufsatz ›Antagonismen und Argumente‹ nahelegen, erst dann möglich, wenn Argumentationsteilnehmer die argumentationslogische Unterscheidung zwischen ›empirischer Haltbarkeit‹ und ›explanativer Relevanz‹ beherrschen.

Es überrascht deshalb nicht, daß der Autor der vorliegenden Arbeit während einer über drei Monate hinweg angelegten empirischen Beobachtung der Interaktion von Kindern in einem Kindergarten, die das 5. Lebensjahr noch nicht erreicht hatten und in spontanen und quasiexperimentellen Argumentationen die zuvor genannte argumentationslogische Unterscheidung noch nicht beherrschten, auch kein einziges Mal beobachten konnte, daß sich diese Kinder in Selbstwidersprüche zu verstricken versuchten. Dagegen zeigt sich in Argumentationen von etwas älteren Kindern (vgl. dazu auch die folgenden empirischen Fallanalysen), daß dies durchaus zum Argumentationsrepertoire dieser in ihrer Entwicklung fortgeschrittenen Kinder gehört, und daß diese Technik häufig sogar mit einem durchschlagenden Erfolg angewandt wird. Lernprozesse werden in diesem ontogenetischen Stadium primär von anderen erwartet. Aber es läßt sich nicht immer verhindern, daß die Rolle des anderen auch vom eigenen Selbst übernommen werden muß.

Daraus lassen sich auf plausible Weise zwei Hypothesen ableiten: nämlich daß die Wirksamkeit des argumentativen Lernmechanismus mit dem Erwerb der oben genannten argumentationslogischen Unterscheidung erheblich gesteigert wird, denn jeder Argumentationsteilnehmer kann dann potentiell entscheidende Lernimpulse für einen anderen Argumentationsteilnehmer auslösen; und weiter, daß mit dem Erwerb der oben genannten argumentationslogischen Unterscheidung etwa gegen Ende des Vorschulalters die *Peer Group Interaktion* eine wichtige Rolle als kollektiver Lernmechanismus zu übernehmen beginnt.

Aber wie lassen sich entsprechende Lernimpulse in den davor liegenden ontogenetischen Entwicklungsphasen auslösen? In diesen früheren Phasen können es vermutlich nur in der Entwicklung bereits weiter Fortgeschrittene, z.B. die Eltern eines Kindes, sein, die die Dynamik eines fundamentalen Entwicklungsprozesses auslösen, indem sie das lernende Subjekt mit möglichen inkonsistenten Interpretationen seiner Meinung konfrontieren. Z.B. ist in Miller (1979) an Hand einer sehr detaillierten Analyse frühkindlicher Spracherwerbsdaten gezeigt worden, daß die Ein-, Zwei- und Dreiwortäußerungen von Kindern bestimmte Mehrdeutigkeiten aufweisen, die sich durch eine kontextuelle Referenz systematisch auflösen lassen. Produktive, häufig sogar intendierte Mißverständnisse auf seiten eines erwachsenen Zuhörers werden dann im wesentlichen durch eine alternative Wahrnehmung desselben Kontextes bedingt und sie führen dazu, daß das Kind mit zwei widersprüchlichen Interpretationen seiner eigenen Äußerungen konfrontiert wird: seinen eigenen semantisch/kommunikativen Intention und der an den (sprachlichen und nichtsprachlichen) Reaktionen seines Zuhörers ablesbaren Interpretation seiner Äußerungen. In der oben genannten Arbeit ließen sich sogar empirische Fälle präsentieren, in denen ein Kind unmittelbar im Anschluß auf eine solche interaktiv induzierte Form eines indirekten Selbstwiderspruches zum ersten Mal bestimmte, für das Kind neue, syntaktisch-semantische Formen aus der Sprache des Erwachsenen ableitete.

Empirische Beobachtungen dieser Art legen zwei weitere Hypothesen nahe: nämlich daß die Wirksamkeit des argumentativen Lernmechanismus in den frühen ontogenetischen Entwicklungsphasen (bis etwa gegen Ende des Vorschulalters) einseitige Interventionen von seiten eines in der Entwicklung bereits weiter fortgeschrittenen Interaktionspartners voraussetzt; und weiter, daß in diesen ontogenetischen Anfangsphasen die sogenannte *Mutter-Kind-Interaktion* bzw. etwas allgemeiner: die Interaktion zwischen einem Lehrenden und einem Lernenden primär den kollektiven Lernmechanismus konstituiert.

Was nun spätere ontogenetische Stadien betrifft, so ist die Frage, in welcher Form kollektive Lernprozesse für das einzelne Individuum dann noch wirksam sein und einen Lernzwang ausüben können, schon deshalb kaum zu beantworten, weil es hierzu noch nicht einmal anfängliche empirische Analysen gibt. Einige allgemeine, jedermann zugängliche Beobachtungen und einige Folgerungen aus den vorausgegangenen Überlegungen legen jedoch die Hypothese nahe, daß von einem bestimmten ontogenetischen Stadium an jedes Individuum weitgehend nur noch selbst einen Lernzwang auf sich ausüben kann. Dies mag für manchen Leser so weltfremd klingen, daß einige kurze Erläuterungen angebracht sind.

Die Interaktion zwischen einem Lehrenden und einem Lernenden und die Interaktion zwischen Peers werden vermutlich auch für spätere ontogenetische Entwicklungsphasen, z.B. mit Beginn der Adoleszenz, eine gewisse Bedeutung als kollektiver Lernmechanismus beibehalten. Aber gerade unter einem entwicklungsdynamischen Gesichtspunkt wird ihre Wirksamkeit in dem Maße nachlassen, in dem die an einer Argumentation Beteiligten über ein ausreichend differenziertes argumentationslogisches Wissen verfügen, um es auf Bedarf auf eine strategisch erfolgreiche Weise einzusetzen. Das für Peer-Group-Interaktionen im Falle von Auseinandersetzungen typische Verfahren, den anderen zu Lernprozessen zu zwingen, kann dann, wenn jeder geschickt genug ist, um sich einem solchen Zwang zu entziehen, dazu führen, daß Argumentationen in der Regel in einem Zustand der objektiven Unterscheidbarkeit enden. In der Welt der Erwachsenen ist es geradezu ein Ausnahmefall, wenn private oder öffentliche Auseinandersetzungen, die außerhalb eines juristisch festgelegten Rahmens stattfinden, nicht den eben beschriebenen Verlauf nehmen. Unter strategischen Gesichtspunkten wird dies für einen der Kontrahenten genau dann das zweitbeste Ergebnis sein, wenn sich die strittige Frage der Argumentation auf die Legitimität seiner Meinungen (gleichgültig welcher Art) und damit in der Regel auch auf die Legitimität seiner hinter diesen Meinungen stehenden persönlichen bzw. sozialen Interessen bezieht. Kollektive Argumentationen können unter diesen Umständen ein geradezu destruktives Potential entfalten. Wenn sich das primäre Handlungsziel einer kollektiven Argumentation nicht mehr oder nur noch in Ausnahmefällen erreichen läßt, so werden kollektive Argumentationen einfach sinnlos. Genau diese Erfahrung könnte jedoch den Ausschlag dafür geben, daß das einzelne Individuum die argumentationslogischen Voraussetzungen (vor allem das hypothetische und das auf innovative Erkenntnisse angelegte Argumentieren) entwickelt, um die Perspektive eines idealisierten ›alter ego‹ einzunehmen – eine Perspektive, die von allen pragmatischen Handlungszwängen und -interessen absieht und von der nur noch ein Lernzwang ausgeht, der der ›Wahrheitsfindung‹ dient. Mit andern Worten: es sind argumentationslogische Voraussetzungen, die es dem betreffenden Individuum ermöglichen, bei nicht assimilierbaren Widersprüchen einen individuellen Prozeß der argumentativen Widerlegung gegen sich selbst einzuleiten.

Entwicklungsdynamisch gesehen, läßt sich somit die Ontogenese rationaler Urteilsstrukturen möglicherweise in drei unterschiedliche Stadien einteilen, die sich danach unterscheiden lassen, in welcher Weise für das einzelne Individuum Rationalisierungszwänge entstehen können.

In einem ersten Stadium sind es nahezu ausschließlich einseitige, dem Lernenden von einem Lehrenden auferlegte Rationalisierungszwänge, d.h. es sind *heteronome Rationalisierungszwänge*. In einem mittleren Stadium sind es auch von den Interaktionspartnern (Peers) wechselseitig einander auferlegte Rationalisierungszwänge, d.h. es sind *reziproke Rationalisierungszwänge*. In einem späten Stadium sind es zusätzlich vom jeweiligen Individuum sich selbst auferlegte Rationalisierungszwänge, d.h. es sind *autonome Rationalisierungszwänge*, die das einzelne Individuum zu fundamentalen Lernschritten vorantreiben.

Zwar spielen auch für eine solche späte Phase des *autonomen Lernens* (vgl. dazu auch Kap. 2) kollektive Argumentationen noch die Rolle eines zentralen Lernmechanismus, denn nur sie eröffnen eine Dimension von Erfahrungen, innerhalb deren das einzelne Individuum die Grenzen seines Wissens systematisch überschreiten kann, und nur kollektive Argumentationen können den vom einzelnen Individuum hinsichtlich seiner Überzeugungen implizit erhobenen Anspruch auf kollektive Geltung bestätigen oder falsifizieren. Aber indem das einzelne Individuum nunmehr einen argumentativen Lernprozeß in Form einer *individuellen Argumentation* bzw. in Form einer Argumentation mit einem idealisierten ›alter ego‹ durchführen kann, ist es letztlich das Individuum selbst, das auf sich einen Zwang zur Fortentwicklung rationaler Urteilsstrukturen ausübt.

Die Annahme einer Universalität hinsichtlich der Abfolge dieser drei entwicklungsdynamischen Stadien läßt sich dann rechtfertigen, wenn gezeigt werden kann, daß diese Abfolge auf der Universalität einer Abfolge von Stufen der Entwicklung der Logik der

Argumentation bzw. der Entwicklung rationaler Urteilsstrukturen aufbaut; und das heißt: wenn sich zeigen läßt, daß die Ontogenese rationaler Urteilsstrukturen einen in entwicklungsdynamischer Hinsicht sich selbst potenzierenden Lernprozeß darstellt.

Wenn sich diese Stadienabfolge empirisch als zutreffend erweisen sollte, so heißt dies jedoch noch lange nicht, daß jedes Individuum bis ans Ende dieser Stadienabfolge gelangt. Ganz offensichtlich betrifft dies vor allem den Übergang von reziproken zu autonomen Rationalisierungszwängen. Für solche interindividuelle Differenzen kann es viele Gründe geben. Aus soziologischer Sicht wird für eine Erklärung solcher Differenzen vor allem die These relevant sein, daß es letztlich die argumentative *Praxis* einer sozialen Gruppe ist, die kollektive Lernprozesse auszulösen vermag und damit potentiell nicht nur im einzelnen Individuum fortschreitend höherstufige Rationalitätsstrukturen, sondern auch noch neue soziale Formen des kollektiven Lernens hervorbringt. Und es liegt deshalb die Vermutung nahe, daß nichtargumentative sozialstrukturelle Restriktionen über die in einer sozialen Gruppe möglichen Formen einer argumentativen Praxis eine universelle Entwicklungsdynamik nicht nur hemmen, sondern eventuell auch noch in eher pathologische Entwicklungspfade umleiten können[69].

Ein zweites allgemeines Problem hinsichtlich der hier vorgelegten Theorie eines kollektiven Lernprozesses, auf das hier abschließend noch kurz eingegangen werden soll, betrifft die mögliche empirische Reichweite dieser Theorie; vor allem die Frage, ob es richtig ist, daß die Ontogenese des empirisch-theoretischen und des normativ-moralischen Wissens gleichermaßen den argumentativen Mechanismus eines kollektiven Lernprozesses notwendig voraussetzt. Auch diese Frage überschreitet den Rahmen des vorliegenden Aufsatzes. Aber da im vorliegenden Kapitel unterstellt worden ist, daß diese Frage bejaht werden kann, soll wenigstens versucht werden, noch eine globale Rechtfertigung für diese Unterstellung zu liefern.

Der einzige grundlegende Unterschied, den der Autor der vorliegenden Arbeit hinsichtlich der Ontogenese des empirisch-theoretischen und des normativ-moralischen Wissens erkennen kann, liegt darin, daß – um es in der Terminologie Piagets auszudrücken

---

69 vgl. dazu das Kap. über ›Pathogene Formen kollektiver Lernprozesse‹ am Schluß der vorliegenden Arbeit.

– es für diese beiden Wissensformen unterschiedliche Grade der Objektivierbarkeit von Assimilationsstörungen gibt. Mit anderen Worten: es gibt unterschiedliche Gewißheitsgrade im Hinblick darauf, wann eine empirisch-theoretische bzw. normativ-moralische Behauptung falsch ist. Im Falle des empirisch-theoretischen (auf die innere und äußere Natur des Menschen) bezogenen Wissens sind erfolglose Handlungen des Subjektes ein eindeutiger Indikator dafür, daß ein objektives Wissen hinsichtlich eines betreffenden empirischen Phänomens (noch) nicht vorliegt. Die Natur kennt keine Launen, und sie kann sich dem erkennenden Subjekt gegenüber nicht strategisch verhalten; sie ist ein unbestechlicher Prüfstein dafür, ob eine empirische Behauptung falsch ist.

Einen Prüfstein von dieser Eindeutigkeit gibt es im Falle des normativ-moralischen Wissens nicht. Assimilationsstörungen eines Subjektes drücken sich hier im Dissens mit anderen Subjekten über die Beurteilung einer sozialen Handlung aus. Aber da einem Dissens auch andere Motive als das der ›Wahrheitsfindung‹ zugrundeliegen können, ist ein Dissens kein allzu verläßlicher Indikator für das Fehlen einer objektiven normativ-moralischen Einsicht; er ist jedoch der einzige Indikator, der in diesem Bereich letztlich zur Verfügung steht[70].

Doch weder das Scheitern an der Natur (durch erfolglose Handlungen) noch das Scheitern am Handlungspartner (durch das Eintreten eines Dissens) liefern als solche einen Hinweis darauf, wie sich dieses Scheitern erklären läßt und wie sich die Prämissen für objektiv gültige Behauptungen in beiden Bereichen finden lassen. Hinsichtlich der Frage, wie Prozesse der Wahrheitsfindung möglich sind bzw. wie im Verlaufe der Ontogenese eines Individuums ein Fortschreiten objektiver Erkenntnis möglich ist, scheint es zwischen den beiden Formen eines empirisch-theoretischen und eines normativ-moralischen Wissens keine wesentlichen Unterschiede zu geben.

Wenn die Überlegungen in diesem Kapitel akzeptiert werden, so

---

70 Dieser Unterschied in der Objektivierbarkeit des empirisch-theoretischen und des normativ-moralischen Wissens läßt im übrigen Durkheims (1973, S. 184 ff.) Vermutung als sehr plausibel erscheinen, daß Kinder primär durch den naturwissenschaftlichen Unterricht eine rationale Einstellung zur Interpretation der Wirklichkeit erwerben und daß somit »selbst die Wissenschaften der materiellen Welt eine große Rolle in der Bildung des Moralcharakters spielen können (a.a.O., S. 299)«.

muß auch für beide Bereiche akzeptiert werden, daß es nur eine Methode zur Fortentwicklung der Rationalität einer Urteilsbildung und damit zur Fortentwicklung objektiver Erkenntnis in der Ontogenese des Individuums geben kann: nämlich die intermentalen Prozesse einer kollektiven Argumentation und die dafür konstitutiven Kooperationsprinzipien, d.h. das Verallgemeinerungs-, das Objektivitäts- und das Wahrheitsprinzip einer kollektiven Argumentation.

5. Soziale Interaktion und Moral

Es ist heutzutage eine Common-sense Vorstellung, daß die Formen des sozialen Zusammenlebens in einer Gruppe – und dazu gehören vor allem auch Formen der Konfliktlösung – einen entscheidenden Einfluß darauf haben, welche normativen bzw. moralischen Anschauungen in einer jeweiligen Gruppe die größte Überzeugungskraft für sich beanspruchen können. Für die vielfältigen therapeutischen Richtungen in der Gegenwartspsychologie bildet diese Common-sense Vorstellung geradezu eine Art Leitidee, wenn auch nicht immer deutlich ist, mit welchen Gründen und mit welchem Recht von diesen Richtungen angenommen werden kann, daß die von ihnen jeweils privilegierten Interaktionsformen bei den Angehörigen einer Gruppe bestimmte Überzeugungen bzw. generelle Einstellungen erzeugen werden und weshalb gerade diese Überzeugungen bzw. Einstellungen als ein therapeutischer Erfolg zu werten sind.

Auch für die folgenden Überlegungen zur Beziehung zwischen sozialen Interaktionsformen und moralischen Weltbildern in der Ontogenese des Individuums bildet diese Common-sense Vorstellung einen wichtigen Ausgangspunkt. Ziel dieser Überlegungen ist es jedoch, eine Rechtfertigung für diese Common-sense Vorstellung zu finden und sie in das im vorausgegangenen Kapitel entwickelte Konzept eines kollektiven Lernprozesses zu integrieren.

Als ein in der vorliegenden Arbeit schon vielfach zitiertes Vorbild dazu dient des frühen Piagets These von der sozialen Konstitution einer universalistischen Moral. Piagets (strukturanalytische) These, daß es systematische Entsprechungen zwischen Formen des sozialen bzw. gesellschaftlichen Zusammenlebens und moralischen

Anschauungen gibt, steht ja auch bei Piaget in einem engen Zusammenhang mit seiner (entwicklungstheoretischen) These, daß die Praxis kooperativer Auseinandersetzungen in den daran beteiligten Individuen mit einer ›immanenten Logik‹ das »Bewußtsein eines notwendigen Gleichgewichtes« und folglich soziale Interaktionsformen entstehen läßt, die auf einer gegenseitigen Achtung beruhen und damit eine autonome, auf universelle Geltung angelegte Moral ermöglichen.

Im vorausgegangenen Kapitel wurde zu zeigen versucht, daß sich diese beim frühen Piaget nur fragmentarisch ausgeführte und vom späten Piaget wieder verworfene entwicklungstheoretische These mit Hilfe des Konzeptes eines kollektiven Lernprozesses weiterentwickeln läßt, und daß sich eigentlich erst innerhalb des argumentationstheoretischen Bezugrahmens dieses Konzeptes Piagets These von der sozialen Konstitution einer fortschreitend höherstufigen Rationalität der Urteilsbildung begründen und mit der Rekonstruktion argumentativer Lernmechanismen präzisieren läßt.

In diesem und im folgenden Kapitel soll nun, wenn auch nur in Form einer Skizze, zu zeigen versucht werden, daß sich innerhalb eines argumentationstheoretischen Bezugrahmens auch die strukturanalytische These des frühen Piaget begründen und präzisieren und sich ein kohärenter Zusammenhang zwischen dieser These und der im Vorausgegangenen entwickelten Theorie kollektiver Lernprozesse herstellen läßt. Dabei kann allerdings im Rahmen der vorliegenden Arbeit nicht erwartet werden, daß bereits ein empirisch gesichertes Modell von ontogenetischen Stufen der Entwicklung systematischer Entsprechungen zwischen Interaktionsformen und moralischen Anschauungen vorgelegt wird. Ähnlich wie im vorausgegangenen Kapitel kann im folgenden lediglich versucht werden, einige theoretische Rechtfertigungen und einige empirische Illustrationen (vgl. Kap. 6) zu liefern – und zwar für die Annahme, daß der rationale Kern sozialer Interaktionsformen, d.h. die Logik der Argumentation, systematisch Restriktionen über den Typ des potentiellen moralischen Weltbildes festlegt, das für die betreffenden miteinander interagierenden Individuen für die Lösung moralischer Konflikte eine letzte, fraglos geltende Entscheidungsinstanz darstellt. Um diese Annahme theoretisch zu rechtfertigen, reicht es aus, wenn sich die folgenden Überlegungen exemplarisch auf den Übergang von einer ontogenetischen Entwicklungsstufe zur nächsthöheren Entwicklungsstufe beziehen.

Da sich die anschließend präsentierten empirischen Fallanalysen – wenn von Kohlbergs Stufenmodell der Moralentwicklung ausgegangen wird – auf die Phase des Übergangs von der präkonventionellen zur konventionellen Stufe der Moral beziehen, soll zunächst skizziert werden, wie in den explizitesten neueren Ansätzen zur interaktionstheoretischen Rekonstruktion der Moralentwicklung, nämlich bei Kohlberg (1975), Selman (1975, 1980) und Habermas (1983), der Zusammenhang von sozialer Interaktion und Moral am Ende der präkonventionellen und zu Beginn der konventionellen Entwicklungsstufe verstanden wird. Anschließend sollen kurz zwei generelle theoretische Schwächen des Konzeptes der ›sozialen Perspektivenübernahme‹ diskutiert werden, die sich auch in den Arbeiten von Kohlberg, Selman und Habermas finden lassen und die sich möglicherweise durch einen argumentationstheoretischen Ansatz überwinden lassen. Auf diese Weise läßt sich auch der gesuchte theoretische Zusammenhang zwischen dem im vorausgegangenen Kapitel entwickelten Konzept eines kollektiven Lernprozesses und dem im folgenden diskutierten Konzept einer systematischen Entsprechung zwischen sozialen Interaktionsformen und moralischen Weltbildern herstellen. Und dieser theoretische Zusammenhang soll dann mit den empirischen Fallanalysen im Kap. 6 für die präkonventionelle und konventionelle Stufe der Moralentwicklung exemplarisch umrissen und an Hand der empirischen Daten zumindest ansatzweise veranschaulicht werden.

5.1. Soziale Perspektivenübernahme und moralisches Urteil

Die These, daß es systematische Entsprechungen zwischen sozialen Interaktionsformen und moralischen Anschauungen gibt, setzt die Unterscheidung zwischen einem formalen und einem materialen Interaktionswissen (vgl. Kap. 4.1.) voraus. Wie können diese beiden Wissensformen jedoch unabhängig voneinander definiert werden, und zwar so, daß zugleich eine systematische Beziehung zwischen ihnen erkennbar wird?

Kohlbergs erste umfassende und möglicherweise bislang einflußreichste Arbeiten sind, gemessen an dieser Frage, in einer zweifachen Hinsicht enttäuschend. In dem von Kohlberg (1958) konzipierten Stufenmodell der Moralentwicklung und den darauf aufbauenden empirischen Untersuchungen, die in Kohlberg (1969) zusammenfassend dargestellt werden, wird der Unterschied zwischen den einzelnen Moralstufen auf entwicklungsspezifische Unterschiede in den inhaltlichen normativen Überzeugungen eines Individuums zurückgeführt; die für eine Moralstufe als jeweils charakteristisch angenommene sogenannte ›Argumentationsstruktur‹ ist dabei nichts weiter als eine idealtypische Reduktion solcher normativer Überzeugungen auf grundlegende, wiederum inhaltliche normative Urteilsprämissen eines Individuums. Kohlbergs Definition und empirische Beschreibung von Moralstufen bleibt damit voll und ganz innerhalb des Bereiches eines materialen Interaktionswissens. Dagegen wäre nichts einzuwenden, wenn Kohlberg nicht von Anfang an den Anspruch erhoben hätte, mit seinem Ansatz auch noch eine strukturelle bzw. formale Begründung für die Unterscheidbarkeit der einzelnen Moralstufen und für ihre fortschreitend höherstufige Rationalität liefern zu können. Auch gegen diesen Anspruch als solchen ist nichts einzuwenden; aber Kohlbergs Definition und empirische Beschreibung der einzelnen von ihm angenommenen Moralstufen können diesen Anspruch schon deshalb nicht erfüllen, weil bereits in Kohlbergs theoretischem Ansatz Urteilsstrukturen bzw. Urteilsformen und Urteilsinhalte miteinander vermengt werden. Im übrigen erklärt dies auch, weshalb Kohlbergs Versuche, sein Stufenmodell der Moralentwicklung strukturell in Piagets Stufenmodell der Entwicklung kognitiver Operationen zu verankern, bislang zu kaum überzeugenden Ergebnissen geführt haben. Wenn einmal davon abgesehen wird, daß für entsprechende Korrelationen noch immer überzeugende, empirisch gesicherte Ergebnisse fehlen[71], so bleibt vor allem theoretisch unklar, welche für die einzelnen Stufen detailliert nachvollziehbaren Sinnzusammenhänge es überhaupt zwischen Piagets Stufen der kognitiven Entwicklung und Kohlbergs Stufen der Entwicklung normativ-moralischer Konzepte (Inhalte) geben könnte[72].

71 vgl. z. B. die Untersuchung von Kuhn, Langer, Kohlberg & Haan (1977) zur Beziehung zwischen Piagets Stufe formaler Operationen und Kohlbergs Stufe einer postkonventionellen Moral.
72 Damit soll nicht gesagt sein, daß hinter Kohlbergs Bemühungen, sein Stufenmodell in Piagets Stufenmodell zu verankern, nicht eine sinnvolle und

Kohlbergs ursprünglicher Forschungsansatz führt somit in das Dilemma, daß entweder die strukturelle und die inhaltliche Komponente moralischer Urteile nicht unabhängig voneinander definiert und dadurch voneinander unterschieden werden können oder aber daß beide Komponenten unvermittelbar einander gegenüberstehen.

Kohlberg hat unlängst selbst darauf hingewiesen (vgl. Kohlberg, Levine & Hewer 1983), daß das Struktur-Inhalt Problem in seinem ursprünglichen Stufenmodell der Moralentwicklung nicht befriedigend gelöst worden ist und daß erst in einer neuen Fassung dieses Stufenmodells (vgl. Kohlberg 1975 und Colby et al. 1983) dieses Problem vor allem auf der Grundlage des dort angewandten Konzeptes der *sozialen Perspektivenübernahme* als gelöst betrachtet werden kann: »... we believe that the present method

theoretisch nachvollziehbare generelle Intention stünde. Kohlberg versucht mit dieser Verankerung seine Annahme einer Universalität der Entstehung und Geltung einer postkonventionellen Moral (d.h. einer 6. bzw. 7. Stufe der Moral) zu rechtfertigen.

Es gibt jedoch drei Aspekte dieses intendierten theoretischen Zusammenhanges, die den Autor der vorliegenden Arbeit immer irritiert haben und die hier kurz genannt werden sollen.

Der erste Aspekt betrifft die Art und Weise, wie nicht nur bei Kohlberg sondern ganz allgemein im wissenschaftlichen Problemfeld ›Soziale Kognition‹ während der beiden vergangenen Jahrzehnte die ontogenetische Relation zwischen Struktur und Inhalt sozialer bzw. moralischer Urteile perzipiert und zu rechtfertigen versucht worden ist. Die Rolle des ›Schrittmachers‹ in der Ontogenese sozialer bzw. moralischer Konzepte ist dabei im allgemeinen der Entwicklung kognitiver (logischer) Tiefenstrukturen zugeordnet worden, für deren autonome und (hinsichtlich jener Konzepte) apriorische Entfaltung die Äquilibrationstheorie des mittleren und späten Piaget als Rechtfertigung und explanativer ›deus ex machina‹ in Anspruch genommen wird. Grundlegende Entwicklungsfragen werden bei einem solchen Vorgehen auf immer abstraktere Phänomenbereiche verschoben und schließlich, aufgrund der Autorität eines (vielleicht gerade wegen seiner Dunkelheiten) als unangreifbar betrachteten Werkes als gelöst betrachtet.

Der zweite Aspekt betrifft die unterstellte Selbstverständlichkeit, mit der im Problemfeld ›Soziale Kognition‹ dem individualistischen Ansatz des mittleren und späten Piaget eine theoretische und empirische Überlegenheit gegenüber dem interaktionstheoretischen Ansatz des frühen Piaget eingeräumt worden ist. Und der dritte Aspekt betrifft das Kuriosum, daß gerade die soziologische Sozialisationsforschung und soziologische Evolutionstheorien (vgl. Kap. 1) in einem solchen auf das einzelne Subjekt bzw. intramentale Lernmechanismen zentrierten Entwicklungskonzept einen theoretisch fruchtbaren Ausgangspunkt für eine soziologische Theorienbildung und empirische Forschung sehen konnten.

for scoring (Colby et al. 1983) succeeds in differentiating the form of moral judgement entirely from the content norm favored by individuals« (Kohlberg, Levine & Hewer 1983, S. 74).

Dieser zentrale Stellenwert des Konzeptes der sozialen Perspektivenübernahme für eine Klärung der Beziehung zwischen Form und Inhalt moralischer Urteile ist vor allem von Selman (1975, 1980) in einer Anknüpfung an die Arbeiten von Piaget (1932), Mead (1934), Flavell (1968) und Feffer (1959, 1970) herausgearbeitet worden.

›Soziale Perspektivenübernahme‹ betrifft die Fähigkeit eines Individuums, die Handlungsperspektiven von ›ego‹ und ›alter‹ zu unterscheiden und miteinander zu koordinieren, und sie steht nach Selman in einer engen Beziehung zur Moral: »Moral judgement considers how people *should* think and act with regard to each other, while social role taking considers how and why people do *in fact* think about and act toward each other« (Selman 1975, S. 307). In welchem Verhältnis stehen jedoch dieses ›should‹ und ›in fact‹ zueinander?

Selman unterstellt, daß die Entwicklung der sozialen Handlungskompetenz die Auswahl normativer bzw. moralischer Wertvorstellungen entscheidend beeinflußt. Eine in diesem Sinne von ihm formulierte Synopse von Stufen der sozialen Perspektivenübernahme und der von Kohlberg aufgestellten Stufen der Moralentwicklung ist von Kohlberg (1975) im Prinzip akzeptiert und im einzelnen in einer Reihe von empirischen Untersuchungen (die in Selman 1975 und 1980 zitiert werden) empirisch bestätigt worden.

Wenn jeweils von Kohlbergs und Selmans eigenen Stufenbeschreibungen ausgegangen wird, so läßt sich für den Übergang von der präkonventionellen zur konventionellen Stufe der sozialen Interaktion und des moralischen Urteilens folgende Synopse aufstellen (vgl. Selman 1975, S. 309 und 1980, S. 38 ff.; Kohlberg 1975, S. 34 f.):

	Soziale Perspektivenübernahme (Selman)	Moral (Kohlberg)
präkonventionelle Stufe	*Stage 2: Self-reflective/Second Personal and Reciprocal Perspective;* Altersbereich: 7-12 Jahre.	*Stage 2: Individualism, Instrumental Purpose, and Exchange*

»Differences among perspectives are seen relativistically because of the level 2 child's recognition of the uniqueness of each person's ordered set of values and purposes ... The child puts himself or herself in another's shoes and realizes the other will do the same ... In essence, the two-way reciprocity of this level has the practical result of detente, wherein both parties are satisfied, but in relative isolation: two single individuals seeing self and other, but not the relationship system between them« (Selman 1980, S. 38 f.).

»What is right: Following rules only when it is to someone's immediate interest; acting to meet one's own interests and needs and letting others do the same. Right is also what's fair, what's an equal exchange, a deal, an agreement. Reasons for doing right: To serve one's own needs or interest in a world where you have to recognize that other people have their interests too« (Kohlberg 1975, S. 34).

konventionelle Stufe	*Stage 3: Third-person and mutual perspective taking; Altersbereich: 10-15 Jahre*	*Stage 3: Mutual interpersonal expectations, relationships, and interpersonal conformity*

»... the third-person perspective of this level allows the adolescent to abstractly step outside an interpersonal interaction and simultaneously and mutually coordinate and consider the perspectives (and their interactions) of self and other(s). Subjects thinking at this level see the need to coordinate reciprocal perspectives, and believe social satisfaction, understanding, or resolution must be mutual and

»What is right: Living up to what is expected by people close to you or what people generally expect of people in your role as son, brother, friends, etc. ›Being good‹ is important and means having good motives, showing concern about others. It also means keeping mutual relationships, such as trust, loyalty, respect and gratitude. Reasons for doing right: The need to be a good person in your

coordinated to be genuine and effective« (Selman 1980, S. 39). own eyes and those of others. Your caring for others. Belief in the Golden Rule. Desire to maintain rules and authority which support stereotypical good behavior« (Kohlberg 1975, S. 34).

Die mit dieser Synopse implizierten Sinnzusammenhänge lassen sich mit den folgenden ›Stichworten‹ kurz zusammenfassen:
Auf der *präkonventionellen Stufe* versucht ›ego‹, auch die Perspektive von ›alter‹ einzunehmen; aber da sich ›ego‹ und ›alter‹ nicht ihre Interaktion, d. h. ihre wechselseitige Bezugnahme aufeinander, vergegenwärtigen können, bleiben ›ego‹ und ›alter‹ letztlich doch einer ›egozentrischen‹ bzw. bloß subjektiven Perspektivenübernahme verhaftet (subjektive Koordination der Perspektiven von ›ego‹ und ›alter‹). Dem entspricht ein moralisches Weltbild, demzufolge letztlich das, was dem individuellen Interesse dient, moralisch gut ist (instrumentelle Orientierung).
Auf der *konventionellen Stufe* versuchen ›ego‹ und ›alter‹, aus der Perspektive einer 3. Person (Beobachtungsperspektive) die jeweiligen Perspektiven von ›ego‹ und ›alter‹ und die Interaktion zwischen diesen Perspektiven zu erfassen (objektive Koordination der Perspektive von ›ego‹ und ›alter‹). Dem entspricht ein moralisches Weltbild, demzufolge das, was in einer sozialen Gruppe, der man unmittelbar angehört, normativ erwartet wird, als moralisch gut gilt (Orientierung an generalisierten, auf eine soziale Gruppe bezogenen Verhaltenserwartungen).
Diese Kurzfassung orientiert sich bereits an der von Habermas (1983) vorgeschlagenen systematischen Rekonstruktion der Parallelen zwischen sozialer Perspektivenübernahme und Moral. Im Vergleich dazu werden in den eigenen Synopsen von Kohlberg (1975, S. 34 f.) und Selman (1975, S. 309) vor allem diejenigen Stufenmerkmale des in einer Parallele gesehenen Forschungsansatzes berücksichtigt, die grundbegrifflich und terminologisch von vornherein dem eigenen Ansatz am meisten angenähert sind. Beispielsweise spricht Kohlberg sowohl im Falle der Perspektivenübernahme als auch im Falle der Moral auf der konventionellen Stufe vom Vorhandensein der sogenannten ›Goldenen Regel‹.

Analog spricht Selman in beiden Fällen von der Berücksichtigung der Handlungsperspektiven aller Beteiligten.

Habermas (1983) hat gegen eine solche zirkuläre Ableitung von Moralstufen aus Stufen der sozialen Perspektivenübernahme und im Rückgriff auf Meads Programmatik einer Soziogenese sozialer Normen bzw. Normensysteme geltend gemacht, daß sich aus den stufenspezifischen Strukturen der sozialen Perspektivenübernahme jeweils formale Konzepte der Moral und damit Grundstrukturen eines moralischen Weltbildes ableiten lassen, die nur noch ganz bestimmte normativ-moralische Inhalte bzw. Konzepte zulassen.

Dadurch, daß ›ego‹ und ›alter‹ auf der *präkonventionellen Stufe* zwar ihre Teilnehmerperspektiven bzw. Handlungsperspektiven miteinander koordinieren, diese Koordination jedoch nicht objektivieren können, muß Moral auf dieser Stufe noch im Sinne einer unmittelbaren ›konkreten Reziprozität‹ interpretiert werden. Moralvorstellungen stützen sich daher auf dieser Stufe »auf die Komplementarität von Befehl und Gehorsam oder auf die Symmetrie von Entschädigungen« und, im Konfliktfalle, letztlich auf »Autoritätsbeziehungen oder externe Beeinflussungen« (Habermas a.a.O., S. 179).

Dadurch, daß ›ego‹ und ›alter‹ auf der *konventionellen Stufe* ihre Teilnehmerperspektiven mit der Beobachterperspektive bzw. ihre Handlungsperspektiven aus der Sicht einer dritten Person (eines externen Beobachters) miteinander koordinieren können, kann auf dieser Stufe allererst der *Begriff* einer ›sozialen Welt‹ (im Sinne eines Normensystems bzw. einer Normenhierarchie) und damit der Begriff einer ›normenregulierten sozialen Interaktion‹ entstehen. Moral kann deshalb auf dieser Stufe im Sinne einer ›konkreten Sittlichkeit‹ interpretiert werden. »Goldene Regel und Gesetzesgehorsam sind ethische Imperative, die lediglich einklagen, was in sozialen Rollen und in Normen, bevor irgendein moralischer Konflikt ausbricht, bereits angelegt ist: die Komplementarität von Verhaltenserwartungen und die Symmetrie von Rechten und Pflichten« (Habermas a.a.O., S. 178).

In der Rekonstruktion von Habermas werden die normativen Implikationen von unterschiedlichen Formen der sozialen Perspektivenübernahme auf eine theoretisch plausible Weise herausgearbeitet. Damit gewinnt die strukturanalytische Komponente von Piagets These der sozialen Konstitution einer universalistischen

Moral für die von Kohlberg aufgestellten Stufen der Entwicklung einer präkonventionellen, konventionellen und postkonventionellen Moral stark an Überzeugungskraft. Aber es ist doch fraglich, ob das Konzept der sozialen Perspektivenübernahme mehr als nur eine erste Annäherung an ein Verständnis der Mechanismen einer intersubjektiven Handlungskoordination ermöglicht. Im folgenden Teilkapitel soll diese Frage kurz erörtert werden, und es sollen einige Gründe dafür geliefert werden, weshalb möglicherweise auch für eine weitere Ausarbeitung der strukturanalytischen Komponente von Piagets These der sozialen Konstitution einer universalistischen Moral ein argumentationstheoretischer Forschungsansatz dem traditionellen, sich am Konzept der sozialen Perspektivenübernahme orientierenden, interaktionstheoretischen Ansatz vorzuziehen ist.

5.2. Form und Inhalt moralischer Argumentationen

In Meads Gesamtwerk besitzt das Konzept der Rollen- bzw. der sozialen Perspektivenübernahme einen grundlegenden Stellenwert für die Klärung von zwei für Mead zentrale Fragen: erstens, für die Frage, wie Objektivität und Rationalität im Bereich des sozialen (moralischen) Handelns möglich ist; und zweitens, für die Frage, wie die Genese der sozialen und personalen Identität des Individuums aus Formen der sozialen Interaktion abgeleitet werden kann – und zwar so, daß der Begriff der sozialen Interaktion einen nicht weiter reduzierbaren Grundbegriff darstellt. Aber so genial Meads Konzept der Rollenübernahme und die von ihm im Zusammenhang damit entwickelten Problemstellungen auch sind, so steht andererseits doch fest, daß Meads Arbeiten von vorn nach hinten und wieder zurück gelesen werden können und sich dadurch doch der Umstand nicht verändern läßt, daß sich in diesen Arbeiten zumal für eine soziologische Sozialisationsforschung lediglich eine theoretische Programmatik finden läßt.

Wer versucht, aus dieser Programmatik unmittelbar eine Methode für die empirische Analyse von Interaktionsprozessen abzuleiten, wird sehr bald zwei theoretische Defizite dieser Programmatik entdecken, die sich mit den Stichworten ›Metaphorik‹ und ›Reifikation von Koordinationsprozessen‹ umschreiben lassen.

Wenn beispielsweise die Objektivität eines moralischen Urteils davon abhängig gemacht wird, ob der Urteilende (›ich‹) aus der Perspektive eines unparteilichen (objektiven) Beobachters (›er‹) den moralischen Dissens zwischen ihm, dem Urteilenden, und seinem Opponenten (›du‹) wahrnehmen kann oder, mit anderen Worten, ob der Urteilende die Teilnehmerperspektiven (›ich‹ und ›du‹) mit der Beobachterperspektive (›er‹) koordinieren kann, so handelt es sich bei der Formulierung dieser Objektivitätsbedingungen doch allenfalls um gleichnishafte oder *metaphorische* Explikationen des Begriffes ›Objektivität‹. Niemand kann sich ja faktisch (oder im wörtlichen Sinne des Mead'schen Vokabulars) in die Perspektive eines Gegenübers bzw. einer dritten Person oder gar in die Perspektive des ›Great Companion‹ (wie William James in ›Principles of Psychology‹ Gott nennt), der denkbar höchsten Stufe von Mead's ›generalized other‹, versetzen. Folglich ist ein Urteil allenfalls dann objektiv, wenn es so formuliert werden kann, *als ob* es aus der Perspektive eines unparteilichen Dritten formuliert worden wäre. Doch, was sind die Objektivitäts- bzw. Rationalitätsbedingungen, die erfüllt sein müssen, damit dieses ›als ob‹ der Fall ist? Welchen Regeln folgt ein Handlungssubjekt, wenn es versucht, die Objektivitäts- bzw. Rationalitätsbedingungen eines moralischen Urteils zu erfüllen? Meads Programmatik liefert hierzu interessante Problemstellungen, aber keine Lösungen.

Es ist eine Grundannahme des Symbolischen Interaktionismus (vgl. Rose 1962, Turner 1955/56 und 1962 und Stryker 1970), daß die an einer sozialen Interaktion Beteiligten ihre Handlungsziele und -pläne und ihre Situationsdeutungen durch *kommunikative Prozesse* zu koordinieren versuchen. Wenn nun aber die Frage nach den Bedingungen für das Gelingen dieser kommunikativen Prozesse als die Frage verstanden wird, ob die einzelnen Individuen gegebenenfalls multiple soziale oder normative Perspektiven einnehmen können, so wird von den prozessualen Aspekten einer interpersonellen Koordination völlig abstrahiert. Es sind jedoch genau die diesen prozessualen Aspekten zugrundeliegenden kommunikativen Handlungen der miteinander interagierenden Individuen, die eventuell zu einem koordinierten Verständnis im Hinblick darauf führen können, ob beispielsweise – metaphorisch gesprochen – ein moralisches Urteil aus der Perspektive eines objektiven Beobachters gefällt wurde. Das Konzept der sozialen Perspektivenübernahme *reifiziert* interpersonelle Koordinationsprozesse zu mentalen Einstellungen der an einer Interaktion Beteiligten, und es kann mit Hilfe dieses Konzeptes nicht verständlich gemacht werden, wie Interaktionspartner die diesen Einstellungen zugrundeliegenden intramentalen Reflexionsprozesse so miteinander koordinieren können, daß eine soziale Perspektivenübernahme in der Tat in einer Koordination unterschiedlicher Sichtweisen verschiedener Individuen resultiert[73]. Zwar schreibt Selman (1980, S. 22 f.), daß das Konzept der ›sozialen Perspektivenübernahme‹ u.a. die folgenden Phänomene berücksichtige: »a developing understanding of how human points of view are *related* and *coordinated* with one another«, »a basic understanding underpinning the self-other relationship«, »a key developing social-cognitive skill or ability in the child«; d.h. auch Selman interessiert sich für die empirische Rekonstruktion von Mechanismen einer intersubjektiven Verständigung zwischen ego und alter. Aber da auf der Grundlage seines theoretischen Ansatzes der prozessuale Aspekt von sozialen Interaktionen und somit Mechanismen einer intersubjektiven Verständigung zwischen ego und alter gar nicht empirisch erfaßt werden können, kann Selmans Stufenmodell der sozialen Perspektivenübernahme, an Selmans eigenen Intentionen gemessen, in theoretischer und empirischer Hinsicht nicht überzeugen. Es beschreibt mentale (sozialkognitive) Einstellungen einzelner Subjekte und nicht die kommunikativen Prozesse bzw., um einen Terminus von Habermas (1981) zu verwenden, das an einer *Verständigung* orientierte soziale Handeln, das im Verlaufe einer sozialen Interaktion unter den an dieser Interaktion Beteiligten, je nachdem auf welcher ontogenetischen Stufe des kommunikativen Handelns sie sich befinden, zu bestimmten Formen einer Handlungskoordination führen kann.

Wenn Meads Programmatik zumal in empirischen Untersuchun-

---

73 Ähnlich hat Waller (1978) in einem sehr detaillierten kritischen Literaturüberblick über die Rezeption rollenanalytischer Konzepte durch die psychologische Sozialisationsforschung gezeigt, daß die »kognitiv-strukturtheoretischen Erklärungsansätze zur Rollenübernahmeentwicklung« generell eine Reduktion interpersoneller Koordinationsprozesse auf den Begriff der ›Rolle‹ und damit auf einen »fest umschriebene(n) Katalog von stereotypisierten, situationsinvarianten und interindividuell homogenen Präferenzen, Wertorientierungen, Verhaltensmustern und -erwartungen« (a.a.O., S. 42) vornehmen und daß sie »die aktual-genetische Generierung von Verhaltenserwartungen sowie deren ontogenetischen Erwerb« (a.a.O., S. 69) vernachlässigen.

gen sinnvoll angewandt werden soll, so muß notwendig – auch theoretisch – über diese Programmatik hinausgegangen werden. Anstatt die systematischen Beschränkungen von Meads Programmatik in einer ›gesinnungshaften‹ Rezeption zu konservieren (vgl. z.B. Joas 1980), wird man dem Erkenntnisinteresse Meads vermutlich eher gerecht, wenn die folgenden Fragen gestellt und zu beantworten versucht werden: welche kommunikativen Prozesse führen dazu, daß die Rationalitätsbedingungen eines moralischen Urteils erfüllt werden; und auf welche Weise und in welcher ontogenetischen Abfolge entwickeln sich diese kommunikativen Prozesse. Zwar wird auch mit dem Konzept der sozialen Perspektivenübernahme unterstellt, daß Handlungskoordinationen unter den daran beteiligten Akteuren die Entwicklung eines *gemeinsamen Wissens* über Handlungsziele, Handlungspläne und Situationsdeutungen voraussetzen; aber eine nichtmetaphorische und den Koordinationsprozeß nicht reifizierende Zugangsweise zu den kommunikativen Prozessen, die der Entwicklung eines gemeinsamen Wissens zugrundeliegen, eröffnet sich erst dann, wenn die kollektiven Argumentationsprozesse, die auf eine mehr oder weniger explizite Weise den Prozeß einer Handlungskoordination bestimmen, ins Zentrum einer Interaktionsanalyse gestellt werden. Die Unterscheidung zwischen einem formalen und einem materialen Interaktionswissen läßt sich dann präzise formulieren als die Unterscheidung zwischen der *Form* und dem *Inhalt* einer kollektiven Argumentation bzw. zwischen einerseits den argumentativen Prozessen, die einer Kinematik des kollektiv Geltenden (vgl. dazu Kap. 3) zugrundeliegen, und andererseits der Konsensmenge von Aussagen, die von den an einer Argumentation Beteiligten im Verlaufe ihrer Argumentation entwickelt worden ist. Und die Frage, ob und inwiefern soziale Interaktionsformen systematisch Restriktionen über den Typ des moralischen Weltbildes festlegen, das für die Angehörigen einer sozialen Gruppe für die Lösung interpersoneller Konflikte eine letzte, fraglos geltende Entscheidungsinstanz bildet, läßt sich dann als die Frage reformulieren, ob und inwiefern die in einer Gruppe jeweils mögliche Form kollektiver Argumentationen Grundstrukturen eines für die Gruppenangehörigen kollektiv geltenden moralischen Weltbildes festlegen kann, das für die argumentative Lösung des jeweiligen interpersonellen Konfliktes nur noch ganz bestimmte Typen von normativmoralischen Grundprämissen (Inhalte) zuläßt.

Ob eine argumentationstheoretische Reformulierung und Ausarbeitung der strukturanalytischen These sich in der Praxis empirischer Untersuchungen zur Ontogenese von Moral bewährt und eine empirisch überzeugende Rekonstruktion von fortschreitend hinsichtlich ihrer Rationalität höherstufigen ontogenetischen Formen des moralischen Bewußtseins ermöglicht, dies ist eine Frage, die nicht spekulativ vorentschieden, sondern nur mit den Ergebnissen entsprechender empirischer Untersuchungen beantwortet werden kann. Anders verhält es sich jedoch mit den folgenden drei Fragen:
Kann es überhaupt eine systematische Beziehung zwischen der Form und dem Inhalt einer kollektiven Argumentation geben? Sind kollektive Argumentationen bzw. Formen kollektiver Argumentationen überhaupt empirisch signifikante Beispiele für soziale Interaktionen bzw. soziale Interaktionsformen? Und wie lassen sich Form und Inhalt der kollektiven Argumentation einer Gruppe auf die vom einzelnen Gruppenangehörigen jeweils ontogenetisch erreichte Stufe seines moralischen Bewußtseins beziehen? Diese Fragen betreffen unmittelbar den konstruktiven Sinn des hier vertretenen argumentationstheoretischen Forschungsansatzes; und sie erfordern eine theoretische Klärung, die im folgenden wenigstens in ihren Grundlinien noch angedeutet werden soll.
Die Frage, ob und inwiefern es systematische Beziehungen zwischen Form und Inhalt geben kann, zählt zu den Grundfragen vieler geisteswissenschaftlichen Disziplinen – am augenfälligsten vielleicht zu den Grundfragen der Sprach- und Literaturwissenschaften. Wenn es erst einmal gelungen ist, die Form und den Inhalt eines empirischen Phänomens analytisch klar voneinander zu unterscheiden, bildet dies in der Regel nur den Ausgangspunkt für das weitere und zumeist sehr viel schwierigere Problem, systematische Zusammenhänge zwischen der Form und dem Inhalt des jeweiligen empirischen Phänomens zu erkennen. Gleichgültig, ob es sich dabei um eine einzelne sprachliche Äußerung, ein Gedicht, einen Mythos, einen Traum, ein verwandtschaftliches System, einen Höflichkeitscode, ein kulturelles System von Eßtabus, eine gesellschaftliche Ordnung oder eben um eine moralische Argumentation bzw. ein moralisches Urteil handelt, die charakteristische Bedeutung des jeweiligen Phänomens läßt sich erst dann erschließen, wenn die für dieses Phänomen konstitutive Systematik von Form und Inhalt durchschaut worden ist.

Vor allem für den französischen Strukturalismus ist dies von Saussure an bis hin zu Lacan und Foucault ein ständig neuen theoretischen Reformulierungen unterliegendes Grundproblem, das von Levi-Strauss (1960) in einer Auseinandersetzung mit Propps ›Mythologie des Märchens‹ (1928) mit den folgenden Worten beschrieben wird[74]: Für den Strukturalismus »gibt es nicht auf der einen Seite das Abstrakte und auf der anderen das Konkrete. Form und Inhalt sind gleicher Natur ... Der Inhalt bezieht seine Realität aus seiner Struktur und das, was man Form nennt, ist die Strukturierung lokaler Strukturen, woraus der Inhalt besteht« (a.a.O., S. 137). Und an anderer Stelle: »Im Gegensatz zum Formalismus weigert sich der Strukturalismus, das Konkrete dem Abstrakten entgegenzustellen und dem zweiten einen privilegierten Wert einzugestehen. Die Form definiert sich im Gegensatz zu einem Inhalt, der ihr äußerlich ist; doch die Struktur hat keinen Inhalt: sie ist der Inhalt selbst, erfaßt in einer logischen Organisation, die als Eigenschaft des Realen verstanden wird« (a.a.O., S. 122).

Auch für die folgenden Überlegungen zur Systematik von Form und Inhalt kollektiver Argumentationen spielt der Begriff der *Struktur* eine wichtige Rolle. Eine Definition des Strukturbegriffs, die so allgemein und einfach ist, daß sie wohl von jedem strukturalistischen Ansatz akzeptiert werden kann, liefert Flament (1965)[75]. Für ihn ist eine Struktur »eine Gesamtheit von Elementen, zwischen denen Beziehungen bestehen, und zwar solcherart, daß jede Modifikation eines Elementes oder einer Beziehung eine Modifikation der anderen Elemente oder Beziehungen nach sich zieht«. Diese Definition läßt sich unmittelbar auf den Begriff der *Struktur eines Argumentes* übertragen, der im Kap. 3 skizziert und mit Hilfe von ›Baumdiagrammen‹ veranschaulicht worden ist. In einem Argument sind alle Aussagen, die dieses Argument konstituieren, interdependent; jede Modifikation eines Elementes bzw. einer Aussage zieht potentiell eine Modifikation der anderen Elemente (Aussagen) oder der Beziehung zwischen diesen Elementen (der Übergänge zwischen den einzelnen Aussagen) nach sich, und alle Elemente (Aussagen) und alle Beziehungen zwischen den Elementen (Übergänge) konstituieren eine Gesamtheit, d.h. ein Urteil, das eine Antwort auf eine strittige Frage repräsentiert. Argu-

---

74 zit. nach Oppitz (1975, S. 203 f.).
75 zit. nach Oppitz (a.a.O., S. 19).

mentstrukturen bilden einen grundlegenden systematischen Berührungspunkt zwischen der Form und dem Inhalt kollektiver Argumentationen. Jede Konsensmenge von Aussagen, die im Verlaufe einer kollektiven Argumentation entwickelt worden ist, läßt sich auf eine Argumentstruktur abbilden; und diese Argumentstruktur ist das Ergebnis der formalen argumentativen Prozesse, die einer Kinematik des kollektiv Geltenden zugrundeliegen. Und auch wenn eine kollektive Argumentation nur zu einem fragmentarischen gemeinsamen Argument führt, mit dem eine Argumentation nicht entschieden werden kann, weil keine der prinzipiell möglichen Antworten auf eine gegebene strittige Frage ins kollektiv Geltende der Argumentierenden überführt werden konnte, so setzt doch auch ein fragmentarisches gemeinsames Argument unmittelbar geltende Aussagen und unmittelbar geltende Übergänge zwischen den Aussagen dieses Argumentes voraus. Und sofern es sich bei diesen Aussagen bzw. Übergängen zwischen Aussagen um normativ-moralische Aussagen handelt, sind diese in den als gemeinsam unterstellten Überzeugungen verankert, die ein gemeinsames moralisches Weltbild der an der Argumentation Beteiligten fundieren.

Argumentstrukturen konstituieren somit nicht nur einen systematischen Zusammenhang zwischen der Form und den expliziten inhaltlichen Elementen einer kollektiven Argumentation, sondern auch einen systematischen Zusammenhang zwischen der Form einer kollektiven Argumentation und der für die Argumentierenden kollektiv geltenden Grenze ihres explizit/impliziten moralischen Wissens, jenseits deren sich die Argumentationsteilnehmer auf die Überzeugungskraft eines als gemeinsam unterstellten lebensweltlichen Wissens bzw. eines moralischen Weltbildes verlassen.

Aber die Struktur eines gemeinsam entwickelten, gegebenenfalls bloß fragmentarischen Argumentes bringt als solche noch nicht zum Ausdruck, auf welcher Rationalitätsstufe oder auf welcher Stufe des moralischen Bewußtseins eine Synthese von Form und Inhalt einer kollektiven Argumentation erreicht worden ist. Wie kann jedoch zwischen bloß faktischen und rationalen Problemstellungen einer kollektiven Argumentation und wie kann zwischen einem bloß faktischen und einem rationalen Konsens der Argumentationsteilnehmer unterschieden werden? Und wie lassen sich Rationalitätsstufen voneinander unterscheiden?

Wie bereits im Kap. 3 ausgeführt wurde, sind dies Fragen, die in den Bereich der *Logik der Argumentation* fallen. Die Form einer kollektiven Argumentation läßt sich nicht nur im Hinblick darauf analysieren, ob und inwieweit der Argumentationsprozeß überhaupt zu einer Konsensmenge von Aussagen bzw. zu einem gemeinsamen Argument führt, sondern auch im Hinblick darauf, welche formalen Methoden die Argumentierenden anwenden, um die Differenz zwischen ihren Standpunkten gemeinsam zu identifizieren und einen gemeinsamen übergeordneten Standpunkt zu finden, von dem aus eine durch die Argumentation erzeugte objektive Problemsituation aufgelöst werden kann. Die Logik der Argumentation umfaßt alle die Regeln bzw. formalen Methoden, mit deren Hilfe Argumentationsteilnehmer aus der Menge der prinzipiell möglichen Antworten auf eine strittige Frage genau diejenige herausfinden, die unter den empirischen Randbedingungen der betreffenden Argumentation die größte Chance hat, empirisch wahr bzw. normativ richtig zu sein; d. h. es ist eine Antwort, deren Begründung die Bedingungen des Verallgemeinerungs-, des Objektivitäts- und des Wahrheitsprinzips von Argumentationen erfüllt. Diese formalen Methoden sind im wesentlichen Methoden des Widersprechens, denn nur durch wechselseitige Widersprüche kann die Differenz zwischen den Standpunkten der an einer Argumentation Beteiligten herausgearbeitet werden. Und je grundsätzlicher, komplexer und zugleich undurchschaubarer diese Differenzen sind, desto mächtiger müssen diese formalen Methoden sein, um eine gemeinsame Identifikation des (eigentlich) Strittigen einer Argumentation zu ermöglichen, und desto umfassender und komplexer sind die erforderlichen Koordinationsleistungen und, in diesem Sinne, die Anforderungen an die *Rationalität* der an einer Argumentation Beteiligten, wenn sie eine gemeinsame Antwort auf die strittige Frage einer Argumentation finden wollen.

Im Rahmen des hier vorgestellten argumentationstheoretischen Forschungsansatzes konnte bislang erst eine ontogenetisch frühe Stufe der Logik der Argumentation an Hand empirischer Fallanalysen einigermaßen detailliert rekonstruiert werden (zwei weitere Stufen sollen an Hand der folgenden empirischen Fallanalysen ansatzweise veranschaulicht werden). Es ist die im Verlauf der vorliegenden Arbeit schon bereits mehrfach erwähnte Entwicklungsstufe, die Kinder etwa gegen Ende ihres Vorschulalters (etwa um das 5. Lebensjahr) erreichen und auf der sie die argumentationslogische Unterscheidung zwischen Widersprüchen gegen die Haltbarkeit und Widersprüchen gegen die explanative Relevanz einer Aussage beherrschen. Wie die empirischen Analysen in ›Antagonismen und Argumente‹ und in ›Zur Ontogenese moralischer Argumentationen‹ zeigen, ist es Kindern erst auf der Grundlage dieser Unterscheidung möglich, Aussagen des argumentativen Gegners als solche zu akzeptieren und dennoch den eigenen (normativen bzw. theoretischen) Standpunkt und die in diesem Lichte als relevant erscheinenden Aussagen als Argument dem Argument des Opponenten entgegenzusetzen. Ego und alter können dadurch wechselseitig ihre Perspektiven bzw. ihre normativen Gesichtspunkte, auch wenn diese in der Argumentation noch weitgehend implizit bleiben, voneinander abgrenzen, und sie können über diese Abgrenzung ein koordiniertes Verständnis erzielen[76]. Diese Stufe in der Entwicklung der Logik der Argumentation entspricht in allen wesentlichen Eigenschaften Selmans Stufe 1 der sozialen Perspektivenübernahme.

Selman ordnet diese Entwicklungsstufe, die er als Stufe eines »social-informational role taking« (Selman 1975, S. 309) oder als Stufe eines »differentiated and subjective perspective taking« (Selman 1980, S. 38) bezeichnet, der Phase zwischen etwa dem 5. und 9. Lebensjahr zu; und er beschreibt diese Stufe u. a. mit den folgenden zusammenfassenden Worten (Selman 1975, S. 38): »Child is aware that other has a social perspective based on other's own reasoning, which may or may not be similar to child's. However, child tends to focus on one perspective rather than coordinating view points.«

Eine präzise Rekonstruktion der Mechanismen einer Abgrenzung und Koordination von Handlungsperspektiven (so daß potentiell ein gemeinsames Wissen darüber erzeugt werden kann) fehlt jedoch bei Selman (1975, 1980) für diese wie auch für alle anderen von ihm konzipierten Entwicklungsstufen.

Wenn es richtig ist, daß diesen Mechanismen letztlich entwicklungsspezifische Formen der Logik der Argumentation zugrundeliegen, so läßt sich damit nicht nur die Problematik eines Rationalitätskriteriums für die Bewertung von Handlungskoordinationen lösen, es lassen sich dann auch entwicklungsspezifische Systemati-

---

76 vgl. dazu auch Miller (1984).

ken von Form und Inhalt kollektiver Argumentationen rekonstruieren. Dies soll am Beispiel von Selmans Stufe 1 der sozialen Perspektivenübernahme kurz veranschaulicht werden.

Selman (1975, S. 309) ordnet dieser Stufe folgende Stufe des moralischen Bewußtseins (›moral judgement stage‹) zu:

»Child focuses on one perspective, that of the authority or the powerful. However, child understands that good actions are based on good intentions.«

Das Kriterium, daß ein Kind auf dieser Entwicklungsstufe dazu tendiert, Handlungsintentionen und nicht mehr ausschließlich Handlungskonsequenzen moralisch zu bewerten (vgl. dazu Selmans Stufe 0), entspricht dem vom frühen Piaget (1932) für diese Entwicklungsphase formulierten Kriterium einer Unterscheidung zwischen subjektiver und objektiver Verantwortung. Strukturell setzt diese Unterscheidung voraus, daß zwischen alternativen hinter einzelnen Handlungen stehenden Intentionen und den entsprechenden normativen Parametern differenziert und darüber eine Verständigung erzielt werden kann; und dies verweist wiederum auf die argumentationslogische Unterscheidung zwischen der Haltbarkeit und der explanativen Relevanz von Aussagen. Aber wie kann sich in einem Subjekt die moralische Grundprämisse entwickeln, daß es vor allem im Falle konfligierender Handlungsintentionen letztlich nur eine externe Autorität sein kann, die über den moralischen Wert einer Handlungsintention auf eine intersubjektiv verbindliche Weise befinden kann? Und weshalb könnte dies in der Ontogenese von Moral eine *universelle* Stufe des moralischen Bewußtseins darstellen?

Wenn Kinder in ihren sozialen Auseinandersetzungen auf eine elementare Weise einen koordinierten Dissens herstellen können, d.h. wenn sie ihre Standpunkte in Bezug auf die darin involvierten normativen Parameter voneinander abgrenzen können, so führt dies zwar dazu, daß in solchen Auseinandersetzungen für die daran Beteiligten die Möglichkeit, neue normative Gesichtspunkte kennenzulernen, stark anwächst. Aber wie die empirischen Analysen in ›Antagonismen und Argumente‹ und in ›Zur Ontogenese moralischer Argumentationen‹ zeigen, fehlt auf dieser Stufe der Entwicklung der Logik der Argumentation noch jegliche formale Methode, um eine Koordination im Hinblick auf eine Gewichtung von Standpunkten zu erreichen. Wechselseitig sich ausschließende Werte, die einer strittigen Handlung auf miteinander konkurrierenden (impliziten) normativen Parametern zugeordnet werden, können auf dieser Entwicklungsstufe noch nicht zu einem Gesamtwert aggregiert werden. Kollektive Argumentationen führen deshalb auf dieser Entwicklungsstufe zumindest dann, wenn Teilnehmer nicht frühzeitig aufgeben, in der Regel zu einer gemeinsamen Argumentstruktur, die sich als ein Antagonismus von Teilargumenten beschreiben läßt. Bereits aus argumentationslogischen Gründen kann sich somit aus dem Verlauf einer solchen Argumentation keine argumentative Lösung für einen interpersonellen Konflikt ergeben.

Auch auf dieser Entwicklungsstufe sind Kinder deshalb noch notwendigerweise auf eine Entscheidung von außerhalb angewiesen – auf eine externe Autorität, die an Stelle der Kinder eine Gewichtung von Standpunkten vornimmt bzw. alle diese Standpunkte verwirft und eine für die Kinder verbindliche ›moralische Wahrheit‹ verkündet. In unserem soziokulturellen Kontext ist es die Autorität von Eltern und Lehrern, die normalerweise eine solche extern motivierte und intersubjektiv verbindliche Konfliktlösung ermöglicht. Und deshalb werden in unserem soziokulturellen Kontext Kinder dieser Entwicklungsstufe in der Regel der falschen Ontologie anhängen, daß das moralisch Gute dasjenige ist, für das die Eltern und Lehrer es halten. Piaget (1932) hat dies als eine heteronome Moral bezeichnet.

Eine argumentationstheoretische Reformulierung und Ausarbeitung der strukturanalytischen These ermöglicht eine problemlose theoretische Integration des Konzeptes einer systematischen Entsprechung von sozialen Interaktionsformen und moralischen Anschauungen in das im vorausgegangenen Kapitel entwickelte Konzept eines kollektiven Lernprozesses. Jeder im Kontext kollektiver Lernprozesse mögliche fundamentale ontogenetische Entwicklungsschritt läßt sich als eine Fortentwicklung der Logik der Argumentation und damit als die Entwicklung einer rational höherstufigen strukturierten Ganzheit von Logik der Argumentation und moralischem Weltbild beschreiben.

»Das Gute ist ein Ergebnis der Zusammenarbeit.« Es ist bewundernswert, mit welcher Einfachheit und Klarheit der frühe Piaget diese Einsicht bereits vorweggenommen hat.

Gegen die vorliegende Arbeit könnte der Einwand erhoben werden, daß die Rekonstruktion von Formen der Zusammenarbeit oder, generell, der sozialen Interaktion als Formen kollektiver Argumentationen zu einer rationalistischen und, noch schlimmer, zu einer der Empirie sozialer Interaktionen völlig unangemessenen Betrachtungsweise führt. Ein solcher Einwand würde jedoch auf einem Mißverständnis aller vorausgegangenen Überlegungen beruhen.

Zweifellos lassen sich nicht alle sozialen Interaktionen als kollektive Argumentationen rekonstruieren. Wenn beispielsweise Fritz Emma gegenüber seine Honneurs macht, wenn er sie im Verlaufe einer Sequenz von nichtöffentlichen und öffentlichen sozialen Interaktionen als Ehefrau gewinnt und wenn er sich auf seinem Sterbebett wieder von ihr verabschiedet, so wäre es vermutlich absurd, diese Interaktionen als kollektive Argumentationen zu rekonstruieren. Umgekehrt wäre es ebenso sinnlos, kollektive Lernprozesse in jeder beliebigen Form sozialer Interaktionsprozesse vorfinden zu wollen. Nur Formen der sozialen Beziehung bzw. Formen sozialer Interaktionen, die für eine kollektive Lösung interpersoneller Konflikte potentiell konstitutiv sind – und das sind nun einmal Formen kollektiver Argumentationen –, können kollektive Lernprozesse (im Sinne des fundamentalen Lernens) auslösen; und nur solche Interaktionsformen eröffnen sowohl für die daran Beteiligten als auch für einen wissenschaftlichen Beobachter einen methodischen Zugang zu dem moralischen Weltbild einer sozialen Gruppe.

Es liegt auf der Hand, daß die Anwendung des hier vertretenen argumentationstheoretischen Forschungsansatzes auf eine empirische Analyse der Zusammenhänge von kollektiven Lernprozessen und Moral auf erhebliche methodologische Schwierigkeiten stoßen muß. Aber diese Schwierigkeiten betreffen auch alle anderen vergleichbaren Forschungsansätze, z. B. auch Kohlbergs empirische Analysen von Stufen des moralischen Bewußtseins. Es sind Schwierigkeiten, für die jeder Forschungsansatz, der von einer Kompetenz/Performanz Unterscheidung ausgeht, durch eine Entwicklung angemessener Methoden der Erhebung und Analyse empirischer Daten Lösungen finden muß.

Eines dieser methodologischen Probleme betrifft die Frage, wie sich die vom einzelnen Individuum jeweils ontogenetisch erreichte Stufe des moralischen Bewußtseins am Verlauf einer kollektiven Argumentation ablesen läßt. Die eigentliche methodologische Schwierigkeit liegt dabei darin, daß sich zwar nur im Kontext einer kollektiven Argumentation die argumentationslo-

gischen Fähigkeiten eines Individuums und die Grenze seines implizit/expliziten moralischen Wissens auf eine authentische Weise manifestieren können (vgl. dazu auch Kap. 4.2.) und daß alle standardisierten methodischen Verfahren zur Rekonstruktion von ontogenetischen Stufen des moralischen Bewußtseins für eine Überprüfung ihrer Validität die Analyse authentischer empirischer Daten voraussetzen, daß jedoch andererseits die Form und der Inhalt einer kollektiven Argumentation nicht ohne weiteres einem einzelnen der daran Beteiligten zugeschrieben werden können.
Es lassen sich leicht Argumentationen vorstellen, bei denen nicht jeder Argumentationsteilnehmer gleichermaßen für den Verlauf und das Ergebnis einer Argumentation verantwortlich gemacht werden kann. Wenn z. B. ein Teilnehmer elementare Formen der Rechtfertigung von Aussagen nicht beherrscht oder den für moralische Argumentationen zentralen argumentationslogischen Unterschied zwischen ›Sein‹ und ›Sollen‹ nicht versteht, so wird unter Umständen ein anderer Teilnehmer mit Engelszungen zu ihm sprechen und dennoch das Chaos nicht vermeiden können; und zumindest der zuletzt genannte Teilnehmer wird dann diesen Argumentationsverlauf nicht unbedingt als ein empirisch angemessenes Spiegelbild seines formalen und materialen Interaktionswissens ansehen. Und gerade im Falle von Argumentationen mit einer extrem asymmetrischen Verteilung argumentativer Fähigkeiten auf seiten der einzelnen Teilnehmer wird es eventuell kaum möglich sein festzustellen, ob die in ihrer ontogenetischen Entwicklung weiter zurückliegenden Argumentationsteilnehmer nur solche Standpunkte vertreten, die sich aus ihrer Sicht des Argumentationsverlaufes rechtfertigen lassen bzw. die sie nicht einfach aufgrund externer, pragmatischer Gründe (z. B. aufgrund eines Autoritätsgefälles) akzeptieren und die dann eventuell lediglich ein scheinbar gemeinsames formales und inhaltliches Argumentationswissen repräsentieren würden. Dies könnte zu einer empirisch falschen Bewertung der Fähigkeiten einzelner Argumentationsteilnehmer und, als eine Folge davon, zu einem empirisch von vornherein unangemessenen Modell der Ontogenese von Moral führen. Es erscheint deshalb als sinnvoll, mit empirischen Fallanalysen von solchen moralischen Argumentationen zu beginnen, deren Teilnehmer sich in etwa auf derselben Alters- und Entwicklungsstufe befinden, weil dann eher angenommen werden kann, daß die Kompetenz der Gruppe und die Kompetenz

der einzelnen Gruppenangehörigen in etwa zusammenfallen. Dies ist auch das Vorgehen, das im Falle der folgenden Fallstudien angewandt worden ist.

6. Von der Heteronomie zur Konventionalität in der Ontogenese des moralischen Bewußtseins – zwei empirische Fallstudien

In Kohlbergs Modell der Moralentwicklung werden drei strukturelle Entwicklungsebenen (präkonventionelle, konventionelle und postkonventionelle Moral) mit je zwei Stufen unterschieden. In der Abfolge dieser insgesamt sechs Entwicklungsstufen[77] stellt die Stufe der heteronomen Moral die erste dar. Nach Kohlberg (1975, S. 34) versucht das Individuum auf dieser ontogenetischen Anfangsstufe, Strafe zu vermeiden und sich der überlegenen Macht von Autoritäten unterzuordnen. Auf der zweiten Stufe[78] nimmt das Individuum eine instrumentelle Interessen- und Tauschperspektive ein, aber es verfolgt seine Interessen unter Berücksichtigung fremder Interessen. Von der dritten Stufe an, d.h. auf der Ebene der konventionellen Moral, orientiert sich das Individuum an gegenseitigen zwischenmenschlichen Erwartungen (Rollenerwartungen); zunächst, auf der dritten Stufe, an den Rollenerwartungen partikularer normativer Subsysteme (Familie, Peer-Group, Schule etc.), schließlich, auf der vierten Stufe, an den Rollenvorschriften und Handlungsregeln des sozialen Systems (gesellschaftliche Perspektive).

Dieser Abfolge normativer Grundmuster bzw. moralischer Weltbilder liegt nach Kohlberg und Selman, wie im vorausgegangenen Kapitel bereits ausgeführt wurde, eine bestimmte Entwicklungsabfolge von Formen der sozialen Perspektivenübernahme zugrunde. Auf der ersten Stufe kann das Individuum zwischen den Perspektiven von ego und alter unterscheiden, aber es kann diese Perspektiven noch nicht miteinander auf irgendeine Weise koordinieren. Auf der zweiten Stufe versucht das Individuum, aus seiner subjektiven Perspektive eine Koordination der Perspektiven von ego und alter zu erreichen (subjektive Koordination von Perspektiven). Von der dritten Stufe an kann das Individuum eine sol-

---

77 Kohlberg postuliert neuerdings noch eine zusätzliche siebte Stufe in der Ontogenese von Moral. Vgl. dazu Kohlberg, Levine & Hewer (1983).
78 vgl. dazu auch die Tabelle auf S. 347f.

che Koordination aus der Perspektive eines unbeteiligten Dritten, eines generalisierten anderen (Mead), durchführen (objektive Koordination von Perspektiven); auf der dritten Stufe fällt diese objektive Perspektive mit den sozialen Konventionen partikularer normativer Subsysteme, auf der vierten Stufe schließlich mit den sozialen Konventionen der Gesellschaft zusammen.

Im vorausgegangenen Kapitel wurde jedoch eine Reihe von Gründen angeführt, weshalb die Zurückführung von inhaltlichen moralischen Konzepten auf Formen der sozialen Perspektivenübernahme bislang allenfalls ansatzweise theoretisch und empirisch überzeugende Einsichten in den strukturanalytischen Zusammenhang von sozialen Interaktionsformen und moralischen Anschauungen ermöglicht. Auch die interaktionstheoretisch am weitesten entwickelten Rekonstruktionen von Formen der sozialen Perspektivenübernahme (Selman, Habermas) bleiben auf einer mehr oder weniger metaphorischen Beschreibungsebene stehen; und vor allem beinhalten sie keine Rekonstruktion der Mechanismen und der interaktiven Prozesse, die einer Koordination von Handlungsperspektiven auf den unterschiedlichen Entwicklungsstufen zugrundeliegen. Und dort, wo bei Kohlberg und Selman eine kohärente und verständliche systematische Beziehung zwischen Formen der sozialen Perspektivenübernahme und moralischen Anschauungen entwickelt werden kann, handelt es sich weitgehend um zirkuläre oder gar tautologische Zusammenhänge.

Am Ende des vorausgegangenen Kapitels wurde am Beispiel der ontogenetischen Stufe einer heteronomen Moral zu zeigen versucht, daß sich im Rahmen eines argumentationstheoretischen Ansatzes das formale und das materiale (inhaltliche) Interaktionswissen eines Individuums analytisch klar voneinander unterscheiden lassen und sich eine systematische Beziehung zwischen Formen der Koordination von Handlungsperspektiven und den Grundprämissen eines entsprechenden moralischen Weltbildes rekonstruieren läßt – eine Rekonstruktion, die die Schwächen der zuvor kritisierten interaktionstheoretischen Ansätze vermeidet.

Mit den folgenden empirischen Fallanalysen soll nun versucht werden, einige empirische Anhaltspunkte für die Rekonstruktion einer ›strukturierten Ganzheit‹ von Logik der Argumentation und moralischem Weltbild auf der Stufe 2 von Kohlbergs Modell der Moralentwicklung zu finden. Weiter soll versucht werden, den

Übergang von der präkonventionellen zur konventionellen Moral auf der Grundlage des im Kap. 4 entwickelten Konzeptes eines kollektiven Lernprozesses empirisch zu rekonstruieren. Die beiden zentralen Fragen, die sich in diesem Zusammenhang stellen, lauten: Von welcher Art sind die objektiven Problemsituationen, die auf der Ebene einer präkonventionellen Moral (Stufe 2) in moralischen (sozialen) Auseinandersetzungen von Individuen kollektiv erzeugt werden? Und unter welchen Bedingungen erlangen diese objektiven Problemsituationen eine kritische Qualität und erzwingen tendenziell den Übergang zur konventionellen Moral? Die Antworten, die im folgenden zu diesen Fragen entwickelt werden, liefern schließlich den Ausgangspunkt für einige empirische Extrapolationen über die mutmaßliche Form einer ›strukturierten Ganzheit‹ von Logik der Argumentation und moralischem Weltbild auf der Ebene einer konventionellen Moral.

Auch wenn man wie der Autor der vorliegenden Arbeit der Überzeugung ist, daß in den Sozialwissenschaften nur qualitative Analysen von authentischen Daten eine empirische Ausgangsbasis für eine produktive und potentiell innovative Hypothesen- bzw. Theorienbildung liefern, so können doch die folgenden empirischen Fallanalysen schon wegen ihrer geringen Anzahl allenfalls einen explorativen Stellenwert für eine empirische Rekonstruktion des Übergangs von der präkonventionellen zur konventionellen Moral besitzen. Mit anderen Worten: es soll mit diesen Fallanalysen gezeigt werden, daß sich die strukturanalytische und die entwicklungstheoretische Teilthese der These von der sozialen Konstitution einer universalistischen Moral mit Hilfe des in den vorhergehenden Kapiteln entwickelten argumentationstheoretischen Forschungsansatzes grundsätzlich auf eine sinnvolle Weise empirisch überprüfen lassen; und es sollen wenigstens punktuell einige empirische Konkretisierungen und Differenzierungen für diese These geliefert werden.

6.1. Zur empirischen Methode der Fallstudien

Authentizität ist ein Begriff der philologischen Kritik. Authentisch wird eine Schrift oder eine Urkunde dann genannt, wenn sie in der Tat von dem Verfasser herrührt, dem sie zugeschrieben wird. In einem analogen Sinne lassen sich sozialwissenschaftliche Daten dann als authentisch bezeichnen, wenn sich in ihnen in der Tat jene Sinnzusammenhänge manifestieren, die einem bestimmten sozialen Phänomen zugeschrieben werden. Der Grad der Authentizität, den empirische Daten im Hinblick auf ein bestimmtes soziales Phänomen besitzen, läßt sich dann als ein Maß für die Validität einer empirischen Beschreibung dieses sozialen Phänomens interpretieren. Aber wie lassen sich authentische Daten (bzw. Daten, die einen hohen Grad an Authentizität besitzen) gewinnen?

Sie liegen selten einfach ›auf der Hand‹. Erst durch die Anwendung qualitativer Datenerhebungs- und Analysemethoden lassen sie sich wie durch eine ›mikroskopische Vergrößerung‹ aus der Mannigfaltigkeit und Vieldeutigkeit der Empirie herausheben. Und sie repräsentieren immer nur einzelne Fälle eines bestimmten sozialen Phänomens[79]. Erst die Frage, inwieweit sich die an authentischen Einzelfällen empirisch gewonnenen Sinn-Rekonstruktionen auf alle empirischen Fälle eines bestimmten sozialen Phänomens verallgemeinern lassen, leitet dann über zu Hypothesen bzw. Theorien testenden empirischen Untersuchungen und damit in den Anwendungsbereich quantitativer Methoden. Für eine sozialwissenschaftliche *Theorienbildung* lassen sich dann allerdings innovative Erkenntnisse kaum noch gewinnen.

Qualitative *Methoden der Datenerhebung* sollen sicherstellen, daß sich empirische Beobachtungen nur auf solche Handlungszusammenhänge beziehen, in denen sich aus der Perspektive der beteiligten sozialen Akteure genau der soziale Sinn manifestiert, dessen Rekonstruktion (als struktureller Bedeutungszusammenhang bzw. als regelgeleiteter Prozeß) das Ziel der jeweiligen empirischen Analyse darstellt.

Qualitative *Analysemethoden* sollen sicherstellen, daß die empirische Analyse solcher Daten den für sie konstitutiven sozialen Sinn erfaßt. Formale Interpretationsverfahren sind deshalb nur dann als qualitative Analysemethoden geeignet, wenn sie sich aus einem grundbegrifflichen Verständnis des jeweils zu untersuchenden sozialen Phänomens ableiten lassen, und wenn sie sich im Verlaufe einer empirischen Untersuchung und der damit eventuell einhergehenden ›induktiven‹ Erschließung sozialer Sinnzusammenhänge auf eine kohärente Weise weiter ausdifferenzieren lassen.

---

79 vgl. dazu auch die Darstellung qualitativer Methoden in Miller (1982).

Im Rahmen der folgenden empirischen Fallstudien zur Rekonstruktion des Übergangs von der Stufe der präkonventionellen zur konventionellen Moral werden ausschließlich Argumentationsanalysen als qualitative Analysemethode verwendet. Die theoretischen Gründe dafür sind in den vorausgegangenen Kapiteln ausführlich dargelegt worden. Im folgenden soll deshalb nur noch kurz skizziert werden, von welcher Art die im folgenden analysierten Daten sind und wie sie erhoben worden sind.

6.1.1. Datenbasis

Die Datenbasis für die folgenden Fallanalysen besteht aus Videofilmen von spontanen Auseinandersetzungen zwischen Kindern in einem natürlichen, den Kindern vertrauten, sozialen Kontext. Im ersten Falle, dem *Streit um ein Buch* (Fall A), handelt es sich um eine Auseinandersetzung zwischen 4-7jährigen Kindern in einem Kindergarten in Starnberg (Bayern). Im zweiten Falle, dem *Streit um eine Schanze* (Fall B), handelt es sich um eine Auseinandersetzung zwischen 8-11jährigen Kindern auf einem Rodelhang in Starnberg.

Obgleich Alltagsbeobachtungen durchaus einen unmittelbaren Zugang zu authentischen Daten eröffnen können, ist dennoch das Sammeln von spontanen, natürlichen Daten keineswegs die einzige und auch nicht unbedingt die erfolgversprechendste Form einer Datenerhebung im Rahmen qualitativer empirischer Untersuchungen (vgl. dazu auch Miller 1982). Solche Daten sind mehr oder weniger Zufallsprodukte. Und damit sie einen hohen Grad an Authentizität besitzen, müssen in der Regel komplexe und langwierige Strategien des Feldeintritts (vgl. dazu z. B. Corsaro 1981) angewandt werden – vor allem dann, wenn mit einer Videokamera gefilmt werden soll. Der Beobachtereffekt, den ein externer mit einer Kamera bewaffneter Zuschauer auf die Art einer Auseinandersetzung auch schon bei Kindern mit hoher Wahrscheinlichkeit ausübt, kann nur dadurch einigermaßen neutralisiert werden, daß der Beobachter den Kindern so sehr vertraut ist, daß sie die Kamera fast als eine Art körperlicher Extension des Beobachters auffassen, und daß sich der Beobachter möglichst jeder Einmischung und vor allem jeder Parteinahme enthält und so mit der Zeit den Status eines allgemein tolerierten und zumeist ein-

fach übersehenen Mitgliedes der beobachteten Gruppe gewinnt.
Im Hinblick auf den Fall A bestand die Strategie des Feldeintritts darin, daß sich der Autor der vorliegenden Arbeit drei Monate lang nahezu jeden Tag ca. 2 Stunden lang in dem entsprechenden Kindergarten aufhielt und sich dort mehr oder weniger an den Spielen der Kinder beteiligte. Der ›Streit um das Buch‹ fand gegen Ende dieser Beobachtungsphase statt.
Im Falle B handelt es sich um eine spontane Auseinandersetzung innerhalb einer Spielplatz-Peer Group. Zu dieser an der Auseinandersetzung beteiligten Gruppe zählt auch der Sohn des Autors. Dennoch war der Grad der Vertrautheit zwischen dem Autor und der gesamten an der Auseinandersetzung beteiligten Gruppe nicht so groß wie im Falle A. Aber die Auseinandersetzung im Fall B besaß einen solchen Grad an Heftigkeit, daß es sehr wahrscheinlich ist, daß die Gruppe über ihrem Streit zumindest zeitweilig den Beobachter völlig vergaß. Beide Auseinandersetzungen erwecken den starken Eindruck, daß die daran beteiligten Kinder nichts anderes im Sinn hatten, als ihren Streit auszutragen und möglichst jeweils zu ihren eigenen Gunsten zu entscheiden. Darüber hinaus legen die Erfahrungen, die der Autor im Verlaufe seiner ›Feldbeobachtungen‹ machen konnte[80], die Vermutung nahe, daß die an den Auseinandersetzungen Beteiligten relativ zu ihrer Alters- und Entwicklungsstufe, argumentativ gesehen, das Äußerste versuchten, um eine Lösung ihres Konfliktes zu erreichen.

6.1.2. Formale Techniken der Datenpräsentation und der Datenanalyse

Fall A wird im folgenden in seinem gesamten Verlauf dargestellt und analysiert. Fall B kann jedoch wegen seiner Länge nur in Form eines Ausschnittes dargestellt und analysiert werden. Eine kurze Skizze der Vorgeschichte zu diesem Ausschnitt wird der Darstellung vorangestellt.
Die Transkripte zu den Videofilmen sind im sogenannten Partiturenformat angefertigt worden. Die durchnumerierten Transkrip-

---

80 vgl. dazu auch den Aufsatz ›Zur Ontogenese moralischer Argumentationen‹.

tionszeilen enthalten für jede der an der jeweiligen Argumentation beteiligten Personen eine Linie, so daß Abfolge und eventuelle Überschneidung von Redebeiträgen unterschiedlicher Sprecher deutlich sichtbar werden. Das Transkript zum Fall A enthält außerdem für jede Person eine weitere Linie (unter der Linie, die die sprachlichen Äußerungen repräsentiert), auf der nichtsprachliche Handlungen der betreffenden Person beschrieben werden.

In den Transkripten werden folgende Notationsweisen verwendet:

----	unverständliche Äußerung
*Schanze	ungesicherte Äußerung
Schanze-	abrupt abgebrochene Äußerung
01:50:07	Zeitangabe in Stunden, Minuten und Sekunden (nur im Transkript zum Fall A).

Bei der Datenanalyse werden neben den bereits im Kap. 3 eingeführten Diagrammen zur Darstellung von Argumentationsprozessen und Argumentstrukturen noch folgende Abkürzungen bzw. Notationsweisen verwendet:

$[a]_K$	Aussage a gilt für die Person K.
$[a]$	Aussage a gilt für die gesamte Gruppe von Argumentierenden.
$[a]_K \Rightarrow \Leftarrow [b]_L$	Die Aussage a der Person K und die Aussage b der Person L schließen sich wechselseitig aus.
$[a]_K \Rightarrow s \Leftarrow [b]_K$	Mit den Aussagen a und b befindet sich die Person K in einem Selbstwiderspruch.

Weitere Notationsweisen werden im Verlaufe der Argumentationsanalysen an entsprechender Stelle erläutert.

Bei den Argumentationsanalysen und in den Diagrammen verweisen Zahlen in runden Klammern im Anschluß an direkt oder indirekt zitierte Redebeiträge auf die entsprechenden Transkriptionszeilen des zitierten Argumentationstextes.

6.2. Neutralisierung, situative Relevanz und Strukturen eines naiven Utilitarismus

Wenn es zutrifft, daß auf der ontogenetischen Stufe eines heteronomen moralischen Bewußtseins eine kollektive Argumentation zur Polarisierung von Standpunkten führen kann und damit im Prinzip unterschiedliche Standpunkte (implizite normative Gesichtspunkte) von den Argumentierenden klar unterschieden werden können, wie kann dann auf einer darauffolgenden Stufe des moralischen Bewußtseins eine solche Polarisierung von Standpunkten potentiell überwunden werden?
Es lassen sich grundsätzlich zwei unterschiedliche Formen einer argumentativen Überwindung von Polarisierungen vorstellen. Entweder können sich die Argumentationsteilnehmer auf eine Gewichtung ihrer kontroversen normativen Standpunkte einigen, indem sie diese von einem dritten gemeinsam entwickelten normativen Standpunkt aus komparativ beurteilen; genau dies scheint jedoch – wie bereits veröffentlichte[81] und unveröffentlichte empirische Analysen des Autors der vorliegenden Arbeit nahelegen – auf der Stufe 2 einer präkonventionellen Moral (Altersstufe ca. 5-12 Jahre[82]) noch nicht möglich zu sein. Und auch die folgenden empirischen Fallanalysen bestätigen diese Vermutung.
Oder aber die Argumentationsteilnehmer können eine Gewichtung der Standpunkte einfach dadurch erreichen, daß sich die kontroversen Standpunkte teilweise wechselseitig aufheben und dabei nur einer der beiden Standpunkte ganz neutralisiert wird, während der andere von dieser Aufhebung nicht völlig betroffen und davon absorbiert wird. Der einfachste Fall eines solchen durch eine Neutralisierung kalkulierbaren Argumentationsergebnisses ergibt sich durch eine Anwendung dessen, was landläufig als eine ›Retourkutsche‹ bezeichnet wird und im wesentlichen im Zurückgeben eines Vorwurfs besteht: z.B. »du Schaf!« – »selber eins!«. Das Angriffspotential des Vorwurfs wird gegen seinen Urheber selbst gewendet, und der Vorwurf kann damit neutralisiert werden. Im Falle einer solchen Retourkutsche heben sich allerdings die Vorwürfe wechselseitig so auf, daß keine der beiden Seiten einen Vorteil erreicht; die implizite Streitfrage: ›Wer von beiden ist der

---

81 vgl. den Aufsatz ›Zur Ontogenese moralischer Argumentationen‹.
82 vgl. zu diesen Altersangaben auch die in etwa gleichlautenden Altersangaben von Selman (1975, 1980).

dümmere?‹ bleibt unbeantwortet. In einem etwas komplexeren argumentativen Kontext kann es jedoch einer Seite eventuell gelingen, eine Neutralisierung auf die gegnerische Position zu beschränken und dadurch einen entscheidenden argumentativen Vorteil zu erringen; und zwar indem eine Seite weitere Teilargumente entwickelt, die von der Gegenseite nicht durch ein ›Gleichziehen‹ neutralisiert werden können, oder indem eine Seite eine Situationsbeschreibung für den Konflikt durchsetzen kann, aufgrund deren der normative Gesichtspunkt der Gegenseite als nicht mehr weiter anwendbar erscheint.

Es ist genau der Kampf um solche Vorteile, der nicht nur die argumentativen Auseinandersetzungen im Falle A und B, sondern im übrigen auch die Argumentation von Gruppe 2 (7/8jährige Kinder) beherrscht, die im Aufsatz ›Zur Ontogenese moralischer Argumentationen‹ im Rahmen der dort präsentierten empirischen Fallstudie analysiert worden ist.

Im vorliegenden Teilkapitel soll versucht werden, am Beispiel des ›Streites um das Buch‹ (Fall A) und unter Hinzunahme der Ergebnisse der Argumentationsanalysen in ›Zur Ontogenese moralischer Argumentationen‹ die Logik der Argumentation und die Grundstrukturen eines moralischen Weltbildes auf der Stufe 2 bzw. der Endstufe einer präkonventionellen Moral zu beschreiben.

6.2.1. Der Streit um das Buch

An dem Kindergartenstreit sind vier Kinder beteiligt: Robert (4; 5, Ro)[83], Sebastian (5; 2, Se), Timi (5; 11, Ti) und Toni (6; 6, To). An einigen wenigen Stellen intervenieren ein Kindergartenhelfer (He) und der Autor der vorliegenden Arbeit (Ma).

Zur Vorgeschichte des Konfliktes, vor allem zu der im Verlauf der Auseinandersetzung u.a. relevanten Frage, wer zuerst welches Buch gehabt hat, fehlen Beobachtungen. Für Außenstehende machte sich der Konflikt erst dadurch bemerkbar, daß Robert losbrüllte: »Gibst du jetzt sofort das Buch her?« (1). Danach erfaßte die Kamera den weiteren Ablauf des Konfliktes:

---

[83] Die Klammer enthält zunächst die Altersangabe (Jahre; Monate) für das Kind und danach die im folgenden verwendete Abkürzung seines Namens.

1 Ti: 0:01:50
  Se:
  To: Hör auf!
                               [kommt Ro zu Hilfe; rauft mit Ti
  Ro: Gibst du jetzt sofort das Buch her?
                               [versucht, Ti ein Buch wegzunehmen]
  Ma:

2 Ti: Der- der- der soll aufhörn!
  Se:
  To: Robert, hör auf!
     um das Buch]
  Ro: Der soll aufhörn, der
  Ma:

3 Ti: Ich möcht das Buch jetzt auch anschaun!
  Se:
                         [steigt vom Schränkchen herab, läuft von
  To: Hör auf! [zu Ti]
  Ro: hat mit das Buch geklaut.
  Ma:

4 Ti: Nicht gestohlen,
  Se:
     hinten auf Ti zu, haut ihm ein Buch über den Kopf]   [verhaut Ti mit
  To:
  Ro: Der hat mir das Buch gestohlen!
                       [geht auf Ti zu, zeigt anklagend auf das Buch]
  Ma:

5 Ti: ich will's mir anschaun!
                  [dreht sich zu Se um, kratzt ihn ins Gesicht]
  Se: 0:02:22
     einem Buch]
  To: Ja, aber ich hab gesehen, wo der Robert das
  Ro:
  Ma: Eij! Eij!

6 Ti: Ja, aber ich will's anschaun!
  Se:
                               [will Ti wieder hauen]
  To: zuerst gehabt hat!
  Ro:
              [kneift Ti in den Po, rennt dann weg]
  Ma: Eij, nicht,

```
 7 Ti:                                             Nee, der hat-
   Se:
   To:              Der Robert hat's so in der Hand gehabt. So. Wollte grade das
                       [zieht das offene Buch zu sich, macht vor, wie
   Ro:
   Ma: Sebastian, was is denn los?


 8 Ti:
   Se:
   To: erste Bild aufschlagen, da bist du gekommen und hast ihm eine reinge-
       Robert sich's anschaute]
   Ro:
   Ma:


 9 Ti:                  Nee!                    Nein, hab ich ihm gar nich-
   Se:
                               [stellt sich neben Ti und To]
   To: haun und hast du ihm das Buch weggezogen.
                                                                 [steht auf,
   Ro:
   Ma:


10 Ti: des- war'n anderes Buch!      Doch!      Doch!
                   [weinerlich]      [weint, schaut Ma an]
   Se:                                             Nein! Nein! Nein!
                                                        [hüpft im Takt
   To:                              Nein!      Nein!
       schlägt die Arme unter, macht einen empörten Gesichtsausdruck, läuft
   Ro:
   Ma:


11 Ti: Doch!
       [blättert in dem Buch]
   Se: Nein! Nein! Nein! Nein!        Der Robert hat zuerst das Buch
       hinter To her]
   To:                              *Der hat den Ro-
       dann weg]                    [zeigt auf Ti]
   Ro: 0:02:48
   Ma:                     Was is denn los? Was war denn?


12 Ti:
                                    [geht weinend weg]
   Se: gehabt, und dann hat's der- *äh- Timmi geklaut.
   To:                                       Genau!
   Ro:
   Ma:                                               Ja, Timmi, was
```

13 Ti: *Ich will's anschaun!*
        [dreht sich um, weint]   [geht zu einem Kindergartenhelfer
   Se:
   To: *Ja, der Robert wollt sich's*
   Ro:
   Ma: *sagst du dazu?*

14 Ti: *Aber der hatte ja'n*
      hin]   [steht jetzt mit dem
   Se:
   To: *ja auch anschaun!*
   Ro:
   He: *Ja könnt ihr denn nicht zu zweit *ein Buch anschaun?*
                  [aus dem Hintergrund, hinter Ma]
   Ma:

15 Ti: *anderes Buch gehabt!*   *Doch! Der ---- hat'n anderes Buch gehabt!*
      Buch bei einer anderen Kindergruppe]
   Se: *Nein!*   *Du Lügner!*
   To: *Nein!*
   Ro: 0:03:07
   He:
   Ma:

16 Ti: *Doch!*
   Se: *Nein, der hat kein andres Buch.*
       [hat immer noch ›sein‹ Buch in der Hand]
   To:
   Ro:
   He: *Könnt ihr nicht zu zweit das*
                              [ist jetzt bei Ti, nimmt das Buch,
   Ma:

17 Ti: *Der will einfach nicht das*
                                       [weint noch,
   Se:
   To:
   Ro:
   He: *Buch anschaun, Robertle? Nein? Robert?*
       führt Ti zurück zu dem Tisch, legt das Buch auf den Tisch]
   Ma:

18 Ti: *mich anschaun lassen.*   0:03:39
      setzt sich an den Tisch, nimmt sich das Buch vor]
   Se:
   To: [sind bei den Schränken und spielen]   *Ich mag den*
   Ro: *Jetzt geh weg!*
   He: *Robertle! Robertle!*
       [geht zu Se, To und Ro hin]
   Ma:

375

19 Ti:
   Se:
   To: *Bagger.*
   Ro:
   He:
   Ma:

6.2.2. Argumentationsanalyse

Mit Roberts Aufforderung, Timmi solle ihm sofort das Buch geben (1), liegt die Gesamtquaestio der Argumentation fest. Sie läßt sich als die Frage formulieren: ›Wer darf das Buch haben, Robert oder Timmi?‹.
Der Versuch, diese Streitfrage durch eine körperliche Auseinandersetzung zu entscheiden, wird von Toni, dem Gruppenältesten (der gesamten Kindergartengruppe), vereitelt. Robert begründet nun seinen Anspruch mit dem Beitrag »Der (Timmi) soll aufhören, der hat mit das Buch geklaut!« (2-3). Timmi kontert mit dem Beitrag »Ich möchte das Buch jetzt auch anschauen!« (3).

Im Diagramm [6] werden im Prozeßbaum die Redebeiträge von Robert und Timmi im Hinblick auf die Argumentspitze 0 (Robert darf das Buch haben.) als Pro-Argument (1—→0) bzw. als Kontra-Argument (2—–→0) repräsentiert. Unterstellt wird dabei, daß für die Kinder die zur Argumentspitze kontradiktorische Aussage ›Robert darf das Buch nicht haben.‹ und die konträre Aussage ›Timmi darf das Buch haben.‹ im Kontext ihres Konfliktes gleichbedeutend sind. Erst durch die Intervention des Kindergartenhelfers am Ende der Auseinandersetzung wird diese Gleichsetzung der beiden Gegenthesen hinfällig. Darstellungstechnisch hätte natürlich genau so gut die Aussage ›Timmi darf das Buch haben.‹ als Argumentspitze gewählt werden können; es müßten dann die argumentativen Funktionen (Pro- bzw. Kontra-Argument) der von der Argumentspitze unmittelbar dominierten Aussagen lediglich vertauscht werden.

Während sich im folgenden Sebastian und Timmi nebenbei in die Haare kriegen, wiederholt Robert seine Begründung in einer Paraphrase: »Der (Timmi) hat mir das Buch gestohlen!« (4). Timmi weist dies zurück und wiederholt ebenfalls seine Begründung (4-5). Es ist unwahrscheinlich, daß sich Timmis Widerspruch lediglich gegen Roberts Ersetzung des Wortes ›klauen‹ durch das

[6]

Argumentationsprozeß:

$===>$

[Ti hat Ro das Buch geklaut. (2–3)]$_{Ro}$

1

[To hat gesehen, daß Ti das Buch Ro weggenommen hat. (6–9)]$_{To}$

[To hat gesehen, daß Ro das Buch zuerst gehabt hat. (5–6)]$_{To}$

3

4

[Robert darf das Buch haben.]$_{Ro,To,Se}$

0

7   *Neutralisierung*

[Ti möchte das Buch anschauen. (3)]$_{Ti}$

2

[Ro wollte sich das Buch auch anschauen. (13)]$_{To}$

5

6

[Ro hatte ein anderes Buch. (9–10, 14–16)]$_{Ti}$

[Ro hatte *nicht* ein anderes Buch. (10, 14–15)]$_{To,Se}$

[Ro hatte ein => <= [Ro hatte *nicht* anderes Buch. ein anderes Buch. (9–10, 14–16)]$_{Ti}$ (10, 14–15)]$_{To,Se}$

Struktur des gemeinsam entwickelten Argumentes:

5 => ? <= 2
      |
      6

377

weitgehend synonyme Wort ›stehlen‹ richtet. Vielmehr liegt die Vermutung nahe, daß sich Timmis Widerspruch auf die empirische Haltbarkeit von Roberts Begründung bezieht; diese Vermutung wird vor allem dadurch bestätigt, daß im folgenden Toni sinnentsprechend die empirische Haltbarkeit von Roberts Begründung zu stützen versucht: »Ja, aber ich hab gesehen, wo der Robert das zuerst gehabt hat!« (5-6). Tonis Beitrag enthält einen impliziten Bezug auf einen für Kinder dieser Altersstufe längst verbindlichen ›locus communis‹: die Rolle der sinnlichen Wahrnehmung als Evidenzgrundlage für die Beurteilung der empirischen Haltbarkeit von Aussagen. Außerdem signalisiert Toni mit der seinen Beitrag einleitenden Formulierung ›ja, aber‹, daß er die explanative Relevanz von Timmis Beitrag bestreitet; d.h. Toni bestreitet zwar nicht die empirische Haltbarkeit der Aussage ›Timmi will sich auch das Buch anschauen.‹ aber er bestreitet daß es einen (in Bezug auf die Argumentierenden) kollektiv geltenden Übergang von dieser Aussage zur Gegenthese ›Timmi darf das Buch haben.‹ gibt. In analoger Weise wird anschließend von Timmi mit dem Beitrag »Ja, aber ich will's anschauen!« (6) nicht die empirische Haltbarkeit, sondern die explanative Relevanz des von Robert und Toni gemeinsam entwickelten Teilargumentes für eine Begründung der These ›Robert darf das Buch haben.‹ bestritten.

Im Diagramm [6] wird der von Robert und Toni gemeinsam entwickelte Standpunkt als das Pro-Argument (3→1→0) und der von Timmi entwickelte Standpunkt als das Kontra-Argument (2—→0) repräsentiert.
Dadurch daß die Kinder zwischen Widersprüchen gegen die empirische Haltbarkeit, und Widersprüchen gegen die explanative Relevanz von Aussagen unterscheiden können, können sie ihre Standpunkte klar voneinander unterscheiden, ohne die für diese Standpunkte konstitutiven und miteinander konkurrierenden normativen Parameter explizit thematisieren zu müssen. Argumentativ gesehen, erfüllen diese Parameter die Funktion von Übergängen zwischen den Aussagen 1 und 0 bzw. den Aussagen 2 und 0 im Prozeßbaum des Diagramms [6]. (Als Übergang zwischen den Aussagen 3 und 1 dient der in der Aussage 3 implizit enthaltene und oben bereits erwähnte ›locus communis‹.) Im Falle des Standpunktes von Robert und Toni sind es zwei implizite normative Parameter bzw. Gesichtspunkte. Sie lassen sich formulieren als die Normen ›Man darf nicht klauen.‹ (N_1) und ›Wer im Kindergarten etwas zuerst hat, darf es behalten bzw. zuerst benützen.‹ (N_2). Im Falle des Standpunktes von Timmi läßt sich der implizite normative Parameter formulieren als die Norm ›Im Kindergarten darf jeder jedes Buch anschauen bzw. jeder kommt einmal dran.‹ (N_3).

Diese Normrekonstruktionen geben jedoch nur ungefähre Anhaltspunkte; sie lassen sich hinsichtlich der hier vorgeschlagenen Form auf der Grundlage der vorliegenden Daten nicht mehr empirisch absichern.

Bereits die Analyse dieses ersten Argumentationsabschnittes zeigt, daß Kinder dieser Alters- und Entwicklungsstufe schon über komplexe argumentative Fähigkeiten verfügen und daß diese Fähigkeiten in subtilen kommunikativen Prozessen, die hier nur oberflächlich beschrieben werden können, zum Ausdruck gelangen. Ferner zeigt der bisherige Argumentationsverlauf, daß zumindest das Verallgemeinerungs- und das Objektivitätsprinzip von Argumentationen grundlegend den Prozeß der Kinematik des kollektiv Geltenden in der Auseinandersetzung der Kinder steuern. Wenn eine Aussage bestritten wird (z.B. die Aussagen 0 und 1 im Prozeßbaum des Diagrammes [6]), so versucht der entsprechende Argumentationsteilnehmer, diese Aussage auf andere Aussagen zurückzuführen, die kollektiv gelten bzw. nicht bestritten werden können (Verallgemeinerungsprinzip). Und eine Aussage, die nicht bestritten werden kann (z.B. kann bis zu diesem Punkte des Argumentationsverlaufes die Aussage 3 von Timmi nicht bestritten werden), zählt auch für diejenigen Argumentationsteilnehmer (in diesem Falle Timmi) zum kollektiv Geltenden, deren Standpunkt durch diese Aussage nicht gestärkt, sondern eher geschwächt wird (Objektivitätsprinzip).

Mit den bislang vorgebrachten Redebeiträgen hat sich allerdings die von Beginn an antagonistische Form der Auseinandersetzung lediglich verfestigt. Beide Seiten haben ihre kontroversen Standpunkte dargelegt, und keine der prinzipiell möglichen Antworten auf die Gesamtquaestio kann aufgrund der kollektiv akzeptierten Aussagen (d.h. der Aussagen 1, 2 und 3 im Diagramm [6]) ins kollektiv Geltende der Argumentierenden überführt werden, weil es zumindest bislang keinen kollektiv geltenden Übergang von diesen Aussagen zu einer potentiell gemeinsamen Antwort auf die Gesamtquaestio gibt. Ein solcher Argumentationsverlauf läßt sich auch schon bei Kindern beobachten, die sich noch auf der Stufe 1 des moralischen Bewußtseins befinden und die noch nicht die argumentationslogischen Voraussetzungen erworben haben, um ein heteronomes moralisches Weltbild durch ein neues moralisches Weltbild zu ersetzen[84].

84 vgl. dazu das Teilkapitel 5.2.

Auch die vorliegende Argumentation droht an dieser Stelle abzubrechen. Robert und Sebastian, die beiden jüngeren der am Streit Beteiligten, versuchen in erneuten körperlichen Auseinandersetzungen einen Ausweg zu finden (6). An dieser Stelle interveniert der Beobachter (Ma), und im Anschluß auf seine Frage »Was ist denn los?« (6-7) begründet Toni erneut, weshalb er der Auffassung ist, daß Robert im Recht ist bzw. daß Timmi das Buch unrechtmäßig an sich genommen hat (6-9).

Im Diagramm [6] ist Tonis Beitrag als ein Pro-Argument für die Aussage 1 (4→1) repräsentiert worden. Aber es ließe sich sicherlich mit gleichem Recht die Auffassung vertreten, daß Tonis Beitrag direkt ein neues Pro-Argument für die Argumentspitze 0 (4→0) konstituiert. Für den weiteren Gang der Argumentationsanalyse und die später daraus abgeleiteten Folgerungen ist diese Unklarheit jedoch unerheblich.

Timmi widerspricht sofort. Zunächst scheint sich sein Widerspruch gegen die empirische Haltbarkeit von Tonis Beitrag zu richten, doch mitten in seinem Beitrag schlägt Timmi eine ganz andere Argumentationsstrategie ein: »Nein, hab ich ihm gar nich- des- war'n anderes Buch!« (9-10).
Timmi bestreitet nicht, daß er Robert ein Buch weggenommen hat; aber er bestreitet eine entscheidende pragmatische Präsupposition von Tonis Beitrag, nämlich daß das Robert weggenommene Buch mit dem Buch identisch ist, das er (Timmi) jetzt anschauen möchte.
Im Vergleich zu einem Widerspruch gegen die empirische Haltbarkeit bzw. gegen die explanative Relevanz einer Aussage besitzt dieser Widerspruch Timmis eine grundsätzlich neue Qualität, so trivial er auch einem erwachsenen Beobachter vorkommen mag. Um die argumentationslogische Struktur dieses Widerspruchs wenigstens ansatzweise rekonstruieren zu können, bedarf es einer kurzen sprachtheoretischen Erläuterung.

Die *pragmatischen Präsuppositionen* einer Äußerung lassen sich allgemein charakterisieren als die Bedingungen, die eine Äußerung erfüllen muß, damit sie in dem Kontext, in dem sie auftritt, verständlich und angemessen ist. In einer etwas präziseren Definition wird davon ausgegangen, daß sich der Kontext einer sprachlichen Äußerung als die Menge von Propositionen verstehen läßt, die die Teilnehmer eines Diskurses zum Zeitpunkt der gegebenen Äußerung als ein gemeinsames Wissen unterstellen. In diesem Sinne gibt Stalnaker (1977, S. 137) folgende Definition für pragmatische Präsuppositionen: »A proposition P is a pragmatic presupposition of a speaker in a given context just in case the speaker assumes or believes that P, assumes or believes that his adressee recognizes that he is making these assumptions, or has these beliefs.« Und in einer etwas späteren Arbeit (Stalnaker 1978, S. 321): »Presuppositions are what is taken by the speaker to be the *common ground* of the participants in the conversation, what is treated as their *common knowledge* or *mutual knowledge*.« Mit den pragmatischen Präsuppositionen einer Äußerung wird somit vom jeweiligen Sprecher eine für ihn und seine Zuhörerschaft gemeinsame *Diskurswelt* unterstellt. Im Falle der Verwendung einer Kennzeichnung (definite description) wie ›das Buch‹ unterstellt der Sprecher einen Referenzbereich (contextual domain), der die Menge von Entitäten umfaßt, im Hinblick auf deren Existenz und Identität vom Sprecher ein zwischen ihm und seiner Zuhörerschaft bestehendes gemeinsames Wissen[85] vorausgesetzt wird. Die Verwendung einer Kennzeichnung ist nur dann pragmatisch angemessen, wenn der Sprecher mit ihr den von ihm intendierten Referenten so charakterisiert, daß dieser vom Hörer von allen den Entitäten, die einen als gemeinsam unterstellten Referenzbereich konstituieren, eindeutig unterschieden und somit identifiziert werden kann. Und nur wenn eine empirische Behauptung, die eine Kennzeichnung enthält, diese pragmatische Bedingung erfüllt, kann sie sinnvollerweise auf ihre empirische Haltbarkeit hin kollektiv beurteilt werden. Daraus folgt, daß mit einem Widerspruch, der sich gegen die Abgrenzung eines als gemeinsam unterstellten Referenzbereiches richtet, der Anspruch auf empirische Haltbarkeit, der mit der entsprechenden empirischen Behauptung erhoben wird, unterlaufen werden kann. Ein solcher Widerspruch betrifft einen Geltungsanspruch, der dem Anspruch auf empirische Haltbarkeit logisch vorgeordnet ist: er richtet sich gegen eine oder auch mehrere der mit einer empirischen Behauptung vom jeweiligen Sprecher präsupponierten Aussagen (Propositionen), mit denen sich der Sprecher auf eine als gemeinsam unterstellte empirische Diskurswelt bezieht.

In diesem Sinne wird von Toni mit seinem Beitrag eine gemeinsame empirische Diskurswelt unterstellt, in der das strittige Buch und das Buch, das Timmi Robert weggenommen hat, identisch sind; und von Timmi wird genau diese Identität und damit in diesem Punkte die Gemeinsam-

---

85 Ein gemeinsames Wissen dieser Art kann im Verlaufe eines Diskurses z.B. durch explizite Existenzbehauptungen entwickelt werden. Auch für jede Form eines solchen gemeinsamen Wissens gibt es jedoch eine Grenze des expliziten/ impliziten Wissens, von der an Gemeinsamkeitsunterstellungen auf impliziten Hintergrundannahmen bzw. auf einem als gemeinsam unterstellten lebensweltlichen Wissen der Diskursteilnehmer aufbauen. Koordinationsprobleme im Hinblick auf diese Grenzen lassen sich nur im Rahmen der intermentalen Prozesse einer kollektiven Argumentation auflösen. Vgl. dazu das Teilkapitel 4.2. der vorliegenden Arbeit.

keit der von Toni unterstellten empirischen Diskurswelt bestritten. An der Stelle, an der sich in Tonis Diskurswelt ein Buch befindet, befinden sich in Timmis Diskurswelt zwei Bücher.

Ein Widerspruch dieser Art wird im folgenden als ein Widerspruch gegen die *situative Relevanz* einer Aussage bezeichnet. In einer Argumentation richtet sich ein solcher Widerspruch ja im allgemeinen gegen die Relevanz der gegnerischen Situationswahrnehmungen für eine gemeinsame empirische Identifikation des die Argumentation auslösenden Konfliktes. In solchen Widersprüchen manifestieren sich unterschiedliche und eventuell miteinander konkurrierende Situationsdefinitionen der an einem Konflikt Beteiligten. Wie im Falle eines Widerspruchs gegen die explanative Relevanz einer Aussage wird auch im Falle eines Widerspruchs gegen die situative Relevanz einer Aussage bestritten, daß es einen kollektiv geltenden Übergang von dieser Aussage zur potentiellen Argumentspitze (Konklusion) eines gemeinsamen Argumentes gibt. Aber während Widersprüche gegen die explanative Relevanz einer Aussage – und zwar so wie diese Widersprüche im Verlauf der Ontogenese zunächst in einer allgemeinen, undifferenzierten Form auftreten[86] – lediglich zu einer wechselseitigen Abgrenzung unterschiedlicher und eventuell kontroverser Standpunkte führen, ohne daß die dafür konstitutiven (normativen) Gesichtspunkte explizit thematisiert werden, beinhalten Widersprüche gegen die situative Relevanz einer Aussage eine *explizite Thematisierung* des Übergangs zwischen den Aussagen eines gegnerischen Argumentes, und zwar im Hinblick auf die vom argumentativen Gegner als gemeinsam unterstellte empirische Diskurswelt bzw. relevanter Ausschnitte derselben. Widersprüche gegen die situative Relevanz von Aussagen sind somit, ontogenetisch gesehen, eine Differenzierung bzw. Weiterentwicklung von Widersprüchen gegen die explanative Relevanz von Aussagen.

Der argumentative Vorteil, den Timmi mit seinem Widerspruch wenigstens zunächst einmal gewinnt, besteht darin, daß seine Gegner mit ihren bisherigen Beiträgen ins Leere stoßen. Die impliziten Gesichtspunkte N_1 und N_2, die den Standpunkt von Toni und Robert (und vermutlich auch Sebastian) normativ charakteri-

---

[86] Vgl. dazu auch die Unterscheidung zwischen Widersprüchen gegen die Relevanz und Widersprüchen gegen die explanative Relevanz von Aussagen im Teilkapitel 2.6. des Aufsatzes ›Antagonismen und Argumente‹.

sieren und die von Timmi nicht bestritten worden sind, sind mit Timmis Widerspruch vorerst *neutralisiert* worden. Wenn im weiteren Verlauf der Auseinandersetzung die empirische Haltbarkeit von Timmis Widerspruch von seinen Gegnern nicht bestritten werden kann, so folgt daraus, daß die normativen Gesichtspunkte N_1 und N_2 für eine Beantwortung der Gesamtquaestio keine Rolle spielen können, denn sie sind dann für eine normative Beurteilung der Konfliktsituation aus empirischen Gründen irrelevant. Entsprechend groß ist denn auch die Wut und Empörung von Toni und Sebastian und die Heftigkeit, mit der Toni und Sebastian einerseits und Timmi andererseits im folgenden auf ihren kontroversen Situationsdefinitionen beharren (10).

Im Diagramm [6] werden Timmis Widerspruch und Tonis und Sebastians Verneinung dieses Widerspruchs als Kontra- bzw. Pro-Argument zu dem Teilargument (3/4→1) repräsentiert. Das Symbol › ⇒ ⇐ ‹ bringt zum Ausdruck, daß es sich um kontradiktorische Beiträge handelt. Der argumentative Stellenwert dieser Beiträge (der Aussagen 5 und 6), der darin besteht, daß mit ihnen die situative Relevanz der Aussagen 1, 3 und 4 bestritten bzw. bejaht wird, wird graphisch dadurch veranschaulicht, daß die Aussagen 5 und 6 von einem gepunkteten Rechteck umrahmt werden.

Das Hin und Her zwischen Toni und Sebastian auf der einen und Timmi auf der anderen Seite führt zu keinem weiteren Argumentationsergebnis. Ein neues argumentatives Patt ist eingetreten, das sich nunmehr auf die kollektive Geltung von Aussage 1 (›Timmi hat Robert das Buch geklaut‹) bezieht. Ob dies für die Kinder bedeutet, daß Timmi die besseren Argumente hat und den Streit für sich entscheiden kann, weil die Aussage 2 (›Timmi möchte das Buch jetzt auch anschauen.‹) bislang nicht bestritten werden konnte, bleibt offen, denn der Beobachter interveniert an dieser Stelle erneut (11). In einer Art Reprise der Auseinandersetzung werden nun von Sebastian und Timmi die kontroversen Standpunkte in Form der Teilargumente (3/4→1→0) und (2→0) wiederholt (11-12).
Anschließend erhebt jedoch Toni einen Widerspruch gegen Timmis Beitrag »Ich will's anschauen!« (12), der sich nun ebenfalls gegen die situative Relevanz dieses Beitrages richtet: »Ja, der Robert wollt sich's ja auch anschauen!« (13). Es ist Toni, der nun eine entscheidende pragmatische Präsupposition von Timmis Beitrag bestreitet; nämlich die Präsupposition, daß nur Timmi (und nicht et-

wa auch Robert) das strittige Buch anschauen möchte bzw. daß der implizite normative Gesichtspunkt N_3 (›Im Kindergarten darf jeder jedes Buch anschauen bzw. jeder kommt einmal dran.‹), empirisch gesehen, nur Timmis und nicht auch Roberts Interessenlage beschreibt. D.h. Timmi unterstellt eine gemeinsame empirische Diskurswelt, in der nur einer, nämlich er selbst, das Buch anschauen möchte, und diese pragmatische Präsupposition wird von Toni bestritten. Nun ist es Toni, der einen entscheidenden argumentativen Vorteil erreicht hat. Durch das ›Gleichziehen‹ in Bezug auf den impliziten Parameter N_3 wird dieser in seinem explanativen Wert neutralisiert. Er ist aus empirischen Gründen für eine normative Entscheidung des Konflikts irrelevant.

Tonis Beitrag ist im Diagramm [6] als das Pro-Argument (7→0) repräsentiert worden. Der Widerspruch gegen die situative Relevanz von Timmis Beitrag (Aussage 2), den Toni durch ein ›Gleichziehen‹ auf dem Parameter N_3 zum Ausdruck bringt, ist – um die Komplexität des Prozeßdiagrammes in anschaulichen Grenzen zu halten – lediglich durch eine geschweifte Klammer mit der Aufschrift ›Neutralisierung‹ dargestellt worden.

Doch Timmi gibt sich nicht geschlagen: »Aber der (Robert) hatte ja'n anderes Buch gehabt.« (14). Auf der Grundlage von Timmis Situationswahrnehmung läßt sich auch der (qualitativ neue) Widerspruch Tonis hinsichtlich seiner eigenen situativen Relevanz bestreiten. Wiederum konzentriert sich die weitere Auseinandersetzung mit großer Heftigkeit auf die Frage, ob Robert ein anderes Buch hatte oder nicht (14-16); aber auch dieses Mal endet die Auseinandersetzung hinsichtlich dieser Frage in einem argumentativen Patt.
Die Konsensmenge von Aussagen, die im Verlaufe der Auseinandersetzung von den daran Beteiligten entwickelt werden konnte, enthält schließlich – wie im Argumentstrukturbaum des Diagrammes [6] dargestellt wird – nur noch die Aussagen 5 und 6, die in einem kontradiktorischen Widerspruch zueinander stehen, und die Aussage 2, mit der Timmi seinen Standpunkt unmittelbar zu rechtfertigen versucht hat.
Unter der Voraussetzung, daß für die Kinder das Wahrheitsprinzip von Argumentationen (vgl. dazu Kap. 3) gilt, müßten sie die wechselseitig nicht weiter bestreitbaren kontradiktorischen Aussagen 5 und 6 aus der Konsensmenge von Aussagen eliminieren. Es bliebe

dann nur noch die kollektiv akzeptierte Aussage 2 übrig. Und da der Übergang im Kontra-Argument (2—→0) von keinem Argumentationsteilnehmer bestritten worden ist, müßte eigentlich aus der Argumentation, wenn sie rational zu Ende geführt würde, die gemeinsame Antwort folgen, daß Timmi das Buch haben darf, weil er es anschauen möchte. Es bleibt jedoch empirisch offen, ob die Kinder in der Tat diese Folgerungen ziehen. Zwar behält Timmi das Buch; und er erspart es den anderen nicht, noch einmal darauf hinzuweisen, daß Robert im Unrecht ist, weil er ihn (Timmi) das Buch nicht anschauen lassen will (17). Aber dies kann genauso gut eine bloße Rechthaberei sein. Was Toni, Sebastian und Robert betrifft, so könnte ihr Verstummen auch einfach bedeuten, daß sie den Streit aufgeben, weil er ihnen argumentativ als nicht gewinnbar erscheint. Es ist aber auch nicht auszuschließen, daß die Kinder in der Tat zu den oben erwähnten (relativ zu ihrer Entwicklungsstufe) rationalen Folgerungen auf eine mehr oder weniger naive Weise gelangen und daß ein explizites Nachgeben auf seiten von Toni, Sebastian und Robert einfach deshalb nicht nötig ist, weil sich Timmi bereits im Besitz des strittigen Buches befindet.

Bemerkenswert ist, daß die Interventionen des Kindergartenhelfers, die den Vorschlag beinhalten, beide (Robert und Timmi) könnten sich doch zusammen das Buch anschauen (13-14, 16-17), keinen nennenswerten Einfluß auf den Gang der Auseinandersetzung zu haben scheinen. Man kann die Interventionen des Kindergartenhelfers als einen Ausdruck seiner Hilflosigkeit interpretieren: auch er kann den Widerspruch zwischen den Situationsdefinitionen der am Streit Beteiligten nicht auflösen; und da er sich für Ordnung und Frieden in der Kindergartengruppe verantwortlich fühlt, möchte er an die Stelle des Streites möglichst eine Form der friedlichen Kooperation setzen. Aber diese Interpretation würde zumindest der objektiven, von einem externen Beobachter nachvollziehbaren, interaktiven Bedeutung dieser Interventionen nicht gerecht.

Die Interventionen beinhalten eine Reformulierung der Streitfrage. Aus der Sicht des Kindergartenhelfers lautet die eigentliche Streitfrage: ›Sollen Robert und Timmi das Buch jeder für sich alleine beanspruchen, oder sollen sie es zusammen anschauen?‹ Und da die Fragen des Kindergartenhelfers von einer eher rhetorischen Art sind, d. h. seine Präferenz für eine Kooperation zwischen den

Kindern deutlich zum Ausdruck bringen, konfrontiert er die Kinder mit einer normativen Sichtweise auf ihren Konflikt, mit der die Geltung der impliziten Parameter N_1, N_2 und N_3 für eine normative Entscheidung des Konfliktes relativiert und ein übergeordneter normativer Gesichtspunkt für eine Lösung des Konfliktes vorgeschlagen wird. Aber die am Streit beteiligten Kinder scheinen diese Bedeutung der Interventionen nicht zu erfassen – zumindest gehen sie mit keinem Wort darauf ein; und auch nach den Interventionen des Kindergartenhelfers halten die Kinder an ihrer Streitfrage fest und versuchen sie weiterhin, eine normative Entscheidung des Konfliktes durch eine Auseinandersetzung über empirische Situationsdefinitionen zu erreichen.
Zu erwähnen ist schließlich noch, daß Timmi, objektiv gesehen, mit seinen Beiträgen in einen Selbstwiderspruch gerät. Timmis Einwände, daß er das Buch nicht gestohlen hat (4) und daß er das Buch anschauen möchte (4–5, 12), bestätigen zunächst in ihrem jeweiligen argumentativen Kontext die pragmatische Präsupposition, die Toni und Robert in den jeweils vorausgehenden Beiträgen mit ihrer Verwendung der Kennzeichnung ›das Buch‹ verbinden: nämlich daß das strittige Buch und das Buch, das Timmi Robert weggenommen haben soll, identisch sind. Und genau diese Identität wird dann später von Timmi explizit bestritten. Aber den an der Auseinandersetzung Beteiligten scheint dieser Selbstwiderspruch Timmis nicht bewußt zu sein; es ist, in diesem Sinne, ein latenter Selbstwiderspruch Timmis, der für den Gang der Auseinandersetzung keine Folgen hat.

6.2.3. Folgerungen

Die vorausgegangene empirische Fallanalyse legt die Vermutung nahe, daß in der Ontogenese der Logik der Argumentation auf die Unterscheidung zwischen empirischer Haltbarkeit und explanativer Relevanz ein Entwicklungsschritt folgt, der in der Herausbildung der Fähigkeit zur Differenzierung und expliziten Thematisierung der explanativen Relevanz von Aussagen im Hinblick auf deren *situative Relevanz* besteht. Widersprüche gegen die situative Relevanz von Aussagen beziehen sich auf die mit den pragmatischen Präsuppositionen eines Sprechers als gemeinsam unterstellte empirische Diskurswelt, und sie beinhalten eine explizite Zurückweisung deskriptiver Elemente dieser als gemeinsam unterstellten Diskurswelt. In solchen Widersprüchen manifestieren sich auf eine explizite Weise unterschiedliche und miteinander konkurrierende Sichtweisen der Argumentierenden im Hinblick darauf, was als das eigentlich Strittige in ihrem Streit zu gelten hat; und was mit diesen Widersprüchen als das eigentlich Strittige herausgestellt wird, liegt auf der Ebene von zunächst lediglich präsupponierten Situationswahrnehmungen bzw. Situationsdefinitionen oder eben, mit anderen Worten, auf der Ebene der von einem Sprecher als gemeinsam unterstellten empirischen Diskurswelt (soweit sich diese auf einen vorliegenden Konflikt bezieht).

Wenn ein Widerspruch gegen die situative Relevanz von Aussagen nicht bestritten werden kann, so führt dies zu einer Neutralisierung entsprechender gegnerischer Parameter. Dabei lassen sich zwei Formen der Neutralisierung gegnerischer Parameter (bzw. impliziter normativer Gesichtspunkte) unterscheiden: Entweder zielt ein Widerspruch gegen die situative Relevanz von Aussagen des Gegners darauf ab, die empirische Nichtanwendbarkeit seines impliziten Parameters auf eine normative Beurteilung des Konfliktes zu erweisen (in diesem Sinne versucht Timmi zu zeigen, daß die Frage, ob er Robert das Buch geklaut hat bzw. ob Robert das Buch zuerst gehabt hat, für eine normative Beurteilung des Konfliktes irrelevant ist, weil es sich bei dem strittigen Buch um ein ganz anderes Buch handelt). Diese Form einer Parameterneutralisierung wird im folgenden als ›Null-Neutralisierung‹ bezeichnet. Oder ein Widerspruch gegen die situative Relevanz von Aussagen zielt darauf ab, einen impliziten Parameter des Gegners für eine normative Entscheidung des Konfliktes zu entwerten, indem durch ein ›Gleichziehen‹ gezeigt wird, daß dieser Parameter – empirisch gesehen – die Interessenlage aller vom Konflikt Betroffenen gleichermaßen beschreibt (in diesem Sinne versucht Toni zu zeigen, daß die Frage, ob Timmi das Recht hat, das Buch anzuschauen, für eine normative Entscheidung des Konfliktes irrelevant ist, weil Robert das Buch auch anschauen möchte). Mit beiden Neutralisierungsformen wird versucht, eine normative Entscheidung eines Konfliktes durch eine Auseinandersetzung über empirische Fragen zu erreichen. Das Ziel einer Argumentation besteht auf dieser Entwicklungsstufe offenbar darin, den Standpunkt des Gegners zu neutralisieren und einen eigenen Standpunkt zu entwickeln, der nicht neutralisiert werden kann.

In den Widersprüchen gegen die situative Relevanz von Aussagen und in den damit möglichen Neutralisierungsformen manifestieren sich auf eine argumentationstheoretisch präzise rekonstruierbare Weise der spezifische Mechanismus und die kommunikativen Prozesse, die einer Handlungskoordination auf Selmans Stufe 2 der sozialen Perspektivenübernahme (vgl. dazu das Teilkapitel 5.1.) zugrundeliegen. Und erst eine argumentationstheoretische Rekonstruktion macht verständlich, inwiefern ego und alter auf dieser Entwicklungsstufe ihre Standpunkte voneinander unterscheiden, jeweils den Standpunkt des anderen einnehmen und jeweils aus der eigenen Perspektive eine Koordination zwischen konkurrierenden Standpunkten herstellen können (*subjektive Koordination von Perspektiven*). Indem ein gegnerischer Parameter neutralisiert wird, wird er als ein vom eigenen Parameter unterscheidbarer und abgrenzbarer normativer Gesichtspunkt zwar für eine Entscheidungsfindung berücksichtigt, aber er wird – falls die Neutralisierung gelingt – auf eine empirische Situations- bzw. Konfliktbeschreibung bezogen, in deren Kontext er seine Relevanz für eine normative Entscheidung des jeweiligen Handlungskonfliktes verliert.

Zwar kann eine Argumentation gewonnen, d.h. ein Handlungskonflikt im Prinzip konsensuell gelöst werden, wenn es gelingt, den Standpunkt des Gegners vollständig zu neutralisieren; aber wenn sich auf der Ebene wechselseitiger Widersprüche gegen die situative Relevanz von Aussagen ein argumentatives Patt einstellt, so zeigt sich, daß es sich bei der Koordination von ego und alter eben doch nur um subjektive (egozentrische) Koordinationen handelt, die sich auf sich wechselseitig ausschließende empirische Bezugspunkte (empirische Diskurswelten) von ego und alter zurückführen lassen.

Inwiefern kann nun diese Form argumentativer Konfliktlösungen systematisch Restriktionen über den Typ des moralischen Weltbildes festlegen, das für Kinder auf der präkonventionellen Stufe (Stufe 2) der Moralentwicklung eine letzte, fraglos geltende normativ-moralische Entscheidungsinstanz bildet? Offensichtlich kann es kein moralisches Weltbild sein, dessen Prinzipien eine komparative Beurteilung und hierarchische Bewertung von miteinander konkurrierenden Normen ermöglichen – wie dies auf der Stufe einer konventionellen Moral der Fall ist (vgl. dazu das folgende Teilkapitel) –, denn normative Konfliktlösungen aufgrund normativer Auseinandersetzungen scheinen auf der Stufe 2 der Moralentwicklung aus strukturellen Gründen noch nicht möglich zu sein. Andererseits kann es auch kein heteronomes moralisches Weltbild mehr sein, denn im Unterschied zur Stufe 1 sind auf der Stufe 2 der Moralentwicklung – wie die vorausgegangene empirische Fallanalyse nahelegt – argumentative Konfliktlösungen (in denen die kontroversen Standpunkte gleichermaßen berücksichtigt werden) aus strukturellen Gründen prinzipiell möglich. Nur für den Fall, daß Kinder bei ihren Auseinandersetzungen über empirische Konfliktbeschreibungen in einem argumentativen Patt festfahren, sind sie nach wie vor notwendig auf eine Entscheidung von außerhalb, d. h. auf die Entscheidung einer externen Autorität, angewiesen.

Entscheidend für das moralische Weltbild auf der Stufe 2 der Moralentwicklung ist, daß die für diese Stufe charakteristische Logik der Argumentation eine *quantifizierende Bewertung bzw. Gewichtung* der normativen Überzeugungskraft kontroverser Standpunkte ermöglicht. Im Falle einer Null-Neutralisierung des gegnerischen Standpunktes stützen alle in der Argumentation als situationsrelevant akzeptierten impliziten normativen Parameter ausschließlich den eigenen Standpunkt. Im Falle einer Neutralisierung des gegnerischen Standpunktes stützen alle bzw. mehr der in der Argumentation als situationsrelevant akzeptierten Parameter den eigenen Standpunkt, während für den gegnerischen Standpunkt nur eine Teilmenge (bzw. nur eine kleinere Teilmenge) dieser Parameter sprechen. Während jedoch die quantitative Verteilung normativer ›Plus-Punkte‹ im Falle einer Null-Neutralisierung per se eine Art selbstevidenter moralischer Entscheidung ermöglicht (der Gegner kann dann ja vollständig ins Unrecht gesetzt werden), erfordert im Falle einer Neutralisierung das Mehr und das Weniger an normativen Pluspunkten noch eine moralische Interpretation bzw. eine Art von moralischer Auszeichnung. Und es findet diese moralische Signifikanz nur im Rahmen eines *utilitaristischen Weltbildes*. Eine quantitative Symmetrie bzw. Asymmetrie in der normativen Überzeugungskraft kontroverser Standpunkte bildet die strukturelle Bewertungsgrundlage für alle Spielarten des Utilitarismus – auch für den noch recht naiven Utilitarismus auf der Stufe 2 der Moralentwicklung.

[7]

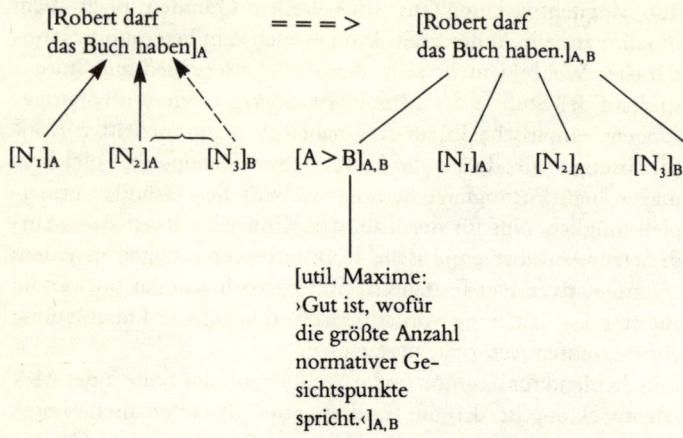

Diagramm [7] faßt noch einmal die wesentlichen strukturellen Eigenschaften der Neutralisierungsstrategie Tonis im ›Streit um das Buch‹ zusammen. Es ist nicht die größere Anzahl normativer Parameter als solche, die im Diagramm [7] dem Standpunkt A's gegenüber dem Standpunkt B's ein normatives Übergewicht verleiht (symbolisiert als: A > B), sondern erst die Interpretation dieser quantitativen Asymmetrie als eines kollektiv geltenden moralischen Kriteriums.

Diese Form einer ›strukturierten Ganzheit‹ von Logik der Argumentation und utilitaristischem moralischem Weltbild kennzeichnet im wesentlichen auch die Diskussion von Gruppe 2 (7/8jährige Kinder) über das ›Heinz-Dilemma‹, die im Rahmen des Aufsatzes ›Zur Ontogenese moralischer Argumentationen‹ analysiert worden ist. Ein wichtiger Unterschied zwischen dieser Diskussion und dem ›Streit um das Buch‹ liegt jedoch darin, daß von Gruppe 2 eine formale Variation bzw. Weiterentwicklung der Neutralisierungstechnik angewandt wird und daß dieser Argumentationsform eine inhaltlich etwas differenziertere utilitaristische Maxime entspricht.

Im ›Heinz-Dilemma‹ geht es um die Frage, ob es richtig ist, daß (wenn) Heinz in ein Geschäft einbricht, um das nötige Geld für eine lebensrettende Operation seiner Frau zu stehlen, obgleich die Geschäftsinhaber (Ladenbesitzer) dadurch arm werden.

Auch von den Kindern der Gruppe 2 wird in ständig erneuerten

Anläufen durch Auseinandersetzungen über empirische Konfliktbeschreibungen, die weitgehend mit dem Versuchsleiter ausgetragen werden, eine normative Lösung des Dilemmas (nämlich eine Antwort auf die Frage, was Heinz legitimerweise tun soll bzw. hätte tun sollen) zu erreichen versucht. Mehrmals werden von der Gruppe empirische Situationsbeschreibungen entwickelt, aufgrund deren einer der beiden miteinander konkurrierenden normativen Parameter (›Wert des Lebens‹ bzw. ›Wert des Eigentums‹) als situationsirrelevant aus dem Prozeß der Entscheidungsfindung ausgeklammert werden kann. Z.B. liegt dieses Verfahren dem Vorschlag der Gruppe zugrunde, daß Heinz in so viele Läden einbrechen soll, daß niemand mehr dadurch arm werden kann (Null-Neutralisierung).

Anders verhält es sich jedoch mit dem folgenden Urteil der Gruppe (bzw. strukturell analogen Urteilen der Gruppe), nämlich daß es richtig ist, wenn Heinz den Einbruch begeht – auch wenn die Ladenbesitzer dadurch arm werden –, denn dann können die Frau von Heinz *und* die Ladenbesitzer weiterleben. Diagramm [8] faßt die wesentlichen strukturellen Eigenschaften einer solchen Urteilsbildung zusammen.

[8]

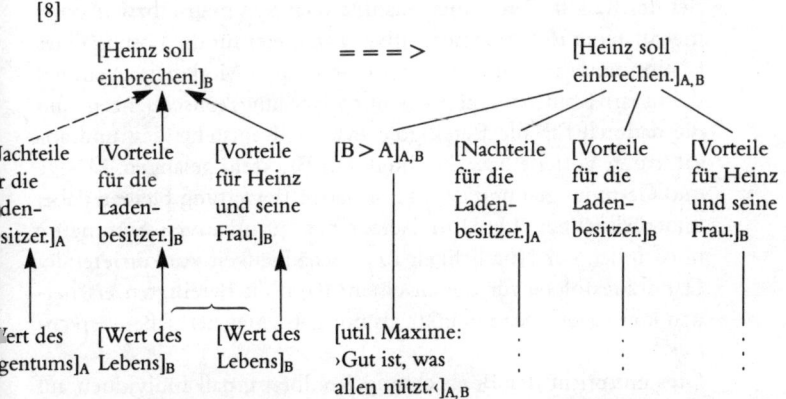

Die formale Variation in der Neutralisierungstechnik, die sich im Vergleich zu Tonis Argumentationsstrategie in dieser Urteilsbildung von Gruppe 2 ausdrückt, besteht darin, daß dem argumentativen Gegner zwar ebenfalls unterstellt wird, daß – empirisch gesehen – zumindest ein Teil seiner Interessen mit den eigenen

Interessen zusammenfällt, aber daß durch dieses ›Gleichziehen‹ auf ein und demselben Parameter nicht quantifiziert werden soll, welcher Standpunkt durch die größte Anzahl normativer Gesichtspunkte gestützt, sondern inwieweit mit den einzelnen (miteinander konkurrierenden) normativen Gesichtspunkten die Interessenlage aller vom Konflikt Betroffenen beschrieben werden kann. Von kontroversen Standpunkten besitzt dann derjenige die höhere normative Überzeugungskraft, für den sich die größere Anzahl normativer Plus-Punkte relativ zum Gruppeninteresse (bzw. dem Gesamtinteresse der an einem Konflikt Beteiligten) errechnen läßt: ›Gut ist, was allen nützt.‹

Auch in dieser formal und inhaltlich differenzierteren utilitaristischen Variante baut eine potentielle normative Konfliktlösung letztlich entscheidend auf einer Auseinandersetzung und Konsensfindung über empirische Konfliktbeschreibungen auf. Oder anders herum formuliert: obgleich von Gruppe 2 die argumentationslogischen Regeln für eine Erörterung der situativen Relevanz von Aussagen geradezu souverän beherrscht werden, wird auch ihr moralisches Weltbild aufgrund ihrer Logik der Argumentation durch die Grundstrukturen eines naiven Utilitarismus determiniert:

Bei der Kalkulierung einer quantitativen Symmetrie bzw. Asymmetrie in der Relevanz normativer Parameter für die Lösung eines bestimmten (hinsichtlich seiner empirischen Merkmale eventuell strittigen) Konfliktes können nur Handlungskonsequenzen und die dadurch für alle Beteiligten eventuell entstehenden und abzählbaren Vorteile bzw. Nachteile ins Blickfeld gelangen. Motive und Gesinnungen und deren normative Bewertung bleiben dabei unberücksichtigt. Und im Falle einer quantitativen Symmetrie hinsichtlich der Nützlichkeit bzw. Schädlichkeit konkurrierender Handlungsfolgen für die an einem Konflikt Beteiligten erscheinen kontroverse Standpunkte als normativ gleichermaßen berechtigt[87].

Dies entspricht der Beobachtung Kohlbergs, daß Individuen auf der Stufe 2 der Moralentwicklung von dem moralischen Prinzip eines *do ut des* auszugehen scheinen. Für eine moralisch gute Lö-

---

87 Vielleicht könnte man sagen, daß es sich bei den moralischen Anschauungen auf Stufe 2 der Moralentwicklung um eine einfache Form des ›Handlungsutilitarismus‹ im Unterschied zum ›Regelutilitarismus‹ handelt. Vgl. zu dieser Unterscheidung z.B. Frankena (1973) und Beauchamp (1982).

sung eines Handlungskonfliktes scheint es auf dieser Entwicklungsstufe darauf anzukommen (vgl. dazu die Tabelle im Teilkapitel 5.1.), einen gleichen Austausch, ein wechselseitiges Aushandeln von Vorteilen bzw. eine Symmetrie von Vorteilen oder Entschädigungen zu erreichen. Nur eine Lösung, die dies bietet, gilt dann als moralisch gerechtfertigt.

Die These, daß sich *Logik der Argumentation* und *moralisches Weltbild* auf dieser wie auf allen weiteren ontogenetischen Entwicklungsstufen systematisch entsprechen, impliziert nicht, daß sich aus der entwicklungsspezifischen Form einer argumentativen Auseinandersetzung unmittelbar die entsprechenden entwicklungsspezifischen moralischen Grundprämissen der betreffenden Individuen ableiten lassen, ganz so als würde die Form einer Argumentation aus sich heraus einen bestimmten moralischen Inhalt erzeugen. Alle moralischen Maximen, die eine bestimmte soziokulturelle Lebenswelt charakterisieren – z.B. gehören zumindest zu unserer soziokulturellen Lebenswelt wohl alle die moralischen Prinzipien, die Kohlbergs Moralstufen definieren –, lassen sich verstehen als zu inhaltlichen Wertvorstellungen geronnene formale Verfahren zur moralischen Bewertung und Gewichtung kontroverser Standpunkte; sie repräsentieren, im Sinne einer inhaltlichen Oberflächenform, nur noch den obersten moralischen Gesichtspunkt (Wert) für ein jeweils spezifisches formales Verfahren zur Ermittlung kollektiv geltender Lösungen für soziale Koordinationsprobleme. Die Logik der Argumentation, die den Auseinandersetzungen in einer Gruppe zugrundeliegt, ist dann nichts weiter als ein kollektives ›Suchorgan‹, mit dessen Hilfe aus der Menge der (möglicherweise miteinander zumindest teilweise unvereinbaren) moralischen Grundanschauungen einer vorgegebenen soziokulturellen Lebenswelt genau die moralischen Grundprämissen herausselegiert werden können, deren implizite Entscheidungsstruktur mit der jeweiligen Logik der Argumentation in einer Gruppe kompatibel ist.

6.3. Zur Entrelativierung empirischer und normativer Aussagen im Prozeß der Argumentation

Wenn Kinder auf der Stufe 2 der Moralentwicklung in Auseinandersetzungen potentiell wechselseitig sich ausschließende empirische Bezugspunkte für eine subjektive Koordination kontroverser normativer Standpunkte entwickeln, so ist aus der Sicht der am Konflikt Beteiligten die jeweilige Konzentration auf eine bestimmte empirische Konfliktbeschreibung bzw. die Einordnung des Konfliktes in eine bestimmte als gemeinsam unterstellte empirische Diskurswelt alles andere als willkürlich. Hinter der jeweils spezifischen Situationswahrnehmung steht in der Regel das subjektive Interesse, das die am Konflikt Beteiligten zu verteidigen suchen. Und hinter dem jeweiligen subjektiven Interesse stehen als Rechtfertigung die vom Betreffenden mit seinen Redebeiträgen jeweils (implizit) zum Ausdruck gebrachten normativen Gesichtspunkte. Ungeachtet dessen, ob die im ›Streit um das Buch‹ zum Vorschein gelangenden kontroversen Konfliktbeschreibungen empirisch wahr oder unwahr sind, Timmis empirische Behauptung, Robert habe ein anderes Buch gehabt, ist für die Verteidigung seiner Interessen und für die Durchsetzung seines normativen Gesichtspunktes relevant. Und dasselbe gilt von Tonis empirischer Behauptung, auch Robert wolle sich das Buch anschauen, im Hinblick auf Roberts Interesse und die Durchsetzung einer entsprechenden Asymmetrie in der Verteilung normativer Plus-Punkte. Noch deutlicher ist diese Interessenbezogenheit empirischer Konfliktbeschreibungen im Falle der Diskussion von Gruppe 2. Die empirische Aussage über (mögliche) Handlungskonsequenzen des Einbruchs erfüllen hier offenkundig die Funktion, nur jene normativen Parameter als situationsrelevant zuzulassen, die eine von der Gruppe erwünschte und gleichwohl moralisch (im Sinne ihres Utilitarismus) gerechtfertigte Konfliktlösung ermöglichen.

Wie bereits im Aufsatz ›Zur Ontogenese moralischer Argumentationen‹ erörtert wurde, gerät eine solche Argumentationsstrategie jedoch unvermeidlich in ein *Zirkularitätsproblem*. Wie ein Handlungskonflikt zu kontextuieren ist, d.h. welche empirischen Aussagen eine relevante Beschreibung dieses Handlungskonfliktes konstituieren, dies wird von den am Konflikt Beteiligten im Lichte ihrer kontroversen Interessen und den sie jeweils stützenden normativen Gesichtspunkten beurteilt; und diese Interessen bzw. normativen Gesichtspunkte werden dann wiederum hinsichtlich ihrer Relevanz durch jene empirischen Konfliktbeschreibungen gerechtfertigt.

Zweifellos können Kinder dieser Entwicklungsstufe, wie sich an ihren Argumentationen leicht nachweisen läßt, bereits grundsätzlich zwischen empirischen und normativen Aussagen unterscheiden. Sie wissen, daß eine empirische Aussage dann wahr ist, wenn sie das, was empirisch der Fall ist, darstellt. Und sie wissen, daß eine normative Aussage dann richtig ist, wenn sie ein verallgemeinerungsfähiges Interesse zum Ausdruck bringt.

Aber wenn sie versuchen, ein gemeinsames Argument zur Beantwortung einer strittigen Frage zu entwickeln, und sie dabei herausfinden wollen, welches die dafür potentiell konstitutiven empirischen und (impliziten) normativen Aussagen sind, die eine kollektive Geltung beanspruchen können, so spielt für diese *Suche* die wechselseitige Relativität in der Relevanz empirischer und normativer Aussagen die entscheidende Rolle.

Im Hinblick auf die Rationalität eines kollektiven Problemlösungsprozesses besitzt diese Zirkularität in der Suche nach relevanten empirischen und normativen Aussagen eine positive und eine negative Seite. Zweifellos erhöht sie die Problemlösungskapazität einer Gruppe: für die Suche nach möglichen Konfliktlösungen erfüllen dann nämlich empirische und normative Aussagen bzw. mögliche empirische Konfliktbeschreibungen und mögliche normative Gesichtspunkte wechselseitig füreinander eine heuristische Funktion. Andererseits führt diese Zirkularität in der Suche nach relevanten empirischen und normativen Aussagen dazu, daß die am Konflikt Beteiligten, ausgehend von ihrem jeweiligen subjektiven Interesse, in der Regel unterschiedliche und wechselseitig sich ausschließende Relevanzzusammenhänge entwickeln.

Die Argumentationsteilnehmer können dann zwar versuchen, den Standpunkt des Gegners teilweise oder vollständig zu neutralisieren, indem sie mit ihren Widersprüchen gegen die situative Relevanz von Aussagen des Gegners einen von diesem eventuell nicht bestreitbaren empirischen Bezugspunkt in die Argumentation einführen und damit den Relevanzzusammenhang des Gegners teilweise oder vollständig unterlaufen. Im ›Streit um das Buch‹ gelingt dies Timmi mit einem beträchtlichen Erfolg. Wenn jedoch Streitigkeiten zwischen etwas älteren Kindern analysiert werden, die ähnlich wie die Kinder von Gruppe 2 argumentative Neutralisierungstechniken souverän beherrschen, so zeigt sich, daß ein Erfolg, wie ihn Timmi für sich verbuchen konnte, schnell dadurch zunichte werden kann, daß der argumentative Gegner einfach durch die Einführung neuer normativer Gesichtspunkte und ent-

sprechender empirischer Konfliktbeschreibungen einen neuen Relevanzzusammenhang erzeugt und so fort.
Das eigentlich Destruktive an der Zirkularität in der Suche nach relevanten empirischen und normativen Aussagen liegt somit darin, daß sie zumindest auf der Stufe 2 der Moralentwicklung eine *gemeinsame* Heuristik der an einem Konflikt Beteiligten im Hinblick auf ihren Konflikt ausschließt. Empirische Beobachtungen von Streitigkeiten zwischen Kindern im Alter zwischen 7 und 10 Jahren, die im Rahmen der vorliegenden Arbeit nicht mehr analysiert werden können, zeigen, daß sich diese Streitigkeiten meistens immer weiter in Teilstreitigkeiten aufspalten und das eigentlich Strittige eines Streites (die Gesamtquaestio) dadurch immer mehr in den Hintergrund gerät, so daß die argumentativen Auseinandersetzungen schließlich ergebnislos abgebrochen werden müssen.
Eine gemeinsame Heuristik im Hinblick auf die empirischen Aspekte eines Konfliktes setzt voraus, daß für den einzelnen Argumentationsteilnehmer eine als gemeinsam unterstellte empirische Diskurswelt als die Gesamtheit der für eine Konfliktbeschreibung als relevant angesehenen empirischen Aussagen nicht mehr ausschließlich relativ zu den eigenen normativen Parametern variieren kann. Und eine gemeinsame Heuristik im Hinblick auf die normativen Aspekte eines Konfliktes setzt voraus, daß für den einzelnen Argumentationsteilnehmer eine als gemeinsam unterstellte normative Diskurswelt als die Gesamtheit der für eine Konfliktbeschreibung als relevant angesehenen (impliziten) normativen Aussagen nicht mehr ausschließlich relativ zu den eigenen empirischen Konfliktbeschreibungen variieren kann. Diese *Entrelativierung* empirischer und normativer Aussagen im Prozeß der argumentativen Suche nach den Aussagen, die ein potentiell gemeinsames Argument konstituieren, ist nur dann möglich, wenn die Gemeinsamkeit einer empirischen Diskurswelt und die Gemeinsamkeit einer normativen Diskurswelt unabhängig voneinander durch eine entsprechende Logik der Argumentation sichergestellt werden können. Sachfragen müssen argumentationslogisch von den eigentlich moralischen (normativen) Fragen unterschieden werden können. Und das heißt: Widersprüche gegen die situative Relevanz von Aussagen müssen weiter differenziert werden in Widersprüche gegen die empirische und Widersprüche gegen die normative Geltung von Aussagen; und die

Argumentierenden müssen über entsprechende Diskursformen verfügen, um über die kollektive Geltung solcher Widersprüche potentiell einen Konsens erzielen zu können.
Im folgenden soll an Hand des Fallbeispieles B (Streit um eine Schanze) versucht werden, wenigstens Ansätze des kollektiven Lernprozesses herauszuarbeiten, der diesen fundamentalen Entwicklungsschritt in der Ontogenese der Logik der Argumentation und, als eine Folge davon, die Entstehung eines konventionellen moralischen Weltbildes ermöglicht.

Der Streit um eine Schanze

Der im folgenden in einem kurzen Ausschnitt analysierte insgesamt nahezu 20-minütige Streit zwischen fünf 8-11jährigen Jungen, die zu einer Art Spielplatz-Peer-Group gehören, konnte vom Autor der vorliegenden Arbeit rein zufällig beobachtet werden.
Bei einem Spaziergang zum nahegelegenen Rodelhang fiel ihm auf, daß zwei 11-jährige Jungen, Dominik (Do) und Daniel (Da), zu verhindern versuchten, daß drei weitere Jungen, Olawi (O – 10 Jahre), Martin (M – 9 Jahre) und Tobias (To – 8 Jahre), der Sohn des Autors, über eine von den beiden größeren Jungen (Do und Da) mitten auf die Hauptpiste des Rodelhanges gebaute ziemlich hohe Schanze fahren. Während der Autor eine Kamera im nahegelegenen Institut holte, bauten die drei etwas kleineren Jungen eine kleine Schanze an einer anderen Stelle des Rodelhanges.
Nach seiner Rückkehr fragte der Autor bzw. Beobachter (Ma) die Kinder nach dem Grund ihres vorherigen Streites; und sofort begann erneut ein heftiger und langanhaltender Streit zwischen den beiden Elfjährigen und den drei etwas jüngeren Jungen auszubrechen, der schließlich als eine Schneeballschlacht weitertobte, die die beiden Elfjährigen sehr wahrscheinlich für sich entschieden hätten. Doch zuvor intervenierte der Beobachter und fragte die Kinder erneut nach dem Grund für ihren Streit. Wiederum entbrannte eine heftige Diskussion zwischen den Kindern. Fast jeder Redebeitrag wurde mit brüllender Stimme vorgebracht und häufig von Drohgebärden begleitet.
Aus dieser letzten Phase des Streites stammt der folgende kurze Ausschnitt:

```
160 Do: Darfst-    trotzdem nicht.
    Da:           aber andere!
    O :
    To:
    M :
    Ma:                            Aha. Ja, und wenn man einmal 'ne Schanze

161 Do:                                                        So kann man's
    Da:
    O :
    To:
    M :
    Ma: gebaut hat, gehört se ei'm immer, oder wie ist das?

162 Do: nennen.    Wenn ihr bei-
    Da:
    O :
    To:    Maxe!           Aber ich mag dir mal- aber ich mag dir dann
    M :    ----            Und die beste Bahn!
    Ma:          Ja, was ist?

163 Do: Und die beste *Schanze. Aber die gehört nicht euch.
    Da:
    O :
    To: mal was sagen.       Das ist die tollste Rodelbahn. Da sin die
    M :
    Ma:            Was denn?

164 Do:
    Da:
    O :
    To: Kinder auch letzten Winter drauf gefahrn. Und jetzt baun die da g-
    M :
    Ma:

165 Do:
    Da:
    O :
    To: ihre Schanze, und dann denken die, die Ro- die Rodelbahn ghört ihn!
    M :       ---- ---- ---- ---- ---- ---- ---- ----  die kaputt
    Ma:

166 Do:
    Da:
    O :
    To: Und weißte, so is das: wie als- wie als gehörten vielen Leuten eine
    M : gemacht.
    Ma:
```

167 Do:
   Da:
   O :
   To: Stadt. Und da käm da so'n- so'n dicker Bonze, würd da irgendwas
   M :
   Ma:

168 Do:
   Da:
   O :
   To: Tolles reinbaun. Und dann- und dann hätt'er gesagt: Stadt gehört
   M :
   Ma:

169 Do:
   Da:
   O :   Nee.
   To: jetzt mir. So ist das.
   M :
   Ma: Find't ihr das richtig? Kann so was sein?

170 Do: Nein.
   Da:
   O :
   To: Das ist so, weil das die Rodelbahn- w- weil das die beste Stelle
   M :
   Ma:

171 Do: Ach, was du nicht sagst! Ach, was du
   Da:
   O :
   To: is. Wir ham unsre Scha- wir ham unsre Schanze auch daneben-
   M :
   Ma:

172 Do: nicht sagst! Das soll die beste Stelle sein! Da geht's viel steiler
   Da:
   O :   Ha, ha, ha, ha!
   To: gemacht.   Ach-
   M :
   Ma:

173 Do: und so- viel schöner runter. [zeigt auf den Abhang oberhalb der
   Da: Ja, du
   O :
   To: Ha! Und da? Da is der ganze Schnee.
   M :
   Ma:

174 Do: kleinen Schanze]   Ja, mei! Hör mal zu! Hör mal zu! Hör
    Da: kannst ja-
    O :
    To: und da- da is die ganze Wiese!   Wo rutscht's wohl besser?
    M :
    Ma:

175 Do: mal zu!   Hör mal zu!
    Da:
    O :
    To: Rutsch mal da! Da wirst du sehn, wo es sich besser rutscht.
    M :
    Ma:

176 Do: Dieser Schnee, der hier liegt, den haben wir wieder mit den Bobs
    Da:
    O :
    To:
    M :
    Ma:

177 Do: hingefahren, daß es- damit die Bahn besser rutscht. Da war zuerst
    Da:
    O :
    To: [zeigt Do ›den Vogel‹]
    M :
    Ma:

178 Do: auch sowas hier. Da war das auch gleich so. [kratzt den Schnee ober-
    Da:
    O :
    To: Hä!   Hä!   Hat genau so gerutscht.   Hat genauso
    M :   Da war das- die
    Ma:

179 Do: halb der großen Schanze etwas ab, damit auch hier die Wiese sichtbar
    Da: ----
    O :
    To: gut gerutscht. O.k.? Mir hat's gut genug gerutscht. Ihr mußtet ja
    M : Bahn am steilsten.
    Ma:

180 Do: wird]   Ah!
    Da:
    O :
    To: das nicht baun! Ihr mußtet das ja nicht baun.
    M :   Da is die Bahn am
    Ma:

400

181 Do: Ja, aber trotzdem. Die rutschen da rum, fahrn mit
    Da:
    O :
    To:
    M : steilsten!   Wirklich am steilsten.
    Ma: Mhm.

182 Do: vollen Bremsen rüber, ritschen Dinger ab, treten es mit den Füßen
    Da:
    O :   Ha, ha, ha!
    To: Ist doch egal, ist doch nicht
    M :
    Ma:

183 Do: kaputt, dann-   Ja aber- hör
    Da:
    O :
    To: eure Rodelbahn! Ihr müßt euch doch nicht drum kümmern. Wenn das da-
    M :
    Ma:

184 Do: mir mal zu-
    Da:
    O :
    To: wenn das da toller fahrn soll, dann fahrt doch da, wenn das
    M :
    Ma:

185 Do: Ja, aber ihr- ihr habt euch ja- weil
    Da:
    O :
    To: sa- wenn das·da viel toller ist, diese Bahn. [zeigt auf den Abhang
    M :
    Ma:

186 Do: wir sind nicht so unverschämt wie ihr- ----
    Da:
    O :
    To: oberhalb der kleinen Schanze] Dann fahrt doch da, wenn das toller ist.
    M :
    Ma:

187 Do:
    Da:
    O :
    To: Und dann baut ihr eure- eure Schan- wieso baut ihr eure Schanze an'ne
    M :
    Ma:

401

188 Do: Ja, hör
    Da:
    O :
    To: schlechtere Stelle, wenn ihr die Stelle schlechter findet? Wieso
    M :
    Ma:

189 Do: doch mal zu Ihr habt jetzt hier angefang' zu baun, jetzt wollen
    Da: Wir finden-
    O :
    To: denn?
    M :
    Ma:

190 Do: wer's euch auch da nicht kaputtmachen. [zeigt auf die kleine Schanze]
    Da: Man kann sich-   Man-
    O :   Absolut nicht! Gell?
    To:
    M :
    Ma:

191 Do: Ja, genau.
    Da: Man kann sie hier ja genauso schön machen.
    O :   Wie soll man das machen?
    To:
    M :
    Ma:

192 Do:
    Da: Ja, Schnee hinfahrn   Schnee hinfahrn
    O : Gell? Da kann man schön in die Büsche fahrn. Gell? [zeigt auf die
    To:
    M :
    Ma:

193 Do:
    Da: und genügend runterfahrn.
    O : Büsche neben der kleinen Schanze] Weil ich dauernd in die Büsche fahr!
    To:
    M :
    Ma:

194 Do: Aber da sind Brems-
    Da:
    O : Und da sind keine Büsche. Oder? Siehst du da etwa Büsche? [zeigt zur
    To:
    M :
    Ma:

402

195 Do: spuren! [zeigt auf die Abfahrt unterhalb der großen Schanze]
Da: ---- ---- Kannst doch genauso hier fahren.
O : großen Schanze hin]   Die sind doch genau- die sind doch ge-
To:
M :
Ma:

196 Do: Ach,
Da:
O : äh- besser, als- als daß man dauernd gegen die Büsche fährt. Hä?
To:
M :
Ma:

197 Do: was du nicht sagst! Ach! [resignativ]
Da:
O :
To:
M :
Ma: Na!   Also, ich seh schon. Ihr könnt euern Streit-

198 Do: Nein. Die
Da:
O :   Och, nee.
To:
M :
Ma: könnt ihr- könnt ihr euch nicht einigen. Ne?   Das funktioniert

199 Do: fahrn hier nich, und damit basta!
Da: Die fahrn nicht, die lassen wir
O :
To:
M :
Ma: wohl nicht. Ja?

200 Do:
Da: nicht drüber.
O :
To:
M :
Ma:

403

Argumentationsprozeß:

[9]

1
[Do und Da haben die große Schanze gebaut]_Do

I 3

2
[Wer eine Schanze baut, darf über sie verfügen. (160–161)]_Do

I 3
[Die anderen, außer Do und Da, beschädigen die Schanze. (180–181)]_Do

0
[Alle dürfen die große Schanze befahren.]_To, O, M

3
[Alle dürfen auf der Rodelbahn mit der großen Schanze fahren. (162–170)]_To

4
[Die Rodelbahn mit der großen Schanze ist die beste Abfahrt des ganzen Rodelhanges. (162–170)]_To

5
[Die beste Stelle des Rodelhanges muß allen Kindern zugänglich sein. (163–168)]_To

6
[Tobias' Geschichte. (163–168)]_To

9
[Es ist die Abfahrt mit dem meisten Schnee. Deshalb rutscht es am besten. (172–174)]_To

10
[Es rutscht dort nur deshalb besser, weil Do und Da Schnee hingefahren haben. (174–177)]_Do

11
[Es rutschte davor

12
[Die Hauptabfahrt ist am steilsten. (179)]_M

= > s < =

7
[Die Nebenabfahrt ist besser. (171–172)]_Do, Da

8
[Die Nebenabfahrt ist viel steiler und schöner. (171–172)]_Do

14
[Man kann die Nebenabfahrt genau so schön machen wie die Hauptabfahrt. (187–189)]_Da

[Die Nebenabfahrt ist *nicht* besser.]_Da

Struktur des gemeinsam entwickelten Argumentes:

= = = >

404

6.3.2. Argumentationsanalyse

Der Argumentationsausschnitt zeigt, daß in dieser Phase des Streites die Auseinandersetzung maßgeblich zwischen Dominik und Tobias ausgetragen wird; aber beide werden von ihren jeweiligen Koalitionspartnern vehement (u.a. durch nichtverbale Handlungen, die vom Transkript nicht erfaßt worden sind) unterstützt.
Die Streitfrage (Gesamtquaestio), die dem bisherigen Verlauf der Auseinandersetzung auf eine mehr oder weniger kohärente Weise zugrundeliegt, lautet: ›Wer darf die große Schanze befahren?‹.
Dem Ausschnitt geht unmittelbar voraus, daß Daniel und Dominik dem Beobachter (Ma) erläutern, weshalb die große Schanze ihrer Auffassung nach ihnen gehört und sie deshalb auch bestimmen können, wer sie befahren darf: sie ist von ihnen gebaut worden. Der normative Gesichtspunkt, mit dem dieser Besitzanspruch gestützt wird, wird mit der Verständnisfrage des Beobachters und der Zustimmung Dominiks explizit thematisiert (160-161): ›Wer eine Schanze baut, darf über sie verfügen.‹
Dies konstituiert ein klares Gegenargument zu der von Olawi, Martin und Tobias bislang vertretenen Auffassung, daß alle die große Schanze befahren dürfen.

Im Diagramm [9] ist im Prozeßbaum die Antwort von Olawi, Martin und Tobias auf die Gesamtquaestio als Argumentspitze (›Alle dürfen die große Schanze befahren.‹) gewählt worden.
Der mit den oben zitierten Beiträgen von Dominik und Daniel formulierte Gegenstandpunkt ist im Prozeßbaum als das Kontra-Argument (2→(1—→0)) repräsentiert worden. Der Pro-Pfeil in diesem Kontra-Argument bringt den expliziten argumentativen Übergang von der Aussage 1 zur kontradiktorischen Argumentspitze (›Nicht alle bzw. nur Dominik und Daniel dürfen die große Schanze befahren.‹) zum Ausdruck.
Um die Transparenz des Prozeßbaumes zu erhöhen, soll hier gleich vorweggenommen werden, daß Pro-Pfeile, die sich auf argumentative Übergänge beziehen, im Rahmen der hier analysierten Argumentation stets auf Aussagen zurückgehen, die normative Gesichtspunkte bzw. normative Wertparameter zum Ausdruck bringen.
Im Diagramm werden lediglich (mit einer gewissen Idealisierung) solche Aussagen repräsentiert, die mit den Redebeiträgen der Argumentierenden explizit zum Ausdruck gebracht werden.

Im Gegenzug versucht Tobias anschließend, seine Argumentspitze zu verteidigen. Gegen den Beitrag von Daniel und Dominik legt er folgenden Widerspruch ein: »Maxe! Aber ich mag dir mal- aber ich mag dir mal was sagen. Das ist die tollste Rodelbahn. Da sin die Kinder auch letzten Winter drauf gefahren. Und jetzt baun die da g- ihre Schanze, und dann denken die, die Ro- Rodelbahn ghört ihn'. Und weißte, so is das: wie als- wie als gehörten vielen Leuten eine Stadt. Und da käm da so'n- so'n dicker Bonze, würd da irgendwas Tolles reinbaun. Und dann- und dann hätt' er gesagt: Stadt ghört jetzt mir. So ist das.« (162-169). Und etwas später: »Das ist so, weil das die Rodelbahn- w- weil das die beste Stelle is. Wir ham unsre Scha- wir ham unsere Schanze auch danebengemacht.« (170-172).

Mit seinem Beitrag bestreitet Tobias hinsichtlich des Gegenargumentes von Daniel und Dominik weder die Legitimation der normativen Aussage 2 noch die Haltbarkeit der empirischen Aussage 1; vielmehr bestreitet er allgemein die explanative Relevanz dieses Gegenargumentes, indem er die angegriffene Argumentspitze mit einem völlig neuen Argument rechtfertigt und damit einen neuen empirisch-normativen Relevanzzusammenhang für eine Erörterung der Streitfrage in die Argumentation einführt. Der normative Hintergrund, auf den sich Tobias mit seinem Beitrag bezieht, kommt in der Analogie mit ›Wildwestpraktiken‹ anschaulich zum Ausdruck. Mit der Analogie wird in etwa die folgende Norm implizit zum Ausdruck gebracht: ›Das allgemeine Interesse darf durch das Interesse von einzelnen nicht beschnitten werden‹.

Der Beitrag von Tobias wird im Prozeßbaum von Diagramm [9] durch das Pro-Argument (6→5→(4→3→0)) repräsentiert.

Die Argumentation ist damit wiederum, wie schon oft in diesem Streit, in einen antagonistischen Zustand übergegangen. Die beiden Koalitionen vertreten einander wechselseitig ausschließende Standpunkte. Keine der möglichen Antworten auf die Quaestio ›Wer darf die große Schanze befahren?‹ kann auf der Grundlage der bislang entwickelten Argumente ins kollektiv Geltende der Kinder überführt werden.

Welche argumentativen Züge stehen nun Dominik und Daniel im Prinzip offen, um den Beitrag von Tobias zu kontern und das eingetretene argumentative Patt zu ihren Gunsten aufzulösen?

(a) Dominik und Daniel könnten die Legitimation der impliziten und expliziten normativen Aussagen im Beitrag von Tobias bestreiten. Aber dies würde eine Argumentation auf der Normenebene, einen normativen Diskurs, erfordern; und eine solche Argumentation kommt während des gesamten Streites nicht vor.

Im übrigen wird von Dominik und Daniel der von Tobias ins Spiel gebrachte normative Gesichtspunkt explizit als legitim akzeptiert (170).

(b) Dominik und Daniel könnten, ähnlich wie zuvor Tobias, einfach einen neuen normativen Gesichtspunkt und entsprechende empirische Konfliktbeschreibungen in die Diskussion einführen. Aber damit ließe sich das Argument von Tobias nicht entkräften; die Entscheidung darüber, welche der alternativen Argumentspitzen zu akzeptieren ist, würde nur hinausgeschoben. Und durch analoge argumentative Gegenzüge von Tobias und seinen Freunden könnte wiederum eine neue argumentative Patt-Situation entstehen (wie eben erst durch den Beitrag von Tobias).

In dem gesamten Streit wird die Einführung eines thematisch neuen Argumentes (eines neuen empirisch-normativen Relevanzzusammenhanges) nur im äußersten Notfall angestrebt, wenn es unbedingt nötig ist, sich dem Gegner gegenüber etwas Luft zu verschaffen.

(c) Ein ›Gleichziehen‹ auf dem normativen Parameter von Tobias und damit die Erzeugung einer quantitativen Asymmetrie in der Verteilung normativer Plus-Punkte scheint, inhaltlich gesehen, nicht möglich zu sein.

(d) Damit bleibt nur noch ein letzter argumentativer Zug: es müssen die empirischen Aussagen von Tobias' Beitrag, d.h. vor allem die Aussage 4 im Diagramm [9], bestritten oder doch insoweit modifiziert werden, daß der normative Gesichtspunkt von Tobias (die Aussagen 5 und 6 im Diagramm [9]) nicht mehr angewandt werden kann, um eventuell eine Entscheidung zwischen den beiden alternativen Argumentspitzen herbeizuführen. Der an sich kollektiv als legitim akzeptierte normative Wertparameter der Gegenpartei muß also *neutralisiert* werden (und zwar im Sinne einer Null-Neutralisierung), so daß nur noch das eigene Argument und der eigene Wertparameter als für die Argumentation relevant übrigbleiben.

Es ist genau eine solche Neutralisierung bzw. ein entsprechender Widerspruch gegen die situative Relevanz des normativen Gesichtspunktes von Tobias, den Dominik nun, in seiner Antwort auf Tobias, vorbringt: »Ach, was du nicht sagst! Ach, was du nicht sagst! Das soll die beste Stelle sein! Da (Dominik meint eine Stelle oberhalb der kleinen Schanze) geht's viel steiler und so- viel schöner runter.« (171-173).

Dieser Einwand von Dominik wird im Diagramm [9] als das Kontra-Argument (8→7−→4) zur Aussage 4 repräsentiert.

Der weitere Verlauf der Argumentation besteht im wesentlichen aus einem argumentativen Kampf der beiden gegnerischen Parteien um die Akzeptierung bzw. Nichtakzeptierung der empirischen Aussage ›Die Rodelbahn mit der großen Schanze ist die beste Abfahrt des ganzen Rodelhanges.‹. Denn wenn Daniel und Dominik diese ›Bastion einnehmen‹ können, so können sie einen ähnlichen Erfolg für sich verbuchen wie Timmi im ›Streit um das Buch‹; und sie können dann die Argumentation zumindest in dieser Phase des Streites zu ihren Gunsten entscheiden. Wenn dagegen Olawi, Martin und Tobias diese argumentative Teilauseinandersetzung gewinnen können, so erreichen sie zumindest, daß auch weiterhin die Streitfrage offen bzw. das zuvor erreichte argumentative Patt zunächst einmal erhalten bleibt.
Bei der Auseinandersetzung um die kollektive Geltung jener empirischen Aussage handelt es sich somit um eine im Ausgang von kontroversen normativen Standpunkten geführte Auseinandersetzung über eine korrekte Situationswahrnehmung bzw. empirisch angemessene Konfliktbeschreibung. Für eine solche Auseinandersetzung bietet die strittige empirische Aussage dadurch, daß sie das evaluative Prädikat ›beste‹ in dem Ausdruck ›die beste Abfahrt‹ enthält, viele Angriffsflächen und umgekehrt auch viele Verteidigungsmöglichkeiten.

Evaluative Prädikate wie ›gut, schlecht, besser, beste etc.‹ besitzen eine Vielzahl unterschiedlicher Bedeutungsdimensionen. Ob eine Abfahrt die beste ist, läßt sich prinzipiell an Hand einer Vielzahl von Parametern messen; daraus folgt, daß eine Vielzahl unterschiedlicher empirischer Beschreibungen möglich ist, die für die Bewertung der Qualität von ein und derselben Abfahrt relevant sein können.
Wenn ein Sprecher den Ausdruck ›die beste Abfahrt‹ verwendet, so wird von ihm eine bestimmte ›Lesart‹ des darin enthaltenen evaluativen Prädikates unterstellt; und das heißt: es wird von ihm eine bestimmte Auswahl aus den prinzipiell möglichen Parametern als relevante Bedeutungsdimensionen pragmatisch präsupponiert. Für die am ›Streit um die Schanze‹

Beteiligten folgt daraus – wie anschließend noch im einzelnen gezeigt werden soll –, daß die von ihnen jeweils als gemeinsam unterstellte empirische Diskurswelt für eine Lösung des Teilkonfliktes, ob die Rodelbahn mit der großen Schanze die beste Abfahrt des Rodelhanges ist, eventuell einer zweifachen subjektiven Relativierung unterliegt. Was von den Beteiligten jeweils zur Gesamtheit der für eine Beschreibung dieses Teilkonfliktes als relevant angesehenen empirischen Aussagen zählt, hängt davon ab, welche Parameter des evaluativen Prädikates von ihnen jeweils für wichtig und relevant erachtet werden; und welche Parameter als wichtig und relevant angesehen werden, dies hängt nicht zuletzt davon ab, ob mit dem entsprechenden Relevanzzusammenhang der übergeordnete empirisch-normative Relevanzzusammenhang, der mit dem Argument von Tobias konstituiert worden ist, verteidigt oder unterlaufen bzw. neutralisiert werden soll.

Im Zentrum der weiteren empirischen Analyse steht deshalb die Frage, ob oder inwieweit es den Kindern gelingt, dieses zweifache Koordinationsproblem im Hinblick auf die Sicherstellung einer gemeinsamen empirischen Diskurswelt (für eine Klärung der strittigen empirischen Frage) zu lösen.

Während Olawi Dominiks Replik (172) nur mit einem höhnischen Gelächter quittiert, versucht nun Tobias die strittige empirische Aussage (die Aussage 4 im Diagramm [9]) zu verteidigen, indem er sie auf eine weitere empirische Aussage zurückführt: »Ha! Und da? Da (oberhalb der großen Schanze) is der ganze Schnee. Und da- da (oberhalb der kleinen Schanze) is die ganze Wiese! Wo rutscht's wohl besser? Rutsch mal da! Da wirst du sehn, wo es sich besser rutscht.« (173-175). Wenn die Hauptabfahrt (mit der großen Schanze) und die Nebenabfahrt (mit der kleinen Schanze) an Hand des Kriteriums der Schneemenge miteinander verglichen werden, so ist nach Tobias die Hauptabfahrt zweifellos die bessere.

Im Gegenzug wechselt Dominik seinerseits den Parameter. Nach Dominik ist die Hauptabfahrt nicht die beste Abfahrt, weil dort ›naturwüchsig‹ am meisten Schnee läge, sondern weil erst aufgrund der Leistung von ihm und Daniel jetzt dort am meisten Schnee liegt (176-178). Dies wird jedoch von Tobias als empirisch unhaltbar zurückgewiesen (genauer: der von Dominik neu eingeführte Parameter wird null-neutralisiert). Tobias zufolge rutschte es auch davor auf der Hauptabfahrt am besten (178-179). Außer einem Aufschrei Dominiks (180) erfolgen hierzu keine weiteren Einwände von Daniel und Dominik.

Dieses argumentative Hin und Her zwischen Tobias und Dominik wird im Diagramm [9] als das Pro-Argument (9→4) von Tobias, als das darauf Bezug nehmende Kontra-Argument (10—→(9→4)) von Dominik und als das wiederum darauf Bezug nehmende Kontra-Argument (11—→(10—→(9→4))) von Tobias repräsentiert. Aus Gründen der graphischen Anschaulichkeit sind hierzu lediglich einfache Kontrapfeile verwendet worden.
Da gegen den zuletzt zitierten Beitrag von Tobias von Dominik und Daniel keine weiteren Einwände mehr erhoben werden, hat Tobias sein Pro-Argument (9→4) erfolgreich verteidigen können.

An dieser Stelle greift Martin in die Auseinandersetzung ein. Er bestreitet den früheren Beitrag Dominiks, mit dem dieser seine Neutralisierungsstrategie eingeleitet hat (das heißt die Aussagen 7 und 8 im Diagramm [9]). Martin zufolge ist nicht die Nebenabfahrt, sondern, im Gegenteil, die Hauptabfahrt am steilsten (180-181).

Martins Beitrag wird im Diagramm [9] als das Kontra-Argument (12—→7) zu Dominiks Beitrag repräsentiert. Dominiks Aussage 8 und Martins Aussage 12 schließen sich wechselseitig aus; und es bleibt auch im weiteren offen, welche Abfahrt nach dem Kriterium der Steilheit nun eigentlich die bessere ist.

Der bisherige Verlauf der Auseinandersetzung um die von Dominik angegriffene Aussage ›Die Rodelbahn mit der großen Schanze ist die beste Abfahrt des ganzen Rodelhanges.‹ hat damit eher zu Vorteilen auf der Seite von Olawi, Martin und Tobias geführt. Zwar konnte keine Einigung darüber erzielt werden, welches die entscheidenden Gesichtspunkte für einen Vergleich zwischen den beiden Abfahrten sein sollen; aber auf keinem der mit den einzelnen Beiträgen implizierten unterschiedlichen Parameter ist es Dominik gelungen, diese Teilauseinandersetzung zu seinen Gunsten zu entscheiden. Und es muß an dieser Stelle von der Beobachterseite aus vielleicht hinzugefügt werden, daß es Dominik mit seiner Neutralisierungsstrategie auch nicht gerade einfach hat. Denn nach den für Kinder dieser Altersstufe im allgemeinen üblichen Kriterien für die Beurteilung einer Rodelpiste ist die Hauptabfahrt wohl in der Tat die beste Abfahrt des ganzen Rodelhanges.
Offenbar fühlt sich Dominik nunmehr in die Enge gedrängt, denn er versucht das Thema zu wechseln und ein neues Argument

direkt gegen die von der Gegenseite vertretene Argumentspitze vorzubringen: »Ja, aber trotzdem. Die rutschen da rum, fahrn mit vollen Bremsen rüber, ritschen Dinger ab, treten es mit den Füßen kaputt, dann-« (181-183).

Dominiks Beitrag wird im Diagramm [9] als das Kontra-Argument (13——→0) repräsentiert.

Doch wenn es in dieser Argumentation überhaupt so etwas wie einen archimedischen Punkt gibt, von dem aus das argumentative Verfahren, empirische Fakten zu manipulieren oder doch wenigstens so zu selegieren, daß dadurch der gegnerische Wertparameter neutralisiert wird, sichtbar und damit zugleich widerlegbar gemacht werden kann, so scheint ihn Tobias im folgenden gefunden zu haben: »Wenn das da (Tobias zeigt dabei auf den Abhang oberhalb der kleinen Schanze)- wenn das da toller fahren soll, dann fahrt doch da, wenn das da- wenn das viel toller ist, diese Bahn. Dann fahrt doch da, wenn das toller ist. Und dann baut ihr eure-eure Schan- wieso baut ihr eure Schanze an 'ne schlechtere Stelle, wenn ihr die Stelle schlechter findet? Wieso denn?« (184-189).

Tobias konfrontiert hier Dominik mit dessen eigener Aussage, die Nebenabfahrt sei besser bzw. die Stelle oberhalb der kleinen Schanze sei viel steiler und schöner als die Stelle oberhalb der großen Schanze.

Zunächst wird Dominik damit wieder in den alten Argumentationskontext zurückgeholt. Er muß diese Aussage, da es ja seine eigene ist, entweder explizit fallen lassen oder verteidigen. Wenn er sie fallen läßt, gilt die bislang umstrittene empirische Aussage (d.h. die Aussage 4 im Diagramm [9]); und Dominik und Daniel haben dann diese Teilauseinandersetzung verloren. Wenn er sie jedoch zu halten versucht, so zwingen ihn nunmehr die provozierenden Fragen von Tobias dazu, die Gründe dafür anzugeben, weshalb er und Daniel, um alles in der Welt, ihre Schanze an eine schlechtere Stelle bauen. Das heißt, Dominik und Daniel droht jetzt die Gefahr, sich in einen *indirekten Selbstwiderspruch* zu verstricken, und das heißt: jene Gründe nicht widerlegen zu können, die dafür sprechen, daß auch Dominik und Daniel die Hauptabfahrt für die beste Abfahrt des Rodelhanges halten. Diese Gründe, die Tobias mit seinem Beitrag ausführt, lassen sich dahingehend zusammenfassen, daß niemand Dominik und Daniel daran hindert bzw. gehindert hätte, ihre Schanze auf der Nebenabfahrt aufzubauen; und weiter, daß es unverständlich ist, wenn Dominik und Daniel die Nebenabfahrt für die beste Abfahrt halten und sie dennoch die Möglichkeit, ihre Schanze dort aufzubauen, nicht wahrnehmen.

Mit seinem ersten Gegeneinwand auf den Beitrag von Tobias versucht Dominik zu begründen, weshalb Daniel und er ihre Schanze in der Tat auf die schlechtere Abfahrt gebaut hätten: »... ja- weil wir sind nicht so unverschämt wie ihr-« (185-186). Aber niemand von der Gegenseite nimmt diesen Einwand ernst. Tobias setzt seinen bereits zitierten Beitrag einfach fort (186-189), und auch Dominik läßt im weiteren diesen Einwand auf sich beruhen. Mit einem lange hingezogenen »Ja, hör doch mal zu!« (188-189) versucht er möglicherweise etwas Zeit für die Formulierung seines zweiten Gegeneinwandes zu gewinnen, der dann folgendermaßen lautet: »Ihr habt jetzt hier (auf der Nebenabfahrt) angefang' zu baun, jetzt wollen wer's euch da nicht kaputt machen.« (189-190).

Durch diesen Gegeneinwand läßt sich jedoch lediglich Olawi herausfordern; mit seinem Protest »Absolut nicht! Gell?« (190) bringt er vermutlich zum Ausdruck, daß er eine eventuelle Zerstörung der kleinen Schanze für völlig unzumutbar hielte.

Auch mit dem zweiten Gegeneinwand Dominiks lassen sich die von Tobias mit seinem Beitrag zum Ausdruck gebrachten Gründe kaum entkräften. Denn die große Schanze war ja bereits fertig, als von Olawi, Martin und Tobias begonnen wurde, die kleine Schanze zu bauen. Der weitere Verlauf der Argumentation läßt es jedoch offen, ob von Olawi, Martin und Tobias diese Ungereimtheit in Dominiks zweitem Gegeneinwand wahrgenommen wird.

Möglicherweise wird jedoch von Tobias und seinen Anhängern eine weitere Diskussion über die Gegeneinwände Dominiks auch deshalb für überflüssig erachtet, weil mit dem dritten Gegeneinwand, der von Daniel vorgebracht wird, der indirekte Selbstwiderspruch von Daniel und Dominik ganz offenkundig wird: »Man kann sie (die Nebenabfahrt) hier ja genauso schön machen!« (191). Damit wird von Daniel und wohl auch von Dominik (der zumindest keinen Einwand erhebt) klar zugegeben, daß die Nebenabfahrt *nicht* besser ist.

Dieser indirekte Selbstwiderspruch wird im Diagramm [9] mit dem Teilprozeß, der durch ein gepunktetes Rechteck eingerahmt wird, dargestellt.

Die Aussage ›Die Nebenabfahrt ist *nicht* besser.‹ (ohne Ziffer), die einen direkten Selbstwiderspruch von Dominik und Daniel konstituieren würde, wird von den beiden nicht explizit ausgesprochen. Aber sie folgt eindeutig aus Daniels Beitrag (Aussage 14).

Es mag als eigenartig erscheinen, daß diese von Tobias und seinen Anhängern doch recht mühselig errungene Wende in der Auseinandersetzung um die strittige Frage, ob die Hauptabfahrt die beste Abfahrt ist, im weiteren Verlauf der Auseinandersetzung kaum eine Wirkung zeigt. Tobias zieht sich an diesem Punkt der Argumentation aus dem Streit zurück. Und nach einem kurzen Geplänkel zwischen Olawi einerseits und Daniel und Dominik andererseits wird diese Argumentationsrunde erst einmal abgebrochen. Dominik und Daniel verbieten den anderen kurz und bündig, über die große Schanze zu fahren. Dominik: »Die fahrn hier nich, und damit basta!« (198-199). Und Daniel fügt hinzu: »Die fahrn nicht. Die lassen wir nicht drüber!« (199-200).

Daß in dieser Argumentationsrunde die Auseinandersetzung zwischen den Kindern, die erst eine kurze Weile später wieder neu entflammt, nur zu einem Ergebnis führt, das die Ausgangslage für den Streit der Kinder lediglich reproduziert, dafür lassen sich zumindest drei mögliche Erklärungen liefern.

Erstens. Obgleich Tobias sehr geschickt vorgeht, um Daniel und Dominik eines Selbstwiderspruches zu überführen, könnte es sein, daß er und seine Anhänger am Ende doch nicht durchschauen, daß sich Daniel und Dominik in der Tat in einen indirekten Selbstwiderspruch verstrickt haben. Gegen diese Erklärung spricht jedoch, daß sich im weiteren Verlauf des Streites Tobias mehrfach auf diesen Selbstwiderspruch bezieht und von Daniel und Dominik nicht mehr versucht wird, das Argument, das Tobias in diesem Argumentationsausschnitt für die von ihm vertretene Argumentspitze entwickelt hat, zu bestreiten.

Zweitens. Auch wenn Olawi, Martin und Tobias die Teilauseinandersetzung über die Frage, welches die beste Abfahrt ist, für sich entscheiden können, so können sie damit doch nur eine Wiederherstellung der argumentativen Patt-Situation erreichen, die sich bereits zu Beginn des vorliegenden Argumentationsausschnittes abgezeichnet hat. Und das heißt: keine der möglichen Antworten auf die Streitfrage der Kinder kann auf der Grundlage der Konsensmenge von Aussagen, die im Verlauf der Argumentation ent-

wickelt werden konnte, ins kollektiv Geltende der Kinder überführt werden. Diese Transformation des Argumentationsprozesses in ein gemeinsam entwickeltes Argumentfragment, das die Streitfrage offen läßt, wird im Diagramm [9] mit Hilfe des Argumentstrukturbaumes rechts vom Transformationspfeil veranschaulicht.
Drittens. Sowohl die diesem Argumentationsausschnitt vorausgehenden Phasen des Streites als auch der weitere Verlauf der Auseinandersetzung zeigen, daß Daniel und Dominik das Eintreten einer argumentativen Patt-Situation, die unauflösbar scheint, jedes Mal damit beantworten, daß sie die Nichtentscheidbarkeit des Konfliktes unter Zuhilfenahme ihrer körperlichen Überlegenheit zu ihren Gunsten auslegen. Dies führt nicht nur am Ende des vorliegenden Argumentationsausschnittes, sondern auch am Ende des gesamten Streites dazu, daß Olawi, Martin und Tobias resignierend die Auseinandersetzung abbrechen und klein beigeben.
Die Möglichkeit, eine dieser argumentativen Patt-Situationen dadurch aufzulösen, daß durch eine normative Auseinandersetzung versucht wird, eine Gewichtung der miteinander konkurrierenden normativen Parameter zu erreichen – diese Möglichkeit wird von den Kindern nicht wahrgenommen. Aber die vorausgegangene Argumentationsanalyse zeigt, daß sich eine wichtige argumentationslogische Voraussetzung dafür, nämlich die Entrelativierung empirischer und normativer Aussagen im Prozeß der Suche nach den Aussagen, die ein potentiell gemeinsames Argument konstituieren, in der Argumentation dieser Kinder bereits abzeichnet.
Dies soll im folgenden Teilkapitel noch etwas näher ausgeführt werden.

6.3.3. Folgerungen

Der analysierte Ausschnitt aus dem ›Streit um eine Schanze‹ veranschaulicht zunächst noch einmal die kommunikativen Prozesse, die auf der präkonventionellen Entwicklungsstufe einer subjektiven Koordination von Handlungsperspektiven zugrundeliegen und die sich im wesentlichen auf Widersprüche gegen die situative Relevanz von (normativen) Aussagen des Gegners und die dadurch möglichen Neutralisierungstechniken zurückführen lassen:
Der zu Beginn dieses Ausschnittes von den am Streit Beteiligten

kollektiv akzeptierte normative Gesichtspunkt ›Die beste Stelle des Rodelhanges muß allen Kindern zugänglich sein.‹ wird von den gegnerischen Parteien dergestalt in eine empirische Konfliktbeschreibung situiert und damit jeweils wiederum in den subjektiven ›Interessenhorizont‹ der Beteiligten zurückgenommen, daß sich für ›ego‹ und ›alter‹ auf der Basis von Gemeinsamkeiten am Ende doch völlig unterschiedliche und sich wechselseitig ausschließende Koordinationen der Handlungsperspektiven von ›ego‹ und ›alter‹ ergeben. So ergibt sich für Dominik offenbar folgende Koordination der kontroversen Standpunkte: ›Die beste Stelle des Rodelhanges muß allen Kindern zugänglich sein. Daniel und er haben ihre Schanze nicht auf die beste Stelle gebaut. Somit können sie weiterhin ihre Schanze und die entsprechende Abfahrt für sich reservieren. Tobias und seine Freunde können weiterhin die beste Stelle des Rodelhanges befahren.‹ Ganz offensichtlich entspricht dies nicht der Koordination der konkurrierenden Handlungsperspektiven auf seiten von Tobias.

Obgleich Neutralisierungstechniken auch schon von Kindern auf eine durchaus produktive und phantasievolle Weise als eine heuristische Technik angewandt werden können – bei manchen Kindern sogar ein geradezu phantastisches Fabulieren ermöglichen (um sich die empirischen Umstände eines Konfliktes so vorzustellen, daß man normativ ›aus dem Schneider‹ ist) –, besitzt die Logik der Argumentation auf der präkonventionellen Entwicklungsstufe doch auch eine Kehrseite: sie bewirkt potentiell eine fortwährende zwischen den Argumentationsteilnehmern nicht koordinierbare Verschiebung des empirischen und normativen Horizontes, innerhalb dessen die an einer Argumentation Beteiligten ihre Situationsdefinitionen bzw. ihre Konfliktbeschreibungen vornehmen. Und es hat den Anschein, als könnte sich dieser entwicklungsspezifische Subjektivismus in der Suche nach Konfliktlösungen gegen eine jegliche (strukturelle) Widerlegung immunisieren und somit gegen alle Lernimpulse, die einen fundamentalen Entwicklungsschritt auslösen könnten, hermetisch verschließen.

Zwar kann eine Argumentation verloren werden, wenn nur der eigene Standpunkt neutralisiert wird und damit entweder alle (Null-Neutralisierung) oder doch die meisten der gemeinsam akzeptierten normativen Gesichtspunkte für den Standpunkt des Gegners sprechen; aber ein solches Argumentationsergebnis zeigt den daran Beteiligten nicht mehr und nicht weniger, als daß es eben einer der in den Streit verwickelten Parteien geglückt ist, einen Relevanzzusammenhang von empirischen und normativen Aussagen zu entwickeln, der vom Gegner nicht bestritten werden kann. Da für jeden Argumentationsteilnehmer ausschließlich die wechselseitige Relativität in der Relevanz empirischer und normativer Aussagen das argumentationslogische Verfahren für eine Entdeckung derjenigen Aussagen festlegt, die potentiell über einen argumentativen Sieg oder eine argumentative Niederlage entscheiden, können es nur noch kontingente empirische Randbedingungen für dieses Verfahren sein, die den Ausgang einer Argumentation erklären: wenn ein Teilnehmer die Argumentation zu seinen Gunsten entscheiden kann, so kann dies nur daran liegen, daß er bei der Verteidigung seines Standpunktes eben klüger gewesen und es ihm gelungen ist, eine nicht bestreitbare empirische Konfliktbeschreibung in einen für die Verteidigung seines subjektiven Interesses schlüssigen (und gleichfalls nicht bestreitbaren) Relevanzzusammenhang zu integrieren; und wenn eine Argumentation nicht entschieden werden kann, weil zwei sich wechselseitig ausschließende nicht bestreitbare Relevanzzusammenhänge einander gegenüberstehen, so ist eben keiner der Beteiligten geschickt genug gewesen, um bislang eine Entscheidung zu seinen Gunsten herbeizuführen. Eine Nichtentscheidbarkeit des Streites widerlegt nicht die Argumentationsform; sie verweist die daran Beteiligten lediglich darauf, daß sie die kontingenten Schwierigkeiten eines spezifischen Streitfalles bislang nicht meistern konnten.

Auf der präkonventionellen Entwicklungsstufe besitzen Argumentationen nicht nur eine komplizierte inhärente Logik, die durch empirische Erfahrungen des einzelnen Subjekts kaum widerlegbar scheint; Argumentationen können auf dieser Entwicklungsstufe, auch aus der Sicht eines objektiven Beobachters, durchaus zu zwingenden und überzeugenden Konfliktlösungen führen. Und dennoch verkörpert diese Form von Konfliktlösungen nur eine noch relativ anfängliche Stufe in der Ontogenese von Formen einer rationalen Urteilsbildung. Auf der präkonventionellen Entwicklungsstufe verfügen die an einem Streit Beteiligten noch nicht über die argumentationslogischen Voraussetzungen, um eine gemeinsame Abgrenzung zwischen einer empirischen und einer normativen Diskurswelt sicherzustellen. Zwar kann auf-

grund des Objektivitätsprinzips von Argumentationen der Gegner eventuell auf eine empirische Konfliktbeschreibung festgenagelt und somit das Problem gelöst werden, welches die Gesamtheit der für eine Konfliktbeschreibung als relevant angesehenen empirischen Aussagen (eine gemeinsame, für den Konflikt relevante empirische Diskurswelt) ist. Aber dies verändert zugleich die Gesamtheit der für eine Konfliktbeschreibung als relevant angesehenen normativen Aussagen (normative Diskurswelt).
Während jedoch im Falle einer gelungenen Neutralisierung diese Relativität gerade eine Konfliktlösung ermöglicht, verbaut sie im Falle einer argumentativen Patt-Situation systematisch einen weiteren argumentativen Lösungsweg. Der monolithische Relevanzzusammenhang empirischer und normativer Aussagen verhindert eine prinzipiell (von einem objektiven Standpunkt aus gesehen) mögliche Auseinandersetzung, die sich auf eine von der empirischen Diskurswelt systematisch abgegrenzte normative Diskurswelt bezieht und die es allererst ermöglicht, normative Aussagen als normative Aussagen zu bewerten und eventuell auf eine konsensuelle Weise zu gewichten.
Aber wie kann das einzelne präkonventionelle Subjekt die empirischen Erfahrungen machen, die einen fundamentalen Lernprozeß hinsichtlich der Rationalität seiner Urteilsbildung auslösen können, wenn es jedes Argumentationsergebnis im Rahmen seiner präkonventionellen argumentationslogischen Fähigkeiten konsistent interpretieren kann und wenn es den Verlauf einer argumentativen Auseinandersetzung eben nur insoweit verstehen kann, wie dieser Verlauf seiner präkonventionellen Logik der Argumentation entspricht? Eine Theorie der Ontogenese, die sich auf das einzelne Subjekt konzentriert und in deren Zentrum ausschließlich intramentale Lernmechanismen stehen, wird diese Frage nur dann beantworten können, wenn sie entweder nativistische oder empiristische Grundannahmen zur Hilfe nimmt. Theorien dieser Art geraten jedoch zwangsläufig in den Sog des Menon-Paradoxes, und das heißt: sie scheitern an einer Erklärung des Grundphänomens von Entwicklung überhaupt: nämlich an der Frage, wie die Entstehung des Neuen als Neues möglich ist (vgl. dazu das Teilkapitel 4.3.).
Läßt sich jedoch das Rätsel des ontogenetischen Übergangs von der präkonventionellen zur konventionellen Entwicklungsstufe auf eine entwicklungstheoretisch überzeugende Weise im Rah-

men des Konzeptes eines kollektiven Lernprozesses und im Ausgang von der empirischen Analyse des ›Streites um eine Schanze‹ wenigstens in Form einer schlüssigen Hypothese auflösen?[88]
Streitigkeiten, die auf der präkonventionellen Entwicklungsstufe unentscheidbar scheinen, besitzen alle, wie im Vorausgegangenen bereits ausgeführt wurde, dieselbe Charakteristik: es wird in ihnen eine objektive Problemsituation erzeugt, in der zumindest zwei sich wechselseitig ausschließende und wechselseitig nicht bestreitbare Relevanzzusammenhänge empirischer und normativer Aussagen als These und Antithese einander gegenüberstehen. Sofern die an einer Argumentation Beteiligten das Verallgemeinerungs- und das Objektivitätsprinzip von Argumentationen nicht verletzen, führt eine Auseinandersetzung dazu, daß sich für die daran Beteiligten eine Dimension von Erfahrungen eröffnet, innerhalb deren sie systematisch den auf ihr eigenes subjektives Interesse bezogenen Standpunkt transzendieren und potentiell einen konträren Standpunkt wahrnehmen und verstehen können, auch wenn sie noch nicht über das kognitiv übergeordnete Wissenssystem (Logik der Argumentation) verfügen, um einen solchen Widerspruch auf eine objektiv angemessene Weise aufzulösen[89].
Wenn nun eine objektive Problemsituation nicht aufgelöst werden kann, so bedeutet dies für die Argumentierenden immerhin so viel, daß ihr eigener Standpunkt die Bedingungen für eine kollektiv geltende Konfliktlösung nicht erfüllt und somit in seiner Geltung relativiert worden ist. Aber da die Kontrahenten, sofern sie sich auf der präkonventionellen Entwicklungsstufe befinden, einen übergeordneten Gesichtspunkt für die Auflösung einer objektiven Problemsituation allein dadurch zu finden versuchen, daß sie nach einem nicht bestreitbaren empirischen Bezugspunkt für eine Neutralisierung der gegnerischen Wertparameter suchen, reduzieren sich ihre Optionen je souveräner sie Neutralisierungstechniken beherrschen, desto eher auf die Wahl zwischen einem Abbruch oder einer endlosen Fortsetzung des Streites, denn den Stein des Weisen findet nur, wer sich unablässig und ohne Ende darum bemüht.
Dies belegt erneut, daß eine objektive Problemsituation, wenn sie

---

88 vgl. für ein Verständnis der folgenden Ausführungen die Überlegungen im Kap. 4 der vorliegenden Arbeit.
89 vgl. dazu die Kritik an Piagets Äquilibrationstheorie im Teilkapitel 4.3. der vorliegenden Arbeit.

Lernimpulse für einen fundamentalen Entwicklungsschritt auslösen können soll, noch eine kritische Qualität erlangen muß. Für objektive Problemsituationen auf der präkonventionellen Entwicklungsstufe heißt dies: es muß die Zirkularität in der Suche nach relevanten empirischen und normativen Aussagen durchbrochen werden. Und dies gelingt nur dann, wenn sich ein Argumentationsteilnehmer im Hinblick auf eine der für die eventuelle Entscheidung eines Konfliktes kriterialen empirischen Aussagen in einen Selbstwiderspruch verstrickt.

Aber ist ein Selbstwiderspruch der Art, wie er sich im ›Streit um eine Schanze‹ auf eine zumindest indirekte Weise für den Standpunkt von Daniel und Dominik abzeichnet, nicht lediglich ein mehr oder weniger zufälliges Ereignis?

Wenn sich für Argumentationsteilnehmer auf der präkonventionellen Entwicklungsstufe bei ihren Versuchen, das in empirischer Hinsicht Strittige ihres Streites zu identifizieren, die Menge der nicht nur (empirisch) haltbaren, sondern auch relevanten empirischen Aussagen ausschließlich und fortwährend relativ zu den eigenen normativen Parametern und relativ zu den zu neutralisierenden normativen Parametern des Gegners verändert, so werden sich – wie der ›Streit um eine Schanze‹ eindringlich zeigt – früher oder später Teilnehmer einer solchen Argumentation mit dem argumentativen Sachverhalt konfrontiert sehen, daß sie miteinander inkompatible Mengen empirischer Aussagen vertreten haben. Empirische Selbstwidersprüche dieser Art sind somit eine strukturelle Folge der Logik der Argumentation auf dieser Entwicklungsstufe.

Wie brisant solche Selbstwidersprüche für das betreffende Subjekt sind, dies zeigt sich im ›Streit um die Schanze‹ daran, daß bereits die drohende Gefahr eines Selbstwiderspruchs Dominik in eine große Aufregung versetzt, obgleich damit die Auseinandersetzung als ganze für ihn und Daniel noch gar nicht verloren ist. Und obgleich er zunächst durch eine ›Argumentationsakrobatik‹ die Konsistenz seiner Aussagen zu sichern bzw. zu reparieren versucht, so wird der Selbstwiderspruch doch auch von ihm am Ende mehr oder weniger durch eine Tolerierung des abschließenden Beitrags von Daniel zugegeben und im weiteren Verlauf der Auseinandersetzung auch nicht mehr zu bestreiten versucht.

Es ist generell eine schmerzliche Erfahrung, die sich einstellt, wenn man sich bei Argumentationen in empirische Widersprüche verstrickt. Perelman/Olbrechts-Tyteca (1969, S. 112) zitieren folgenden Ausspruch von La Bruyere: »an error of fact makes a wise man ridiculous«. Aber dies ist nichts im Vergleich zu der kognitiv-strukturellen Verunsicherung, die empirische Selbstwidersprüche der oben geschilderten Art für das betreffende präkonventionelle Subjekt auszulösen vermögen. Da es aufgrund des Wahrheitsprinzips von Argumentationen im Interesse eines jeden (auch eines präkonventionellen Subjekts) liegen muß, Selbstwidersprüche zumindest im Prinzip vermeiden zu können, wenn es seine Anerkennung als handlungs- und kooperationsfähiges Individuum nicht tendenziell aufs Spiel setzen will, wird es in der Regel – vor allem wenn sich Selbstwidersprüche dieser Art häufen – zumindest langfristig versuchen, die formale Genese solcher Selbstwidersprüche zu verstehen.

Ein Verständnis der formalen Genese solcher Selbstwidersprüche und das kognitive Erfassen einer in ihrer Rationalität höherstufigen Logik der Argumentation, mit deren Hilfe sich solche Selbstwidersprüche im Prinzip vermeiden lassen, fallen dem betreffenden Subjekt jedoch nicht einfach irgendwie zu; sie setzen eine Reflexion auf die erfahrene argumentative Praxis oder, genauer, eine Rekonstruktion der durch den eigenen Selbstwiderspruch veränderten objektiven Problemsituation voraus. – Dies soll am Beispiel des ›Streites um eine Schanze‹ kurz erläutert werden.

Durch den Selbstwiderspruch von Daniel und Dominik wird die objektive Problemsituation, die zu Beginn des Argumentationsausschnittes vor allem durch die Beiträge von Dominik und Tobias erzeugt worden ist, entscheidend verändert:

Vor dem Selbstwiderspruch erscheint es noch als prinzipiell möglich, das Argument von Tobias (im Diagramm [9] das Argument $(6 \rightarrow 5 \rightarrow (4 \rightarrow 3 \rightarrow 0)))$ zu neutralisieren (im Sinne einer Null-Neutralisierung); und die Gründe, weshalb eine Neutralisierung (noch) nicht gelungen ist, können noch als rein kontingente Gründe angesehen werden. Nach dem Selbstwiderspruch ist dagegen eine Neutralisierung dieses Argumentes prinzipiell unmöglich geworden[90]. Denn wenn Daniel und Dominik die empirische Aus-

---

90 Eine Neutralisierung durch ein ›Gleichziehen‹ auf dem kollektiv akzeptierten normativen Parameter von Tobias ist für Daniel und Dominik aus inhaltlichen Gründen nicht möglich. Sie müßten dann nämlich zeigen, daß es ebenfalls im allgemeinen Interesse der am Konflikt Beteiligten liegt, daß nur Daniel und Dominik die große Schanze befahren.

sage ›Die Rodelbahn mit der großen Schanze ist die beste Abfahrt des ganzen Rodelhanges.‹ weiterhin bestreiten, so verstricken sie sich in einen Selbstwiderspruch. Diese anfangs strittige empirische Aussage ist somit durch den Prozeß der Argumentation nicht nur hinsichtlich ihrer Haltbarkeit bestätigt, sondern auch in ihrer Relevanz hinsichtlich der normativen Gesichtspunkte der am Streit Beteiligten entrelativiert worden. Der Selbstwiderspruch von Daniel und Dominik ist ein unumstößliches Indiz dafür, daß diese empirische Aussage zu jeder der möglichen empirischen Diskurswelten zählt, innerhalb deren auch Daniel und Dominik ihre empirischen Konfliktbeschreibungen vornehmen. Um es etwas theatralisch auszudrücken: das Argument von Tobias ist zu einem ›Pfahl im Fleische‹ des Gegners geworden, den dieser zumindest mit Hilfe von Neutralisierungstechniken nicht mehr abschütteln kann. Und dies wird im weiteren Verlauf der Auseinandersetzung von Tobias durch ein permanentes Insistieren auf dieses Argument auch deutlich genug zum Ausdruck gebracht.

Welche weiteren Argumente Daniel und Dominik in der Fortsetzung des Streites auch immer für ihren Standpunkt vorbringen könnten, sie müssen die Geltung dieser Argumente an der kollektiven Geltung des Argumentes von Tobias messen.

Nun zeigt zwar auch der weitere Verlauf der Auseinandersetzung, daß Daniel und Dominik lediglich eine nichtargumentative Entscheidung des Konfliktes durch ein Ausspielen ihrer körperlichen Überlegenheit ins Auge fassen (können); und auch Tobias und seine Freunde können keinen argumentativen Ausweg aus den sich weiterhin bildenden argumentativen Patt-Situationen finden. Aber irgendwann findet das präkonventionelle Subjekt diesen Ausweg; und es findet ihn, indem es sich eine objektive Problemsituation der Art, wie sie am Ende des analysierten Argumentationsausschnittes entstanden ist, in ihren wesentlichen Strukturen vergegenwärtigt. Wie durch den Argumentstrukturbaum im Diagramm [9] (Struktur des gemeinsam entwickelten Argumentes) veranschaulicht wird, steht im Zentrum dieser objektiven Problemsituation die Frage, welchen kollektiv geltenden Übergang es geben könnte von den drei wechselseitig sich ausschließenden Teilargumenten (die einerseits (a) aus den Teilaussagen 1 und 2 und (b) aus der Teilaussage 13 und andererseits (c) aus den Teilaussagen 3, 4, 5, 6 und 9 bestehen) zu einer der prinzipiell möglichen Antworten auf die Streitfrage (Gesamtquaestio).

Da die genannten Teilargumente miteinander konkurrieren, muß die Frage geklärt werden, ob und gegebenenfalls welchem bzw. welchen Teilargumenten für den argumentativen Übergang zur Argumentspitze ein relativ höheres Gewicht beizumessen ist. Die empirischen Aussagen des Argumentfragmentes lassen jedoch keine Gewichtung zu. Was empirisch wahr ist und in diesem Sinne akzeptiert wird, ist in keinem verständlichen Sinne ›wahrer‹ als eine andere Aussage, die in analoger Weise akzeptiert worden ist. Anders verhält sich dies jedoch im Falle der normativen Aussagen 2 und 5, der miteinander konkurrierenden, explizit formulierten normativen Gesichtspunkte der Argumentierenden. Hier hat es einen Sinn zu fragen, ob sich die mit diesen Aussagen zum Ausdruck gebrachten normativen Parameter unterschiedlich gewichten und eventuell in einer normativen Hierarchie anordnen lassen. Die Klärung einer solchen Frage ist jedoch genau die Funktion eines *normativen Diskurses*.

Eine solche Einsicht scheint in der Tat allein dadurch möglich zu sein, daß sich die am Streit Beteiligten in Sinne einer ›reflektierenden Abstraktion‹ ihrer eigenen argumentativen Praxis zuwenden und daß sie sich dadurch den objektiven Sinnzusammenhang, der durch ihre eigenen kollektiven Anstrengungen erzeugt worden ist, subjektiv aneignen.

Um diese Extrapolationen aus der vorausgegangenen Argumentationsanalyse (6.3.2.) zusammenzufassen und noch etwas auszuweiten: wenn auf der präkonventionellen Entwicklungsstufe objektive Problemsituationen durch empirische Selbstwidersprüche eines an der Auseinandersetzung Beteiligten eine kritische Qualität erlangen, so wird zumindest für den Urheber dieser Selbstwidersprüche wenigstens auf lange Sicht ein fundamentaler Entwicklungsschritt unvermeidlich. Solche Selbstwidersprüche verurteilen ihn ja notwendigerweise zur Erfolglosigkeit in den entsprechenden argumentativen Auseinandersetzungen, und wegen der Verletzung des Wahrheitsprinzips von Argumentationen wird sich, zumindest bei einem gehäuften Auftreten einer solchen Erfolglosigkeit im selben sozialen Kontext, für den Betreffenden noch eine soziale Stigmatisierung hinzugesellen. Seine Chance liegt nur noch darin, die Konsequenzen aus seinem Scheitern zu ziehen und aus der erfahrenen argumentativen Praxis den folgenden argumentationslogischen Sachverhalt abzuleiten: ob eine empirische bzw. eine normative Aussage etwas zur kollektiven Beantwortung einer Streitfrage beiträgt, dies muß letztlich in voneinander unabhängigen Diskursen, einem empirischen und einem normativen Diskurs, geklärt werden. Widersprüche gegen die situative Relevanz von Aussagen des Gegners müssen dann weiter differenziert werden in *Widersprüche gegen die empirische Geltung* und *Widersprüche gegen die normative Geltung* von Aussagen; und es müssen, argumentationslogisch gesehen, unterschiedliche formale Methoden der Argumentation angewandt werden, um über die Relevanz solcher Widersprüche eventuell einen Konsens erzielen zu können. Es reicht nicht aus, grundsätzlich zu verstehen, daß sich empirische und normative Aussagen auf unterschiedliche Geltungskriterien beziehen lassen; es muß darüber hinaus ein koordiniertes Verständnis darüber erzielt werden können, wie sich eine gemeinsame empirische und eine gemeinsame normative Diskurswelt voneinander abgrenzen lassen, denn nur dann kann über die Relevanz von Widersprüchen gegen die empirische und gegen die normative Geltung von Aussagen ein *objektives* Urteil gefällt werden. Ein objektives Urteil ist in diesem Zusammenhange ein Urteil, das die Relevanz von Aussagen nicht ausschließlich vom eigenen, auf das eigene subjektive Interesse bezogenen Standpunkt abhängig macht, sondern das die Relevanz von Aussagen relativ zu einem empirischen und einem normativen Bezugspunkt bewertet, deren kollektive Geltung durch die Argumentation sichergestellt werden konnte.

Diese ontogenetische Fortentwicklung in der Logik der Argumentation ist für die Moralentwicklung des einzelnen Individuums von großer Bedeutung. Erst auf dieser ontogenetischen Stufe der Logik der Argumentation können ›Sein‹ und ›Sollen‹ im Hinblick auf einen vorgegebenen Konflikt systematisch unterschieden werden; und erst von diesem Entwicklungszeitpunkt an können somit in einem genuinen Sinne moralische Argumentationen durchgeführt werden.

Mit der argumentationslogischen Unterscheidung zwischen ›Sein‹ und ›Sollen‹ und den daraus ableitbaren Argumentationstechniken[91] läßt sich auf eine strukturell explizite Weise der kommunikative Prozeß charakterisieren, der auf der konventionellen Entwicklungsstufe einer ›objektiven Koordination der Handlungs-

---

91 z.B. ›metaargumentative Aussagen‹; vgl. dazu die Diskussion von Gruppe 3 im Aufsatz ›Zur Ontogenese moralischer Argumentationen‹.

perspektiven von ego und alter‹ (bzw. der Koordination von Teilnehmer- und Beobachterperspektive) zugrundeliegt. Wenn die an einer Argumentation Beteiligten wissen, wie sie im Prinzip verfahren müssen, um ihre Suche nach relevanten empirischen und normativen Aussagen zu koordinieren und um die Relevanz von Widersprüchen gegen die empirische und gegen die normative Geltung von Aussagen innerhalb gemeinsamer Diskurswelten zu beurteilen, so kennen sie genau die formalen Bedingungen, die erfüllt sein müssen, damit zumindest im Prinzip ein gemeinsames Urteil so formuliert bzw. gefunden werden kann, als ob es hinsichtlich seiner Relevanzstrukturen (relativ zu einem vorgegebenen Konflikt) aus der Perspektive eines unparteilichen, objektiven Beobachters gefällt worden wäre.

Für diese hypothetische Rekonstruktion der Logik der Argumentation auf der konventionellen Entwicklungsstufe läßt sich im Rahmen der vorliegenden Arbeit keine empirische Evidenz mehr liefern. Aber im Sinne einer theoretischen Modellbildung kann diese Rekonstruktion dennoch die Grundstrukturen des moralischen Weltbildes auf der konventionellen Entwicklungsstufe verständlich machen:

Dadurch, daß auf dieser Entwicklungsstufe normative Diskurse unabhängig von empirischen Diskursen geführt und somit auch die Frage einer Hierarchisierung konkurrierender normativer Gesichtspunkte zumindest im Prinzip thematisiert werden kann, ist auf dieser Stufe allererst eine ›gemeinsame soziale Welt‹ als der Inbegriff von normativen, hierarchisch geordneten und reziproken Verhaltenserwartungen möglich geworden. Moral ist auf dieser Stufe identisch mit einer aus der jeweils vorfindlichen sozialen Lebenswelt ableitbaren ›konkreten Sittlichkeit‹. Und im Falle einer Auseinandersetzung über konkurrierende Handlungsinteressen läßt sich dasjenige Interesse als moralisch gut qualifizieren, das innerhalb der Normenhierarchie, die das soziale Leben einer jeweiligen Gruppe (der die Kontrahenten angehören) reguliert, den höheren Wert für sich in Anspruch nehmen kann.

6.4. Ergebnisse der Fallstudien

Es steht zu befürchten, daß mancher Leser die Folgerungen aus den hier vorgelegten empirischen Argumentationsanalysen größtenteils als bloße Spekulationen verwerfen wird. Es läßt sich ja auch gar nicht bestreiten, daß der ›Streit um ein Buch‹, der ›Streit um eine Schanze‹ und die im Rahmen des Aufsatzes ›Zur Ontogenese moralischer Argumentationen‹ analysierten Gruppendiskussionen (Gruppe 2) allenfalls authentische Daten für eine fallanalytische Rekonstruktion der Logik der Argumentation und der Grundstrukturen eines moralischen Weltbildes auf der präkonventionellen Entwicklungsstufe liefern. Zwar lieferte dies zugleich den empirischen Ausgangspunkt und einige wichtige empirische Anhaltspunkte (a) für die entwicklungstheoretische Rekonstruktion der Form des kollektiven Lernprozesses, der dem Übergang von einer präkonventionellen zu einer konventionellen Moral zugrundeliegen könnte, und (b) für die Rekonstruktion eines möglichen strukturanalytischen Zusammenhanges zwischen Logik der Argumentation und moralischem Weltbild auf der ontogenetischen Stufe einer konventionellen Moral; aber die entsprechenden Folgerungen aus den vorgelegten empirischen Argumentationsanalysen beanspruchen nicht mehr und nicht weniger als den Status von schlüssigen Hypothesen. Eine Antwort auf die Frage, ob sich für diese Hypothesen eine überzeugende empirische Evidenz liefern läßt, bleibt weiteren empirischen Untersuchungen vorbehalten.

Anders verhält es sich jedoch mit dem Erklärungsanspruch dieser Hypothesen: nämlich daß mit ihnen am Beispiel der Entwicklung des moralischen Bewußtseins beim Kinde und Jugendlichen von der Stufe der Heteronomie zur Stufe der Konventionalität (a) der systematische Zusammenhang zwischen sozialen Interaktionsformen und moralischen Anschauungen (strukturanalytische These) und (b) der kollektive Lernmechanismus, der dieser ontogenetischen Entwicklung zugrundeliegt (entwicklungstheoretische These), auf eine theoretisch explizite und überzeugende Weise herausgearbeitet wird.

Um in dieser Hinsicht den Erklärungswert dieser Hypothesen zu beurteilen, bieten sich als Vergleich die im Kap. 5 der vorliegenden Arbeit kurz referierten sozialpsychologischen und interaktionstheoretischen Arbeiten zur Rekonstruktion systematischer Zusammenhänge von sozialer Interaktion und Moral an. Die in den Teilkapiteln 6.2. und 6.3. dargestellten möglichen strukturanalytischen Zusammenhänge zwischen sozialen Interaktionsformen und moralischen Anschauungen auf der präkonventionellen und auf der konventionellen Entwicklungsstufe gehen zwar von den empirischen und theoretischen Ergebnissen dieser Arbeiten aus (und wären ohne diese Arbeiten gar nicht möglich gewesen); aber die empirischen Ergebnisse der hier vorgelegten Argumentationsanalysen und die daraus abgeleiteten theoretischen Folgerungen bestätigen die im Kap. 5 ausgesprochene Vermutung: daß sich erst innerhalb eines argumentationstheoretischen Ansatzes die Mechanismen und die kommunikativen Prozesse rekonstruieren lassen, die einer Handlungskoordination zwischen den einzelnen Individuen auf den genannten Entwicklungsstufen zugrundeliegen; und daß sich ferner erst im Rahmen eines argumentationstheoretischen Ansatzes das formale und das materiale Interaktionswissen auf eine analytisch trennscharfe Weise voneinander unterscheiden und sich zugleich die Restriktionen, die ein bestimmtes formales Interaktionswissen (Logik der Argumentation) dem Typus eines möglichen moralischen Weltbildes auferlegt, auf eine theoretisch überzeugende Weise herausarbeiten lassen.

Schwieriger dürfte es sein, den Erklärungswert der im Vorausgegangenen aus den empirischen Daten extrapolierten entwicklungstheoretischen Hypothese zum Übergang von der Stufe einer präkonventionellen zur Stufe einer konventionellen Moral zu beurteilen. Da es zumindest im empirischen Untersuchungsfeld der Ontogenese von Moral bislang keine lern- bzw. entwicklungstheoretischen Ansätze gibt, die sich an den Grundfragen einer Theorie der Ontogenese orientieren (mit einer Ausnahme: der frühe Piaget), läßt sich möglicherweise der Erklärungswert dieser entwicklungstheoretischen Hypothese nur daran messen, ob mit ihr, im Sinne der im Kap. 4 dargelegten Überlegungen, der fundamentale Entwicklungsschritt in der Entstehung eines neuen moralischen Weltbildes erklärt werden kann, ohne daß dazu auf individualistische Hilfshypothesen zurückgegriffen werden muß – Hilfshypothesen, die in der Regel auf nativistischen oder empiristischen Glaubensbekenntnissen aufbauen und mit denen die Frage nach den Bedingungen der Möglichkeit einer Entstehung des Neuen in der Ontogenese eher zu unterlaufen als zu beantworten versucht wird.

In diesem Zusammenhang zeigte sich zumindest, daß sich die am ›Streit um eine Schanze‹ gewonnenen empirischen Beobachtungen auf eine kohärente Weise innerhalb des theoretischen Konzeptes eines kollektiven Lernprozesses interpretieren lassen. An dieser Stelle sollen noch einmal die wesentlichen Elemente des grundbegrifflichen Rahmens für eine Analyse kollektiver Lernprozesse kurz zusammengefaßt werden.

Die intermentalen Prozesse einer kollektiven Argumentation und die dafür konstitutiven drei Kooperationsprinzipien bilden das ›transzendentale Apriori‹ für den individuellen Reflexionsprozeß jedes Einzelnen im Hinblick auf eine Erkenntnis dessen, was in einer Gruppe von Argumentierenden (der dieser Einzelne jeweils angehört) zum Bereich des kollektiv Geltenden zählt (Verallgemeinerungsprinzip), wie der Bereich des kollektiv Geltenden erweitert (bzw. eingeschränkt) werden kann (Objektivitätsprinzip), und unter welchen Bedingungen der Bereich des kollektiv Geltenden erweitert (bzw. eingeschränkt) werden muß (Wahrheitsprinzip).

Aufgrund des Verallgemeinerungsprinzips von Argumentationen ermöglichen Argumentationsprozesse unter den daran Beteiligten die Entstehung eines gemeinsamen Wissens über ihr geteiltes Wissen (und das heißt letztlich: über ihr geteiltes lebensweltliches Hintergrundwissen). Aufgrund des Objektivitätsprinzips von Argumentationen eröffnen Argumentationsprozesse für die daran Beteiligten eine Dimension von Erfahrungen, innerhalb deren sie die strukturelle Begrenztheit ihres subjektiven Wissenshorizontes überschreiten und ferner objektive Problemsituationen wahrnehmen können, innerhalb deren sie systematisch nach strukturell neuen Problemlösungen suchen können. Aufgrund des Wahrheitsprinzips von Argumentationen erzeugen Argumentationsprozesse für das einzelne daran beteiligte Subjekt einen elementaren kommunikativen Zwang zur Auflösung der strukturellen Widersprüche, die auf jeder Entwicklungsstufe erneut auftreten; eine gelungene Auflösung führt dann zu einer rational höherstufigen strukturierten Ganzheit von Logik der Argumentation und moralischem Weltbild.

7. Pathologische Formen kollektiver Lernprozesse: autoritäres, ideologisches und regressives Lernen

Die vorausgegangenen Kapitel legen die Auffassung nahe, daß in der Ontogenese von Moral die Entwicklung von fortschreitend rational höherstufigen Formen von Konfliktlösungen etwas Zwangsläufiges besitzt, und daß in diesem Sinne kollektive Lernprozesse in der Tat eine universelle Entwicklungsdynamik auslösen können, die in der Form dieses Lernens aufgrund seiner argumentativen Struktur immanent angelegt ist. Wenn in moralischen Auseinandersetzungen über soziale Interessengegensätze die Kooperationsprinzipien einer kollektiven Argumentation nicht verletzt werden und sich dennoch kein Konsens erzielen läßt, so wird sich – da auch moralische Wahrheit unteilbar ist – über kurz oder lange zumindest einer der Kontrahenten in einen Selbstwiderspruch verstricken, der es ihm aus prinzipiellen Gründen unmöglich macht, eine Auseinandersetzung zu seinen Gunsten zu entscheiden, weil er über keine formalen Widerspruchsmöglichkeiten mehr verfügt, um den Gegner doch noch ins Unrecht zu setzen (vgl. dazu die Argumentationsanalyse zum ›Streit um eine Schanze‹ im Teilkapitel 6.3.). Dem betreffenden Individuum bleibt dann nur noch die Wahl zwischen dem Beharren auf einem moralischen Standpunkt, für den es auf eine argumentative Weise den Anspruch auf kollektive Geltung nicht mehr einlösen kann, oder aber der Reflexion auf die erfahrene argumentative Praxis und dem Versuch, im Kontext der jeweiligen objektiven Problemsituation die formale Genese seines Selbstwiderspruchs und damit zugleich eine rational höherstufige strukturierte Ganzheit von Logik der Argumentation und moralischem Weltbild zu verstehen. Es ist somit die Form des kollektiven Lernens, und das heißt letztlich: es sind die Kooperationsprinzipien einer kollektiven argumentativen Praxis, die potentiell im einzelnen Individuum im Verlaufe eines eventuell lebenslangen Entwicklungs- und Bildungsprozesses eine universelle ontogenetische Abfolge von ›Bewußtseinsgestalten‹ hinsichtlich des Zusammenhanges von Logik der Argumentation und moralischem Weltbild hervorbringt; und es erscheint als denkbar, daß – zumindest soweit es auf diese über interindividuelle Differenzen hinweg geltende Form des kollektiven Lernens ankommt – potentiell jedermann einen moralischen Bewußtseinszustand erreichen kann, auf dem (in ei-

ner universellen Hinsicht) verallgemeinerungsfähige moralische Urteile gefällt werden können.
Aber ist dies nicht alles etwas weltfremd? Ist die These, daß eine universalistische Moral möglich ist – und zwar als ein Ergebnis kollektiver Lernprozesse –, nicht lediglich die Folge eines typisch akademischen Idealismus? Zeigt nicht die von jedermann jederzeit erfahrbare soziale Wirklichkeit, daß faktische Auseinandersetzungen nur eher selten einen Rationalisierungszwang auf die daran Beteiligten auszuüben scheinen? Ist Moral nicht für viele Individuen gerade deshalb etwas Dubioses und nicht Konsensfähiges, weil sie im Verlaufe ihres Bildungsprozesses – ohne irgendwelche kommunikativen Zwänge erfahren müssen – bei einer Auffassung von Moral stehen bleiben können, die eine formale und inhaltliche Auslegung des moralisch Guten in die Beliebigkeit jedes einzelnen Individuums stellt? Und legt eine objektive Beschreibung gesellschaftlicher Entwicklungsprozesse und des darin zum Ausdruck gelangenden Wertewandels nicht eine Auffassung nahe, derzufolge sich zumindest die Vorstellung von einem durch kollektive Lernprozesse erzeugbaren linearen Fortschreiten rational jeweils höherstufiger ›Bewußtseinsgestalten‹ nur noch als eine Farce, als eine akademisch betriebsblinde Betrachtung historischer Prozesse verstehen läßt? Und verkehrt sich damit – gerade dann, wenn das ›Lernen eines Kollektivs‹ systematisch vom ›Lernen im Kollektiv‹ abhängig gemacht werden kann – die These, daß eine universalistische Moral das Ergebnis kollektiver Lernprozesse ist, nicht in ihr Gegenteil, nämlich in die These, daß die Praxis argumentativer Auseinandersetzungen genau dies nicht zu vollbringen vermag?
Gegen die in diesen Fragen enthaltenen Einwände lassen sich zwei Gegeneinwände vorbringen:
Erstens. Kollektive Lernprozesse setzen die intersubjektive Geltung der Kooperationsprinzipien einer kollektiven Argumentation voraus. Und die durch kollektive Lernprozesse auslösbare universelle Entwicklungsdynamik kann das einzelne Individuum nur *potentiell* zu einem fundamentalen und eventuell lebenslangen Lernen befähigen.
Zweitens. Die mit der vorliegenden Arbeit in Ansätzen vorgelegte Theorie kollektiver (moralischer) Lernprozesse ist eine Theorie der Ontogenese der *Interaktionskompetenz* und des sich auf jeder ontogenetischen Entwicklungsstufe der Interaktionskompetenz

erneut manifestierenden systematischen Zusammenhanges von Logik der Argumentation und moralischem Weltbild.
Eine Theorie der Ontogenese gattungsspezifischer Kompetenzen setzt zwar einen theoretisch und empirisch überzeugenden grundbegrifflichen Rahmen voraus, und die einzelnen ontogenetischen Entwicklungsstufen und die dazwischen liegenden Lernprozesse lassen sich nur auf der Grundlage von empirischen Datenanalysen rekonstruieren. Eine solche Rekonstruktion kann jedoch insgesamt nicht einfach durch einzelne empirische Daten bestritten und gegebenenfalls falsifiziert werden, sondern nur durch empirische Daten, die einen alternativen und gleichfalls kohärenten (und gegebenenfalls umfassenderen) theoretischen Zusammenhang zwischen der entsprechenden Kompetenz und ihrer Entwicklung konstituieren. Natürlich kann die Vielfalt und Widersprüchlichkeit von empirischen Beobachtungen eventuell auch die Einsicht nahelegen, daß für einen bestimmten empirischen Phänomenbereich eine Kompetenztheorie bzw. eine Theorie der Entwicklung gattungsspezifischer Kompetenzen nicht möglich ist.
Wenn sich jedoch eine entsprechende Einsicht auch für die individuellen und gesellschaftlichen Veränderungen im Bereich der Moral empirisch und theoretisch begründen läßt, so kann jene Grundfrage der Soziologie: ob und wie sich Bewertungs- und Legitimationsprobleme einer gesellschaftlichen Ordnung auf eine rationale Weise (im Sinne wahrheitsfähiger Aussagen) lösen lassen, zumindest nicht mehr auf der Grundlage des Konzeptes eines kollektiven Lernprozesses und damit auch nicht mehr auf eine genuin soziologische Weise beantwortet werden. Denn ein Begriff von Rationalität, der aus universellen Strukturen der sozialen Interaktion abgeleitet und empirisch auf eine gattungsspezifische Kompetenz der Individuen und einen sozialen Konstitutionszusammenhang zurückgeführt wird, läßt sich dann nicht mehr rechtfertigen. Dann sollte sich jedoch die Soziologie konsequenterweise auf eine empirische Beschreibung von sozialen Handlungszusammenhängen beschränken und alle weitergehenden Bewertungs- und Erklärungsansprüche an die Psychologie und Biologie delegieren.
Diese Gegeneinwände könnten jedoch zu der Auffassung führen, daß eine *Diskrepanz* zwischen einerseits der Beschreibung gattungsspezifischer Kompetenzen und ihrer Entwicklung und andererseits empirisch beobachtbarer Manifestationen solcher Kompe-

tenzen und ihrer Entwicklung nur noch die Folgerung zuläßt: um so schlimmer für die empirischen Tatsachen. Einer solchen Immunisierung kompetenztheoretischer Rekonstruktionen gegenüber empirisch beobachtbaren Abweichungen soll hier jedoch nicht das Wort geredet werden. Hinsichtlich ihres Universalitätsanspruches sind empirische Rekonstruktionen von Kompetenzen und ihrer Entwicklung nur in dem Maße theoretisch und empirisch überzeugend, in dem sich zugleich, innerhalb desselben grundbegrifflichen Rahmens, empirische Abweichungen angemessen beschreiben und erklären lassen.

Für das in den vorausgegangenen Kapiteln entwickelte Konzept eines kollektiven Lernprozesses folgt daraus: es müssen jene kollektiven Mechanismen identifiziert werden können, die die immanente Rationalität eines argumentativen Diskurses abschwächen oder gar aufheben und auf der Ebene der Ontogenese von Moral und, eventuell als eine Folge davon, auf der Ebene der gesellschaftlichen Entwicklung moralischer Wertsysteme pathologische Entwicklungspfade ermöglichen.

Die dafür erforderliche Ausweitung des im Vorausgegangenen entwickelten grundbegrifflichen Rahmens für eine Analyse kollektiver Lernprozesse überschreitet jedoch den Rahmen der vorliegenden Arbeit. Aber weil erst eine Erweiterung dieser Art die umfassende sozialwissenschaftliche Relevanz einer Theorie kollektiver Lernprozesse überzeugend belegen kann, soll im folgenden wenigstens ein erster Ansatz dazu kurz skizziert werden. Es soll gezeigt werden, daß sich aus dem hier vorgelegten grundbegrifflichen Rahmen unmittelbar drei elementare Formen des *pathologischen Lernens* ableiten lassen und daß diesen Formen ganz bestimmte pathologische Strukturen kollektiven Lernens zugrundeliegen: es sind dies die Formen eines autoritären, eines ideologischen und eines regressiven Lernens.

Diese drei Formen eines pathologischen Lernens, die hier nur noch schematisch und in einer jeweils extremen Ausprägung auf eine relativ oberflächliche Weise beschrieben werden können, lassen sich als eine ›Antwort‹ auf die drei folgenden Fragen verstehen:

Wie kann ein kollektiver Lernprozeß verhindert werden? Wie kann ein kollektiver Lernprozeß an einer bestimmten Stelle abgebrochen bzw. systematisch beschränkt werden? Und wie kann ein kollektiver Lernprozeß rückgängig gemacht werden?

Einen kollektiven Lernprozeß verhindern, dies heißt nicht, daß von einem davon betroffenen Individuum überhaupt nichts mehr gelernt werden kann; auch nicht, daß dieses Individuum nicht mehr etwas grundlegend Neues erlernen kann. Ein kollektiver Lernprozeß wird dann verhindert, wenn in einer sozialen Gruppe (gleichgültig, auf welchem sozialen Aggregationsniveau) alle Gruppenangehörigen nur noch einen Lern- und Erkenntnisprozeß durchlaufen, der mit dem Wissen einer unumstrittenen Autorität zusammenfällt und von dieser Autorität legitimiert wird. In dieser Form eines *autoritären Lernens* werden kollektive Lernprozesse im wesentlichen auf den individuellen Lernprozeß einer Autorität reduziert, und sie können über den eventuell bereits abgeschlossenen Lernprozeß jener Autorität nicht mehr hinausgelangen.

Das *Verallgemeinerungsprinzip* von Argumentationen wird in dieser degenerierten Form eines kollektiven Lernens im Hinblick auf die Grundprämissen einer möglichen moralischen Urteilsbildung systematisch außer Kraft gesetzt. Denn es ist schlichtweg undenkbar, daß in einer sozialen Gruppe das, was für die einzelnen Mitglieder spontan als fraglos und unmittelbar akzeptabel gilt, immer schon mit dem zusammenfällt, was von jener Autorität als gültig dekretiert wird. In einer Argumentation ist dann ein moralisches Urteil erst dann gerechtfertigt, wenn es sich letztlich mit Hilfe des im Sinne jener Autorität Geltenden in ein kollektiv geltendes Urteil überführen läßt.

Ein autoritäres Lernen ist zumindest in einem gewissen Umfange charakteristisch für den frühkindlichen Lern- und Bildungsprozeß jedes einzelnen Individuums (heteronomes moralisches Bewußtsein); und es trägt trotz all der ihm eigentümlichen Beschränkungen auch möglicherweise jene positiven Züge, die Grimmelshausen in seinem Bildungsroman ›Der abenteuerliche Simplizissimus‹ hinsichtlich der ersten Bildungsphase seines Helden bei einem frommen Einsiedler in der Wildnis mit den folgenden Worten beschrieben hat, die er Simplizius selbst aussprechen läßt: »Dabei lernte ich Hunger, Durst, Hitze, Kälte und Arbeit ertragen, vor allem aber Gott erkennen und wie man ihm rechtschaffen dienen soll. Mehr wollte mich mein getreuer Einsiedel nicht wissen lassen; denn er war der Meinung, daß es für einen Christen genug sei, wenn er fleißig bete und arbeite. So ist es gekommen, daß ich in geistlichen Dingen wohl unterrichtet war und die deutsche Sprache mündlich und schriftlich gar schön zu gebrauchen wußte, in weltlichen Dingen aber so einfältig blieb, daß man keinen Hund mit mir hätte vom Ofen locken können«.

Zu einer pathologischen Form des Lernens wird das autoritäre Lernen jedoch dann, wenn es den Bildungsprozeß eines Individuums über diese frühkindliche Phase hinaus weiterhin, beständig und auf eine vom betreffenden Individuum nicht durchschaubare Weise determiniert; und das heißt: pathologisch wird diese Form des Lernens von dem Zeitpunkt an, zu dem sich das betreffende Individuum ein geistiges Miniaturformat der von ihm verehrten und bedingungslos anerkannten Autorität zugelegt hat und von dem an fundamentale Lernprozesse nunmehr bereits im Keime erstickt werden.

Der Zustand einer paradiesischen Unschuld, der von Grimmelshausen der frühen Bildungsphase seines Helden noch zugeschrieben werden konnte und der in der pathologischen Form eines autoritären Lernens die geheimen Wünsche all jener beschreibt, die von Autoritäten eine letzte Sinngebung ihres Lebens erhoffen, vermag dann jedoch unversehens in eine sehr konkrete Hölle umzuschlagen. Auch vom Nationalsozialismus ist beispielsweise das autoritäre Lernen als eine wichtige Legitimationsquelle für die eigene Herrschaft begriffen worden. Im »völkischen Universalismus« kann, wie O. Spann in ›Der wahre Staat‹ (1938)[92] schreibt, »nur durch Verehrung und Hingabe der niedere Mensch an dem Höheren ... Anteil nehmen«.

Eine dem autoritären Lernen verwandte, aber doch sehr viel subtilere Form des pathologischen Lernens ist das *ideologische Lernen*. Während im Falle des autoritären Lernens die möglichen Ergebnisse eines individuellen Lern- und Erkenntnisprozesses von vornherein bereits feststehen und somit auch durch kollektive Lernprozesse nichts Neues mehr im Himmel und auf der Erde entdeckt werden kann, können im Falle des ideologischen Lernens innovative Erkenntnisse nur noch innerhalb bestimmter Problembereiche (vornehmlich im Bereich des naturwissenschaftlichen Denkens) entwickelt werden. Hinsichtlich anderer Problembereiche (vornehmlich im Bereich des politisch-moralischen Denkens) sollen zwar auch neue Einsichten gefunden werden, denn im Unterschied zum autoritären Lernen gibt es für das ideo-

---

92 zitiert nach dem ›Historischen Wörterbuch der Philosophie‹ (1971, Bd. 1, S. 731).

logische Lernen keine durch *eine* Autorität allein verbürgten unumstößlichen Gewißheiten. Aber für das ideologische Lernen steht von vornherein fest, daß bestimmte Antworten auf politisch-moralische Fragen falsch sein müssen. Und damit diese Gewißheit über die Falschheit bestimmter politisch-moralischer Standpunkte nicht mehr erschüttert werden kann, müssen kollektive Lernprozesse an einer bestimmten Stelle notfalls abgebrochen bzw. systematisch beschränkt werden können. Und dies ist möglich, wenn es gelingt, Teile des objektiven Problemzusammenhanges, der in einer Argumentation von den daran Beteiligten erzeugt worden ist, systematisch abzuspalten und die Spuren dieser Abspaltung selbst noch zu tilgen – und zwar dann, wenn sich in jener objektiven Sphäre einer durch eine kollektive Argumentation erzeugten Problemsituation doch noch eine Spur jener Einstellungen und Sichtweisen findet, deren Falschheit im Kontext objektiver Problemsituationen dann eventuell doch noch strittig werden könnte.

Ideologisches Lernen ist nur möglich, wenn – wie die in Adorno et al. (1968, Bd. 1, Erster Teil) aufgezeigten ideologischen Agitationstechniken nahelegen – die betreffenden Individuen die intoleranten, missionarischen, doktrinären, kompromißlosen, geschlossenen, totalisierenden, simplifizierenden und enthumanisierenden Techniken einer solchen Abspaltung nicht durchschauen; wenn sie die »sklerotisch verhärtete Botschaft« (Eco 1972, S. 173) von Ideologien für bare Münze nehmen.

Und dies alles ist nur möglich, wenn das *Objektivitätsprinzip* von Argumentationen in solchen Problemkontexten außer Kraft gesetzt wird, d. h. wenn eine Aussage des Gegners (der die ›falschen‹ politisch-moralischen Standpunkte vertritt) auch dann nicht zum kollektiv Geltenden der an der Argumentation Beteiligten zählt, selbst wenn sie nicht bestritten werden kann.

Von den hier skizzierten drei reinen oder elementaren Formen eines pathologischen Lernens ist die dritte, die Form eines *regressiven Lernens*, zweifellos diejenige, in der der potentielle Rationalisierungszwang kollektiver Lernprozesse am vollendetsten in einen Zwang zum individuellen und kollektiven Irrsinn umgepolt wird.

Im Falle des autoritären und des ideologischen Lernens können kollektive Argumentationen immerhin noch eine Welt gemeinsamer Bedeutungen erzeugen; und sie können damit einen wesentlichen Beitrag zur Reproduktion einer gemeinsamen soziokulturellen Lebenswelt liefern. Zwar enthält eine gemeinsame soziokulturelle Lebenswelt im Falle des autoritären Lernens überhaupt keine Widersprüche und damit keine objektiven Problemzusammenhänge mehr, und argumentative Lernprozesse können dann nur noch ein bereits in der Vergangenheit erworbenes, nicht mehr (in einem fundamentalen Sinne) erweiterungsfähiges und somit nur noch ein bereits totes Wissen reproduzieren; und im Falle des ideologischen Lernens enthält eine gemeinsame soziokulturelle Lebenswelt u.a. nur noch solche objektiven Problemzusammenhänge, die von allen grundsätzlich für falsch gehaltenen, wenn auch nicht objektiv bestreitbaren, politisch-moralischen Gedanken gereinigt worden sind, und argumentative Lernprozesse können dann zumindest in dieser Hinsicht kein innovatives zukünftiges Wissen mehr entfalten.

Aber indem eine gemeinsame soziokulturelle Lebenswelt erhalten bleibt, können die Formen des autoritären und des ideologischen Lernens, wenn auch unter Umständen nur auf Gedeih und Verderb, die kollektive Identität einer sozialen Gruppe sicherstellen und dem Individuum eine Antwort auf letzte Sinnfragen und, in diesem Sinne, eine individuelle Identitätsfindung ermöglichen.

Das regressive Lernen führt jedoch tendenziell zur Aufhebung aller gemeinsamen Bedeutungen. Es revoziert eine gemeinsame soziokulturelle Lebenswelt, ohne sie durch neue Sinnzusammenhänge zu ersetzen.

Regressives Lernen beinhaltet somit nicht nur, daß Meinungen, Urteile, empirische und theoretische Zusammenhänge, Wertvorstellungen und politisch-moralische Weltanschauungen, deren kollektive Geltung bislang unbestritten war, hinfällig werden und auf diese Weise vergangene kollektive Lernprozesse ›rückgängig gemacht werden‹. Der pathologische Wesenszug dieser den Sinn des kollektiven Lernens in sein krasses Gegenteil verkehrenden Form des Lernens liegt darin, daß regressives Lernen den Begriff des ›kollektiv Geltenden‹ selbst noch fortschreitend unterminiert, schließlich sinnlos macht und damit unaufhaltsam eine allgemeine Sinnentleerung des bislang fraglos Geltenden bewirkt.

Dies kann nur dann gelingen, wenn argumentative Auseinandersetzungen grundsätzlich unentscheidbar bleiben. Und dies ist dann möglich, wenn in Auseinandersetzungen das *Wahrheitsprinzip* von Argumentationen außer Kraft gesetzt wird; wenn in einer

Argumentation das, was unter den daran Beteiligten kollektiv gilt, widersprüchlich sein darf, und das heißt letztlich: wenn sich kollektive Argumentationen als die kommunikative Institution einer kooperativen Wahrheitssuche selbst aufheben.
Für das einzelne Individuum können soziale Interaktionen dann nur noch den absoluten Schrecken verkörpern. Wenn soziale Koordinationsprobleme auftreten, so weiß es schließlich selbst nicht mehr, was es außer seinem nackten Überleben noch verteidigen soll. Und weil soziale Koordinationsprobleme nicht mehr konsensuell gelöst werden können, liegt es in der Logik des regressiven Lernens, daß sich ein soziales System entfaltet, das jederzeit eine ›Koordination ohne Wahrheit‹ ermöglicht – und das heißt: den absoluten Terror.
Diese Überlegungen könnten die Vermutung nahelegen, daß die pathologische Form eines regressiven Lernens lediglich ein Hirngespinst des Autors der vorliegenden Arbeit darstellt. Aber selbst für die hier auf eine idealtypische Weise und in einer extremen Ausprägung skizzierte Form des regressiven Lernens lassen sich noch Veranschaulichungen liefern, die diese pathologische Form kollektiven Lernens als eine reale Möglichkeit ausweisen.
Zwei Beispiele:
Watzlawick, Beavin & Jackson beschreiben in ihrem Buch ›Pragmatics of Human Communication‹ (1967) eine Interaktionsform, den sogenannten ›double bind‹, die nach Ansicht der Autoren in der unmittelbaren kommunikativen Umwelt schizophrener Patienten dominiert. Ein ›double bind‹ setzt voraus, daß sich zwei oder mehr Personen in einer engen Lebensgemeinschaft befinden (z.B. derselben Familie angehören, und hier vor allem die Lebensgemeinschaft von Eltern und Kindern) und daß sich in dieser von den Beteiligten aus materiellen oder psychischen Gründen nur schwer veränderbaren Lebenssituation eine Kommunikationsform verfestigt, die sich aus der Sicht eines Beobachters nur noch als paradox beschreiben läßt und mit der diese Paradoxien von den Beteiligten selbst nicht oder nicht mehr begriffen und aufgelöst werden können.
Die für diese Kommunikationsform konstitutiven unablässigen und unbewußten Selbstwidersprüche von daran Beteiligten lassen sich an der folgenden Auskunft einer Mutter über ihren an Schizophrenie schwer erkrankten Sohn deutlich ablesen. Diese Auskunft, die von der Mutter mit der Schnelligkeit eines Maschinen-

gewehrs vorgetragen wurde, lautete (Watzlawick, Beavin & Jackson, a.a.O., S. 215): »He was very happy. I can't imagine this thing coming over him. He never was down, ever. He loved his radio repair work at Mr. Mitchell's shop in Lewiston. Mr. Mitchell is a very perfectionistic person. I don't think any of the men at his shop before Edward lasted more than a few months. But Edward got along with him beautifully. He used to come home and say (the mother imitates an exhausted sigh), ›I can't stand it another minute‹.«
Wie kann jedoch diese selbstwidersprüchliche Form des Kommunizierens z.B. von Eltern auf ihre Kinder übertragen und dort eventuell zu einem sich selbst perpetuierenden Verhaltensmuster werden, das schließlich die klinischen Kriterien der Schizophrenie erfüllt?
Bei Watzlawick et al. bleibt diese Frage mehr oder weniger offen. Eine mögliche Erklärung liefert jedoch die oben skizzierte pathologische Form des regressiven Lernens. Dieses setzt lediglich voraus, daß ein Individuum auch in der von Watzlawick et al. beschriebenen kommunikationspathologischen Umwelt noch elementare argumentationslogische Fähigkeiten (z.B. die Unterscheidung zwischen den Perspektiven von ego und alter) und damit eine Sensibilität für die Selbstwidersprüche seiner Kommunikationspartner und außerdem einen Grundbestand an fraglos geltenden lebensweltlichen Überzeugungen erwerben kann. Aber anstatt daß sich nun im weiteren Entwicklungs- und Bildungsprozeß dieses Individuums das kollektive Lernen zu einer sich selbst potenzierenden Form des fundamentalen Lernens weiterentwikkeln kann, wird durch die Erfahrung einer grundsätzlichen Unentscheidbarkeit von Widersprüchen und durch die Erfahrung einer permanenten Inszenierung von paradoxen Situationen nicht nur das vom betreffenden Individuum bislang als kollektiv geltend Unterstellte fortschreitend sinnentleert, auch die Erwartung, daß es kollektiv Geltendes gibt, kann dadurch am Ende verloren gehen und beim betreffenden Individuum dann wohl in der Tat zu einer sich selbst perpetuierenden Form des paradoxen Kommunizierens führen.
Das zweite Beispiel, auf das hier noch kurz verwiesen werden soll, liefert der neuerdings, im Jahr des großen Bruders, einer Fließbandinterpretation unterzogene Roman ›1984‹ von George Orwell. Niemand hat bislang auf der soziologischen Mikro- und

Makroebene mit einer derart unerbittlichen und detailbesessenen Konsequenz den geradezu infernalischen Prozeß eines möglichen regressiven kollektiven Lernens beschrieben wie Orwell. Und es ist in Orwells Roman ein einziger kollektiver Mechanismus, der den Übergang ins Reich der vollendeten Unfreiheit und den totalen Identitätsverlust des einzelnen ermöglicht; ein Mechanismus, der im Roman bereits zur Entstehung eines kollektiven Zwangssystems geführt hat, gegen das – wie das heldenhafte Opfer des Romans, Winston Smith, erfahren muß – prinzipiell kein Widerspruch mehr möglich ist, weil sich ein Widerspruch nicht mehr mit Hilfe von kollektiv Geltendem in etwas kollektiv Geltendes überführen läßt. Dieser Mechanismus ist das ›Zwiedenken‹, und das heißt auch für Orwell nichts anderes, als daß das Wahrheitsprinzip von kollektiven Argumentationen außer Kraft gesetzt worden ist:

»Zwiedenken bedeutet die Gabe, gleichzeitig zwei einander widersprechende Ansichten zu hegen und beide gelten zu lassen. Der Parteiintellektuelle weiß, in welcher Richtung seine Erinnerungen geändert werden müssen. Es weiß deshalb auch, daß er mit der Wirklichkeit jongliert. Aber durch das Einschalten von Zwiedenken beschwichtigt er sich auch dahingehend, daß der Wirklichkeit nicht Gewalt angetan wird. Das Verfahren muß bewußt sein, sonst würde es nicht mit genügender Präzision ausgeführt werden, es muß aber auch unbewußt sein, sonst brächte es ein Gefühl der Falschheit und damit der Schuld mit sich. Zwiedenken ist der eigentliche Wesenskern von Engsoz[93], denn das grundlegende Verfahren der Partei besteht darin, eine bewußte Täuschung auszuüben und dabei eine Zweckentschlossenheit zu bewahren, wie sie restloser Ehrlichkeit eignet. Bewußte Lügen zu erzählen, während man ehrlich an sie glaubt; jede Tatsache zu vergessen, die unbequem geworden ist, um sie dann, wenn man sie wieder braucht, nur eben so lange, als notwendig ist, aus der Vergessenheit hervorzuholen; das Vorhandene einer objektiven Wirklichkeit zu leugnen und die ganze Zeit die von einem geleugnete Wirklichkeit in Betracht zu ziehen – alles das ist unerläßlich notwendig. Allein schon beim Gebrauch des Wortes Zwiedenken ist es unumgänglich Zwiedenken auszuüben. Denn indem man das Wort ge-

---

93 »Die heiligen politischen Grundsätze von Engsoz: Neusprache, Zwiegedanke, die Verwandlung der Vergangenheit.« (Orwell, a.a.O., S. 27)

braucht, gibt man zu, daß man mit der Wirklichkeit willkürlich umspringt; durch einen erneuten Akt von Zwiedenken löscht man dieses Wissen aus; und so unbegrenzt weiter, wobei die Lüge der Wahrheit immer einen Sprung voraus ist. Letzten Endes war die Partei mit Hilfe des Zwiedenkens imstande – und wird nach allem, was wir wissen, Tausende von Jahren weiterhin imstande sein –, den Lauf der Geschichte aufzuhalten.« (Orwell 1976, S. 197f.)

Die hier skizzierten drei Formen eines pathologischen kollektiven Lernens sind, das soll nochmals betont werden, reine Formen bzw. idealtypische Formen von Lernpathologien. Dies heißt nicht, daß sie bloße Fiktionen sind bzw. bloße Fiktionen bleiben müssen, sondern lediglich, daß sie sich in der Empirie in verschiedenen Konfigurationen und von bloßen Ansätzen bis hin zu der hier beschriebenen extremen Ausprägung manifestieren können.

Kollektive Lernprozesse werden nur dann zwangsläufig auf der individuellen und der gesellschaftlichen Ebene ihre immanente Rationalität entfalten, wenn die Kooperationsprinzipien einer kollektiven Argumentation nicht verletzt werden. Wenn diese Kooperationsprinzipien verletzt werden, so verkehrt sich jedoch der Sinn kollektiven Lernens tendenziell in sein Gegenteil. Statt eine Reproduktion und fortschreitende Rationalisierung soziokultureller Lebenswelten zu ermöglichen, führen dann Prozesse eines pathologischen kollektiven Lernens zur Versteinerung oder zur partiellen Verdrängung soziokultureller Lebenswelten und, im extremsten Falle, zu ihrer totalen Sinnentleerung. Statt den Begriff von Rationalität (im Hinblick auf die Lösung sozialer Koordinationsprobleme) auf fortschreitend höherstufigen formalen Ebenen und tendenziell in einem universalistischen Sinne zu entfalten und entsprechend inhaltlich (im Hinblick auf eine Definition des moralisch Guten) zu interpretieren, führen dann Prozesse eines pathologischen kollektiven Lernens zur partiellen oder totalen Aufhebung der einer kollektiven Argumentation immanenten Rationalität.

Aber warum sollte es in einer sozialen Grupppe möglich sein, die Kooperationsprinzipien einer kollektiven Argumentation außer Kraft zu setzen?

Das primäre und in der Regel für Argumentationsteilnehmer auch kontrafaktisch geltende Handlungsziel einer kollektiven Argumentation besteht darin, eine gemeinsam zu identifizierende strit-

tige Frage gemeinsam zu beantworten. Und daraus folgt, daß sich alle prinzipiell möglichen Antworten auf die strittige Frage hinsichtlich ihrer kollektiven Geltung dem mit der jeweiligen Argumentation kollektiv realisierten formalen Verfahren und damit einem nicht mehr weiter hintergehbaren Überprüfungstest unterwerfen müssen. Die Form der Argumentation determiniert die möglichen kollektiv geltenden Inhalte.
Pathologische Strukturen kollektiver Lernprozesse entstehen vermutlich dadurch, daß sich Inhalte gegen die Form einer kooperativen Argumentation durchsetzen können. Und das heißt, der Wunsch nach einem bestimmten inhaltlichen Argumentationsergebnis muß so übermächtig sein, daß er die pathologische Struktur einer Argumentation, die dieses inhaltliche Ergebnis allein rechtfertigen kann, mit der Aura des Rationalen schlechthin umgibt.
Falsches Bewußtsein, auch in der reflektierten Form des ›Zwiedenkens‹, entsteht immer dadurch, daß sich partikulare Interessen den Schein der Verallgemeinerungsfähigkeit zulegen wollen. Und zumindest auf der Ebene der Durchsetzung von Gruppeninteressen (für die ein konventionelles moralisches Bewußtsein der Gruppenangehörigen ausreicht) könnte ein falsches Bewußtsein hinsichtlich der Rationalität des eigenen Standpunktes pathologische Prozesse eines kollektiven Lernens in Gang setzen, die schließlich zu dem Ergebnis führen können, daß eine kollektive Pathologie irreversibel geworden ist.
Dies ist freilich nur eine unter vielen möglichen Hypothesen, die sich im Augenblick zu der Frage formulieren lassen, wie es möglich ist, daß sich kollektive Lernprozesse von einer Institution der kooperativen Wahrheitssuche in eine Institution zur Unterdrückung jener kooperativen Wahrheitssuche verwandeln können.
Und erscheint bereits diese Frage noch weitgehend als ein Rätsel, so wird sich möglicherweise das andere Rätsel niemals lösen lassen, nämlich ob es denn nun eigentlich die immanente Rationalität einer kollektiven Argumentation ist, die sich am Ende auf der individuellen und, als eine Folge davon, auf der gesellschaftlichen Ebene der Entwicklung moralischer Wertsysteme durchsetzen wird, oder aber die gleichfalls mögliche Entrationalisierung kollektiver Argumentationen und die damit potentiell einhergehenden individuellen und kollektiven moralischen Pathologien, denen allen ein ganz bestimmtes Merkmal zu eigen ist: sie lassen sich durch kollektive Argumentationen nicht mehr auflösen.

8. Zusammenfassung

Der Begriff eines kollektiven Lernprozesses ist der Grundbegriff einer soziologischen Lerntheorie.
Das Ziel der vorliegenden Arbeit bestand darin, (a) diesen Begriff eines kollektiven Lernprozesses innerhalb eines argumentationstheoretischen Bezugrahmens zu explizieren, (b) die theoretischen und empirischen Vorzüge der damit substantiierten soziologischen Lerntheorie gegenüber den gegenwärtig in der Psychologie und Soziologie dominierenden subjektzentrierten, individualistischen Lern- und Entwicklungstheorien herauszustellen, und (c) auf der Grundlage des Konzeptes eines kollektiven Lernprozesses eine Theorie der Ontogenese von Moral zu formulieren und ansatzweise zu belegen, die zugleich einen genuin soziologischen Zugang zur Behandlung jenes Grundproblems der Soziologie ermöglicht, das sich formulieren läßt als die Frage, ob und wie sich Bewertungs- und Legitimationsprobleme einer gesellschaftlichen Ordnung auf eine rationale Weise lösen lassen.
Den Ausgangspunkt für die Vielfalt von Überlegungen, die in der vorliegenden Arbeit zusammengetragen wurden, bildete die These des frühen Piaget, daß die soziale Interaktion zwischen Individuen mit Notwendigkeit dazu tendiert, im individuellen Bewußtsein eine universalistische Moral hervorzubringen. Und es zeigte sich, daß sich mit argumentationstheoretischen Mitteln ein grundbegrifflicher Rahmen für die Entwicklung einer Theorie kollektiver Lernprozesse formulieren läßt, die die Einsichten des frühen Piaget aufnimmt und die strukturanalytische und die entwicklungstheoretische Teilthese seiner These von der sozialen Konstitution einer universalistischen Moral in einen expliziten und kohärenten theoretischen Zusammenhang zu stellen vermag.
Anstatt an dieser Stelle alle Teilthesen der vorliegenden Arbeit und alle im Verlauf dieser Arbeit formulierten Kritiken an den fragmentarischen und in mancherlei Hinsicht wenig überzeugenden Gegenwartsarbeiten zur Moralentwicklung noch einmal zusammenzufassen, scheint es eher geboten zu sein, noch einem Klassiker die Gerechtigkeit widerfahren zu lassen, die ihm im Verlaufe der vorliegenden Arbeit schon sehr viel früher hätte zugestanden werden müssen.
Nicht nur Jean Piaget (in seinen frühen Arbeiten), auch George Herbert Mead hat der Idee einer den sozialen Interaktionen bzw.

kollektiven Argumentationen immanenten Rationalität einen zentralen Stellenwert in seinem Werke eingeräumt. Zwar hat auch Mead keine expliziten Modelle zur Rekonstruktion der individuellen und gesellschaftlichen Entwicklung von Moral ausgearbeitet, aber er hat doch – ähnlich wie der frühe Piaget – die prinzipiell sozial konstituierten, entwicklungslogisch autonomen und gesellschaftskritischen Wesenszüge der Moralentwicklung auf der ontogenetischen und der gesellschaftlichen (evolutionären) Ebene klar herausgearbeitet. In ›Philanthropy from the point of view of ethics‹ (1930) schreibt Mead: »... Gebräuche erscheinen im Individuum als Gewohnheiten und die Werte als seine guten Eigenschaften. Gewohnheiten und gute Eigenschaften geraten nun miteinander in Konflikt. Aus solchen Konflikten entwickeln sich in der menschlichen Sozialerfahrung die Bedeutung der Dinge und die rationalen Lösungen der Konflikte. Eine rationale Lösung der Konflikte macht jedoch eine Umgestaltung sowohl der Gewohnheiten wie der Werte erforderlich, und das bringt eine Transzendierung der Ordnung einer Gemeinschaft mit sich. Eine hypothetisch angenommene andere Ordnung drängt sich auf und wird zum Ziel des Verhaltens. Sie ist ein soziales Ziel und muß bei anderen in der Gemeinschaft Gefallen und Anklang finden. In logischen Begriffen gesagt: Es wird eine unbegrenzte Kommunikationsgemeinschaft geschaffen, die die besondere Ordnung einer bestimmten Gesellschaft transzendiert und innerhalb derer die Gemeinschaftsmitglieder bei einem besonderen Konflikt sich aus der existierenden Gemeinschaftsordnung hinausversetzen können, um über veränderte Handlungsgewohnheiten und eine Neuformulierung von Wertvorstellungen Übereinstimmung zu erzielen. Rationale Verfahren errichten also eine Ordnung, innerhalb derer das Denken tätig ist ... Sie stellt eine gesellschaftliche Ordnung dar, die jedes rationale Wesen umfaßt, das sich auf irgendeine Weise in einer Situation befindet oder befinden kann, mit der sich das Denken beschäftigt. Sie errichtet eine ideale Welt nicht der wirklichen Dinge, sondern der angemessenen Methode« (zit. nach Joas, a.a.O., S. 134f.).

Seit den aus der antiken Philosophie überlieferten Überlegungen zum Problem des Lernens und noch verstärkt durch die mit Wundt in der zweiten Hälfte des 19. Jahrhunderts einsetzende experimentelle psychologische Forschung wird der lernende Organismus entweder als das Subjekt oder als das Objekt des Lernprozesses aufgefaßt. Wenn er als *Subjekt* betrachtet wird, so führt dies zu rationalistischen und tendenziell zu reifungstheoretischen Lerntheorien. Wenn er als *Objekt* betrachtet wird, so führt dies zu empiristischen und tendenziell zu behavioristischen Lerntheorien. Im Falle einer soziologischen Lerntheorie wird das lernende Individuum jedoch weder ausschließlich als (monologisches) Subjekt noch ausschließlich als Objekt betrachtet, es wird als ein Interaktionspartner verstanden, als das *alter ego*.

Literaturverzeichnis

Adorno, Th. W. (1966). *Negative Dialektik*. Frankfurt: Suhrkamp Verlag.
Adorno, Th. W. (1973). *Ästhetische Theorie*. Frankfurt: Suhrkamp Verlag.
Adorno, Th. W., & Horkheimer, M. (1947). *Dialektik der Aufklärung*. Amsterdam: Querido Verlag.
Adorno, Th. W., & al. (1968). *Der autoritäre Charakter. 2 Bände*. Amsterdam: Verlag de Munter.
Aebli, H. (1981). *Denken: das Ordnen des Tuns. 2 Bände*. Stuttgart: Klett Verlag.
Agassi, J. (1960). Methodological individualism. *British Journal of Sociology, 11*, 244-270.
Agassi, J. (1975). *Science in flux*. Dordrecht: Reidel Verlag.
Andersen, E. S. (1977). Bibliographie zu ›baby talk‹. In C. E. Snow & C. A. Ferguson (Eds.), *Talking to children* (pp. 357-369). Cambridge: Cambridge University Press.
Anderson, N. H. (1980). Information integration theory in developmental psychology. In F. Wilkening & J. Becker & T. Trabasso (Eds.), *Information integration by children* (pp. 1-46). Hillsdale, N. J.: Lawrence Erlbaum Associates.
Angell, R. B. (1964). *Reasoning and logic*. New York: Appleton-Century-Crofts.
Anglin, J. M. (1977). *Word, object, and conceptual development*. New York: Norton.
Anglin, J. M. (1978). From reference to meaning. *Child Development, 49*, 969-976.
Antinucci, F., & Miller, R. (1976). How children talk about what happened. *Journal of Child Language, 3*, 167-189.
Austin, J. L. (1962). *How to do things with words*. Oxford: Oxford UP.

Bach, K., & Harnish, R. M. (1979). *Linguistic communication and speech acts*. Cambridge, Mass.: MIT Press.
Baldwin, J. M. (1911). *The individual and society, or psychology and sociology*. Boston: The Gorham Press.
Bates, E. (1976). *Language and context: The acquisition of pragmatics*. New York: Academic Press.
Bates, E., & Camaioni, L., & Volterra, V. (1975). The acquisition of performatives prior to speech. *Merrill-Palmer-Quarterly, 21*, 205-226.
Bateson, G. (1958). *Naven*. Stanford: Stanford University Press.
Baum, R. (1975). *Logic*. New York: Holt, Rinehart & Winston.
Beauchamp, T. L. (1982). *Philosophical Ethics*. New York: McGraw-Hill.
Beilin, H. (1971). The development of physical concepts. In T. Mischel

(Ed.), *Cognitive development and epistemology* (pp. 85-119). New York: Academic Press.

Bennett, J. (1976). *Linguistic behavior.* Cambridge: University Press.

Berger, P.L., & Luckmann, T. (1969). *Die gesellschaftliche Konstruktion der Wirklichkeit.* Frankfurt: Fischer Verlag.

Bertram, H. (1978). *Gesellschaft, Familie und moralisches Urteil.* Weinheim: Beltz Verlag.

Bertram, H. (1980). Moralische Sozialisation. In K. Hurrelmann & D. Ulich (Eds.), *Handbuch der Sozialisationsforschung* (pp. 717-744). Weinheim: Beltz Verlag.

Bever, T.G., & Chiarello, R.J. (1974). Cerebral dominance in musicians and nonmusicians. *Science, 185,* 137-139.

Blair, J.A., & Johnson, R.H. (1980). *Informal logic. The first international symposium.* Inverness, Cal.: Edgepress.

Bloch, E. (1962). *Subjekt – Objekt. Erläuterungen zu Hegel.* Frankfurt: Suhrkamp Verlag.

Bloom, L. (1970). *Language development: Form and function in emerging grammars.* Cambridge, Mass.: M.I.T.

Bloom, L., & Hood, L., & Lightbown, P. (1974). Imitation in language development. *Cognitive Psychology, 6,* 380-420.

Blount, B. (1969). *Acquisition of language by Luo children.* Unveröffentl. Diss. Berkeley, University of Calif.

Bowerman, M. (1973). *Early syntactic development: A cross-linguistic study with special reference to Finnish.* London: Cambridge UP.

Bowerman, M. (1976). Semantic factors in the acquisition of rules for word use and sentence construction. In D.M. Morehead & A.E. Morehead (Eds.), *Normal and deficient child language* (pp. 99-179). Baltimore: University Park Press.

Bowerman, M. (1979). Cross-cultural perspectives on language development. In H.C. Triandis (Ed.), *Handbook of cross-cultural psychology.* Boston: Allyn & Bacon.

Brandstätter, H., & Davis, J.H., & Stocker-Kreichgauer, G. (1982). *Group decision making.* New York: Academic Press.

Bronckart, J.-P., & Sinclair, H. (1978). Genfer Untersuchungen zur genetischen Psycholinguistik. In G. Steiner (Ed.), *Piaget und die Folgen* (pp. 975-991). Zürich: Kindler.

Brown, R. (1973). *A first language: The early stages.* Cambridge, Mass.: Harvard UP.

Brown, R. (1977). Introduction. Einführung. In C.E. Snow & C.A. Ferguson (Eds.), *Talking to children: Language input and acquisition* (pp. 1-27). London: Cambridge UP.

Brown, R., & Hanlon, C. (1970). Derivational complexity and order of acquisition in child speech. In J.R. Hayes (Ed.), *Cognition and the development of language* (pp. 11-53). New York: Wiley.

Bruner, J.S. (1975). From communication to language. *Cognition, 3*, 255-287.

Bruner, J.S. (1975). The ontogenesis of speech acts. *Journal of Child Language, 2*, 1-19.

Bruner, J.S. (1978). Learning how to do things with words. In J. Bruner & A. Garton (Eds.), *Human growth and development* (pp. 62-84). Oxford: Clarendon.

Bruner, J.S. (1978). The role of dialogue in language acquisition. In A. Sinclair & W.J.M. Levelt (Eds.), *The child's conception of language*. Berlin: Springer.

Bruner, J.S., & Sherwood, V. (1976). Early rule structure: The case of peekaboo. In J. Bruner & A. Jolly & K. Sylva (Eds.), *Play: Its role in evolution and development*. Hammondsworth: Penguin.

Büchner, G. (1961). *Gesammelte Werke*. München: Goldmann Verlag.

Canetti, E. (1935). *Die Blendung*. Wien: Herbert Reichner Verlag.

Castañeda, H.-N. (1967). Private language problem. *The encyclopedia of philosophy, Vol. 5/6*. New York: The Macmillan Company & The Free, 458-464.

Castañeda, H.-N. (1974). *The structure of morality*. Springfield, Ill.: Charles C. Thomas Publisher.

Chomsky, N. (1957). *Syntactic structures*. Den Haag: Mouton.

Chomsky, N. (1959). Review of Skinner's ›Verbal behavior‹. *Language, 35*, 26-58.

Chomsky, N. (1962). Explanatory models in linguistics. In E. Nagel & P. Suppes & A. Tarski (Eds.), *Logic, methodology, and the philosophy of science* (pp. 528-550). Stanford: Stanford UP.

Chomsky, N. (1965). *Aspects of the theory of syntax*. Cambridge, Mass.: MIT Press.

Chomsky, N. (1971). Language and the mind. In A. Bar-Adon & W.F. Leopold (Eds.), *Child language* (pp. 424-432). Englewood Cliffs, N.J.: Prentice Hall.

Claessens, D. (1962). *Familie und Wertsystem*. Berlin: Duncker & Humblot.

Clark, E.V. (1973). What's in a word? On the child's acquisition of semantics in his first language. In T.E. Moore (Ed.), *Cognitive development and the acquisition of language* (pp. 65-110). New York: Academic Press.

Clark, E.V. (1974). Some aspects of the conceptual basis for first language acquisition. In R.L. Schiefelbusch & L.L. Lloyd (Eds.), *Language perspectives – Acquisition, retardation, and intervention* (pp. 105-128). Baltimore: University Park Press.

Clark, H.H., & Carlson, T.B. (1982). Speech acts and hearer's beliefs. In N.V. Smith (Ed.), *Mutual knowledge* (pp. 1-37). New York: Academic Press.

Clark, H.H., & Clark, E.V. (1977). *Psychology and language.* New York: Harcourt Brase Jovanovich.

Clark, H.H., & Marshall, C.R. (1981). Definite reference and mutual knowledge. In A.K. Joshi & B.L. Webber & I.A. Sag (Eds.), *Elements of discourse understanding* (pp. 10-63). Cambridge: University Press.

Clark, R.A. (1978). The transition from action to gesture. In A. Lock (Ed.), *Action, gesture, and symbol* (pp. 231-260). New York: Academic Press.

Colby A., & al. (1983). *The measurement of moral judgement: a manual and its results.* New York: Cambridge University Press.

Corsaro, W.A. (1981). Entering the child's world – research strategies for field entry and data collection in a pre-school setting. In J. Green & C. Wallet (Eds.), *Ethnography and language in educational settings* (pp. 117-146). Norwood, N.J.: Ablex.

Cromer, R.F. (1974). The development of language and cognition: The cognition hypothesis. In B. Foss (Ed.), *New perspectives in child development* (pp. 184-252). Harmondsworth: Penguin Education.

Cromer, R.F. (1976). The cognitive hypothesis of language acquisition and its implications for child language deficiency. In D.M. Morehead & A.E. Morehead (Eds.), *Normal and deficient child language* (pp. 283-334). Baltimore: University Park Press.

Cross, T.G. (1977). Mother's speech adjustments: The contribution of selected child listener variables. In C.E. Snow & C.A. Ferguson (Eds.), *Talking to children* (pp. 151-188). Cambridge, Mass.: Cambridge UP.

De Laguna, G.A. (1927). Speech: Its function and development. 2nd edn. 1963, Bloomington: Indiana University Press.

Doise, W. (1978). *Groups and individuals: explanations in social psychology.* Cambridge: University Press.

Doise, W., & Mugny, G. (1981). *Le developpement social de l'intelligence.* Paris: Intereditions.

Donaldson, M. (1978). *Children's minds.* Glasgow: Fontana/Collins.

Dore, J. (1973). *The development of speech acts. Unveröffentl. Diss.* City University of New York.

Dore, J. (1975). Holophrases, speech acts, and language universals. *Journal of child language, 2,* 21-40.

Durkheim, E. (1934). *L'education morale.* Paris: Presses Universitaires de France.

Durkheim, E. (1961). *Die Regeln der soziologischen Methode.* Neuwied und Berlin: Luchterhand.

Durkheim, E. (1967). *Soziologie und Philosophie.* Frankfurt: Suhrkamp Verlag.

Durkheim, E. (1973). *Erziehung, Moral und Gesellschaft. (Übersetzung von Durkheim 1934).* Neuwied: Luchterhand Verlag.

Dux, G. (1982). *Die Logik der Weltbilder*. Frankfurt: Suhrkamp Verlag.
Döbert, R. (1973). *Systemtheorie und die Entwicklung religiöser Deutungssysteme*. Frankfurt: Suhrkamp Verlag.
Döbert, R., & Nunner-Winkler, G. (1982). Moralisches Urteilsniveau und Verläßlichkeit.. In G. Lind & H. Hartmann & R. Wakenhut (Eds.), *Moralisches Urteilen und soziale Umwelt* (pp. 15-122). Weinheim: Beltz Verlag.

Eco, U. (1972). *Einführung in die Semiotik*. München: Fink Verlag.
Edelstein, W., & Keller, M. (1982). Perspektivität und Interpretation. Zur Entwicklung des sozialen Verstehens. In W. Edelstein & M. Keller (Eds.), *Perspektivität und Interpretation* (pp. 9-46). Frankfurt: Suhrkamp Verlag.
Eder, K. (1973). *Seminar: Die Entstehung von Klassengesellschaften*. Frankfurt: Suhrkamp Verlag.
Eder K. (1976). *Die Entstehung staatlich organisierter Gesellschaften*. Frankfurt: Suhrkamp Verlag.
Eder, K. (1982). Kollektive Lernprozesse und Geschichte. *Saeculum 33*, 2, 116-132.
Edwards, D. (1973). Sensory-motor intelligence and semantic relations in early child grammar. *Cognition, H. 4*, 2, 395-434.
Eibl-Eibesfeldt, I. (1976). *Der vorprogrammierte Mensch*. München: dtv.
Elster, J. (1982). Rationality. *Contemporary Philosophy, 2*, 111-131.
Ervin-Tripp, S. (1964). Imitations and structural change in children's language. In E. H. Lenneberg (Ed.), *New directions in the study of language* (pp. 163-189). Cambridge, Mass.: M. I. T.
Ervin-Tripp, S. (1974). The comprehension and production of requests by children. *Papers and Reports on Child Language Development*. Stanford: University 8, 188-196.
Ervin-Tripp, S. (1977). Wait for me, roller-skate! In C. Mitchell-Kernan & S. Ervin-Tripp (Eds.), *Child discourse* (pp. 165-188). New York: Academic Press.
Ervin-Tripp, S., & C. Mitchell-Kernan (1977). *Child discourse*. New York: Academic Press.

Feffer, M. (1959). The cognitive implications of role-taking behavior. *Journal of Personality, 27*, 152-168.
Feffer, M. (1970). A developmental analysis of interpersonal behavior. *Psychological Review, 77*, 197-214.
Ferguson, C. A. (1977). Babytalk as a simplified register. In C. E. Snow & C. A. Ferguson (Eds.), *Talking to children* (pp. 219-236). Cambridge, Mass.: Cambridge UP.
Fillmore, C. J. (1968). The case for case. In E. Bach & R. T. Harms (Eds.),

Universals of linguistic theory (pp. 1-88). New York: Holt, Rinehart & Winston.

Finocchiaro, M. A. (1980). *Galileo and the art of reasoning*. Dordrecht: Reidel Verlag.

Flavell, J. H., & Fry, C., & Wright, J., & Jarvis, P. (1968). *The development of role-taking and communication skills in children*. New York: Wiley/Sons.

Fleming, J. D. (1974). Field report: The state of the apes. *Psychology Today*, *8*, 31-46.

Franck, D. (1975). Zur Analyse indirekter Sprechakte. In V. Ehrich & P. Finke (Eds.), *Beiträge zur Grammatik und Pragmatik* (pp. 219-231). Kronberg: Scriptor.

Frankena, W. K. (1973). *Ethics*. Englewood Cliffs, N. J.: Prentice Hall.

Furth, H. G. (1981). *Piaget and knowledge* (2nd ed.). Chicago: The University of Chicago Press.

Gallagher, J. M., & Reid, D. K. (1981). *The learning theory of Piaget & Inhelder*. Monterey, Calif.: Brooks/Cole.

Gardner, R. A., & Gardner, B. T. (1969). Teaching sign language to a chimpanzee. *Science*, *165*, 664-672.

Garfinkel, A. (1981). *Forms of explanation. Rethinking the questions in social theory*. New Haven: Yale University Press.

Garnica, O. K. (1977). Some prosodic and paralinguistic features of speech to young children. In C. E. Snow & C. A. Ferguson (Eds.), *Talking to children* (pp. 63-88). Cambridge, Mass.: Cambridge UP.

Garvey, C. (1974). Some properties of social play. *Merrill-Palmer Quarterly*, *20*, 164-180.

Garvey, C. (1975). Requests and responses in children's speech. *Journal of Child Language*, *2*, 41-63.

Greenfield, P. M. (1978). Informativeness, presupposition, and semantic choice in single-word utterances. In N. Waterson & C. E. Snow (Eds.), *The development of communication* (pp. 443-452). New York: Wiley.

Greenfield, P. M., & Smith, J. H. (1976). *The structure of communication in early language development*. New York: Academic Press.

Greenfield, P. M., & Zukow, P. G. (1978). Why do children say what they say when they say it? *Papers and Reports on Child Language Development*, *15*, 57-67.

Grice, H. P. (1975). William James lectures. Harvard University 1967. Teilweise veröffentl. unter dem Titel ›Logic and conversation‹. In P. Cole & J. L. Morgan (Eds.), *Syntax and semantics. Speech acts* (Vol. 3) (pp. 41-58). New York: Seminar Press.

Grimmelshausen, H. J. C. von (1975). *Der abenteuerliche Simplizissimus*. Wien: Ueberreuter Verlag.

Götz, B. (1978). Zur Krise der Sozialisationsforschung und zu ihren programmatischen Konsequenzen. In B. Götz & J. Kaltschmid (Eds.), *Sozialisation und Erziehung* (pp. 3-46). Darmstadt: Wiss. Buchgesellschaft.

Habermas, J. (1973). »Wahrheitstheorien«. In H. Fahrenbach (Ed.), *Wirklichkeit und Reflexion − Walter Schulz zum 60. Geburtstag*. Pfullingen: Neske Verlag, 211-265.

Habermas, J. (1973). *Legitimationsprobleme im Spätkapitalismus*. Frankfurt: Suhrkamp Verlag.

Habermas, J. (1976). Was heißt Universalpragmatik? In K. O. Apel (Ed.), *Sprachpragmatik und Philosophie* (pp. 174-272). Frankfurt: Suhrkamp Verlag.

Habermas, J. (1976). *Zur Rekonstruktion des historischen Materialismus*. Frankfurt: Suhrkamp Verlag.

Habermas, J. (1981). *Theorie kommunikativen Handelns, 2 Bände*. Frankfurt: Suhrkamp Verlag.

Habermas, J. (1983). *Moralbewußtsein und kommunikatives Handeln*. Frankfurt: Suhrkamp Verlag.

Halliday, M. A. K. (1973). *Explorations in the function of language*. London: Arnold.

Hamblin, C. L. (1970). *Fallacies*. London: Methuen.

Hamlyn, D. W. (1978). *Experience and the growth of understanding*. London: Routledge & Kegan Paul.

Harten, H.-C. (1977). *Der vernünftige Organismus oder gesellschaftliche Evolution der Vernunft*. Frankfurt: Syndikat Verlag.

Hegel, G. W. F. (1948). *Phänomenologie des Geistes*. Hamburg: Felix Meiner Verlag.

Hegel, G. W. F. (1951). *Wissenschaft der Logik. 2 Bände*. Leipzig: Felix Meiner Verlag.

Hegel, G. W. F. (1959). *Enzyklopädie der philosophischen Wissenschaften im Grundrisse*. Hamburg: Felix Meiner Verlag.

Hoffman, M. L. (1963). Personality, family structure, and social class as antecedents of parental power assertion. *Child development, 34*, 869-884.

Hoffman, M. L. (1970). Moral development. In P. H. Mussen (Ed.), *Carmichael's manual of child psychology* (Vol. 2) (pp. 261-359). New York: Wiley/Sons.

Hoffman, M. L. (1977). Moral internalization: current theory and research. In L. Berkowitz (Ed.), *Advances in experimental social psychology* (Vol. 10) (pp. 85-133). New York: Academic Press.

Ingram, D. (1978). Sensori-motor intelligence and language development. In A. Lock (Ed.), *Action, gesture, and symbol* (pp. 261-290). New York: Academic Press.

Inhelder, B. (1978). Language and thought: Some remarks on Chomsky and Piaget. *Journal of Psycholinguistic Research, H. 4*, 7, 263-268.
Inhelder, B. (1981). Genetic epistemology and developmental psychology. In J. M. Gallagher & D. K. Reid (Eds.), *The learning theory of Piaget & Inhelder* (pp. 186-198). Monterey, Calif.: Brooks/Cole.
Inhelder, B., & Sinclair, H., & Bovet, M. (1974). *Learning and the development of cognition.* Cambridge, Mass.: Harvard University Press.

Jarvie, J. C. (1974). *Die Logik der Gesellschaft.* München: List Verlag.
Joas, H. (1980). *Praktische Intersubjektivität. Die Entwicklung des Werkes von G. H. Mead.* Frankfurt: Suhrkamp Verlag.

Kant, I. (1968). *Werke in zehn Bänden.* In W. Weischedel (Ed.), Darmstadt: Wissenschaftl. Buchgesellschaft.
Kernan, K. T. (1969). *The acquisition of language by Samoan children. Unveröffentlichte Diss.* Berkeley, University of Calif.
Kesselring, Th. (1981). *Entwicklung und Widerspruch. Ein Vergleich zwischen Piagets genetischer Erkenntnistheorie und Hegels Dialektik.* Frankfurt: Suhrkamp Verlag.
Kessen, W. (1979). The american child and other cultural inventions. *American Psychologist, 34*, 815-820.
Kinsbourne, M., & Smith, A. (1974). *Hemispheric disconnection and cerebral function.* Springfield, Ill.: Thomas.
Klahr, D. (1978). Information processing models of cognitive development. In J. M. Scadura & C. J. Brainerd (Eds.), *Structural/process models of complex human behavior* (pp. 479-518). Alphen aan den Rijn: Sijthoff & Noordhoff.
Klahr, D., & Siegler, R. S. (1978). The representation of children's knowledge. In H. W. Reese & L. P. Lipsit (Eds.), *Advances in child development* (Vol. 12) (pp. 61-116). New York: Academic Press.
Klahr, D., & Wallace, J. G. (1976). *Cognitive development: An information processing view.* Hillsdale, N. J.: Lawrence Erlbaum Associates.
Klein, W. (1980). Argumentation und Argument. In W. Klein (Ed.), *Argumentation, Heft 38/39* (pp. 9-57).
Kohlberg, L. (1958). *The development of modes of thinking and choices in years 10 to 16, unpublished doctoral dissertation.* University of Chicago.
Kohlberg, L. (1969). Stage and sequence: The cognitive-developmental approach to socialization. In D. A. Goslin (Ed.), *Handbook of socialization theory and research* (pp. 347-480). Chicago: Rand McNally.
Kohlberg, L. (1971). From Is to Ought. In Th. Mischel (Ed.), *Cognitive Development and Epistemology* (pp. 151-235). New York & London: Academic Press.
Kohlberg, L. (1971). Stages of moral development as a basis for moral education. In C. M. Beck & B. S. Crittenden & E. V. Sullivan (Eds.),

Moral education. Interdisciplinary approaches (pp. 23-92). Toronto: University of Toronto Press.

Kohlberg, L. (1975). Moral stages and moralization: The cognitive-developmental approach. In T. Lickona (Ed.), *Moral development and behavior* (pp. 31-53). New York: Holt, Rinehart & Winston.

Kohlberg, L. (1981). *The philosophy of moral development*. San Francisco: Harper & Row.

Kohlberg, L., & Levine, Ch., & Hewer, A. (1983). *Moral stages: a current formulation and a response to critics. Manuskript.*

Kohlberg, L., & Turiel, E. (1978). Moralische Entwicklung und Moralerziehung. In G. Portele (Ed.), *Sozialisation und Moral. Neuere Ansätze zur moralischen Entwicklung und Erziehung* (pp. 13-80). Weinheim: Beltz.

Kosinski, J. (1970). *Being there*. New York: Bantam Books.

Kripke, S. A. (1982). *Wittgenstein on rules and private language.* Cambridge, Mass.: Harvard University Press.

Kuhn, D., & Langer, J., & Kohlberg, L., & Haan, N. (1977). The development of formal operations in logical and moral judgement. *Genetic Psychology Monographs, 95*, 97-188.

Lange, S., & Larsson, K. (1973). Syntactical development of a Swedish girl Embla between 20 and 42 months of age. *Age 20-25 months. Report No. 1, Project Child Language Syntax. Institutionen for Nordiska Sprak.* Stockholms Universitet.

Lau, C. (1981). Gesellschaftliche Evolution als kollektiver Lernprozeß. *Soziologische Schriften.* Berlin: Duncker & Humblot, *35*.

Lem, S. (1980). Experimenta felizitologica. *Die phantastischen Erzählungen des Stanislaw Lem.* Frankfurt: Insel Verlag.

Lenneberg, E. H. (1967). *Biological foundations of language.* New York: J. Wiley/Sons.

Lenneberg, E. H. (1971). Of language knowledge, apes, and brains. *Journal of Psycholinguistic Research, 1*, 1-29.

Lenneberg, E. H. (1972). *Biologische Grundlagen der Sprache. (Übersetzung von Lenneberg 1967).* Frankfurt: Suhrkamp.

Leuninger, H., & Miller, M., & Müller, F. (1973). *Psycholinguistik.* Frankfurt: Athenäum.

Leuninger, H., & Miller, M., & Müller, F. (1974). *Linguistik und Psychologie.* Frankfurt: Athenaion.

Levi-Strauss, C. (1960). L'analyse morphologique des contes russes. *International Journal of Slavic Linguistics and Poetics, 3*, 122-149.

Lewis, D. (1969). *Convention.* Cambridge, Mass.: Harvard University Press.

Lewis, D. (1972). General semantics. In D. Davidson & G. Harmann (Eds.), *Semantics of natural language* (pp. 169-219). Dordrecht: Reidel.

Lewis, D. (1975). *Konventionen.* Berlin: de Gruyter.

Lewis, D. (1979). Scorekeeping in a language game. In R. Bäuerle & U. Egli & A. v. Stechow (Eds.), *Semantics from different points of view* (pp. 172-187). New York/Berlin: Springer Verlag.

Linden, E. (1974). *Apes, man, and language.* New York: Penguin.

Luhmann, N. (1977). Interpenetration – Zum Verhältnis personaler und sozialer Systeme. *Zeitschrift für Soziologie, 6,* 62-76.

Lukes, S. (1973). Methodological individualism reconsidered. In A. Ryan (Ed.), *The philosophy of social explanation* (pp. 119-129). Oxford: Oxford University Press.

Mac Whinney, B. (1975). Pragmatic patterns in child syntax. *Papers and Reports on Child Language Development. Stanford University Dpt. of Linguistics, 10,* 153-165.

McNeill, D. (1970). *The acquisition of language.* New York: Harper & Row.

Mead, G. H. (1934). *Mind, self, and society.* Chicago: Chicago University Press.

Mead, G. H. (1968). *Geist, Identität und Gesellschaft. (Übersetzung von Mead 1934).* Frankfurt: Suhrkamp Verlag.

Miller, G. A. (1968). *The psychology of communication.* London: Penguin.

Miller, G. A. (1977). *Spontaneous apprentices.* New York: Seabury.

Miller, M. (1976). *Zur Logik der frühkindlichen Sprachentwicklung.* Stuttgart: Klett Verlag.

Miller, M. (1978). Pragmatic constraints on the linguistic realization of ›semantic intentions‹ in early child language. In N. Waterson & C. E. Snow (Eds.), *The development of communication* (pp. 453-467). New York: Wiley.

Miller, M. (1978). Psycholinguistische Probleme der Referenz. *Zeitschrift für Literaturwissenschaft und Linguistik (LiLi), 23/24,* 83-97.

Miller, M. (1979). *The logic of language development in early childhood. (Übersetzung einer überarbeiteten Fassung von Miller 1976).* New York/Berlin: Springer Verlag.

Miller, M. (1980). Moralität und Argumentation. In M. Keller & P. Roeders (Eds.), *Newsletter Soziale Kognition* (Vol. 3). TU Berlin.

Miller, M. (1982). Argumentationen als moralische Lernprozesse. *Zeitschrift für Pädagogik, 2,* 299-314.

Miller, M. (1982). Interpretatives Paradigma und die empirische Untersuchung der Ontogenese kollektiver moralischer Deutungsmuster. In H.-G. Soeffner (Ed.), *Beiträge zu einer empirischen Sprachsoziologie* (pp. 49-90). Tübingen: Narr Verlag.

Miller, M. (1984). Zur Ontogenese des koordinierten Dissens. In W. Edelstein & J. Habermas (Eds.), *Soziale Interaktion und soziales Verstehen* (pp. 220-250). Frankfurt: Suhrkamp Verlag.

Miller, M. (1986). Learning how to contradict and still pursue a common end – the ontogenesis of moral argumentation. In J. Cook-Gumperz, W. Corsaro & J. Streeck (Eds.), *Children's worlds and children's language*. Berlin: Mouton.

Miller, M. (1986). Argumentation and cognition. In M. Hickmann (Ed.), *Social and functional approaches to language and thought*. New York: Academic Press.

Miller, M., & Klein, W. (1981). Moral argumentations among children. *Linguistische Berichte* 74/81, 1-19.

Miller, M., & Weissenborn, J. (1978). Pragmatic conditions on learning how to refer to localities. *Papers and Reports on Child Language Development*, 15, 68-77.

Moerk, E. (1975). Piaget's research as applied to the exploration of language development. *Merrill-Palmer Quarterly*, 21, 151-169.

Morehead, D. M., & Morehead, A. E. (1974). From signal to sign: A Piagetian view of thought and language during the first two years. In R. Schiefelbusch & L. LLoyd (Eds.), *Language perspectives – Acquisition, retardation, and intervention* (pp. 153-190). Baltimore: University Park Press.

Morris, C. (1946). *Signs, language, and behaviour*. Englewood Cliffs, N. J.: Prentice Hall.

Naess, A. (1975). *Kommunikation und Argumentation*. Kronberg: Scriptor.

Nelson, K. (1974). Concept, word, and sentence. *Psychological Review*, 81, 267-285.

Nelson, K. (1977). The conceptual basis for naming. In J. Macnamara (Ed.), *Language learning and thought* (pp. 117-136). New York: Academic Press.

Newell, A. (1968). Judgement and its representation: an introduction. In B. Kleinmütz (Ed.), *Formal representation of human judgement* (pp. 1-16). New York: Wiley/Sons.

Newell, A., & Simon, H. A. (1972). *Human problem solving*. Englewood Cliffs, N. Y.: Prentice Hall.

Newport, E. L. (1976). Motherese: The speech of mothers to young children. In N. Castellan & D. Pisoni & G. Potts (Eds.), *Cognitive theory* (Vol. 2). Hillsdale, N. J.: Lawrence Erlbaum.

Newport, E. L., & Gleitman, H., & Gleitman, L. R. (1977). Mother I'd rather do it myself: Some effects and non-effects of maternal speech style. In C. E. Snow & C. A. Ferguson (Eds.), *Talking to children* (pp. 109-150). Cambridge, Mass.: Cambridge UP.

Nickles, Th. (1980). Introductory essay: scientific discovery and the future of philosophy of science. In Th. Nickles (Ed.), *Scientific discovery, logic, and rationality* (pp. 1-60). Dordrecht: Reidel Verlag.

Ninio, A., & Bruner, J. (1978). The achievement and antecedents of labelling. *Journal of Child Language*, 5, 1-16.

Oevermann, U. (1976). Programmatische Überlegungen zu einer Theorie der Bildungsprozesse und zur Strategie der Sozialisationsforschung. In K. Hurrelmann (Ed.), *Sozialisation und Lebenslauf* (pp. 34-52). Reinbek: Rowohlt Verlag.

Oevermann, U. (1979). Sozialisationstheorie. In G. Lüschen (Ed.), *Deutsche Soziologie seit 1945. Kölner Zeitschrift für Soziologie und Sozialpsychologie* (pp. 143-168). Opladen: Westdeutscher Verlag.

Oevermann, U., & Allert, T., & Konau, E., & Krambeck, J. (1979). Die Methodologie einer »objektiven Hermeneutik« und ihre allgemeine forschungspraktische Bedeutung in den Sozialwissenschaften. In H.-G. Soeffner (Ed.), *Interpretative Verfahren in den Text- und Sozialwissenschaften.* Stuttgart: Klett Verlag, 352-433.

Oken, L. (1825). Lehrbuch der Naturgeschichte. *Kursbuch 3 (November 1965) (teilweise abgedruckt).* Jena: August Schmid Verlag, 79-93.

Oppitz, M. (1975). *Notwendige Beziehungen. Abriß der strukturalen Anthropologie.* Frankfurt: Suhrkamp Verlag.

Orwell, G. (1976). *1984.* Frankfurt: Ullstein Verlag.

Oser, F. (1981). *Moralisches Urteil in Gruppen, Soziales Handeln, Verteilungsgerechtigkeit.* Frankfurt: Suhrkamp Verlag.

Parsons, T. (1977). Social structure and the symbolic media of interchange. In T. Parsons (Ed.), *Social systems and the evolution of action theory* (pp. 204-228). New York: Free Press.

Perelman, Ch., & Olbrechts-Tyteca, L. (1969). *The new rhetoric. A treatise on argumentation.* Notre Dame, Ind.: University of Notre Dame Press.

Perret-Clermont, A.-N. (1980). *Social interaction and cognitive development in children.* New York: Academic Press.

Piaget, J. (1924). *Le jugement et le raisonnement chez l'enfant.* Neuchatel: Delachaux & Niestle.

Piaget, J. (1932). *Le jugement moral chez l'enfant.* Paris: Presses Universitaires de France.

Piaget, J. (1950). *Introduction a l'epistemologie genetique.* Paris: Presses Universitaires de France.

Piaget, J. (1951). *Play, dreams, and imitation in childhood.* New York: Norton.

Piaget, J. (1954). *Das moralische Urteil beim Kinde. (Übersetzung von Piaget 1932).* Zürich: Rascher & Cie. AG.

Piaget, J. (1954). *The construction of reality in the child.* New York: Basic.

Piaget, J. (1956). Les stades du developpement intellectuel de l'enfant et de l'adolescent. In P. Osterrieth (Ed.), *Le probleme des stades en psychologie de l'enfant* (pp. 33-42). Paris: Presses Universitaires de France.

Piaget, J. (1957). Logique et equilibre dans les comportements du sujet. *Etudes d'epistemologie genetique II.* Paris: Presses Univ. de France.

Piaget, J. (1960). *Psychology of intelligence.* Patterson, N.J.: Littlefield & Adams.

Piaget, J. (1967). *Biologie et connaissance.* Paris: Presses Universitaires de France.

Piaget, J. (1967). *Six psychological studies.* New York: Random.

Piaget, J. (1969). *Nachahmung, Spiel und Traum. (Übersetzung von Piaget 1951).* Stuttgart: Klett.

Piaget, J. (1970). Piaget's theory. In P.H. Mussen (Ed.), *Carmichael's manual of child psychology* (Vol. 1). New York: Wiley.

Piaget, J. (1972). *Psychologie der Intelligenz. (Übersetzung von Piaget 1960).* Olten: Walter Verlag.

Piaget, J. (1972). *The principles of genetic epistemology.* New York: Basic Books.

Piaget, J. (1972). *Urteil und Denkprozeß des Kindes. (Übersetzung von Piaget 1924).* Düsseldorf: Schwan Verlag.

Piaget, J. (1974). *Biologie und Erkenntnis. (Übersetzung von Piaget 1967).* Frankfurt: Fischer Verlag.

Piaget, J. (1974). *Recherches sur la contradiction.* Paris: Presses Universitaires de France.

Piaget, J. (1975). *Die Entwicklung des Erkennens (Teil III). (Übersetzung von Piaget 1950).* Stuttgart: Klett Verlag.

Piaget, J. (1975). *L'equilibration des structures cognitives. Probleme central du developpement.* Paris: Presses Universitaires de France.

Piaget, J. (1976). *Die Äquilibration der kognitiven Strukturen. (Übersetzung von Piaget 1975).* Stuttgart: Klett Verlag.

Piaget, J. (1977). Epistemologie genetique et equilibration. In B. Inhelder & R. Garcia & J. Voneche (Eds.), *Hommage à Jean Piaget.* Neuchatel/Paris/Montreal.

Piaget, J. (1980). *Adaptation and intelligence.* Chicago: University of Chicago Press.

Piaget, J. (1980). *Experiments in contradiction. (Übersetzung von Piaget 1974).* Chicago: The University of Chicago Press.

Piaget, J. (1981). Creativity. In J.M. Gallagher & D.K. Reid (Eds.), *The learning theory of Piaget & Inhelder* (pp. 221-229). Monterey, Calif.: Brooks/Cole.

Piaget, J. (1981). Problems of equilibration. In J.M. Gallagher & D.K. Reid (Eds.), *The learning theory of Piaget & Inhelder* (pp. 210-220). Monterey, Calif.: Brooks/Cole.

Piaget, J., & Grize, J.-B., & Szeminska, A., & Vinh Bang (1977). *Epistemologie und Psychologie der Funktion.* Stuttgart: Klett-Cotta.

Piaget, J., & Inhelder, B. (1955). *De la logique de l'enfant a la logique de l'adolescent.* Paris: Presses Universitaires de France.

Piaget, J., & Inhelder, B. (1969). *The psychology of the child.* London: Routledge & Kegan Paul.

Piaget, J., & Inhelder, B. (1977). *Von der Logik des Kindes zur Logik des Heranwachsenden. (Übers. von Piaget & Inhelder 1955).* Freiburg: Olten.

Platon (1957). *Sämtliche Werke.* Hamburg: Rowohlt Verlag.
Popper, K.R. (1959). *The logic of scientific discovery.* London: Hutchinson.
Popper, K.R. (1963). *Conjectures and refutations.* New York: Harper & Row.
Popper, K.R. (1972). *Objective knowledge.* Oxford: The Clarendon Press.
Popper, K.R. (1973). *Objektive Erkenntnis. (Übersetzung von Popper 1972).* Hamburg: Hoffmann und Campe Verlag.
Popper, K.R. (1974). *Unended quest. An intellectual autobiography.* London: Fontana/Collins.
Popper, K.R. (1979). *Ausgangspunkte. (Übersetzung von Popper 1974).* Hamburg: Hoffmann und Campe Verlag.
Popper, K.R., & Eccles, J.C. (1977). *The self and its brain.* New York/Berlin: Springer Verlag.
Premack, D. (1971). Language in chimpanzee? *Science, 172,* 808-822.
Premack, D. (1976). *Intelligence in ape and man.* Hillesdale, N.J.: Lawrence Erlbaum.
Putnam, H. (1980). What is innate and why? In M. Piatelli-Palmarini (Ed.), *Language and learning: The debate between Jean Piaget and Noam Chomsky* (pp. 287-309). Cambridge, Massachusetts: Harvard University Press.

Radulovic, L. (1975). *Acquisition of language: Studies of Dubrovnik children.* Unveröffentl. Diss. Berkeley, University of Calif.
Ratner, N., & Bruner, J. (1978). Games, socialexchanges and the acquisition of language. *Journal of Child Language, 5,* 391-402.
Rawls, J. (1971). *A theory of Justice.* Cambridge, Mass. Harvard University Press.
Rosch, E.H. (1973). On the internal structure of perceptual and semantic categories. In T.E. Moore (Ed.), *Cognitive development and the acquisition of language* (pp. 111-144). New York: Academic Press.
Rosch, E.H., & Mervis, C.B. (in press). Children's sorting: A reinterpretation based on the nature of abstraction in natural categories. *Developmental Psychology.*
Rosch, E.H., & Mervis, C.B., & Gray, W., & Johnson, D., & Boyes-Braem, P. (1976). Basic objects in natural categories. *Cognitive Psychology, 8,* 382-439.
Rose, A.M. (1962). A systematic summary of symbolic interaction theory. In A.M. Rose (Ed.), *Human behavior and social processes* (pp. 3-19). London: Routledge & Kegan Paul.
Rotman, B. (1977). *Jean Piaget: psychologist of the real.* Hassocks, Sussex: Harvester Press.
Rumbaugh, D.M, & Gill, T.V. (1976). Language and the acquisition of language-type skills by a chimpanzee. *Ann. N.Y. Acad. Sci., 270,* 90-135.
Ryle, G. (1949). *The concept of mind.* London: Hutchinson.

Scaife, M., & Bruner, J.S. (1975). The capacity for joint visual attention in the infant. *Nature, 253,* 265-266.

Schaerlaekens, A.M. (1973). *The two-word sentence in child language development.* Den Haag: Mouton.

Schaffer, H.R. (1977). *Studies in mother-infant interaction.* New York: Academic Press.

Schiffer, S.R. (1972). *Meaning.* Oxford: Clarendon Press.

Schlesinger, I.M. (1974). Relational concepts underlying language. In R.L.Schiefelbusch & L.L.Lloyd (Eds.), *Language perspectives – Acquisition, retardation, and intervention* (pp. 129-152). London: Macmillan.

Schlesinger, I.M. (1977). The role of cognitive development and linguistic input in language development. *Journal of Child Language, 4,* 153-169.

Schluchter, W. (1979). *Die Entwicklung des okzidentalen Rationalismus. Eine Analyse von Max Webers Gesellschaftsgeschichte.* Tübingen: Mohr Verlag.

Schmid, M. (1982). *Theorie sozialen Wandels.* Opladen: Westdeutscher Verlag.

Schütz, A. (1971). *Das Problem der Relevanz.* Frankfurt: Suhrkamp Verlag.

Schütz, A., & Luckmann, Th. (1979). *Strukturen der Lebenswelt.* Frankfurt: Suhrkamp Verlag.

Scriven, M. (1976). *Reasoning.* New York: McGraw-Hill.

Scriven, M. (1980). The philosophical and pragmatic significance of informal logic. In J.A.Blair & R.H.Johnson (Eds.), *Informal logic. The first international symposium* (pp. 147-160). Inverness, Cal.: Edgepress.

Searle, J.K. (1972). *A classification of illocutionary acts. MS.* Berkeley, University of Calif.

Searle, J.R. (1969). *Speech acts.* Cambridge: Cambridge UP.

Searle, J.R. (1971). *Sprechakte. (Übersetzung von Searle 1969).* Frankfurt: Suhrkamp.

Searle, J.R. (1975). Indirect speech acts. In P.Cole & J.L.Morgan (Eds.), *Syntax and semantics. Speech acts* (Vol. 3) (pp. 59-82). New York: Academic Press.

Selman, R.L. (1975). Social-cognitive understanding: a guide to educational and clinical practice. In T.Lickona (Ed.), *Moral development and behavior* (pp. 299-316). New York: Holt, Rinehart & Winston.

Selman, R.L. (1980). *The growth of interpersonal understanding.* New York: Academic Press.

Shatz, M., & Gelman, R. (1973). The development of communication skills. *Monographs of the Society for Research in Child Development, 152.*

Siegler, R.S. (1976). Three aspects of cognitive development. *Cognitive Psychology, 8,* 481-520.

Siegler, R.S. (1978). The origins of scientific reasoning. In R.S.Siegler (Ed.), *Children's thinking: What develops?* (pp. 109-150). Hillsdale, N.J.: Lawrence Erlbaum Associates.

Simon, H.A. (1974). Problem solving and rule induction. In H.A.Simon

(1979) (Ed.), *Models of thought* (pp. 329-346). New Haven: Yale University Press.

Simon, H. A. (1979). *Models of thought*. New Haven: Yale University Press.

Simpson, E. L. (1974). Moral development research. *Human Development, 17*, 81–106.

Sinclair, H. (1969). Developmental psycholinguistics. In D. Elkind & J. H. Flavell (Eds.), *Studies in cognitive development* (pp. 315-336). Oxford: Oxford University Press.

Sinclair, H. (1970). The transition from sensory-motor behavior to symbolic activity. *Interchange, H. 3, 1*, 119-126.

Sinclair, H. (1971). Sensorimotor action patterns as a condition for the acquisition of syntax. In E. Ingram & R. Huxley (Eds.), *Language acquisition: Models and methods* (pp. 121-130). New York: Academic Press.

Sinclair, H. (1973). Language acquisition and cognitive development. In T. E. Moore (Ed.), *Cognitive development and the acquisition of language* (pp. 9-26). New York: Academic Press.

Sinclair, H. (1974). Psychologie der Sprachentwicklung. (Übersetzung von Sinclair 1969). In H. Leuninger & M. Miller & F. Müller (Eds.), *Linguistik und Psychologie* (pp. 283-302). Frankfurt: Athenaion.

Sinclair, H. (1978). The relevance of Piaget's early work for a semantic approach to language acquisition. In B. Z. Presseisen & D. Goldstein & M. H. Appel (Eds.), *Language and operational thought* (pp. 11-16). New York: Plenum Press.

Skinner, B. F. (1957). *Verbal behavior*. Englewood Cliffs, N. J.: Prentice Hall.

Slobin, D. I. (1971). *Psycholinguistics*. Glenview, Ill.: Scott, Foresman.

Slobin, D. I. (1973). Cognitive prerequisites for the development of grammar. In C. A. Ferguson & D. I. Slobin (Eds.), *Studies of child language development* (pp. 175-270). New York: Holt, Rinehart & Winston.

Slobin, D. I. (1975). The more it changes ... on understanding language by watching it move through time. *Papers and Reports on Child Language Development, 10*, 1-30.

Slobin, D. I., & Welsh, C. A. (1973). Elicited imitation as a research tool in developmental psycholinguistics. In C. A. Ferguson & D. I. Slobin (Eds.), *Studies of child language development* (pp. 485-497). New York: Holt, Rinehart & Winston.

Snow, C. E. (1977). The development of conversation between mothers and babies. *Journal of Child Language, 4*, 1-22.

Snow, C. E., & Ferguson, C. A. (1977). *Talking to children*. Cambridge, Mass.: Cambridge UP.

Sperber, D., & Wilson, D. (1982). Mutual knowledge and relevance in theories of comprehension. In N. V. Smith (Ed.), *Mutual knowledge* (pp. 61-87). New York: Academic Press.

Stalnaker, R.C. (1977). Pragmatic presuppositions. In A.Rogers & B.Wall & J.P.Murphy (Eds.), *Proceedings of the Texas conference on performatives, presuppositions, and implications* (pp. 135-148). Arlington, Va.: Center for Applied Linguistics.

Stalnaker, R.C. (1978). Assertion. In P.Cole (Ed.), *Syntax and semantics. Vol. 9, Pragmatics* (pp. 315-332). New York: Academic Press.

Stern, C., & Stern, W. (1907). *Die Kindersprache. Eine psychologische und sprachtheoretische Untersuchung.* Darmstadt: Wiss. Buchgesellschaft, 1965.

Stross, B. (1969). *Language acquisition by Tenejapa Tzeltal children. Unveröffentl. Diss.* Berkeley, University of Calif.

Stryker, Sh. (1970). Die Theorie des symbolischen Interaktionismus. In G.Lüschen & E.Lupri (Eds.), *Soziologie der Familie (Sonderheft 14 d. Kölner Zeitschrift f. Soziologie u. Sozialpsychologie)* (pp. 49-67).

Taylor, Ch. (1975). *Hegel.* Cambridge: University Press.

Templin, M.C. (1957). *Certain language skills in children.* Minneapolis: UP.

Thomas, S.N. (1973). *Practical reasoning in natural language.* Englewood Cliffs, N.Y.: Prentice-Hall.

Toulmin, S. (1958). *The uses of argument.* Cambridge, Mass.: Cambridge University Press. (Dt: Der Gebrauch von Argumenten. Kronberg: Scriptor Verlag).

Toulmin, S. (1971). The concept of »stages« in psychological development. In Th.Mischel (Ed.), *Cognitive Development and epistemology* (pp. 25-85). New York and London: Academic Press.

Trevarthen, C. (1974). Conversations with a two-month-old. *New Science, May, 2,* 230-235.

Trevarthen, C. (1979). Communication and cooperation in early infancy. A description of primary intersubjectivity. In M.Bullowa (Ed.), *Before speech: the beginnings of human communication* (pp. 321-346). Cambridge: University Press.

Trevarthen, C., & Hubley, P. (1978). Secondary intersubjectivity: confidence, confiding and acts of meaning in the first year. In A.Lock (Ed.), *Action: Gesture and symbol* (pp. 183-229). London: Academic Press.

Tripp, G.M. (1978). *Betr.: Piaget. Philosophie oder Psychologie?* Köln: Pahl-Rugenstein Verlag.

Tugendhat, E. (1979). *Sprache und Ethik (unveröffentl. Manuskript).*

Tuomela, R. (1984). *A theory of social action.* Dordrecht: Reidel Verlag.

Tuomela, R. (1984). Joint social action. In R.Tuomela & G.Seebaß (Eds.), *Social action. A symposium of philosophers and sociologists.* Dordrecht: Reidel Verlag.

Turner, R.H. (1955). Role-taking, role standpoint, and reference-group behavior. *American Journal of Sociology, 61,* 316-328.

Turner, R. H. (1962). Role-taking: Process vs. conformity. In A. M. Rose (Ed.), *Human behavior and social processes* (pp. 20-40). London: Routledge & Kegan Paul.

Villiers, J. G. de, & Villiers, P. A. de (1978). *Language acquisition*. Cambridge, Mass.: Harvard UP.
Vossenkuhl, W. (1983). *Anatomie des Sprachgebrauchs*. Stuttgart: Klett Verlag.
Vygotsky, L. S. (1966). Development of the higher mental functions. *Psychological research in the USSR*. Moskau: Progress Publishers.
Vygotsky, L. S. (1971). *Denken und Sprechen*. Stuttgart: Klett Verlag.

Waller, M. (1978). *Soziales Lernen und Interaktionskompetenz*. Stuttgart: Klett Verlag.
Watzlawick, P., & Beavin, J. H., & Jackson, D. D. (1967). *Pragmatics of human communication*. New York: Norton.
Weber, M. (1968). *Methodologische Schriften*. Frankfurt: Fischer Verlag.
Weisenburger, J. L. (1976). A choice of words: Two-year-old speech from a situational point of view. *Journal of Child Language, 3*, 275-281.
Werner, H., & Kaplan, B. (1963). *Symbol formation*. New York: Wiley/Sons.
Wilkening, F. (1980). Development of dimensional integration in children's perceptual judgement: experiments with area, volume, and velocity. In F. Wilkening & J. Becker & T. Trabasso (Eds.), *Information integration by children* (pp. 47-70). Hillsdale, N. J.: Lawrence Erlbaum Associates.
Witte, E. (1980). *Beiträge zur Sozialpsychologie. Festschrift für Peter R. Hofstätter*. In E. Witte (Ed.), Weinheim: Beltz Verlag.
Wittgenstein, L. (1958). *The blue and brown books*. Oxford: Basil Blackwell.
Wittgenstein, L. (1960). *Philosophische Untersuchungen*. Frankfurt: Suhrkamp Verlag.
Wittgenstein, L. (1970). *Über Gewißheit*. Frankfurt: Suhrkamp Verlag.
Wohlwill, J. F. (1977). *Strategien entwicklungspsychologischer Forschung*. Stuttgart: Klett Verlag.
Woodruff, G., & Premack, D., & Kennel, K. (1978). Conservation of liquid and solid quantity by the chimpanzee. *Science, 202*, 991-994.
Wunderlich, D. (1976). *Studien zur Sprechakttheorie*. Frankfurt: Suhrkamp.

Personenregister

Adorno 240, 281ff., 301, 312, 434
Aebli 289
Agassi 266
Andersen 62
Anderson 148f., 151
Angell 162, 225, 227
Anglin 53
Antinucci 53
Austin 40

Bach 268
Baldwin 215
Bates 58f.
Bateson 276
Baum 227
Beauchamp 212, 392
Beavin 436
Beilin 217
Bennett 268
Berger 308
Bertram 217, 218, 219
Bever 49
Bloch 296, 297
Bloom 46, 56
Blount 56
Bolzano 306
Bovet 290
Bowerman 53f., 56
Boyes-Braem 53
Brandstätter 221
Bronckart 52
Brown 47, 53, 55ff., 62, 70
Bruner 45, 47, 58, 61, 65f., 334
Büchner 212

Camaioni 58
Canetti 71, 270
Carlson 268
Castañeda 258, 262

Chiarello 49
Chomsky 11, 40, 43, 45, 47ff., 51, 60, 62, 198, 280, 285f., 321
Claessens 37
Clark, E. 39, 52f., 58
Clark, H. 39, 52, 58, 267f.
Clark, R. A. 60, 64f.
Colby 346f.
Corsaro 368
Cromer 52
Cross 63f.

Davis 221
De Laguna 68
De Villiers 39, 46
Döbert 216, 218
Doise 143, 252
Donaldson 50f.
Dore 58
Durkheim 15, 31, 34, 210, 214f., 219, 341
Dux 216

Eco 434
Eccles 306
Eder 216, 219
Edwards 52, 56
Eibl-Eibesfeldt 38
Elster 13
Enzensberger 301
Ervin-Tripp 46, 58, 69

Foucault 356
Feffer 347
Ferguson 62
Fillmore 56
Finocchiaro 162, 225
Fischer 75
Flament 356
Flavell 347

Fleming 38
Franck 58
Frankena 392
Frege 306
Furth 52, 216, 288, 291

Gallagher 288, 291
Gardner 38
Garfinkel 266
Garnica 63 f.
Garvey 58, 66
Gelman 62
Gill 38
Gleitman 63
Götz 42
Gray 53
Greenfield 56, 68
Grice 41
Grimmelshausen 432
Grize 195 f.

Haan 345
Habermas 34, 86, 206, 213, 216, 219 f., 234, 235, 236, 261, 263, 264, 308, 309, 322, 344, 349 f., 353, 365
Halliday 39
Hamblin 227
Hamlyn 304
Hanlon 47
Harnish 268
Harten 216, 219
Hegel 116, 210, 282, 295 ff., 330, 335 f.
Hewer 346, 364
Hobbes 212
Hoffmann 218
Hood 46
Horkheimer 240
Hubley 65, 334

Ingram 52
Inhelder 52, 147 ff., 199 ff., 287, 290

Jackson 436
James 352
Jarvie 266
Joas 354, 442
Johnson 53

Kant 14, 23, 212 f., 295
Kaplan 251
Karmiloff-Smith 52
Kennel 39
Kesselring 288, 291, 295, 298, 300
Kessen 16
Kinsbourne 49
Klahr 147 ff.
Klein 71, 73, 75, 97, 110, 162, 225, 235
Kohlberg 79, 116, 214, 216 ff., 222, 321 f., 344 ff., 362, 364 ff., 392
Kosinski 7, 263
Kripke 262
Kuhn 345

La Bruyere 420
Lacan 356
Lange 56
Langer 345
Larsson 56
Leibniz 306
Lem 212
Lenneberg 48 f.
Lernan 56
Leuninger 50
Levine 346, 364
Levi-Strauss 356
Lewis 37, 89, 228, 266 ff.
Lightbown 46
Linden 38
Luckmann 264, 308
Luhmann 268
Lukes 266

Macfairlane 65

Macwhinney 56
Marshall 267f.
McNeill 47f.
Mead 15, 34, 61, 143, 215, 233, 252, 347, 350ff., 364, 441f.
Menon 221f., 254, 280f., 285, 287, 320, 417
Mervis 53
Miller, G. A. 46
Miller, M. 46, 48, 50, 54f., 56f., 58, 66, 68, 93, 97, 110, 146, 198, 223, 252, 337, 359, 367f.
Miller, R. 53
Mitchell-Kernan 69
Moerk 52
Montangero 290
Morehead 52
Morris 39
Müller 50
Mugny 143, 252

Naess 76, 163, 225
Nelson 53
Newell 259
Newport 63
Ninio 66
Nunner 218

Oevermann 60f., 252
Oken 300
Olbrechts-Tyteca 227, 420
Oppitz 356
Oser 252
Orwell 437ff.

Parsons 34, 268
Perelman 227, 420
Perret-Clermont 143, 252
Piaget 11, 14, 15, 20, 39, 52, 57, 59, 110, 116, 141f., 147ff., 195f., 199ff., 212ff., 221, 222, 246, 249, 251f., 254, 280, 283, 287ff., 321f., 323f., 340, 342f., 345, 347, 351, 360f., 418, 426, 441f.

Platon 221f., 239, 306, 307
Popper 232, 241, 296, 302, 306ff.
Premack 38f.
Putnam 217

Radulovic 56
Ratner 66
Rawls 87, 213
Reid 288, 291
Rosch 53
Rose 352
Rotman 304
Rumbough 38
Ryle 21

Saussure 356
Scaife 65, 334
Schaerlekens 56
Schaffer 65, 334
Schiffer 266ff.
Schlesinger 54, 56
Schluchter 216
Schmid 324
Schütz 260, 264
Scriven 162, 225, 227
Searle 40f., 58
Selman 216, 322, 344, 347ff., 359f., 364f., 371, 388
Shatz 62
Sherwood 66
Siegler 147ff.
Simon 259
Simpson 217
Sinclair 52, 290
Skinner 45, 280, 284f.
Slobin 46, 49f., 52, 55f.
Smith 49, 56, 68
Snow 62, 65
Sokrates 221f., 239f.
Spann 433
Sperber 268
Stalnaker 380f.
Stern, C. 53

Stern, W. 53
Stocker-Kreichgauer 221
Stross 56
Stryker 352
Szeminska 195 f.

Taylor 296
Templin 46
Thomas 227
Toulmin 76, 139, 227, 260
Trevarthen 65, 334
Tripp 304
Tugendhat 87
Tuomela 264
Turner 352

Vinh Bang 195 f.
Volterra 58
Vossenkuhl 266
Vygotski 15, 37, 61, 194, 252

Wallace 148
Waller 353
Watzlawick 436
Weber 34, 263
Weisenburger 56
Weissenborn 68
Welsh 46
Werner 251
Wilkening 149, 151
Wilson 268
Witte 221
Wittgenstein 254, 261 f., 264
Wohlwill 322
Woodruff 39
Wunderlich 58 f.
Wundt 442

Zukow 56

Quellenverzeichnis

Sprachliche Sozialisation, bereits veröffentlicht im ›Handbuch der Sozialisationsforschung‹, hg. von K. Hurrelmann & D. Ulich, Beltz Verlag 1980, S. 649-668.

Zur Ontogenese moralischer Argumentationen, bereits veröffentlicht in der ›Zeitschrift für Linguistik und Literaturwissenschaften‹, Heft 38/39 (›Argumentation‹), hg. von W. Klein, Vandenhoeck & Ruprecht 1980, S. 58-108.

Antagonismen und Argumente, Originalbeitrag.

Kollektive Lernprozesse und Moral, Originalbeitrag.

Inhaltsverzeichnis

Vorwort 5

Einleitung 7

1. Blockierte Lernprozesse 7
2. Zur generellen These des vorliegenden Buches 9
3. Urteilsfähigkeit und Rationalität 11
4. Genetischer Individualismus und
   genetischer Interaktionismus 15
5. Argumentatives Lernen und Lernen zu argumentieren . 22
6. Lernen im Kollektiv und Lernen eines Kollektivs ... 32
7. Zur Chronologie und Entstehung
   der folgenden Studien 34

Sprachliche Sozialisation 37

1. Problemstellung 37
1.1. Sprache und Sozialisation 37
1.2. Sozialisation und Sprachentwicklung 42
2. Die nativistische Hypothese 45
3. Die Kognitionshypothese 52
4. Die soziale Konstitutionshypothese 60
5. Zusammenfassung und offene Fragen 68

Zur Ontogenese moralischer Argumentationen 71

0. Problemstellung 71
1. Ein grundbegrifflicher Rahmen für die Analyse
   moralischer Argumentationen 75
1.1. Die Logik des Argumentes 75
1.2. Koordinationsprobleme moralischer Argumentationen 77
1.3. Die Logik moralischer Argumentationen 79
2. Fallstudien zur Ontogenese
   moralischer Argumentationen 91
2.1. Ein Modell ontogenetischer Stufen der Logik
   moralischer Argumentationen 92
2.2. Zur empirischen Methode der Fallstudien 95

2.3.	Argumentationsanalysen	97
2.4.	Ergebnisse der Argumentationsanalysen	110
3.	Zusammenfassung und einige offene Probleme	115
4.	Appendix	117

Antagonismen und Argumente 138

1.	Soziokognitive Konflikte und fundamentales Lernen	138
2.	Empirische Fallstudien zur kollektiven Argumentation von 3- und 5-jährigen Kindern über Probleme der Balkenwaage	145
2.1.	Probleme der Balkenwaage	147
2.2.	Untersuchungssetting	152
2.3.	Quantitative Analysen	157
2.4.	Qualitative Methoden der Argumentationsanalyse	161
2.5.	Argumentationsanalysen	169
2.5.1.	Antagonismen ohne Argumente: zur Argumentation von Gruppe 1 (3-jährige Kinder)	171
2.5.2.	Antagonismen mit Argumenten: zur Argumentation von Gruppe 2 (5-jährige Kinder)	182
2.6.	Empirische Haltbarkeit versus explanative Relevanz: zur wechselseitigen Abgrenzung der Perspektiven von ego und alter	188
3.	Einige spekulative Folgerungen	193
3.1.	Intermentale und intramentale Strukturen	194
3.2.	Die Rolle der empirischen Erfahrung für fundamentales Lernen	197
3.3.	Objektive Problemkontexte, Selbstwidersprüche und strukturelle Möglichkeiten	199

Kollektive Lernprozesse und Moral 207

0.	Zur Problemstellung	207
1.	Piagets These von der sozialen Konstitution einer universalistischen Moral	212
2.	Argumentationen und kollektive Lernprozesse	221
3.	Elemente eines grundbegrifflichen Rahmens für die empirische Analyse von Argumentationen	224
4.	Kollektive Prozesse der Dialektik von Wissen und Erfahrung	246

4.1.	Formales und materiales Interaktionswissen und drei entwicklungstheoretische Grundfragen	248
4.2.	Moralische Weltbilder und das Problem ihrer kollektiven Geltung	258
4.3.	Intermentale Prozesse und die Erfahrung des Neuen	280
4.4.	Selbstwidersprüche und Rationalisierungszwänge	320
5.	Soziale Interaktion und Moral	342
5.1.	Soziale Perspektivenübernahme und moralisches Urteil	344
5.2.	Form und Inhalt moralischer Argumentationen	351
6.	Von der Heteronomie zur Konventionalität in der Ontogenese des moralischen Bewußtseins – zwei empirische Fallstudien	364
6.1.	Zur empirischen Methode der Fallstudien	366
6.2.	Neutralisierung, situative Relevanz und Strukturen eines naiven Utilitarismus	371
6.3.	Zur Entrelativierung empirischer und normativer Aussagen im Prozeß der Argumentation	393
6.4.	Ergebnisse der Fallstudien	425
7.	Pathologische Formen kollektiver Lernprozesse: autoritäres, ideologisches und regressives Lernen	428
8.	Zusammenfassung	441

Literaturverzeichnis 445
Personenregister 463
Quellenverzeichnis 467